Die Verschmelzung zur Bayerischen Hypovereinsbank – eine rechtstatsächliche Untersuchung

Vorstandspflichten, Wirtschaftsprüferhaftung, Rechtsschutz der Aktionäre – nach früherem und heutigem Recht

von

Alexander Bächle

Tectum Verlag
Marburg 2006

Bächle, Alexander:
Die Verschmelzung zur Bayerischen Hypovereinsbank
– eine rechtstatsächliche Untersuchung.
Vorstandspflichten, Wirtschaftsprüferhaftung, Rechtsschutz der Aktionäre
– nach früherem und heutigem Recht.
/ von Alexander Bächle
- Marburg : Tectum Verlag, 2006
Zugl.: Jena, Univ. Diss. 2005
ISBN 978-3-8288-8974-3

Tectum Verlag
Marburg 2006

meinen Eltern

Vorwort

Die vorliegende Arbeit wurde im Sommersemester 2005 von der rechtswissenschaftlichen Fakultät der Friedrich-Schiller-Universität Jena als Dissertation angenommen.

Stand der Bearbeitung ist März 2005, vereinzelt wurden auch noch spätere Veröffentlichungen berücksichtigt, so insbesondere zum am 01.11.2005 weitgehend in Kraft getretenen Gesetz zur Unternehmensintegrität und Modernisierung des Anfechtungsrechts (UMAG).

Den stattlichen Umfang verdankt diese Arbeit den komplexen Vorgängen im Rahmen einer Verschmelzung und dem Bemühen, neben den als Schwerpunkt gewählten Einzelfragen auch die stetige Entwicklung der gesetzlichen Rahmenbedingungen vom Jahre 1997 bis heute darzustellen.

Mein Doktorvater, Prof. Dr. Walter Bayer, hat die Bearbeitung dieses Themas nicht nur angeregt, sondern auch durch die Möglichkeit, die Arbeit während ihrer Entstehung in seinen Doktorandenseminaren zur Diskussion stellen zu können, nachhaltig gefördert. Dafür danke ich ihm herzlich. Herrn Prof. Dr. Torsten Körber, LL.M. danke ich für die Erstellung des Zweitgutachtens. Die angenehme Atmosphäre bei der mündlichen Doktorprüfung am 28. September 2005 verdanke ich den Herren Prof. Dr. Heiner Alwart, Prof. Dr. Torsten Körber, LL.M. und Prof. Dr. Walter Bayer.

Ein ganz besonderer Dank gilt meiner Freundin Tina und ihren Eltern.

Am meisten danke ich aber meiner Familie, insbesondere meinen Eltern, die mich stets in erheblichem Maße und in jeder Hinsicht unterstützt und somit die Verwirklichung dieser Arbeit ermöglicht haben.

Einleitung

Die vorgelegte Arbeit beschäftigt sich mit der Verschmelzung der Bayerische Vereinsbank AG mit der Bayerische Hypotheken- und Wechselbank AG zur Bayerische Hypotheken- und Vereinsbank AG. Im Mittelpunkt der Erörterungen stehen dabei die Vorbereitung der Verschmelzung und deren Durchführung bis hin zum Abschluss im Inneren. Es werden die vielfältigen Pflichten des Vorstands bei einer Verschmelzung dargestellt, die Aufgaben und die Haftung der Wirtschaftsprüfer analysiert sowie der Rechtsschutz von Aktionären bei einer Verschmelzung hinterfragt. Dies erfolgt unter Berücksichtigung der inzwischen veränderten gesetzlichen Rahmenbedingungen.

Bei einer solch umfangreichen Aufgabenstellung versteht es sich von selbst, dass nicht auf sämtliche aufgeworfenen Fragen umfassend eingegangen werden kann, vielmehr findet eine Beschränkung auf Themen statt, die sich im Rahmen der untersuchten Verschmelzung als problematisch erwiesen haben oder denen eine grundsätzliche Bedeutung zukommt.

Zunächst ist der Sachverhalt festzustellen, d.h. die Ereignisse um die Verschmelzung zur Bayerischen Hypo- und Vereinsbank AG[1] werden geschildert, wobei auf rechtliche Ausführungen weitgehend verzichtet wird.

---

[1] Zur Vereinfachung wird im Weiteren die Bayerische Hypo- und Vereinsbank AG (formaler Firmenname) als Hypovereinsbank (Markenname) bezeichnet.

Teil 1: Sachverhaltsfeststellung

Verschmelzung zur Hypovereinsbank

A. Einleitung

> „Die Bayerische Vereinsbank gehört zur Deutschen Bank und die Bayerische Hypotheken- und Wechselbank zur Dresdner. Zentrale Funktionen der einst stolzen Bayernbanken mit ihrer speziellen Struktur der gemischten Hypotheken- und Geschäftsbank wandern Schritt für Schritt nach Frankfurt ab, auch die Versicherungsriesen am Platz verlegen in der Folge ihre Finanzgeschäfte zunehmend in die Hessenmetropole. Für die bayerische Börse wird es immer schwieriger, ihren Platz unter den regionalen Börsen zu behaupten, weil Wertpapiergeschäfte fast nur noch über Frankfurt laufen."

So oder so ähnlich sähe es heute am Finanzplatz München nach Ansicht des Handelsblatts[2] aus, wenn die Bayerische Vereinsbank AG und die Bayerische Hypotheken- und Wechselbank AG im Sommer 1997 nicht die geplante Verschmelzung der beiden Institute bekannt gegeben und daraufhin realisiert hätten.

Im Folgenden wird die bislang größte Bankenfusion in Deutschland[3] vom auslösenden Ereignis über ihren rechtlichen Abschluss hinaus bis zu ihrer Beendigung auch im Inneren dargestellt.

B. Die Verschmelzung bis zu ihrem rechtlichen Abschluss

I. Chronologie der Ereignisse

- Am 21.07.1997 geben die Vorstände der Bayerische Vereinsbank AG[4] und der Bayerische Hypotheken- und Wechselbank AG[5] bekannt, dass beide Banken sich zu einem neuen Institut zusammenschließen wollen.

---

[2]   Handelsblatt vom 28.10.1998 S. 44.

[3]   So Handelsblatt vom 28.10.1998 S. 44.

[4]   Zur Vereinfachung wird im Weiteren die Bayerische Vereinsbank AG lediglich als Vereinsbank bezeichnet.

[5]   Zur Vereinfachung wird im Weiteren die Bayerische Hypotheken- und Wechsel-Bank AG als Hypo-Bank bezeichnet.

- Am 10.09.1997 steht fest: Das Tauschangebot der Vereinsbank an die Aktionäre der Hypo-Bank, deren Aktien zum Tausch gegen Allianz-Aktien der Vereinsbank im Verhältnis sechs Hypo-Bank-Aktien gegen eine Allianz-Aktie zu übernehmen, wurde überzeichnet. Rund 47 Prozent des Grundkapitals der Hypo-Bank wurden von ihren Aktionären zum Tausch angeboten. Daraufhin tauscht die Vereinsbank ihre Beteiligung an der Allianz in Höhe von 8,4 Prozent gegen 45 Prozent am Grundkapital der Hypo-Bank.

- 19.05.1998: Bei der Hauptversammlung der Hypo-Bank wird dem Verschmelzungsvertrag zugestimmt, der das Tauschverhältnis auf vier zu drei festlegt. Für vier ihrer Aktien erhalten die Aktionäre der Hypo-Bank drei Aktien der Hypovereinsbank.

- 26.05.1998: Auch die Aktionäre der Vereinsbank stimmen dem Verschmelzungsvertrag bei ihrer Hauptversammlung zu.

- 01.09.1998: „Geburt" der neuen Bank.

II. Zu den einzelnen Verschmelzungsphasen

1. Gründe für die Verschmelzung

Am 10.07.1996 gibt die Deutsche Bank bekannt, dass sie 5,21 Prozent des Aktienkapitals der Vereinsbank erworben hat[6]. Dadurch wurde nach der Schilderung des Vorstandssprechers[7] der Hypo-Bank, Eberhard Martini, alles ins Rollen gebracht[8]. „Von diesem Tag an war uns klar, dass sich bald etwas ändern wird", berichtet Martini[9]. Das für die Bayern unerfreuliche Szenario lautete: die Deutsche Bank übernimmt die Vereinsbank und die Dresdner Bank – begünstigt durch die jeweils hohe Allianz-Beteiligung – die Hypo-Bank. „Uns war klar, dass unsere Bank ihre Existenz verlieren würde, eine Frankfurter Großbank hätte uns geschluckt". Bei einer Übernahme würden in der Regel dem kleineren „die Knochen gebrochen" und dessen „Identität vernichtet". „Uns wurde im Vorstand klar, dass nur eine bayerische Lösung mit dem Zusammenschluss relativ gleich starker Partner in Frage kommt"[10], so Martini.

---

6   Vgl. FAZ vom 22.07.1997 S. 16; Handelsblatt vom 09.03.1998 S. 20.

7   Zum Unterschied zwischen der Rechtsstellung des Vorstandsvorsitzenden und des Vorstandssprechers, vgl. *Wiesner* in Münchener Handbuch des Gesellschaftsrechts, Band 4, § 24 Rnr. 4.

8   So Handelsblatt vom 09.03.1998 S. 20.

9   Handelsblatt vom 09.03.1998 S. 20.

10   Handelsblatt vom 09.03.1998 S. 20.

Hypo-Großaktionär Allianz und der bayerische Ministerpräsident Edmund Stoiber freundeten sich beide mit der bayerischen Lösung relativ schnell an, berichtet Martini: Stoiber wegen der drohenden Gefahr für den Finanzplatz München und der Allianz-Chef Henning Schulte-Noelle, „weil er kein Interesse daran haben konnte, dass mit Deutscher und Vereinsbank ein Allianz-Großaktionär mit 20 Prozent Beteiligung entsteht"[11].

Bereits in der Weihnachtszeit 1996 hatten sich Vereinsbank-Sprecher Albrecht Schmidt und Martini zum Thema ausgesprochen. Dabei habe sich herausgestellt, dass im Vorstand der Vereinsbank genau die gleichen Gedanken gereift waren, erzählt Martini[12]. Der Vereinsbank-Vorstand spielte aber schon vor der Bekanntgabe der fünfprozentigen Beteiligung der Deutschen Bank an der Vereinsbank im Juli 1996 mit dem Gedanken an eine Fusion. „Wir befassten uns schon seit langem mit der Frage, mit wem wir zusammengehen könnten", erläutert Schmidt[13]. Gespräche mit anderen Banken seien aber daran gescheitert, dass man sich nicht auf eine gemeinsame Geschäftsidee verständigen konnte[14].

Im Januar 1997 werden die Verhandlungen unter strengster Geheimhaltung aufgenommen[15]. Die angedachte Verschmelzung gerät Anfang Juli 1997 unter Zeitdruck, da der Vorstand der Deutsche Bank AG am 7. Juli dem Vorstand der Vereinsbank bei einem Treffen mitteilt, dass die Deutsche Bank beabsichtige, am 23.07.1997 anlässlich ihrer Pressekonferenz bekannt zu geben, dass sie jetzt mehr als zehn Prozent am Grundkapital der Vereinsbank halte. Diese Erklärung musste dahin verstanden werden, dass ein Übernahmeinteresse der Deutsche Bank AG an der Vereinsbank bestand[16]. Laut Martini wurde es Vereinsbank-Sprecher Schmidt daraufhin plötzlich „sehr eilig"[17].

Teilweise wird allerdings vermutet, dass die Bedrohung der Selbständigkeit der beiden bayerischen Banken nicht der ausschlaggebende Punkt für die Verschmelzung der Institute war. Vielmehr sei der Status quo für Allianz-Chef Schulte-Noelle zu wenig gewesen. Bei Kreditengagements für die Lebensmittelkonzerne März sowie Brau und Brunnen oder den Immobilienhasardeur Schneider habe die Hypo-Bank mehrmals hohe Millionenbeträge riskiert. Die Rentabilität der Beteiligung an

---

[11]   Vgl. Handelsblatt vom 09.03.1998 S. 20.

[12]   Vgl. Handelsblatt vom 09.03.1998 S. 20.

[13]   Vgl. Handelsblatt vom 16.03.1998 S. 21.

[14]   Vgl. Handelsblatt vom 16.03.1998 S. 21.

[15]   Vgl. Handelsblatt vom 09.03.1998 S. 20 sowie vom 16.03.1998 S. 21.

[16]   Sonderprüfungsbericht der BDO S. 110.

[17]   Vgl. Handelsblatt vom 09.03.1998 S. 20.

der Münchner Hypo-Bank, die Allianz hielt zu diesem Zeitpunkt 22,6 Prozent[18], sei dauerhaft gefährdet gewesen. Deren Chef Martini, der als schwächerer Partner viel zu verlieren gehabt habe, habe sich lange geziert. Mehrmals habe er bei seinem Hauptaktionär in der Hauptverwaltung der Allianz vorsprechen müssen. Schließlich habe er dem Druck des Versicherungskonzerns nachgegeben[19].

Im gemeinsamen Verschmelzungsbericht der Vereinsbank und der Hypo-Bank begründen die beiden Institute die Verschmelzung mit wirtschaftlichen Motiven: Das Bankgewerbe stehe weltweit in einem tief greifenden Strukturwandel. Die zunehmende Globalisierung, der Start der Europäischen Wirtschafts- und Währungsunion und neue Technologien hätten den Wettbewerb verschärft und einen Konzentrationsprozess in Gang gesetzt. Die Bankstellendichte in Deutschland sei nach Luxemburg die höchste in Europa. Durch den Zusammenschluss würden die Hypo-Bank und die Vereinsbank ein Volumen erreichen, um auch im europäischen Markt wettbewerbsfähig zu bleiben und selbständig agieren zu können[20]. Im Rahmen eines gemeinsamen Gesprächs des Verfassers mit Dr. Wolfgang Sprißler, im Vorstand der Hypovereinsbank sowie der früheren Vereinsbank zuständig für Finanzen, und mit Dr. Diether Münich, während der Verschmelzung Chefsyndikus bei der Vereinsbank, bekräftigen beide nochmals diese wirtschaftlichen Gründe. Im Vordergrund seien Kosteneinsparungen gestanden. Die Beteiligung der Deutschen Bank an der Vereinsbank habe aber sicherlich als Katalysator gewirkt. Die Allianz habe keinen Druck auf die Vereinsbank ausgeübt, dies wäre ihr gar nicht möglich gewesen[21]. Ob Druck auf die Hypo-Bank seitens der Allianz ausgeübt worden war, können weder Sprißler noch Münich – als Mitarbeiter der Vereinsbank – beurteilen.

2. Die Verschmelzungstechnik

Mitte Juli 1997 finden Vorgespräche zwischen den Vorständen der Hypo-Bank und der Vereinsbank sowie dem Bundeskartellamt über die geplante Fusion der beiden Banken statt[22].

Die Verhandlungen zwischen den Vorständen der Vereinsbank und der Hypo-Bank münden am 17.07.1997 in einer Vertraulichkeitsvereinba-

---

18 Vgl. Gemeinsamer Verschmelzungsbericht der Vereinsbank und der Hypo-Bank S. 9.

19 Vgl. zum Ganzen: Der Spiegel 31/1997 S. 66, 67.

20 Vgl. Gemeinsamer Verschmelzungsbericht der Vereinsbank und der Hypo-Bank S. 14, 20.

21 Gespräch des Verfassers mit Sprißler und Münich am 08.10.2004.

22 Vgl. FAZ vom 22.07.1997 S. 16.

rung. Aus dieser Vereinbarung geht hervor, dass beide Parteien beabsichtigen, die Voraussetzungen zu überprüfen, unter denen ein Zusammenschluss ihrer Unternehmen – gleich welcher Art und gleich welcher Intensität – denkbar ist[23]. Am 17. und 18.07. führen beide Banken eine wechselseitige Untersuchung durch, die sich auf die Durchsicht der Prüfungsberichte 1993-1996 mit allen Anlagebänden der jeweils anderen Bank bezieht[24].

Am 21.07. erklären die Vorstände bei einer gemeinsamen Pressekonferenz in München, dass beide Banken sich zur Bayerischen Hypo- und Vereinsbank zusammenschließen werden[25]. Dies war am Vortag von den Vorständen der Hypo-Bank und der Vereinsbank beschlossen worden[26].

Gleich nach Bekanntgabe der Verschmelzungsabsicht erklärt die Deutsche Bank gegenüber der Vereinsbank, dass auf der Pressekonferenz der Deutsche Bank AG am 23.07. keine Ankündigung mehr vorgesehen sei[27].

Die Vorstände der Vereinsbank und der Hypo-Bank kündigen an, den Hypo-Bank-Aktionären innerhalb der folgenden beiden Wochen ein Abfindungsangebot, den so genannten „6:1 Clou", zu unterbreiten: Für jeweils sechs ihrer Aktien erhalten sie eine Aktie der Allianz aus einem Aktienpaket, das die Vereinsbank besitzt[28]. Da die Vereinsbank diese Anteile vor zehn, manche sogar vor mehr als 20 Jahren erworben hatte, stehen diese zu einem niedrigeren Wert in den Büchern, als die Allianz-Aktie zum Zeitpunkt des Angebots kostet[29]. Auf diesem Weg finanziert die Vereinsbank ihren Einstieg bei der Hypo-Bank zum Teil aus stillen Reserven[30]. Dies ist liquiditätsschonend und zudem steuersparend, da die Vereinsbank bei einem normalen Verkauf der Allianz-Aktien die erheblichen stillen Reserven hätte versteuern müssen[31]. Geschätzt werden Steuerersparnisse zwischen 3 und 4 Mrd. DM[32], wenn nicht sogar bis zu 5 Mrd. DM[33]. Ermöglicht wird dies durch das umstrittene so genannte

---

23   Vgl. Sonderprüfungsbericht der BDO S. 110.

24   Vgl. Sonderprüfungsbericht der BDO S. 110.

25   Vgl. FAZ vom 22.07.1997 S. 13; SZ vom 07.07.2000 S. 26.

26   Vgl. Sonderprüfungsbericht der BDO S. 78.

27   So Sonderprüfungsbericht der BDO S. 111.

28   Vgl. Pressestatement Schmidt vom 21.07.1997 S. 1.

29   Vgl. FAZ vom 15.08.1997 S. 23.

30   Vgl. FAZ vom 22.07.1997 S. 13.

31   Vgl. FAZ vom 22.07.1997 S. 13; Der Spiegel 31/1997 S. 66, 68.

32   Vgl. FAZ vom 15.08.1997 S. 23.

33   Vgl. FAZ vom 26.08.197 S. 17; Handelsblatt vom 16.12.1997 S. 24 sowie Der Spiegel 31/1997 S. 66, 68. Vgl. auch *Donath/Zugmaier*, BB 1997, 2401, 2401.

Tauschgutachten des BFH[34]: Ein Unternehmen, das Aktien zu einem höheren Preis verkauft, als sie in seinen Büchern bewertet stehen, muss grundsätzlich auf den daraus erzielten Gewinn Einkommen- oder Körperschaftsteuer zahlen. Die in dieser Aktienanlage ruhenden stillen Reserven werden aufgedeckt. Der Tausch anstelle des Verkaufs ändert an dieser Tatsache zunächst nichts. Das hingetauschte Gut (Allianz-Aktien) scheidet zum Buchwert aus der Bilanz aus und das eingetauschte Gut (Hypo-Bank-Aktien) tritt zum Marktwert in die Bilanz ein; eine Übertragung stiller Reserven von einer Anlage auf die nächste findet also nicht statt. Der Tausch stellt eine Veräußerung im steuerlichen Sinne dar und führt grundsätzlich zur Gewinnrealisierung[35].

Einen Ausnahmetatbestand sehen der Bundesfinanzhof und die Finanzbehörden 1997 beim Tausch von Beteiligungen an Kapitalgesellschaften gegeben, wenn diese Beteiligungen wirtschaftlich identisch sind. Identisch sind sie nach dem Tauschgutachten dann, wenn sie gleichwertig, gleichartig und funktionsgleich sind, dabei kommt es entscheidend auf alle Umstände des Einzelfalls an[36]. Der BFH stellt in seinem Tauschgutachten sehr strenge Anforderungen an die Erfüllung der wirtschaftlichen Identität, jedoch wird teilweise vertreten, dass die Finanzverwaltung das Gutachten zu weitgehend anwendet[37].

An der Wertgleichheit des Tauschs Allianz-Aktien gegen Hypo-Aktien besteht in der Literatur kein Zweifel. Auch die Artgleichheit wird bejaht: sowohl die Hypo-Bank als auch die Allianz sind Finanzdienstleister[38]. Eine Funktionsgleichheit liegt nach der Praxis der Finanzverwaltung vor, wenn die eingetauschten Aktien die gleiche betriebliche Aufgabe erfüllen wie die hingegebenen oder bei wirtschaftlicher Betrachtungsweise die gleichen Wirtschaftsgüter repräsentieren und deshalb nur eine formale Änderung einer Beteiligung am Betriebsvermögen vorliegt[39]. Eine bedeutende Veränderung der Beteiligungsquote und damit der Herrschaftsbefugnis, wie die Vereinsbank sie bei der Hypo-Bank vollzieht, nämlich von unter 5 auf 45 Prozent des Kapitals, lässt Zweifel an der Funktionsgleichheit aufkommen[40]. In der Regel führt dies zur Vernei-

---

34 BFH-Gutachten vom 16.12.1958, DB 1959, 71ff.

35 Vgl. *Knobbe-Keuk*, Bilanz- und Unternehmenssteuerrecht, § 24 III 1.

36 Vgl. *Eckstein* in Herrmann/Heuer/Raupach, § 6 EStG Anm. 1483; *Knobe-Keuk*, Bilanz- und Unternehmenssteuerrecht, § 24 III 1; *Kupka*, DB 1998, 229,230.

37 So *Eckstein* in Herrmann/Heuer/Raupach, § 6 EStG Anm. 1483, 1475.

38 Vgl. *Kupka*, DB 1998, 229, 231.

39 Vgl. *Donath/Zugmaier*, BB 1997, 2401, 2403.

40 So FAZ vom 15.01.1998 S. 11.

nung der Funktionsgleichheit[41]. Denn, so der Vorwurf der bayerischen SPD, die Beteiligung an der Allianz sei für die Vereinsbank finanzieller Art, während die Beteiligung an der Hypo-Bank darauf angelegt sei, Einwirkungsmöglichkeiten zu erlangen und folglich strategischer Art sei[42]. Dieser Wertung widersprechen die Hypo-Bank und die Vereinsbank im Verschmelzungsbericht, indem sie die Beteiligung der Vereinsbank an der Allianz ebenfalls als strategisch bezeichnen[43]. Die Hypovereinsbank bekräftigt später diese Ansicht und verweist zur Begründung auf die regionale Kooperation der Vereinsbank mit der Allianz im Versicherungsgeschäft[44]. Funktionsgleichheit ist auch nach einer anderen Ansicht zu bejahen: Die Vereinsbank erlange mit 45 Prozent der Hypo-Aktien zwar eine Sperrminorität, die sie bei der Allianz nicht hatte. Dem komme jedoch keine maßgebliche Bedeutung zu, denn zum einen habe eine zehnprozentige Beteiligung an der mit Abstand größten deutschen Versicherungsgesellschaft ein derart enormes Gewicht, dass sie einer Sperrminorität faktisch sehr nahe komme, insbesondere weil die Vereinsbank durch ihren Vorstandssprecher im Aufsichtsrat der Allianz vertreten sei. Zum anderen gehe die Sperrminorität an der Hypo-Bank mit der Fusion der Vereinsbank mit der Hypo-Bank unter. Außerdem nütze die Sperrminorität für die Verschmelzung wenig, da die Vereinsbank für den Verschmelzungsbeschluss auf die Zustimmung weiterer 30 Prozent der im Fremdbesitz befindlichen Hypo-Anteile angewiesen sei[45].

Das Finanzamt München genehmigt die Anwendung des Tauschgutachtens auf den vorliegenden Fall. Diese Entscheidung wird vom bayerischen Finanzminister Erwin Huber bei seiner Stellungnahme zur steuerlichen Behandlung des Aktientauschs vor dem Haushaltsausschuss des Bayerischen Landtags verteidigt: Sowohl die Beteiligung der Vereinsbank an der Allianz als auch die Beteiligung an der Hypo-Bank hätten strategische Bedeutung für die Vereinsbank. Ihre Pläne, die Hypo-Bank mit sich zu verschmelzen, seien ganz getrennt vom Aktientausch zu sehen; die Fusion sei ja noch nicht einmal beschlossen. Außerdem sei die

---

41 So *Donath/Zugmaier*, BB 1997, 2401, 2403 und 2407.

42 Vgl. FAZ vom 22.01.1998 S. 13. So auch *Donath/Zugmaier*, BB 1997, 2401, 2407: Die Beteiligung an der Hypo-Bank sei wegen der beabsichtigten Fusion als strategisch einzustufen, wohingegen mangels vergleichbarer Einflussmöglichkeit die Allianz-Beteiligung eher Kapitalanlagecharakter habe.

43 Vgl. Gemeinsamer Verschmelzungsbericht der Vereinsbank und der Hypo-Bank S. 24.

44 Gespräch des Verfassers mit Sprißler und Münich am 08.10.2004.

45 So *Kupka*, DB 1998, 229, 231. Diese 30 Prozent werden aber fast schon durch die Aktienpakete der Allianz (22,6 Prozent) und der Münchner Rück (5,8 Prozent) erreicht, vgl. *Donath/Zugmaier*, BB 1997, 2401, 2401.

Vereinsbank bei der Hypo-Bank nicht im Aufsichtsrat vertreten[46]. Am 11.07.1997 habe die Vereinsbank das Finanzamt über ihre Pläne informiert, am 15.07. Antrag auf Erteilung einer verbindlichen Auskunft gestellt, die ihr am 17.07. gewährt worden sei. Das Finanzamt habe völlig selbständig entschieden. Das zur Anwendung gekommene Tauschgutachten sei nun einmal geltendes Recht[47]. Einen politischen Einfluss auf diese Entscheidung habe es nicht gegeben[48]. Aber gerade diesen Verdacht hegte wohl die Europäische Kommission, die kurzzeitig aber ohne Erfolg prüfte, ob der Fall einer unerlaubten Subvention von Seiten der Bundesregierung und Bayerns vorliegen könnte[49]. Wenig später versucht der Gesetzgeber durch die Schaffung des § 6 Abs. 6 S. 1 EStG, das Tauschgutachten für nicht mehr anwendbar zu erklären. Ein wesentlicher Faktor und damit Auslöser der gesetzlichen Regelung war der Aktientausch der Vereinsbank[50].

Basis für das Tauschangebot der Vereinsbank ist der Schlusskurs vom 18.07.1997, als die Allianz-Aktie mit 450 DM notierte und die Hypo-Bank mit 58 DM. Nach Aussage von Albrecht Schmidt bekämen die Hypo-Aktionäre so einen Mehrwert von 28 Prozent je Hypo-Aktie und erhielten damit vorab den erwarteten Synergieeffekt aus der Fusion der beiden Bankhäuser in bar ausgezahlt[51], denn bei einem Angebot von 6 zu 1 entspricht dies einem Preis von 75 DM je Hypo-Aktie[52]. Für alle Beteiligten ergeben sich aus diesem Tausch Vorteile: Die Vereinsbank nutzt steuerneutral stille Reserven und die Allianz erhöht den Streubesitz ihrer Aktien von 30 auf 38 Prozent, was die Attraktivität der Allianz-Aktie erhöht[53]. Darüber hinaus wird die fusionierte Gesellschaft nur noch mit 7,5 und nicht mit 15 Prozent an der Allianz-Versicherung beteiligt sein, wie dies bei einer normalen Fusion der Fall gewesen wäre. Der Kritik an der zu hohen gegenseitigen Beteiligung deutscher Finanzinstitute wird da-

---

[46]   Vgl. FAZ vom 22.01.1998 S. 13.

[47]   Strittig, vgl. dazu *Donath/Zugmaier*, BB 1997, 2401, 2405f.; *Kupka*, DB 1998, 229, 229f.

[48]   Vgl. FAZ vom 22.01.1998 S. 13.

[49]   Vgl. FAZ vom 22.01.1998 S. 13; FAZ vom 21.01.1998 S. 17; Handelsblatt vom 23.01.1998 S. 16.

[50]   Vgl. *Eckstein* in Herrmann/Heuer/Raupach, § 6 EStG Anm. 1478, 1483, der den Versuch des Gesetzgebers zur Abschaffung des Tauschgutachtens für misslungen hält. Vgl. dazu auch *Herzig*, FS Widmann, 393, 393ff.

[51]   Vgl. FAZ vom 22.07.1997 S. 16.

[52]   Vgl. Handelsblatt vom 22.07.1997 S.1; Pressestatement Schmidt vom 21.07.1997 S. 1.

[53]   Vgl. FAZ vom 01.08.1997 S. 18; Pressestatement Schmidt vom 21.07.1997 S. 1.

mit entgegengetreten[54]. Da die Fusion zum Teil über den Aktientausch finanziert wird, müssen zudem 20 bis 30 Prozent weniger Aktien der neuen Gesellschaft ausgegeben werden, als es bei einer normalen Fusion der Fall gewesen wäre[55]. Bei einer Verschmelzung auf bislang üblichem Weg wären es etwa 480 Mio. neue Aktien gewesen, jetzt werden es nur 380 Mio. Aktien sein, heißt es bei der amerikanischen Investmentbank JP Morgan, die die Vereinsbank berät[56]. Dies bedeutet, dass bei der neuen Gesellschaft der Gewinn je Aktie höher ausfallen wird als bei anderer Vorgehensweise, was zu einer Verbesserung der Finanzposition der künftigen Aktionäre führt[57].

Die Vereinsbank will aus ihrem zehnprozentigen Allianz-Besitz 8,4 Prozent für den Umtausch zur Verfügung stellen, um damit 45 Prozent an der Hypo-Bank zu erwerben[58]. Das angestrebte Volumen sei dadurch zustande gekommen, dass Vereinsbank und Hypo-Bank zusammen etwa auf einen Allianz-Anteil von über 15 Prozent kommen würden, was als wesentlich zu hoch angesehen wird. Man habe sich auf eine ungefähre Halbierung dieses gemeinsamen Anteils festgelegt und wolle später etwa noch sieben Prozent halten, erläutert das Vorstandsmitglied der Vereinsbank Stefan Schüller[59]. Die Presse geht davon aus, dass der 45 Prozent-Anteil an der Hypo-Bank zusammen mit den Paketbesitzern Allianz und Münchener Rück für eine Hauptversammlungsmehrheit reichen sollte[60], teilweise wird sogar spekuliert, dass die Vereinsbank mit diesen Paketbesitzern Stimmrechtsbindungsverträge geschlossen hat, um die Zustimmung zur Verschmelzung auf der Hauptversammlung der Hypo-Bank zu erlangen[61]. Dieser Spekulation wurde später seitens der Hypovereinsbank entgegengetreten. Es seien keine Stimmrechtsbindungsverträge geschlossen worden, aber natürlich habe man vorher ausgelotet, wie die Großaktionäre einer Verschmelzung gegenüberstehen[62].

Voraussetzung für den Tausch ist, dass mindestens 40 Prozent aller Hypo-Aktien von den Aktionären zum Umtausch angeboten werden. Falls

---

54 FAZ vom 01.08.1997 S. 18.

55 FAZ vom 01.08.1997 S. 18.

56 Vgl. FAZ vom 01.08.1997 S. 18. Die Hypo-Bank wurde von der Investmentbank Morgan Stanley beraten, vgl. Gespräch des Verfassers mit Sprißler und Münich am 08.10.2004.

57 Vgl. FAZ vom 01.08.1997 S. 18; Pressestatement Schmidt vom 21.07.1997 S. 1.

58 Vgl. Handelsblatt vom 22.07.1997 S.1 sowie vom 01.08.1997 S. 23.

59 Vgl. Handelsblatt vom 01.08.1997 S. 23.

60 Vgl. FAZ vom 01.08.1997 S. 18; Handelsblatt vom 01.08.1997 S. 23.

61 So *Donath/Zugmaier*, BB 1997, 2401, 2407.

62 Gespräch des Verfassers mit Sprißler und Münich am 08.10.2004.

das angestrebte Tauschvolumen zwischen 40 und 45 Prozent nicht erreicht werde, scheitert die Verschmelzung, heißt es[63]. Die Vorstandssprecher der beiden Banken erklären bei ihrer gemeinsamen Pressekonferenz, dass das Zusammengehen in den ersten beiden Jahren einmalige Kosten von zusammen 1,3 Mrd. DM verursachen werde. Dafür betrage das jährliche Kosteneinsparungspotential in fünf Jahren rund 1 Mrd. DM[64].

3. Die Vorbereitung der Verschmelzung

Anfang August 1997 gründen die Vereinsbank und die Hypo-Bank einen Integrationsausschuss und sieben Fachausschüsse. Dem Integrationsausschuss gehören je drei Vorstände der beiden Institute an[65]. Funktion der Ausschüsse ist es zu prüfen, wieweit schon vor der Verschmelzung Schritte zur engeren Zusammenarbeit und gemeinschaftliche Aktivitäten auch in organisatorischen Strukturen möglich sind[66].

Das Zentrale Projektoffice Fusion (ZPO) analysiert ungefähr zehn Bankenfusionen und kommt zu dem Ergebnis, dass sechs Hauptfaktoren für ein erfolgreiches Fusionsmanagement entscheidend sind: Frühzeitiges Festlegen einer klaren Strategie; Beachtung der Interessen aller, also nicht nur der Aktionärsinteressen; Treffen harter Entscheidungen hinsichtlich der Informationstechnologie (IT-Systeme) und ebenso harte Umsetzung; konsequente Festlegung der Organisationsstruktur und der Besetzung sowie ausreichende Beachtung der so genannten weichen Faktoren, also vor allem der unterschiedlichen Unternehmenskulturen[67].

Später räumt der Leiter des ZPO ein, den Faktor Kultur unterschätzt zu haben[68].

4. Überzeichnung des Tauschangebots

Das vom 04.08. bis 10.09.1997 für die ca. 100.000 Hypo-Aktionäre gültige Tauschangebot der Vereinsbank, um so 45 Prozent an der Hypo-Bank zu

---

63   Vgl. Handelsblatt vom 01.08.1997 S. 23.
64   Vgl. FAZ vom 22.07.1997 S. 13; Handelsblatt vom 22.07.1997 S. 1.
65   Vgl. FAZ vom 08.08.1997 S. 22; Handelsblatt vom 08.08.1997 S. 22.
66   So Handelsblatt vom 22.07.1997 S. 16; Pressestatement Schmidt vom 21.07.1997 S. 2.
67   So im Wesentlichen auch *Picot*, Handbuch Mergers & Acquisitions, 386ff., 405f. (Grundregeln für eine erfolgreiche Integration).
68   Vgl. SZ vom 07.07.2000 S. 26. Ein oft gemachter Fehler, der sogar zum Scheitern der Integration führen kann, vgl. SZ vom 24./25.04.2004 S. 21 sowie *Picot*, Handbuch Mergers & Acquisitions, 429ff. (die Rolle der Unternehmenskultur).

erwerben, wird überzeichnet. Am 10.09.1997 teilt die Vereinsbank mit, dass ihrer Tochtergesellschaft Vereins- und Westbank, die die Tauschoperation durchführt, bereits mehr als die mindestens erforderlichen 40 Prozent der Hypo-Aktien angeboten worden seien[69]. Am 14.09. steht fest: 47,14 Prozent des Grundkapitals der Hypo-Bank werden von ihren Aktionären zum Tausch gegen Allianz-Aktien angeboten, das sind 123.441.646 Aktien. Angenommen werden gemäß Tauschangebot nur 45 Prozent oder 117.828.567 Aktien[70]. Deshalb erfolgt eine Repartierung pro rata bis auf 45 Prozent[71]. Für die ersten 120 Hypo-Aktien erhält jeder Aktionär die volle Zuteilung. Die darüber hinaus angebotenen Aktien werden mit einer Quote von 95,45 Prozent bedient[72]. Aktionäre, die eine nicht durch sechs teilbare Anzahl von Aktien zum Tausch anbieten, erhalten für Spitzen einen Barausgleich. Maßgeblich dafür ist der an der Frankfurter Börse amtlich festgestellte Kassakurs der Allianz-Aktie am 10.09.[73]. Der Aktienumtausch in den Kundendepots erfolgt am 18.09.[74]. Damit halten Vereinsbank (zunächst 45[75]), Allianz (22,6) und Münchener Rück (5,8 Prozent) zusammen ca. 73 Prozent der Hypo-Aktien, wodurch die Zustimmung in der kommenden Hypo-Bank-Hauptversammlung zur Verschmelzung so gut wie sicher ist[76].

5. Die Vereinsbank als aufnehmendes Institut

Am 05.09.1997 stimmt das Bundeskartellamt der Verschmelzung von Vereinsbank und Hypo-Bank ohne weitere Auflagen zu[77]. In einer Pressemitteilung des Kartellamtes heißt es, dass mit der Verschmelzung der beiden Institute keine Entstehung einer marktbeherrschenden Stellung verbunden sei[78]. Aufnehmendes Institut wird die Vereinsbank[79]: Laut

---

[69]   Vgl. FAZ vom 12.09.1997 S. 20; Handelsblatt vom 01.08.1997 S. 23 sowie vom 12.09.1997 S. 1 und S. 13.

[70]   Vgl. Handelsblatt vom 15.09.1997 S. 22.

[71]   Vgl. FAZ vom 15.08.1997 S. 23; Handelsblatt vom 12.09.1997 S. 13.

[72]   Handelsblatt vom 15.09.1997 S. 22.

[73]   FAZ vom 15.08.1997 S. 23 sowie Aufforderung der Vereins- und Westbank zur Abgabe eines Tauschangebots.

[74]   Vgl. Handelsblatt vom 12.09.1997 S. 13.

[75]   Dieser Prozentsatz ist am 31.12.1997 etwas niedriger, nämlich 44,4, da sich das Grundkapital der Hypo-Bank durch Ausübung von Wandelrechten erhöht hat, vgl. Gemeinsamer Verschmelzungsbericht der Vereinsbank und der Hypo-Bank S. 9, 24f.

[76]   So FAZ vom 01.08.1997 S. 18.

[77]   Vgl. FAZ vom 06.09.1997 S. 16; Handelsblatt vom 08.09.1997 S. 23.

[78]   Vgl. Handelsblatt vom 08.09.1997 S. 23.

Martini hätte man gerne eine neue Bank gegründet, in der sowohl die Hypo- als auch die Vereinsbank aufgegangen wären, „dies hätte den Merger of Equals, den Zusammenschluss von Gleichen, am besten symbolisiert"[80]. Beide bayerischen Großbanken haben den Status eines gemischten Kreditinstituts, sie dürfen neben den normalen Krediten auch Hypothekenkredite gegen die Ausgabe von Pfandbriefen begeben. Ein solcher Status wird aber bei der Neugründung einer Bank heute nicht mehr vergeben[81]. Grund hierfür ist das seit dem 01.01.1900 geltende Hypothekenbankgesetz, welches den Geschäftskreis der Hypothekenbanken auf den Boden- und Kommunalkredit beschränkt. Lediglich die Kreditinstitute, die dieses Geschäft vor dem 01.05.1898 schon betrieben haben, obwohl sie daneben auch Geschäftsbank waren, durften das Hypothekenbankgeschäft auch nach In-Kraft-Treten des Hypothekenbankgesetzes weiter betreiben[82]. Sowohl die Hypo-Bank als auch die Vereinsbank fallen unter diese Ausnahme. Dies bedeutet, dass eine der beiden Banken Gesamtrechtsnachfolgerin der anderen werden muss, denn das Geschäft mit Immobilienfinanzierungen ist ein Schwerpunkt des neuen Instituts[83]. Als Grund dafür, dass die Vereinsbank und nicht die Hypo-Bank aufnehmendes Institut ist, wird folgendes angeführt: Mit der Verschmelzung gehen die durch die Vereinsbank im Wege des Tauschs erworbenen Hypo-Aktien unter. Das Grundkapital der fusionierten Bank wird deshalb niedriger sein als eine Addition beider Grundkapitalien. Bei gleichem Ergebnis wird der Gewinn pro Aktie steigen und dadurch erhöht sich bei gleichem Dividendensatz die Innenfinanzierungskraft. Dies wäre nicht in gleichem Maße eingetreten bei einer Verschmelzung auf die Hypo-Bank, weil diese Verschmelzung aufgrund des Umtauschverhältnisses zu einer höheren Aktienzahl geführt hätte[84].

Am 16.09.1997 gibt die Deutsche Bank bekannt, dass sie ihre Beteiligung an der Vereinsbank von 5,2 Prozent abgegeben habe. Sie habe keine strategische Bedeutung mehr[85].

---

[79]   FAZ vom 17.09.1997 S. 23.

[80]   Vgl. FAZ vom 20.05.1998 S. 21.

[81]   FAZ vom 12.09.1997 S. 20; vgl. auch Handelsblatt vom 22.07.1997 S. 16.

[82]   Vgl. Gemeinsamer Verschmelzungsbericht der Vereinsbank und der Hypo-Bank S. 10.

[83]   Vgl. FAZ vom 12.09.1997 S. 20.

[84]   So Gemeinsamer Verschmelzungsbericht der Vereinsbank und der Hypo-Bank S. 24.

[85]   Vgl. FAZ vom 17.09.1997 S. 23; Handelsblatt vom 17.09.1997 S. 1.

6. Einleitung der Verschmelzung

Ende September wird die Verschmelzung eingeleitet. Die Vorstände beider Banken beauftragen gemeinsam ihre Wirtschaftsprüfer, Wollert-Elmendorff Deutsche Industrie-Treuhand GmbH Wirtschaftsprüfungsgesellschaft (WEDIT), München[86], und KPMG Deutsche Treuhand-Gesellschaft Aktiengesellschaft Wirtschaftsprüfungsgesellschaft (KPMG), München, durch Auftrag vom 18./22./23. September ein gemeinsames Bewertungsgutachten zu den Unternehmenswerten der Hypo-Bank und der Vereinsbank sowie zum Umtauschverhältnis für die Verschmelzung zu erstellen[87]. Die Bewertung der Unternehmen basiert dabei auf der Ertragswertmethode. Der Ertragswert stellt den Barwert der zukünftigen Überschüsse aller Einnahmen über alle Ausgaben dar. Um den künftigen Ertrag prognostizieren zu können, ist jedoch eine Vergangenheitsanalyse erforderlich, so dass die Aufwendungen und Erträge der Geschäftsjahre 1993 bis 1997 und im Falle der Risikoaufwendungen im Kreditgeschäft sogar die Kennzahlen der letzten zehn Jahre von den Wirtschaftsprüfern herangezogen werden[88].

Zur Sicherstellung einer einheitlichen Vorgehensweise bei der Bewertung wird ein Lenkungsausschuss für die Unternehmensbewertung eingerichtet, dem je zwei Vorstände der beiden Banken und je ein Prüfer der KPMG und der WEDIT angehören. Des Weiteren bilden beide Wirtschaftsprüfungsgesellschaften gemischte Teams. Dabei ist im Auftrag vorgesehen, dass im Hinblick auf die intensive Kenntnis des jeweiligen Bewertungsobjekts die Federführung für die Bewertung der Hypo-Bank bei der WEDIT (Abschlussprüfer der Hypo-Bank) und für die Bewertung der Vereinsbank bei der KPMG (Abschlussprüfer der Vereinsbank) liegen soll[89]. Federführung ist dabei nach Auskunft von Sprißler und Münich, als damals direkt Beteiligte auf Seiten der Vereinsbank, so zu verstehen, dass die jeweiligen Abschlussprüfer als Berater an der Bewertung beteiligt waren. Hatte die WEDIT beispielsweise eine Frage zur Vereinsbank, dann seien die Abschlussprüfer der KPMG als Prüfer der

---

[86]   Seit Beginn des Jahres 2001 tritt das Unternehmen unter der neuen Dachmarke Deloitte & Touche auf anstelle bisher Wedit Deloitte & Touche. Kurz darauf wird die Wirtschaftsprüfungsgesellschaft in Deloitte & Touche Deutschland GmbH umbenannt, vgl. FAZ vom 12.01.2001 S. 20.

[87]   Vgl. Gemeinsamer Verschmelzungsbericht der Vereinsbank und Hypo-Bank S. 59; Sonderprüfungsbericht der BDO S. 111.

[88]   Vgl. Gemeinsamer Verschmelzungsbericht der Vereinsbank und Hypo-Bank S. 60, 62. Ausführlich zu den Grundsätzen der Unternehmensbewertung unten, Teil 2, 2. Kapitel, B. II. 2.

[89]   So Sonderprüfungsbericht der BDO S. 111f.

Vereinsbank Auskunftspersonen für die Bewertungsgutachter der WEDIT gewesen[90].

7. Personalentscheidungen anlässlich der Verschmelzung

Bereits am 16.09.1997 wird bekannt gegeben, dass Albrecht Schmidt Vorstandssprecher der neuen Hypovereinsbank werden soll. Eberhard Martini soll im Herbst 1998 in den Aufsichtsrat wechseln und der bisherige Aufsichtsratsvorsitzende der Hypo-Bank Klaus Götte soll auch in der fusionierten Bank dieses Amt bekleiden[91].

Die Entscheidung über die Besetzung der übrigen Vorstandsposten der Hypovereinsbank erfolgt am 04.11.1997: Der Aufsichtsrat der aufnehmenden Vereinsbank beruft in einer Sondersitzung nur 14 der bisher insgesamt 21 Vorstände der fusionierenden Banken[92]. Vom zehn Mitglieder starken Hypo-Bank-Vorstand werden fünf (Peter Hoch, Franz Xaver Huber, Martin Kölsch, Martin Schütte und Joseph Wertschulte), vom elf Mitglieder umfassenden Vereinsbank-Vorstand neun (Albrecht Schmidt, Egbert Eisele, Norbert Juchem, Rainer Knoth, Dieter Rampl, Eberhard Rauch, Stephan Schüller, Paul Siebertz und Wolfgang Sprißler) berufen[93].

Am 16.12.1997 benennen die Vereinsbank und die Hypo-Bank die Manager der zweiten Führungsebene. Von den insgesamt 126 Bereichsleitern beider Institute, die direkt an ihre Vorstände berichten, bleiben 70 in der Hypovereinsbank übrig[94]. Während von den 80 Hypo-Führungskräften nur 25 übernommen werden, sind es bei der Vereinsbank 45 von 46[95].

Damit besteht nicht nur im Vorstand, sondern auch auf der Ebene darunter ein deutliches Übergewicht der Vereinsbank[96].

8. Festlegung des Umtauschverhältnisses

Am 18.02.1998 beschließen die Vorstände und Aufsichtsräte der Vereinsbank und Hypo-Bank das Aktien-Umtauschverhältnis für die Verschmelzung. Danach bietet die Vereinsbank als aufnehmendes Institut

---

90 Gespräch des Verfassers mit Sprißler und Münich am 08.10.2004.
91 Vgl. Handelsblatt vom 17.09.1997 S. 1 und S. 13.
92 Vgl. Handelsblatt vom 05.11.1997 S. 1 und S. 13
93 So Handelsblatt vom 05.11.1997 S. 1 und S. 13.
94 Vgl. FAZ vom 17.12.1997 S. 22; Handelsblatt vom 17.12.1997 S. 17.
95 Vgl. FAZ vom 17.12.1997 S. 22.
96 So FAZ vom 17.12.1997 S. 22.

den Aktionären der Hypo-Bank drei neue Vereinsbank-Aktien im Nennwert von je 5,- DM gegen vier Hypo-Aktien im Nennwert von je 5,- DM sowie eine bare Zuzahlung von 0,26 DM je Hypo-Aktie im Nennwert von 5,00 DM[97]. Dem Umtauschverhältnis liegt eine Bewertung durch die Wirtschaftsprüfer WEDIT und KPMG zugrunde, die das Wertverhältnis auf 60 zu 40 zugunsten der Vereinsbank festlegen[98]. Die Wirtschaftsprüfer bewerten dabei die Hypo-Bank mit einem Unternehmenswert zum Bewertungsstichtag von 27.860 Mio. DM und die Vereinsbank mit 41.431 Mio. DM[99]. Dabei sei das Bankgeschäft der beiden Institute von nahezu identischem Wert, heißt es. Die Vereinsbank habe jedoch mit einer zusätzlichen Hypothekenbank-Tochter, der Vereins- und Westbank, und den hohen Beteiligungssätzen (u.a. jeweils zehn Prozent an Allianz und Münchener Rück) im Endergebnis dann deutlich höher abgeschnitten[100]. Bewertungsstichtag ist der Tag der Hauptversammlung der Hypo-Bank als der übertragenden Gesellschaft, die über den Verschmelzungsvertrag beschließt, also der 19.05.1998[101]. Da zu diesem Zeitpunkt die Beschlüsse der Vorstände über das Umtauschverhältnis und die Höhe der baren Zuzahlung bereits vorliegen müssen, wird bei der Ermittlung der Unternehmenswerte zunächst auf den 31.12.1997 abgestellt. Die auf diesen technischen Bewertungszeitpunkt ermittelten Unternehmenswerte werden sodann auf den Bewertungsstichtag 19.05.1998 aufgezinst[102]. Die Vorstände der beiden Banken schließen sich bei der Ableitung des Umtauschverhältnisses und der Berechnung der baren Zuzahlung dem von den Wirtschaftsprüfern gewählten methodischen Vorgehen an und übernehmen die von ihnen ermittelten Unternehmenswerte sowie das daraus abgeleitete Umtauschverhältnis und die Höhe der berechneten baren Zuzahlung. Die diesbezüglichen Ausführungen im Verschmelzungsbericht decken sich inhaltlich vollständig mit den entsprechenden Ausführungen im Guachten der Wirtschaftsprüfer[103].

---

[97]   Vgl. Gemeinsamer Verschmelzungsbericht der Vereinsbank und Hypo-Bank S. 59; Handelsblatt vom 19.02.1998 S. 13.

[98]   Vgl. Handelsblatt vom 20.02.1998 S. 20.

[99]   Vgl. Gemeinsamer Verschmelzungsbericht der Vereinsbank und Hypo-Bank S. 70, 75; Prüfungsbericht C&L Deutsche Revision S. 19.

[100]   Vgl. Handelsblatt vom 20.02.1998 S. 20 sowie vom 01.04.1998 S. 19.

[101]   Das BayObLG geht ebenfalls von diesem Tag als zutreffendem Bewertungsstichtag aus, vgl. BayObLG ZIP 2003, 253, 258 („Hypovereinsbank").

[102]   Vgl. Prüfungsbericht C&L Deutsche Revision S. 11.

[103]   So Prüfungsbericht C&L Deutsche Revision S. 12.

9. Hohe Risikovorsorge bei der Hypo-Bank

Am 31.03.1998 gibt Hypo-Bank-Vorstandssprecher Eberhard Martini bei der gemeinsamen Bilanz-Pressekonferenz mit Vereinsbank-Vorstandssprecher Albrecht Schmidt erstmals Details über die enorm hohe Risikovorsorge der Hypo-Bank preis[104]. Das Institut hat die Kreditrisikovorsorge um 82,5 Prozent auf 2,85 Mrd. DM erhöht[105]. Dass der Saldo der Risikovorsorge letztlich nur 1,32 Mrd. DM betrug und damit um knapp ein Prozent höher als im Vorjahr lag, begründet Martini mit der Auflösung stiller Reserven, und zwar vor allem durch den Verkauf von Allianz-Aktien[106]. Anfang der neunziger Jahre habe die Hypo-Bank erhebliche Summen in Bauträger- und Development-Projekte finanziert, die aber dann nach Abflauen des Immobilienbooms in Schwierigkeiten gerieten[107]. Dieses Geschäft habe man dann zwar völlig eingestellt, die letzten Risiken aus der früheren Expansion habe man nun mit einem „Kraftakt" 1997 komplett bereinigt. Die beiden Fusionskandidaten sehe man jetzt auf „gleichem Risikostandard"[108].

Den Verdacht, die Hypo-Bank habe in der Vergangenheit laxere Maßstäbe in der Risikovorsorge angesetzt und deshalb jetzt mehr Restrisiken bereinigen müssen, um auf einen vergleichbaren Stand mit der Vereinsbank zu kommen, weist Martini zurück. Es handle sich lediglich um einen Schlussstrich in einem begrenzten und aufgegebenen Geschäftsfeld[109].

10. Der Verschmelzungsvertrag

Anfang April 1998 macht die Vereinsbank den Verschmelzungsvertrag bekannt, welcher am 17.03. abgeschlossen und notariell beurkundet wurde. Demzufolge wird das Vermögen der Hypo-Bank auf das Vermögen der Vereinsbank übertragen[110]. Diese Übertragung erfolgt im Innenverhältnis mit Wirkung zum Ablauf des 31.12.1997. Vom Beginn des 01.01.1998, 00.00 Uhr an gelten alle Handlungen und Geschäfte der Hypo-Bank als für Rechnung der Vereinsbank vorgenommen[111]. Der Verschmelzung ist die Bilanz der Hypo-Bank zum 31.12.1997 zugrunde ge-

---

[104]   So Handelsblatt vom 01.04.1998 S. 19.

[105]   Vgl. FAZ vom 01.04.1998 S. 22.

[106]   Vgl. FAZ vom 01.04.1998 S. 22; Handelsblatt vom 01.04.1998 S. 19.

[107]   Handelsblatt vom 01.04.1998 S. 19.

[108]   Vgl. FAZ vom 01.04.1998 S. 22; Handelsblatt vom 01.04.1998 S. 19.

[109]   So FAZ vom 01.04.1998 S. 22.

[110]   Vgl. FAZ vom 09.04.1998 S. 26.

[111]   § 1 Abs. 3 des Verschmelzungsvertrages.

legt[112]. Die Rückbeziehung auf den 01.01.1998 gilt allerdings nur, wenn die Verschmelzung vor dem 31.03.1999 durch Eintragung ins Handelsregister wirksam wird. Anderenfalls erfolgt eine Verschiebung des Stichtags gemäß § 10 des Verschmelzungsvertrages um ein Jahr[113]. Ist die Verschmelzung bis zum 31.12.1999 nicht wirksam geworden, können beide Partner vom Vertrag zurücktreten[114]. Die Hypo-Bank-Aktionäre tauschen ihre Papiere im festgelegten Verhältnis Zug um Zug gegen Aktien der Vereinsbank bei der zu diesem Zweck von beiden Banken zur Treuhänderin bestellten Dresdner Bank[115]. Zur Durchführung der Verschmelzung erhöht die Vereinsbank ihr Grundkapital um rund 553 Mio. DM auf 2,07 Mrd. DM[116].

Am 18.03.1998 wurde bereits die Richtigkeit und Vollständigkeit des Verschmelzungsvertrages vom auf Antrag der beiden Banken gerichtlich bestellten Verschmelzungsprüfer Coopers & Lybrand (C&L) Deutsche Revision AG, Frankfurt[117], uneingeschränkt bestätigt[118].

11. Zustimmung der Aktionäre zur Verschmelzung

Am 19.05.1998 beschließen die Aktionäre bei der Hauptversammlung der Hypo-Bank (Präsenz 88 Prozent des Grundkapitals) mit 99,9 Prozent den Zusammenschluss mit der Vereinsbank[119].

Eine Woche später genehmigt auch die Hauptversammlung der Vereinsbank die Verschmelzung beider Institute. Bei einer Präsenz von gut 62 Prozent beschlossen die Aktionäre mit 99,99 Prozent den Zusammenschluss zu den vorgeschlagenen Umtauschverhältnissen und die dafür beantragte Kapitalerhöhung[120].

112	Vgl. § 1 Abs. 2 des Verschmelzungsvertrages.
113	Vgl. Gemeinsamer Verschmelzungsbericht der Vereinsbank und Hypo-Bank S. 49.
114	§ 12 des Verschmelzungsvertrages.
115	Vgl. § 4 des Verschmelzungsvertrages.
116	Vgl. § 3 Abs. 1 des Verschmelzungsvertrages.
117	C&L ist inzwischen PricewaterhouseCoopers Deutsche Revision AG.
118	Vgl. Prüfungsbericht C&L Deutsche Revision S. 24.
119	Vgl. FAZ vom 20.05.1998 S. 21; Handelsblatt vom 27.05.1998 S. 21.
120	Vgl. FAZ vom 27.05.1998 S. 22; Handelsblatt vom 27.05.1998 S. 21.

12. Eintragung der Verschmelzung ins Handelsregister

Mit dem Wirksamwerden der Verschmelzung wird die Bayerische Vereinsbank in Bayerische Hypo- und Vereinsbank umbenannt[121]. Mitte Juni steht fest, dass die Bank mit dem Kurznamen „HypoVereinsbank" auftreten wird[122].

Die neue Hypovereinsbank nimmt die letzte Hürde auf dem Weg zur Fusion: In der Einspruchsfrist gehen keine Anfechtungsklagen der Aktionäre von Hypo-Bank und Vereinsbank gegen die Verschmelzung der beiden Institute ein. Die gesetzlich vorgeschriebene Frist läuft am 26.06.1998, einen Monat nach der Hauptversammlung der Vereinsbank, ab[123].

Ein von ehemaligen Hypo-Bank-Aktionären eingeleitetes Spruchverfahren mit dem Ziel, das Umtauschverhältnis für die ausgeschiedenen Aktionäre der Hypo-Bank durch Festsetzung einer zusätzlichen baren Zuzahlung angemessen zu verbessern, bleibt erfolglos. Das BayObLG weist die Anträge als unbegründet zurück[124]. Die Festsetzung einer zusätzlichen baren Zuzahlung hätte jedoch auch keinerlei Auswirkungen auf die Bestandskraft der Verschmelzung gehabt[125].

Die Verschmelzung wird am 29.08.1998 bzw. 31.08.1998 im Handelsregister eingetragen und am 02.09.1998 bekannt gemacht[126]. Die Hypo-Bank als juristische Person erlischt infolgedessen[127].

Am 03.09.1998 werden die Aktien der neu entstandenen Hypovereinsbank erstmals amtlich an den deutschen Wertpapierbörsen notiert[128].

Der Konzernabschluss der Hypovereinsbank für 1998 wird nicht mehr nach HGB-Vorschriften, sondern nach internationalen Rechnungslegungsvorschriften (amerikanische IAS) aufgestellt[129].

---

[121] So § 5 Abs. 1 des Verschmelzungsvertrages.

[122] Vgl. FAZ vom 22.06.1998 S. 28; Handelsblatt vom 17.06.1998 S. 23.

[123] Vgl. Investor Relations Release der Hypovereinsbank vom 29.06.1998 S. 1.

[124] Vgl. ausführlich BayObLG ZIP 2003, 253, 253ff. („Hypovereinsbank").

[125] Einzelheiten zu den Rechtsschutzmöglichkeiten der Aktionäre werden im 2. Teil der Arbeit ausführlich dargestellt. Vgl. zu den Wirkungen des Spruchverfahrens, Teil 2, 3. Kapitel B. II. sowie ebenda C. I.

[126] Vgl. BayObLG ZIP 2003, 253, 253 („Hypovereinsbank").

[127] Vgl. Sonderprüfungsbericht der BDO S. 79.

[128] Vgl. FAZ vom 04.09.1998 S. 31.

[129] Vgl. FAZ vom 24.07.1998 S. 17; Handelsblatt vom 24.02.1999 S. 20; Pressegespräch Schmidt vom 28.10.1998 S. 1. Die Möglichkeit nach International Accounting Standards (IAS) zu bilanzieren wurde durch § 292a HGB eröffnet. Diese Regelung wurde eingefügt durch das Gesetz zur Verbesserung der

C. Altlasten bei der ehemaligen Hypo-Bank

I. Die Entdeckung der Altlasten

„Ich bin tief enttäuscht und habe eine gehörige Wut im Bauch"[130]. Bei der Erläuterung der Neun-Monats-Zahlen der Hypovereinsbank am 28.10.1998 gibt Vorstandssprecher Schmidt ungewohnt emotional bekannt, dass weitere Altlasten aus dem Immobiliengeschäft der Hypo-Bank gefunden wurden, die zu einem außerordentlichen Wertberichtigungsbedarf von 3,5 Mrd. DM führen[131]. „Die Aufdeckung dieser Risiken hat mich tief erschüttert, weil ich mir ein Versagen dieses Ausmaßes nicht vorstellen konnte"[132]. Bisher sei er davon ausgegangen, dass die Hypo-Bank ihre Kreditrisiken vor der Fusion vollständig bereinigt habe, sagt Schmidt. Dabei verweist er darauf, dass die Hypo-Bank in ihrem Abschluss 1997 neben Wertberichtigungen für die üblichen Geschäftsrisiken von etwa 1 Mrd. DM einen speziellen Posten für Wertpapierrisiken aus der Immobilienfinanzierung von 1,5 Mrd. DM gebildet und damit eine Art Großreinemachen veranstaltet habe[133]. Nach zwei internen Prüfungen habe eine weitere Analyse externer Prüfer erst jetzt Gewissheit über das Bestehen weiterer Altlasten erbracht[134]. Das volle Ausmaß sei erst am 26.10. bekannt geworden. In der an diesem Tag stattfindenden Vorstandssitzung fällt der Beschluss die Risiken zu bereinigen[135]. Der Vorstand habe daraufhin sofort den fünfköpfigen Arbeitsausschuss des Aufsichtsrates unter der Leitung des Aufsichtsratsvorsitzenden Klaus Götte informiert[136]. Vor dem Start der fusionierten Bank am 01.09. sei es

---

Wettbewerbsfähigkeit deutscher Konzerne an Kapitalmärkten und zur Erleichterung der Aufnahme von Gesellschafterdarlehen (Kapitalaufnahmeerleichterungsgesetz – KapAEG) vom 20.04.1998, BGBl. I 1998, 707ff. und war bis zum 31.12.2004 befristet. Die Anwendung internationaler Rechnungslegungsstandards wird u.a. mit der Einfügung eines neuen § 315a in das HGB auf eine neue rechtliche Grundlage gestellt, so Begründung des RegE zum Gesetz zur Einführung internationaler Rechnungslegungsstandards und zur Sicherung der Qualität der Abschlussprüfung (Bilanzrechtsreformgesetz – BilReG), BT-Drucks. 15/3419, S. 31. Das BilReG ist am 10.12.2004 in Kraft getreten, vgl. BGBl. I 2004, 3166, 3182.

[130]   Handelsblatt vom 29.10.1998 S. 1; Der Spiegel 45/1998 S. 142.

[131]   Vgl. FAZ vom 29.10.1998 S. 22.

[132]   Pressegespräch Schmidt vom 28.10.1998 S. 6.

[133]   Vgl. FAZ vom 29.10.1998 S. 22.

[134]   Vgl. FAZ vom 29.10.1998 S. 22.

[135]   Vgl. Sonderprüfungsbericht der BDO S. 62.

[136]   Vgl. FAZ vom 29.10.1998 S. 22, Handelsblatt vom 29.10.1998 S. 1, Die Welt vom 29.10.1998 S. 15.

aus rechtlichen Gründen nicht möglich gewesen, Einzelengagements der Hypo-Bank zu prüfen, erklärt Schmidt[137].

Die zusätzlichen Risiken verteilen sich mit 2,5 Mrd. DM auf so genannte Joint Ventures und mit 1,0 Mrd. DM auf Developer-Finanzierungen[138]. Die Joint Venture-Risiken umfassen 52 Einzelprojekte, die von den beiden Holdinggesellschaften der früheren Hypo-Bank namens Hypo-Real und Hypo-Tectra betrieben worden sind. Die Grundstücksinvestitionen stammen weit überwiegend aus der Zeit der deutschen Einheitseuphorie der Jahre 1989 bis 1993[139]. Die Kredite der Hypo-Bank für diese Projekte von zusammengenommen 8,1 Mrd. DM müssen nun um 2,5 Mrd. DM wertberichtigt werden, da sich die Objekte nicht wie vorgesehen verwerten lassen. Einen weiteren Aufwand von 1 Mrd. DM erfordert nach näherer Untersuchung die realistische Bewertung weiterer Immobilien, deren Entwicklung die Hypo-Bank finanziert hat[140].

All dies wird aber nicht der Aufwandsposition „Risikovorsorge" zugeschlagen, wie dies der Fall wäre, wenn beispielsweise aufgrund einer Weltwirtschaftskrise die Immobilienpreise schlagartig fallen würden. Weil es sich um einen „Paradigmenwechsel" handelt, werden die 3,5 Mrd. als außerordentlicher Aufwand verbucht. Ein außerordentlicher Ertrag in gleicher Höhe wird produziert, indem Wertpapiere der Hypo-Bank, die diese in die Fusion einbrachte und die zu einem niedrigeren Anschaffungswert in den Büchern stehen, zum Marktwert veräußert und sofort wieder zurück erworben werden. Dadurch werden stille Reserven gehoben und bleiben steuerfrei, weil sie ja nur zur Abdeckung eines Verlustes in gleicher Höhe dienen[141]. Die Erfolgsrechnung der Bank werde deshalb nicht betroffen, meint der Finanzchef der Hypovereinsbank Wolfgang Sprißler. Die Gesamtreserven des Konzerns von zuletzt 15,8 Mrd. DM sinken allerdings entsprechend[142]. Was entsteht, ist ein Substanzverlust[143]. Trotz allem betragen die verbleibenden stillen Reserven des Bank-Konzerns Ende 1998 noch 15,1 Mrd. DM.[144].

Mit der Neubewertung der Risiken habe man nun endgültig für die Hypovereinsbank die gleichen konservativen Standards in der Risikovor-

---

137 Vgl. SZ vom 29.10.1998 S. 23.

138 Vgl. Pressegespräch Schmidt vom 28.10.1998 S. 6.

139 Vgl. Pressegespräch Schmidt vom 28.10.1998 S. 6; SZ vom 29.10.1998 S. 23.

140 Vgl. FAZ vom 29.10.1998 S. 22.

141 Vgl. FAZ vom 12.12.1998 S. 16, Handelsblatt vom 29.10.1998 S. 1.

142 Vgl. Handelsblatt vom 29.10.1998 S. 1; Pressegespräch Schmidt vom 28.10.1998 S. 6; SZ vom 29.10.1998 S. 23; Die Welt vom 29.10.1998 S. 15.

143 FAZ vom 12.12.1998 S. 16.

144 So FAZ vom 26.3.1999 S. 16.

sorge realisiert, wie sie in der Vereinsbank üblich waren, sagt Schmidt[145]. Die KPMG Frankfurt als externer Gutachter habe optimistisch geschätzt und sei dann zu der Bewertungsdifferenz von 3,5 Mrd. DM gekommen[146]. Der Spiegel zitiert einen Ex-Hypo-Immobilien-Manager sogar mit den Worten, dass 5 Mrd. DM eher angemessen wären[147].

Eberhard Martini weist alle Vorwürfe gegen die Führung der Hypo-Bank als „Unsinn" zurück. Die Bilanz sei völlig korrekt, von einem Loch könne keine Rede sein, weil die tatsächlichen Ergebnisse erst in einigen Jahren vorlägen, wenn die Objekte vermarktet seien[148]. Man habe sich bei der Bewertung der beiden Banken vor der Verschmelzung darauf geeinigt, gleiche Maßstäbe anzuwenden. Die Prüfungen zur Bewertung hätten bereits im Oktober 1997 begonnen. Sie seien Grundlage des Verschmelzungsgutachtens gewesen[149]. Es sei eine „Lachnummer", wenn Schmidt jetzt behaupte, dass er die einzelnen Risiken erst nach Fusionsvollzug am 1. September habe prüfen können[150]. Schmidt habe ihm einen Tag vor der Präsentation der Neun-Monats-Zahlen dazu geraten, sein Aufsichtsratsmandat niederzulegen[151]. Das aber habe er abgelehnt. Martini äußert den Verdacht, Schmidt wolle sich mit der Rückstellung von 3,5 Mrd. DM Spielraum verschaffen, um etwaige eigene Fehler zu kaschieren und schneller die angepeilte Eigenkapitalrendite von 15 Prozent zu erreichen[152]. Zudem unterstellt er Schmidt, er wolle sich eines Teils des Aufsichtsrates entledigen, und spricht ihm die charakterliche Eignung zur Führung einer Bank ab[153]: „Schmidts Charakter ist von Eitelkeit zerfressen, so ein Mann kann keine Bank führen"[154].

Wusste Schmidt über die Risiken wirklich nicht Bescheid oder steckt ein taktisches Manöver hinter der spontanen Entdeckung, so wie Martini dies vermutet[155]? Kenner der Münchener Bankenszene halten es jedenfalls für ausgeschlossen, dass Schmidt von möglichen Risiken in den Bü-

---

145 Vgl. Pressegespräch Schmidt vom 28.10.1998 S. 6; SZ vom 29.10.1998 S. 23.

146 Handelsblatt vom 04.11.1998 S. 13.

147 Vgl. Der Spiegel 48/1998 S. 116.

148 Vgl. Handelsblatt vom 02.11.1998 S. 1; SZ vom 31.10./01.11.1998 S. 22.

149 Vgl. SZ vom 31.10./01.11.1998 S. 22.

150 FAZ vom 02.11.1998 S. 24; vgl. SZ vom 31.10./01.11.1998 S. 22.

151 So Handelsblatt vom 02.11.1998 S. 1; Der Spiegel 45/1998 S. 142; SZ vom 31.10./01.11.1998 S. 22.

152 Vgl. SZ vom 31.10./01.11.1998 S. 22.

153 Vgl. Handelsblatt vom 02.11.1998 S. 1.

154 Der Spiegel 45/1998 S. 142.

155 Vgl. SZ vom 02.11.1998 S. 25.

chern der Hypo-Bank überrascht worden sein könnte[156]. Schmidt räumt zunächst ein, dass nach Anfertigung des Verschmelzungsberichts eine interne Revision der Hypo-Bank im Sommer 1998 stattgefunden habe, deren Ergebnisse mit dem Chefgutachter der Vereinsbank abgeglichen worden seien. Dabei sei man gemeinsam in einem Gutachten zu dem Ergebnis gekommen, dass im Immobilienbereich ein wesentlich höherer Vorsorgebedarf bestehe. Dieses interne Gutachten sei dann Anfang September der KPMG, Frankfurt, vorgelegt worden, die das Ergebnis bestätigt habe[157]. Ende November 1998 bestätigt ein Sprecher der Hypovereinsbank: Die Wirtschaftsprüfer der KPMG hätten im gemeinsamen Integrationsausschuss von Hypo-Bank und Vereinsbank, der die Verschmelzung der beiden Gesellschaften vorbereitet hat, Wertberichtigungen in Höhe von 2 Mrd. DM für die Engagements der Hypo-Bank in der Bilanz 1997 gefordert. Die Hypo-Bank sei dem mit der Berichtigung um 1,5 Mrd. DM nur teilweise nachgekommen[158].

In den Kreisen der ehemaligen Hypo-Bank wird vermutet, dass Schmidt nichts anderes getan habe, als die Wertberichtigungen, die im Verschmelzungsbericht auf Jahre hinaus berücksichtigt worden seien, zeitlich vorzuziehen und auf einen Schlag abzuwickeln[159].

Ende März 1999 wird diese Vermutung in gewisser Hinsicht bestätigt, als Schmidt erklärt, dass bereits vor der Fusion latente Risiken bei der Hypo-Bank bekannt gewesen seien. Im Herbst 1998 habe sich dann herausgestellt, dass aus diesen latenten Risiken akute Risiken geworden seien, so dass ein zusätzlicher Wertberichtigungsbedarf entstand. In den Bewertungsgutachten der Hypo-Bank seien zunächst rund 300 Mio. DM jährlich für höhere Risiken berücksichtigt. Das wären hochgerechnet zwischen 3 und 4 Mrd. DM[160].

II. Erklärungsversuche

Nach der Bekanntgabe, dass noch weitere Altlasten entdeckt wurden, stellt sich die Frage, wie es passieren konnte, dass Milliardenverluste über Jahre hinweg verborgen bleiben und dann ausgerechnet kurz nach dem Zusammenschluss sichtbar werden[161].

---

[156]   So Die Welt vom 02.11.1998 S. 13.
[157]   Vgl. Handelsblatt vom 04.11.1998 S. 13; SZ vom 04.11.1998 S. 23.
[158]   Vgl. FAZ vom 25.11.1998 S. 22.
[159]   So FAZ vom 05.01.1999 S. 16.
[160]   Vgl. Handelsblatt vom 26.03.1999 S. 1 und S. 22 sowie vom 05.05.1999 S. 29.
[161]   So FAZ vom 04.11.1998 S. 17.

Die Medien warten mit verschiedenen Erklärungsversuchen und Spekulationen auf:

> „Immerhin sind bei Immobilienfinanzierungen in dieser Größenordnung Vorstandsentscheidungen gefragt. Entpuppen sich die Entscheidungen als falsch, müssen Vorsorgen für die finanziellen Konsequenzen getroffen werden. Diese Vorsorgen wiederum werden von Wirtschaftsprüfern analysiert. Nur wenn sie nach den gesetzlichen Vorschriften getroffen und in ihrer Höhe plausibel sind, dürfen die Prüfer den Jahresabschluss mit einem uneingeschränkten Testat versehen. Dies ist bei der Hypo-Bank Jahr für Jahr geschehen"[162].

Darüber hinaus seien die Bücher beider Banken vor der Verschmelzung zusätzlich von drei Prüfungsgesellschaften untersucht worden, da die Institute im Hinblick auf die Umtauschverhältnisse zu bewerten waren[163].

Vor diesem Hintergrund ergeben sich für die Presse mehrere mögliche Erklärungsmuster: Die Zahlen wurden mit krimineller Energie geschickt gefälscht[164] oder der Hypo-Vorstand, sein Aufsichtsrat und die Wirtschaftsprüfer haben in einem Ausmaß versagt, das bisher undenkbar erschien[165] oder die Hypo-Bank hat ihre gewährten Immobilienkredite relativ optimistisch bewertet, in der Hoffnung, der Markt werde sich schon wieder günstiger entwickeln[166]. Einen gewissen Beurteilungsspielraum geben die Vorschriften durchaus her, ohne dass sich die Vorstände, Prüfer und Kontrolleure etwas zuschulden kommen lassen[167]. Beispielsweise winken bei einem Großprojekt, das fertig und komplett vermietet wird, Millionenerträge. Verkommt die Immobilie dagegen zu einer Investitionsruine, muss die gewährte Kreditsumme abgeschrieben werden. Dies muss aufgrund einer Zukunftsprognose bewertet werden, die folglich elementar wichtig für den Wertansatz in der Bankbilanz ist. Die Bilanz kann deshalb selbst bei einzelnen Projekten um mehrere Hundert Millionen DM schwanken[168]. Möglicherweise haben sich die Folgen unterschiedlicher, aber jeweils zulässiger Bewertungsmaßstäbe erst in voller Größenordnung gezeigt, als die ehemaligen Vereinsbank-Vorstände

---

[162]   FAZ vom 04.11.1998 S. 17.

[163]   Vgl. FAZ vom 04.11.1998 S. 17.

[164]   Vgl. FAZ vom 30.10.1998 S. 22.

[165]   Vgl. FAZ vom 04.11.1998 S. 17.

[166]   Vgl. FAZ vom 30.10.1998 S. 22.

[167]   FAZ vom 04.11.1998 S. 17.

[168]   Vgl. Der Spiegel 45/1998 S. 142f.

nach der Verschmelzung vollständigen Einblick in die Bücher erhielten[169].

Schmidt bestreitet allerdings die Anwendung zulässiger Bewertungsspielräume, vielmehr handele es sich um unrealistisch überzogene Erwartungen bei künftigen Mietpreisen[170]. Die Hypo-Bank habe beispielsweise bei einigen Immobilienprojekten angenommen, dass nach deren Fertigstellung in einigen Jahren Mieten von 50 bis 60 DM je Quadratmeter erreichbar seien, obwohl gegenwärtig nur 20 DM erzielt werden können[171]. Die untersuchten Risiken seien also falsch ausgewiesen worden[172]. Diese Beurteilung wird auch von Sprißler, Finanzvorstand der Hypovereinsbank, und Münich, dem damaligen Chefsyndikus der Vereinsbank, als zutreffend erachtet[173].

III. Motivation Schmidts

Unklar bleibt auch die Motivation Schmidts für sein Vorgehen. Zwar vermuten die meisten Branchenvertreter, dass im Immobiliengeschäft der Hypo-Bank in der Tat erhebliche Risiken und damit ein hoher Wertberichtigungsbedarf steckt[174]. Doch schon die Höhe und das späte Aufdecken der gefährdeten Positionen geben Anlass zu Fragen[175].

Auch die Presse spekuliert darüber und fahndet nach den Motiven Schmidts: Möglich sei, dass es sich tatsächlich so abgespielt habe, wie Schmidt der überraschten Öffentlichkeit kundtat[176]. Es könnten ihn aber auch ganz andere Gründe zu seinem Vorgehen veranlasst haben: War es die Aussicht, steuerfrei stille Reserven aus dem Fundus der einstigen Hypo-Bank zu heben oder mit der Bereinigung von Altlasten die ehrgeizigen eigenen Ertragsziele früher zu erreichen oder um missliebige Ex-Hypo-Angestellte in der neuen Bank zu disziplinieren bzw. gar zu entlassen[177]? Möglicherweise treffe Schmidt auch Vorkehrungen, um etwaige eigene Fehler abfedern zu können[178] oder um von eigenen Schwierig-

---

169   Vgl. FAZ vom 30.10.1998 S. 22.
170   Vgl. FAZ vom 14.11.1998 S. 19 sowie vom 12.12.1998 S. 16.
171   Vgl. FAZ vom 17.11.1998 S. 25.
172   So FAZ vom 14.11.1998 S. 19.
173   Gespräch des Verfassers mit Sprißler und Münich am 08.10.2004.
174   SZ vom 03.11.1998 S. 25.
175   So SZ vom 03.11.1998 S. 25.
176   Vgl. SZ vom 03.11.1998 S. 25
177   Vgl. Die Welt vom 03.11.1998 S. 14.
178   So Die Welt vom 02.11.1998 S. 13.

keiten abzulenken[179]. Der Spiegel nennt Schmidts Handeln sogar einen geschickten Trick: Zum einen verschaffe sich dieser so ein ansehnliches Finanzpolster; zum anderen beschädige er das Image seines Kontrahenten Martini. Denn jetzt seien die Risiken noch von Martini zu verantworten, in zwei Jahren wären es Schmidts faule Kredite gewesen[180]. Diese Einschätzung wird von Martini geteilt; der Ablauf der Dinge lege das Vorliegen eines Handstreichs nahe. Zwei Tage vor der Veröffentlichung sei der Vorstand und einen Tag vorher der Aufsichtsrat-Ausschuss informiert worden. Er selbst habe sogar erst wenige Stunden zuvor, am Abend vor der Veröffentlichung, von den Vorgängen erfahren[181]. Die Süddeutsche Zeitung (SZ) kommentiert die Vorgehensweise Schmidts folgendermaßen: „Gewiss muss der Vorstand mit Blick auf die Publizitätspflicht mit solchen Erkenntnissen sorgsam umgehen. Dies bedeutet jedoch nicht, dass sie innerhalb des Unternehmens bis zur letzten Minute unter der Decke gehalten werden müssen"[182].

Schmidt rechtfertigt sein Vorgehen damit, dass er keine andere Wahl habe, als diese Berichtigung vorzunehmen; sonst würde er sich strafbar machen[183]. Aus bilanzrechtlichen Gründen und auf Basis des Wertpapierhandelsgesetzes (WpHG) sei er zur Bildung der Wertberichtigungen verpflichtet[184]. Diese Einschätzung wird von Sprißler geteilt. Er betont die Pflicht zur Abdeckung entdeckter Risiken[185].

Ein weiterer Punkt, der vor allem die Aktionäre der ehemaligen Vereinsbank beschäftigt, ist der Zeitpunkt, zu dem die Altlasten entdeckt wurden. Schmidt wird vorgeworfen, er hätte die Bewertungsdifferenzen bei den in Frage kommenden 52 Immobilienprojekten schon früher erkennen müssen[186]. Schon im Juni 1998 sei der Vereinsbank-Vorstand Paul Siebertz an die Überprüfung der Immobilienprojekte gegangen. Schmidt, dem sicher bald erste Zwischenergebnisse dieser Prüfung zugänglich gewesen seien, hätte noch bis kurz vor Eintragung der Verschmelzung ins Handelsregister Ende August den Hebel umwerfen können[187]. Dieser Vermutung treten Sprißler und Münich später entgegen: Wann Siebertz mit der Überprüfung der Immobilienprojekte begonnen habe, wüssten

---

[179]   So FAZ vom 26.03.1999 S. 16.

[180]   Vgl. Der Spiegel 46/1998 S. 112f.

[181]   Vgl. SZ vom 31.10./01.11.1998 S. 22 sowie vom 02.11.1998 S. 25.

[182]   SZ vom 02.11.1998 S. 25.

[183]   Vgl. FAZ vom 26.03.1999 S. 16.

[184]   Handelsblatt vom 04.11.1998 S. 13.

[185]   Gespräch des Verfassers mit Sprißler und Münich am 08.10.2004.

[186]   Vgl. Handelsblatt vom 04.11.1998 S. 13.

[187]   FAZ vom 07.05.1999 S. 22.

sie zwar nicht mehr genau, aber sicher nicht bereits im Juni. Die Überprüfung habe lange gedauert und Siebertz habe erst kurz vor der Pressekonferenz Ende Oktober über die Größenordung der Risiken Bescheid gewusst[188].

Auch Schmidt weist diesen Vorwurf zurück: „Wir waren bis zum 01.09. zwei Gesellschaften. Nicht der Vereinsbank-Vorstand war für die Untersuchung der Einzelfälle zuständig, sondern die beiden Verschmelzungsprüfer." Es seien gemischte Teams aus den beiden Prüfungsgesellschaften WEDIT und KPMG München gebildet worden. Er gehe davon aus, dass sich die Prüfungsgesellschaften die 52 Einzelfälle genau angeschaut hätten: „Das ist ihr Job"[189]. Vor dem 1. September sei es aus rechtlichen Gründen nicht möglich gewesen, Einzelengagements genau zu überprüfen, erklärte Schmidt unter Verweis auf Datenschutz und Bankgeheimnis[190]. Vorher musste man sich auf das Wort des Partners, testierte Abschlüsse und Gutachten verlassen[191]. Es habe sich um einen „Merger unter Gleichen" gehandelt. Man habe deshalb darauf vertraut, dass die Hypo-Bank alle Risiken vor der Fusion abgedeckt habe[192]. Die angekündigte Risikovorsorge der Hypo-Bank von 1,5 Mrd. DM habe die Führung der Vereinsbank beruhigt Im Übrigen sei die Unternehmensprüfung bei einer gleichberechtigten Fusion weniger streng, als bei einer Akquisition[193]. Diese Ansicht wird auch von Wirtschaftsprüfern vertreten: Die Vereinbarung eines Merger of Equals begründe besondere Verpflichtungen gesellschaftsrechtlicher Art wie Verpflichtungen zur vertrauensvollen Zusammenarbeit, Mitwirkungs- und Aufklärungspflichten, die über das Maß dessen hinausgingen, was im Falle einer normalen Verschmelzung durch Aufnahme gegeben sei. Hieraus folge, dass sich dann aber auch jeder Partner bei der Erfüllung der eigenen Sorgfaltspflichten auf die verstärkte Mitwirkungs- und Aufklärungspflicht des anderen Partners verlassen könne, solange der durch den Merger of Equals begründete Vertrauenstatbestand bestehe[194].

Am 05.11.1998 treffen sich Schmidt und Martini zu einem persönlichen Gespräch und legen ihren Streit bei. „Im festen Willen zum Zusammen-

---

188 Gespräch des Verfassers mit Sprißler und Münich am 08.10.2004.
189 Handelsblatt vom 04.11.1998 S. 13.
190 So SZ vom 29.10.1998 S. 23.
191 Handelsblatt vom 29.10.1998 S. 2.
192 Vgl. Handelsblatt vom 07.05.1999 S. 29.
193 Vgl. FAZ vom 05.05.1999 S. 21.
194 So Sonderprüfungsbericht der BDO S. 116. Ob aus der Vereinbarung eines Merger of Equals diese Schlussfolgerungen gezogen werden können, soll im 2. Teil der Arbeit geprüft werden, vgl. Teil 2, 1. Kapitel C. III. 5.

wachsen der beiden Häuser bedauern sie das öffentliche Zerwürfnis", teilt dazu die Hypovereinsbank mit[195]. Man bedaure, „im Zusammenhang mit Bewertungsdifferenzen emotional reagiert" zu haben[196]. Der Spiegel kommentiert dies folgendermaßen: „Was Schmidt der Öffentlichkeit wenige Stunden nach dem Schlichtungsversuch dünnlippig als „gutes und langes Gespräch" verkaufte, war in Wahrheit der Versuch, das Schlimmste zu verhindern – für sich selbst"[197]. Das Handelsblatt erklärt den geschlossenen Burgfrieden so: „Schmidts Fehler war es, den Coup weder mit Allianz-Chef Schulte-Noelle noch mit Ministerpräsident Stoiber abzusprechen – beide wollen keinen Rauch am weiß-blauen Finanzhimmel Münchens sehen. Deshalb ist Schmidt jetzt offenbar gezwungen, heftig zurückzurudern"[198].

IV. Reaktionen

1. Reaktion des Aufsichtsrats

Als Reaktion auf die Vorkommnisse schaltet sich der Vorsitzende des Aufsichtsrats Klaus Götte in die Diskussion ein: „Die vom Vorstand der Bank erstattete Meldung hat Aufklärungsbedarf zur Risikosituation der Gesamtbank erzeugt", so Götte. Der Aufsichtsrat erwarte vom Vorstand eine umfassende Darstellung und werde sich vorbehalten, unter Hinzuziehung externer Sachverständiger verbleibende Aufklärungsdefizite abzuarbeiten[199].

Bei der Sondersitzung des Aufsichtsrats am 15.11.1998 gelingt es Schmidt, alle Zweifel an der Notwendigkeit der Sonderwertberichtigung auszuräumen. Der Arbeitsausschuss des Aufsichtsrats hatte sich zuvor die Unterlagen nahezu aller 130 Projekte vorlegen lassen, um daraus eine repräsentative Auswahl für die Sitzung zu treffen[200]. Im Anschluss an die Sondersitzung teilt die Hypovereinsbank in einer Ad-hoc-Mitteilung mit, dass der Aufsichtsrat nach nochmaliger Stellungnahme der beteiligten Wirtschaftsprüfer folgendes beschlossen habe: Den vom Vorstand vorgelegten Zwischenbericht zum 30.09.1998 mit einer Sonderwertberichtigung von 3,5 Mrd. DM habe der Aufsichtsrat zustimmend zur Kenntnis genommen. Die Sonderwertberichtigung begründe sich darauf, dass die

---

[195]   Vgl. SZ vom 06.11.1998 S. 25; Die Welt vom 06.11.1998 S. 15.

[196]   Vgl. Handelsblatt vom 06.11.1998 S. 12.

[197]   Der Spiegel 46/1998 S. 112.

[198]   Handelsblatt vom 06.11.1998 S. 12.

[199]   Vgl. Die Welt vom 03.11.1998 S. 14; SZ vom 06.11.1998 S. 3.

[200]   So Handelsblatt vom 17.11.1998 S. 17.

Bank auf der Basis der aus heutiger Sicht möglichen Verkaufspreise und mit der Annahme optimaler Verwertungsmöglichkeiten eine andere Bewertungsmethode angewandt habe[201]. Vorstand und Aufsichtsrat stimmten darin überein, dass mit dem Methodenwechsel der Jahresabschluss 1997 der Hypo-Bank nicht in Frage gestellt werden soll. Es soll aber die Zuständigkeit für das Immobiliengeschäft im Vorstand geändert werden[202]. Die Sonderwertberichtigung werde in den Jahresabschluss 1998 eingestellt[203]. Der Aufsichtsrat habe Schmidt und seinen Vorstandskollegen einstimmig das Vertrauen ausgesprochen, teilt ein Sprecher der Hypovereinsbank nach der Sondersitzung mit. Mit Ja stimmte demnach auch Martini[204].

2. Reaktion der Presse

Die SZ stellt Mutmaßungen darüber an, wie es zu dieser Erklärung des Aufsichtsrates kommen konnte:

> „Hat man Schmidt in der Aufsichtsratssitzung zurechtgestutzt, mit ihm als fähigem Banker aber dann jenen Schulterschluss vorgenommen, ohne den er sein schwieriges Geschäft der Zusammenführung der beiden Häuser nicht mehr hätte wahrnehmen können? Oder hat Schmidt seine Räte mit Hinweis auf das WpHG, das bei der Veröffentlichung von kursrelevanten Unternehmensdaten keinen Aufschub gewährt, von der Notwendigkeit seines Vorpreschens überzeugen können"[205]?

Jedenfalls eröffnet das Wort vom „Methodenwechsel" die Möglichkeit, den Konflikt zwischen Schmidt und Martini zu beenden und den plötzlichen Wertberichtigungsbedarf ohne Schuldzuweisung zu begründen[206].

Die Erklärung des Aufsichtsrates führt außerhalb der Hypovereinsbank jedoch nicht zur erhofften Beruhigung der Situation. Die Methodenänderung bei der Bewertung sei ganz offensichtlich nur ein Synonym für gröbliche Versäumnisse der mit Immobiliengeschäften befassten alten Hypo-Mannschaft sowie auch der Wirtschaftsprüfer. Es werde nämlich dargelegt, dass die jetzigen Wertansätze keine extrem pessimistische Darstellung der Werthaltigkeit seien, sondern sehr realistische. Wenn

---

[201] Vgl. Die Welt vom 17.11.1998 S. 24; Sonderprüfungsbericht der BDO S. 62.

[202] Vgl. FAZ vom 16.11.1998 S. 24; Handelsblatt vom 17.11.1998 S. 17.

[203] Vgl. Pressegespräch Schmidt vom 23.02.1999 S. 3; Vorläufiger Jahresabschluss 1998 S. 3.

[204] Vgl. SZ vom 17.11.1998 S. 21.

[205] SZ vom 17.11.1998 S. 21.

[206] Vgl. Handelsblatt vom 16.11.1998 S. 14.

man dies früher anders gesehen habe, dann könne es sich nur um eine Bewertungsmethode gehandelt haben, die entweder grob fahrlässig oder vorsätzlich die tatsächlichen Wertverhältnisse missachtet habe, so die SZ[207]. Nach Ansicht der FAZ befriedige die Erklärung des Aufsichtsrates nicht vollständig, zumal der Methodenwechsel auch auf Anfrage nicht näher erläutert werde. Schmidt habe zudem schon vor Tagen bestritten, dass zulässige Bewertungsspielräume angewendet worden seien. „Methodenwechsel der Bewertungen" heiße also im Klartext, dass zuvor falsche Bewertungen berichtigt wurden. Die vorigen unkorrekten Bewertungen, gebilligt von allen Gremien der Hypo-Bank und den diversen Wirtschaftsprüfern, sollen aber ohne Konsequenzen bleiben, folge man dem Beschluss des Aufsichtsrates[208]. Das Handelsblatt fragt:

> „Was zunächst klang wie ein beinahe schon krimineller Akt der Verschleierung von Risiken, soll sich nun als harmloser Methodenwechsel entpuppen? Für die Anleger bleibt die Frage offen: Waren die „unterschiedlichen Methoden" der Risikobilanzierung in den Wertgutachten ausreichend berücksichtigt"[209]?

Die Hypovereinsbank befürchtet durch die Sonderwertberichtigung in Höhe von 3,5 Mrd. keine Konsequenzen für die Verschmelzung[210]. Ganz anders beurteilt dies Der Spiegel: Kurz vor der Fusion habe die Vereinsbank ihre achtprozentige Allianz-Beteiligung steuerfrei gegen 45 Prozent an der Hypo-Bank tauschen dürfen. Nun könnten die Finanzbehörden den Fall neu aufrollen – weil die Geschäftsgrundlage für die Steuerbefreiung entfallen sei. Von einer Art-, Funktions- und Wertgleichheit der Aktienpakete, welche Voraussetzung für die Steuerbefreiung ist, könne keine Rede mehr sein. Des Weiteren werde der 97er Abschluss der Hypo-Bank zur Makulatur – und damit die Bewertung des Instituts bei der Verschmelzung. Im schlimmsten Fall müsse deshalb die Fusion rückabgewickelt werden[211].

3. Reaktion der Aktionäre

Bereits vor der Sondersitzung des Aufsichtsrates reagieren die Anleger selbst: Unabhängig vom Ausgang der Aufsichtsratssitzung fordert die Schutzgemeinschaft der Kleinaktionäre (SdK)[212] eine aktienrechtliche

---

[207]   SZ vom 17.11.1998 S. 21.

[208]   Vgl. FAZ vom 17.11.1998 S. 25.

[209]   Vgl. Handelsblatt vom 17.11.1998 S. 17.

[210]   So Handelsblatt vom 29.10.1998 S. 1.

[211]   Vgl. Der Spiegel 48/1998 S. 116 sowie 1/1999 S. 65.

[212]   Inzwischen hat sich die SdK in „Schutzgemeinschaft der Kapitalanleger – Die Aktionärsvereinigung" umbenannt, vgl. SZ vom 06.04.2004 S. 27.

Sonderprüfung, da wegen der widersprüchlichen Äußerungen der Organe eine Beurteilung der Lage durch Außenstehende praktisch unmöglich sei[213]. Die SdK verlangt in diesem Zusammenhang insbesondere eine Überprüfung der Rolle der Allianz. Falls die offen gelegten Schieflagen bei den Immobilienfinanzierungen tatsächlich zuträfen, hätte der Versicherungskonzern als Hypo-Bank-Großaktionär einen erheblichen Vorteil aus der Fusion gezogen – zu Lasten der ehemaligen Vereinsbank-Aktionäre[214]. Sollten sich die Altlastenvorwürfe bestätigen, sei die Hypo-Bank als Sanierungsfall zu betrachten. Die Fusion erscheine dann in völlig neuem Licht, was weitergehende Schritte gegen die verantwortlichen Vorstände und Aufsichtsräte nach sich ziehen müsse. Scharfe Kritik übt die SdK ebenfalls an den beteiligten Wirtschaftsprüfungsgesellschaften[215].

Nach der Veröffentlichung der Ad-hoc-Mitteilung, dass man eine andere Bewertungsmethode angewandt habe, reagieren die Aktionärsschutzvereinigungen mit Kritik. Die Mitteilung trage nichts zur Klärung der Sachlage bei und lasse Fragen offen[216]. Sie fordern von der Hypovereinsbank, Ansprüche gegen die Wirtschaftsprüfer zu verfolgen[217]. Geschehe dies nicht, behalte man sich vor, eine Sonderprüfung zu beantragen, erklärt die Deutsche Schutzvereinigung für Wertpapierbesitz (DSW)[218]. Auch die bayerische Landtags-SPD fordert eine Sonderprüfung. Es sei klar, dass der Aktientausch bei der Fusion unter falschen Voraussetzungen erfolgt sei. Die früheren Vereinsbank-Aktionäre hätten einen erheblichen Vermögensverlust erlitten. Davon sei auch der Freistaat als Anteilseigner betroffen[219]. Bayern habe über die Landesstiftung 9,2 Prozent der Vereinsbank-Aktien gehalten[220]. Jetzt müssten mögliche Regressansprüche aus den Management- und Bewertungsfehlern geklärt werden[221].

---

213   Vgl. FAZ vom 14.11.1998 S. 19.

214   Die Welt vom 13.11.1998 S. 26.

215   Vgl. FAZ vom 14.11.1998 S. 19; Die Welt vom 13.11.1998 S. 26.

216   Vgl. Die Welt vom 17.11.1998 S. 24.

217   Vgl. SZ vom 18.11.1998 S. 31.

218   Vgl. FAZ vom 19.11.1998 S. 30.

219   Vgl. SZ vom 19.11.1998 S. 28.

220   Vgl. Gemeinsamer Verschmelzungsbericht der Vereinsbank und Hypo-Bank S. 13.

221   Vgl. SZ vom 19.11.1998 S. 28.

4. Reaktion des BAKred

Das Bundesaufsichtsamt für das Kreditwesen in Berlin (BAKred)[222] ist hellhörig geworden, seit sie von der Geschäftsleitung der Hypovereinsbank von dem hohen Wertberichtigungsbedarf unterrichtet worden ist. Nach Aussage eines Sprechers des Amtes stehe man mit der Bank in enger Verbindung, um zu prüfen, woher dieser Wertberichtigungsbedarf gekommen sei und welche Auswirkungen er auf die finanzielle Situation der Bank habe.

Da das Amt auf Grundlage des Kreditwesengesetzes (KWG) aber nur „Missständen im Kredit- und Finanzdienstleistungswesen entgegenzuwirken" habe, welche die „den Instituten anvertrauten Vermögenswerte gefährden" oder „erhebliche Nachteile für die Gesamtwirtschaft herbeiführen", sei mit dem Treffen von Anordnungen durch das BAKred gegenüber der Hypovereinsbank nicht zu rechnen. Denn Auswirkungen des Wertberichtigungsbedarfs auf das haftende Eigenkapital, auf das die Bankenaufsicht, getragen vom Gläubigerschutzgedanken, ihr Augenmerk richtet, treten aufgrund der Verrechnung der Abschreibungen mit den stillen Reserven nicht auf[223].

5. Reaktion Schmidts

Hat Schmidt unmittelbar nach der Entdeckung der Altlasten zunächst den früheren Vorstand der Hypo-Bank für die Bewertungsdiskrepanz verantwortlich gemacht, so beschuldigt er etwas später vor allem die Wirtschaftsprüfungsgesellschaften WEDIT und KPMG München[224]. Er denke nicht, diese Wirtschaftsprüfer dem Aufsichtsrat zur Weiterbeschäftigung zu empfehlen, äußerte Schmidt besonders in Bezug auf die WEDIT, die jahrelang die Hypo-Bilanzen testierte[225]. Ihr soll das Mandat entzogen werden[226].

Die WEDIT weist die Vorwürfe Schmidts zurück. Der geschäftsführende Gesellschafter der WEDIT, Wolfgang Grewe, der auch eine der beiden Unterschriften unter den Bestätigungsvermerk zum Abschluss 1997 der

---

[222]   Mit dem Gesetz über die integrierte Finanzdienstleistungsaufsicht vom 25.04.2002, BGBl. I 2002, 1310ff. wurde das BAKred mit dem Bundesaufsichtsamt für den Wertpapierhandel und dem Bundesaufsichtsamt für das Versicherungswesen zusammengelegt. Daraus ging die neue Bundesanstalt für Finanzdienstleistungsaufsicht (BAFin) hervor. Sie hat am 01.05.2002 ihre Tätigkeit aufgenommen.

[223]   Vgl. dazu FAZ vom 25.11.1998 S. 22.

[224]   Vgl. Handelsblatt vom 13.11.1998 S. 22; SZ vom 04.11.1998 S. 23.

[225]   Vgl. FAZ vom 03.11.1998 S 24; Der Spiegel 45/1998 S. 142, 143.

[226]   So Der Spiegel 45/1998 S. 142, 143; Die Welt vom 03.11.1998 S. 14.

Hypo-Bank geleistet hat, erklärt, dass er keinerlei Anlass sehe, von dieser Unterschrift abzurücken. Seine Gesellschaft bleibe bei der Einschätzung, dass der Vorstand der Hypo-Bank die Risiken korrekt wiedergegeben habe[227].

Harald Wiedmann, Vorstandssprecher der KPMG Deutschland, verteidigt die unterschiedlichen Ergebnisse zwischen der Bewertung der Risiken durch KPMG München im Vorfeld der Verschmelzung und KPMG Frankfurt nach der Verschmelzung mit dem Argument, dass bei einem Verschmelzungsgutachten üblicherweise keine Kreditprüfungen stattfänden[228]. Mehr will Wiedmann nicht sagen, die Hypovereinsbank habe die KPMG zur absoluten Verschwiegenheit verpflichtet[229].

V. Ermittlungen der Staatsanwaltschaft

Der Streit um die unerwarteten Rückstellungen der neuen Hypovereinsbank für Kreditrisiken der früheren Hypo-Bank enthält auch eine strafrechtliche Dimension. Wirtschaftsstrafrechtler weisen darauf hin, dass sich die Vorstände der früheren Hypo-Bank u.a. wegen Untreue, Betrugs oder Kapitalanlagebetrugs strafbar gemacht haben könnten[230]. In Betracht komme aber auch eine Strafbarkeit der Wirtschaftsprüfer, die die Abschlüsse testiert haben wegen Verletzung der Berichtspflicht gemäß § 332 HGB[231].

Die Staatsanwaltschaft am Landgericht München I eröffnet Ende Dezember 1998 ein Ermittlungsverfahren gegen „Unbekannt" wegen des Verdachts der Untreue. Am 05.01.1999 durchsucht die Staatsanwaltschaft die Geschäftsräume der Hypovereinsbank und beschlagnahmt Kreditunterlagen. Der Leitende Oberstaatsanwalt Manfred Wick erläutert, dass das Verfahren in Zusammenhang mit der Finanzierung jener 52 Immobilienprojekte stehe, die nach der Verschmelzung einer Neubewertung unterzogen worden waren[232]. Die Staatsanwaltschaft hatte zuvor Hinweise bekommen, dass die ehemalige Hypo-Bank im gewerblichen Immobiliengeschäft für einen Teil der gewährten Kredite zu hohe

---

227 Vgl. FAZ vom 03.11.1998 S. 24.

228 Vgl. Handelsblatt vom 17.11.1998 S. 17.

229 Vgl. FAZ vom 25.11.1998 S. 22; Der Spiegel 46/1998 S. 112, 113. Ob bei der Unternehmensbewertung auf Kreditprüfungen verzichtet werden kann, soll im 2. Teil der Arbeit untersucht werden, vgl. Teil 2, 2. Kapitel B. II. 2.

230 Ausführlich dazu Handelsblatt vom 03.11.1998 S. 21.

231 Vgl. Handelsblatt vom 05.11.1998 S. 22.

232 Vgl. FAZ vom 04.01.1999 S. 24 sowie vom 05.01.1999 S. 16; Handelsblatt vom 05.01.1999 S. 25; Investor Relations Release der Hypovereinsbank vom 13.01.1999; Der Spiegel 1/1999 S. 65.

Provisionen gezahlt und in anderen Fällen Kredite ohne die üblichen Wertgutachten vergeben habe[233].

Die Hypovereinsbank reagiert hierauf mit der Veröffentlichung einer Klarstellung: Die Ermittlungen richten sich nicht gegen die Hypovereinsbank[234].

Am 10.03.1999 lässt die Staatsanwaltschaft erneut umfangreiche Durchsuchungen durchführen. Betroffen sind Büros und Wohnungen von Eberhard Martini, Hans Fey, Klaus Heiss und Werner Münstermann, allesamt Ex-Vorstände der Hypo-Bank, sowie die Büros der Wirtschaftsprüfungsgesellschaft WEDIT[235]. Münstermann ist zu dieser Zeit Vorstandssprecher der Konzerntochter Vereins- und Westbank in Hamburg. Fey und Heiss haben die Bank nach der Fusion verlassen[236]. Ihnen werden Untreue und Bilanzfälschung vorgeworfen[237]. Zwei Mitarbeiter der WEDIT werden beschuldigt, sie hätten in Zusammenarbeit mit den vier Vorständen über Jahre hinweg dafür gesorgt, dass Verluste der Hypo-Bank verschleiert wurden[238].

Dem Durchsuchungsbeschluss zufolge, haben die Beschuldigten mit allerlei Tricks die Verluste der Immobilienprojekte jedes Jahr aufs Neue vertuscht. Auch die interne Revision der Bank habe von den Schieflagen bereits 1993 gewusst[239]. In den folgenden Jahren seien immer neue Kosten bei den Gemeinschaftsunternehmen aufgelaufen. Gleichzeitig seien deren Vermarktungschancen schlechter geworden[240]. Die Beschuldigten, so die Ermittler, wollten bei der Hypo-Bank für 1996 keinen Verlust ausweisen, deshalb hätten sie durch Maßnahmen, die mit der WEDIT abgestimmt gewesen seien, das Jahresergebnis besser dargestellt, als es der wirklichen Geschäftslage entsprach[241]. Martini verteidigt die Bilanzmethoden damit, dass diese allesamt mit dem BAKred abgesprochen gewesen seien. Das BAKred weist diese Behauptung jedoch zurück: „Die Bilanzmaßnahmen wurden weder mit dem Bundesaufsichtsamt abge-

---

233   Vgl. FAZ vom 12.01.1999 S. 18, Handelsblatt vom 12.01.1999 S. 22.

234   Vgl. Investor Relations Release der Hypovereinsbank vom 13.01.1999.

235   So Der Spiegel 11/1999 S. 100.

236   Vgl. Handelsblatt vom 11.03.1999 S. 1.

237   Vgl. Handelsblatt vom 22.03.1999 S. 2; Der Spiegel 11/1999 S. 100.

238   So Handelsblatt vom 27.10.1999 S. 29; Der Spiegel 11/1999 S. 100.

239   Vgl. Der Spiegel 11/1999 S. 100.

240   Vgl. Der Spiegel 11/1999 S. 100, 101.

241   Ausführlich zu diesen abgesprochenen Maßnahmen: Der Spiegel 11/1999 S. 100, 101.

sprochen oder in anderer Weise mit dessen vorherigem Einverständnis vorgenommen", heißt es in einem Schreiben der Behörde[242].

Nach Ansicht der Staatsanwaltschaft haben die vier Ex-Vorstände durch die Bilanzfälschung die Gewinne der Bank gesteigert und teilweise gravierende Verluste vermieden. Es bestehe der Verdacht, dass sie dadurch eine Erhöhung ihrer Gewinnbeteiligung und Tantiemen erreichten[243].

Schmidt reagiert auf die Durchsuchungen mit Erleichterung, er sei heilfroh, dass jetzt ganz konkret gegen bestimmte Personen ermittelt werde[244].

Am 19.03.1999 wird der ehemalige Generalbevollmächtigte der Hypo-Bank, Peter Stumpf, wegen des Verdachts der Untreue und Bestechlichkeit verhaftet[245]. Über Jahre hinweg, so meint die Staatsanwaltschaft, habe Stumpf dem Vorstand riskante Kreditanträge zur Bewilligung empfohlen und dafür von den Schuldnern Schmiergelder kassiert. Die Ermittler verdächtigen die vier beschuldigten Ex-Vorstände, von Stumpfs Vorgehen gewusst zu haben[246].

Mitte Oktober 1999 weitet die Staatsanwaltschaft ihre Ermittlungen aus, es wird nun gegen drei weitere Mitarbeiter der ehemaligen Hypo-Bank ermittelt. Unter den Beschuldigten befindet sich auch das ehemalige Vorstandsmitglied der Hypo-Bank Joachim Hausser[247].

Kurz darauf werden Zitate aus den polizeilichen Vernehmungsprotokollen früherer Immobilienmanager der Hypo-Bank bekannt. Die Immobilienmanager erklären demnach, sie hätten Mitglieder des Vorstands darauf hingewiesen, dass die Immobilienverluste der Hypo-Bank um Milliardensummen höher seien, als sie in die Bilanz 1997 eingebucht werden sollten[248]. Sie seien aber von den Vorstandsmitgliedern angewiesen worden, diese Berechnungen wegzuwerfen[249].

Ende Februar 2000 richten sich die Ermittlungen gegen 14[250], beim Abschluss der Ermittlungen Ende Juni 2001 gegen 20 frühere Vorstände

---

242 Vgl. Der Spiegel 14/1999 S. 80.

243 Vgl. Der Spiegel 11/1999 S. 100, 101.

244 So Der Spiegel 11/1999 S. 100, 102.

245 Vgl. FAZ 23.03.1999 S. 21; Handelsblatt vom 23.03.1999 S. 1; Der Spiegel 12/1999 S. 102 sowie 13/1999 S. 84, 85.

246 Vgl. Der Spiegel 13/1999 S. 84, 85.

247 Vgl. FAZ vom 21.10.1999 S. 21; Handelsblatt vom 21.10.1999 S. 23 sowie vom 27.10.1999 S. 29.

248 Vgl. FAZ vom 27.10.1999 S. 22; Handelsblatt vom 27.10.1999 S. 29.

249 FAZ vom 27.10.1999 S. 22; Handelsblatt vom 27.10.1999 S. 29.

250 So FAZ vom 29.02.2000 S. 20.

und Mitarbeiter der ehemaligen Hypo-Bank[251]. Die Staatsanwaltschaft stellt die eingeleiteten Strafverfahren schließlich gegen Zahlung von hohen Geldsummen im August 2001 ein. Die fünf ehemaligen Hypo-Vorstände müssen nach Presseberichten jeweils hohe sechsstellige DM-Beträge an die Staatskasse bezahlen[252]. Martini stimmt der Zahlung von 700.000 DM zu. Mit 13 Personen werden Geldauflagen von insgesamt 3,1 Mio. DM vereinbart. Damit gelten Martini und seine früheren Kollegen nicht als vorbestraft. Mit einer Anklage wegen Untreue muss aber der ehemalige Generalbevollmächtigte Stumpf rechnen[253]. Nach Angaben von Münich, dem ehemaligen Chefsyndikus der Vereinsbank, sind auch die Verfahren gegen die beiden Mitarbeiter der WEDIT gegen Zahlung einer Geldsumme eingestellt worden[254].

Laut Staatsanwaltschaft haben die fünf Ex-Vorstände der Hypo-Bank in den Abschlüssen 1994 bis 1997, auf Hauptversammlungen und Bilanzpressekonferenzen sowie gegenüber dem Aufsichtsrat „die Ertragslage der Bank zu günstig dargestellt und bilanzpolitisch motivierte Sondermaßnahmen nicht offen gelegt". Dies verstößt gegen die Straftatbestände der §§ 331 Nr. 1 und 2 HGB, 400 Abs 1 Nr. 1 AktG. Nicht bestätigt habe sich der Verdacht, die Manager hätten einen noch höheren Wertberichtigungsbedarf für zwingend erforderlich gehalten. Damit habe sich der Schuldvorwurf „deutlich relativiert", so der Leitende Oberstaatsanwalt Wick. „Relativiert" habe sich auch der Verdacht der Untreue wegen pflichtwidriger Kreditvergaben. Die Staatsanwaltschaft vermutet, dass „von Anfang an nur unzureichende Sicherheiten vorlagen". Zudem hielten die Staatsanwälte den Beschuldigten zugute, dass sie ursprünglich erhebliche Gewinne erwartet hätten. Später hätten sie mit der Verlängerung und Aufstockung von Krediten Totalverluste vermeiden wollen[255].

Nachdem die Staatsanwaltschaft Anfang März 1999 nicht mehr gegen „Unbekannt", sondern gegen konkrete Personen ermittelt, greift Martini Schmidt scharf an. Schmidt wolle „uns ehemalige Hypo-Vorstände, – Aufsichtsräte und –Wirtschaftsprüfer offensichtlich kriminalisieren"[256].

---

251 Vgl. Handelsblatt vom 19.06.2001 S. 36.

252 So FAZ vom 19.06.2001 S. 22; vgl. auch Der Spiegel 25/2001 S. 91. Anders SZ vom 28.04.2004 S. 21 im Hinblick auf den früheren Vorstand der Hypo-Bank Hans Fey. Genannt wird ein Betrag von nur 85.000 DM.

253 Vgl. FAZ vom 28.08.2001 S. 24, vom 15.10.2001 S. 19 sowie vom 16.10.2001 S. 32; Handelsblatt vom 28.08.2001 S. 28.

254 Gespräch des Verfassers mit Sprißler und Münich am 08.10.2004.

255 So FAZ vom 28.08.2001 S. 24; vgl. auch Handelsblatt vom 28.08.2001 S. 28; Der Spiegel 35/2001 S. 95.

256 Handelsblatt vom 15.03.1999 S. 18.

Fey spricht von unglaublichen Diffamierungen. Selten sei ein Verschmelzungspartner nach einem Zusammenschluss derart über den anderen Partner hergefallen[257]. Nach der Verschmelzung und dem Auftritt des „Herrn Doktor Schmidt" seien die Hypo-Vorstände „an die Wand gestellt" und die ganze Bank durch den Schmutz gezogen worden, beklagt sich Fey und fordert offen die Ablösung von Schmidt[258]. Dieser habe schon vor der Bankenfusion vom Ausmaß der Risiken gewusst. Bereits im Juli 1998 hätten detaillierte Objektanalysen stattgefunden, sagt Fey[259].

Nach Darstellung des Spiegel wirft auch Aufsichtsratsvorsitzender Götte Schmidt vor, bereits im Sommer 1998 von den Milliardenrisiken der Hypo-Bank gewusst zu haben[260].

Martini kritisiert im Oktober 2001 nach Einstellung des Verfahrens das Vorgehen der Staatsanwaltschaft. Die Ermittlungen seien einseitig nur auf den Vorstand bezogen gewesen, obwohl der Aufsichtsrat „von allem gewusst habe". Der Hypo-Vorstand habe dem Aufsichtsrat für die umstrittene Bilanz des Jahres 1997 sogar eine deutlich höhere Wertberichtigung als die getätigten 1,5 Mrd. DM vorgeschlagen. Doch der Aufsichtsrat habe die höhere Zahl nicht mitgetragen[261].

VI. Rücktritt des Aufsichtsratsvorsitzenden

Am 20.03.1999 kündigt Götte seinen Rücktritt zum 21.04. an. Er begründet seinen Schritt damit, dass sein Versuch, die Krise beizulegen, gescheitert sei[262]. Das in dieser Situation ihm Mögliche habe er damit getan. Mehr könne er nicht beitragen, um der Bank bei der dringend gebotenen Rückkehr zur Normalität zu helfen. Die Ereignisse vom Oktober 1998 hätten die Verschmelzung schmerzlich belastet[263]. An der öffentlichen

---

257   Vgl. Handelsblatt vom 22.03.1999 S. 23.

258   Vgl. Handelsblatt vom 07.05.1999 S. 12; Der Spiegel 18/1999 S. 88.

259   Vgl. Handelsblatt vom 31.03.1999 S. 27. Laut einem Pressebericht habe sich Fey nach eigenen Worten die Aufgabe gestellt, „die Ehre der Hypo-Bank wiederherzustellen". Die Hypovereinsbank müsse eine „Ehrenerklärung" für die Hypo-Bank abgeben, wonach die Vorwürfe „den Tatsachen nicht gerecht wurden" und die „Rufschädigung" des Instituts bedauert werde, so SZ vom 28.04.2004 S. 21.

260   So Der Spiegel 12/1999 S. 102.

261   So FAZ vom 15.10.2001 S. 19.

262   Vgl. Handelsblatt vom 22.03.1999 S. 1 sowie vom 23.03.1999 S. 1.

263   Vgl. FAZ vom 22.03.1999 S. 17.

Auseinandersetzung zwischen Schmidt und Martini habe er „unter Wahrung der Neutralität seines Amtes" nicht teilgenommen[264].

Bereits Ende Oktober musste er sich nach dem Aufdecken der zusätzlichen Immobilienrisiken von der SdK Forderungen nach seinem Rücktritt gefallen lassen, da er als ehemaliger Aufsichtsratsvorsitzender der Hypo-Bank für das Desaster die oberste Verantwortung trage. Von der Staatsanwaltschaft wird Götte jedoch nur als Zeuge angesehen und nicht als Beschuldigter[265].

Fünf Tage nach Göttes Rücktrittsankündigung räumt Schmidt erstmals öffentlich ein, dass latente Risiken der Hypo-Bank bereits vor der Fusion bekannt gewesen seien. Diese Risiken seien dann plötzlich akut geworden, so dass ein zusätzlicher Wertberichtigungsbedarf entstanden sei[266].

Bei der Sitzung des Aufsichtsrates am 03.05. wird Kurt Viermetz, Mitglied des Verwaltungsrates bei der Investment-Bank JP Morgan, New York, einstimmig zum neuen Aufsichtsratsvorsitzenden gewählt[267].

VII. Ausgleichsforderungen der Aktionäre

Die Kleinaktionäre vermuten nach alledem, dass wegen der bis Ende Oktober 1998 unbekannten Fehlbewertung der Immobilien-Engagements der Hypo-Bank die Verschmelzung im falschen Werteverhältnis zustande gekommen sein könnte[268]. Dann könnte auch das Umtauschverhältnis der Aktien nicht gestimmt haben. Die ehemaligen Vereinsbank-Aktionäre müssten daher einen Ausgleich bekommen[269]. Allerdings sei diese Frage wegen einer Lücke im Umwandlungsrecht ungeklärt[270]. Gleich nach Bekanntwerden des Wertberichtigungsbedarfs erwog die DSW die Einleitung eines Spruchverfahrens[271]. Später erklärt Carsten Heise, Geschäftsführer der DSW, dass sich der Verdacht der Benachteiligung der ehemaligen Vereinsbank-Aktionäre wohl kaum in rechtliche Auseinandersetzungen münzen lasse. Ein Spruchverfahren könnten laut Gesetz nur die Aktionäre der übertragenden Hypo-Bank führen, nicht die Anteilseigner der aufnehmenden Vereinsbank. Eine Anfechtungskla-

---

264 Vgl. Handelsblatt vom 22.03.1999 S. 1.

265 Vgl. FAZ vom 22.03.1999 S. 17.

266 Vgl. Handelsblatt vom 26.03.1999 S. 1.

267 Vgl. FAZ vom 29.03.1999 S. 28 sowie vom 04.05.1999 S. 21; Investor Relations Release der Hypovereinsbank vom 04.05.1999.

268 Vgl. FAZ vom 15.03.1999 S. 25.

269 Handelsblatt vom 06.11.1998 S. 12.

270 Vgl. Die Welt vom 13.11.1998 S. 26.

271 Vgl. Handelsblatt vom 30.10.1998 S. 22.

ge, bei der der Kläger die Beweislast trägt, wäre zu kostspielig; außerdem seien die Fristen längst verstrichen. Die DSW behalte sich aber vor, eine Sonderprüfung der Altlasten zu beantragen[272].

Die SdK fordert eine Entschädigung für ehemalige Aktionäre der Vereinsbank. Da eine gerichtliche Überprüfung derzeit kaum noch möglich sei, solle eine freiwillige Ausgleichszahlung oder Sonderausschüttung für ehemalige Anteilseigner erfolgen[273].

In die Kritik gerät auch die Allianz. Der Versicherungskonzern hielt an der Hypo-Bank 22,6 Prozent. Und laut Spiegel war er es, der die Fusion einfädelte. Durch den Aktientausch im Frühjahr 1998 hätte die Allianz einen um knapp 800 Mio. DM überhöhten Anteil an der neuen Bank erhalten, sollte die Hypo-Bank tatsächlich um 3,5 Mrd. DM zu hoch bewertet worden sein[274]. Ein Aktionär spricht davon, die Allianz habe lange gewusst, dass sie bei der Hypo-Bank aufräumen muss und habe dies auch getan: Mit Hilfe der Fusion habe sie eine total marode Beteiligung in eine ganz ordentliche umgewandelt. Daher müssten sich die Schadensersatzansprüche der Kleinaktionäre auch gegen die Allianz wenden[275].

VIII. Hauptversammlung vom 06. Mai 1999

Am 12.03.1999 befasst sich das Präsidium des Aufsichtsrats der Hypovereinsbank mit Einzelheiten einer Sonderprüfung und beschließt, dem Aufsichtsrat auf dessen Sitzung am 24.03.1999 die Einsetzung eines externen Sonderprüfers vorzuschlagen, um den erhobenen Vorwürfen im Zusammenhang mit der Entdeckung der Altlasten nachzugehen[276]. Damit zieht die Bank erste Konsequenzen aus der Ausweitung der staatsanwaltschaftlichen Ermittlungen gegen ehemalige Hypo-Bank-Vorstände[277]. Der Abschlussbericht der Sonderprüfer soll dann nach Fertigstellung den Aktionären zugänglich gemacht werden[278]. Im Rahmen der Sitzung des Aufsichtsrates beschließt dieser, der Hauptversammlung am 06.05. die Bestellung der BDO Deutsche Warentreuhand AG Wirtschaftsprüfungsgesellschaft (BDO), München, zum Son-

---

[272] Vgl. FAZ vom 25.11.1998 S. 22.

[273] Vgl. FAZ vom 01.04.1999 S. 27; Handelsblatt vom 01.04.1999 S. 22.

[274] So Der Spiegel 11/1999 S. 100, 102.

[275] Vgl. FAZ vom 07.05.1999 S. 22.

[276] Vgl. FAZ vom 13.03.1999 S. 18; Handelsblatt vom 15.03.1999 S. 18.

[277] So Handelsblatt vom 15.03.1999 S. 18.

[278] Vgl. Handelsblatt vom 15.03.1999 S. 18.

derprüfer vorzuschlagen[279]. Der Sonderprüfer soll erstens untersuchen, ob die Risikovorsorge der Hypo-Bank in ihrem Jahresabschluss 1997 angemessen war. Er soll zweitens prüfen, welche Gründe es für die fusionierte Hypovereinsbank gab, 1998 eine außerordentliche Wertberichtigung von 3,5 Mrd. DM vorzunehmen, und woraus sich diese Wertberichtigung im Einzelnen zusammensetzt. Darüber hinaus soll geklärt werden, ob die Risiken des Geschäfts der Hypo-Bank bei der Festlegung des Umtauschverhältnisses angemessen berücksichtigt worden sind. Und schließlich soll festgestellt werden, ob bei der Ermittlung der Risiken beider Banken vor der Fusion von allen Beteiligten die nötige Sorgfalt beachtet worden ist[280].

Im Vorfeld der Hauptversammlung kündigen die beiden Interessenvertreter der Aktionäre DWS und SdK an, sowohl dem Vorstand als auch dem Aufsichtsrat der Hypovereinsbank die Entlastung verweigern zu wollen. Man wolle die Entlastung solange zurückstellen, bis der Bericht des Sonderprüfers vorliege. Der Gegenantrag sei Voraussetzung für etwaige spätere Schadensersatzansprüche der Aktionäre[281].

Zwei weitere Aktionäre wollen mit ihren Gegenanträgen erreichen, dass die Sonderprüfung ausgedehnt wird. Sie wollen geklärt wissen, ob im Rahmen der Verschmelzung das Bundesdatenschutzgesetz verletzt wurde und ob sich Mitglieder des Aufsichtsrates oder des Vorstandes pflichtwidrig verhalten haben[282].

Zunächst sieht die Bank nach eigener Aussage keinen Anlass dafür, die Entlastung zu verschieben[283]. Kurz vor ihrer Hauptversammlung aber treffen sich Aufsichtsrat und Vorstand und beschließen der Hauptversammlung den Vorschlag zu machen, die Entscheidung über ihre Entlastung für das Geschäftsjahr 1998 zu vertagen[284]. Erst wenn das Ergebnis der Sonderprüfung durch die BDO vorliege, solle über die Entlastung

---

[279] So LG München AG 2000, 235, 236f. Danach hat der Vorstand in seiner Sitzung vom 16.03.1999 keinen Vorschlag zugunsten der BDO beschlossen, sondern habe die Auswahl des Sonderprüfers seinem Vorsitzenden Schmidt und dem Finanzvorstand Sprißler überlassen. Schmidt habe daraufhin mit einem Aufsichtsratmitglied gesprochen, das sich auf die BDO festgelegt habe.

[280] Vgl. Sonderprüfungsbericht der BDO S. 5, 7.

[281] Vgl. FAZ vom 30.03.1999 S. 22; Handelsblatt vom 30.03.1999 S. 18.

[282] Vgl. Handelsblatt vom 13.04.1999 S. 23.

[283] So Handelsblatt vom 05.05.1999 S. 29.

[284] Vgl. FAZ vom 04.05.1999 S. 21; Investor Relations Release der Hypovereinsbank vom 04.05.1999.

entschieden werden[285]. Dadurch werde den Aktionären volle Transparenz für ihr Votum ermöglicht. Diese Vorgehensweise sei konsequent und bedeute einen Beitrag für die Aktionärskultur in Deutschland[286].

Auf der Hauptversammlung stimmen über 99,9 Prozent der anwesenden Aktionäre einer Sonderprüfung durch die BDO zu. Die Entlastung für das Jahr 1998 wird auf die Zeit nach Abschluss der Sonderprüfung vertagt[287]. Die KPMG wird zum Abschlussprüfer für das Geschäftsjahr 1999 gewählt[288].

Viele Aktionäre zeigen sich auf der Hauptversammlung verärgert und ungläubig über den ganzen Vorgang der Sonderwertberichtigung, über das angebliche Nichtwissen von Schmidt und die öffentliche Auseinandersetzung an der Spitze der Bank. Als völlig undenkbar bezeichnen es mehrere Aktionärssprecher, die KPMG, die bei der Bewertung der beiden Banken derart versagt habe, wieder zum Abschlussprüfer der Hypovereinsbank zu bestellen[289].

Viermetz deutet auf der Hauptversammlung an, dass es im Immobiliengeschäft der ehemaligen Hypo-Bank zu Unregelmäßigkeiten gekommen sein könnte. Für den Aufsichtsrat verdichte sich die Erkenntnis, dass dabei eine regelmäßige, systematische und vollständige Erfassung und Bewertung der Risiken unterblieben sei, sagt Viermetz. Dies wäre sicherlich ein gravierender Fehler gewesen, er wolle der beantragten Sonderprüfung aber nicht vorgreifen[290]. Schon vorher hieß es gerüchteweise, dass die letzte interne Revision der Hypo-Bank bei den Immobilientöchtern Hypo-Real und Hypo-Tecta, wo der größte Teil der Risiken entstanden ist, 1993 stattgefunden habe[291]. Das Immobilienmanagement der Hypo-Bank habe zudem zu lange auf den Immobilienzyklus vertraut und mit einer positiven Marktentwicklung kalkuliert, so Viermetz[292].

Ausdrücklich erklärt Viermetz gegenüber den Aktionären, dass die Verschmelzung endgültig, unumkehrbar und unangreifbar sei, unabhängig vom Ergebnis der Sonderprüfung, die im Herbst abgeschlossen sein soll. Ansprüche gegen die Hypovereinsbank würden nicht bestehen, das

---

285   Vgl. FAZ vom 04.05.1999 S. 21; Investor Relations Release der Hypovereinsbank vom 23.10.1999 S. 1.

286   Investor Relations Release der Hypovereinsbank vom 04.05.1999.

287   Vgl. Handelsblatt vom 07.05.1999 S. 1.

288   Vgl. LG München AG 2000, 235, 235.

289   Vgl. FAZ vom 07.05.1999 S. 22.

290   Vgl. FAZ vom 07.05.1999 S. 22; Handelsblatt vom 07.05.1999 S. 29.

291   So Handelsblatt vom 17.11.1998 S. 17.

292   Handelsblatt vom 07.05.1999 S. 29.

Umtauschverhältnis entspreche den tatsächlichen Wertverhältnissen[293]. Am 19.05.1999 beauftragt die Hypovereinsbank die BDO mit der Durchführung der Sonderprüfung gemäß §§ 142 ff. AktG[294].

Mehrere Aktionäre fechten daraufhin die zu TOP 5 und 14 gefassten Beschlüsse der Hauptversammlung an, mit denen die BDO zum Sonderprüfer (TOP 5) und die KPMG zum Abschlussprüfer (TOP 14) bestellt worden sind. Unter TOP 5 der Einladung zur ordentlichen Hauptversammlung vom 06.05.1999 heißt es, Aufsichtsrat und Vorstand schlagen vor, die BDO zum Sonderprüfer zu bestellen. Nach den Feststellungen des BGH erklärte Vorstandssprecher Schmidt auf den Hinweis eines Aktionärs, die Wahl des Sonderprüfers könne nur der Aufsichtsrat vorschlagen, Vorstand und Aufsichtsrat schlügen zwar die Durchführung der Sonderprüfung vor, hingegen werde die Wahl der BDO zum Sonderprüfer nur vom Aufsichtsrat vorgeschlagen. Nachdem Versammlungsleiter Viermetz vor Beginn der Abstimmung zu TOP 5 auf den in der Einladung zur Hauptversammlung bekannt gegebenen Vorschlag des Aufsichtsrates, die BDO zum Sonderprüfer zu bestellen, hingewiesen hatte, folgte die Hauptversammlung mit ihrem Beschluss dem Vorschlag des Aufsichtsrates[295]. Der BGH erklärt den Beschluss der Hauptversammlung über die Bestellung der BDO zum Sonderprüfer in seinem Urteil vom 25.11.2002 für nichtig. Der Beschluss beruhe auf einer fehlerhaften Bekanntmachung der Tagesordnung, denn nach § 124 Abs. 3 S. 1 AktG hat nur der Aufsichtsrat der Hauptversammlung Vorschläge zur Beschlussfassung über die Bestellung von Prüfern zu unterbreiten. Aufgrund dieses Gesetzesverstoßes durfte die Hauptversammlung zu TOP 5 keinen Beschluss fassen (§ 124 Abs. 4 S. 1 AktG). Dieser Verstoß sei zudem auch nicht so marginal, dass ihm ausnahmsweise die erforderliche Relevanz für eine sachgerechte Meinungsbildung abzusprechen wäre[296].

Auch bezüglich der Bestellung der KPMG zum Abschlussprüfer (TOP 14) führt die Anfechtungsklage der Aktionäre zur Nichtigkeit des Hauptversammlungsbeschlusses. Der BGH stellt fest, dass aus der Sicht eines objektiv und sachgerecht urteilenden Dritten im Zeitpunkt der Beschlussfassung der Hauptversammlung die Besorgnis bestand, dass die KPMG ihre Aufgabe als Abschlussprüfer nicht unbefangen, unparteiisch und unbeeinflusst von jeder Rücksichtnahme auf eigene Interessen wahrnehmen werde. Es liege auf der Hand, dass ein Abschlussprüfer,

---

[293]   Vgl. Handelsblatt vom 07.05.1999 S. 29.

[294]   Vgl. Sonderprüfungsbericht der BDO S. 5.

[295]   Vgl. BGHZ 153, 32, 33f.

[296]   Ausführlich BGHZ 153, 32, 35ff.; zustimmend *Bayer/Fischer* EWiR 2003, 199, 200.

der bereits vorher an einem Verschmelzungswertgutachten mitgearbeitet hat, dessen Richtigkeit bezweifelt wird und der sich deshalb in der Öffentlichkeit erheblichen Angriffen ausgesetzt sieht, geneigt sein könne, die bilanziellen Sachverhalte, die zu Zweifeln an der Richtigkeit des Gutachtens Anlass gaben, auch bei seiner Tätigkeit als Abschlussprüfer eher als nicht gravierend und ungefährlich darzustellen und damit die ihm als Abschlussprüfer zugewiesene Aufgabe einer problemorientierten Prüfung zu verfehlen. Zumindest die Versuchung dazu resultiere aus einer natürlichen Selbstrechtfertigungstendenz sowie dem verständlichen Bemühen um Ansehenswahrung. Der Beschluss der Hauptversammlung verstoße daher gegen §§ 318 Abs. 3 a.F., 323 HGB. Kannte die Mehrheit bei der Beschlussfassung die die Besorgnis der Befangenheit begründenden Einzelheiten, so liege zugleich eine Treupflichtverletzung der Mehrheit gegenüber den Minderheitsaktionären vor[297].

IX. Ergebnisse der Sonderprüfung

Am 23.10.1999 veröffentlicht die Hypovereinsbank in einer Ad-hoc-Meldung die wesentlichen Ergebnisse der Sonderprüfung und erklärt Folgendes[298]: Die BDO hat heute ihren Bericht vom 22.10. dem Vorstand und dem Aufsichtsrat der Hypovereinsbank zugeleitet. Die Prüfer kommen zu folgenden Feststellungen:

Das Immobilienportfolio der Hypo-Bank wies zum 31.12.1997 erhebliche Kreditrisiken auf, die im Wesentlichen aus Joint Venture- und Developer-Finanzierungen resultieren. Diesen Kreditrisiken wurde im Jahresabschluss zum 31.12.1997 nicht in ausreichender Höhe Rechnung getragen. Die Risikovorsorge zum 31.12.1997 war um 3,629 Mrd. DM unterdotiert. Dies führt zur Nichtigkeit des Jahresabschlusses 1997 der Hypo-Bank wegen Überbewertung gemäß § 256 Abs. 5 AktG.

1. Die der in 1998 vorgenommenen außerordentlichen Wertberichtigung zugrunde liegenden Geschäftsvorfälle sind ausnahmslos in der Hypo-Bank begründet. Die Wertberichtigung in Höhe von 3,5 Mrd. DM stimmt weitgehend mit der von uns festgestellten fehlenden Risiko-

---

[297] Ausführlich BGHZ 153, 32, 40ff. Eine Anfechtung werde auch nicht durch § 318 Abs. 3 S. 1 HGB a.F. ausgeschlossen. Diese Regelung habe keinen Ausschließlichkeitscharakter, vgl. BGHZ 153, 32, 44ff. Zustimmend *Bayer/Fischer* EWiR 2003, 199, 200. Vgl. aber nun ausdrücklich § 243 Abs. 3 Nr. 2 AktG und § 318 Abs. 3 HGB. Diese Neuregelungen wurden durch das am 10.12.2004 in Kraft getretene BilReG eingefügt. Vgl. auch Begründung des RegE zum BilReG, BT-Drucks. 15/3419, S. 35f.: Die Gesetzesänderung geht auf dieses Urteil des BGH zurück.

[298] Vgl. FAZ vom 25.10.1999 S. 23.

vorsorge der Hypo-Bank von 3,629 Mrd. DM zum 31.12.1997 überein. Der Gang der Erörterung der Risikovorsorge der Hypo-Bank im Winterhalbjahr 1997/98 gibt Anlass zu der Annahme, dass der Vorstand der Hypo-Bank einen höheren Wertberichtigungsbedarf zum 31.12.1997 hätte erkennen können.

2. Die Geschäftsrisiken der ehemaligen Hypo-Bank sind bei der Festlegung des Umtauschverhältnisses im Rahmen der Verschmelzung mit der Vereinsbank angemessen berücksichtigt. Die aufgedeckten Fehlbeträge in der Risikovorsorge der Bilanz der Hypo-Bank zum 31.12.1997 sind im Rahmen der Risikovorsorge auf Gesamtbankebene und somit im Umtauschverhältnis enthalten.

3. Die Vorstände und Aufsichtsräte beider Banken haben bei der Untersuchung der Risiken der jeweils anderen Bank ihre Sorgfaltspflichten nicht verletzt[299].

Im Einzelnen heißt es in dem 133 Seiten umfassenden Bericht der Sonderprüfer:

> „Für alle von uns geprüften Bereiche haben wir das Risikocontrolling untersucht. Dabei haben wir festgestellt, dass die Wirkungsweise des Risikocontrollings im Wesentlichen unbefriedigend war und nicht ausreichend die den Geschäften inhärenten Risiken abdeckte. Insbesondere fehlendes aktuelles sowie die bestehenden Risiken widerspiegelndes Datenmaterial hat wesentlich dazu beigetragen, dass Fehlentwicklungen bei den Joint Ventures, den Bauträger- und Developerkrediten, im Vermittelten Immobilienkreditgeschäft sowie bei den Mietgarantien nicht rechtzeitig erkannt wurden. 1997 hat die Hypo-Bank erste organisatorische Vorkehrungen zur Verbesserung der Risikoanalyse bezüglich der bestehenden Kreditportfolien und zum Abbau von Risiken getroffen.
>
> Die Innenrevision hat den Bereich Joint Venture-Kredite und den Bereich Developer- und Bauträger-Kredite wiederholt geprüft. Die Berichte enthalten schwerwiegende Feststellungen zum Risikogehalt der problematischen Kredite. Bereits 1996 hatte die Innenrevision auf Klumpen- und sonstige Risiken im Bereich des Vermittelten Immobilienkreditgeschäfts hingewiesen. Die Berichte wurden den zuständigen Vorstandsmitgliedern zeitnah zugeleitet, die die Kenntnisnahme der Berichte durch ihr jeweiliges Kurzzeichen dokumentiert haben.
>
> Die Risikovorsorge für die Gesamtbank wurde in den halbjährlichen Klausurtagungen auf Vorstandsebene aufgrund von Pla-

---

[299]   Sonderprüfungsbericht der BDO S. 132; vgl. Investor Relations Release der Hypovereinsbank vom 23.10.1999.

nungsrechnungen festgelegt. Nach uns von Mitarbeitern der damals für die Bildung der Risikovorsorge zuständigen Abteilung erteilter Auskunft stand die Festlegung der Risikovorsorge in engem Zusammenhang mit der Ergebnissteuerung und der Dividendenpolitik. Der zentralen Überwachungsabteilung oblag dabei eine permanente Abstimmung von Budget und individuell ermitteltem Risikovorsorgebedarf. Zusammenfassend lässt sich feststellen, dass die Vorgehensweise bei der Bildung der Risikovorsorge einem funktionierenden Steuerungs- und Risikomanagement nicht entsprach. Die Quantifizierung der Risikovorsorge orientierte sich im Wesentlichen an bilanz- und dividendenpolitischen Gegebenheiten"[300].

Der Spiegel fast dieses Ergebnis wie folgt zusammen: Die Vorstände zogen die von den Aktionären erwartete Dividende vom Gewinn ab. Die Risikovorsorge war dann eine Art Restposten[301].

Die Hypovereinsbank hatte den Wertberichtigungsbedarf von 3,5 Mrd. DM im November 1998 mit einem Methodenwechsel bei der Bewertung der Risiken begründet. Diesem Erklärungsversuch widersprechen die Sondergutachter ausdrücklich:

„Es hat im Rahmen der Ermittlung der Immobiliensicherheiten für den Jahresabschluss zum 31.12.1998 keine Änderung der Bewertungsmethode stattgefunden. Die in die Bewertung eingehenden Parameter wie z.B. erzielbare Miete, Renditeerwartung, Verwertungszeitraum, Veräußerungserlös sowie Bau- und Vertriebskosten, sind allerdings sachgerechter und sorgfältiger ermittelt worden, so dass die Korrektur einer bisher nicht ordnungsgemäßen Bewertung der Geschäftsvorfälle stattgefunden hat"[302].

Die Sonderprüfer stellen weiter fest:

„Die nach unserer Ansicht zusätzlich notwendige Risikovorsorge im Jahresabschluss zum 31.12.1997 der Hypo-Bank beträgt 3,629 Mrd. DM und erreicht somit eine Größenordnung, welche die Nichtigkeit dieses Jahresabschlusses wegen Überbewertung gemäß § 256 Abs. 5 AktG zur Folge hat. Die festgestellte Überbewertung übersteigt den Jahres- und Konzernüberschuss 1997 der Hypo-Bank um ein Mehrfaches. Sie macht mehr als ein Drittel des bilanziellen Eigenkapitals der AG bzw. des Konzerns der Hypo-Bank zum 31.12.1997 aus. Die notwendige Risikovorsorge

---

300   Sonderprüfungsbericht der BDO S. 57f.
301   So Der Spiegel 43/1999 S. 144.
302   Vgl. Sonderprüfungsbericht der BDO S. 46, 58.

ist nicht zusätzlich zu der in 1998 vorgenommenen Sondermaßnahme der Hypovereinsbank erforderlich"[303].

Auch bezüglich der Aufstellung des Jahresabschlusses 1997 der Hypo-
Bank führt die Sonderprüfung zu neuen Erkenntnissen: Im Herbst 1997
wurde der Wertberichtigungsbedarf der Engagements im Joint Venture-
Bereich durch die Geschäftsführer der Hypo-Real und Hypo-Tecta
grundsätzlich neu erörtert. Ein neu eingetretener Geschäftsführer kam
bei der Überprüfung der Projektkalkulationen der einzelnen Projekte zu
der Erkenntnis, dass die den Projektkalkulationen zugrunde gelegten
Bewertungsannahmen weitgehend unrealistisch waren. Das Ergebnis
seiner Neubewertung, die eine Unterdeckung von 2,134 Mrd. DM der
ihm übertragenen 2/3 aller Joint Ventures ergab, fasste er zusammen.
Nach Aussage des Geschäftsführers, stellte er sein Ergebnis dem Verwaltungsrat der Hypo-Real und Hypo-Tecta am 26.09.1997 vor. Mitglieder des Verwaltungsrats waren Münstermann, Heiss, Fey und Huber[304].

Aus dem Protokoll über die Sitzung des Vorstandes der Hypo-Bank am
25./26.11.1997 ist ersichtlich, dass Münstermann eine Risikovorsorge für
das allgemeine Geschäft von 1,520 Mrd. DM und eine weitere Kreditrisikovorsorge von 2,117 Mrd. DM allerdings für die Engagements im gesamten Joint Venture-Bereich und auch im Bauträger- und Developer-
Bereich ansprach. Aus dem Protokoll über die Aufsichtsratssitzung der
Hypo-Bank vom 01.12.1997 geht hervor, dass die Risikovorsorgebeträge
für wirtschaftlich notwendig erachtet wurden. In seiner Rede vor dem
Aufsichtsrat an diesem Tag erklärte Martini, dass das Geschäftsfeld von
Development-Finanzierungen im Joint Venture-Sektor nicht mehr als
aktives Geschäft betrieben werde. Insoweit sei eine Liquidationsbewer-
tung der Forderungen der Hypo-Bank gegen die betreffenden Joint
Venture-Gesellschaften gerechtfertigt[305].

Zu der Liquidationsbewertung der Forderungen im Jahresabschluss 1997
merken die Sonderprüfer Folgendes an:

> „Eine Aufgabe des Geschäfts im Joint Venture-Bereich (als
> Voraussetzung für eine Liquidationsbewertung) hätte in 1997 nur
> dann stattgefunden, wenn die Absicht bestanden hätte, die ge-
> samten Grundstücke sofort zu verkaufen. Dies wäre jedoch aus
> rein tatsächlichen Gründen nicht möglich gewesen, da sich aus
> damaliger Sicht Käufer für die gesamten Grundstücke nicht fin-
> den ließen. Zum anderen bestand für die Hypo-Bank bei einer
> Mehrzahl von Grundstücken zur Verlustverringerung lediglich

---

[303]   Sonderprüfungsbericht der BDO S. 60f.

[304]   So Sonderprüfungsbericht der BDO S. 63f.

[305]   Vgl. Sonderprüfungsbericht der BDO S. 65.

die Möglichkeit, einzelne Projekte über einen Zeitraum von mehreren Jahren weiterzuentwickeln, um dann zu versuchen, diese Grundstücke zu veräußern. In den im Herbst 1997 vorgenommenen Projektkalkulationen ist in mehreren Fällen ein Entwicklungszeitraum von einigen Jahren zugrunde gelegt. Aus diesen Gründen war eine Bewertung zu Zerschlagungswerten, das heißt, eine Liquidationsbewertung der Forderungen nicht durchgeführt worden."

Bei der Aufsichtsratssitzung am 21.01.1998 wurde die Risikovorsorge erneut erörtert. Martini erläutert in seiner Rede hierzu, dass die mit den Abschlussprüfern entwickelte Liquidationsbewertung nun nicht mehr die angewendete Bewertungsmethode sei, nachdem gerade auch bei den Abschlussprüfern inzwischen zunehmende Zweifel an einer steuerlichen Anerkennung aufgetreten seien. Dies führe zu einem um rund 700 Mio. DM niedrigeren Risikovorsorgebetrag als noch im Dezember angesetzt[306].

Dazu die Sonderprüfer der BDO:

„Aus unserer Sicht ist anzumerken, dass wirtschaftlich begründete Einzelwertberichtigungen, die anhand der einzelnen Kreditengagements ermittelt werden, grundsätzlich auch steuerlich anzuerkennen sind. Lediglich pauschal und für mehrere Engagements ermittelte Wertberichtigungen, die unter Verletzung des Einzelbewertungsgrundsatzes gebildet werden, wird die steuerliche Anerkennung zu versagen sein"[307].

In der Aufsichtsratssitzung der Hypo-Bank vom 30.03.1998, in der gemeinsam mit dem Vorstand der Hypo-Bank der Jahresabschluss 1997 festgestellt wurde, erklärt Martini, dass das Thema Risikobewältigung mit dem vorliegenden Abschluss durch einen Kraftakt bereinigt sei[308].

Auch die WEDIT bestätigt die Auffassung Martinis: Bei einem Gesamturteil komme man zum Ergebnis, dass die Bank die Risiken im Kreditgeschäft durch Wertberichtigungen und Rückstellungen in angemessenem Umfang abgeschirmt habe[309].

Im Rahmen der Vorbereitung der Verschmelzung wurde dem Vorstand der Vereinsbank vom Vorstand der Hypo-Bank Ende Januar 1998 mitgeteilt, dass im Abschluss zum 31.12. für den Joint Venture- und Developer-Bereich eine zusätzliche Risikovorsorge von 1,5 Mrd. DM neben der normalen Risikovorsorge von 1,3 Mrd. DM eingestellt werden sollte.

---

[306]   Vgl. Sonderprüfungsbericht der BDO S. 66.
[307]   Sonderprüfungsbericht der BDO S. 67.
[308]   Vgl. Sonderprüfungsbericht der BDO S. 67f.
[309]   Vgl. Sonderprüfungsbericht der BDO S. 68.

Angesichts dieses Betrages hatte der Vorstand der Vereinsbank Zweifel an der Angemessenheit der Risikovorsorge der Hypo-Bank zurückgestellt. Laut Aussage der Sonderprüfer wurde im Laufe des Septembers 1998 offenkundig, dass die Hypo-Bank in 1997 für den Joint Venture-Bereich lediglich eine Risikovorsorge in Höhe von 860 Mio. DM getroffen hatte und dies obwohl, wie dargelegt, Berechnungen existierten, die für nur 2/3 der Joint Ventures bereits eine Unterdeckung von 2,134 Mrd. DM ausweisen[310].

Die Sonderprüfer stellen fest:

> „Nach unserer Einschätzung hätte der Vorstand der Hypo-Bank einen höheren Wertberichtigungsbedarf bei Aufstellung des Jahresabschlusses 1997 erkennen können. Dies gilt nicht für den Aufsichtsrat der Hypo-Bank. Dieser konnte unseres Erachtens nicht erkennen, dass schon bei der am 01.12.1997 als notwendig erachteten zusätzlichen Risikovorsorge von 2,117 Mrd. DM nicht nach Liquidationswerten bewertet worden war. Auch die Fehlerhaftigkeit der weiteren Begründung, die Bildung einer Einzelwertberichtigung von 2,177 Mrd. DM sei wegen teilweiser steuerlicher Nichtabzugsfähigkeit in diesem Umfang nicht möglich, war unseres Erachtens für den Aufsichtsrat nicht zwangsläufig zu erkennen. Außerdem hatte die WEDIT am 30.03.1998 die in 1997 gebildete Risikovorsorge als angemessen bezeichnet"[311].

X. Reaktionen auf die Ergebnisse der Sonderprüfung

Nach Veröffentlichung der wesentlichen Ergebnisse der Sonderprüfung fordern Gewerkschaftsvertreter die Ablösung Martinis[312].

Das Sondergutachten wird auch vom BAKred im Hinblick darauf analysiert, ob sich für die Behörde daraus Handlungsbedarf ableiten lässt[313]. Das BAKred hat die Möglichkeit Vorstände abzuberufen und sogar die Bank zu schließen, falls die Bank selbst nicht Konsequenzen zieht[314]. Eine Sprecherin des Amtes kündigt an, dass BAKred-Vizepräsident Jochen Sanio an der Sitzung des Aufsichtsrates der Hypovereinsbank am 26.10.1999 teilnehmen werde, auf der über das Gutachten beraten werde[315].

---

[310]   So Sonderprüfungsbericht der BDO S. 69.

[311]   Sonderprüfungsbericht der BDO S. 69.

[312]   So Handelsblatt vom 25.10.1999 S. 1.

[313]   Vgl. Handelsblatt vom 26.10.1999 S. 30.

[314]   So Handelsblatt vom 28.10.1999 S. 22.

[315]   Vgl. FAZ vom 26.10.1999 S. 30.

Nach der Aufsichtsratssitzung gibt Aufsichtsratsvorsitzender Viermetz bekannt, dass sechs Vorstände und ein Aufsichtsratsmitglied zurückgetreten sind[316]. Dabei handelt es sich um Eberhard Martini und Werner Münstermann, Vorstandssprecher der Vereins- und Westbank in Hamburg, und zuvor Bilanzchef der Hypo-Bank. Zum Jahresende werden die vier verbliebenen Ex-Hypo-Vorstände im Vorstand der Hypovereinsbank, Josef Wertschulte, Martin Kölsch, Martin Schütte und Peter Hoch ihr Mandat niederlegen. Zudem ist Jan Szantyr, Vorstandsmitglied bei der Württembergischen Hypothekenbank, einer Tochtergesellschaft der Hypovereinsbank, zurückgetreten. Zuvor war er Bereichsleiter für das Rechnungswesen mit Generalvollmacht bei der Hypo-Bank[317].

Viermetz kündigt an, dass die ausscheidenden Vorstandsmitglieder der Hypovereinsbank nicht ersetzt und Abfindungen nicht gezahlt werden[318].

BAKred-Vize Sanio habe sehr gewürdigt, dass die Bank schnell gehandelt habe, sagt Viermetz. Damit sei das geschehen, was das Amt gefordert habe[319]. Eine außerordentliche Hauptversammlung am 17.12. solle jetzt abschließend über das Gutachten der BDO befinden[320].

Nach den Rücktritten stelle sich für das BAKred die Frage aufsichtsrechtlicher Maßnahmen im Personalbereich nicht mehr, erklärt eine BAKred-Sprecherin[321].

XI. Konsequenzen aus den Ergebnissen der Sonderprüfung

1. Bilanzrechtliche Konsequenzen

Im Rahmen der außerordentlichen Hauptversammlung am 17.12.1999 erläutert Viermetz ausführlich die rechtlichen Folgerungen, die sich aus den durch die Sonderprüfung festgestellten Sachverhalten ableiten lassen.

Demnach ergäben sich keine bilanzrechtlichen Konsequenzen, denn aus der Nichtigkeit des Jahresabschlusses 1997 der früheren Hypo-Bank fol-

---

[316] Vgl. FAZ vom 27.10.1999 S. 17.

[317] Vgl. FAZ vom 27.10.1999 S. 17; Handelsblatt vom 27.10.1999 S. 1 und S. 29 sowie vom 28.10.1999 S. 22; Investor Relations Release der Hypovereinsbank vom 26.10.1999 S. 2.

[318] Vgl. FAZ vom 27.10.1999 S. 17; Handelsblatt vom 27.10.1999 S. 1.

[319] Handelsblatt vom 27.10.1999 S. 1. Vgl. auch Der Spiegel 45/1999 S. 113.

[320] Vgl. Handelsblatt vom 27.10.1999 S. 1.

[321] Vgl. Handelsblatt vom 29.10.1999 S. 23 und S. 37.

ge nicht, dass auch der nachfolgende Jahresabschluss 1998 der übernehmenden Hypovereinsbank nichtig sei. Ganz abgesehen davon, dass es sich nicht um zwei Jahresabschlüsse derselben Gesellschaft handele, ziehe die Nichtigkeit eines Jahresabschlusses nicht die Nichtigkeit des Folgeabschlusses nach sich. Bei der Verschmelzung der Hypo-Bank auf die Vereinsbank seien zwar die bilanziellen Buchwerte der letzten Jahresbilanz der Hypo-Bank zum 31.12.1997 als Eingangswerte in die Rechnungslegung der übernehmenden Hypovereinsbank für das Geschäftsjahr 1998 übernommen worden. Aber die Bilanzansätze seien sodann in der laufenden Rechnung der übernehmenden Gesellschaft korrigiert worden, so dass der Folgeabschluss zum 31.12.1998 fehlerfrei festgestellt werden konnte[322].

Bei dieser Sachlage sei es nicht notwendig, den nichtigen Jahresabschluss 1997 der Hypo-Bank neu aufzustellen, um negative Rechtswirkungen für die übernehmende Gesellschaft und deren Aktionäre zu vermeiden. Es brauche deshalb nicht debattiert zu werden, ob eine Neuaufstellung des Jahresabschlusses 1997 überhaupt noch möglich wäre, nachdem die zur Rechnungslegung verpflichtete Hypo-Bank erloschen sei und damit auch ihre für die Rechnungslegung zuständigen Organe entfallen seien.

Der Jahresabschluss der Hypo-Bank zum 31.12.1997 sei zwar im Rahmen der Verschmelzung als Schlussbilanz der übertragenden Gesellschaft verwendet worden. Der Tatbestand der Nichtigkeit dieser Bilanz habe jedoch keine Auswirkung auf die Wirksamkeit der Verschmelzung und die Endgültigkeit der damit eingetretenen Rechtsfolgen. Die Rechtswirkungen der Verschmelzung seien mit der Eintragung in das Register der übernehmenden Vereinsbank eingetreten und hätten endgültig Bestand. Eine nachträgliche „Entschmelzung", d.h. eine Rückabwicklung der Verschmelzung sei selbst dann ausgeschlossen, wenn ein schwerer rechtlicher Mangel der Verschmelzung im Nachhinein festgestellt würde[323].

Der im Vorstand der alten Hypo-Bank für die Immobilienfinanzierung zuständige Hans Fey kritisiert die Qualität des Gutachtens. Es bestehe nur aus Behauptungen, nichts lasse sich nachrechnen, da eine Auflistung der einzelnen Fälle fehle. Wolf Goppelt, einer der drei Sonderprüfer der BDO, entgegnet darauf bei der Hauptversammlung, dass Immobilien

---

[322] Vgl. Rede Viermetz vom 17.12.1999 S. 5. Vorjahresmängel führen im Folgejahr nur dann zu Einwendungen, wenn die Mängel fortbestehen oder die Durchführung der Korrektur zu beanstanden ist, vgl. *Marsch-Barner* in Gemeinschaftskommentar-HGB, § 322 Rnr. 10.

[323] Vgl. Rede Viermetz vom 17.12.1999 S. 5f.

deshalb nicht einzeln aufgeführt werden konnten, um deren Vermarktung nicht zu gefährden[324].

2. Konsequenzen für das Umtauschverhältnis

Schon vor der außerordentlichen Hauptversammlung kam es zu Diskussionen über die Angemessenheit des im Verschmelzungsvertrag festgelegten Umtauschverhältnisses.

Ende März 1999 hatte Schmidt bereits erklärt, dass trotz der außerordentlichen Wertberichtigung von 3,5 Mrd. DM das Umtauschverhältnis dennoch richtig ermittelt worden sei, weil die Risiken in der Fünf-Jahres-Rechnung der Hypo-Bank enthalten gewesen seien, die Grundlage der Wertermittlung gewesen sei. Diese latenten Risiken der Zukunft hätten sich im Nachhinein aber als akute Risiken der Gegenwart gezeigt[325].

Nach Veröffentlichung des Sondergutachtens mit dem Ergebnis, dass die Geschäftsrisiken der Hypo-Bank bei der Festlegung des Umtauschverhältnisses angemessen berücksichtigt wurden, wird dieses Resultat damit begründet, dass nach der Ertragswertmethode vorgegangen worden sei; dabei seien höhere Risiken der alten Hypo-Bank berücksichtigt worden. Die Ermittlung des Umtauschverhältnisses sei nicht anhand der Bilanzen erfolgt[326].

Das Handelsblatt fragt daraufhin:

„Wie das? Entweder waren die Altlasten der Hypo-Bank bei der Fusionsprüfung bekannt, dann wäre es völlig unnötig gewesen, dieses Theater um die Verantwortlichkeit zu inszenieren. Oder die Altlasten waren nicht bekannt, wie können sie dann aber bei den Fusionsverhandlungen und der Festlegung des Umtauschverhältnisses schon berücksichtigt worden sein"[327]?

Die FAZ stellt die Frage:

„Warum ist für die Hypo-Bank eine wesentlich höhere und – nach dem Sondergutachten zu urteilen – ausreichende Risikoquote angesetzt worden, wo doch die Notwendigkeit einer zusätzlichen enormen Wertberichtigung erst später erkannt worden ist"[328]?

---

[324]   Vgl. FAZ vom 16.12.1999 S. 30 sowie vom 18.12.1999 S. 16.
[325]   Vgl. FAZ vom 26.03.1999 S. 16.
[326]   So Handelsblatt vom 25.10.1999 S. 1.
[327]   Handelsblatt vom 27.10.1999 S. 2.
[328]   FAZ vom 28.10.1999 S. 25.

Viermetz wies zu diesem Zeitpunkt lediglich darauf hin, dass die Bewerter damals sehr vorsichtig an die Planungen der Hypo-Bank herangegangen seien und „Luft für Unvorhergesehenes" gelassen hätten[329].

Schließlich erläutert Viermetz bei der außerordentlichen Hauptversammlung das Ergebnis der Sonderprüfer bezüglich der Angemessenheit des Umtauschverhältnisses. Demzufolge komme es für das Umtauschverhältnis auf die Relation der Unternehmenswerte der beiden Gesellschaften an. Diese Unternehmenswerte würden als Ertragswerte ermittelt und demgemäß aus den künftig zu erwartenden Erträgen, also nicht aus den Ergebnissen der Vergangenheit abgeleitet. So sei auch im vorliegenden Fall verfahren worden. Es seien nicht die vorhandenen Forderungen bewertet und die bestehenden Einzelrisiken angesetzt worden, sondern die Risiken des Geschäfts der Hypo-Bank seien über Annahmen zur Entwicklung des Kreditvolumens, der Zinsmargen und der Risikovorsorgeaufwendungen erfasst worden. Dabei seien die Gutachter an die Planungen der Hypo-Bank, aus denen sich der Ertragswert der Hypo-Bank abgeleitet habe, besonders vorsichtig herangegangen[330]. Denn der Vorstand der Vereinsbank habe die KPMG im November 1997 ausdrücklich auf einen vermuteten zusätzlichen Risikovorsorgebedarf bei den Joint Venture-Projekten und im Bauträger- und Developer-Bereich hingewiesen und die KPMG aufgefordert, das Immobilienportfolio der Hypo-Bank, bei dem aufgrund einer ersten Untersuchung und aufgrund von Marktgerüchten Risiken vermutet worden seien, mit besonderer Dringlichkeit zu untersuchen[331].

Dazu der Sonderprüfungsbericht der BDO: Die ermittelten Fehlbeträge von insgesamt 3,629 Mrd. DM seien nicht in Form von Einzelrisiken in der Unternehmensbewertung der Hypo-Bank berücksichtigt worden, da diese, nach den durch die Gutachter erteilten Auskünften, von ihnen nicht entdeckt wurden[332]. Jedoch seien nicht Einzelgeschäfte oder Einzelrisiken Basis der Bewertung, sondern das kumulierte Risiko auf Gesamtbankebene[333]. Diesbezüglich sei zu berücksichtigen, dass der Verbesserung der Risikoquote im Planungszeitraum 1998 bis 2002 bei der Vereinsbank 47,42 Prozent und bei der Hypo-Bank lediglich 32,9 Prozent zugrunde gelegt wurden. Die Sonderprüfer hätten allerdings im Rahmen ihrer Untersuchungen keine Anhaltspunkte für die Unterschiede in der relativen Entwicklung der Risikoquoten erkennen können. Nach ihren

---

329 Vgl. FAZ vom 28.10.1999 S. 25.

330 Vgl. Rede Viermetz vom 17.12.1999 S. 6f.

331 Vgl. Rede Viermetz vom 17.12.1999 S. 10.

332 Vgl. Sonderprüfungsbericht der BDO S. 101f.

333 So Sonderprüfungsbericht der BDO S. 103.

Erkenntnissen bestanden zum Bewertungsstichtag bei der Hypo-Bank höhere Verbesserungspotentiale als sie bei der Vereinsbank gegeben waren. Unterstelle man für die Risikoquoten der Hypo-Bank demzufolge die gleiche Entwicklung wie sie bei der Vereinsbank unterstellt wurde, so habe dies Auswirkungen auf den Unternehmenswert[334].

Insgesamt hätten ihre Plausibilitätsüberlegungen ergeben, dass die Geschäftsrisiken bei der Bewertung der Hypo-Bank angemessen berücksichtigt worden sind. Die von ihnen durchgeführten Plausibilisierungen hätten gezeigt, dass die bei der Unternehmensbewertung getroffenen Annahmen über die Entwicklung des Kreditvolumens, der Zinsmargen und der Risikovorsorgeaufwendungen für den ermittelten Unternehmenswert der Hypo-Bank auch die Ergebniswirkung der per Ende 1997 zusätzlich anzusetzenden Einzelrisiken in Höhe von 3,629 Mrd. DM bzw. 1,939 Mrd. DM nach Steuern abdecken[335].

Viermetz erklärt dazu: Die unzureichende Risikovorsorge im Jahresabschluss 1997 rechtfertige somit nicht den Schluss auf eine Unangemessenheit des vereinbarten Umtauschverhältnisses. Vorstand und Aufsichtsrat würden sich dem Ergebnis des Sonderprüfungsberichts anschließen[336]. Selbst wenn der Prüfungsbericht die Unangemessenheit des Umtauschverhältnisses festgestellt hätte, könne dieses juristisch nicht mehr geändert werden[337]. Außerdem sei es ein Gebot der Rechtssicherheit, dass die auf unanfechtbaren Verschmelzungsbeschlüssen der beiden Hauptversammlungen beruhenden Rechtswirkungen der Verschmelzung endgültig sind und nicht mehr revidiert werden können[338].

Trotz dieser Erläuterungen äußern die Aktionäre auf der Hauptversammlung ihr Unverständnis darüber, dass die Risikovorsorge von 3,629 Mrd. keinen Einfluss auf das Umtauschverhältnis bei der Fusion der beiden Banken haben soll. Harald Petersen von der SdK bezeichnet dies als rätselhaft. Welchen Sinn hätten denn dann noch Bewertungsgutachten von Wirtschaftsprüfern[339]? Hans-Joachim Jacob, einer der drei Sonderprüfer der BDO, rechtfertigt sein Ergebnis damit, dass bei der Bewertung der Hypo-Bank durch die Gutachter Risiken eingeflossen seien, die nicht immer bilanziert worden seien. Außerdem bestehe immer eine Bandbreite bei der Bewertung. Das jetzt gefundene Loch von 3,629 Mrd. DM liege innerhalb dieser Bandbreite. Er könne aber nicht

---

[334]   Vgl. Sonderprüfungsbericht der BDO S. 107.
[335]   Vgl. Sonderprüfungsbericht der BDO S. 108.
[336]   Vgl. Rede Viermetz vom 17.12.1999 S. 7.
[337]   Vgl. Rede Viermetz vom 17.12.1999 S. 7.
[338]   Vgl. Rede Viermetz vom 17.12.1999 S. 8f.
[339]   Vgl. Handelsblatt vom 20.12.1999 S. 20.

sagen, bei welchem Betrag der Korridor mit der Folge eines veränderten Tauschverhältnisses überschritten worden wäre[340].

3. Schadensersatzansprüche

Viermetz gibt bei der außerordentlichen Hauptversammlung auch das Ergebnis der Sonderprüfung bezüglich möglicher Schadensersatzansprüche gegen Organmitglieder bekannt.

a) Haftung des Vorstandes und Aufsichtsrats der Vereinsbank

Es sei verschiedentlich der Verdacht geäußert worden, die Mitglieder des Vorstandes und des Aufsichtsrats der Vereinsbank hätten im Rahmen der Untersuchung der Kreditrisiken der Hypo-Bank nicht die erforderliche Sorgfalt angewendet und deshalb die unangemessene Bilanzierung bei der Hypo-Bank nicht schon früher erkannt. Die Sonderprüfer seien bei der Untersuchung dieser Frage zu dem klaren und eindeutigen Ergebnis gekommen, dass Vorstand und Aufsichtsrat der Vereinsbank ihre Sorgfaltspflichten nicht verletzt hätten. Der Vorstand der Vereinsbank habe bei der Vorbereitung und Durchführung der Verschmelzung alle erforderlichen und gebotenen Maßnahmen ergriffen, um sich über die Vermögensverhältnisse des Fusionspartners zu informieren und diese angemessen bei der Ermittlung des Umtauschverhältnisses zu berücksichtigen. Zu diesen Maßnahmen habe insbesondere die gemeinsame Beauftragung der WEDIT und KPMG mit der Ermittlung der Unternehmenswerte und des Umtauschverhältnisses gehört. Zusätzlich habe der Vereinsbank-Vorstand die KPMG im November 1997 ausdrücklich auf einen aufgrund von Marktgerüchten vermuteten zusätzlichen Risikovorsorgebedarf hingewiesen und die KPMG aufgefordert, das Immobilienportfolio der Hypo-Bank mit besonderer Dringlichkeit zu untersuchen und für die Berücksichtigung der Risiken aus diesen Bereichen bei der Unternehmensbewertung Sorge zu tragen. Nach den anschließenden Berichten der KPMG und der Nachricht, dass die Hypo-Bank in den Jahresabschluss 1997 für die genannten Bereiche eine Sonderwertberichtigung in Höhe von 1,5 Mrd. DM einstellen werde, habe der Vorstand der Vereinsbank darauf vertrauen dürfen, dass sämtliche Risiken der Hypo-Bank in diesen Bereichen abgedeckt waren und bei der Unternehmensbewertung angemessen berücksichtigt wurden[341].

---

340   Vgl. FAZ vom 18.12.1999 S. 16; Handelsblatt vom 20.12.1999 S. 20.

341   Vgl. Rede Viermetz vom 17.12.1999 S. 9f.

Dazu der Sonderprüfungsbericht der BDO:

> „Durch die Vereinbarung der Verschmelzung beider Banken in Form eines Merger of Equals wurde für beide Banken ein erhöhter wechselseitiger Vertrauenstatbestand sowie eine erhöhte Mitwirkungs- und Aufklärungspflicht begründet. Der Vorstand der Vereinsbank konnte somit darauf vertrauen, dass ihn der Vorstand der Hypo-Bank rechtzeitig auf wesentliche Risiken der Hypo-Bank hinweisen würde. Dies führte unseres Erachtens dazu, dass der Umfang der für den Vorstand der Vereinsbank bestehenden Untersuchungspflichten auf die Vermögensbereiche der Hypo-Bank beschränkt wurde, die bereits als problembehaftet erkannt waren. Eine Verletzung der dem Vorstand der Vereinsbank obliegenden Sorgfaltspflichten lässt sich nicht feststellen"[342].

Dieses Ergebnis des Gutachtens entlastet insbesondere Schmidt, der sich bereits fragen lassen musste, ob er nicht schon früher über die höheren Risiken informiert war[343].

Viermetz weiter: Das gleiche gelte für den Aufsichtsrat der Vereinsbank, der sich durch den Vorstand laufend über den Verschmelzungsprozess unterrichten habe lassen. Nach den Feststellungen der Sonderprüfer gebe es keine Anhaltspunkte dafür, dass der Aufsichtsrat der Vereinsbank seine Überwachungspflichten verletzt haben könnte. Schadensersatzansprüche gegen Mitglieder von Vorstand und Aufsichtsrat der Vereinsbank wegen Verletzung ihrer Sorgfaltspflicht würden somit nicht bestehen[344].

b) Haftung des Vorstandes der Hypo-Bank

Bezüglich möglicher Schadensersatzansprüche gegen ehemalige Vorstandsmitglieder der Hypo-Bank unterscheidet Viermetz zwischen drei verschiedenen Möglichkeiten einer Pflichtverletzung. Neben der unzureichenden Risikovorsorge im Jahresabschluss 1997 der Hypo-Bank kommen als mögliche Pflichtverletzung gerade auch die Kreditentscheidungen der Hypo-Bank im Immobilienbereich und das Verhalten bei der Ermittlung des Umtauschverhältnisses in Betracht, so Viermetz.

Im Hinblick auf Kreditentscheidungen im Immobilienbereich führt Viermetz aus, dass Ausgangspunkt der Joint Venture-Projekte sowie der Bauträger- und Developergeschäfte jeweils Entscheidungen über die

---

342   So Sonderprüfungsbericht der BDO S. 125f.
343   Vgl. FAZ vom 23.10.1999 S. 13.
344   Vgl. Rede Viermetz vom 17.12.1999 S. 10f.

Gewährung von Krediten waren, die zu einem erheblichen Teil nicht von den zuständigen Vorstandsmitgliedern allein, sondern vom Gesamtvorstand der Hypo-Bank bewilligt wurden. Es stelle sich die Frage, ob die Vorstandsmitglieder der Hypo-Bank im Zeitpunkt dieser Kreditentscheidungen die erforderliche Sorgfalt gewahrt haben oder zum Schaden der Bank Kredite in pflichtwidriger Weise bewilligt, verlängert oder erhöht haben. Eine Beantwortung dieser Frage sei zu diesem Zeitpunkt nicht möglich, da die hierfür notwendige Sachverhaltsaufklärung noch nicht abgeschlossen sei. Der Aufsichtsrat habe aber der BDO einen weiteren Auftrag erteilt, um herauszufinden, auf welcher Grundlage und mit welchen Erkenntnissen die Vorstandsmitglieder der Hypo-Bank ihre Kreditentscheidungen in den genannten Bereichen des Immobiliengeschäfts getroffen haben. Dabei solle sich die BDO auf die zwanzig Kredite konzentrieren, bei denen insgesamt die höchsten Wertberichtigungen notwendig waren. Eine Untersuchung sämtlicher wertberichtigter Kredite würde einen außerverhältnismäßigen Aufwand erfordern[345]. Zu bedenken sei, dass zwar die damalige Einschätzung der Immobilienmärkte durch die Vorstandsmitglieder der Hypo-Bank nach heutigem Wissen eine Fehleinschätzung gewesen sei. Entscheidend für das Vorliegen einer Pflichtverletzung sei jedoch ausschließlich das Wissen im Zeitpunkt der Kreditentscheidung. Eine unternehmerische Fehleinschätzung reiche für die Begründung eines Schadensersatzanspruches nicht aus[346]. Erst wenn die Ergebnisse der BDO dem Aufsichtsrat vorliegen, werde entschieden, ob und gegen wen Schadensersatzansprüche geltend zu machen sind. Dabei werde auch zu prüfen sein, ob die Geltendmachung von Schadensersatzansprüchen sinnvoll und im Interesse der Gesellschaft geboten sei oder ihr im Gegenteil wesentliche Belange der Gesellschaft entgegenständen[347].

Schadensersatzansprüche könnten sich auch im Zusammenhang mit den Entscheidungen des Vorstands der Hypo-Bank zur bilanziellen Risikovorsorge im Jahresabschluss 1997 ergeben, sagt Viermetz. Die Sonderprüfer hätten zwar erklärt, es bestünde Anlass zu der Annahme, dass der Vorstand der Hypo-Bank einen höheren Wertberichtigungsbedarf zum 31.12.1997 hätte erkennen können. Aber damit stehe noch nicht fest, ob und welchen Vorstandsmitgliedern ein individuelles Verschulden anzulasten und wie das Maß der Verantwortlichkeit der einzelnen Per-

---

[345]   Vgl. Rede Viermetz vom 17.12.1999 S. 11f.

[346]   Vgl. ausführlich dazu BGHZ 135, 244 = BGH ZIP 1997, 883 („ARAG/Garmenbeck").

[347]   Vgl. Rede Viermetz vom 17.12.1999 S. 13.

sonen zu beurteilen sei[348]. Diese Elemente eines Schadensersatzanspruchs müssten noch näher aufgeklärt werden. Die Bilanzierung sei derzeit Gegenstand staatsanwaltschaftlicher Ermittlungen gegen einzelne Mitglieder des ehemaligen Vorstands der Hypo-Bank. Die dabei gewonnenen Ermittlungsergebnisse könnten wesentlich sein für die Frage, ob und gegen wen Schadensersatzansprüche wegen pflichtwidriger und schuldhafter Bilanzierung bestünden und ob solche Ansprüche im Interesse der Gesellschaft geltend zu machen seien. Für das Vorgehen der Bank solle daher der Abschluss der staatsanwaltschaftlichen Ermittlungen abgewartet werden. Verjährungsprobleme würden insoweit nicht auftreten, da eventuelle Schadensersatzansprüche nicht vor dem Jahre 2003 verjährten[349].

Im Bericht des Aufsichtsrats zum Konzernabschluss 2000 erklärt Viermetz, dass mittlerweile eine Anwaltskanzlei mit der Überprüfung beauftragt worden sei, ob auf Grund des nun vorliegenden Untersuchungsberichts der BDO Schadensersatzansprüche gegen ehemalige Vorstände der Hypo-Bank hergeleitet werden können[350]. Kurz vor Abschluss der staatsanwaltschaftlichen Ermittlungen gegen die ehemaligen Hypo-Bank-Manager bestätigt die Hypovereinsbank im Juni 2001 erneut, dass sie erwäge die ehemaligen Vorstände der Hypo-Bank auf Schadensersatz in Anspruch zu nehmen[351]. Im November 2001 wird allerdings bekannt, dass der Aufsichtsrat[352] der Hypovereinsbank einer Empfehlung der Anwälte der Bank folgt und keine Schadensersatzklage erheben wird. Diese befürchteten, dass ein Rechtsstreit „das Ansehen der Bank in der Öffentlichkeit beeinträchtigen" würde[353].

Ob sich die Nichtverfolgung der eventuell bestehenden Schadensersatzansprüche der Hypovereinsbank gegen ausgeschiedene Mitglieder des ehemaligen Hypo-Vorstandes als ordnungsgemäßes Handeln des Auf-

---

[348] Bei der Haftung des Vorstandsmitglieds bleibt ein Tatbeitrag anderer Verwaltungsmitglieder und Angestellter der Gesellschaft unberücksichtigt. § 93 statuiert eine Haftung nur für Eigenverschulden; auch eine Zurechnung – sei es nach § 278 BGB, sei es nach einer anderen Norm – findet nicht statt, *Hopt* in Großkommentar, AktG, § 93 Rnr. 257.

[349] Vgl. Rede Viermetz vom 17.12.1999 S. 13f.

[350] Vgl. Bericht des Aufsichtsrats im Konzernabschluss 2000, S. 23.

[351] Vgl. FAZ vom 19.06.2001 S. 22.

[352] Dies entspricht der gesetzlichen Zuständigkeitsanordnung gemäß § 112 AktG und gilt auch für die Entscheidung, ob Schadensersatzansprüche gegen ausgeschiedene Vorstandsmitglieder geltend gemacht werden sollen, vgl. BGHZ 130, 108, 111f.; *Hüffer*, AktG, § 112 Rnr. 2f.; *Semler* in Münchener Kommentar, AktG, § 112 Rnr. 14.

[353] So Focus 45/2001 S. 296; Handelsblatt vom 05.11.2001 S. 36.

sichtrats darstellt, ist fraglich. Der BGH hat in der ARAG/Garmenbeck-Entscheidung unterstrichen, dass der Aufsichtsrat das Bestehen von Schadensersatzansprüchen gegen Vorstandsmitglieder pflichtgemäß zu prüfen und durchsetzbare Ansprüche in der Regel auch geltend zu machen hat. Davon darf der Aufsichtrat nur ausnahmsweise dann absehen, wenn gewichtige Interessen und Belange der Gesellschaft dagegen sprechen und diese Umstände die Gründe, die für eine Rechtsverfolgung sprechen, überwiegen oder ihnen zumindest gleichwertig sind[354]. In diesem Zusammenhang können aber Gesichtspunkte, wie negative Auswirkungen auf die Geschäftstätigkeit und Ansehen der Gesellschaft in der Öffentlichkeit, Behinderung der Vorstandsarbeit und Beeinträchtigung des Betriebsklimas, durchaus Bedeutung erlangen und einen gewichtigen Grund darstellen von einer aussichtsreichen Anspruchsverfolgung gegen den Vorstand ausnahmsweise abzusehen und den entstandenen Schaden ersatzlos hinzunehmen[355].

Die Hypovereinsbank begründet den Verzicht auf die Geltendmachung einer Schadensersatzklage mit einem sonst drohenden Ansehensverlust. Ob ein Schadensersatzprozess tatsächlich das Ansehen der Bank in der Öffentlichkeit in dem Maße beeinträchtigen würde, dass zumindest von einer Gleichwertigkeit zwischen dieser Befürchtung und den Gründen, die für eine Rechtsverfolgung sprechen, ausgegangen werden muss, kann nicht abschließend geklärt werden und ist auch nicht Gegenstand der vorliegenden Arbeit. Zumindest spricht die Begründung der Hypovereinsbank für das Bestehen hinreichender Erfolgsaussichten einer Schadensersatzklage, denn die Angst vor einem Ansehensverlust ist grundsätzlich geeignet einen Verzicht auf eine Geltendmachung trotz bestehender Durchsetzungschancen zu rechtfertigen. Genaueres kann jedoch dazu nicht gesagt werden, da dem Verfasser weder der Untersuchungsbericht der BDO noch die Empfehlung der Rechtsanwälte von der Hypovereinsbank zur Verfügung gestellt wurde.

In diesem Zusammenhang ist noch darauf hinzuweisen, dass sich die Aufsichtsratsmitglieder bei ihrer Entscheidung der eigenen Sorgfaltspflicht nicht dadurch entziehen können, dass sie sich ohne jede eigene Nachprüfung auf die Auskunft ihrer Anwälte stützen; zumindest ist eine eigene Plausibilitätskontrolle der fremden Expertise erforderlich[356].

Oftmals ist die Ursache für einen Klageverzicht aber auch darin zu finden, dass Vorstand und Aufsichtsrat ein „Schweigekartell" bilden und

---

354   Vgl. BGH ZIP 1997, 883, 886f. („ARAG/Garmenbeck") sowie *Baums*, Gutachten F zum 63. Deutschen Juristentag (DJT) Leipzig 2000, F 241.

355   So BGH ZIP 1997, 883, 886 („ARAG/Garmenbeck").

356   Vgl. *Wirth* in RWS-Forum 20, Gesellschaftsrecht 2001, 99, 116.

kein Interesse an einer Aufdeckung von Versäumnissen haben, die letztendlich als pflichtwidrige Geschäftsführung den Vorstand und als pflichtwidrige Überwachung den Aufsichtsrat belasten könnten[357]. Dieser Verdacht besteht hier jedoch nicht: Zum Zeitpunkt der Entscheidung über den Klageverzicht seitens des Aufsichtsrats der Hypovereinsbank war kein ehemaliges Aufsichtsratsmitglied der Hypo-Bank mehr im Aufsichtsrat der fusionierten Bank vertreten, so dass die Vertuschung von eigenen Überwachungsfehlern als Motiv ausscheidet.

Was mögliche Schadensersatzansprüche im Zusammenhang mit der Ermittlung des Umtauschverhältnisses betrifft, führt Viermetz aus, dass es die zuständigen Vorstandsmitglieder der Hypo-Bank unterlassen hätten, den Fusionspartner Vereinsbank über das Ausmaß der Risiken in den genannten Bereichen des Immobiliengeschäfts aufzuklären und auf die unzureichende Risikovorsorge im Jahresabschluss 1997 hinzuweisen. Dies habe nach den Ergebnissen der Sonderprüfung dazu geführt, dass die Fehlbeträge in der Risikovorsorge nicht in Form von Einzelrisiken bei der Ermittlung der Zukunftserträge der Hypo-Bank berücksichtigt wurden. Auf die Höhe des Umtauschverhältnisses habe dies allerdings keine Auswirkungen gehabt, denn nach den Feststellungen der Sonderprüfer seien bei der Ermittlung des Ertragswerts der Hypo-Bank derart große Risikoabschläge angesetzt worden, dass dadurch die Ergebniswirkung des Fehlbetrags in der Risikovorsorge der Bilanz 1997 hinreichend abgedeckt sei. Das Umtauschverhältnis wäre somit auch im Falle einer angemessenen Risikovorsorge nicht anders ausgefallen. Im Ergebnis komme es daher nicht darauf an, ob sich die Mitglieder des Vorstands der Hypo-Bank bei der Ermittlung des Umtauschverhältnisses pflichtwidrig verhalten haben. Entscheidend sei allein, dass dieses Verhalten keinen Schaden ausgelöst habe. Es könne deshalb auch dahin stehen, ob ein unangemessenes Umtauschverhältnis, das die Aktionäre der übernehmenden Vereinsbank benachteilige, überhaupt einen Schaden der Gesellschaft darstellen würde, der im Wege der Organhaftung geltend gemacht werden könnte[358]. Im Hinblick auf das Umtauschverhältnis scheide daher ein Schadensersatzanspruch der Hypovereinsbank aus[359].

---

[357] Vgl. *Bayer*, NJW 2000, 2609, 2614f.; *Bayer* in Hommelhoff/Lutter/Schmidt/Schön/Ulmer, Corporate Governance, 137, 156 sowie *Baums*, Gutachten F zum 63. DJT Leipzig 2000, F 241f.

[358] Ein unangemessenes Umtauschverhältnis ist ein Schaden der Aktionäre und nicht der Gesellschaft, vgl. *Marsch-Barner* in Kallmeyer, UmwG, § 25 Rnr. 10.

[359] Vgl. Rede Viermetz vom 17.12.1999 S. 15.

c) Haftung des Aufsichtsrats der Hypo-Bank

Die Frage nach möglichen Schadensersatzansprüchen gegen Mitglieder des Aufsichtsrats der ehemaligen Hypo-Bank konzentriere sich auf die Frage, ob der Aufsichtsrat bei der Feststellung des Jahresabschlusses 1997 den höheren Wertberichtigungsbedarf hätte erkennen können und müssen, so Viermetz. Die Sonderprüfer zitieren in ihrem Bericht die fehlerhaften Begründungen, die vom Vorstandssprecher der Hypo-Bank Martini in den Aufsichtsratssitzungen am 01.12.1997 und 21.01.1998 für die wechselnde Bemessung der Sonderrisikovorsorge vorgetragen worden seien und die nachdrücklichen Erklärungen des Abschlussprüfers WEDIT zur Angemessenheit der Risikovorsorge in der abschließenden Bilanzsitzung des Aufsichtsrats am 30.03.1998. Vor diesem Hintergrund kommen die Sonderprüfer zu dem Schluss, dass der Aufsichtsrat die Unrichtigkeit der Bilanz nicht habe erkennen können. Damit bestehe keine Grundlage für die Geltendmachung von Schadensersatzansprüchen gegen die Mitglieder des Aufsichtsrats der ehemaligen Hypo-Bank, sagt Viermetz[360]. Die Aufsichtsratsmitglieder dürfen den Berichten des Vorstands grundsätzlich Glauben schenken und sind nicht zu eigenen Nachforschungen verpflichtet. Anders verhält es sich dann, wenn die Berichte unklar, unvollständig oder erkennbar unrichtig sind[361].

XII. Erneute Kritik an der Allianz

Wieder wird bei der Hauptversammlung Kritik an der Allianz seitens der Aktionäre geübt[362]. Und laut Spiegel macht auch Martini die Allianz für die unzureichende Risikovorsorge im Jahresabschluss 1997 mitverantwortlich. Im kleinen Kreis hätte Martini erklärt, dass er dem Aufsichtsrat Abschreibungen um rund 2,2 Mrd. DM vorgeschlagen habe. Dass es so weit nicht gekommen sei, habe vor allem am damaligen Großaktionär Allianz gelegen, der noch 22,6 Prozent an der Hypo-Bank gehalten habe. Zwei der Allianz nahe stehende Aufsichtsräte hätten Bedenken geäußert, ein solcher Ausreißer bei den Abschreibungen könnte angesichts der bevorstehenden Verschmelzung mit der Vereinsbank einen schlechten Eindruck machen. Man habe sich dann auf einen Kompromiss geeinigt und 1,5 Mrd. DM abgeschrieben[363]. Die Allianz streitet dies ab, ihr sei ein solcher Vorgang nicht bekannt[364].

---

360   Vgl. Rede Viermetz vom 17.12.1999 S. 16f.
361   So *Hoffmann-Becking* in Münchener Handbuch des Gesellschaftsrechts, Band 4, § 29 Rnr. 29.
362   Vgl. Handelsblatt vom 20.12.1999 S. 12 und S. 20.
363   So Der Spiegel 44/1999 S. 124, 125.
364   Vgl. Der Spiegel 44/1999 S. 124, 125.

XIII. Entlastung von Vorstand und Aufsichtsrat

Für Unruhe sorgt bereits vor der Hauptversammlung am 17.12.1999 die Ankündigung der Hypovereinsbank, man wolle die im Mai verschobene Entlastung von Vorstand und Aufsichtsrat nachholen und von der Hauptversammlung auch die zurückgetretenen Mitglieder von Vorstand und Aufsichtsrat für das Geschäftsjahr 1998 entlasten lassen[365]. Daraufhin werden insgesamt elf Gegenanträge angekündigt, die sich auf die geplante Entlastung beziehen. Darunter auch die Anträge der DSW und SdK, die sich gegen eine Gesamtentlastung richten und stattdessen eine Einzelentlastung von Vorstands- und Aufsichtsratsmitgliedern erreichen wollen, in deren Rahmen sie dann den zurückgetretenen Vorständen und Aufsichtsräten die Entlastung verweigern würden[366]. Auch die Fondsgesellschaft Union Investment befürwortet eine Einzelentlastung und kündigt an, dem Aufsichtsrat die Entlastung zu verweigern. Bei der Abstimmung über den Vorstand werde man sich enthalten[367].

Die Hypovereinsbank vertritt die Auffassung, die Entlastung könne nicht verweigert werden, denn die Entlastung beziehe sich lediglich auf das Geschäftsjahr 1998. Die Unregelmäßigkeiten, die das Sondergutachten aufgedeckt hat, würden sich aber auf das Jahr 1997 beziehen. Für 1998 stehe die fachkundige und ordnungsgemäße Tätigkeit der Vorstände nicht in Frage. Obwohl vier Hypovereinsbank-Vorstände zurückgetreten seien, bestehe kein Zweifel an der persönlichen Integrität. Auch dem Aufsichtsrat könne die Entlastung nicht verweigert werden[368]. DSW-Geschäftsführer Heise widerspricht dem Argument der Bank: „Dann hätten wir auf der Hauptversammlung im Mai die Entlastung nicht vertagen müssen", sagt er. Der unterschiedliche Zeitbezug sei von vornherein klar gewesen. Die Argumentation sei rein formal. Eine Entlastungsverweigerung hätte zwar keine unmittelbaren juristischen Folgen, es gehe aber um eine öffentliche Missbilligung der Tätigkeit der früheren Vorstände der Hypo-Bank und um einen Vertrauensentzug[369].

Nach einer nahezu neunstündigen Debatte werden schließlich doch alle Vorstände und Aufsichtsräte entlastet. Wie schon von Viermetz zu Be-

---

[365]   Vgl. FAZ vom 04.11.1999 S. 27; Handelsblatt vom 15.11.1999 S 23.

[366]   Vgl. FAZ vom 05.11.1999 S. 21 sowie vom 11.11.1999 S. 24 und S. 29; Handelsblatt vom 15.11.1999 S. 23.

[367]   Vgl. Handelsblatt vom 16.12.1999 S. 24 sowie vom 17.12.1999 S. 20.

[368]   Vgl. Handelsblatt vom 15.11.1999 S. 23.

[369]   Vgl. FAZ vom 04.11.1999 S. 27 und vom 16.12.1999 S. 30. Vgl. auch § 120 Abs. 2 AktG sowie *Hüffer*, AktG, § 120 Rnr. 16: Die Verweigerung der Entlastung bleibt ohne unmittelbare rechtliche Folgen für die Amtsstellung der Betroffenen.

ginn angekündigt, stimmt die Hauptversammlung über die Entlastung von Vorstand und Aufsichtsrat in Blöcken ab. Der nicht anwesende Martini erhält dabei nur eine Zustimmung von 67,8 Prozent. Die übrigen Aufsichtsratsmitglieder werden mit 93,7 Prozent entlastet. Die Vorstände der Hypovereinsbank, die früher Mitglied des Hypo-Bank-Vorstandes waren, erhalten 91,1 und die Ex-Vereinsbank-Vorstände 94,1 Prozent[370]. Bei einer Präsenz von 57,9 Prozent des Stammkapitals bestand für die Kleinaktionäre mit ihren 15 Prozent keine Aussicht, die Entlastung zu verhindern[371].

Bei der Hauptversammlung erklärt Viermetz, dass auch geprüft werde, ob die Wirtschaftsprüfer WEDIT und KPMG ihre Sorgfaltspflichten verletzt hätten[372].

XIV. Hauptversammlung vom 03. Mai 2000

Der Skandal um die Altlasten im Immobiliengeschäft der ehemaligen Hypo-Bank spielt auf der dritten Hauptversammlung seit der Verschmelzung nur noch eine kleine Rolle[373].

Im Vorfeld der Hauptversammlung reichen Aktionäre Gegenanträge ein mit denen sie erreichen wollen, Vorstand und Aufsichtsrat die Entlastung für 1999 zu verweigern. Der Vorstand der Hypovereinsbank hält alle der insgesamt neun Gegenanträge für unbegründet. Die Bank verweist auf das im Herbst vorgestellte Sondergutachten der BDO, wonach lediglich eine Haftung der ehemaligen Vorstandsmitglieder der Hypo-Bank in Betracht komme. Sobald die Prüfung dieser Frage abgeschlossen sei, werde der Aufsichtsrat eine Entscheidung treffen[374]. Vorstand und Aufsichtsrat werden schließlich erneut entlastet.

Des Weiteren wird erfolglos der Antrag gestellt, die KPMG nicht mehr mit der Prüfung des Jahresabschlusses zu beauftragen[375]. Harald Petersen von der SdK fragt: „Was muss man noch machen, um nicht als Prüfer wieder bestellt zu werden"[376]?

Im Februar war mit der KPMG bereits ein Vergleichsvertrag geschlossen worden, durch den sie sich zu einer Zahlung verpflichtet hatte. Über die

---

[370] Vgl. Handelsblatt vom 20.12.1999 S. 20.

[371] So Handelsblatt vom 20.12.1999 S. 12.

[372] Vgl. Handelsblatt vom 20.12.1999 S. 20.

[373] So FAZ vom 04.05.2000 S. 21.

[374] Vgl. FAZ vom 04.04.2000 S. 20.

[375] Vgl. FAZ vom 04.04.2000 S. 20.

[376] So FAZ vom 04.05.2000 S. 21.

Höhe der Zahlung wurde Stillschweigen vereinbart[377]. Nun sei eine solche Einigung auch mit der WEDIT zustande gekommen, berichtet Schmidt bei der Hauptversammlung. Viermetz antwortet auf Petersens Frage, dass es keinen Grund gebe, die KPMG nicht mehr mit der Prüfung des Jahresabschlusses zu beauftragen. Die Prüfer seien ausgetauscht worden[378].

Schmidt erklärt die Fusion von Vereinsbank und Hypo-Bank für abgeschlossen[379].

XV. Nichtigkeit der Entlastung

Der Beschluss der Hauptversammlung zur Entlastung der Vorstandsmitglieder vom 03.05.2000 wird mit Urteil vom 04.07.2001 durch das OLG München wegen der Verletzung des Informationsrechtes des klagenden Aktionärs für nichtig erklärt (§ 243 Abs. 1 AktG). Zuvor hatte das Landgericht München die Klage mit Urteil vom 21.09.2000 noch als unbegründet abgewiesen[380]. Geklagt hatte nach Angaben des Spiegel der ehemalige Hypo-Bank Vorstand Hans Fey[381].

Der Klage liegt folgender Sachverhalt zu Grunde: Um die Probleme im Immobiliengeschäft besser bewältigen zu können, wurde die Ausgliederung des so genannten Bereichs Workout Immobilien in eine eigene Gesellschaft beschlossen[382]. Die Hypovereinsbank erklärte dazu in ihrem Lagebericht 1999, dass man in den neuen Unternehmensbereich problembehaftete Immobilienengagements aus der Vergangenheit mit einem Volumen von ca. 9,6 Mrd. Euro aufgenommen habe. Der gesamte Bestand an Wertberichtigungen auf die Engagements im Bereich Workout Immobilien belaufe sich auf 3,8 Mrd. Euro. Das Workout-Portfolio umfasse im Einzelnen Joint Ventures (2,7 Mrd. Euro), Developer-Finanzierungen (6,1 Mrd. Euro) und Vermittlergeschäfte (0,8 Mrd. Euro). Dem Entlastungsbeschluss war eine Generaldebatte vorausgegangen, in deren Rahmen der Kläger u.a. fragte, wie viel vom Bestand des im Geschäftsbericht aufgegliederten Workout Immobilien auf die Hypo-Bank zurückzuführen sei und wie viel auf die Vereinsbank. Außerdem wollte der Kläger wissen, wie viel von der auf das Workout Immobilien entfallenden Risikovorsorge von 1,581 Mrd. Euro von der Hy-

---

[377] Vgl. Handelsblatt vom 23.02.2000 S. 22. Ausführlich dazu unten, E. III.
[378] Vgl. FAZ vom 04.05.2000 S. 21.
[379] Vgl. Handelsblatt vom 04.05.2000 S. 23.
[380] Vgl. OLG München NZG 2002, 187, 187.
[381] So Der Spiegel 32/2001 S. 82.
[382] Vgl. Handelsblatt vom 27.10.1999 S. 1.

po-Bank verursacht worden sei und wie viel von der Vereinsbank. Die Beantwortung dieser Fragen wurde von Schmidt verweigert. Das OLG München sieht darin einen Verstoß gegen § 131 Abs. 1 S. 1 AktG. Ob es sich bei der verlangten Information um ein für die Urteilsfindung das Aktionärs wesentliches Element handele, sei zum einen im Zusammenhang mit dem konkreten TOP der Hauptversammlung und zum anderen nach objektiven Maßstäben zu beurteilen, wobei auf einen objektiv denkenden Durchschnittsaktionär abzustellen sei, der die Gesellschaftsverhältnisse nur auf Grund allgemein bekannter Tatsachen kenne. Nach diesen Grundsätzen sei das Auskunftsverlangen des Klägers berechtigt. Für einen Aktionär sei bei einem derart wichtigen Punkt wie der gesteigerten Risikovorsorge im Zusammenhang mit problembehafteten Altfinanzierungen im Immobilienbereich von Interesse, wie das Kreditrisiko im Einzelnen entstanden ist und ob Vorstandsmitglieder an diesen Vorgängen in irgendeiner Weise beteiligt waren. Bezüglich der Herkunft der Kreditrisiken hätten dem Vorstand der Hypovereinsbank bei der Hauptversammlung Schätzwerte vorgelegen. Nach Ansicht des Gerichts hätte der Vorstand auf die Frage des klagenden Aktionärs die Schätzwerte bekannt geben können und müssen. Auf der gesetzwidrig verweigerten Auskunft beruhe auch der Entlastungsbeschluss: Nach der von der Hypovereinsbank mit Schreiben vom 11.05.2001 erteilten Auskunft entfiel vom Bestand des Workout Immobilien mit einem Volumen von ca. 9,6 Mrd. Euro zum Ende des Jahres 1999 ein Anteil von 7,3 Mrd. Euro (76 Prozent) auf die Hypo-Bank und ein Anteil von 2,3 Mrd. Euro (24 Prozent) auf die Vereinsbank. Bei der Risikovorsorge von 1,581 Mrd. Euro für den Bereich Workout Immobilien belief sich der Anteil der Hypo-Bank auf 1,235 Mrd. Euro (78 Prozent) und der Anteil der Vereinsbank auf 0,346 Mrd. Euro (22 Prozent). Zu dieser Auskunftserteilung war die Hypovereinsbank zuvor im Wege des Auskunftserzwingungsverfahrens durch das BayObLG mit Beschluss vom 21.03.2001 verpflichtet worden.

Das OLG München zieht daraus den Schluss, dass von den im Bereich Workout Immobilien zusammengefassten Engagements ein nicht unerheblicher Anteil, nämlich fast ein Viertel auf die Vereinsbank entfiel, desgleichen auf die 1999 dafür gebildete hohe Risikovorsorge (22 Prozent). Dabei sei zu berücksichtigen, dass der Vorstandssprecher der Hypovereinsbank zuvor langjähriger Vorstandssprecher der Vereinsbank gewesen sei und auch die übrigen Vorstandsmitglieder bereits der Vereinsbank angehört hatten. Vor diesem Hintergrund hätte bei einem objektiv denkenden Aktionär der Hypovereinsbank, dem der tatsächliche Anteil der Vereinsbank an den problembehafteten Immobilienengagements bekannt gewesen wäre, sich der Eindruck aufdrängen müssen, dass der Vorstand der Hypovereinsbank durch die unberechtigte Auskunftsverweigerung auf die diesbezüglichen Fragen des klagenden Aktionärs seine eigene Verantwortung für einen erheblichen Teil dieser problembehafteten Kredite und die darauf entfallene hohe Risikovorsorge nicht aufdecken wollte.

Die Hypovereinsbank hat gegen diese Entscheidung Revision beim BGH eingelegt[383].

D. Die unternehmensinternen Konsequenzen des Skandals

Innerhalb der Hypovereinsbank führt die Entdeckung der Altlasten zu Konsequenzen in mehreren Bereichen.

I. Maßnahmen im personellen Bereich

Bereits bei der Pressekonferenz am 28.10.1998 in deren Rahmen Vorstandssprecher Schmidt erstmals über die Aufdeckung weiterer Risiken bei der ehemaligen Hypo-Bank berichtet, kündigt er ein Durchgreifen der Bank an und prophezeit personelle Konsequenzen[384]. Schmidt nennt keine Personen, die zur Verantwortung gezogen werden könnten, gibt aber einen Hinweis darauf, wo die Verantwortlichkeiten liegen: „Das war keine Sache von Sachbearbeitern oder Filialleitern – wäre uns das bei der Vereinsbank passiert, dann würde man bei 3,5 Mrd. DM wohl mich oder meine Kollegen danach fragen"[385]. Nach der Aufsichtsratssitzung drei Wochen später, bei der Schmidt der Rücken gestärkt wird, wird eine Änderung der Zuständigkeit für das Immobiliengeschäft angekündigt, die zu diesem Zeitpunkt bei den früheren Vorständen der Vereinsbank Paul Siebertz und Egbert Eisele sowie beim früheren Vorstandsmitglied der Hypo-Bank Franz Huber liegt[386]. Schließlich teilt die Hypovereinsbank an Heiligabend in einer Erklärung mit, dass Huber zum Jahresende die Bank in gutem Einvernehmen verlassen werde. Konkret begründet wird das Ausscheiden offiziell nicht, aber nach Presseangaben gilt es als offenes Geheimnis, dass ihm zur Last gelegt wird, nach der Fusion selbst nichts zur Aufklärung über die wahren Lasten der ehemaligen Hypo-Bank beigetragen zu haben. Für den Immobilienbereich bei der Hypo-Bank war Huber zum Zeitpunkt der Begründung der später wertberichtigten Engagements nicht zuständig[387].

---

383   Vgl. zum Ganzen OLG München NZG 2002, 187, 187ff. Eine Entscheidung des
       BGH unter dem Aktenzeichen II ZR 29/02 lag bis zum 10.02.2005 nicht vor.
384   Vgl. Pressegespräch Schmidt vom 28.10.1998 S. 6; Investor Relations Release
       der Hypovereinsbank vom 28.10.1998 S. 2.
385   Vgl. Handelsblatt vom 29.10.1998 S. 1.
386   So Handelsblatt vom 17.11.1998 S. 17.
387   Vgl. FAZ vom 28.12.1998 S. 19.

Nach der Rücktrittserklärung von Klaus Götte Ende März 1999 wird Kurt Viermetz am 03.05.1999 vom Aufsichtsrat einstimmig zum neuen Vorsitzenden des Aufsichtsrats gewählt[388]. Götte war bereits bei der Hypo-Bank Aufsichtsratsvorsitzender und musste sich deshalb nach Aufdeckung der zusätzlichen Immobilienrisiken Forderungen nach seinem Rücktritt gefallen lassen[389]. Viermetz war vor seiner Wahl weder bei der Vereins- noch bei der Hypo-Bank beschäftigt[390].

Nach Bekanntwerden der Ergebnisse der Sonderprüfung Ende Oktober 1999 legen die letzten im Vorstand der Hypovereinsbank verbliebenen ehemaligen Vorstände der Hypo-Bank sowie Aufsichtsrat Martini ihre Ämter nieder[391]. Kein Mitglied der ehemaligen Hypo-Bank ist damit mehr in der obersten Führungsetage vertreten[392]. Viermetz kündigt an, die frei werdenden Posten nicht wieder zu besetzen[393]. Dies führt zu der Spekulation, dass man möglicherweise bei der Hypovereinsbank glaube, eine Neubesetzung lohne sich nicht mehr für die absehbar kurze Frist bis zu einer Fusion mit der Dresdner Bank[394].

Allerdings nutzt die Hypovereinsbank die Rücktritte und das bereits seit längerem feststehende Ausscheiden eines Vorstandsmitglieds lediglich zum Umbau der Konzernführung. Schmidt kündigt an, der Vorstand bestehe ab Januar 2000 nur noch aus einem Gremium mit acht Vorstandsmitgliedern, statt wie bisher aus dreizehn. Der Konzernvorstand werde sich voll auf die grundsätzlichen, insbesondere strategischen Weichenstellungen konzentrieren. Es seien sechs Bereichsvorstände ernannt worden, die die Verantwortung für das operative Geschäft tragen und damit den Konzernvorstand entlasten. Sie seien ergebnis- sowie geschäftsverantwortlich. Dies stelle den letzten Schritt zum Abschluss der Fusion dar[395]. Die sechs Bereichsvorstände stammen je zur Hälfte aus der alten Hypo-Bank und der alten Vereinsbank[396].

Als ungewöhnlich bezeichnet das Handelsblatt den Umgang der Hypovereinsbank mit ihren nach Veröffentlichung der Ergebnisse der Sonderprüfung zum Jahresende zurückgetretenen Vorständen. Genau eine Woche nach seiner Rücktrittsankündigung zum Jahresende sei Martin

---

[388]   Vgl. Investor Relations Release der Hypovereinsbank vom 04.05.1999.

[389]   Vgl. FAZ vom 22.03.1999 S. 17.

[390]   Vgl. FAZ vom 29.03.1999 S. 28.

[391]   Vgl. Investor Relations Release der Hypovereinsbank vom 26.10.1999 S. 2.

[392]   Handelsblatt vom 27.10.1999 S. 29.

[393]   Vgl. FAZ vom 27.10.1999 S. 17; Handelsblatt vom 27.10.1999 S. 1.

[394]   So Handelsblatt vom 28.10.1999 S. 22.

[395]   Vgl. Investor Relations Release der Hypovereinsbank vom 08.12.1999 S. 1.

[396]   Vgl. Handelsblatt vom 09.12.1999 S. 20.

Kölsch vor die Presse getreten und habe ein Renommier-Projekt der Hypovereinsbank präsentiert: Den anstehenden Börsengang der Direkt Anlage Bank. „Eine Woche zuvor noch einer der großen Buhmänner, dann das Auftreten wie ein Hoffnungsträger der Bank." Auch Josef Wertschulte sei weiter in der Öffentlichkeit für die Bank tätig geworden. So sähen also Aufräumarbeiten bei der Hypovereinsbank aus[397].

Anfang Januar 2000 wird Hans-Werner Sinn, Präsident des Münchner Ifo-Instituts, in den Aufsichtsrat der Hypovereinsbank berufen. Er rückt für Eberhard Martini in das Kontrollgremium[398].

Drei Jahre später kommt es zu einer interessanten Veränderung im Vorstand und im Aufsichtsrat der Hypovereinsbank, die allerdings in keinem unmittelbaren Zusammenhang mit der Verschmelzung und der anschließenden Entdeckung der Altlasten steht: Albrecht Schmidt übergibt seinen Platz als Vorstandssprecher aus Altersgründen an das Vorstandsmitglied Dieter Rampl und wird selbst Aufsichtsratsvorsitzender. Schmidt lässt sich bereits Anfang Januar 2003 vom Registergericht zum Aufsichtsratsmitglied bestellen und überbrückt so die Zeit bis zur offiziellen Wahl durch die Hauptversammlung im Mai 2003. Interessant ist diese Veränderung vor allem auf Grund der Art und Weise, wie sich Schmidt von der Hauptversammlung zum Aufsichtsrat wählen lässt: Die Wahl erfolgt in Form einer Globalwahl von zehn Aufsichtsratsmitgliedern. Es wird vermutet, dass Schmidt die Einzelwahl deshalb vermieden hat, weil er befürchtet habe, dabei schlecht abzuschneiden, denn immerhin schrieb die Bank 2002, im letzten Jahr seiner Amtszeit, rote Zahlen und zahlte erstmals seit 1945 keine Dividende.

Gegen diese Globalwahl klagt neben anderen der Aktionär und ehemalige Vorstand der Hypo-Bank Hans Fey. Das Landgericht München gibt der Anfechtungsklage wegen Verstoßes gegen § 101 Abs. 1 S. 1 AktG statt. In der Begründung heißt es, das Aktienrecht gehe vom Grundsatz der Einzelabstimmung aus. Der Widerspruch eines Aktionärs richte sich in aller Regel nur gegen eine oder wenige Personen der Liste der vorgeschlagenen Aufsichtsratsmitglieder. Dann aber seien seine Chancen, Unterstützung gegen die ganze Liste zu finden deutlich geringer als bei einem „Angriff" gegen einen einzelnen der vorgeschlagenen Kandidaten[399].

---

[397]   So Handelsblatt vom 05.11.1999 S. 36 sowie vom 16.12.1999 S. 24.

[398]   Vgl. Handelsblatt vom 05.01.2000 S. 22.

[399]   A.A. *Semler* in Münchener Kommentar, AktG, § 101 Rnr. 39 m.w.N.

Das inzwischen rechtskräftige Urteil[400] hat keine direkte Auswirkungen, da die Aufsichtsräte vorsichtshalber im Februar 2004 vom Registergericht bestellt wurden. Die Hypovereinsbank hatte sich zu diesem Schritt entschlossen, nachdem ein Urteil des BGH vom 21.07.2003[401] veröffentlicht worden war, das die Zulässigkeit einer Blockabstimmung, mit der nicht alle Versammlungsteilnehmer einverstanden sind, offen lässt und einzelne Aktionäre die Blockabstimmung angefochten hatten. Dank der gerichtlichen Bestellung[402] kann der Aufsichtsrat in seiner neuen Besetzung rechtmäßig an der Hauptversammlung Ende April 2004 teilnehmen. Dort wird die Wahl in Form von Einzelabstimmungen wiederholt[403] und schließlich wird Schmidt in den Aufsichtsrat gewählt. Er erhält 97,3 Prozent der Stimmen. Die anderen Aktionärsvertreter im Aufsichtsrat erhalten bei ihrer Wahl jeweils mehr als 99 Prozent[404].

II. Strukturelle Maßnahmen

Aber nicht nur im personellen Bereich löst die Entdeckung der Altlasten Veränderungen aus, sondern auch die Organisation des Unternehmens sowie die Risikopolitik wird daraufhin von Vorstand und Aufsichtsrat geändert.

Bereits nach der Aufsichtsratssitzung im November 1998, also kurz nach Entdeckung der Altlasten, wird eine konzeptionelle Neuordnung des Geschäftsfelds Grundstücks- und Projektentwicklungen angekündigt[405]. Bei Immobilienfinanzierungen werde die Bank sich wieder auf profitable und risikoarme Hypothekendarlehen konzentrieren, Bauträgerfinanzierungen würden nur noch sehr selektiv vorgenommen, erklärt Schmidt im Februar 1999 die neue Risikopolitik der Bank[406]. Des Weiteren habe man das klassische Developergeschäft eingestellt. Ziel sei es, die Risikovorsorge im Konzern schon 1999 und in den Folgejahren drastisch zu re-

---

[400]   Die Hypovereinsbank hat ihre Berufung gegen das Urteil zurückgenommen, so SZ vom 31.07./01.08.2004 S. 19.

[401]   BGH BB 2003, 2031, 2031f.

[402]   Gegen die Bestellung durch das Registergericht wurde zwar Beschwerde eingereicht, diese wurde aber zurückgewiesen. Beschwerdeführer war wiederum Hans Fey, vgl. SZ vom 28.04.2004 S. 17.

[403]   Vgl. Einladung zur 127. ordentlichen Hauptversammlung der Hypovereinsbank, S. 2f.; Financial Times Deutschland (FTD) vom 16./17./18.04.2004 S. 1; SZ vom 16.04.2004 S. 19.

[404]   Vgl. SZ vom 03.05.2004 S. 26.

[405]   Vgl. Handelsblatt vom 16.11.1998 S. 14.

[406]   Vgl. Handelsblatt vom 24.02.1999 S. 20.

duzieren[407]. Doch bereits Ende Juli 1999 bei der Präsentation der Halbjahreszahlen muss die Bank ihre Vorgabe, die Risikovorsorge für 1999 um ein Drittel zu senken, revidieren. Anhaltend hohe Risiken im Immobiliengeschäft, insbesondere bei Developer-Finanzierungen und im Geschäft mit Bauträgern, hätten dafür gesorgt, dass die Risikovorsorge nicht in dem Maße zurückgeführt werden könne wie geplant, erklärt der Vorstand der Hypovereinsbank[408]. Gerechnet werde jetzt mit einer Reduzierung der Risikovorsorge um ein Fünftel[409].

Im Zuge der Ergebnisveröffentlichung der Sonderprüfung am 26.10.1999 stellt die Hypovereinsbank ein Zukunftsprogramm zur Erhöhung der Rentabilität des Konzerns vor. Um die Probleme im Immobiliengeschäft besser bewältigen zu können, wird als Teil dieses Programms die Ausgliederung des so genannten Workout-Portfolios in eine eigene Gesellschaft beschlossen[410]. Davor untersuchten bis zu 600 Bankmitarbeiter monatelang die Kredite der ehemaligen Hypo-Bank[411]. Die Hypovereinsbank erklärt dazu Folgendes: Zur Erhöhung der Transparenz und zur Verbesserung der Gestaltungsfähigkeit bei problembehafteten Immobilienfinanzierungen werde man zum Jahresende für das Workout-Portfolio einen eigenständigen Unternehmensbereich bilden. Die Aktiva dieses Bereichs, in dem die Joint Ventures, problembehaftete Developer-Finanzierungen und Vermittlergeschäfte zusammengefasst werden sollen, betragen rund 12,5 Mrd. Euro. Um den Konzern von zukünftigen Belastungen aus diesem Portfolio zu befreien, werde man eine weitere, eine zukunftsorientierte Wertberichtigung in Höhe von voraussichtlich fünf bis acht Prozent des Portfolios in den Jahresabschluss 1999 einstellen[412]. Das Portfolio wäre dann zu insgesamt rund 40 Prozent wertberichtigt[413]. Der Unternehmensbereich habe den Auftrag, das gesamte Portfolio schnellstmöglich und optimal zu vermarkten. Im Mittelpunkt stehe der Verkauf der Objekte. Hinzu komme die Vermietung bislang leer stehender Flächen[414]. Dabei werde von einem Zeitraum von fünf Jahren ausgegangen[415].

---

407   Vgl. Vorläufiger Jahresabschluss 1998 der Hypovereinsbank S. 3f.

408   Vgl. Handelsblatt vom 28.07.1999 S. 21.

409   Vgl. Investor Relations Release der Hypovereinsbank vom 27.07.1999 S. 2.

410   Vgl. Handelsblatt vom 27.10.1999 S. 1.

411   So Handelsblatt vom 28.10.1999 S. 22.

412   Investor Relations Release der Hypovereinsbank vom 26.10.1999 S. 2f.

413   Vgl. FAZ vom 27.10.1999 S. 23.

414   Vgl. Bericht des Unternehmensbereichs Workout Immobilien im Konzernabschluss 2000, S. 72.

415   Rede Sprißler vom 24.03.2000 S. 13.

Im Jahresabschluss 1999 wird beim separaten Unternehmensbereich Workout Immobilien eine abschließende Wertberichtigung von zusätzlich 1 Mrd. Euro durchgeführt[416]. Bei der Hauptversammlung der Hypovereinsbank am 03.05.2000 erklärt Schmidt, durch die Ausgliederung des Workout-Portfolios sei die Thematik rund um das problembehaftete, strategisch nicht mehr gestützte Altfinanzierungsgeschäft abschließend behandelt worden. Die erneute Belastung der Ertragsrechnung sei nicht mehr zu rechtfertigen gewesen. In der Zwischenzeit habe sich das Volumen dieses Unternehmensbereichs auf 9,6 Mrd. Euro reduziert[417].

III. Verschmelzung mit Bank Austria

Eine weitere Konsequenz, die aus den negativen Erfahrungen mit der Verschmelzung zur Hypovereinsbank gezogen wird, ist die Durchführung einer „High-Level Due Diligence[418]" zur Ermittlung des angemessenen Umtauschverhältnisses im Rahmen der Fusion mit der Bank Austria. Die Due Diligence dauert sechs Wochen, wobei aus Gründen der Geheimhaltung zunächst nur sehr wenige Mitarbeiter der beiden Banken involviert sind. Anschließend wird die eigentliche Due Diligence unter Beteiligung von externen Beratern durchgeführt[419]. Der Aufsichtsrat lässt sich sehr ausführlich über die Due Diligence bei der Bank Austria berichten[420]. Dem Verdacht der Fehlbewertung eines Fusionspartners will sich die Hypovereinsbank nicht noch einmal aussetzen. Die wechselseitige Due Diligence von Bank Austria und Hypovereinsbank wird dabei hinsichtlich Kreditrisiko, Marktrisiko, Beteiligungs- und Liegenschaftsvermögen, Normalisierung der Ertragslage und wesentlicher rechtlicher Risiken durchgeführt[421]. Die Hypovereinsbank gibt am 05.09.2000 bekannt: Nach sorgfältiger Prüfung und unter Einbeziehung des Due Diligence Ergebnisses haben die Arthur Andersen Wirtschaftsprüfungsgesellschaft mbH, Wien und die Ernst & Young Deutsche Allgemeine Treuhand AG, Wirtschaftsprüfungsgesellschaft, Stuttgart das vereinbarte Umtauschverhältnis als angemessen bestätigt[422].

---

[416] Vgl. Investor Relations Release der Hypovereinsbank vom 22.02.2000 S. 1.

[417] Vgl. Rede Schmidt vom 03.05.2000 S. 12.

[418] Als Due Diligence wird die kaufvorbereitende Unternehmensprüfung bezeichnet, bei der im Hinblick auf die Bewertung eines Unternehmens eine gründliche Durchleuchtung dieser Zielgesellschaft vornehmlich durch Außenstehende vorgenommen wird, so *Stoffels*, ZHR 165 (2001), 362, 362f.

[419] Gespräch des Verfassers mit Sprißler und Münich am 08.10.2004.

[420] Vgl. Bericht des Aufsichtsrats im Konzernabschluss 2000 S. 22, 24.

[421] Ausführlich zum Ablauf einer Due Diligence: *Stoffels*, ZHR 165 (2001), 362ff.

[422] Vgl. Investor Relations Release der Hypovereinsbank vom 05.09.2000.

E. Konsequenzen für außenstehende Beteiligte

Die Aufdeckung der zusätzlichen Risiken bei der Hypo-Bank zieht nicht nur Konsequenzen für die Hypovereinsbank, sondern auch für andere nach sich. Folgen hat dies insbesondere für die an der Verschmelzung beteiligten Wirtschaftsprüfungsgesellschaften.

I. Reaktion der Wirtschaftsprüfer auf Entdeckung der Altlasten

Dabei reagieren die beiden beteiligten Wirtschaftsprüfungsgesellschaften WEDIT und KPMG unterschiedlich auf die Entdeckung und die anschließende Kritik an ihrer Arbeit.

1. WEDIT

Unmittelbar nach der Aufdeckung der zusätzlichen Risiken weist die WEDIT den Vorwurf von Schmidt zurück, sie habe den Abschluss 1997 der Hypo-Bank fehlerhaft testiert[423].

Als später die Staatsanwaltschaft gegen zwei Mitarbeiter der WEDIT ermittelt und den Vorwurf erhebt, die Verantwortlichen der Hypo-Bank hätten nach Absprache mit der WEDIT Verluste durch Bilanzfälschungen verschleiert, will sich die WEDIT zu diesem Vorwurf nicht äußern[424].

In einer vom BAKred geforderten Stellungnahme übt die WEDIT jedoch heftige Kritik am Risikoausweis der Hypovereinsbank. In den 3,5 Mrd. DM Altlasten seien auch 168 Mio. DM der früheren Vereinsbank enthalten. Im Wesentlichen beruhe das Milliardenloch auf einem grundlegend anderen Bewertungsverfahren der Hypovereinsbank. Die Bank habe die zu erwartenden Mieten und Verkaufspreise deutlich nach unten korrigiert und den gesamten Immobilienbereich sehr zurückhaltend eingeschätzt[425].

Die Hypovereinsbank kritisiert das Vorgehen der WEDIT. So stamme keine einzige Mark der ungedeckten Risiken aus Altlasten der Vereinsbank[426]. Dies wird später durch den Sonderprüfungsbericht der BDO bestätigt[427]. Die Bank hält die Stellungnahme der WEDIT für widersprüchlich[428].

---

[423]   Vgl. FAZ vom 03.11.1998 S. 24.
[424]   So Der Spiegel 11/1999 S. 100, 101.
[425]   Vgl. Der Spiegel 17/1999 S. 78.
[426]   Handelsblatt vom 26.04.1999 S. 22.
[427]   Vgl. Sonderprüfungsbericht der BDO S. 132.
[428]   Vgl. Handelsblatt vom 26.04.1999 S. 22; Der Spiegel 17/1999 S. 78.

Anfang September 1999 geht die WEDIT erneut in die Offensive und legt ein von zwei Professoren verfasstes Gutachten vor, welches zu dem Ergebnis kommt, dass der Jahresabschluss 1997 der ehemaligen Hypo-Bank korrekt gewesen und die Immobilienrisiken ordnungsgemäß bewertet worden seien[429]. Das Gutachten wurde von der WEDIT in Auftrag gegeben und einer der Gutachter, Wolfgang Ballwieser, ist Mitglied des WEDIT-Aufsichtsrats[430]. Die Hypovereinsbank reagiert darauf mit der Ankündigung, juristische Schritte gegen die WEDIT wegen Rufschädigung zu prüfen. Das Gutachten sei ohne ihr Wissen erstellt worden. Nach Ansicht der Hypovereinsbank seien die Prüfer der WEDIT zur Vertraulichkeit verpflichtet gewesen[431].

2. KPMG

Die KPMG reagiert auf die Entdeckung der Altlasten und die anschließende Kritik anders als die WEDIT. Zu beachten ist dabei aber, dass die KPMG nicht wie die WEDIT den Jahresabschluss der Hypo-Bank 1997 geprüft und mit einem uneingeschränkten Testat versehen, sondern mit der WEDIT gemeinsam lediglich das Bewertungsgutachten zu den Unternehmenswerten der Hypo-Bank und der Vereinsbank sowie zum Umtauschverhältnis für die Verschmelzung erstellt hat.

Zunächst setzt sich auch die KPMG gegen die Vorwürfe zur Wehr, indem ihr Vorstandssprecher Wiedmann die unterschiedlichen Ergebnisse zwischen der Bewertung der Risiken durch KPMG München im Vorfeld der Fusion und KPMG Frankfurt nach der Verschmelzung mit dem Argument verteidigt, dass bei einem Verschmelzungsgutachten üblicherweise keine Kreditprüfungen stattfänden. Man beziehe sich vielmehr auf vorhandene Unterlagen[432]. Eine Änderung dieser Praxis hält Wiedmann nicht für erforderlich, da man sonst jedes Unternehmen pausenlos prüfen müsse. Dass KPMG Frankfurt hinzugezogen worden sei, hänge damit zusammen, dass das gesamte Bankenprüfungsgeschäft der KPMG künftig nicht mehr in den 30 deutschen Filialen erfolge, sondern zentral von Frankfurt aus gesteuert werde[433].

---

[429]   Vgl. Handelsblatt vom 02.09.1999 S 22.

[430]   Vgl. FAZ vom 07.09.1999 S. 24; Handelsblatt vom 02.09.1999 S. 22 sowie vom 06.09.1999 S. 14.

[431]   Vgl. Handelsblatt vom 02.09.1999 S. 22 sowie vom 06.09.1999 S. 14; Der Spiegel 36/1999 S. 117.

[432]   Vgl. Handelsblatt vom 17.11.1998 S. 17.

[433]   So Handelsblatt vom 17.11.1998 S. 17.

Mehr will Wiedmann auch später nicht sagen. Die Hypovereinsbank habe die KPMG zur absoluten Verschwiegenheit verpflichtet[434].

II. Ergebnisse des Sonderprüfungsberichts der BDO

Laut Sonderprüfungsbericht räumt die KPMG in einem Aktenvermerk vom 09.11.1998 ein, von der Vereinsbank informell beauftragt worden zu sein, bei der Unternehmensbewertung die Risiken aus dem Projektgeschäft kritisch zu würdigen und für eine angemessene Berücksichtigung bei der Unternehmensbewertung Sorge zu tragen; daneben sollten auch Lücken in der Vorsorgepolitik im Jahresabschluss der Hypo-Bank – soweit möglich – aufgedeckt werden.

Auskünfte über Bewertungsfragen einzelner Engagements hätten aber von der KPMG über den Vorstand der Hypo-Bank geleitet werden müssen. Es sei den Prüfern keine Einsicht in Originalakten gewährt worden. Die zuständigen Kreditsachbearbeiter hätten von der KPMG nicht direkt befragt werden können. Die Auskunftserteilung sei zu Anfang zögerlich, nach Abmahnung zurückhaltend gewesen. Im Zuge der Arbeiten habe die KPMG nach einer ersten Stichprobe von zehn Großprojekten im Lenkungsausschuss für die Unternehmensbewertung, dem je zwei Vorstände der beiden Banken und je ein Prüfer der KPMG und der WEDIT angehörten, Zweifel an einer ausreichenden Risikoberücksichtigung im Joint Venture-Bereich geäußert. Dies sei von der Hypo-Bank und der WEDIT energisch zurückgewiesen worden.

Zwischen den Sitzungen des Lenkungsausschusses habe der Hypo-Bank-Vorstand die Vereinsbank informiert, dass neben den „normalen" Wertberichtigungen im Jahresabschluss 1997 eine Sondervorsorge für Risiken im Joint Venture-Bereich durchgeführt würde und die Größenordnung mit 2 Mrd. DM angegeben[435].

Angesichts dieser Planungen und nach dem damaligen Stand der Informationen habe die KPMG den Eindruck gewonnen, dass die WEDIT für eine angemessene Berücksichtigung der Risiken im Jahresabschluss der Hypo-Bank sorgen würde[436]. Tatsächlich sei zum 31.12.1997 der Vorsorgebetrag auf 1,5 Mrd. DM reduziert und davon lediglich 800 Mio. DM für den Bereich Joint Venture genutzt worden, ohne dass es in diesem Bereich „normale" Vorsorgen gegeben habe. Davon habe die KPMG

---

434   Vgl. FAZ vom 25.11.1998 S. 22; Der Spiegel 46/1998 S. 112, 113.

435   Vgl. Sonderprüfungsbericht der BDO S. 119, 121.

436   Vgl. Sonderprüfungsbericht der BDO S. 120.

nach eigenen Angaben erst im September 1998 und somit nach Eintragung der Verschmelzung Kenntnis erhalten[437].

Die Hypovereinsbank erhebt in einem Aktenvermerk vom 04.12.1998 Vorwürfe gegen die KPMG: Die KPMG habe in den Sitzungen des Lenkungsausschusses nicht erkennen lassen, dass sie stichprobenweise zehn Projekte geprüft habe und sie habe auch den daraus errechneten Wertberichtigungsbedarf nicht beziffert. Sie habe lediglich in allgemeiner Form Bedenken über die Angemessenheit der Risikovorsorge geäußert. Die KPMG habe offensichtlich – wie alle Beteiligten – angenommen, dass die so genannte „Sondermaßnahme" der Hypo-Bank im Jahresabschluss 1997 ausreichen würde. Die Reduzierung der Sondermaßnahme von 2 auf 1,5 Mrd. DM sei der Vereinsbank gegenüber damit begründet worden, dass ein höherer Betrag nach Ansicht der Wirtschaftsprüfer (WEDIT) steuerlich nicht abzugsfähig gewesen wäre. Nachdem die KPMG nach der Veröffentlichung dieser Sondermaßnahme gegenüber der Vereinsbank keinerlei Bedenken geäußert habe, habe die Vereinsbank annehmen können, dass aus Sicht der KPMG die Sondermaßnahme ausreiche, um die Risikovorsorge im Bereich Joint Venture angemessen zu dotieren[438].

Der Sonderprüfungsbericht kommt trotz dieser Vorwürfe seitens der Hypovereinsbank zum Ergebnis, dass das von den Wirtschaftsprüfern angewandte Bewertungsverfahren und seine konkrete Umsetzung als sachgerecht anzusehen sind[439]. Eine Unternehmenswertermittlung erfolge regelmäßig auf Grundlage einer Gesamtbetrachtung der zu bewertenden Einheit. Die Einzelbetrachtung von Forderungen oder Einzelrisiken und ihre wahrscheinliche Entwicklung in der Zukunft erfolge nur in besonderen Fällen, in denen den begutachtenden Wirtschaftsprüfern Informationen vorliegen, die eine Einzelbetrachtung des Kreditengagements oder des Einzelrisikos notwendig machen. Nach den der BDO durch die Wirtschaftsprüfer erteilten Auskünften seien den Wirtschaftsprüfern aber die Einzelrisiken der Hypo-Bank zum Zeitpunkt der Bewertung nicht bekannt gewesen, sie konnten mithin als Einzelrisiken auch nicht berücksichtigt werden[440].

Der Sonderprüfungsbericht belastet hauptsächlich den Vorstand der Hypo-Bank[441] und die WEDIT. Angelastet wird der WEDIT vor allem, dass sie die in der Bilanz der Hypo-Bank 1997 gebildete Risikovorsorge

---

437 Vgl. Sonderprüfungsbericht der BDO S. 121.

438 Vgl. Sonderprüfungsbericht der BDO S. 122.

439 So Sonderprüfungsbericht der BDO S. 94.

440 Vgl. Sonderprüfungsbericht der BDO S. 101.

441 Dazu ausführlich oben, C. XI. 3. b).

Ende März 1998 als angemessen bezeichnet und den Jahresabschluss 1997 uneingeschränkt testiert hat[442].

Nach der Veröffentlichung des Sonderprüfungsberichts wehrt sich die WEDIT gegen die erhobenen Vorwürfe. Am 26.10.1999 teilt sie unter Berufung auf Zeugenaussagen bei den Ermittlungen der Staatsanwaltschaft mit, ihr seien wichtige Daten und Einschätzungen für die Bewertung von Kreditforderungen nicht zur Verfügung gestellt worden[443]. „Ende September 1999 haben wir erstmals davon Kenntnis erlangt, dass zuständige Verantwortliche bei den Immobilien-Tochtergesellschaften schon Ende 1997 Projektverluste in Milliardenhöhe kalkuliert haben sollen", berichtet der Geschäftsführer der WEDIT, Achim Schmidt. Es gebe Hinweise, dass sich unterlassene und unzutreffende Einflüsse auf Prüfungsfeststellungen der WEDIT ergeben haben könnten, so Schmidt[444].

III. Konsequenzen für die Wirtschaftsprüfer

Schon bald nach der Bekanntgabe im Oktober 1998, dass erhebliche Altlasten bei der ehemaligen Hypo-Bank entdeckt wurden, äußert der Vorstandssprecher der Hypovereinsbank Schmidt besonders in Bezug auf die Wirtschaftsprüfungsgesellschaft WEDIT, dass er nicht denke, diese Wirtschaftsprüfer dem Aufsichtsrat zur Weiterbeschäftigung zu empfehlen[445]. Der WEDIT soll das Mandat entzogen werden[446]. Tatsächlich wird bei der nächsten Hauptversammlung der Hypovereinsbank am 06.05.1999 die KPMG zum Abschlussprüfer bestellt, wenn auch gegen den Protest vieler Kleinaktionäre, die der KPMG Versagen bei der Bewertung der beiden Banken vorwerfen[447].

Im Rahmen der außerordentlichen Hauptversammlung der Hypovereinsbank am 17.12.1999, bei der die Ergebnisse der Sonderprüfung erläutert werden, kündigt Aufsichtsratsvorsitzender Viermetz an, dass geprüft werde, ob die Wirtschaftsprüfer WEDIT und KPMG ihre Sorgfaltspflichten verletzt hätten[448]. Ende Januar 2000 teilt die Hypovereinsbank mit, dass sie mit der KPMG und WEDIT erste Gespräche über die

---

[442]   Vgl. FAZ vom 27.10.1999 S. 22; Gemeinsamer Verschmelzungsbericht der Vereinsbank und Hypo-Bank S. 124; Sonderprüfungsbericht der BDO S. 68.

[443]   Vgl. FAZ vom 27.10.1999 S. 22.

[444]   Vgl. FAZ vom 28.10.1999 S. 28.

[445]   Vgl. FAZ vom 03.11.1998 S 24; Der Spiegel 45/1998 S. 142, 143.

[446]   So Der Spiegel 45/1998 S. 142, 143; Die Welt vom 03.11.1998 S. 14.

[447]   Vgl. FAZ vom 07.05.1999 S. 22. Der Beschluss der Hauptversammlung bezüglich der Wahl der KPMG zum Abschlussprüfer für das Geschäftsjahr 1999 wird später vom BGH für nichtig erklärt; vgl. dazu oben C. VIII.

[448]   Vgl. Handelsblatt vom 20.12.1999 S. 20.

Zahlung von Schadensersatz für die nicht entdeckten Altlasten der Hypo-Bank führe. Wenn keine Einigung erzielt werde, überlege man sich rechtliche Schritte einzulegen[449]. Einen Monat später einigt sich die Hypovereinsbank mit der KPMG. Welchen Betrag die KPMG an die Bank zahlt, wird nicht mitgeteilt, darüber werde Stillschweigen bewahrt, erklärt ein Sprecher der Bank. Die Hypovereinsbank hatte mit der KPMG laut Presseberichten im Vertrag über die Erstellung des Wertgutachtens einen Haftungsrahmen von 10 Mio. DM vereinbart. Es wird seitens der Bank lediglich erklärt, dass die Entschädigungssumme darunter liege. Weiter heißt es, die Zahlung erfolge ohne Anerkennung einer Rechtspflicht[450]. Bei der Hauptversammlung der Hypovereinsbank am 03.05.2000 berichtet Vorstandssprecher Schmidt, die Bank habe sich auch mit der WEDIT geeinigt und erhalte ebenfalls eine Zahlung ohne Anerkennung einer Rechtspflicht, die sich innerhalb der Haftungsbegrenzung bewege. Einen Betrag nennt Schmidt nicht[451]. Es wird vermutet, dass die Zahlung der WEDIT näher an der Obergrenze von 10 Mio. DM liegt, da die WEDIT nicht nur wie die KPMG das Bewertungsgutachten zu den Unternehmenswerten der Hypo-Bank und der Vereinsbank sowie zum Umtauschverhältnis für die Verschmelzung erstellt hatte, sondern zudem Abschlussprüfer des nachträglich für nichtig erklärten Jahresabschlusses der Hypo-Bank von 1997 war[452]. Sprißler, Finanzvorstand der Hypovereinsbank, und München, früherer Chefsyndikus der Vereinsbank, bestätigen später, dass die WEDIT einen höheren Betrag als die KPMG gezahlt hat. Konkrete Zahlen wollen sie aber nicht nennen[453].

Bei beiden Wirtschaftsprüfungsgesellschaften führen die Vorkommnisse auch zu personellen Konsequenzen: Bis April 1999 tauscht die WEDIT die beiden Mitarbeiter aus, die den Abschluss 1997 der Hypo-Bank uneingeschränkt testiert hatten. Auch das Team der KPMG, welches die WEDIT-Ansätze im gemeinsamen Gutachten nicht angezweifelt hatte, ist zu diesem Zeitpunkt bereits ausgewechselt[454].

Als es im Herbst 2000 zur Fusion der Hypovereinsbank mit der Bank Austria kommt, werden die WEDIT und die KPMG nicht mit der Durchführung der Due Diligence zur Bestimmung eines angemessenen Umtauschverhältnisses beauftragt[455].

---

[449] Vgl. FAZ vom 31.01.2000 S. 24.

[450] Vgl. Handelsblatt vom 23.02.2000 S. 22.

[451] Vgl. FAZ vom 04.05.2000 S. 21.

[452] So FAZ vom 04.04.2000 S. 21; Handelsblatt vom 04.05.2000 S. 23.

[453] Gespräch des Verfassers mit Sprißler und München am 08.10.2004.

[454] Vgl. Handelsblatt vom 08.04.1999 S. 21.

[455] Vgl. Investor Relations Release der Hypovereinsbank vom 05.09.2000.

Insgesamt gerät die Branche der Wirtschaftsprüfer durch die Entdek-kung der Altlasten bei der Hypo-Bank und andere Fälle (Philipp Holz-mann, Flowtex) immer stärker in die Kritik[456]. Als Folge hiervon plant die Bundesregierung verschiedene Gesetzesänderungen, um die Qualität der Arbeit der Wirtschaftsprüfer anzuheben. So wurde beispielsweise das Berufsrecht der Wirtschaftsprüfer zum 01.01.2002 um ein System der externen Qualitätssicherung erweitert. Dadurch wird das in einer Wirt-schaftsprüfungspraxis bestehende Qualitätssicherungssystem im Ab-stand von drei Jahren durch einen Berufskollegen unabhängig geprüft[457]. Schon vor dem In-Kraft-Treten der Gesetzesänderungen führte die KPMG nach eigener Aussage eine Qualitätsverbesserung durch. Man habe u.a. intern Prüfer ausgewechselt und sich bereits Mitte 2000 einer externen Qualitätprüfung durch die Wirtschaftsprüfungsgesellschaft Ernst & Young unterzogen[458]. Weitere Gesetze zur Stärkung der Unab-hängigkeit der Wirtschaftsprüfer sind inzwischen in Kraft getreten[459].

---

[456]   Inzwischen ist sogar davon die Rede, dass das Ansehen des Wirtschaftsprü-ferberufs hinter das von Politikern und Fußballprofis zurückgefallen sei, so SZ vom 12.02.2004 S. 20.

[457]   Vgl. §§ 57a-57h WPO; FAZ vom 03.06.2000 S. 22.

[458]   Vgl. FAZ vom 23.05.2000 S. 22.

[459]   Vgl. dazu ausführlich: Teil 2, 2. Kapitel A. III. 3.

Teil 2: Rechtliche Ausführungen

Nicht alle bei der Sachverhaltsfeststellung aufgeworfenen Fragen können im Rahmen dieser Arbeit erörtert werden. Vielmehr soll im 2. Teil der Arbeit der Schwerpunkt auf einige ausgewählte Themengebiete gelegt werden, die durch die Verschmelzung und die anschließenden Auseinandersetzungen besonders im Mittelpunkt standen. Hervorgetan haben sich dabei drei Fragestellungen, welche zum Teil von der FAZ bereits einen Tag nach der Bekanntgabe der Wertberichtigungen in Höhe von 3,5 Mrd. DM folgendermaßen formuliert wurden:

> „Inwiefern haben die Aufsichtsgremien der Hypo-Bank unter dem Aufsichtsratsvorsitzenden Klaus Götte versagt? Können die Wirtschaftsprüfer wegen der uneingeschränkten Testate belangt werden? Müssen die Banken neu bewertet werden, da die Vereinsbank-Aktionäre ein offensichtlich zu hoch bewertetes Institut übernommen haben"[460]?

Die erste Frage thematisiert mögliche Schwachpunkte der Corporate Governance bei den an der Verschmelzung beteiligten Kreditinstituten. Während die FAZ auf den Aufsichtsrat der Hypo-Bank abstellt, soll bei der weiteren Darstellung des rechtlichen Teils der Arbeit hingegen der Vorstand im Mittelpunkt stehen, da der festgestellte Sachverhalt gezeigt hat, dass vor allem dort die Versäumnisse liegen. Als weitere Schwerpunkte ergeben sich aus der Fragestellung: die Haftung der Wirtschaftsprüfer und die Konsequenzen der Wertberichtigungen für das Umtauschverhältnis sowie die diesbezüglichen Rechtsschutzmöglichkeiten der Aktionäre.

Bei der Darstellung wird besonderes Gewicht auf die im vorliegenden Fall relevanten Fragen gelegt, ohne dabei aber nur auf den konkreten Sachverhalt abzustellen. Vielmehr erfolgt die Erörterung auch im Wege der Auseinandersetzung mit der Rechtsprechung und Lehre im jeweiligen Bereich.

Dabei werden zunächst die rechtlichen Grundlagen dargelegt, um in einem zweiten Schritt die dabei gewonnenen Erkenntnisse auf den festgestellten Sachverhalt anzuwenden.

---

[460]   FAZ vom 29.10.1998 S. 22.

1. Kapitel: Allgemeine Pflichten des Vorstands sowie spezielle Pflichten im Rahmen der Verschmelzung

A. Einleitung

Die Pflichten des Vorstands im Rahmen der Unternehmensführung allgemein sowie dessen Pflichten bei einer Verschmelzung sind Bestandteile des Oberbegriffs Corporate Governance. Dieser Begriff kann nicht eindeutig definiert werden. Folgendes kann aber festgehalten werden: Corporate Governance betrifft in einem sehr weiten Sinne alle Fragen der Leitung und Kontrolle unternehmerischer Tätigkeit in einem marktwirtschaftlichen Umfeld. Dies umfasst Entscheidungsmaßstäbe und Verhaltenspflichten für Unternehmensorgane, Unternehmensstrukturen und die Beziehungen zwischen Unternehmensleitung, Aktionären und anderen am Unternehmen Beteiligten, insbesondere Arbeitnehmern und Gläubigern[461].

In den letzten Jahren hat der Gesetzgeber eine Reihe von Gesetzen verabschiedet, die zu einer Verschärfung der Pflichtenlage für den Vorstand einer Aktiengesellschaft geführt haben. Hervorzuheben sind in gesellschaftsrechtlicher Hinsicht das Gesetz zur Kontrolle und Transparenz im Unternehmensbereich (KonTraG)[462] sowie das Transparenz- und Publizitätsgesetz (TransPuG)[463]. Bedeutsam ist in diesem Zusammenhang auch der im Februar 2002 von der Regierungskommission „Deutscher Corporate Governance Kodex" (im Folgenden auch als „Kodex-Kommission" bezeichnet) unter Leitung von Gerhard Cromme vorgelegte Deutsche Corporate Governance Kodex (im Folgenden kurz „Ko-

---

[461]   Vgl. *Grundmann/Mülbert*, ZGR 2001, 215, 215; *Hopt*, ZGR 2000, 779, 782. Ähnlich *Baums* in Hommelhoff/Lutter/Schmidt/Schön/Ulmer, Corporate Governance, 13, 16; *Claussen/Bröcker*, AG 2000, 481, 481; *Hüffer*, AktG, § 76 Rnr. 15a. Ausführlich zur Ausgangslage, zu den Hintergründen und den Schwerpunkten der Corporate Governance Diskussion *Feddersen/Hommelhoff/Schneider* in Feddersen/Hommelhoff/Schneider, Corporate Governance, 1, 1ff. sowie *Kort* in Großkommentar, AktG, vor § 76 Rnr. 35ff.

[462]   Gesetz zur Kontrolle und Transparenz im Unternehmensbereich vom 27.04.1998, BGBl. I 1998, 786ff. Das KonTraG ist am 01.05.1998 in Kraft getreten.

[463]   Gesetz zur weiteren Reform des Aktien- und Bilanzrechts, zu Transparenz und Publizität (Transparenz- und Publizitätsgesetz) vom 19.07.2002, BGBl. I 2002, 2681ff. Das TransPuG ist größtenteils am 26.07.2002 in Kraft getreten, vgl. Art. 5 TransPuG.

dex"[464]). Der Kodex enthält Empfehlungen sowie Anregungen und richtet sich an Vorstand und Aufsichtsrat börsennotierter Gesellschaften[465]. Der Kodex empfiehlt seine Beachtung aber auch anderen Gesellschaften[466].

Obwohl der Vorstand aufgrund seiner Leitungsaufgabe die zentrale Figur im System der Corporate Governance ist, macht der Kodex bei näherer Betrachtung deutlich, dass im Mittelpunkt der in Deutschland stattfindenden Corporate Governance Diskussion nicht der Vorstand als solcher steht, denn die größte Zahl der Empfehlungen richtet sich an den Aufsichtsrat oder die Gesellschaft. Allerdings ist zu berücksichtigen, dass der Vorstand die an die Gesellschaft gerichteten Empfehlungen umzusetzen hat. Der dem Vorstand gewidmete Abschnitt (Ziffer 4) enthält lediglich zwei Empfehlungen, die sich direkt an den Vorstand richten. In beiden Fällen handelt es sich um Verhaltensempfehlungen bei Vorliegen von Interessenkonflikten[467]. Im Folgenden wird nun hauptsächlich auf den Vorstand eingegangen, gewissermaßen einer Randfigur der aktuellen Diskussion.

B. Die Pflichtenlage des Vorstands in der Aktiengesellschaft

Zum besseren Verständnis der Pflichtenlage des Vorstands, soll kurz das Verhältnis der Gesellschaftsorgane untereinander dargestellt werden.

Dem Vorstand als Kollegialorgan ist gemäß § 76 Abs. 1 AktG die eigenverantwortliche Leitung der Gesellschaft zugewiesen. Entsprechend sind

---

[464] Fassung vom 02.06.2005. Ausführlich zu den Änderungen gegenüber der Kodexversion vom 21.05.2003 vgl. *Vetter*, BB 2005, 1689ff.

[465] Börsennotiert im Sinne des AktG (§ 3 Abs. 2) sind Gesellschaften, deren Aktien zu einem Markt zugelassen sind, der von staatlich anerkannten Stellen geregelt und überwacht wird, regelmäßig stattfindet und für das Publikum mittelbar oder unmittelbar zugänglich ist. Dazu gehörten bisher der amtliche Handel, der geregelte Markt und der Handel am Neuen Markt. Seit der Neuordnung des Aktienmarktes zum 01.01.2003 gibt es nun zwei Segmente, den General Standard und den Prime Standard. Das privatrechtliche Regelwerk des Neuen Marktes ist zum 05.06.2003 eingestellt worden. Nicht zu den börsennotierten Aktiengesellschaften zählen Gesellschaften, deren Aktien im Freiverkehr gehandelt werden, so *Semler/Spindler* in Münchener Kommentar, AktG, Vor § 76 Rnr. 181.

[466] Vgl. Kodex-Ziffer 1 (Präambel) Absatz 8.

[467] Vgl. Kodex-Ziffer 4.3.4 sowie 4.3.5. Ähnlich *Semler* in Münchener Kommentar, AktG, § 161 Rnr. 250; *Ulmer*, ZHR 166 (2002), 150, 154f. Dazu auch *Grundmann/Mülbert*, ZGR 2001, 215, 221, die feststellen, dass es bislang bei der vorstandsbezogenen Diskussion in Europa ebenso wie weltweit vor allem um das Design effizienter Vergütungssysteme sowie um Interessenkonflikte geht.

der Aufsichtsrat sowie die Hauptversammlung von dieser Funktion ausgeschlossen. Der Vorstand unterliegt der laufenden Kontrolle durch den Aufsichtsrat, der die Mitglieder des Vorstands bestellt und abberuft (§ 84 AktG) und die Geschäftsführung des Vorstands überwacht (§ 111 Abs. 1 AktG). Die Hauptversammlung wiederum ist zuständig für die Bestellung der Aufsichtsratsmitglieder, soweit nicht das Mitbestimmungsrecht eingreift, §§ 101, 119 Abs. 1 AktG. Der Vorstand vertritt die Gesellschaft gemäß § 78 Abs. 1 AktG im Rechtsverkehr nach außen. Gegenüber den Vorstandsmitgliedern ist der Aufsichtsrat allerdings gesetzlicher Vertreter der Gesellschaft, § 112 AktG.

Der Vorstand wird nicht nur in eigener Verantwortung, sondern auch in eigener Initiative tätig. Er ist Entscheidungs- und Handlungszentrum. Dagegen wird der Aufsichtsrat auf die Überwachungsaufgabe verwiesen. Maßnahmen der Geschäftsführung können ihm gemäß § 111 Abs. 4 S. 1 AktG nicht übertragen werden. Soweit bestimmte Arten von Geschäften nach § 111 Abs. 4 S. 2 AktG der Zustimmung des Aufsichtsrats bedürfen, kann der Aufsichtsrat das Tätigwerden des Vorstands nach Art eines Vetorechts verhindern. Ein Weisungsrecht, mit dem er bestimmte Maßnahmen positiv durchsetzen könnte oder ein Initiativrecht, steht ihm jedoch auch dann nicht zu. Ebenso besteht grundsätzlich auch keine Folgepflicht des Vorstands gegenüber Beschlüssen der Hauptversammlung, soweit es um Fragen der Geschäftsführung geht, es sei denn, dass der Vorstand die Entscheidung der Hauptversammlung selbst eingeholt hat, § 119 Abs. 2 AktG[468].

Steht somit fest, dass die Leitung der Gesellschaft dem Vorstand zusteht, ist nun zu klären, was unter den Begriff der Leitung fällt und welche Pflichten der Vorstand dabei zu beachten hat.

I. Leitung der Gesellschaft

Gemäß § 76 Abs. 1 AktG hat der Vorstand die Gesellschaft zu leiten. Strittig ist, ob Leitung der Gesellschaft gleichbedeutend ist mit Leitung

---

[468]   Vgl. zum Ganzen: *Hoffmann-Becking* in Münchener Handbuch des Gesellschaftsrechts, Band 4, § 29 Rnr. 10f.; *Hüffer*, AktG, § 76 Rnr. 2, 4, 11; *Wiesner* in Münchener Handbuch des Gesellschaftsrechts, Band 4, § 19 Rnr. 1, 6, 8. Vgl. auch *Fleischer*, ZIP 2003, 1, 1f. sowie *Peltzer*, JuS 2003, 348, 349. Vgl. zur Pflicht des Vorstands bei Grundsatzmaßnahmen einen Beschluss der Hauptversammlung herbeizuführen: BGHZ 83, 122, 131 („Holzmüller"), BGH ZIP 2004, 993, 995ff. („Gelatine"); *Henze*, BB 2002, 893, 894f.; *Pentz*, BB 2005, 1397, 1401ff.; *Semler* in Münchener Handbuch des Gesellschaftsrechts, Band 4, § 34 Rnr. 34ff.

des Unternehmens[469]. Einvernehmen herrscht aber darüber, dass die Leitung der Gesellschaft auch im Sinne der Leitung des Unternehmens zu verstehen ist. Da die Aktiengesellschaft Trägerin des Unternehmens ist, liegt in der Unternehmensleitung die erste Aufgabe des Vorstands[470].

Der Vorstand nimmt folglich die Unternehmerfunktion in der Aktiengesellschaft wahr. Er führt die Unternehmenspolitik und darf sich diese Führung und damit die grundlegenden Entscheidungen über Zielkonzeption, Organisation, Führungsgrundsätze, Besetzung von Führungspositionen, Unternehmensplanung, Strategie und Geschäftspolitik (vor allem hinsichtlich Finanzierung, Personalwesen, Verwaltung, Investitionen, Beschaffung, Entwicklung, Produktion, Vertrieb) nicht aus der Hand nehmen lassen. Diese Führungsfunktion kann als Inhalt der Leitungsaufgabe des Vorstands verstanden werden und steht dem Vorstand als Ganzem zu[471]. Hinzu kommen noch die Aufgaben, die das Gesetz ausdrücklich dem Vorstand als Ganzem zuweist[472].

Die Leitung beschränkt sich somit auf grundlegende Aufgaben und obliegt stets dem Vorstand als Kollegialorgan. Im Gegensatz dazu geht der Begriff Geschäftsführung weiter und betrifft jedwede tatsächliche oder rechtsgeschäftliche Tätigkeit für die Aktiengesellschaft. Die Befugnis zur Geschäftsführung kann als Gesamt- oder auch Einzelgeschäftsführungsbefugnis ausgestaltet sein. Mithin stellt die Leitung einen herausgehobenen Teilbereich der Geschäftsführung dar[473].

Mit dieser Differenzierung hängt die Frage zusammen, inwiefern einzelne Aufgaben, die dem Vorstand in seiner Gesamtheit obliegen, auf ein-

---

[469]   Dafür *Fleischer*, ZIP 2003, 1, 1; *Mertens* in Kölner Kommentar zum AktG, § 76 Rnr. 6; *Oltmanns* in Anwaltkommentar Aktienrecht, § 76 Rnr. 6. Dagegen *Kort* in Großkommentar, AktG, § 76 Rnr. 39f. m.w.N.

[470]   Vgl. *Hefermehl/Spindler* in Münchener Kommentar, AktG, § 76 Rnr. 15; *Hüffer*, AktG, § 76 Rnr. 9.

[471]   Vgl. *Goette*, FS 50 Jahre Bundesgerichtshof, 123, 125f. Vgl. auch *Semler*, Leitung und Überwachung der Aktiengesellschaft, Rnr. 63, 69. Ähnlich *Fleischer*, ZIP 2003, 1, 5f., der aber diese Nennung von Leitungsaufgaben für etwas farblos hält und stattdessen dem Vorstand vier Verantwortungsbereiche als Leitungsaufgaben zuweisen will: Planungs- und Steuerungsverantwortung, Organisationsverantwortung, Finanzverantwortung und Informationsverantwortung. Daneben soll es noch darauf ankommen, ob die Entscheidungen für die Gesellschaft von besonderer Bedeutung sind.

[472]   §§ 83, 90, 91, 92, 110 Abs. 1, 118 Abs. 2, 119 Abs. 2, 121 Abs. 2, 124 Abs. 3 S. 1, 161, 170, 245 Nr. 4 AktG.

[473]   Vgl. zum Ganzen *Hüffer*, AktG, § 76 Rnr. 7f.; *Kort* in Großkommentar, AktG, § 76 Rnr. 35f.; *Mertens* in Kölner Kommentar zum AktG, § 76 Rnr. 4; *Oltmanns* in Anwaltkommentar Aktienrecht, § 76 Rnr. 5.

zelne Mitglieder bzw. nachgeordnete Dritte, also auf unter dem Vorstand liegende Führungsebenen oder gar auf Außenstehende, delegiert werden dürfen.

Die Leitungsaufgabe ist originäre Aufgabe des Gesamtvorstandes und kann daher weder ganz noch in Teilen nachgeordneten Führungsebenen übertragen werden. Hingegen können Geschäftsführungsaufgaben grundsätzlich auf nachgeordnete Führungsebenen delegiert oder dem Einflussbereich außenstehender Dritter unterworfen werden, solange der Vorstand in der Lage ist, delegierte Geschäftsführungsaufgaben wieder an sich zu ziehen[474].

Im Bereich der Leitungsaufgaben verlangt der Grundsatz der Gesamtverantwortung des Vorstands jedoch nicht, dass alle Vorstandsmitglieder sämtliche Leitungsaufgaben eigenhändig vorbereiten und ausführen. Dies würde völlig die Unternehmenswirklichkeit verkennen. § 76 Abs. 1 AktG visiert nur die Wahrnehmung der Leitungsverantwortung an. Konkret bedeutet dies, dass die Vorbereitung von Entscheidungsvarianten und Beschlussvorlagen einzelnen Vorstandsmitgliedern oder nachgeordneten Unternehmensebenen überantwortet werden kann, sofern der Vorstand am Schluss entscheidet. Dies gilt grundsätzlich auch für die Übertragung von Aufgaben auf außenstehende Dritte[475].

II. Pflichten bei der Leitung der Gesellschaft

Im Allgemeinen wird zwischen Sorgfaltspflichten und Treuepflichten des Vorstands unterschieden[476]. Die Sorgfaltspflichten sind die eines selbständigen Unternehmensleiters, der als Treuhänder fremder Vermögensinteressen tätig wird[477]. Ein wesentlicher Unterschied zwischen diesen beiden Pflichtengruppen besteht darin, dass dem Vorstand nur bei der Erfüllung der Sorgfaltspflichten ein weiter unternehmerischer Ermessensspielraum eingeräumt wird[478].

Unterscheidet man die Pflichten des Vorstands in diesem Zusammenhang danach, ob ihm bei deren Erfüllung ein Ermessen zusteht oder nicht, rückt eine dritte Pflichtengruppe in das Gesichtsfeld, die zwar

---

[474] Vgl. *Kort* in Großkommentar, AktG, § 76 Rnr. 34, 49; *Wiesner* in Münchener Handbuch des Gesellschaftsrechts, Band 4, § 19 Rnr. 12 a.E.

[475] Vgl. *Fleischer*, ZIP 2003, 1, 6, 10; *Schneider*, FS 100 Jahre GmbH-Gesetz, 473, 478. Näher dazu unten B. II. 3. c) dd).

[476] Vgl. beispielsweise *Fleischer*, FS Wiedemann, 827, 828.

[477] So *Hopt* in Großkommentar, AktG, § 93 Rnr. 72; ähnlich *Mertens* in Kölner Kommentar zum AktG, § 93 Rnr. 27.

[478] So *Fleischer*, WM 2003, 1045, 1046.

grundsätzlich zur Gruppe der Sorgfaltspflichten zu rechnen ist, bei deren Erfüllung dem Vorstand aber zumindest bezüglich des „Ob" kein Ermessen zusteht: Die Pflicht des Vorstands die Gesetze und die Satzung der Aktiengesellschaft zu beachten. Durch diese Pflicht und durch die Treuepflicht gegenüber der Gesellschaft wird der Handlungsrahmen des Vorstands bei der Leitung des Unternehmens von vornherein begrenzt[479]. Innerhalb des so eingegrenzten Handlungsrahmens muss dem Vorstand bei der Leitung der Geschäfte des Unternehmens aber ein weiter Handlungsspielraum zugebilligt werden, ohne den eine unternehmerische Tätigkeit schlechterdings nicht denkbar ist[480].

Aufgrund ihrer Begrenzungsfunktion sollen zunächst die Pflicht des Vorstands zur Beachtung der Gesetze sowie der Satzung und anschließend die Treuepflicht betrachtet werden, bevor das Augenmerk auf die allgemeine Sorgfaltspflicht des Vorstands gerichtet wird[481].

1. Bindung an Gesetz und Satzung

Zu den Aufgaben der Vorstandsmitglieder gehört es, dafür Sorge zu tragen, dass sich die Gesellschaft rechtmäßig verhält und insbesondere die ihr auferlegten öffentlich-rechtlichen Pflichten erfüllt. Die öffentlich-rechtlichen Pflichten reichen von den steuerrechtlichen Pflichten über die Pflichten zur Abführung der Sozialversicherungsbeiträge bis hin zu den arbeits- und wirtschaftsrechtlichen Pflichten, etwa dem Gebiet des Rechts der Arbeitssicherheit, des Umweltrechts, des Lebensmittelrechts, des Datenschutzrechts etc. Des Weiteren gibt es branchenspezifische Vorschriften, die den besonderen Gefahren oder Risiken der jeweiligen Branche begegnen wollen, wie beispielsweise in der Bankbranche § 18 KWG[482].

Der Vorstand hat auch für die Einhaltung der Satzung im Unternehmen zu sorgen. Bei seinen Entscheidungen muss der Vorstand den in der Satzung niedergelegten Gesellschaftszweck beachten. Dies bedeutet, dass der Vorstand nicht ohne vorherige Satzungsänderung Geschäfte tätigen darf, die über den Unternehmenszweck hinausgehen. Führt der Vor-

---

[479]   Vgl. *Roth*, Unternehmerisches Ermessen und Haftung des Vorstands, 57.

[480]   Vgl. *Landwehrmann* in Anwaltkommentar Aktienrecht, § 93 Rnr. 9f. und *Goette*, FS 50 Jahre Bundesgerichtshof, 123, 130ff.; vgl. auch BGHZ 135, 244, 253 = BGH ZIP 1997, 883, 885 („ARAG/Garmenbeck").

[481]   Aus dem Anstellungsvertrag zwischen Gesellschaft und Vorstandsmitglied ergeben sich häufig noch weitere Pflichten. Eine Darstellung dieser vertraglichen Pflichten, wie Nebentätigkeitsverbote, Residenzpflichten oder nachvertragliche Wettbewerbsverbote erscheint jedoch entbehrlich.

[482]   Vgl. *Landwehrmann* in Anwaltkommentar Aktienrecht, § 93 Rnr. 8, 14 m.w.N.

stand trotzdem Geschäfte außerhalb des Unternehmensgegenstandes, dann sind die Geschäfte zwar wirksam, aber der Vorstand handelt pflichtwidrig[483]. Gemäß § 111 Abs. 4 S. 2 AktG kann die Satzung die Leitungsmacht des Vorstands bis zu einem gewissen Maß einengen durch die Bindung von Geschäftsführungsmaßnahmen an die Zustimmung des Aufsichtsrats[484].

Die Vorstandsmitglieder haben im Rahmen der Gesetzesanwendung stets zu beachten, dass sie sich bei zweifelhafter Rechtslage zwar auf den für die Gesellschaft günstigsten Standpunkt stellen dürfen, sie aber berücksichtigen müssen, dass die Ausübung einer zweifelhaften Rechtsposition bei einer für die Gesellschaft negativen Anwendung durch die Gerichte im konkreten Einzelfall zu einem erheblichen Schaden für die Gesellschaft führen kann[485].

a) Einzelne aktienrechtliche Bestimmungen

Bei der Vielzahl der existierenden gesetzlichen Bestimmungen, kann nicht auf alle eingegangen werden, die von der Aktiengesellschaft beachtet werden müssen.

Beispielsweise trifft den Vorstand gemäß §§ 238, 6 Abs. 1 HGB, § 3 Abs. 1 AktG als Geschäftsführungsorgan der Aktiengesellschaft die Pflicht zur Buchführung. § 91 Abs. 1 AktG betont dabei die Gesamtverantwortung des Vorstands und ist dahin zu verstehen, dass die Installation eines ausreichenden Buchführungssystems und damit auch die grundlegenden Entscheidungen über dessen Organisation zum Entscheidungsbereich des Gesamtvorstands gehören. Die Verantwortung für die Buchführung kann nicht auf eigenes oder fremdes Personal delegiert werden, nur die technische Durchführung. In diesem Fall verbleibt stets eine Pflicht des Vorstands zur sorgfältigen Auswahl und Überwachung der damit betrauten Personen. Die jährliche Bilanzprüfung durch die Abschlussprüfer reicht zur Kontrolle der Buchführung allein keineswegs aus[486].

§ 92 AktG legt dem Vorstand im Interesse der Aktionäre und der Öffentlichkeit, insbesondere der Gläubiger, spezielle Pflichten auf, wenn

---

[483] Vgl. *Semler/Spindler* in Münchener Kommentar, AktG, Vor § 76 Rnr. 78 sowie *Landwehrmann* in Anwaltkommentar Aktienrecht, § 93 Rnr. 73.

[484] Vgl. *Mertens* in Kölner Kommentar zum AktG, Vorb. § 76 Rnr. 21.

[485] *Wiesner* in Münchener Handbuch des Gesellschaftsrechts, Band 4, § 25 Rnr. 4. Vgl. zur GmbH: *Schneider*, FS 100 Jahre GmbH-Gesetz, 473, 477.

[486] Vgl. zum Ganzen: *Hüffer*, AktG, § 91 Rnr. 2f.; *Mertens* in Kölner Kommentar zum AktG, § 91 Rnr. 1f.; *Oltmanns* in Anwaltkommentar Aktienrecht, § 91 Rnr. 2; *Wiesner* in Münchener Handbuch des Gesellschaftsrechts, Band 4, § 25 Rnr. 70.

die Aktiengesellschaft in eine Krisensituation gerät. Diese Pflichten treffen den Vorstand und damit jedes einzelne Vorstandsmitglied. Ein fahrlässiger oder vorsätzlicher Verstoß gegen § 92 Abs. 1 und 2 AktG ist nach § 401 AktG strafbar. In der Krise der Aktiengesellschaft hat der Vorstand folglich besonders sorgfältig zu arbeiten[487]. Besonderheiten gelten diesbezüglich gemäß § 46b KWG für Kreditinstitute. Hiernach hat der Vorstand Zahlungsunfähigkeit oder Überschuldung unverzüglich der Bundesanstalt für Finanzdienstleistungsaufsicht (BAFin) anzuzeigen. Nur die BAFin ist nach § 46b Abs. 1 S. 4 KWG berechtigt, Antrag auf Eröffnung des Insolvenzverfahrens zu stellen. Das Zahlungsverbot des § 92 Abs. 3 AktG findet auf Kreditinstitute ebenfalls keine Anwendung[488].

Als Kapitalgesellschaft ist die Aktiengesellschaft auf ausreichend haftendes Gesellschaftsvermögen angewiesen. § 93 Abs. 3 AktG zählt deshalb neun wichtige Fälle des Verstoßes des Vorstandes gegen seine Pflichten im Rahmen der Kapitalaufbringung und der Kapitalerhaltung auf[489].

b) Änderungen durch das KonTraG

Obwohl sich die Änderungen durch das KonTraG auf die Reform des Aufsichtsrats, eine Verbesserung der Qualität der Abschlussprüfung und der Zusammenarbeit zwischen Aufsichtsrat und Abschlussprüfer konzentrieren[490], wurden dabei auch gesetzliche Vorgaben für das Vorstandshandeln modifiziert.

aa) Berichtspflicht gegenüber dem Aufsichtsrat

Der Aufsichtsrat hat die Geschäftsführung des Vorstands gemäß § 111 Abs. 1 AktG zu überwachen. Eine Grundlage hierfür ist die umfängliche Versorgung des Aufsichtsrats mit Informationen durch den Vorstand nach § 90 AktG. Dabei unterliegt die Informationsversorgung einem doppelten Dilemma: Zum einen weiß nur der Vorstand als Informationsschuldner wirklich, was berichtenswert und berichtensnotwendig ist, so dass auch ihn die primäre Verantwortung dafür trifft, dass der Aufsichtsrat richtig informiert wird. Zum anderen liefert die Information, die er weitergibt, auch die Grundlage für die Beurteilung der Leistungen

---

[487] Vgl. zu § 92 AktG: *Buchta*, DStR 2003, 694, 698; *Hüffer*, AktG, § 92 Rnr. 1; *Wiesner* in Münchener Handbuch des Gesellschaftsrechts, Band 4, § 25 Rnr. 47f.

[488] Vgl. *Wiesner* in Münchener Handbuch des Gesellschaftsrechts, Band 4, § 25 Rnr. 50 sowie *Mertens* in Kölner Kommentar zum AktG, § 92 Rnr. 8.

[489] So *Buchta*, DStR 2003, 694, 698; *Landwehrmann* in Anwaltkommentar Aktienrecht, § 93 Rnr. 127.

[490] Ähnlich Begründung des RegE zum KonTraG, BT-Drucks. 13/9712, S. 11.

des Vorstandes seitens des Aufsichtsrats, so dass hier ein Interessenkonflikt bestehen kann[491].

Um die besondere Bedeutung der Aufsichtsratstätigkeit für die Unternehmensplanung zu unterstreichen und den Vorstand auf eine zukunftsorientiert-planerische Berichterstattung hinzulenken, hat der Gesetzgeber den Wortlaut von § 90 Abs. 1 S. 1 Nr. 1 AktG konkretisiert. Damit rückt eine Aufgabe des Aufsichtsrats stärker ins Blickfeld: Die Kontrolle des Aufsichtsrats darf nicht nur retrospektiv sein, sondern muss sich gerade auch in die Zukunft richten. Die Gesetzesbegründung geht davon aus, dass die Aufzählung der Finanz-, Investitions- und Personalplanung als Beispiele der Unternehmensplanung nicht abschließend ist. Je nach Bedarf, Größe oder Branche können andere Bestandteile der Unternehmensplanung hinzukommen, wie z.B. der Produktions-, Absatz-, Beschaffungs-, Entwicklungs-, Kosten- oder Ergebnisplan. Die Vorschrift hat dabei lediglich klarstellenden Charakter[492].

Sie umreißt aber zugleich die Aufgabe des Vorstands, die auch die Unternehmensplanung umfasst: Der durch das KonTraG geänderte Wortlaut des § 90 Abs. 1 S. 1 Nr. 1 AktG bestätigt die bereits aus §§ 76, 93 AktG resultierende Pflicht des Vorstands, in aller Regel eine kurzfristige und langfristige Unternehmensplanung zu erstellen[493].

bb) Überwachungssystem gemäß § 91 Abs. 2 AktG

In allen Aktiengesellschaften müssen deren Vorstände ein Überwachungssystem mit Frühwarnfunktion einrichten, um bestandsgefährdende Entwicklungen rechtzeitig erkennen zu können. Nach der Gesetzesbegründung wurde diese Pflicht durch das KonTraG lediglich verdeutlicht. Es handle sich um eine gesetzliche Hervorhebung der allgemeinen Leitungsaufgabe des Vorstands gemäß § 76 AktG[494]. Selbstverständlich hat es schon immer zu den Pflichten des Vorstandes gehört, Entwicklungen aufzuspüren und zu erkennen, die den Fortbestand der Gesellschaft gefährden. Er hatte von jeher die erforderlichen organisato-

---

[491] Vgl. *Peltzer*, NZG 2002, 10, 14.

[492] So Begründung des RegE zum KonTraG, BT-Drucks. 13/9712, S. 15; *Hommelhoff/Mattheus*, AG 1998, 249, 253; *Neumann*, BuW 1998, 881, 885.

[493] Vgl. Begründung des RegE zum KonTraG, BT-Drucks. 13/9712, S. 15; *Wiesner* in Münchener Handbuch des Gesellschaftsrechts, Band 4, § 25 Rnr. 6. Vgl. auch *Götz*, AG 1995, 337, 339.

[494] So Begründung des RegE zum KonTraG, BT-Drucks. 13/9712, S. 15.

rischen Vorkehrungen zu treffen, um existenzgefährdende Risiken möglichst frühzeitig zu erkennen[495].

Die Gesetzesbegründung nennt als Bestandteil des Überwachungssystems ein angemessenes Risikomanagement sowie eine angemessene interne Revision[496] und führt weiter aus, dass zu den, den Fortbestand der Gesellschaft gefährdenden Entwicklungen insbesondere risikobehaftete Geschäfte, Unrichtigkeiten der Rechnungslegung und Verstöße gegen gesetzliche Vorschriften gehören, die sich auf die Vermögens-, Finanz- und Ertragslage der Gesellschaft oder des Konzerns wesentlich auswirken.

Dies kann nur eine grobe Umschreibung sein, weshalb die Begründung denn auch hinzufügt, dass die konkrete Ausformung der Pflicht „von der Größe, Branche, Struktur, dem Kapitalmarktzugang usw." abhängig sei[497]. Die Maßnahmen interner Überwachung sollen so eingerichtet sein, dass bestandsgefährdende Entwicklungen frühzeitig erkannt werden. Dabei kommt es vor allem darauf an, diese Risiken so rechtzeitig zu erfassen und die entsprechenden Informationen an die zuständigen Entscheidungsträger weiterzuleiten, dass diese in geeigneter Weise reagieren können[498]. Bei Mutterunternehmen im Sinne des § 290 HGB ist die Überwachungs- und Organisationspflicht im Rahmen der bestehenden gesellschaftsrechtlichen Möglichkeiten sogar konzernweit zu verstehen, sofern von Tochtergesellschaften den Fortbestand der Gesellschaft gefährdende Entwicklungen ausgehen können[499].

Trotz dieser anerkannten Auslegung ist umstritten, was im Einzelnen zu dem nun in § 91 Abs. 2 AktG geforderten Überwachungssystem gehört. Insbesondere die Betriebswirtschaftslehre und die Prüfungspraxis, aber auch Teile des juristischen Schrifttums leiten aus § 91 Abs. 2 AktG die Pflicht ab, ein ganzheitliches Risikomanagementsystem einzuführen, welches Maßnahmen der Risikovermeidung, Risikoverminderung, Risikoüberwälzung und Risikokompensation einschließt[500]. Demgegenüber

---

[495] So *Hommelhoff/Mattheus*, AG 1998, 249, 251 sowie *Claussen/Korth*, FS Lutter, 327, 329.

[496] Der Kodex-Ziffer 4.1.4 nennt ein angemessenes Risikomanagement und Risikocontrolling.

[497] *Forster*, AG 1999, 193, 195; Begründung des RegE zum KonTraG, BT-Drucks. 13/9712, S. 15.

[498] Vgl. Begründung des RegE zum KonTraG, BT-Drucks. 13/9712, S. 15; *Neumann*, BuW 2000, 853, 856.

[499] Vgl. Begründung des RegE zum KonTraG, BT-Drucks. 13/9712, S. 15.

[500] So *Lück*, DB 1998, 8, 8ff.; *Kiethe*, WM 2003, 861, 863; *Neumann*, BuW 1998, 881, 884f.; *Oltmanns* in Anwaltkommentar Aktienrecht, § 91 Rnr. 6ff.; *Westerburg*,

neigt der Großteil des juristischen Schrifttums zu einer engeren Auslegung: Die Vorschrift ordne lediglich die Pflicht zur Einrichtung eines Systems zur Früherkennung bestandsgefährdender Entwicklungen an, nicht zur Vermeidung von Risiken. Nicht die abstrakt risikoträchtigen Entwicklungen seien zu überwachen, sondern die Einhaltung der bereits eingeleiteten konkreten Maßnahmen. Gemeint sei unternehmensinterne Kontrolle, ob das Veranlasste auch geschieht[501].

Eine Stellungnahme erscheint an dieser Stelle nicht erforderlich, da § 91 Abs. 2 AktG erst nach der zu untersuchenden Verschmelzung zur Hypovereinsbank in das AktG eingefügt wurde. Bis jetzt konnte sich noch keine der beiden Meinungen durchsetzen. Einigkeit besteht insoweit, dass § 91 Abs. 2 AktG nachdrücklich die Gesamtverantwortung des Vorstands für die Überwachungspflicht betont[502].

Eine Stellungnahme erübrigt sich auch deshalb, weil unabhängig von § 91 Abs. 2 AktG der Vorstand eines Kreditinstituts inzwischen ein inhaltlich weiterreichendes Überwachungssystem einzurichten hat: Es sind nicht nur bestandsgefährdende Entwicklungen oder Risiken, sondern alle relevanten Risiken laufend zu erfassen und zu kontrollieren; vor allem muss die finanzielle Lage des Unternehmens jederzeit feststellbar sein, § 25a Abs. 1 Nr. 1 KWG. Die Kredit- und Marktrisiken müssen im Rahmen eines Risiko-Controlling und Risiko-Managementsystems limitiert und fortlaufend überwacht werden. Es sind Verfahren zur frühzeitigen Identifizierung von Risikopotentialen im Kreditgeschäft einzurichten. Das Kreditinstitut muss außerdem allgemein über eine ordnungsgemäße Geschäftsorganisation, über ein angemessenes internes Kontrollverfahren sowie über angemessene Sicherheitsvorkehrungen für den Einsatz der EDV verfügen[503].

c) Änderungen durch das TransPuG

Sowohl das TransPuG als auch der Kodex setzen viele der zahlreichen Vorschläge der Regierungskommission „Corporate Governance" um, die von Bundeskanzler Schröder im Mai 2000 eingesetzt worden war. Diese

---

Die Kontrolle des Vorstands durch Aufsichtsrat und Abschlussprüfer, 252ff. m.w.N.

501 So *Hüffer*, AktG, § 91 Rnr. 8f. m.w.N. sowie *Hommelhoff/Mattheus*, AG 1998, 249, 251; *Schindler/Rabenhorst*, BB 1998, 1886, 1891. Vgl. zum Meinungsstreit: *Fleischer*, AG 2003, 291, 298 sowie ausführlich *Westerburg*, Die Kontrolle des Vorstands durch Aufsichtsrat und Abschlussprüfer, 250ff. m.w.N.

502 Vgl. *Hommelhoff/Mattheus*, AG 1998, 249, 251 sowie Begründung des RegE zum KonTraG, BT-Drucks. 13/9712, S. 15.

503 Vgl. *Endres*, ZHR 163 (1999), 441, 452; *Kiethe*, WM 2003, 861, 863; *Marsch-Barner* in Gemeinschaftskommentar-HGB, § 317 Rnr. 23.

Kommission hatte unter der Leitung von Theodor Baums den Auftrag, sich mit möglichen Defiziten des deutschen Systems der Unternehmensführung und –kontrolle zu befassen. Darüber hinaus sollte sie im Hinblick auf den durch Globalisierung und Internationalisierung der Kapitalmärkte sich vollziehenden Wandel der Unternehmens- und Marktstrukturen Vorschläge für eine Modernisierung des rechtlichen Regelwerkes unterbreiten[504]. Bereits ein Jahr nach Aufnahme der Arbeit lag der Kommissionsbericht mit gut 130 Vorschlägen vor, die sich einerseits an den Gesetzgeber und andererseits an die im September 2001 von der Bundesministerin der Justiz berufene Kodex-Kommission unter Leitung von Gerhard Cromme richten[505]. Der Gesetzgeber hat einige Empfehlungen durch das TransPuG und die Kodex-Kommission durch den Kodex umgesetzt[506]. Das TransPuG hat dabei zu Veränderungen der Pflichten des Vorstands geführt und sogar eine zusätzliche Pflicht begründet.

aa) Modifikation der Berichtspflicht gegenüber dem Aufsichtsrat

Im Rahmen der Berichterstattung gemäß § 90 Abs. 1 S. 1 Nr. 1 AktG werden auch Planziele formuliert. Trotz Änderung der Vorschrift im Rahmen des KonTraG bestand keine ausdrückliche gesetzliche Pflicht für eine Berichterstattung des Vorstands über die Umsetzung der Unternehmensplanung in der Vergangenheit (so genanntes follow up). Eine gesetzliche Verankerung des follow up wurde verschiedentlich gefordert[507], obwohl die nachträgliche Erfolgskontrolle, also der Vergleich

---

[504] Vgl. *Baums*, Bericht der Regierungskommission Corporate Governance, S. 1, 5. Begründung des RegE zum TransPuG, BR-Drucks. 109/02, S. 18.

[505] Vgl. Begründung des RegE zum TransPuG, BR-Drucks. 109/02, S. 18. Vorwort von Gerhard Cromme zum Kodex, abrufbar unter www.corporate-governance-code.de sowie *Lutter* in Gesellschaftsrechtliche Vereinigung, Gesellschaftsrecht in der Diskussion 2001, 47, 49: Von den Vorschlägen richten sich gut 100 an den Gesetzgeber und gut 20 an die Verfasser des Kodex.

[506] Wegen des herannahenden Endes der Wahlperiode war allerdings eine komplette Umsetzung im TransPuG nicht mehr möglich. Da das Bundeskabinett den Abschlussbericht der Regierungskommission Corporate Governance in Gänze gebilligt hat, hat die Bundesregierung angekündigt, in der nächsten Wahlperiode weitere Gesetzgebungsvorschläge zu machen, die die übrig gebliebenen Empfehlungen umsetzen, die sich an den Gesetzgeber wenden, vgl. Begründung des RegE zum TransPuG, BR-Drucks. 109/02, S. 18, 20. Dies ist inzwischen geschehen, vgl. dazu vor allem durch das Bilanzrechtsreformgesetz (BilReG) (BGBl. I 2004, 3166ff.), das Anlegerschutzverbesserungsgesetz (AnSVG) (BGBl. I 2004, 2630ff.) und das Gesetz zur Unternehmensintegrität und Modernisierung des Anfechtungsrechts (UMAG) (BGBl. I 2005, 2802ff.).

[507] Beispielsweise von *Schruff* in Bericht über die Fachtagung 2000 des IDW, 149, 170f.; vom IDW, Stellungnahme des IDW, WPg 2000, 1027, 1033 sowie von

zwischen dem geplanten Soll und dem erreichten Ist, auch schon vor In-Kraft-Treten des KonTraG selbstverständlicher Teil einer ordnungsgemäßen Berichterstattung des Vorstands an den Aufsichtsrat war[508]. Die Regierungskommission Corporate Governance sprach sich gleichwohl dafür aus, insoweit eine gesetzliche Klarstellung zu empfehlen, da in der Praxis eine entsprechende Berichterstattung nicht immer erfolgt sei[509]. Dieser Empfehlung ist der Gesetzgeber gefolgt.

Nach Ansicht der Regierungskommission lassen sich in Unternehmen, die zur Aufstellung eines Konzernabschlusses und Konzernlageberichts verpflichtet sind, die beabsichtigte Geschäftspolitik und andere grundsätzliche Fragen der Unternehmensplanung, die Rentabilität, der Gang der Geschäfte und die Lage des Unternehmens nicht sinnvoll und zuverlässig beurteilen, wenn die in den Konzernabschluss einzubeziehenden Unternehmen nicht auch in die Regelberichterstattung gemäß § 90 Abs. 1 S. 1 AktG aufgenommen werden[510]. Da in der Praxis gelegentlich eine Einbeziehung von Tochterunternehmen in die Regelberichterstattung verweigert wurde, ist der Gesetzgeber der Empfehlung der Regierungskommission gefolgt und hat in Erweiterung des § 90 Abs. 1 AktG eine konzerndimensionale Vorstandsberichterstattung festgeschrieben. Der Vorstand genügt dabei dieser Pflicht nur dann, wenn er die für die Berichterstattung notwendigen Informationen von sich aus im Rahmen des nach den gesetzlichen Bestimmungen Zulässigen, des ihm faktisch Möglichen und konkret Zumutbaren aktiv beschafft[511].

Um eine effiziente Überwachung durch den Aufsichtsrat zu gewährleisten und mit Rücksicht darauf, dass die Vorstandsberichte eine wichtige Informationsquelle für den Abschlussprüfer darstellen, wurde der Vorstand durch das TransPuG verpflichtet, gemäß § 90 Abs. 4 S. 2 AktG sei-

---

Graf Lambsdorff in Feddersen/Hommelhoff/Schneider, Corporate Governance, 217, 219.

[508]   So *Lutter* in ZHR 1995, 287, 293 sowie Begründung des RegE zum TransPuG, BR-Drucks. 109/02, S. 29.

[509]   Vgl. *Baums*, Bericht der Regierungskommission Corporate Governance, Rz. 24. Zustimmend *Schwark* in Hommelhoff/Lutter/Schmidt/Schön/Ulmer, Corporate Governance, 75, 90.

[510]   So *Baums*, Bericht der Regierungskommission Corporate Governance, Rz. 21.

[511]   Vgl. Begründung des RegE zum TransPuG, BR-Drucks. 109/02, S. 29f. Kritisch *Schwark* in Hommelhoff/Lutter/Schmidt/Schön/Ulmer, Corporate Governance, 75, 87ff., dem diese konzerndimensionale Berichterstattung nicht weit genug geht.

ne Berichte an den Aufsichtsrat möglichst rechtzeitig und in der Regel in Textform zu erstatten[512].

bb) Zustimmungspflicht des Aufsichtsrats

Die Leitungsbefugnis des Vorstands und damit dessen unternehmerischer Handlungsrahmen wird dadurch eingeschränkt, dass Entscheidungen oder Maßnahmen, welche die Ertragsaussichten oder die Risikoexposition der Gesellschaft grundlegend verändern, dem Aufsichtsrat vorzulegen sind. Die Überwachungsaufgabe des Aufsichtsrats erfordert nicht nur, dass er rechtzeitig über die vom Vorstand geplanten oder getroffenen Maßnahmen informiert wird, sondern er muss in solche grundlegenden Entscheidungen auch eingebunden werden. Andererseits dürfen Zustimmungsvorbehalte nicht so engmaschig sein, dass sie die eigenverantwortliche Leitungskompetenz des Vorstands in Frage stellen.

Diese allgemeine Vorlagepflicht des Vorstands steht außer Frage, erübrigt nach Ansicht der Regierungskommission Corporate Governance – wie die Praxis zeige – eine Präzisierung dieser Vorstandspflicht jedoch nicht. Deshalb wurde § 111 Abs. 4 S. 2 AktG vom Gesetzgeber dahingehend geändert, dass abweichend von der bis zu diesem Zeitpunkt geltenden „Kann"-Formulierung, der Aufsichtsrat oder die Satzung nun zu bestimmen hat, dass bestimmte Arten von Geschäften nur mit Zustimmung des Aufsichtsrats vorgenommen werden dürfen.

Das Gesetz formuliert jedoch keine inhaltliche Vorgabe für den Zustimmungskatalog. Entgegen einer Empfehlung der Regierungskommission Corporate Governance hat es der Gesetzgeber sogar abgelehnt, dem Satzungsgeber sowie dem Aufsichtsrat eine gesetzliche Leitlinie an die Hand zu geben, an der sich diese bei der Überprüfung oder Abfassung eines Zustimmungskatalogs orientieren könnten. Vielmehr kündigte der

---

[512] Vgl. dazu im Einzelnen Begründung des RegE zum TransPuG, BR-Drucks. 109/02, S. 32ff. sowie *Baums*, Bericht der Regierungskommission Corporate Governance, Rz. 25f. Einige Autoren regten eine höhere Berichtsfrequenz insbesondere für Berichte nach § 90 Abs. 1 S. 1 Nr. 3 AktG an, eine vierteljährliche Berichterstattung nach § 90 Abs. 2 Nr. 3 AktG sei unzureichend, so *Graf Lambsdorff* in Feddersen/Hommelhoff/Schneider, Corporate Governance, 217, 219; *Hommelhoff/Mattheus*, AG 1998, 249, 254. Die Regierungskommission Corporate Governance ist dieser Forderung nicht nachgekommen: Die Frequenz hänge ganz von den besonderen Verhältnissen jeder Gesellschaft ab, so dass sich eine zwingende Festschreibung monatlicher Berichterstattung verbiete, vgl. *Baums*, Bericht der Regierungskommission Corporate Governance, Rz. 19. Kritik hieran von *Schwark* in Hommelhoff/Lutter/Schmidt/Schön/Ulmer, Corporate Governance, 75, 87.

Gesetzgeber an, dass die Kodex-Kommission sich mit der Frage befassen und hierzu einen Vorschlag machen werde. Der Kodex sei aufgrund der gegebenen Flexibilität der richtige Standort[513]. Indessen verzichtet der Kodex bislang auf die Erstellung eines Katalogs und bestimmt nur allgemein, dass für Geschäfte mit grundlegender Bedeutung Zustimmungsvorbehalte festzulegen sind. Hierzu gehören laut Kodex Entscheidungen oder Maßnahmen, die die Vermögens-, Finanz- oder Ertragslage des Unternehmens grundlegend verändern[514].

cc) Einführung des § 161 AktG

Als Bindeglied zwischen Kodex und Gesetz wurde durch das TransPuG § 161 in das Aktiengesetz eingefügt[515] und im Ergebnis eine zusätzliche Pflicht für den Vorstand begründet.

In § 161 AktG wird die Verpflichtung des Vorstands eines börsennotierten Unternehmens sowie des Aufsichtsrats zur Abgabe einer so genannten Entsprechenserklärung festgeschrieben, in der die Gesellschaften jährlich bekennen müssen, ob sie den von der Kodex-Kommission erarbeiteten unverbindlichen Verhaltenskodex beachten oder nicht[516]. Die Entsprechenserklärung betrifft dabei nur die Verhaltensempfehlungen des Kodex, die im Text durch die Verwendung des Wortes „soll" gekennzeichnet sind. Die Unternehmen können von Empfehlungen abweichen, sind dann aber zur jährlichen Offenlegung der Abweichungen verpflichtet. Dies ermöglicht den Gesellschaften die Berücksichtigung branchen- oder unternehmensspezifischer Bedürfnisse. Ferner enthält der Kodex „Anregungen", von denen ohne Offenlegung abgewichen werden kann. Hierfür verwendet der Kodex Begriffe wie „sollte" oder „kann". Diese Anregungen können nach Auffassung der Kodex-Kommission heute noch nicht als allgemein akzeptierte Best Practice angesehen werden. Die Entsprechenserklärung braucht sich

---

[513]   Vgl. Begründung des RegE zum TransPuG, BR-Drucks. 109/02, S. 38ff. sowie *Baums*, Bericht der Regierungskommission Corporate Governance, Rz. 34f. Zustimmend *Rosengarten* in Gesellschaftsrechtliche Vereinigung, Gesellschaftsrecht in der Diskussion 2001, 71, 87f. Teilweise kritisch *Schwark* in Hommelhoff/Lutter/Schmidt/Schön/Ulmer, Corporate Governance, 75, 91ff.

[514]   Vgl. Kodex-Ziffer 3.3.; *Happ* in Happ, Aktienrecht, 8.01 Rnr. 20; *Ulmer*, ZHR 166 (2002), 150, 156.

[515]   So *Westerburg*, Die Kontrolle des Vorstands durch Aufsichtsrat und Abschlussprüfer, 337.

[516]   Vgl. *Buchta*, DStR 2003, 740, 741.

auch nicht auf die gesetzesdarstellenden Teile des Kodex[517] zu beziehen – zwingendes Gesetzesrecht ist von den Organen ohnehin einzuhalten[518].

d) Änderungen durch den Kodex

Eine der Kernaussagen des Berichts der Regierungskommission Corporate Governance ist die Empfehlung für die Schaffung eines Deutschen Corporate-Governance-Kodex. Der Bericht führt dazu aus, dass ein solcher Kodex die Möglichkeit biete, die geltende Unternehmensverfassung für deutsche Aktiengesellschaften und die diesbezüglichen Verhaltensmaßstäbe für Unternehmensleitung und -überwachung in einer gerade auch für ausländische Investoren geeigneten Form zusammenfassend und übersichtlich darzustellen. Sodann biete ein solcher Kodex auch die Chance einer Deregulierung und Flexibilisierung. Da der Kodex, soweit er nicht ohnedies zwingendes Recht nur wiedergibt, unverbindliche Verhaltensemp-fehlungen enthält, sei er wesentlich flexibler als eine zwingende und damit möglicherweise in vielen Fällen zu rigide gesetzliche Lösung. Den Unternehmen werde in Fällen, in denen sie es für sinnvoll oder geboten halten, die Möglichkeit gelassen, von den Kodex-Regeln abzuweichen[519].

Der Gesetzgeber hat sich dieser Argumentation angeschlossen und weiter ausgeführt, dass den Kapitalmarktteilnehmern über § 161 AktG die Information zur Verfügung gestellt werden soll, ob sich das Unternehmen, das den Kapitalmarkt in Anspruch nimmt, an die Verhaltensstandards des Kodex hält, bzw., wenn es hiervon abweicht, wie diese Abweichung aussieht[520].

---

[517]   Zu beachten ist, dass der Kodex das geltende Recht nicht immer präzise wie-dergibt. Gründe hierfür sind möglicherweise, dass es der Kodex-Kommission mehr um eine überzeugende Darstellung und Werbung für das deutsche Sy-stem geht sowie um die Verständlichkeit im Ausland. Der Kodex ist diesbe-züglich aber auch nicht maßgeblich, sondern das positive Gesetzesrecht, so *Seibert*, BB 2002, 581, 582.

[518]   Vgl. Begründung des RegE zum TransPuG, BR-Drucks. 109/02, S. 51; Kodex-Ziffer 1 (Präambel) sowie *Happ* in Happ, Aktienrecht, 8.14 Rnr. 5. Weiterfüh-rend zu § 161 AktG: *Berg/Stöcker*, WM 2002, 1569, 1571ff.; *Schüppen*, ZIP 2002, 1269, 1271ff.; *Seibert*, BB 2002, 581, 583f.; *Seibt*, AG 2002, 249, 251ff.; *Ulmer*, ZHR 166 (2002), 150, 171ff. sowie ausführlich *Semler* in Münchener Kommentar, AktG, § 161 Rnr. 46ff.

[519]   So *Baums*, Bericht der Regierungskommission Corporate Governance, Rz. 7; vgl. auch *Hopt* in Hommelhoff/Lutter/Schmidt/Schön/Ulmer, Corporate Governance, 27, 48; *Seibert*, BB 2002, 581, 581.

[520]   Vgl. Begründung des RegE zum TransPuG, BR-Drucks. 109/02, S. 49f.; zu-stimmend *Seibt*, AG 2002, 249, 259.

Im Zusammenhang mit dem Kodex und der Entsprechenserklärung gemäß § 161 AktG existieren noch viele offene Fragen. Ungeklärt ist die Rechtsnatur der Kodex-Empfehlungen und Anregungen[521], die Frage nach der Verfassungskonformität des Kodex[522] sowie der Haftungsrisiken[523]. Viele Stimmen sehen angesichts der Regelungsdichte in Deutschland keinen Bedarf für einen Kodex und werfen diesem vor, für eine weitere Regulierung zu sorgen und so dessen erklärtem Ziel der Deregulierung zuwiderzulaufen[524]. Interessieren soll hier aber nur die Frage nach einer möglichen Beschränkung des unternehmerischen Handlungsermessens durch den Kodex.

Zunächst kann insoweit festgehalten werden, dass ein gewissenhafter Vorstand nicht verpflichtet ist, den Anregungen und Empfehlungen des Kodex zu folgen. Der Kodex erlaubt es gerade dem Vorstand und dem Aufsichtsrat von den Empfehlungen und Anregungen nach eigenem Ermessen abzuweichen. Soweit der Vorstand sich in Zusammenarbeit mit dem Aufsichtsrat nach pflichtgemäßem Ermessen entscheidet, die Empfehlungen teilweise oder komplett nicht zu befolgen, ist er lediglich verpflichtet, dies zu erklären[525]. Eine Pflicht zur Begründung, warum vom Kodex durch das Unternehmen abgewichen wurde oder wird, statuiert § 161 AktG nicht. Abweichungen sind nur offen zu legen[526]. Demzufolge erscheint eine Beschränkung des unternehmerischen Handlungsspielraums durch den Kodex nicht gegeben zu sein.

---

[521] Vgl. dazu *Claussen/Bröcker*, AG 2000, 481, 482ff.; *Semler* in Münchener Kommentar, AktG, § 161 Rnr. 27ff.; ausführlich *Ulmer*, ZHR 166 (2002), 150, 158ff.

[522] Bedenken werden diesbezüglich geäußert von *Ulmer*, ZHR 166 (2002), 150, 178f.; sowie von *Hopt* in Hommelhoff/Lutter/Schmidt/Schön/Ulmer, Corporate Governance, 27, 33ff.; *Rosengarten* in Gesellschaftsrechtliche Vereinigung, Gesellschaftsrecht in der Diskussion 2001, 71, 74. Keine Bedenken bestehen laut *Seibert*, BB 2002, 581, 582 sowie *Semler* in Münchener Kommentar, AktG, § 161 Rnr. 40ff.

[523] Dazu *Hopt* in Hommelhoff/Lutter/Schmidt/Schön/Ulmer, Corporate Governance, 27, 55ff. sowie *Berg/Stöcker*, WM 2002, 1569, 1575ff.; *Seibt*, AG 2002, 249, 254ff.; *Semler* in Münchener Kommentar, AktG, § 161 Rnr. 187ff. (regelmäßig keine Haftung, vgl. Rnr. 231ff.); *Ulmer*, ZHR 166 (2002), 150, 166ff.

[524] So beispielsweise *Hüffer*, § 76 Rnr. 15bf. sowie *Rosengarten* in Gesellschaftsrechtliche Vereinigung, Gesellschaftsrecht in der Diskussion 2001, 71, 73 und 78.

[525] Vgl. *Landwehrmann* in Anwaltkommentar Aktienrecht, § 93 Rnr. 69.

[526] Vgl. Begründung des RegE zum TransPuG, BR-Drucks. 109/02, S. 52; *Happ* in Happ, Aktienrecht, 8.14 Rnr. 5. Die Regierungskommission Corporate Governance schlug demgegenüber wohl eine Begründungspflicht vor, zweideutig *Baums*, Bericht der Regierungskommission Corporate Governance, Rz. 10.

Diese Feststellung vermag aber nur in rechtlicher Hinsicht zu bestehen. Der Gesetzgeber geht nämlich davon aus, dass die Organe einer erklärten Abweichung vom Kodex von sich aus eine Begründung folgen lassen; dies liege im eigenen Interesse des Unternehmens[527]. Erfahrungsgemäß honoriert der Kapitalmarkt Transparenz und wirtschaftliche Offenheit. Mangelnde Informationsbereitschaft bewirkt vielfach Desinteresse an den Aktien solcher Unternehmen. Dies wiederum führt zu einem negativen Kurseinfluss[528]. Folglich übt der Kodex im Zusammenspiel mit der Entsprechenserklärung nach § 161 AktG einen wirtschaftlichen Zwang auf den Vorstand zur Befolgung der Kodex-Empfehlungen aus. Um den Erwartungen des Kapitalmarkts gerecht zu werden, wird ein Unternehmen nur aus gutem Grund vom Kodex abweichen und diese Abweichung dann auch plausibel begründen. Andernfalls droht eine Sanktion über die Anlegerreaktion und die Marktmechanismen. Das Handlungsermessen des Vorstands wird so durch den wirtschaftlichen Druck mittelbar eingeschränkt[529].

Aber nicht nur wirtschaftlich, sondern auch rechtlich besteht zumindest für die Zukunft die Wahrscheinlichkeit einer mittelbaren Verbindlichkeit der Kodex-Empfehlungen und einer damit verbundenen Einschränkung des unternehmerischen Leitungsermessens. Rechtlich unverbindliche Kodizes können zu Handelsbräuchen werden oder sich im Verkehr so durchsetzen, dass Gerichte sich bei der Konkretisierung der Sorgfaltspflichten an den Vorgaben des Kodex orientieren. Dass auf diese Weise außerrechtliche Standards über Generalklauseln rechtliche Verbindlichkeit erlangen, ist nichts Neues. Das bekannteste Beispiel hierfür bilden die DIN-Normen[530].

Kann somit von einer zumindest wirtschaftlich erzeugten Verbindlichkeit des Kodex für das Handeln des Vorstands ausgegangen werden, ist

---

[527] So Begründung des RegE zum TransPuG, BR-Drucks. 109/02, S. 52.

[528] Vgl. Nachweis bei *Hopt* in Hommelhoff/Lutter/Schmidt/Schön/Ulmer, Corporate Governance, 27, 52.

[529] So *Kort* in Großkommentar, AktG, § 76 Rnr. 38; *Oltmanns* in Anwaltkommentar Aktienrecht, § 76 Rnr. 9; *Seibert*, BB 2002, 581, 584; *Semler* in Münchener Kommentar, AktG, § 161 Rnr. 28.

[530] So *Hasselbach* in Picot/Mentz/Seydel, Die Aktiengesellschaft bei Unternehmenskauf und Restrukturierung, Teil V Rnr. 76; *Hopt* in Hommelhoff/Lutter/Schmidt/Schön/Ulmer, Corporate Governance, 27, 52; *Spindler* in Gesellschaftsrechtliche Vereinigung, Gesellschaftsrecht in der Diskussion 2001, 91, 98f.; *Ulmer*, ZHR 166 (2002), 150, 166f. *Hefermehl/Spindler* in Münchener Kommentar, AktG, § 93 Rnr. 36 weisen jedoch auf Unterschiede zwischen DIN-Normen und dem Kodex hin.

kurz auf die konkreten Neuerungen einzugehen, die der Kodex für den Vorstand in Form von Empfehlungen gebracht hat.

Direkt an den Vorstand wenden sich nur wenige Empfehlungen des Kodex. Wichtig sind dabei die Empfehlungen, die Aussagen zum Verhalten bei Interessenkonflikten machen. Ziffer 4.3.4 des Kodex empfiehlt, dass jedes Vorstandsmitglied Interessenkonflikte dem Aufsichtsrat unverzüglich offen legen und die anderen Vorstandsmitglieder hierüber informieren soll[531]. Nebentätigkeiten, insbesondere Aufsichtsratsmandate außerhalb des Unternehmens, sollen Vorstandsmitglieder nach Ziffer 4.3.5 des Kodex nur mit Zustimmung des Aufsichtsrats übernehmen.

Diese Empfehlungen sind sachgerecht. Die erste nennt aber lediglich ein universal anerkanntes Verhaltensgebot[532] und letztere wird von der überwiegenden Ansicht des Schrifttums als geltendes Recht angesehen[533]. Eine zusätzliche Einschränkung des Leitungsermessens geht von diesen Empfehlungen deshalb nur in sehr begrenztem Maße aus. Beide haben weitgehend klarstellenden Charakter.

2. Treuepflicht

Die Vorstandsmitglieder unterliegen als treuhänderische Verwalter des ihnen anvertrauten fremden Vermögens kraft ihrer Bestellung einer besonderen organschaftlichen Treuepflicht gegenüber der Gesellschaft. Auch durch die Treuepflicht wird der Handlungsrahmen des Vorstands bei der Leitung des Unternehmens von vornherein begrenzt, ihre Einhaltung steht nicht im Ermessen des Vorstands[534].

Die organschaftliche Treuepflicht übersteigt in Umfang und Intensität der Einzelpflichten den Standard des § 242 BGB. So hat das Vorstandsmitglied bereits den Eindruck zu vermeiden, es könnte sich durch Eigen-

---

531 Vgl. auch *Baums*, Bericht der Regierungskommission Corporate Governance, Rz. 69.

532 So *Fleischer*, WM 2003, 1045, 1050.

533 So *Semler* in Münchener Kommentar, AktG, § 161 Rnr. 390 und 397 m.w.N. Hinzu kommt noch die Empfehlung in Ziffer 2.3.1 (Veröffentlichung von Unternehmensdaten im Internet) sowie in Ziffer 2.3.3 (Bestellung eines Vertreters für die weisungsgebundene Ausübung des Stimmrechts der Aktionäre). Empfehlungen, die sich an die Gesellschaft richten, hat der Vorstand umzusetzen. Dabei handelt es sich vor allem um Empfehlungen aus den Bereichen Rechnungslegung und Abschlussprüfung (Ziffer 7) sowie Transparenz (Ziffer 6), vgl. Übersicht bei *Semler* in Münchener Kommentar, AktG, § 161 Rnr. 250.

534 So *Landwehrmann* in Anwaltkommentar Aktienrecht, § 93 Rnr. 9.

oder Drittinteressen bei der Entscheidungsfindung oder der Ausübung seiner Entscheidungen beeinflussen lassen. Im Verhältnis zur Sorgfaltspflicht wird bei der Treuepflicht ein besonders strenger Maßstab angelegt[535]. Eine Erklärung hierfür mag u.a. darin zu sehen sein, dass Treuepflichtverstöße in aller Regel Sachbereiche betreffen, in denen es nicht um Managemententscheidungen geht, die nach einem breiten unternehmerischen Ermessensspielraum rufen. Treuepflichtverstöße sind deshalb für Gerichte leichter von bloßen Fehlschlägen und Irrtümern abzugrenzen[536].

Wichtige konkrete Ausprägungen der Treuepflicht sind die Verschwiegenheitspflicht (§ 93 Abs. 1 S. 2 AktG)[537] sowie das Wettbewerbsverbot (§ 88 AktG).

a) Vermeidung von Interessenkonflikten

Die organschaftliche Treuepflicht verfolgt zuallererst das Ziel, Interessenkonflikte hintanzustellen bzw. zu vermeiden. Beredten Ausdruck findet dies im Kodex, der die einschlägigen Fragen unter der Zwischenüberschrift „Interessenkonflikte" abhandelt[538].

In einem Konflikt von Interessen der Gesellschaft mit denen des Vorstandsmitglieds selbst oder eines Dritten, dessen Interessenwalter er auch ist, haben die Interessen der Gesellschaft Vorrang. Dieser Prioritätsgrundsatz ist charakteristisch für den Auftrag, die Treuhand und alle Interessenwahrungsverträge[539]. Prozeduralen Flankenschutz erhält die Pflicht, Interessenkonflikte zu vermeiden, zum einen durch die bereits kurz erwähnte Empfehlung des Kodex, dass jedes Vorstandsmitglied gehalten ist, dem Aufsichtsrat sämtliche Interessenkonflikte uneingeschränkt offen zu legen[540]. Zum anderen müssen die Vorstandsmitglieder der Gesellschaft Rechenschaft darüber ablegen, ob sie ihrer Treubindung genügt haben. Dazu gehört auch die Ermöglichung angemessener Kontrollen, etwa durch Vorlage von Aufzeichnungen und Belegen[541].

---

535 Vgl. *Hopt* in Großkommentar, AktG, § 93 Rnr. 145; *Mertens* in Kölner Kommentar zum AktG, § 93 Rnr. 57; *Hüffer*, AktG, § 93 Rnr. 5.

536 So *Fleischer*, WM 2003, 1045, 1049, der die Prinzipal-Agent-Theorie als Grund für die organschaftliche Treuepflicht nennt.

537 Dazu sogleich.

538 So *Fleischer*, WM 2003, 1045, 1049; Kodex-Ziffer 4.3.

539 *Hopt* in Großkommentar, AktG, § 93 Rnr. 148.

540 Vgl. Kodex-Ziffer 4.3.4.

541 So *Fleischer*, WM 2003, 1045, 1050; *Mertens* in Kölner Kommentar zum AktG, § 93 Rnr. 72.

b) Verbot eigennütziger Ausnutzung der Organstellung

Die absolute Loyalitätspflicht des Vorstands, d.h. die Pflicht, sich loyal für die Belange der Gesellschaft einzusetzen, gebietet jedem Vorstandsmitglied, seine berufliche Arbeitskraft und seine Fähigkeiten, Kenntnisse und Erfahrungen vorbehaltlos in den Dienst der Gesellschaft zu stellen[542]. Ein Vorstandsmitglied darf nur das Wohl der Gesellschaft im Auge haben.

Dem widerspricht es, wenn ein Vorstandsmitglied aus seiner treuhänderischen Stellung persönliche Vorteile zieht, soweit ihm dies nicht ausdrücklich gestattet ist. Nach der so genannten Geschäftschancenlehre darf ein Vorstandsmitglied die Kenntnis von in den Geschäftskreis der Gesellschaft fallenden Geschäftschancen, auch wenn sie ihm persönlich angeboten werden, nicht für sich selbst nutzen und auch nicht durch nahe stehende Personen wahrnehmen lassen[543]. Dieses Verbot wird nunmehr ausdrücklich in Ziffer 4.3.3 des Kodex ausgesprochen.

Ferner ist es Vorstandsmitgliedern untersagt ihre Stellung dazu einzusetzen, um persönliche Vorteile zu Lasten der Gesellschaft zu erlangen. Alle Geschäfte zwischen der Gesellschaft einerseits und den Vorstandsmitgliedern sowie ihnen nahe stehenden Personen oder Unternehmen andererseits haben branchenüblichen Standards zu entsprechen[544]. Wesentliche Geschäfte sind gemäß Kodex mit dem Aufsichtsrat abzustimmen[545].

Dem Vorstand ist es auch untersagt, bei der Aufstellung des Jahresabschlusses etwaige Bilanzierungs- oder Bewertungswahlrechte ausschließlich im Hinblick auf die sich aus der Bilanzierung ergebenden Tantiemenansprüche auszuüben: die Treuepflicht erfordert, dass sich der Vorstand bei der Erstellung des Jahresabschlusses ausschließlich an den Interessen der Gesellschaft – nicht zuletzt auch an deren Interessen zur Steuereinsparung – orientiert[546].

---

[542]   Vgl. *Hopt* in Großkommentar, AktG, § 93 Rnr. 156.

[543]   Vgl. BGH WM 1985, 1443, 1444 und auch BGH WM 1983, 498, 499; *Mertens* in Kölner Kommentar zum AktG, § 93 Rnr. 67; *Wiesner* in Münchener Handbuch des Gesellschaftsrechts, Band 4, § 25 Rnr. 9.

[544]   So *Landwehrmann* in Anwaltkommentar Aktienrecht, § 93 Rnr. 26.

[545]   Kodex-Ziffer 4.3.4. Vgl. auch *Semler* in Münchener Kommentar, AktG, § 161 Rnr. 392, der zwischen Geschäften mit dem Vorstandsmitglied und solchen mit Personen und Unternehmen, die dem Vorstandsmitglied nahe stehen unterscheidet.

[546]   *Landwehrmann* in Anwaltkommentar Aktienrecht, § 93 Rnr. 34. Bezüglich Einzelfälle zur Treuepflichtverletzung, vgl. *Fleischer*, WM 2003, 1045, 1050ff. sowie *Hopt* in Großkommentar, AktG, § 93 Rnr. 156ff.

c) Treuepflicht im Konzern

Im Konzern sind die Vorstandsmitglieder der Mutter und der Tochter grundsätzlich nur der eigenen Gesellschaft treupflichtig. Sie haben also nicht „das Konzerninteresse", was dann leicht mit dem Interesse der Mutter gleichgesetzt würde, zu wahren.

Eine besondere Interessenkollision kann sich bei im Konzern grundsätzlich zulässigen Vorstandsdoppelmandaten ergeben. Diese ist dadurch gekennzeichnet, dass ein Mitglied des Vorstands der Muttergesellschaft zugleich Vorstandsmitglied der Tochtergesellschaft ist und ein für die Tochter günstiges Geschäft den Interessen der Mutter zuwiderläuft (und umgekehrt). Die damit verbundenen Probleme sind weitgehend ungeklärt und stellen nicht den Gegenstand der Arbeit dar[547].

d) Nachwirkende Treuepflicht

Einhelliger Auffassung zufolge bleibt die Treupflicht der Vorstandsmitglieder über die Beendigung der Organstellung hinaus bestehen. Insbesondere ist es dem ausgeschiedenen Vorstandsmitglied verboten, Geschäftschancen der Gesellschaft auszubeuten oder zunichte zu machen, die ein sonstiger Mitbewerber praktisch nicht beeinträchtigen oder an sich ziehen könnte, auf die es also nur kraft seines früheren Amtes Zugriff hat[548].

Dies betrifft auch der Verschwiegenheitspflicht unterliegende Informationen. Auf die Verschwiegenheitspflicht ist sogleich näher einzugehen.

e) Verschwiegenheitspflicht

§ 93 Abs. 1 S. 2 AktG normiert als besonderen Verhaltensstandard die Verschwiegenheitspflicht, die dogmatisch eine Präzisierung der organschaftlichen Treuepflicht darstellt[549].

Das Gesetz nennt als Gegenstand der Verschwiegenheitspflicht vertrauliche Angaben sowie Betriebs- und Geschäftsgeheimnisse. Der Schutz

---

[547] Dazu *Wiesner* in Münchener Handbuch des Gesellschaftsrechts, Band 4, § 19 Rnr. 23 sowie *Hopt* in Großkommentar, AktG, § 93 Rnr. 152f. jeweils m.w.N.

[548] So *Fleischer*, WM 2003, 1045, 1058; *Mertens* in Kölner Kommentar zum AktG, § 93 Rnr. 74.

[549] So *Becker* in Picot/Mentz/Seydel, Die Aktiengesellschaft bei Unternehmenskauf und Restrukturierung, Teil II Rnr. 3; *Hefermehl/Spindler* in Münchener Kommentar, AktG, § 93 Rnr. 43; *Hopt* in Großkommentar, AktG, § 93 Rnr. 187; *Hüffer*, AktG, § 93 Rnr. 6; *Roth*, Unternehmerisches Ermessen und Haftung des Vorstands, 63; a.A. BGHZ 64, 325, 327: Die Verschwiegenheitspflicht folgt sowohl aus der Treuepflicht als auch aus der Sorgfaltspflicht.

des Betriebsgeheimnisses bezieht sich dabei auf Informationen aus dem technischen Bereich[550]. Als Geschäftsgeheimnisse werden Informationen aus dem kaufmännischen Bereich geschützt[551]. Allgemein bekannte Umstände erfüllen nicht die Voraussetzungen eines Geheimnisses, aber auch die bloße Intensivierung der Bekanntheit kann eine Verletzung der Verschwiegenheitpflicht sein, etwa bei der Bekanntmachung wenig bekannter Umstände durch die Tagespresse[552]. Geheimnisse sind nach ganz herrschender Meinung Tatsachen, die nicht offenkundig sind und nach dem geäußerten oder aus dem Unternehmensinteresse abzuleitenden Willen des Vorstands auch nicht offenkundig werden sollen. Darüber hinaus muss ein objektives Bedürfnis an der Geheimhaltung bestehen[553].

Unter vertraulichen Angaben sind für den Vorstand bestimmte Mitteilungen zu verstehen, die Vorgängen im persönlichen Lebensbereich oder im Organbereich von Vorstand und Aufsichtsrat oder im sonstigen Unternehmensbereich liegenden Vorkommnissen zuzuordnen sind[554]. Der Begriff bezieht sich ganz allgemein auf Informationen, deren Bekanntwerden der Gesellschaft materielle oder immaterielle Nachteile, wie beispielsweise einen Ansehensverlust, zufügen kann[555].

Die Verschwiegenheitspflicht kann weder gemildert noch verschärft werden[556] und ist im Grundsatz nicht disponibel. Denkbar ist aber, dass bei Bekanntwerden eines Umstandes sowohl positive als auch negative Auswirkungen für die Gesellschaft zu erwarten sind, so dass ein Interesse der Gesellschaft an einer Nichtverbreitung nicht eindeutig anzunehmen oder abzulehnen ist. In einem solchen Fall besteht ein Ermessen des Vorstandes[557].

Die Verschwiegenheitspflicht trifft alle Vorstandsmitglieder und besteht grundsätzlich gegenüber jedermann, insbesondere auch gegenüber

---

[550]   Modelle, Erfindungen, Zeichnungen, Rezepturen.

[551]   Kalkulationen, Preisberechnungen, Absatzpläne, Einkaufs- und Bezugsquellen.

[552]   So *Hopt* in Großkommentar, AktG, § 93 Rnr. 194.

[553]   Vgl. *Müller*, NJW 2000, 3452, 3453; *Roschmann/Frey*, AG 1996, 449, 450; *Rozijn*, NZG 2001, 494, 495f.; *Schroeder*, DB 1997, 2161, 2161 m.w.N. auch zur Gegenansicht; *Treeck*, FS Fikentscher, 434, 441.

[554]   Abstimmungsverhalten, Verlauf einer Diskussion in Vorstand und Aufsichtsrat, Personalangelegenheiten, persönliche Daten.

[555]   So *Körber*, NZG 2002, 263, 266; *Marsch-Barner* in Semler/Volhard, Arbeitshandbuch für Unternehmensübernahmen, Band 1, § 7 Rnr. 5.

[556]   Vgl. BGHZ 64, 325, 326f. sowie zum Ganzen *Wiesner* in Münchener Handbuch des Gesellschaftsrechts, Band 4, § 25 Rnr. 40ff.

[557]   So *Hopt* in Großkommentar, AktG, § 93 Rnr. 199f.

Großaktionären und den finanzierenden Banken. Innerhalb des Vorstands und gegenüber dem Aufsichtsrat sowie gegenüber dem Abschlussprüfer im Umfang seines Informationsrechtes nach § 320 Abs. 2 HGB besteht die Verschwiegenheitspflicht jedoch nicht[558]. Der Kodex stellt darüber hinaus klar, dass alle Organmitglieder sicherstellen müssen, dass die von ihnen hinzugezogenen Mitarbeiter die Verschwiegenheitspflicht in gleicher Weise einhalten[559].

Die Pflicht zur Verschwiegenheit besteht in sachlicher Hinsicht nicht, wenn die Weitergabe der Information gerade im Interesse des Unternehmens liegt, etwa bei der Einschaltung von Beratern, die dann aber ihrerseits zur Vertraulichkeit zu verpflichten sind, soweit sich dies nicht ohnehin aus deren beruflicher Pflicht zur Verschwiegenheit ergibt[560]. Außerdem kann einem Vorstandsmitglied im Einzelfall die Einhaltung der Schweigepflicht dann nicht zugemutet werden, wenn es sich auf andere Art gegen eine Abberufung oder Vorwürfe einer Pflichtverletzung nicht zur Wehr setzen kann. Dagegen gilt dies grundsätzlich nicht, wenn das Vorstandsmitglied eigene Ansprüche durchsetzen will. In jedem Fall muss das Vorstandsmitglied die Preisgabe von Informationen so schonend wie möglich für die Gesellschaft gestalten[561].

Im Konzern sind die Vorstandsmitglieder der beherrschten Gesellschaft der herrschenden Gesellschaft gegenüber zur Weitergabe von Informationen berechtigt, soweit dies dem Zweck der einheitlichen Leitung der beherrschten Gesellschaft dient[562].

3. Sorgfaltspflichten

Nachdem die Pflichten dargestellt wurden, die den Handlungsrahmen des Vorstands bei der Leitung des Unternehmens von vornherein begrenzen, soll nun auf eine weitere Einschränkung des breiten unternehmerischen Handlungsspielraums eingegangen werden: Bei der Leitung der Geschäfte hat jedes Vorstandsmitglied gemäß § 93 Abs. 1

---

[558]   Vgl. *Landwehrmann* in Anwaltkommentar Aktienrecht, § 93 Rnr. 43f. m.w.N.

[559]   Vgl. Kodex-Ziffer 3.5.

[560]   Vgl. *Hüffer*, AktG, § 93 Rnr. 8.

[561]   Vgl. *Hopt* in Großkommentar, AktG, § 93 Rnr. 215; *Mertens* in Kölner Kommentar zum AktG, § 93 Rnr. 83; *Wiesner* in Münchener Handbuch des Gesellschaftsrechts, Band 4, § 25 Rnr. 38.

[562]   Dies soll auch für den faktischen Konzern gelten, strittig, vgl. *Hopt* in Großkommentar, AktG, § 93 Rnr. 214 m.w.N.

S. 1 AktG die Sorgfalt eines ordentlichen und gewissenhaften Geschäftsleiters zu beachten[563].

Dieser Maßstab spielt eine wesentliche Rolle, wenn es nicht einfach um den Vollzug von Gesetz und Satzung geht, sondern um unternehmerische Entscheidungen. Unternehmerische Entscheidungen sind dadurch gekennzeichnet, dass es meist auf die Einschätzung künftiger Umstände ankommt, also mehrere Entscheidungen angemessen erscheinen, die sich später auch als Fehlschläge oder Irrtümer erweisen können[564]. Der Vorstand bewegt sich zwischen unternehmerischen Chancen und unvermeidlichen Risiken; unternehmerisches Handeln ohne Risiko gibt es nicht[565]. Deshalb ist dem Vorstand im Rahmen unternehmerischer Entscheidungen grundsätzlich ein breiter unternehmerischer Ermessensspielraum einzuräumen, ohne den eine unternehmerische Tätigkeit schlechterdings nicht denkbar ist[566]. Andernfalls könnte jegliche unternehmerische Initiative und Entscheidungsfreude aus Angst vor einer haftungsauslösenden Pflichtverletzung gelähmt werden. Die Aufgabe des § 93 Abs. 1 S. 1 AktG ist es, die Grenzen des unternehmerischen Handlungsspielraums zu setzen, ohne das unternehmerische Ermessen über Gebühr einzuschränken[567].

Die Anforderungen, die an einen Vorstand zu stellen sind, variieren nach Art, Größe und Lage des Unternehmens und der Aufgabenverteilung unter mehreren Führungskräften. Maßstab der Sorgfaltspflicht ist danach, wie der Leiter eines Unternehmens vergleichbarer Größe, der nicht mit eigenen Mitteln wirtschaftet, sondern wie ein treuhänderischer Verwalter fremden Vermögens verpflichtet ist, zu agieren hat[568]. Hierbei handelt es sich um einen normativen Maßstab, so dass die Anforderungen an die Einhaltung der Sorgfaltspflicht weder von den individuellen Fähigkeiten des betroffenen Vorstandsmitglieds noch von einer abweichenden tatsächlichen Übung in dem betroffenen Unternehmen ab-

---

563 Vgl. auch Kodex-Ziffer 3.8 sowie dazu *Semler* in Münchener Kommentar, AktG, § 161 Rnr. 345f.

564 Vgl. *Hopt* in Großkommentar, AktG, § 93 Rnr. 81; *Hüffer*, AktG, § 93 Rnr. 13a.

565 Dieses Risiko trifft nicht den Vorstand, sondern die Gesellschaft, so *Wirth* in RWS-Forum 20, Gesellschaftsrecht 2001, 99, 120 sowie *Wiesner* in Münchener Handbuch des Gesellschaftsrechts, Band 4, § 19 Rnr. 20.

566 BGHZ 135, 244, 253 = BGH ZIP 1997, 883, 885 („ARAG/Garmenbeck"); vgl. auch Begründung des RegE zum KonTraG, BT-Drucks. 13/9712, S. 21.

567 So *Landwehrmann* in Anwaltkommentar Aktienrecht, § 93 Rnr. 51; vgl. auch *Goette*, FS 50 Jahre Bundesgerichtshof, 123, 124 sowie *Fleischer*, FS Wiedemann, 827, 830.

568 Vgl. BGHZ 129, 30, 34 sowie *Bastuck*, Enthaftung des Managements, 72.

hängen[569]. Besondere Spezialkenntnisse oder Fähigkeiten hat das Vorstandsmitglied einzusetzen, zumal es oft gerade aus diesem Grund in den Vorstand berufen wurde[570].

Der so festgelegte Sorgfaltsmaßstab ist in seiner Allgemeinheit wenig aussagekräftig und bedarf einer Konkretisierung, die sich an der jeweils betroffenen Pflicht des Vorstands orientieren muss, denn den ordentlichen Geschäftsleiter für alle Zwecke gibt es nicht[571].

a) Sorgfalt der eigenverantwortlichen Leitung der Gesellschaft

§ 76 Abs. 1 AktG legt fest, dass der Vorstand die Gesellschaft eigenverantwortlich zu leiten hat.

Dies bedeutet zunächst, dass der Vorstand unabhängig und frei von Weisungen entscheidet, d.h. weder im Auftrag des Aufsichtsrats noch der Hauptversammlung noch eines maßgeblichen Aktionärs[572].

Dass der Vorstand unter eigener Verantwortung tätig wird, heißt positiv, dass er seine Leitungsentscheidungen nach eigenem Ermessen trifft. Ermessensausübung bedeutet wiederum sachgerechte Wahrnehmung der in der Gesellschaft und ihrem Unternehmen zusammentreffenden Interessen[573]. Die Rechtsprechung des BVerfG und des BGH haben das Unternehmensinteresse als Leitschnur des Handelns des Leitungsorgans hervorgehoben[574]. Das Unternehmensinteresse ist dem Vorstand vorgegeben, er hat bei dessen Verfolgung lediglich einen Ermessensspielraum und kann über die ihm zukommende Aufgabe der Unternehmensplanung und Unternehmenskoordination hinaus nicht eigenständig das Unternehmensinteresse bestimmen[575]. Träger des Unternehmensinteresses sind die Interessen der Aktionäre, der Arbeitnehmer und der Allgemeinheit. Eine bestimmte Rangfolge der maßgeblichen Interessen gibt es nicht. Divergierende Interessen hat der Vorstand gegeneinander abzu-

---

[569] So *Hüffer*, AktG, § 93 Rnr. 4; *Wirth* in RWS-Forum 20, Gesellschaftsrecht 2001, 99, 104f.

[570] So *Hefermehl/Spindler* in Münchener Kommentar, AktG, § 93 Rnr. 22.

[571] Ähnlich *Bastuck*, Enthaftung des Managements, 68.

[572] Allgemeine Meinung, vgl. *Hüffer*, AktG, § 76 Rnr. 10 m.w.N. Anders im Falle der Eingliederung oder auf Basis eines Beherrschungsvertrages: Der Vorstand ist dann gemäß §§ 308 bzw. 323 Abs. 1 AktG an Weisungen gebunden.

[573] Vgl. *Hüffer*, AktG, § 76 Rnr. 12; *Oltmanns* in Anwaltkommentar Aktienrecht, § 76 Rnr. 8.

[574] Vgl. BVerfGE 50, 290, 374; BGHZ 36, 296, 306; BGH NJW 1979, 1823, 1826f. („Herstatt"); vgl. auch Kodex-Ziffer 4.1.1.

[575] Vgl. *Kort* in Großkommentar, AktG, § 76 Rnr. 46.

wägen. Dieses Abwägen ist eine ständige unternehmerische Aufgabe[576]. Die Ermessensausübung findet ihre Schranke in der Pflicht des Vorstands, für den Bestand des Unternehmens und damit für dauerhafte Rentabilität zu sorgen, dies lässt sich formal der Berichtspflicht des § 90 Abs. 1 Nr. 2 AktG entnehmen. Aber auch materiell ist eine angemessene Gewinnerzielung unverzichtbar. Ohne wirtschaftlichen Erfolg kann die Gesellschaft ihr Unternehmen nicht selbständig betreiben. Nur bei angemessener Gewinnerzielung sind die Anteilseigner zur Finanzierung des Unternehmens bereit. Kredite werden im Allgemeinen nur Gesellschaften mit gesunder Ertragslage gewährt. Nur mit Gewinn kann ein Unternehmen sichere Arbeitsplätze erhalten[577].

b) Pflichtwidrige Leitung allgemein

Die Begrenzung des Leitungsermessens durch die Sorge für den Bestand des Unternehmens und dessen dauerhafter Rentabilität, stellt nur die absolute Schranke für die unternehmerische Handlungsfreiheit dar. Es existiert daneben eine Vielzahl von Fällen, in denen der Vorstand sein Ermessen pflichtwidrig ausübt, ohne die dauerhafte Rentabilität zu gefährden. Die gängige Formel von der Pflicht des Vorstands den Vorteil der Gesellschaft zu wahren und Schaden von ihr abzuwehren[578] trägt nicht viel zur Beantwortung der Frage bei, wann tatsächlich ein Pflichtverstoß des Vorstands im Rahmen unternehmerischer Entscheidungen gegeben ist und keine sorgfältige eigenverantwortliche Leitung vorliegt.

aa) Die ARAG/Garmenbeck-Entscheidung des BGH

Deutlichere Anhaltspunkte wurden diesbezüglich von der Rechtsprechung durch die ARAG/Garmenbeck-Entscheidung des BGH geliefert. Der BGH führt aus:

> „Bei seiner Beurteilung, ob der festgestellte Sachverhalt den Vorwurf eines schuldhaft pflichtwidrigen Vorstandsverhaltens rechtfertigt, hat der Aufsichtsrat zu berücksichtigen, dass dem Vor-

---

[576] Vgl. *Semler*, Leitung und Überwachung der Aktiengesellschaft, Rnr. 51. Kritisch zum Begriff des Unternehmensinteresses *Hefermehl/Spindler* in Münchener Kommentar, AktG, § 76 Rnr. 57ff.

[577] Vgl. *Bastuck*, Enthaftung des Managements, 68; *Goette*, FS 50 Jahre Bundesgerichtshof, 123, 127; *Hüffer*, AktG, § 76 Rnr. 12f.; *Semler/Spindler* in Münchener Kommentar, AktG, Vor § 76 Rnr. 79; *Wiesner* in Münchener Handbuch der Gesellschaftsrechts, Band 4, § 19 Rnr. 18f. Ausführlich dazu *Kort* in Großkommentar, AktG, § 76 Rnr. 52ff., der aber eine Rangfolge der maßgeblichen Interessen annimmt, vgl. ebenda Rnr. 64.

[578] Statt vieler *Mertens* in Kölner Kommentar zum AktG, § 93 Rnr. 29; vgl. auch BGHZ 21, 354, 357.

stand bei der Leitung der Geschäfte des Gesellschaftsun-
ternehmens ein weiter Handlungsspielraum zugebilligt werden
muss, ohne den eine unternehmerische Tätigkeit schlechterdings
nicht denkbar ist. Dazu gehört neben dem bewussten Eingehen
geschäftlicher Risiken grundsätzlich auch die Gefahr von Fehl-
beurteilungen und Fehleinschätzungen, der jeder Unternehmensleiter (…) ausgesetzt ist. Gewinnt der Aufsichtsrat den Eindruck,
dass dem Vorstand das nötige Gespür für eine erfolgreiche
Führung des Unternehmens fehlt, (…) kann ihm das Veranlas-
sung geben, auf dessen Ablösung hinzuwirken. Eine Schadensersatzpflicht des Vorstandes kann daraus nicht hergeleitet werden.
Diese kann erst in Betracht kommen, wenn die Grenzen, in denen
sich ein von Verantwortungsbewusstsein getragenes, ausschließlich am Unternehmenswohl orientiertes, auf sorgfältiger Ermittlung der Entscheidungsgrundlagen beruhendes unternehmerisches Handeln bewegen muss, deutlich überschritten
sind, die Bereitschaft, unternehmerische Risiken einzugehen, in
unverantwortlicher Weise überspannt worden ist oder das Verhalten des Vorstandes aus anderen Gründen als pflichtwidrig
gelten muss"[579].

Damit hat der BGH den Ansatz der amerikanischen Business Judgement
Rule aufgenommen, derzufolge eine Entscheidung eines Director der gerichtlichen Überprüfung entzogen ist, falls drei Voraussetzungen vorliegen: Fehlen eines relevanten Eigeninteresses des Director an der Sache,
ausreichende Information und Sachprüfung sowie gutgläubiges Handeln im Unternehmensinteresse. Zwei dieser drei Gesichtspunkte finden
sich, wenngleich in anderen Worten, auch im ARAG/Garmenbeck-
Urteil[580]. Das gutgläubige Handeln im Unternehmensinteresse kommt in
der Entscheidung des BGH als ein „ausschließlich am Unternehmenswohl orientiertes (…) unternehmerisches Handeln" zum Ausdruck. Die
ausreichende Information und Sachprüfung spiegelt sich in der Formulierung „auf sorgfältiger Ermittlung der Entscheidungsgrundlagen" wi-
der. Das Fehlen eines relevanten Eigeninteresses an der Sache ergibt sich
dagegen nicht unmittelbar aus der Entscheidung des BGH, vielmehr ist
dies Voraussetzung für ein ordnungsgemäßes Verhalten des Vorstands,
der andernfalls seine Treuepflicht gegenüber der Gesellschaft verletzt[581].

---

[579] BGHZ 135, 244, 253f. = BGH ZIP 1997, 883, 885f. („ARAG/Garmenbeck").

[580] Vgl. *Hopt* in Großkommentar, AktG, § 93 Rnr. 83, der aber alle drei Gesichtspunkte im ARAG/Garmenbeck-Urteil finden will.

[581] Sehr ausführlich zur US-amerikanischen Business Judgement Rule sowie zu
den Unterschieden zum deutschen Haftungssystem, *Paefgen*, Unternehmerische Entscheidungen und Rechtsbindung der Organe in der AG, 151ff., 176ff.
Vgl. auch *Westermann/Paefgen*, JZ 2003, 138, 140f. sowie *Lutter*, 50 Jahre Bundesgerichtshof, Band II, 321, 333ff.

Die jedes Vorstandsmitglied treffende Treupflicht wurde bereits ausführlich dargestellt[582] und auf das Unternehmensinteresse wurde soeben eingegangen. Bleibt noch die sorgfältige Ermittlung der Entscheidungsgrundlagen durch den Vorstand.

Art und Umfang der vom Vorstand zu nutzenden Informationen lassen sich nur begrenzt abstrakt umschreiben. Grundsätzlich ist von jedem Vorstand eine genaue Kenntnis seines Unternehmens (Produkte, Personal, Finanzen, Organisation etc.) und insbesondere auch seiner Märkte einschließlich der Märkte für Produkte, Dienstleistungen, Kapital und Personal zu verlangen[583]. Darüber hinaus muss der Vorstand die für eine unternehmerische Ermessensentscheidung erforderlichen Informationen ermitteln. Dabei ist es oft nicht nur nötig, bestehende Informationen zu nutzen, sondern solche auch selbst zu beschaffen. Dazu gehört beispielsweise, dass entsprechende Abteilungen wie Controlling und interne Revision aufgebaut bzw. unterhalten werden und sich die Vorstandsmitglieder von ihrem Funktionieren überzeugen[584]. Wenn seine eigenen Erkenntnismöglichkeiten nicht ausreichen, ist der Vorstand verpflichtet sachverständigen Rat einzuholen[585], denn viele unternehmerische Fehlentscheidungen, die zu schweren Schäden der Gesellschaft führen, beruhen schlicht darauf, dass es an der sorgfältigen Vorbereitung, der genauen Analyse aller maßgeblichen Umstände und Fakten gefehlt hat[586]. Holt der Vorstand sachkundigen Rat ein, trifft ihn die Verpflichtung, den sachverständigen Berater vollständig und zutreffend über alle für sein Mandat maßgeblichen Umstände zu unterrichten[587]. Kein Vorstandsmitglied kann sich jedoch seiner eigenen Sorgfaltspflicht dadurch entziehen, dass es sich ohne jede eigene Nachprüfung auf fremde Expertisen stützt. Im Allgemeinen wird man zumindest verlangen müssen, dass eine Plausibilitätskontrolle durch das Vorstandsmitglied erfolgt[588]. Allerdings beeinflusst auch die Dringlichkeit einer Maßnahme den Maßstab, der an den erforderlichen Informationsstand an-

---

[582]   Siehe oben, B. II. 2.

[583]   *Paefgen*, Unternehmerische Entscheidungen und Rechtsbindung der Organe in der AG, 224 m.w.N.

[584]   Vgl. § 91 Abs. 2 AktG.

[585]   Vgl. *Hopt* in Großkommentar, AktG, § 93 Rnr. 84; *Kiethe*, WM 2003, 861, 862f.; *Landwehrmann* in Anwaltkommentar Aktienrecht, § 93 Rnr. 63.

[586]   So *Wirth* in RWS-Forum 20, Gesellschaftsrecht 2001, 99, 121.

[587]   *Paefgen*, Unternehmerische Entscheidungen und Rechtsbindung der Organe in der AG, 225.

[588]   So *Wirth* in RWS-Forum 20, Gesellschaftsrecht 2001, 99, 116 unter Anlehnung an die „ASS"-Entscheidung des LG Stuttgart, dazu LG Stuttgart AG 2000, 237, 238f.

zulegen ist. Je eiliger die Entscheidung, desto geringer die Möglichkeit, sie umfassend vorzubereiten und Entscheidungsalternativen abzuwägen[589], denn rasches Entscheiden spielt oftmals eine Schlüsselrolle für den Erfolg einer unternehmerischen Entscheidung[590]. Daneben hat der Vorstand auch hier zwischen Kosten und Nutzen einer ausgiebigen Tatsachenermittlung abzuwägen[591]. Infolgedessen wird man jedenfalls keine Pflicht zur Beschaffung aller nur denkbaren Informationen postulieren können. Eine hinreichende oder angemessene Information genügt. Art und Maß der Information im Sinne von angemessen oder hinreichend hängen wesentlich von der im Einzelfall zu treffenden unternehmerischen Entscheidung ab[592].

Die ARAG/Garmenbeck-Entscheidung enthält über die geschilderten Gesichtspunkte hinaus noch weitere Vorgaben: Eine haftungsauslösende Pflichtverletzung liegt auch vor, wenn der Vorstand die Bereitschaft, unternehmerische Risiken einzugehen, in unverantwortlicher Weise überspannt hat. Eine Maßnahme ist jedenfalls dann als unverantwortlich anzusehen, wenn sie schlechterdings nicht zu rechtfertigen ist und ein verantwortungsbewusst denkender und handelnder Kaufmann zu ihrer Durchführung zu keiner Zeit bereit wäre[593]. Dieses Erfordernis stellt den Hauptunterschied zur US-amerikanischen Business Judgement Rule dar: Während sich die amerikanischen Gerichte grundsätzlich darauf beschränken, das Entscheidungsverfahren der unternehmerischen Ermessensausübung zu überprüfen, unterliegt die Vorstandsentscheidung in Deutschland insoweit einer inhaltlichen Kontrolle[594].

---

[589] *Bastuck*, Enthaftung des Managements, 69.

[590] So *Fleischer*, FS Wiedemann, 827, 841.

[591] So *Hefermehl/Spindler* in Münchener Kommentar, AktG, § 93 Rnr. 25.

[592] So *Fleischer*, FS Wiedemann, 827, 841. Ebenso *Roth*, Unternehmerisches Ermessen und Haftung des Vorstands, 83ff., 81ff., der dies auch der ARAG/Garmenbeck-Entscheidung entnehmen will. Für eine Pflicht zur Einholung sämtlicher erreichbarer Informationen: *Hopt* in Großkommentar, AktG, § 93 Rnr. 84; *Mertens* in Kölner Kommentar zum AktG, § 93 Rnr. 29; einschränkend *Bastuck*, Enthaftung des Managements, 69f. ebenso *Goette*, FS 50 Jahre Bundesgerichtshof, 123, 140f.

[593] So *Henze*, NJW 1998, 3309, 3311; BGH ZIP 1992, 1542, 1550f. („Klöckner"). Ähnlich *Roth*, Unternehmerisches Ermessen und Haftung des Vorstands, 99f. Vgl. die Beispiele bei *Lutter*, 50 Jahre Bundesgerichtshof, Band II, 321, 334. Für engere Grenzen: *Wirth* in RWS-Forum 20, Gesellschaftsrecht 2001, 99, 121f. m.w.N.

[594] Vgl. *Paefgen*, Unternehmerische Entscheidungen und Rechtsbindung der Organe in der AG, 178.

Die Beurteilung, ob die Leitungsentscheidung des Vorstands noch im Rahmen des Ermessens liegt, hat dabei aus einer ex-ante Sicht zu erfolgen, nicht aus einer ex-post Perspektive[595], denn ein Pflichtwidrigkeitsurteil kann nur in Bezug auf den Zeitpunkt getroffen werden, zu dem die Handlung vorgenommen wurde oder vorzunehmen war[596]. Ergibt sich bei der Betrachtung aus dieser Perspektive, dass sich die geschäftspolitischen Entscheidungen des Vorstands innerhalb des ihm zustehenden Handlungsspielraums bewegen, kann ihm eine Verletzung seiner Sorgfaltspflicht nicht vorgeworfen werden. In diesem Rahmen ist der Vorstand nicht für den geschäftlichen Misserfolg einer Entscheidung verantwortlich. Seine Eigenverantwortlichkeit gibt dem Vorstand somit auch das Recht, Entscheidungen zu treffen, die sich im Nachhinein als falsch erweisen[597].

bb) Konkretisierung durch das UMAG

Inzwischen ist das Gesetz zur Unternehmensintegrität und Modernisierung des Anfechtungsrechts (UMAG) in Kraft getreten. Dadurch wurde nach § 93 Abs. 1 S. 1 AktG folgender Satz eingefügt:

> „Eine Pflichtverletzung liegt nicht vor, wenn das Vorstandsmitglied bei einer unternehmerischen Entscheidung vernünftigerweise annehmen durfte, auf der Grundlage angemessener Information zum Wohle der Gesellschaft zu handeln"[598].

Mit der Klarstellung, dass eine Erfolghaftung der Organmitglieder gegenüber der Gesellschaft ausscheidet, hat die Bundesregierung einen Bestandteil ihres Maßnahmenkatalog zur Stärkung der Unternehmensintegrität und des Anlegerschutzes umgesetzt[599] und folgte damit einer Empfehlung der Regierungskommission Corporate Governance sowie einem

---

595 Vgl. statt aller *Kort* in Großkommentar, AktG, § 76 Rnr. 51. Kritisch zur Fähigkeit des Menschen, das Verhalten der handelnden Personen ex-ante beurteilen zu können, *Fleischer*, FS Wiedemann, 827, 832.

596 Vgl. *Buchta*, DStR 2003, 694, 695.

597 *Wiesner* in Münchener Handbuch des Gesellschaftsrechts, Band 4, § 19 Rnr. 20.

598 Art. 1 Nr. 1a des Gesetzes zur Unternehmensintegrität und Modernisierung des Anfechtungsrechts (UMAG) vom 22.09.2005, BGBl. I 2005, 2802ff. Art. 1 Nr. 1a des UMAG ist am 01.11.2005 in Kraft getreten.

599 Vgl. Maßnahmenkatalog der Bundesregierung zur Stärkung der Unternehmensintegrität und des Anlegerschutzes, NZG 2003, Heft 6 S. VIII, S. IX sowie *Seibert*, BB 2003, 693, 693ff. mit kurzen Erläuterungen.

Beschluss der wirtschaftsrechtlichen Abteilung des 63. Deutschen Juristentags (DJT) 2000[600].

Die Gesetzesbegründung führt zur Neuregelung folgendes aus:

> „Die Vorschrift soll den Bereich unternehmerischen Handlungsspielraums ausgrenzen aus dem Tatbestand der Sorgfaltspflichtverletzung nach Satz 1. Diese Tatbestandseinschränkung setzt fünf – teils implizite – Merkmale voraus: Unternehmerische Entscheidung, Gutgläubigkeit, Handeln ohne Sonderinteressen und sachfremde Einflüsse, Handeln zum Wohle der Gesellschaft und Handeln auf der Grundlage angemessener Information"[601].

Wie die Gesetzesbegründung selbst feststellt, entspricht dies dem Vorbild der Business Judgement Rule und findet Parallelen in der ARAG/Garmenbeck-Entscheidung des BGH[602].

Im Einzelnen muss der Vorstand annehmen, zum Wohl der Gesellschaft, also im Unternehmensinteresse, zu handeln. Die „Annahme" ist ein subjektives Tatbestandsmerkmal, welches durch das „annehmen Dürfen" objektiviert wird. Als Maßstab für die Überprüfung, ob die Annahme des Vorstands nicht zu beanstanden ist, dient das Merkmal „vernünftigerweise". Auch insofern wird auf Ausführungen der höchstrichterlichen Rechtsprechung im ARAG/Garmenbeck-Urteil Bezug genommen[603]. Der Vorstand muss gutgläubig das Gesellschaftswohl anstreben.

Die Freiheit von sachfremden Einflüssen und Sonderinteressen bedarf nach der Gesetzesbegründung keiner ausdrücklichen Erwähnung im Gesetzestext, da dies implizit formuliert ist: Nur der darf annehmen, zum Wohle der Gesellschaft zu handeln, der sich in seiner Entscheidung frei von solchen Einflüssen weiß[604]. Dem ist zuzustimmen. Eine Erwähnung ist aber auch deshalb entbehrlich, weil eine von Interessenkonflikten beeinflusste Entscheidung bereits gegen die Treuepflicht des Vorstands gegenüber der Gesellschaft verstoßen würde.

Schließlich lässt § 93 Abs. 1 S. 2 AktG ausdrücklich die angemessene Information des Vorstandsmitglieds genügen, um einen Pflichtverstoß zu verneinen. Das Vorstandsmitglied muss lediglich angenommen haben,

---

[600] Vgl. *Baums*, Bericht der Regierungskommission Corporate Governance, Rz. 70; Beschlüsse des 63. DJT, DB 2000, 2108, 2109. In seinem Gutachten zum 63. DJT hielt *Baums* eine gesetzliche Festschreibung der Business Judgement Rule für nicht erforderlich, vgl. *Baums*, Gutachten F zum 63. DJT Leipzig 2000, F 240f.

[601] Begründung des RegE zum UMAG, BT-Drucks. 15/5092, S. 11. Vgl. zum neuen § 93 Abs. 1 S. 2 AktG *Weiss/Buchner*, WM 2005, 162, 163ff.

[602] So Begründung des RegE zum UMAG, BT-Drucks. 15/5092, S. 11.

[603] Begründung des RegE zum UMAG, BT-Drucks. 15/5092, S. 11.

[604] Vgl. Begründung des RegE zum UMAG, BT-Drucks. 15/5092, S. 11.

die Handlung erfolge auf der Grundlage angemessener Information. Die diesbezügliche Zurückhaltung begründet der Gesetzgeber damit, dass unternehmerische Entscheidungen häufig auf Instinkt, Erfahrung, Phantasie und Gespür beruhen. Dies lasse sich nicht vollständig durch objektive Information ersetzen.

> „Das Gesetz möchte den Mut zum unternehmerischen Risiko nicht nehmen, zugleich aber Unbesonnenheit und Leichtsinn auf Kosten der Kapitalgeber und der Arbeitnehmer keinen Vorschub leisten. Darauf nimmt des Tatbestandsmerkmal „angemessene Information" Rücksicht. Es reflektiert, dass insbesondere bei Entscheidungen, die unter hohem und nicht selbst erzeugtem Zeitdruck zu fällen sind, eine umfassende Entscheidungsvorbereitung schwierig oder gar unmöglich sein kann. (…) Es wird dem Vorstand also (…) ein erheblicher Spielraum eingeräumt, den Informationsbedarf abzuwägen und sich selbst eine Annahme dazu zu bilden. Information kann nicht allumfassend sein, sondern hat betriebswirtschaftlich gegebene Schwerpunkte (Rentabilität, Risikobewertung, Investitionsvolumen, Finanzierung etc.). Welche Intensität der Informationsbeschaffung im Sinne der Norm „angemessen" ist, ist anhand des Zeitvorlaufs, des Gewichts und der Art der zu treffenden Entscheidung und unter Berücksichtigung anerkannter betriebswirtschaftlicher Verhaltensmaßstäbe (…) zu entscheiden"[605].

Durch diese Regelung ist der Streit in der Literatur bezüglich des erforderlichen Maßes der Informationsbeschaffung nunmehr entschieden. Der Gesetzgeber hat sich ausdrücklich gegen eine Pflicht zur Einholung sämtlicher erreichbarer Informationen ausgesprochen.

Im Unterschied zur Business Judgement Rule beschränkt sich die gesetzliche Regelung nicht darauf, das Entscheidungsverfahren der unternehmerischen Ermessensausübung zu überprüfen. Die Gesetzesbegründung weist vielmehr auf eine Inhaltskontrolle hin, indem sie ausführt, dass das subjektive Tatbestandsmerkmal „Annahme" durch das „annehmen Dürfen" objektiviert werde. Das Vorliegen des Tatbestandsmerkmals „vernünftigerweise annehmen durfte" sei etwa dann zu verneinen, wenn das mit der unternehmerischen Entscheidung verbundene Risiko in völlig unverantwortlicher Weise falsch beurteilt worden sei[606]. Die Gesetzesbegründung deckt sich insoweit mit den Grundsätzen der

---

605   Begründung des RegE zum UMAG, BT-Drucks. 15/5092, S. 12. Kritisch zu diesem Merkmal *Weiss/Buchner*, WM 2005, 162, 164.

606   So Begründung des RegE zum UMAG, BT-Drucks. 15/5092, S. 11.

ARAG/Garmenbeck-Entscheidung des BGH zur inhaltlichen Kontrolle der Entscheidung des Vorstands[607].

c) Einzelpflichten

Aus der dem Vorstand obliegenden Pflicht zur eigenverantwortlichen Leitung der Gesellschaft lassen sich die nachfolgenden Einzelpflichten ableiten[608].

aa) Sorge für Rechtmäßigkeit und Effizienz der internen Organisation

Der Vorstand ist zur Gewährleistung einer rechtmäßigen und effizienten internen Organisation der Gesellschaft verpflichtet, die ihm jederzeit die erforderliche Übersicht über die wirtschaftliche und finanzielle Situation der Gesellschaft ermöglicht, denn nach der gesetzlichen Wertung des § 90 Abs. 1 AktG haben sich die Vorstandsmitglieder stets ein genaues Bild von der Lage der Gesellschaft und vom Gang der Geschäfte zu machen, die für die Rentabilität oder Liquidität der Gesellschaft von erheblicher Bedeutung sein können. Das bedingt zunächst ein ordnungsgemäßes und transparentes Rechnungswesen und ganz allgemein ist der Aufbau und die Aufrechterhaltung einer Organisationsstruktur mit klaren Leitungs-, Verantwortungs- und Aufgabenbereichen erforderlich. Dazu gehört es beispielsweise dafür zu sorgen, dass unterhalb der Leitungsebene die Arbeit entsprechend den Vorgaben geleistet wird und auch dort die Zusammenarbeit funktioniert, was durch die Einrichtung und Kontrolle entsprechender Abteilungen sicherzustellen ist. Jedes Vorstandsmitglied muss sich deshalb von dem Bestehen eines zuverlässigen Controllings und einer internen Revision überzeugen[609]. Besteht eine ordnungsgemäße Organisation, darf sich der Vorstand auf die pflichtgemäße Erledigung der delegierten Aufgaben grundsätzlich verlassen. Wenn sich einem Vorstandsmitglied aber bei der Kontrolle Anhaltspunkte für Fehlentwicklungen innerhalb der Gesellschaft zeigen, ist diesen nachzugehen und gegebenenfalls dagegen einzuschreiten. Stellen sich z.B. bei Erstellung des Jahresabschlusses erhebliche Bewertungsdivergenzen in den Zahlenwerken der Mitarbeiter heraus, muss der Vorstand dem

---

[607] Vgl. BGHZ 135, 244, 253f. („ARAG/Garmenbeck").

[608] Vgl. auch die ausführlichen Nachweise aus der Rechtsprechung bei *Goette*, FS 50 Jahre Bundesgerichtshof, 123, 133ff.

[609] Näher *Götz*, AG 1995, 337, 338 und auch BGHZ 75, 120, 133 (Pflicht des Vorstands zur Überwachung der Angestellten). Vgl. nun auch § 91 Abs. 2 AktG. Dazu oben, B. II. 1. b) bb).

selbst oder über die Abschlussprüfer nachgehen, denn die Ordnungsgemäßheit der Buchführung muss sichergestellt sein[610].

Kreditinstitute haben darüber hinaus die Organisationspflichten aus § 33
WpHG zu beachten. So müssen Kreditinstitute gemäß § 33 Abs. 1 Nr. 3
WpHG über angemessene interne Kontrollverfahren verfügen, die geeignet sind, Verstößen gegen Verpflichtungen aus dem WpHG entgegenzuwirken[611].

bb) Beachtung der Regeln sorgfältiger Unternehmensleitung

Mit der Pflicht zur rechtmäßigen und effizienten Organisation eng verknüpft und in Teilbreichen sogar identisch, ist die Pflicht, das Unternehmen unter Berücksichtigung der Regeln sorgfältiger Unternehmensleitung, insbesondere gesicherter betriebswirtschaftlicher Erkenntnisse
zu leiten[612]. Dies gilt vor allem für den Bereich der Überwachungspflichten.

Darüber hinaus gehört es zu den Regeln sorgfältiger Unternehmensleitung für eine ordnungsgemäße Finanzierung der Gesellschaft zu sorgen.
Es ist darauf zu achten, dass der Gesellschaft genug Mittel zur Verfolgung ihrer Zwecke zur Verfügung stehen. Zur rechtzeitigen Erkennung
einer Krise des Unternehmens ist eine ständige Kontrolle der Solvenz
erforderlich. Im Falle einer Krise bedeutet es dann eine Verletzung der
Sorgfaltspflicht, wenn der Vorstand auf entsprechende Signale zu spät
reagiert[613].

Die unternehmerische Initiative ist stets mit einer sorgsamen Risikoeinschätzung zu verbinden. Das Eingehen unverantwortlicher Risiken ist
stets pflichtwidrig. Eine Unverantwortlichkeit des Vorstandshandelns
liegt vor, wenn die fehlende kaufmännische Rechtfertigung des Han-

---

[610] Vgl. *Hopt* in Großkommentar, AktG, § 93 Rnr. 107; *Kiethe*, WM 2003, 861, 865;
Roth, Unternehmerisches Ermessen und Haftung des Vorstands, 117f.; *Wiesner*
in Münchener Handbuch des Gesellschaftsrechts, Band 4, § 25 Rnr. 6; vgl. auch
Landwehrmann in Anwaltkommentar Aktienrecht, § 93 Rnr. 55, 57.

[611] § 33 WpHG verpflichtet allgemein Wertpapierdienstleistungsunternehmen.
Gemäß § 2 Abs. 4 WpHG fallen auch Kreditinstitute hierunter. Näher *Fleischer*,
AG 2003, 291, 299 m.w.N.

[612] Kritisch zu den betriebswirtschaftlichen Grundsätzen ordnungsgemäßer Unternehmensführung *Hefermehl/Spindler* in Münchener Kommentar, AktG, § 93
Rnr. 33f. Diese seien nur eingeschränkt zur Präzisierung des unternehmerischen Entscheidungsspielraums geeignet, da sie oftmals einen zu hohen Ab-
straktionsgrad aufweisen.

[613] Vgl. *Hopt* in Großkommentar, AktG, § 93 Rnr. 96f.; nun auch § 91 Abs. 2 AktG.

delns offenkundig ist[614]. Unangemessene Risiken sind zu vermeiden, d.h. Risiken müssen in einem vernünftigen Verhältnis zum erwarteten Ertrag stehen und dürfen die Grundlagen der Gesellschaft nicht gefährden[615]. Dem widerspricht der Erwerb einer nicht unbedeutenden Beteiligung an einer anderen Gesellschaft ohne sorgfältige Prüfung der Verhältnisse[616] sowie die Kreditgewährung ohne übliche Sicherheiten[617]. Gerade bei der Gewährung von Krediten muss der Vorstand die Interessen der Gesellschaft besonders im Auge behalten. Die Überschreitung von (gesellschaftsinternen) Kreditrichtlinien in beträchtlicher Höhe ist pflichtwidrig[618]. Weiterhin ist, soweit erreichbar, für die Sicherung der Kredite Sorge zu tragen. Die Leistung erheblicher Zahlungen ohne die vereinbarten bzw. angemessenen Sicherheiten, ist grob pflichtwidrig[619]. Die Vorstandsmitglieder von Kreditinstituten müssen zusätzlich dem Umstand Rechnung tragen, dass diesen bei geringem Eigenkapital in besonders hohem Maße Vermögenswerte anvertraut sind und dass der Zusammenbruch einer Bank eine außergewöhnliche volkswirtschaftliche Gefahr darstellt. Die Gewährleistung der sorgfältigen Prüfung der Kreditwürdigkeit der Kunden ist hier zentrale unternehmerische Vorstandspflicht[620].

Schließlich sind die Vorstandsmitglieder verpflichtet, Ansprüche der Gesellschaft, soweit dies wirtschaftlich sinnvoll erscheint, durchzusetzen, außer es ist nach unternehmerischem Ermessen im Einzelfall aus Kulanz oder wegen einer wichtigen Geschäftsbeziehung ein Verzicht gerechtfertigt[621].

---

[614]   Vgl. *Kiethe*, WM 2003, 861, 865; ähnlich *Roth*, Unternehmerisches Ermessen und Haftung des Vorstands, 99f., 109, 111, der aber nur die Unverantwortlichkeit als Beurteilungsmaßstab für die inhaltliche Überprüfung einer Vorstandsentscheidung gelten lassen will.

[615]   Dazu *Landwehrmann* in Anwaltkommentar Aktienrecht, § 93 Rnr. 64 m.w.N., der zusätzlich eine Risikominimierung seitens des Vorstands fordert, sehr strittig; a.A. *Kiethe*, WM 2003, 861, 865; *Roth*, Unternehmerisches Ermessen und Haftung des Vorstands, 111.

[616]   Vgl. BGHZ 69, 207, 213-215 für eine Publikumsgesellschaft; LG Hannover AG 1977, 198, 200.

[617]   Vgl. BGH NJW 1980, 1629, 1629 für den Aufsichtsrat; OLG Hamm AG 1995, 512, 515.

[618]   Vgl. BGH WM 1974, 131, 133 für eine Genossenschaft.

[619]   Vgl. *Hopt* in Großkommentar, AktG, § 93 Rnr. 113 und 82.

[620]   So *Mertens* in Kölner Kommentar zum AktG, § 93 Rnr. 48.

[621]   Vgl. *Wiesner* in Münchener Handbuch des Gesellschaftsrechts, Band 4, § 25 Rnr. 7 sowie *Mertens* in Kölner Kommentar zum AktG, § 93 Rnr. 51, 53.

cc) Kollegiale Zusammenarbeit der Vorstandsmitglieder

Die Vorstandsmitglieder haben untereinander kollegial zusammenzuarbeiten. Dies gilt auch unter Vorstandsmitgliedern mit Einzelgeschäftsführungsbefugnis. Starre Frontbildungen und die Zusammenarbeit gefährdende Spannungen im Vorstand müssen vermieden werden. Jedes Vorstandsmitglied hat die Pflicht, im Sinne des Ausgleichs und der Überwindung solcher Gegensätze zu arbeiten.

Aus der Pflicht zur kollegialen Zusammenarbeit folgt die allgemeine Pflicht eines jeden Vorstandsmitglieds, die anderen über sämtliche wichtigen Vorgänge von sich aus zu unterrichten, auch wenn sie sich nicht in dem ihm zugewiesenen Bereich ereignet haben. Jedes Vorstandsmitglied muss aber auch dafür sorgen, dass es die erforderlichen Fakten erfährt, wenn Anhaltspunkte für einen Informationsbedarf bestehen. Für die Gewährleistung des Informationsflusses zwischen seinen Mitgliedern ist der Gesamtvorstand verantwortlich[622].

Eine kollegiale Zusammenarbeit beinhaltet zwar die Achtung vor dem Kompetenzbereich der anderen Vorstandsmitglieder, geht aber nicht so weit, dass Maßnahmen anderer Mitglieder nicht widersprochen werden darf, denn oft wird erst durch kontroverse Diskussion die für die Gesellschaft sinnvollste Lösung herauszufinden sein. Bei pflichtwidrigen Maßnahmen anderer Vorstandsmitglieder besteht sogar eine Pflicht zum Einschreiten. Ist ein Gegensatz innerhalb des Vorstands nicht zu bereinigen, muss der Gesamtvorstand, erforderlichenfalls auch der Aufsichtsrat eingeschaltet werden. Externe Maßnahmen (etwa die Einschaltung von Aufsichtsbehörden und Gerichten) darf ein Vorstandsmitglied erst nach Ausschöpfung aller internen Mittel ergreifen. Das Austragen von Meinungsverschiedenheiten in der Öffentlichkeit (etwa durch die Information der Presse) ist grundsätzlich pflichtwidrig und darf nur ausnahmsweise geschehen, soweit bei gravierenden Rechtswidrigkeiten kein anderer Ausweg bleibt (etwa zur Abwehr krimineller Handlungen oder zur Abwendung von Gesundheitsschäden)[623].

---

[622] Vgl. *Hopt* in Großkommentar, AktG, § 93 Rnr. 132ff.; *Mertens* in Kölner Kommentar zum AktG, § 77 Rnr. 20, § 93 Rnr. 43f.

[623] Vgl. *Buchta*, DStR 2003, 694, 698; *Fleischer*, NZG 2003, 449, 452, 457; *Götz*, AG 1995, 337, 339; *Hopt* in Großkommentar, AktG, § 93 Rnr. 89, 135f.; ähnlich *Schneider*, FS 100 Jahre GmbH-Gesetz, 473, 483. Zum Verhalten überstimmter Vorstandsmitglieder bei der Beschlussdurchführung, vgl. *Hefermehl/Spindler* in Münchener Kommentar, AktG, § 93 Rnr. 77; *Mertens* in Kölner Kommentar zum AktG, § 77 Rnr. 38.

dd) Aufsichtspflichten

Für die Leitung der Gesellschaft verantwortlich sind grundsätzlich alle Vorstandsmitglieder. Insbesondere bei größeren Gesellschaften lassen sich aber nicht sämtliche vom Vorstand zu behandelnden Geschäftsführungsmaßnahmen von allen Vorstandsmitgliedern gemeinschaftlich wahrnehmen. Daher ist eine Verteilung der anfallenden Geschäftsführungsmaßnahmen auf die einzelnen Vorstandsmitglieder erforderlich.

(1) Aufsichtspflicht bei der Geschäftsverteilung

Herkömmlich ist eine Organisation der Vorstandsaufgaben nach funktionalen Gesichtspunkten (Produktion, Einkauf, Absatz, Finanzen usw.). Neuerdings erfolgt die Organisation der Vorstandsfunktionen vermehrt nach dem Grundsatz der Spartenorganisation (Divisionalisierung). Das Unternehmen wird dabei in weitgehend verselbständigte produktorientierte Unternehmensbereiche gegliedert, in den sämtliche Funktionen (Produktion, Einkauf, Absatz etc.) zusammengefasst sind und die von einzelnen oder mehreren Vorstandsmitgliedern geleitet werden[624].

Mit der Zuweisung bestimmter Ressorts oder Geschäftsbereiche im Rahmen einer internen Geschäftsverteilung auf einzelne oder mehrere Vorstandsmitglieder bleibt die Gesamtverantwortung aller Vorstandsmitglieder für die Leitung der Gesellschaft erhalten. Die Geschäftsverteilung ändert aber den Inhalt der Pflichten: Das zuständige Vorstandsmitglied trägt nunmehr die volle Handlungsverantwortung für die ihm zugewiesenen Aufgaben. Aus der Gesamtverantwortung folgt für alle ressortfremden Vorstandsmitglieder eine allgemeine Überwachungs- und Kontrollpflicht bezüglich der ihnen nicht zugewiesenen Ressorts oder Geschäftsbereiche, die sie zum Eingreifen zwingt, wenn sich greifbare Anhaltspunkte ergeben, dass das zuständige Vorstandsmitglied die Geschäfte nicht ordnungsgemäß führt[625]. Zu diesem Zweck muss sich jedes Vorstandsmitglied einen Überblick über die Leitung der anderen Ressorts verschaffen und hat den anderen Vorstandsmitgliedern gleichfalls einen Überblick über sein eigenes Ressort zu gewähren. Jedes Vorstandsmitglied ist daher berechtigt - und unter Umständen verpflichtet -, einer Maßnahme eines Vorstandskollegen zu widersprechen. Der Gesamtvorstand hat dann darüber zu entscheiden[626].

---

[624]   Vgl. zu den Organisationsformen *Fleischer*, ZIP 2003, 1, 7f.

[625]   Dazu *Hüffer*, AktG, § 93 Rnr. 13b mit Nachweisen aus der Rechtsprechung.

[626]   Vgl. zum Ganzen *Hefermehl/Spindler* in Münchener Kommentar, AktG, § 93 Rnr. 71; *Wiesner* in Münchener Handbuch des Gesellschaftsrechts, Band 4, § 22 Rnr. 12ff. sowie ausführlich *Schneider*, FS 100 Jahre GmbH-Gesetz, 473, 481ff.

Es wird unterschiedlich beurteilt, wie intensiv die wechselseitige Kontrolle der Nachbarressorts ausfallen muss. Die überwiegende Lehre betont, dass die Anforderungen an die Überwachungspflicht der Vorstandsmitglieder nicht überspannt werden dürfen. Dazu neige jedoch die Rechtsprechung[627]. In aller Regel reiche die kontinuierliche Verfolgung der Aktivitäten und Vorkommnisse in den Sitzungen des Gesamtvorstands verbunden mit regelmäßigen Nachfragen aus[628]. Andere halten dagegen, dass sich ein Vorstandsmitglied nicht auf das Bild verlassen dürfe, das er bei solchen Sitzungen von der Tätigkeit anderer Mitglieder gewinne, zumal es oft von einem Vorstandsmitglied selbst abhänge, ob eine sein Ressort betreffende Frage in eine Sitzung des Gesamtvorstands eingebracht werde oder nicht[629]. Den Vorzug verdient eine mittlere Linie: Einerseits muss als Mindestmaß an Überwachung gelten, dass sich jedes Organmitglied über die im Gesamtvorstand erörterten Angelegenheiten ein eigenes Urteil bilden und die hierfür zugänglichen Informationsquellen ausschöpfen muss. Das schließt die Pflicht ein, darauf zu achten, dass die Berichterstattung der Vorstandskollegen keine wesentlichen Bereiche ausspart und etwaige Lücken durch Nachfragen zu schließen. Andererseits darf das Misstrauensprinzip nicht zur allgemeinen Regel erhoben werden, denn zum einen müssen die Vorstandsmitglieder auf die primäre Ressortzuständigkeit ihres Kollegen Rücksicht nehmen. Zum anderen setzt ein gedeihliches Miteinander ein Mindestmaß an Vertrauen voraus[630].

Wenn ein Vorstandsmitglied diese allgemeine Überwachungs- und Kontrollpflicht verletzt, indem es pflichtwidrig nicht gegen ein rechtswidriges Verhalten eines anderen einschreitet, kann eine Haftung nach § 93 AktG gegeben sein. Für das Verhalten anderer Vorstandsmitglieder ist es nicht haftbar, sondern nur für eigene schuldhafte Pflichtverletzungen[631]. Eine eigene Pflichtverletzung kann sich indes bereits aus der Geschäftsverteilung selbst ergeben. Werden durch die Geschäftsverteilung beispielsweise Aufgaben aus der Hand geben, die zwingend dem Gesamtvorstand zugewiesen sind, liegt eine eigene Pflichtverletzung aller Vorstandsmitglieder vor. Daneben ist den Vorstandsmitgliedern versagt,

---

[627]   So *Happ* in Happ, Aktienrecht, 8.01 Rnr. 5; *Schneider*, FS 100 Jahre GmbH-Gesetz, 473, 481ff.

[628]   Vgl. *Landwehrmann* in Anwaltkommentar Aktienrecht, § 93 Rnr. 80; *Schneider*, FS 100 Jahre GmbH-Gesetz, 473, 482f.

[629]   So *Mertens* in Kölner Kommentar zum AktG, § 93 Rnr. 54 sowie *Hüffer*, AktG, § 93 Rnr. 13b m.w.N.

[630]   So *Fleischer*, NZG 2003, 449, 455; vgl. auch *Götz*, AG 1995, 337, 339.

[631]   Vgl. *Hopt* in Großkommentar, AktG, § 93 Rnr. 257; *Wiesner* in Münchener Handbuch des Gesellschaftsrechts, Band 4, § 26 Rnr. 8.

sich zu ihrer Entlastung auf eine formlose Aufgabenverteilung innerhalb des Vorstands zu berufen, in deren Rahmen die Grenzen der Zuständigkeiten nicht eindeutig schriftlich bestimmt sind. Eine solche rein faktische Geschäftsverteilung hat keinen Einfluss auf die Verantwortung der einzelnen Vorstandsmitglieder für das Gesamtunternehmen. Ein persönliches Fehlverhalten kann auch darin begründet sein, dass die Vorstandsmitglieder bei der Aufgabenverteilung innerhalb des Vorstands nicht die gehörige Auswahlsorgfalt haben walten lassen und das zuständige Vorstandsmitglied erkennbar nicht die erforderlichen Voraussetzungen besitzt, um die zugewiesenen Aufgaben zu erfüllen[632].

(2) Aufsichtspflicht bei der Delegation

Neben der vorstandsinternen Zuordnung bestimmter Aufgaben im Rahmen der Geschäftsverteilung, kann der Vorstand die große Mehrzahl der Aufgaben an nachgeordnete Mitarbeiter delegieren oder die Verantwortlichkeit für bestimmte Aufgaben auch an außenstehende Dritte (Rechtsanwälte, Steuerberater, Ingenieure etc.) übertragen.

Eine innerbetriebliche Delegation lässt die Leitungsverantwortung des delegierenden Vorstandsmitglieds nicht entfallen, sondern gibt ihr nur einen anderen Inhalt: Der Delegierende muss bei der Auswahl, Einweisung und Überwachung die erforderliche Sorgfalt walten lassen. Er hat im Einzelnen dafür zu sorgen, dass der betreffende Mitarbeiter die erforderlichen persönlichen und fachlichen Qualifikationen besitzt und dass er klar in seine Aufgaben eingewiesen und gegebenenfalls fortgebildet wird. Es gehört auch zur Verantwortung des zuständigen Vorstandsmitglieds für eine laufende Überwachung zu sorgen. Die Überwachung braucht nicht in Person durchgeführt zu werden. Es genügt eine Überwachung der beauftragten Überwacher[633].

Auch hier sagt das Gesetz nicht, welche Überwachungs- und Aufsichtsmaßnahmen ein Vorstandsmitglied zu ergreifen hat. Fest steht, dass die Kontrolldichte höher ist, als bei der gerade erörterten vorstandsinternen Überwachung. Die Kontrolle darf außerdem nicht erst dann einsetzen, wenn Missstände entdeckt worden sind. Vielmehr ist eine laufende Überwachung erforderlich, die sich nicht in gelegentlichen Überprüfungen erschöpfen darf, sondern die stichprobenartig und überraschend er-

---

632 Vgl. *Fleischer*, NZG 2003, 449, 453; *Schneider*, FS 100 Jahre GmbH-Gesetz, 473, 483ff.

633 Vgl. *Schneider*, FS 100 Jahre GmbH-Gesetz, 473, 485ff sowie *Götz*, AG 1995, 337, 338.

folgen muss, um den Mitarbeitern vor Augen zu führen, dass Verstöße entdeckt und geahndet werden können[634].

Bei der Übertragung von Aufgaben auf einen außenstehenden Dritten kommt das zuständige Vorstandsmitglied seinen Pflichten nach, wenn es den Dritten ordnungsgemäß ausgewählt hat und regelmäßig für eine entsprechende Überwachung sorgt[635].

ee) Exkurs: Pflichtgerechtes Verhalten bei Übernahmeangeboten

Im Falle eines Übernahmeangebots unterliegt der Vorstand nach § 33 Abs. 1 WpÜG[636] einer Neutralitätspflicht. Im Grundsatz soll der Vorstand einer Zielgesellschaft während eines öffentlichen Angebots zum Erwerb ihrer Aktien keine potenziell erfolgsverhindernden Maßnahmen treffen. Er darf weder in die Aktionärsstruktur eingreifen noch die Chance der Aktionäre, das Angebot anzunehmen, vereiteln. Die Neutralitätspflicht resultiert aus der Überlegung, dass das Management in einer Übernahmesituation wegen befürchteter persönlicher Konsequenzen (Verlust des Arbeitsplatzes) versucht sein könnte, eigene Interessen vor die Interessen der Gesellschaft zu stellen. Auch in der Übernahmesituation bleiben die Organe der Gesellschaft allein dem Unternehmensinteresse verpflichtet. Der Vorstand und der Aufsichtsrat müssen sogar nach § 27 WpÜG zu dem Übernahmeangebot Stellung nehmen. Nur so lässt sich der nahe liegenden Gefahr begegnen, dass die bietende Gesellschaft die Aktionäre der Zielgesellschaft einseitig informiert. Die Neutralitätspflicht darf also nicht als Untätigkeitsgebot missverstanden werden.

Detailregelungen führen jedoch zu einer Verwässerung des Grundsatzes von der Neutralität im Übernahmeverfahren. Zunächst darf der Vorstand Maßnahmen ergreifen, die auch ein ordentlicher und gewissenhafter Geschäftsleiter einer Gesellschaft, die nicht von einem Übernahmeangebot betroffen ist, vorgenommen hätte, § 33 Abs. 1 S. 2, 1. Alt. WpÜG. Der Kreis der zulässigen Maßnahmen ist vom Gesetzgeber bewusst nicht auf Maßnahmen des gewöhnlichen Geschäftsbetriebs beschränkt worden. Auch außergewöhnliche Geschäfte, z.B. weitreichende Unternehmenskäufe und Unternehmensverkäufe oder die Ausnutzung

---

634 Vgl. dazu ausführlich sowie allgemein zur Delegation: *Fleischer*, AG 2003, 291, 292ff.

635 So *Schneider*, FS 100 Jahre GmbH-Gesetz, 473, 489. Ähnlich *Hefermehl/Spindler* in Münchener Kommentar, AktG, § 76 Rnr. 18.

636 Gesetz zur Regelung von öffentlichen Angeboten zum Erwerb von Wertpapieren und von Unternehmensübernahmen (Wertpapiererwerbs- und Übernahmegesetz) vom 20.12.2001, BGBl. I 2001, 3822ff. Das WpÜG ist am 01.01.2002 in Kraft getreten.

eines genehmigten Kapitals sind zulässig, wenn auch ein ordentlicher und gewissenhafter Geschäftsleiter einer nicht von einem Übernahmeangebot betroffenen Gesellschaft sie vorgenommen hätte. Gemäß § 33 Abs. 1 S. 2, 2. Alt. WpÜG darf der Vorstand auch aktiv nach einem konkurrierenden Bieter suchen (so genannter „White Knight"). Außerdem sind Abwehrmaßnahmen ohne weiteres zulässig, wenn der Vorstand durch einen zustimmenden Beschluss des Aufsichtsrats legitimiert ist, § 33 Abs. 1 S. 2, 3. Alt. WpÜG. Hierbei wird den Organen ein sehr breiter Ermessensspielraum eingeräumt. Daneben können Abwehrmaßnahmen auch formell von der Hauptversammlung gestattet werden. Die Ermächtigung hierzu kann auch im Wege eines Vorratsbeschlusses erfolgen[637]. Der Kodex regt jedoch keinen Vorratsbeschluss an, sondern die Einberufung einer außerordentlichen Hauptversammlung, um über das konkrete Übernahmeangebot beraten und beschließen zu können[638].

d) Pflichten des Vorstands der Konzernobergesellschaft

Ist die Gesellschaft Konzernobergesellschaft, so ist umstritten, ob der Vorstand seine Leitungsbefugnis nach § 76 Abs. 1 AktG auf die Konzernunternehmen ausdehnen muss[639]. Nach vorzugswürdiger und auch herrschender Meinung, trifft den Vorstand der herrschenden Aktiengesellschaft lediglich die Pflicht auf das abhängige Unternehmen so einzuwirken, dass der wirtschaftliche Erfolg des herrschenden Unternehmens nicht gefährdet wird und sein Einwirken der Gesamtstrategie des Konzerns im Sinne einer Konzernkoordinierung und Überwachung dient. Bei der Konzernkoordinierung handelt es sich um eine Pflicht, die der Vorstand gegenüber seiner Aktiengesellschaft hat. So ist der Vorstand der Obergesellschaft verpflichtet, Mehrheitsbeteiligungen an Töchtern zu betreuen, denn solche Mehrheitsbeteiligungen gehören zu dem vom Vorstand zu betreuenden Gesellschaftsvermögen. Diese Konzernkoordinierungspflicht ist keine Konzernleitungspflicht[640]. Oft kann

---

[637] Vgl. zum Ganzen *Buchta*, DStR 2003, 740, 743; *Hopt*, FS Lutter, 1361, 1379ff. sowie 1390ff. (zur Rechtslage vor dem WpÜG); *Landwehrmann* in Anwaltkommentar Aktienrecht, § 93 Rnr. 38; *Semler* in Münchener Kommentar, AktG, § 161 Rnr. 342ff. Aufgrund der vielen Ausnahmen hält *Hüffer* (AktG, § 93 Rnr. 15f) die Neutralitätspflicht für gescheitert.

[638] Vgl. Kodex-Ziffer 3.7.

[639] Dafür *Hommelhoff*, Die Konzernleitungspflicht, 43-79, 165-191; *Wiesner* in Münchener Handbuch des Gesellschaftsrechts, Band 4, § 19 Rnr. 12 m.w.N. Dagegen *Hüffer*, AktG, § 76 Rnr. 17f.; *Kort* in Großkommentar, AktG, § 76 Rnr. 139; *Mertens* in Kölner Kommentar zum AktG, § 76 Rnr. 55.

[640] Ausführlich *Kort* in Großkommentar, AktG, § 76 Rnr. 139f.; vgl. auch *Mertens* in Kölner Kommentar zum AktG, § 76 Rnr. 54.

es sinnvoll oder sogar geboten sein, die Tochter weitgehend selbständig wirtschaften zu lassen. Allerdings darf ein völlig unkontrolliertes Handeln nicht zugelassen werden[641].

Eine Konzernleitungspflicht ist abzulehnen, insbesondere weil nur so die Eigenverantwortung des Vorstands der abhängigen Gesellschaft grundsätzlich erhalten bleibt und der Konzern kein einheitliches Unternehmen ist[642].

III. Ergebnis

Zusammenfassend gilt, dass sich jedes Vorstandsmitglied im Rahmen der Rechtsordnung und der Satzung halten muss, es muss vor allem die innergesellschaftliche Kompetenzordnung wahren und den Grundsatz der gleichen Behandlung aller Aktionäre beachten, es darf bei seinem Handeln nicht eigennützig vorgehen, sondern sich allein an dem Wohl des Unternehmens und folglich seiner Aktionäre, Arbeitnehmer, Gläubiger, Kunden und der Öffentlichkeit orientieren, es hat sich in der konkreten Entscheidungssituation – das schließt die Berücksichtigung besonderen Zeitdrucks im Einzelfall ein – angemessen zu informieren und auf dieser Grundlage die Vor- und Nachteile der verschiedenen Handlungsoptionen sorgfältig abzuschätzen und den erkennbaren Risiken Rechnung zu tragen[643].

IV. Anwendung auf den festgestellten Sachverhalt

Die abstrakt dargestellte allgemeine Pflichtenlage des Vorstands soll im Folgenden mit dem festgestellten Sachverhalt verglichen und auf Pflichtverstöße untersucht werden. Interessant sind dabei vor allem das Verhalten des Vorstands der Hypo-Bank im Zusammenhang mit der Aufstellung des Jahresabschlusses 1997 sowie die Organisation des Rechnungswesens bei der ehemaligen Hypo-Bank.

Anzumerken ist, dass 1997/1998 vom Vorstand einer Aktiengesellschaft teilweise andere gesetzliche Bestimmungen zu beachten waren, als dies heute der Fall ist. Beispielsweise waren weder das KonTraG oder das TransPuG in Kraft getreten noch war eine Erklärung zum Kodex abzugeben.

---

[641] So *Hopt* in Großkommentar, AktG, § 93 Rnr. 114.

[642] Vgl. *Hüffer*, AktG, § 76 Rnr. 17.

[643] Vgl. *Goette*, FS 50 Jahre Bundesgerichtshof, 123, 140f., der allerdings von einer Pflicht zur umfassenden Information ausgeht.

1. Der Jahresabschluss der Hypo-Bank 1997

Um zu klären, ob und gegebenenfalls gegen welche 1997/1998 zu beachtenden Pflichten der Gesamtvorstand der ehemaligen Hypo-Bank
oder einzelne Vorstandsmitglieder verstoßen haben, sollen zunächst Inhalt und Zustandekommen des Jahresabschlusses der Hypo-Bank für
das Jahr 1997 detailliert betrachtet werden.

Die Sonderprüfer der BDO kommen zu dem Ergebnis, dass der Jahresabschluss der Hypo-Bank wegen Überbewertung gemäß § 256 Abs. 5
AktG nichtig ist. Begründet wird dies damit, dass die Risikovorsorge der
Hypo-Bank zum 31.12.1997 unterdotiert gewesen sei, und zwar um
3.629 Mio. DM. Dabei bildet im vorliegenden Fall „Risikovorsorge" den
Oberbegriff für Wertberichtigungen und Rückstellungen. Die Nichtigkeit
ergebe sich daraus, dass die festgestellte Überbewertung den Jahres-
bzw. den Konzernjahresüberschuss 1997 (650 Mio. bzw. 807 Mio. DM)
um ein Mehrfaches übersteige. Des Weiteren mache sie ein Drittel des
bilanziellen Eigenkapitals der AG (9.380 Mio. DM) bzw. des Konzerns
der Hypo-Bank (9.711 Mio. DM) zum 31.12.1997 aus[644].

Da die zur Nichtigkeit führende Überbewertung aufgrund der Unterdotierung der Risikovorsorge im Immobilienbereich festgestellt wurde,
steht die Risikovorsorge der Hypo-Bank im Jahresabschluss 1997 im
Mittelpunkt der folgenden Erörterungen.

Zur Beurteilung der Angemessenheit der von der Hypo-Bank 1997 getroffenen Risikovorsorge, haben die Sonderprüfer folgende Bereiche genau untersucht: Joint Venture-Finanzierungen, Rettungserwerbe, einen
Leasingfonds, Kreditgeschäfte mit Bauträger/Developer, Vermitteltes
Immobilienkreditgeschäft, Mietgarantien und außerplanmäßige Abschreibungen auf eigene Immobilien.

a) Joint Ventures

Die Joint Venture-Engagements wurden von der Hypo-Bank in den Jahren 1989 bis 1993 eingegangen. Die Tochtergesellschaften der Hypo-
Bank, die Hypo-Tecta und die Hypo-Real, betrieben die Projektentwicklung auf eigene Rechnung mit und ohne Dritte. Dabei bestanden die
Aufgaben der Hypo-Bank in der Beschaffung der Finanzierung sowie
dem Controlling. Die Joint Venture-Partner waren zuständig für Bau-
rechtschaffung, Entwicklung und Vermarktung der Objekte. Nach Ansicht der Sonderprüfer ist für diese Finanzierungen charakteristisch, dass
die Hypo-Bank bzw. jetzt die Hypovereinsbank neben dem Kreditrisiko
faktisch auch das unternehmerische Risiko der Projektentwicklung trägt,

---

[644]   Vgl. Sonderprüfungsbericht der BDO S. 15, 60f., 132.

da die Rückführung der Kredite fast ausschließlich aus den Erlösen der betreffenden Objekte erfolgen muss, weil viele wirtschaftlich schwache Partner ausgefallen sind. Dies gilt auch für den von den Sonderprüfern untersuchten Leasingfonds[645].

In der Regel wird die Werthaltigkeit der den Joint Ventures aber auch anderen Engagements im Immobilienbereich zugrunde liegenden Kreditforderungen danach beurteilt, ob der Kreditnehmer in der Lage ist, die Zinsen und die vertragsgemäßen Rückführungen des Kredites zu bedienen. Bei der kreditfinanzierten Entwicklung von Immobilien können während der Entwicklungsphase Zahlungen von Zinsen oder Tilgungen zwangsläufig nicht erfolgen. Daher muss die Werthaltigkeit solcher Kredite danach beurteilt werden, ob nach erfolgreicher Entwicklung der Immobilie durch Verkaufserlöse oder Mieterträge der Kredit einschließlich der bis dahin aufgelaufenen Zinsen zurückgezahlt werden kann. Entscheidend ist dabei nach dem Grundsatz der Einzelbewertung die Erfassung der den Kreditforderungen individuell anhaftenden Risiken, worunter alle Umstände fallen, die den Forderungseingang zweifelhaft erscheinen lassen. Bei der Schätzung des Ausfallrisikos sind bestehende und verwertbare Sicherheiten und etwaige Rückgriffsmöglichkeiten zu berücksichtigen. Deren werthaltiger Bestand stellt zwangsläufig die Untergrenze für den beizulegenden Wert eines durch beeinträchtigte Bonität des Kreditnehmers ausfallgefährdeten Kreditengagements dar[646].

Für die Bilanzierung hat dies folgende Auswirkungen: Forderungen von Kreditinstituten als üblicherweise aus der bankgeschäftlichen Betätigung herrührender Posten zählen gemäß § 340e Abs. 1 S. 2 HGB regelmäßig zum Umlaufvermögen. Auch bei längerfristigen Laufzeiten sind sie nicht dem Anlagevermögen zuzuordnen, da sie nicht dazu bestimmt sind, dem Geschäftsbetrieb dauernd zu dienen[647]. Als Bestandteil des Umlaufvermögens unterliegen die Wertansätze von Forderungen dem strengen Niederstwertprinzip gemäß § 253 Abs. 3 HGB. Danach müssen Wertminderungen bei Gegenständen des Umlaufvermögens durch entsprechende Verminderung der Buchwerte (außerplanmäßige Abschreibung) zwingend berücksichtigt werden[648]. Ausgangswert für Forderungen aus Kreditgewährung ist in der Regel der Auszahlungsbetrag, da dieser Betrag im Wesentlichen den bei der Darlehensvergabe getätigten

---

645 Vgl. Sonderprüfungsbericht der BDO S. 9f. sowie 44.

646 So Sonderprüfungsbericht der BDO S. 14ff.; vgl. auch Stellungnahme BFA 1/1978 IV. b) sowie jetzt IDW PS 522 Tz. 30.

647 Vgl. *Böcking/Oldenburger* in Münchener Kommentar, HGB, § 340e Rnr. 10.

648 Vgl. *Coenenberg*, Jahresabschluss und Jahresabschlussanalyse, 112.

Aufwendungen und somit den Anschaffungskosten nach §§ 253 Abs. 1 S. 1, 255 Abs. 1 S. 1 HGB entspricht[649]. Eine eventuell erforderliche Wertkorrektur erfolgt im Wege der Abschreibung durch Bildung einer Einzelwertberichtigung[650]. Dabei ist die Wertberichtigung in der Höhe zu bilden, die sich aus der Differenz zwischen dem Auszahlungsbetrag und dem niedrigeren Wert zum 31.12.1997 ergibt. Der niedrigere Wert richtet sich in erster Linie nach dem Wert, der aus dem Börsen- oder Marktpreis folgt. Ist der Börsen- oder Marktpreis nicht festzustellen, so ist gemäß § 253 Abs. 3 S. 2 HGB ersatzweise auf den beizulegenden Wert abzustellen. Dies ist bei Forderungen meist der Fall[651]. Wie gerade erwähnt, stellt der Wert der den Kreditforderungen als Sicherheit dienenden Immobilie die Untergrenze für diesen beizulegenden Wert dar. Die Summe aller Einzelwertberichtigungen bildet dann einen Teil der Risikovorsorge.

Bei der Bewertung der Sicherheiten wird danach differenziert, ob es sich dabei um Renditeobjekte handelt (z.B. Mietwohn- und Geschäftsgrundstücke sowie Managementobjekte wie z.B. Hotels) oder um Eigentumswohnungen, Reihenhäuser oder Bauland für Einfamilienhäuser. Je nach Art der Sicherheit werden unterschiedliche Bewertungsverfahren zugrunde gelegt[652].

Beim Großteil der Joint Ventures ist zur Ermittlung der Sicherheitenwerte nach Ansicht der Sonderprüfer nach dem Ertragswertverfahren vorzugehen. Der Ertragswert einer Immobilie setzt sich grundsätzlich aus dem Bodenwert und dem Wert der baulichen Anlage zusammen. Dabei ist vom Reinertrag der Immobilie auszugehen. Der Reinertrag ergibt sich aus dem Rohertrag abzüglich der Bewirtschaftungskosten. Der Rohertrag umfasst alle bei ordnungsgemäßer Bewirtschaftung und zulässiger Nutzung nachhaltig erzielbaren Einnahmen aus der Immobilie, insbesondere Mieten und Pachten einschließlich Vergütungen. Der Ertragswert ergibt sich schließlich durch Kapitalisierung des Reinertrags als Barwert einer endlichen (oder ewigen) Rente, bestehend aus den über

---

[649] Vgl. *Wagener* in Wirtschaftsprüfer-Handbuch, Band I, Rnr. J 209 sowie *Bökking/Oldenburger* in Münchener Kommentar, HGB, § 340e Rnr. 17f.: Die Anschaffungskosten stimmen nicht zwangsläufig mit dem Nennbetrag bzw. Nominalwert der Forderungen überein. Durch § 340e Abs. 2 HGB wird den Instituten das Wahlrecht eingeräumt, Hypothekendarlehen und andere Forderungen mit den Anschaffungskosten gemäß § 253 Abs. 1 S. 1 HGB oder mit dem hiervon abweichenden Nennbetrag anzusetzen, falls der Unterschiedsbetrag Zinscharakter hat.

[650] Vgl. Sonderprüfungsbericht der BDO S. 15; genauer: *Wagener* in Wirtschaftsprüfer-Handbuch, Band I, Rnr. J 212.

[651] Vgl. *Ballwieser* in Münchener Kommentar, HGB, § 253 Rnr. 56, 60, 63.

[652] Vgl. Sonderprüfungsbericht der BDO S. 21f.

die Restnutzungsdauer der Immobilie „fließenden Erträgen"[653]. Die wesentlichen Parameter, die einen Einfluss auf die Höhe des Ertragswerts einer Immobilie haben, umfassen die realisierbaren Mieten, die Bewirtschaftungskosten und den Kapitalisierungszinssatz. Die Miete bzw. Pacht nimmt innerhalb der Bewertungselemente eine zentrale Stellung ein. Zur Beurteilung des Mietansatzes zum 31.12.1997 haben die Sonderprüfer die Entwicklung der Monatsmieten je Quadratmeter für Büroflächen sowie Gewerbeflächen der Jahre 1993 bis 1998 untersucht und festgestellt, dass der Verfall der Mietpreise nicht nur vorübergehend war und dass dieser Preisverfall unzweifelhaft vor dem 31.12.1997 erkennbar war. Tatsächlich wurden aber bei der Ertragswertermittlung der Hypo-Bank zum 31.12.1997 Mieten zugrunde gelegt, die mit unzureichenden Anpassungen an die Marktgegebenheiten aus der Ursprungs-Objektkalkulation der Jahre 1990 bis 1994 abgeleitet wurden und die zum Bilanzierungszeitpunkt zwischen 20 und knapp 50 Prozent über den erkennbaren Marktmieten lagen[654].

Die vom Rohertrag abzuziehenden Bewirtschaftungskosten sind die Kosten, die zur ordentlichen Bewirtschaftung des Gebäudes oder der Wirtschaftseinheit laufend erforderlich sind und vom Eigentümer getragen werden und deshalb für die Verzinsung des eingesetzten Kapitals nicht zur Verfügung stehen. Von Bedeutung sind nur die den Eigentümer oder Vermieter betreffenden, nicht umlagefähigen Bewirtschaftungskosten, d.h. die Verwaltungskosten, die Instandhaltungskosten und das Mietausfallwagnis[655]. Die Bewirtschaftungskosten können mit Hilfe von Durchschnittssätzen – bezogen auf die Nettokaltmiete – ermittelt werden. Vertretbar wäre hier nach Ansicht der Sonderprüfer ein Abzug von 8 bis 15 Prozent vom Rohertrag gewesen. Im Jahresabschluss zum 31.12.1997 hat die Hypo-Bank von den Roherträgen aber gar keine Bewirtschaftungskosten abgesetzt, so dass die Ertragswerte auch wegen des Fehlens des Parameters „Bewirtschaftungskosten" überhöht angesetzt waren[656].

Die Sonderprüfer stellten aufgrund eigener Berechnungen und der Plausibilisierung der Verfahren, die von der Hypovereinsbank verwandt wurden für den Joint Venture-Bereich zum 31.12.1997 einen zusätzlichen Wertberichtigungsbedarf von 2,165 Mrd. DM fest, dabei seien nach eigenen Angaben nur solche Informationen berücksichtigt geworden, die ausweislich der Kreditakten bis einschließlich März 1998 bekannt waren

---

653 Vgl. *Bischoff*, LKV 1993, 39, 41f.; Sonderprüfungsbericht der BDO S. 21.

654 Vgl. Sonderprüfungsbericht der BDO S. 23ff.

655 Vgl. *Bischoff*, LKV 1993, 39, 42; Sonderprüfungsbericht der BDO S. 27.

656 So Sonderprüfungsbericht der BDO S. 27.

oder hätten bekannt sein müssen[657]. Dadurch hat die Hypo-Bank gegen § 253 Abs. 3 S. 2 HGB verstoßen, denn zu dieser Beurteilung hätte die Bank bei Anwendung der gebotenen Sorgfalt und Vorsicht selbst kommen können[658].

b) Rettungserwerb

Unter Rettungserwerb wird der Erwerb von Grundstücken, die zugunsten der Hypo-Bank dinglich belastet sind, im Wege des Zuschlages in der Zwangsversteigerung bzw. im freihändigen Erwerb verstanden. Obwohl es sich dabei um Immobilien handelt, sind die Bewertungsvorschriften des Umlaufvermögens dann anzuwenden, wenn diese – wie im Regelfall – mit der Absicht der Weiterveräußerung übernommen werden, auch wenn die Grundstücke im Katalog der typischen Anlagegegenstände des § 340e Abs. 1 S. 1 HGB enthalten sind[659]. Bei den neun darunter fallenden Grundstücken stellten die Sonderprüfer einen zusätzlichen Wertberichtigungsbedarf zum 31.12.1997 von 45 Mio. DM fest[660]. Die Hypo-Bank hat die Grundstücke zum 31.12.1997 nicht in der erforderlichen Höhe nach § 253 Abs. 3 HGB abgeschrieben.

c) Leasingsfonds

Bei dem von den Sonderprüfern untersuchten Leasingfonds sind die von der Hypo-Bank für das Jahr 2012 ermittelten Marktwerte nach Ansicht der BDO unrealistisch. Deshalb seien aus dem zukünftigen Objektwert keine stillen Reserven zu erwarten, sondern vielmehr müssten Rückstellungen für drohende Verluste gemäß § 249 Abs. 1 S. 1 HGB für die Unterdeckung aus Leasingraten gebildet werden, da entsprechende Haftungen eingegangen wurden, von denen sich die Hypo-Bank bzw. die Hypovereinsbank nicht mehr befreien kann. Die Rückstellungen und damit auch die Risikovorsorge zum 31.12.1997 waren bezüglich des Leasingfonds laut Sonderprüfer um 118 Mio. DM zu gering dotiert[661]. Entgegen § 249 Abs. 1 S. 1 HGB hat die Hypo-Bank zum 31.12.1997 Rückstellungen für drohende Verluste nicht gebildet.

---

[657] So Sonderprüfungsbericht der BDO S. 40ff., 58, 10. Ausführlich zur genauen Zusammensetzung des zusätzlichen Wertberichtigungsbedarfs im Joint Venture-Bereich, Sonderprüfungsbericht der BDO S. 39ff.

[658] Vgl. *Adler/Düring/Schmaltz*, § 256 AktG Rnr. 40.

[659] So *Krumnow/Sprißler/Bellavite-Hövermann/Kemmer/Steinbrücker*, Rechnungslegung der Kreditinstitute, § 340e HGB, Rnr. 17.

[660] Einzelheiten dazu im Sonderprüfungsbericht der BDO S. 44f.

[661] So Sonderprüfungsbericht der BDO S. 45.

d) Kreditgeschäfte mit Bauträger/Developer

Im Segment der Kreditgeschäfte mit Bauträger/Developer belief sich die Anzahl der Engagements zum 31.12.1997 auf rund 700. Bei 35 davon hat die Hypovereinsbank im Jahresabschluss 1998 eine zusätzliche Risikovorsorge gebildet; diese Einzelengagements wurden von den Sonderprüfern lückenlos geprüft. Dabei haben sie festgestellt, dass es sich bei sämtlichen Engagements um Sanierungs- und Abwicklungsengagements handelt, so dass für die Werthaltigkeit auf die jeweiligen Sicherheiten abzustellen ist[662].

Die Sicherheiten bestehen in diesem Geschäftsbereich sowohl aus Renditeobjekten als auch aus z.B. Eigentumswohnungen, so dass die Bewertung je nach Sicherheit nach dem Ertragswert- oder nach dem Vergleichswertverfahren erfolgen kann. Beim Vergleichswertverfahren werden die Immobilien mit Verkaufspreisen bewertet, die für vergleichbare Objekte bezahlt wurden. Voraussetzung für die Anwendung dieses Verfahrens ist, dass ausreichend viele Vergleichspreise aus zeitnahen Verkaufstransaktionen für im Wesentlichen gleichartige Immobilien feststellbar sind[663]. Um zu einem gesicherten Ergebnis zu kommen, ist es notwendig, sechs oder mehr Grundstücksverkäufe zum Vergleich zur Verfügung zu haben[664].

Die Entwicklung der Marktpreise von 1993 bis 1998 als Vergleichspreise zeigt nach den Untersuchungen der Sonderprüfer im Wesentlichen einen Verfall der Verkaufspreise. Tatsächlich wurde bei der Wertermittlung zum 31.12.1997 durch die Hypo-Bank aber mit Erlösen gerechnet, die aus der Ursprungskalkulation abgeleitet sind. Diese Erlöse sind dann laut Sonderprüfungsbericht nur teilweise und nicht in ausreichendem Maße der Wertentwicklung der Vergleichspreise (Marktpreise) bis 1997 angepasst worden[665].

Bei der Überprüfung der Sicherheitenbewertung der Hypo-Bank wurden nach den Angaben der Sonderprüfer nur solche Informationen berücksichtigt, die sich aus den Kreditakten ergaben und somit bekannt waren oder hätten bekannt sein müssen. In allen 35 Einzelengagements stellte die BDO fest, dass die Ereignisse, die 1998 in diesem Bereich zur Erhöhung der Risikovorsorge um 560 Mio. DM führten, bereits 1997 bekannt bzw. absehbar waren: Von den 35 Engagements sind 18 in 1997 von der

---

[662] Vgl. Sonderprüfungsbericht der BDO S. 12 und S. 47.

[663] Vgl. *Bischoff*, LKV 1993, 39, 42; Sonderprüfungsbericht der BDO S. 22. Das Vergleichswertverfahren ist in den §§ 13 und 14 WertV geregelt. Einzelheiten dazu, vgl. Sonderprüfungsbericht der BDO S. 30.

[664] So *Bischoff*, LKV 1993, 39, 41.

[665] So Sonderprüfungsbericht der BDO S. 32.

Innenrevision geprüft und mit entsprechend kritischen Anmerkungen in den Prüfungsberichten der Innenrevision versehen worden, so dass die Risikosituation als bekannt gelten durfte. Auch in den anderen 17 Fällen waren die Liquiditätsprobleme aus den Akten ersichtlich[666].

Aufbauend auf den Ergebnissen zu den 35 Einzelengagements haben die Sonderprüfer das dem Developer-/Bauträger-Geschäft inhärente Risiko – bezogen auf das 700 Engagements umfassende Gesamtportfolio – analysiert: Zum 31.12.1997 bestanden für die Bonitätsklassen, denen die Sanierungsfälle zugeordnet sind, Sicherheitendifferenzen in Höhe von 2,463 Mrd. DM, die nur mit 1,654 Mrd. DM wertberichtigt waren, so dass für einen Teilbetrag von 809 Mio. DM dieser ausfallgefährdeten Sanierungsfälle keine Risikovorsorge bestand, obwohl diese nicht wertberichtigte Sicherheitendifferenz von 809 Mio. DM originär von der Bank ermittelt worden war. Diese Differenz stellt den zusätzlichen Wertberichtigungsbedarf zum 31.12.1997 dar[667]. Dadurch hat die Hypo-Bank gegen § 253 Abs. 3 S. 2 HGB verstoßen.

e) Vermitteltes Immobilienkreditgeschäft

Unter dem vermittelten Immobilienkreditgeschäft verstand die Hypo-Bank die Teile des Kreditgeschäfts, die über externe Vermittler an die Hypo-Bank herangetragen wurden und nicht über Eigenakquisition der Bank zustande kamen. In dieses Geschäftsfeld fallen u.a. auch die so genannten Strukturvertriebe.

Der Bereich wurde ab 1989 vor dem Hintergrund so genannter Steuersparmodelle aufgebaut. Der Reiz dieser Modelle führte dazu, dass rund 90 Prozent der Kunden in diesem Geschäftssegment zum Zweck der Kapitalanlage Kredite aufgenommen haben. Um den steuerlichen Anreiz noch zu erhöhen, wurden für solche Kapitalanlagen seitens der Kunden entweder kein Eigenkapital oder in Ausnahmefällen bis zu 10 Prozent Eigenmittel eingesetzt. Ferner wurden die so genannten „weichen" Kosten, wie Provisionen, Disagio, übrige Vertriebskosten und übliche Erwerbsnebenkosten ebenfalls in die Kundenfinanzierung einbezogen. Dies führte dazu, dass die Finanzierungen nahezu immer den ursprünglich ermittelten Wert der Immobilie deutlich überstiegen[668].

Im Rahmen der Überprüfung der Kreditvergabe haben die Sonderprüfer festgestellt, dass die auf den einzelnen Kreditvergabekriterien basierenden Kreditvergabegrenzen zwar mehrfach von der Hypo-Bank überar-

---

666 Vgl. Sonderprüfungsbericht der BDO S. 47f.

667 So Sonderprüfungsbericht der BDO S. 49f., 59.

668 Vgl. Sonderprüfungsbericht der BDO S. 12.

beitet und dabei verschärft wurden, aber gleichwohl wurden diese Standards in signifikant hohem Umfang mit Genehmigung von Filial- und Bereichsleitern unterschritten. Im Vergleich zu anderen Kreditinstituten waren die Kreditvergabekriterien der Hypo-Bank als im Wesentlichen vertriebsorientiert anzusehen[669].

Weiterhin stellten die Sonderprüfer fest, dass die so genannten Strukturvertriebe bereits in der Vorstandsitzung Ende Juli 1996 Gegenstand der Diskussion waren. In der Sitzung beschloss der Vorstand, eine Prüfung des Geschäftsfeldes „Vermitteltes Immobilienkreditgeschäft" durch die Innenrevision anzuberaumen. Die Innenrevision wies dann auf Klumpen- und sonstige Risiken hin. Es lässt sich also festhalten, so die Sonderprüfer, dass die Problematik „Vermitteltes Immobilienkreditgeschäft" bereits 1997 und früher bekannt war.

Bei den Engagements des Geschäftsfeldes in den Bonitätsklassen 4 bis 6 handelt es sich um Sanierungs- und Abwicklungsengagements, die von den Sonderprüfern als ausfallgefährdet eingestuft werden[670]. Für die Werthaltigkeit ist folglich auf die jeweiligen Sicherheiten abzustellen, wobei sich auch hier der fehlerhafte Ansatz der Bewertungsparameter im Rahmen des Ertragswertverfahrens bzw. die unrealistischen Erlöse bei Anwendung des Vergleichswertverfahrens auf die Sicherheitenbewertung auswirken.

Nach Ansicht der Sonderprüfer ist als Ergebnis ihrer Analyse insgesamt festzuhalten, dass die Risikovorsorge unter Ansatz einer pauschal ermittelten Sicherheitendifferenz für das vermittelte Immobilienkreditgeschäft im Jahresabschluss der Hypo-Bank zum 31.12.1997 um mindestens 300 Mio. DM unterdotiert war[671]. Es liegt ein Verstoß gegen § 253 Abs. 3 S. 2 HGB vor.

f) Mietgarantien

Bei den Mietgarantien handelt es sich um Verpflichtungen mit Laufzeiten von 21 bis 30 Jahren, die im Zusammenhang mit der Platzierung von geschlossenen Immobilienfonds eingegangen wurden, um der Fondsgesellschaft einen Mietertrag zu sichern. Der Bereich wurde laut Sonderprüfungsbericht von der Innenrevision vom November 1997 bis Februar 1998 geprüft.

Trotzdem hat die Hypovereinsbank bei 13 einzelnen Verpflichtungen aus abgeschlossenen Mietgarantien 1998 zusätzliche Risikomaßnahmen

---

[669] So Sonderprüfungsbericht der BDO S. 50.

[670] Vgl. Sonderprüfungsbericht der BDO S. 51.

[671] So Sonderprüfungsbericht der BDO S. 51.

getroffen. Diese einzelnen Verpflichtungen wurden von den Sonderprüfern der BDO geprüft. Da bei der Ableitung des inhärenten Risikos für den gesamten Bestand an Mietgarantien von den Sonderprüfern festgestellt wurde, dass eine einheitliche und abschließende Datengrundlage, mittels derer der gesamte Bestand hätte analysiert werden können, nicht existent war, haben die Sonderprüfer ihre Prüfungshandlungen durch die Prüfung weiterer acht Einzelfälle ausgeweitet. Sie kommen zu dem Schluss, dass aufgrund des fehlenden Risikocontrollings im Bereich Mietgarantien das gesamte inhärente Risiko nicht abschließend beurteilt werden kann[672].

Bezüglich der untersuchten Einzelverpflichtungen führen die Sonderprüfer aus, dass die Berücksichtigung der von der Hypo-Bank zum 31.12.1997 ermittelten Risikovorsorge im Jahresabschluss derart erfolgte, dass eine Rückstellung für drohende Verluste aus dem geschlossenen Dauerschuldverhältnis gemäß § 249 Abs. 1 S. 1 HGB gebildet wurde, soweit bis zum Ende der Laufzeit des Mietgarantievertrags ein kumulierter Verlust erwartet wurde. Die Sonderprüfer haben bei ihrer Bewertung der Höhe der Drohverlustrückstellung Parameter wie die erzielbaren Mieten, Soll-Vermietungsstände, das Mietausfall- und Anschlussvermietungsrisiko u.a. herangezogen und kommen zu dem Ergebnis, dass die von der Hypo-Bank gebildete Risikovorsorge nicht angemessen war. Nach Ansicht der BDO bestand zum 31.12.1997 ein Bedarf für einen Mehrbetrag von 255 Mio. DM. Dieser zusätzliche Betrag leitet sich ausschließlich aus den Ergebnissen der Einzelprüfungen ab[673]. Die von der Hypo-Bank gebildeten Drohverlustrückstellungen erreichen nicht die notwendige Höhe; dies führt zu einem Verstoß gegen § 253 Abs. 1 S. 2 HGB.

g) Direktabschreibungen

Bei den Direktabschreibungen durch die Hypovereinsbank in 1998 handelt es sich um außerplanmäßige Abschreibungen auf den niedrigeren beizulegenden Wert von fünf selbst genutzten Immobilien der Hypo-Bank. Die Immobilien wurden turnusgemäß, d.h. gemäß § 10 Abs. 4b KWG mindestens alle drei Jahre, von Sachverständigen bewertet[674].

---

672   Vgl. Sonderprüfungsbericht der BDO S. 13, 52, 59.

673   Vgl. Sonderprüfungsbericht der BDO S. 52ff. Bezüglich der genauen Zusammensetzung des Mehrbetrags von 255 Mio. DM, vgl. Sonderprüfungsbericht der BDO S. 54f.

674   Vgl. Sonderprüfungsbericht der BDO S. 14, 56. § 10 Abs. 4b KWG verweist auf den Beleihungswert gemäß § 12 Abs. 1 und Abs. 2 HypBankG. Im Rahmen der zu seiner Ermittlung erforderlichen Sachverständigengutachten wird regelmäßig der Verkehrswert gemäß § 194 BauGB festgestellt. Dieser Verkehrswert

Die Vornahme von außerplanmäßigen Abschreibungen auf eigene Immobilien beruht auf § 253 Abs. 2 S. 3 letzter HS. HGB, da es sich bei den eigenen Immobilien um Vermögensgegenstände des Anlagevermögens handelt und von einer dauernden Wertminderung ausgegangen werden muss[675]. Die dauernde Wertminderung ergibt sich daraus, dass die Buchwerte der fünf Grundstücke sowohl absolut als auch prozentual erheblich über den durch Gutachten belegten Verkehrswerten liegen. Es handelt sich um Direktabschreibungen von insgesamt 100 Mio. DM, die sich nicht aus erst im Laufe des Jahres 1998 eingetretenen wertmindernden Faktoren ergeben. Vielmehr bestätigen nach Ansicht der Sonderprüfer vorliegende Altgutachten aus den Jahren vor 1997, dass der zur Bewertung zum 31.12.1998 von der Hypovereinsbank herangezogene, niedrigere beizulegende Wert bereits seit mehreren Jahren anzusetzen war[676]. Durch die unterlassene Vornahme der außerplanmäßigen Abschreibungen wurde gegen §§ 253 Abs. 2 S. 3 letzter HS., 340e Abs. 1 S. 3 HGB verstoßen.

2. Die Organisation des Rechnungswesen der Hypo-Bank

Pflichtverstöße auf Vorstandsebene kommen auch hinsichtlich der Organisation des Rechnungswesens in Betracht.

a) Risikocontrolling

Das Risikocontrolling stellt einen wesentlichen Teil des innerbetrieblichen Steuerungsinstrumentariums dar. Auf Gesamtbankebene der Hypo-Bank wurde das Controlling durch die Gruppe „Konzernplanung" ausgeübt. Darüber hinaus waren in den einzelnen operativen Bereichen dezentral Risikomanagementeinheiten installiert. Eine dieser Einheiten war für den Geschäftsbereich „Bau-Profi" zuständig, in dem sowohl die Joint Venture-Finanzierungen als auch Bauträger/Developer geführt wurden. Eine andere Einheit war für den Bereich „Vermitteltes Immobilienkreditgeschäft" zuständig.

Beide Geschäftsbereiche wurden nach Ansicht der Sonderprüfer im Wesentlichen volumen- und stückzahlbezogen, also vertriebsorientiert gesteuert. Die Sonderprüfer haben festgestellt, dass eine einheitliche Datenbasis, mittels derer das jeweilige Gesamtportfolio nach einzelnen Kriterien hätte analysiert werden können, nicht existent war. Folglich konnten keine kontinuierlichen Analysen zur Untersuchung von poten-

---

ist der Marktwert und damit auch der beizulegende Wert gemäß § 253 Abs. 2 HGB (dazu sogleich), vgl. Sonderprüfungsbericht der BDO S. 56.

[675] Vgl. auch § 340e Abs. 1 S. 3 HGB.

[676] Vgl. Sonderprüfungsbericht der BDO S. 56f.

tiellen Klumpenrisiken, Wanderungsbewegungen innerhalb der Bonitätsklassen im jeweiligen Portfolio, Kreditnehmer- und Objekteigen-
schaften sowie von Vertriebsstrukturen angestellt werden. Wie sich aus
den Berichten der Innenrevision ergibt, wurde in einzelnen Bereichen
ohne ausreichende Begründung eine Zurückgruppierung von Kunden
aus schlechten in gute Bonitätsklassen vorgenommen. Eine Überwa-
chungsmöglichkeit dieses manuellen Eingriffs in das bankinterne Ra-
tingsystem auf Gesamtportfoliobasis bestand nicht. Darüber hinaus
wurden in 1997 Joint Venture-Finanzierungen zwar nach und nach vom
Sanierungsmanagement übernommen und bearbeitet, aber fälschlicher-
weise nicht in den Bonitätsklassen des Sanierungsmanagements (4s bis 6)
geführt. Damit wurde der Gesamtbestand der in die Bonitätsklassen 4
bis 6 einzuordnenden Finanzierungen nicht vollständig dargestellt. Für
Vorstand und Aufsichtsrat war daher die Struktur der Bonität des Ge-
samtbestandes nicht erkennbar. Die jeweilige Bonitätseinstufung war
auch maßgeblich für die Häufigkeit und Intensität der Bearbeitung. Insgesamt ist damit nach Ansicht der Sonderprüfer das eingesetzte Con-
trolling-Instrumentarium für die Bereiche „Bau-Profi" und „Vermitteltes
Immobilienkreditgeschäft" als nicht ausreichend einzustufen[677].

Zum gleichen Ergebnis kommen die Sonderprüfer hinsichtlich des Risikocontrollings im Bereich der Mietgarantien. Eine systematische Erfassung des gesamten Bestands an abgegebenen Mietgarantien sowie eine
Ableitung der bestehenden Risiken erfolgte auf Gesamtbankebene nicht.
Eine einheitliche Datenbasis für den Bereich an bestehenden Verpflichtungen aus Mietgarantien war ebenfalls nicht existent. Vielmehr
erfolgte in den einzelnen Bereichen des Konzerns, bei denen entsprechende Verpflichtungen aus abgegebenen Mietgarantien bestehen, die
Behandlung der jeweiligen Risiken nach unterschiedlichen Kriterien[678].

Die Sonderprüfer stellten fest, dass insgesamt die Wirkungsweise des
Risikocontrollings im Wesentlichen unbefriedigend war und nicht ausreichend die den Geschäften inhärenten Risiken abdeckte. Insbesondere
fehlendes aktuelles Datenmaterial hat wesentlich dazu beigetragen, dass
Fehlentwicklungen in den geprüften Geschäftsbereichen nicht rechtzeitig
erkannt wurden[679].

Die aufgezeigten Mängel im Bereich des Risikocontrollings insgesamt
haben zwar nicht zur Folge, dass der Vorstand der ehemaligen Hypo-
Bank gegen § 91 Abs. 2 AktG verstoßen hat, denn diese Vorschrift wurde
erst durch das KonTraG 1998 in das AktG eingefügt. Zu beachten ist

---

677 Vgl. Sonderprüfungsbericht der BDO S. 33ff.
678 Vgl. Sonderprüfungsbericht der BDO S. 35.
679 So Sonderprüfungsbericht der BDO S. 57.

aber, dass § 91 Abs. 2 AktG nur den Charakter einer Verdeutlichung der sich bereits vor seiner Einfügung aus § 76 Abs. 1 AktG ergebenden allgemeinen Vorstandspflicht hat[680]. Es hat schon immer zu den Pflichten des Vorstandes gehört, Entwicklungen aufzuspüren und zu erkennen, die den Fortbestand der Gesellschaft gefährden. Er hatte von jeher die erforderlichen organisatorischen Vorkehrungen zu treffen, um existenzgefährdende Risiken möglichst frühzeitig zu erkennen[681]. § 91 Abs. 2 – und folglich auch § 76 Abs. 1 AktG – verlangen vom Vorstand ein Überwachungssystem einzurichten. Die Gesetzesbegründung zu § 91 Abs. 2 AktG nennt als Bestandteil des Überwachungssystems ein angemessenes Risikomanagement sowie eine angemessene interne Revision[682]. Eben dieses Risikomanagement als Teil des gesamten Controlling-Instrumentariums wurde von den Sonderprüfern der BDO als nicht ausreichend eingestuft, denn die Maßnahmen interner Überwachung sollen so eingerichtet sein, dass bestandsgefährdende Entwicklungen frühzeitig erkannt werden. Dabei kommt es vor allem darauf an, diese Risiken so rechtzeitig zu erfassen und die entsprechenden Informationen an die zuständigen Entscheidungsträger weiterzuleiten, dass diese in geeigneter Weise reagieren können[683]. Die erforderliche Erfassung der Risiken war aufgrund der bestehenden Manipulationsmöglichkeiten sowie der uneinheitlichen sowie lückenhaften Datenbasis nicht möglich. Der Vorstand der ehemaligen Hypo-Bank hat es versäumt, für eine ordnungsgemäße Organisation des Risikomanagementsystems zu sorgen und demnach gegen eine aus § 76 Abs. 1 AktG folgende allgemeine Leitungspflicht verstoßen.

Ein Verstoß der Hypo-Bank gegen § 25a KWG kommt dagegen nicht in Betracht. Durch § 25a KWG wurden Kreditinstitute erst mit Wirkung vom 01.01.1998 dazu verpflichtet besondere organisatorische Vorkehrungen hinsichtlich der angemessenen Steuerung sowie Überwachung und Kontrolle von Risiken zu treffen, die über die Einrichtung eines Frühwarnsystems im Sinne von § 76 Abs. 1 (bzw. § 91 Abs. 2) AktG weit hinausgehen[684].

---

680 Vgl. Begründung des RegE zum KonTraG, BT-Drucks. 13/9712, S. 15; *Lück*, DB 1998, 8, 8; *Schindler/Rabenhorst*, BB 1998, 1886, 1891 m.w.N.
681 So *Hommelhoff/Mattheus*, AG 1998, 249, 251.
682 Vgl. Begründung des RegE zum KonTraG, BT-Drucks. 13/9712, S. 15.
683 Vgl. Begründung des RegE zum KonTraG, BT-Drucks. 13/9712, S. 15; *Neumann*, BuW 2000, 853, 856.
684 Vgl. *Endres*, ZHR 163 (1999), 441, 452 sowie oben, B. II. 1. b) bb). Zwar war von der Hypo-Bank 1997 die Verlautbarung des BAKred über Mindestanforderungen an das Betreiben von Handelsgeschäften der Kreditinstitute vom 23.10.1995 zu beachten, welches die Einrichtung eines umfassenden Risi-

b) Interne Revision

Bezüglich der Organisation und der Tätigkeit der internen Revision der Hypo-Bank kommen die Sonderprüfer zu folgenden Ergebnissen: Die Konzerninnenrevision war 1997 dem Vorstandssprecher Eberhard Martini unterstellt. Zum 31.12.1997 waren nominal 101 Mitarbeiter beschäftigt, die zum Teil regional, zum Teil fachlich ausgerichteten Gruppen zugeordnet waren. Über Prüfungen wurden seitens der Mitarbeiter der Innenrevision umfangreiche Berichte erstellt, die sich in der Regel in Abschnitte über den Prüfungsumfang, eine Zusammenfassung der Prüfungsergebnisse sowie dezidierten Prüfungsfeststellungen aufgliedern. Diese Prüfungsberichte wurden sowohl den fachlich zuständigen Vorstandsmitgliedern als auch den geprüften Einheiten zeitnah zugeleitet. Die zuständigen Vorstandsmitglieder haben die Kenntnisnahme der Berichte durch ihr jeweiliges Kurzzeichen dokumentiert. Hieraus folgt laut Sonderprüfungsbericht, dass die Ergebnisse der Innenrevision, soweit sie eine Relevanz für die Bilanzierung und Bewertung hatten, im Rahmen der Aufstellung des Jahresabschlusses zu berücksichtigen waren[685].

c) Vorgehen bei der Bildung der Risikovorsorge

Bei der Bildung der Risikovorsorge im Joint Venture-Bereich hat die Hypo-Bank laut Sonderprüfungsbericht zum 31.12.1997 Rangrücktritte für ihre Forderungen hinter allen Ansprüchen Dritter in Höhe von ca. 1 Mrd. DM erklärt, um so die materielle Überschuldung mehrerer Objektgesellschaften (Joint Venture und fremde Dritte) zu vermeiden. Die gesetzlich erforderliche Angabe dieser Tatsache im Anhang zum Jahresabschluss 1997 ist aber unterblieben[686]. Die Erklärung von Rangrücktritten hinter allen Ansprüchen Dritter hat zur Folge, dass diese Forderungen im Falle der Liquidation oder der Insolvenz erst nach den Forderungen der anderen Gläubiger erfüllt werden. Dadurch entsteht für Kreditinstitute gemäß § 4 Abs. 2 RechKredV die Pflicht, diese Forderungen als

---

ko-Controlling und –Management-Systems anordnet, jedoch enthält diese Verlautbarung lediglich Mindestanforderungen an das Betreiben von Handelsgeschäften. Als Handelsgeschäfte im Sinne dieser Anforderungen gelten alle Kontrakte, die ein Geldmarktgeschäft, Wertpapiergeschäft, Devisengeschäft, Edelmetallgeschäft oder ein Geschäft in Derivaten zur Grundlage haben. Die von der BDO untersuchten Bereiche betreffen vor allem Risiken aus Kreditgeschäften und fallen somit nicht unter den Anwendungsbereich der Verlautbarung; vgl. Mindestanforderungen an das Betreiben von Handelsgeschäften der Kreditinstitute, Verlautbarung des BAK I 4 – 42 – 3/86 vom 23.10.1995, Ziffer 1, abgerufen am 15.05.2003 unter www.bakred.de/texte/verlautb/minanfhg.htm.

685   Vgl. Sonderprüfungsbericht der BDO S. 35f., 58.

686   So Sonderprüfungsbericht der BDO S. 39.

nachrangig in der Bilanz oder im Anhang auszuweisen. Die Hypo-Bank hat im Jahresabschluss 1997 unter Punkt 24. des Anhangs aber nur nachrangige Forderungen an Kunden in Höhe von 3,0 Mio. DM angegeben, statt der erforderlichen 1 Mrd. DM und somit gegen § 4 Abs. 2 RechKredV verstoßen. Diese Verpflichtung bestand gemäß § 4 Abs. 2 RechKredV a.F. bereits zum Zeitpunkt der Aufstellung des Jahresabschlusses 1997/1998[687].

Zur generellen Vorgehensweise bei der Bildung der Risikovorsorge durch die Hypo-Bank stellten die Sonderprüfer Folgendes fest: Engagements von einer Größe ab 1 Mio. DM wurden zentral bearbeitet und überwacht. Konsequenz dieser Vorgehensweise war eine vollständige Abkopplung des zuständigen Geschäftsbereichs von der Bildung einer Risikovorsorge. Den operativen Einheiten war nach Auskunft der von den Sonderprüfern befragten Mitarbeiter nicht bekannt, in welcher Höhe für einen eigenen Kunden eine Risikovorsorge vorgenommen wurde. Da dadurch die Risikovorsorge in der Ergebniskalkulation nicht belastend berücksichtigt werden konnte, führte dies zu einer sehr vertriebsorientierten Ausrichtung der Tätigkeit. Der operative Bereich wurde erst nach endgültiger Ausbuchung der Forderung, also erheblich zeitverzögert, mit dem Ausfall belastet und folglich zunächst nicht berührt[688].

Die Risikovorsorge für die Gesamtbank wurde in halbjährlichen Klausurtagungen auf Vorstandsebene aufgrund von Planungsrechnungen festgelegt. Nach der den Sonderprüfern erteilten Auskunft von Mitarbeitern der 1997 für die Bildung der Risikovorsorge zuständigen Abteilung, stand die Festlegung der Risikovorsorge in engem Zusammenhang mit der Ergebnissteuerung und der Dividendenpolitik. Da die Ertragskomponenten durch den Markt weitgehend vorgegeben waren, wurde die – unter Einhaltung der Nebenbedingung einer adäquaten Dividendenauszahlung – mögliche Risikovorsorge unter Einbezug möglicher Aufdeckungen von stillen Reserven festgelegt und somit als Restgröße ermittelt. Es wurde keine sich am Bedarf orientierende Risikovorsorge gebildet, wie dies von den durch die Sonderprüfer befragten Mitgliedern des Vorstandes der ehemaligen Hypo-Bank betont wurde, sondern es erfolgte eine Umkehrung der Vorgehensweise. Zusammenfassend stellt die BDO fest, dass die Vorgehensweise bei der Bildung der Risikovorsorge einem funktionierenden Steuerungs- und Risikomanagement nicht entsprach[689].

---

[687]   Vgl. RechKredV vom 10.02.1992, BGBl. I 1992, 203ff.

[688]   Vgl. Sonderprüfungsbericht der BDO S. 36f.

[689]   So Sonderprüfungsbericht der BDO S. 37, 58. Vgl. zum Ganzen bereits Teil 1, C. IX.

3. Nichtigkeit des Jahresabschlusses 1997

Legt man die Feststellungen der Sonderprüfer zugrunde, kann man – wie die Sonderprüfer selbst – nur zu dem Ergebnis kommen, dass der Jahresabschluss der Hypo-Bank wegen Überbewertung gemäß § 256 Abs. 5 AktG nichtig ist.

Voraussetzung nach § 256 Abs. 5 S. 2 AktG für eine Überbewertung eines Aktivpostens ist, dass er mit einem höheren Wert und für eine Überbewertung eines Passivpostens, dass er mit einem niedrigeren Wert angesetzt ist, als dies nach §§ 253 bis 256 HGB i.V.m. §§ 279 bis 283 HGB zulässig ist. Diese Verweisung umfasst wesentliche Bewertungsvorschriften, ist aber nicht abschließend[690]. Somit erfasst Abs. 5 beispielsweise auch die Missachtung von Ansatzgeboten oder -verboten der §§ 246 Abs. 1, 248, 249, 250 HGB. Diese Sichtweise wird sowohl vom Sinngehalt als auch vom Zweck des Abs. 5 getragen, weil eine Missachtung von Ansatzvorschriften zu einem in seiner Höhe fehlerhaften Posten führt[691]. Der Ausdruck „Posten" in § 256 Abs. 5 AktG ist gleichbedeutend mit den im Gliederungsschema des § 266 HGB vorgesehenen Bilanzposten, bezeichnet also nicht einen einzelnen Vermögensgegenstand. Innerhalb desselben Postens können sich Bewertungsfehler ausgleichen. Eine Kompensation zwischen verschiedenen Bilanzpositionen ist ausgeschlossen[692].

Eine Kompensation kommt hier nicht in Betracht: Die Hypo-Bank hat sowohl Posten auf der Aktivseite durch Verstöße gegen § 253 Abs. 2[693] und Abs. 3[694] HGB, als auch einen Posten auf der Passivseite durch Verstöße gegen §§ 253 Abs. 1 S. 2[695], 249 Abs. 1 S. 1[696] HGB überbewertet. Ein Ausgleich erfordert jedoch an erster Stelle das Vorliegen einer Über- und

---

[690]   So *Hüffer* in Münchener Kommentar, AktG, § 256 Rnr. 57.

[691]   *Adler/Düring/Schmaltz*, § 256 AktG Rnr. 39; so auch *Hüffer* in Münchener Kommentar, AktG, § 256 Rnr. 59.

[692]   Vgl. *Gelhausen* in Wirtschaftsprüfer-Handbuch, Band I, Rnr. U 203; vgl. auch *Adler/Düring/Schmaltz*, § 256 AktG Rnr. 41ff; *Hüffer* in Münchener Kommentar, AktG, § 256 Rnr. 58.

[693]   bezüglich der falschen Bewertung der eigenen Immobilien.

[694]   vor allem bezüglich der falschen Bewertung ihrer Forderungen.

[695]   bezüglich der zu niedrigen Drohverlustrückstellungen im Bereich Mietgarantien.

[696]   bezüglich der nicht erfolgten Rückstellung für den Leasingfonds. Dieser Verstoß gegen eine Ansatzvorschrift fällt auch unter § 256 Abs. 5 AktG, da das gänzliche Fehlen einer notwendigen Rückstellung der extremste Fall der Vernachlässigung des Risikos ist und deshalb nicht anders beurteilt werden kann als ein zu niedriger Wertansatz, so *Adler/Düring/Schmaltz*, § 256 AktG Rnr. 48.

einer Unterbewertung. Überbewertungen alleine können sich nicht gegenseitig ausgleichen.

Nach herrschender Meinung führt nicht jeder Bewertungsmangel zur Nichtigkeit des Jahresabschlusses. Erforderlich ist, dass der Mangel die Bilanzdarstellung wesentlich beeinträchtigt. Dies ist dann der Fall, wenn gegen die Bewertungsvorschriften in der Weise verstoßen wird, dass die Verstöße zur Täuschung der Gläubiger über die Vermögenslage der Aktiengesellschaft führen müssen[697]. Davon muss bei einer Unterdotierung der Risikovorsorge von 3,629 Mrd. DM ausgegangen werden. Bei Bewertungsmängeln in dieser Größenordnung und unter Berücksichtigung des Umstandes, dass die Überbewertung den Jahresüberschuss um ein Mehrfaches übersteigt sowie über ein Drittel des bilanziellen Eigenkapitals der Hypo-Bank ausmacht[698], liegt eine Täuschung der Gläubiger über die Vermögenslage vor. Ein Verstoß gegen § 256 Abs. 5 AktG ist unter Zugrundelegung des Ergebnisses des Sonderprüfungsberichts gegeben[699].

4. Pflichtverstöße des Vorstands der Hypo-Bank

Die ehemalige Hypo-Bank hat bei der Aufstellung des Jahresabschlusses 1997 in zahlreichen Fällen gegen handelsrechtliche Ansatz- und Bewertungsvorschriften verstoßen. Meist waren die falschen Wertansätze aufgrund von existierenden Kreditakten oder Altgutachten über die Bewertung von Immobilien bekannt oder hätten bekannt sein müssen. In Einzelfällen sind Engagements, deren jeweiliger Wert falsch ermittelt worden war, und sogar ganze Geschäftsfelder von der Innenrevision geprüft und mit entsprechend kritischen Anmerkungen in ihren Prüfungsberichten versehen worden (beispielsweise wies die Innenrevision bei einem Geschäftsfeld auf Klumpen- und sonstige Risiken hin). Die Berichte wurden den zuständigen Vorstandsmitgliedern zeitnah zugeleitet, die die Kenntnisnahme der Berichte durch ihr jeweiliges Kurzzeichen dokumentiert haben, so dass die Risikosituation 1997 als bekannt gelten

---

[697] Vgl. *Adler/Düring/Schmaltz*, § 256 AktG Rnr. 49; *Hüffer* in Münchener Kommentar, AktG, § 256 Rnr. 56; *Gelhausen* in Wirtschaftsprüfer-Handbuch, Band I, Rnr. U 204f.

[698] Vgl. Sonderprüfungsbericht der BDO S. 60f.

[699] Darüber hinaus ergibt sich die Nichtigkeit auch aus der hier ebenfalls vorliegenden Verletzung des § 4 Abs. 2 RechKredV, die durch die unvollständige Angabe der nachrangigen Forderungen im Anhang des Jahresabschlusses begangen wurde. Dies ist als wesentlicher Verstoß gegen § 256 Abs. 1 Nr. 1 AktG anzusehen; vgl. *Adler/Düring/Schmaltz*, § 256 AktG Rnr. 13.

muss[700]. Die Versäumnisse der Hypo-Bank gehen sogar so weit, dass für einen Teil der ausfallgefährdeten Sanierungsfälle keine Risikovorsorge gebildet wurde, obwohl diese zuvor von der Bank ermittelt worden war.

Fraglich ist, wer auf Vorstandsebene für die geschilderten Verstöße verantwortlich ist. Als Leitungsaufgabe kann die Sorge für eine ordnungsgemäße Aufstellung des Jahresabschlusses weder an nachgeordnete Führungsebenen delegiert noch an einzelne Vorstandsmitglieder im Wege der Geschäftsverteilung übertragen werden; die Ordnungsgemäßheit der Buchführung muss sichergestellt sein[701]. Wurde ein Vorstandsmitglied mit der Vorbereitung des Jahresabschlusses betraut, so trägt dieses die volle Handlungsverantwortung für die ihm zugewiesene Aufgabe, während die anderen Vorstandsmitglieder eine allgemeine Überwachungs- und Kontrollpflicht bezüglich des ihnen nicht zugewiesenen Bereichs trifft, die sie zum Eingreifen zwingt, wenn sich greifbare Anhaltspunkte ergeben, dass das zuständige Vorstandsmitglied die Geschäfte nicht ordnungsgemäß führt[702]. Ohne auf die meist schwierig zu beantwortende Frage einzugehen, wer im Einzelfall für welches Verhalten verantwortlich war, kann jedenfalls darauf abgestellt werden, dass die Vorstandsmitglieder, die nach der üblicherweise bestehenden Geschäftsverteilung zuständig waren, pflichtwidrig gehandelt haben, denn der Vorstand hat für die Beachtung der gesetzlichen Ansatz- und Bewertungsvorschriften zu sorgen, ohne dass ihm dabei ein unternehmerisches Handlungsermessen zusteht. Gegen diese handelsrechtlichen Vorschriften wurde aber in mehreren Fällen in schwerwiegender Art und Weise verstoßen. Die Erkennbarkeit dieser Verstöße sowohl für die zuständigen als auch die nicht zuständigen Vorstandsmitglieder aufgrund der bekannten Berichte der Innenrevision, der Kreditakten und teilweise der Diskussionen im Gesamtvorstand über die Behandlung einzelner kritischer Geschäftsfelder, führt dazu, dass die nicht zuständigen Vorstandsmitglieder ihre Überwachungspflicht gegenüber den zuständigen Vorstandsmitgliedern verletzt haben. Denn jedes Organmitglied muss sich über die im Gesamtvorstand erörterten Angelegenheiten ein eigenes Urteil bilden und die hierfür zugänglichen Informationsquellen ausschöpfen. Trotz des Vorliegens von greifbaren Anhaltspunkten, dass das zuständige Vorstandsmitglied pflichtwidrig gehandelt hat, und trotz zugänglicher Akten und Berichte haben die anderen Vorstandsmitglieder nicht interveniert.

---

[700]   Vgl. Sonderprüfungsbericht der BDO S. 58.

[701]   Vgl. *Hopt* in Großkommentar, AktG, § 93 Rnr. 107.

[702]   Ausführlich dazu oben, B. II. 3. c) dd) (1).

Belastend wirken darüber hinaus die Angaben eines ehemaligen Geschäftsführers der Hypo-Bank-Töchter Hypo-Real und Hypo-Tecta: Im Herbst 1997 wurde der Wertberichtigungsbedarf der Engagements im Joint Venture-Bereich neu erörtert. Der neu eingetretene Geschäftsführer kam bei der Überprüfung zu der Erkenntnis, dass die den Projektkalkulationen zugrunde gelegten Bewertungsannahmen weitgehend unrealistisch waren. Das Ergebnis seiner Neubewertung, die eine Unterdeckung von 2,134 Mrd. DM der ihm übertragenen 2/3 aller Joint Ventures ergab, fasste er zusammen. Nach Aussage des Geschäftsführers, stellte er sein Ergebnis dem Verwaltungsrat der Hypo-Real und Hypo-Tecta am 26.09.1997 vor. Mitglieder des Verwaltungsrats waren die Vorstandsmitglieder der Hypo-Bank Münstermann, Heiss, Fey und Huber[703]. Aus dem Protokoll über die Sitzung des Vorstandes der Hypo-Bank am 25./26.11.1997 ist ersichtlich, dass Münstermann eine Risikovorsorge für das allgemeine Geschäft von 1,520 Mrd. DM und eine weitere Kreditrisikovorsorge von 2,117 Mrd. DM allerdings für die Engagements im gesamten Joint Venture-Bereich sowie im Bauträger- und Developer-Bereich ansprach. Trotzdem hat die Hypo-Bank in 1997 für den Joint Venture-Bereich lediglich eine Risikovorsorge in Höhe von 860 Mio. DM getroffen[704] und dies obwohl Berechnungen existierten, die für nur 2/3 der Joint Ventures bereits eine Unterdeckung von 2,134 Mrd. DM auswiesen.

Aus den als zutreffend unterstellten Angaben des Geschäftsführers sowie aus dem Protokoll der Vorstandssitzung ergibt sich, dass dieses Verhalten einen Pflichtverstoß der Vorstandsmitglieder der Hypo-Bank Münstermann, Heiss, Fey und Huber begründet, da diese als Mitglieder des Verwaltungsrats der Hypo-Real und Hypo-Tecta von der Notwendigkeit der höheren Risikovorsorgebeträge wussten und nicht für eine entsprechende Berücksichtigung im Jahresabschluss 1997 sorgten. Aber auch die anderen Vorstandsmitglieder wussten aufgrund des Berichts von Münstermann in der Vorstandssitzung Bescheid, weshalb die Sonderprüfer folgerichtig zu dem Ergebnis kommen, dass der Gang der Erörterung der Risikovorsorge Anlass zu der Annahme gibt, der Vorstand der Hypo-Bank hätte einen höheren Wertberichtigungsbedarf erkennen können[705]. Es liegt folglich ein Pflichtverstoß aller Vorstandsmitglieder vor.

Die Hypo-Bank hat für das Geschäftsjahr 1997 an die Aktionäre eine Dividende von 1,45 DM je 5,- DM-Aktie ausbezahlt. Insgesamt wurde der

---

[703] So Sonderprüfungsbericht der BDO S. 63f.

[704] Vgl. Sonderprüfungsbericht der BDO S. 69.

[705] So Sonderprüfungsbericht der BDO S. 74.

Bilanzgewinn 1997 in Höhe von rund 385 Mio. DM ausgeschüttet[706]. Durch diese Ausschüttung könnte der Vorstand der Hypo-Bank gegen § 57 Abs. 3 AktG verstoßen haben, da unter die Aktionäre nur ein Bilanzgewinn verteilt werden darf. Die Tatsache, dass eine Risikovorsorge im Jahresabschluss 1997 gebildet hätte werden müssen, die den ausgeschütteten Bilanzgewinn weit übersteigt, lässt jedoch nicht zwingend auf einen solchen Verstoß schließen. Denn auch bei Bildung einer angemessenen Risikovorsorge, hätte der Vorstand der Hypo-Bank einen Bilanzverlust durch Hebung der in ausreichender Höhe vorhandenen stillen Reserven[707] abwenden und so einen Bilanzverlust vermeiden können[708].

Diese Feststellungen gelten auch für frühere Jahresabschlüsse der Hypo-Bank, da die von den Sonderprüfern erkannten Fehler bei der Bildung der Risikovorsorge nicht erstmals im Jahresabschluss 1997 gemacht wurden, sondern es sich teilweise um ein langjährig praktiziertes Vorgehen handelte. Ab wann genau fehlerhaft vorgegangen wurde, ist nicht ersichtlich. Jedenfalls haben laut Staatsanwaltschaft die Vorstände der Hypo-Bank bereits im Jahresabschluss 1994 „die Ertragslage der Bank zu günstig dargestellt und bilanzpolitisch motivierte Sondermaßnahmen nicht offen gelegt"[709]. Ein Verstoß gegen § 57 Abs. 3 AktG kann folglich trotz einer gewissen Wahrscheinlichkeit nicht zweifelsfrei festgestellt werden.

Die Tatsache, dass ein sehr großer Teil des höheren Wertberichtigungsbedarfs auf die Hypo-Bank-Töchter Hypo-Real und Hypo-Tecta entfällt, wirft die Frage auf, ob der Vorstand der Hypo-Bank gegen seine Kon-

---

[706]   Vgl. Vorschlag des Vorstands für die Verwendung des Bilanzgewinns, Jahresabschluss der Hypo-Bank 1997, abgedruckt als Teil 2 im gemeinsamen Verschmelzungsbericht der Vereinsbank und der Hypo-Bank S. 123; FAZ vom 01.04.1998 S. 22.

[707]   Dies ergibt sich daraus, dass die Hypovereinsbank auf diese Weise im Oktober 1998 dann auch die Sonderrisikovorsorge gebildet hat, vgl. dazu Teil 1, C. I.

[708]   Die Hypo-Bank wies ihr Bilanzergebnis im Jahresabschluss 1997 als Bilanzgewinn aus, (vgl. Jahresabschluss der Hypo-Bank 1997, abgedruckt als Teil 2 im gemeinsamen Verschmelzungsbericht der Vereinsbank und der Hypo-Bank S. 97), und hat somit gemäß § 268 Abs. 2 S. 2 HGB die Bilanz unter Berücksichtigung der teilweisen Verwendung des Jahresergebnisses aufgestellt. Als Ergebnisverwendung gelten dabei auch Einstellungen bzw. Auflösungen von Rücklagen (u.a. stille Reserven), vgl. *Coenenberg*, Jahresabschluss und Jahresabschlussanalyse, 305. Die in der Bilanz 1997 wohl praktizierte Auflösung stiller Reserven wäre unbegrenzt zur Bildung einer angemessenen Risikovorsorge möglich gewesen, da beschränkende gesetzliche Auflösungsregeln wie bei anderen Rücklagen fehlen.

[709]   Vgl. dazu ausführlich oben, Teil 1, C. V.

zernkoordinierungspflicht verstoßen hat. Diese verlangt vom Vorstand der Obergesellschaft aber lediglich auf das abhängige Unternehmen so einzuwirken, dass der wirtschaftliche Erfolg des herrschenden Unternehmens nicht gefährdet wird und sein Einwirken der Gesamtstrategie des Konzerns im Sinne einer Konzernkoordinierung und Überwachung dient. Dazu gehört, dass der Vorstand der Obergesellschaft die konzernweite Koordination der Finanz- sowie der Investitions- und Bilanzpolitik selbst wahrzunehmen hat[710].

Versteht man die Konzernkoordinierungspflicht in diesem Sinne, so scheidet diesbezüglich ein Pflichtverstoß aus. Falsche Bewertungsannahmen im Rahmen von Projektkalkulationen wirken sich bei vermehrtem Auftreten zwar auf die Bilanz aus, aber dies hat nichts mit der Koordination der Bilanzpolitik auf Konzernebene zu tun, sondern betrifft Fehler bei der konkreten Bewertung von einzelnen Objekten[711].

Die festgestellten Mängel bei der Aufstellung des Jahresabschlusses 1997 erwecken den Verdacht, die Vorstandsmitglieder könnten auch gegen ihre Treuepflicht verstoßen haben. Eine Verletzung kommt unter dem Aspekt in Betracht, dass es dem Vorstand untersagt ist, bei der Aufstellung des Jahresabschlusses etwaige Bilanzierungs- oder Bewertungswahlrechte ausschließlich im Hinblick auf die sich aus der Bilanzierung ergebenden Tantiemenansprüche auszuüben. Obwohl bei der Treuepflicht ein besonders strenger Maßstab anzulegen ist und ein Vorstandsmitglied bereits den Eindruck zu vermeiden hat, es könnte sich durch Eigen- oder Drittinteressen bei der Entscheidungsfindung oder der Ausübung seiner Entscheidungen beeinflussen lassen, konnte der Verdacht der Treuepflichtverletzung nicht bestätigt werden, da ein zielgerichtetes Handeln des Vorstands im Hinblick auf den Erwerb von Tantiemenansprüchen nicht festgestellt werden konnte[712].

Ein Pflichtverstoß liegt demgegenüber bezüglich der Feststellung der Sonderprüfer vor, dass die Hypo-Bank über kein funktionierendes Risikomanagementsystem verfügte. Insbesondere fehlendes aktuelles Datenmaterial habe wesentlich dazu beigetragen, dass Fehlentwicklungen in den geprüften Geschäftsbereichen nicht rechtzeitig erkannt wurden[713]. Die zuständigen Vorstandsmitglieder wurden durch Berichte der Innenrevision u.a. darauf hingewiesen, dass in einzelnen Bereichen eine Zurückgruppierung von Kunden aus schlechten in gute Bonitätsklassen

---

[710] Vgl. *Mertens* in Kölner Kommentar zum AktG, § 76 Rnr. 54.

[711] Näheres zur Konzernkoordinierungspflicht oben, B. II. 3. d).

[712] Ausführlich zur Treuepflicht oben, B. II. 2. a) und b).

[713] So Sonderprüfungsbericht der BDO S. 57.

ohne ausreichende Begründung vorgenommen wurde. Die Mängel im Risikomanagementsystem waren folglich erkennbar.

Der Gesamtvorstand ist zur Gewährleistung einer rechtmäßigen und effizienten internen Organisation der Gesellschaft verpflichtet. Jedes Vorstandsmitglied muss sich vom Bestehen eines zuverlässigen Controllings und einer internen Revision überzeugen. Der Gesamtvorstand hat die erforderlichen organisatorischen Vorkehrungen zu treffen, um existenzgefährdende Risiken möglichst frühzeitig zu erkennen. Bei Mutterunternehmen im Sinne des § 290 HGB ist die Überwachungs- und Organisationspflicht sogar konzernweit zu verstehen, sofern von Tochtergesellschaften den Fortbestand der Gesellschaft gefährdende Entwicklungen ausgehen können[714]. Da das Risikomanagementsystem nicht funktionsfähig war, wurde gegen eine allgemeine Leitungspflicht nach § 76 Abs. 1 AktG verstoßen. Auch hier gilt der Grundsatz, dass bei fehlender Geschäftsverteilung innerhalb des Vorstands alle Vorstandsmitglieder für diesen erkennbaren Verstoß verantwortlich sind. Bei Vorliegen einer Geschäftsverteilung ist dagegen das zuständige Vorstandsmitglied wegen Verletzung der ihm obliegenden Pflicht verantwortlich. Daneben sind aber auch die anderen Vorstandsmitglieder wegen Verletzung ihrer Überwachungspflicht verantwortlich zu machen, falls sie trotz des Vorliegens von Anhaltspunkten für ein pflichtwidriges Verhalten des zuständigen Vorstandsmitglieds nicht eingeschritten sind. Ob den Vorstandskollegen Anhaltspunkte vorlagen, ist fraglich, denn die kritischen Berichte der Innenrevision wurden nur den zuständigen Vorstandsmitgliedern zugeleitet und nicht dem Gesamtvorstand. Der Gesamtvorstand hat aber im Wege organisatorischer Vorkehrungen dafür zu sorgen, dass ihm keine gravierenden Prüfungsergebnisse unbekannt bleiben[715]. Dies ist hier offenbar unterblieben, so dass der Gesamtvorstand gegen seine Pflicht zur Gewährleistung einer rechtmäßigen und effizienten internen Organisation der Gesellschaft verstoßen hat[716].

Ein in diesem Zusammenhang nahe liegender Verstoß gegen § 25a Abs. 1 Nr. 1 KWG kommt jedoch nicht in Betracht, da diese Vorschrift erst mit Wirkung vom 01.01.1998 in das Gesetz eingefügt wurde und folglich für die Beurteilung des festgestellten Sachverhalts keine Rolle spielt[717].

Ein weiterer Verstoß ist darin zu sehen, dass die ehemalige Hypo-Bank die Risikovorsorge nicht ordnungsgemäß am Bedarf orientiert gebildet

---

[714] Ausführlich dazu oben, B. II. 1. b. bb).
[715] Ähnlich *Götz*, AG 1995, 337, 338.
[716] Ausführlich dazu oben, B. II. 3. c) aa).
[717] Näheres dazu oben, B. II. 1. b) bb).

hat. Vielmehr wurde die Risikovorsorge für die Gesamtbank nach Auskunft von früheren Mitarbeitern in halbjährlichen Klausurtagungen auf Vorstandsebene aufgrund von Planungsrechnungen festgelegt, wobei die Risikovorsorge als Restgröße ermittelt wurde, die sich nach Abzug einer adäquaten Dividende vom Ertrag ergab.

Sollte die Auskunft der früheren Mitarbeiter zutreffen, liegt eindeutig ein Pflichtverstoß des Gesamtvorstandes vor, da die fehlerhafte Bildung der Risikovorsorge auf einem pflichtwidrigen Vorgehen des Gesamtvorstands bei dessen Klausurtagungen beruht.

Auch die Kreditentscheidungen der Hypo-Bank im Immobilienbereich könnten Grundlage für den Vorwurf einer Pflichtverletzung des Vorstands sein. Aufsichtsratsvorsitzender Viermetz führte dazu im Dezember 1999 aus, dass Ausgangspunkt der Joint Venture-Projekte sowie der Bauträger- und Developergeschäfte jeweils Entscheidungen über die Gewährung von Krediten waren, die zu einem erheblichen Teil nicht von den zuständigen Vorstandsmitgliedern allein, sondern vom Gesamtvorstand der Hypo-Bank bewilligt wurden. Es stelle sich die Frage, ob die Vorstandsmitglieder der Hypo-Bank im Zeitpunkt dieser Kreditentscheidungen die erforderliche Sorgfalt gewahrt haben oder zum Schaden der Bank Kredite in pflichtwidriger Weise bewilligt, verlängert oder erhöht haben. Um diese Frage beantworten zu können, wurde erneut die BDO beauftragt, herauszufinden, auf welcher Grundlage und mit welchen Erkenntnissen die Vorstandsmitglieder der Hypo-Bank ihre Kreditentscheidungen getroffen haben[718].

Da der Untersuchungsbericht der BDO vom Verfasser nicht eingesehen werden konnte, sind die folgenden Überlegungen mit Unsicherheiten belastet. In Betracht kommt ein Verstoß gegen die eigenverantwortliche Leitungsbefugnis bzw. -pflicht. Dabei ist zu beachten, dass es sich bei Kreditentscheidungen um unternehmerische Entscheidungen handelt, in deren Rahmen dem Vorstand grundsätzlich ein breiter unternehmerischer Ermessensspielraum einzuräumen ist. Nach den Grundsätzen der ARAG/Garmenbeck-Entscheidung des BGH liegt eine haftungsauslösende Pflichtverletzung erst vor, wenn der Vorstand ex-ante betrachtet die Bereitschaft, unternehmerische Risiken einzugehen, in unverantwortlicher Weise überspannt hat[719]. Seine Eigenverantwortlichkeit gibt dem Vorstand somit auch das Recht, Entscheidungen zu treffen, die sich im Nachhinein als falsch erweisen[720].

---

[718]   Vgl. Rede Viermetz vom 17.12.1999 S. 12.

[719]   BGHZ 135, 244, 253f. = BGH ZIP 1997, 883, 885f. („ARAG/Garmenbeck"). Ausführlich dazu oben, B. II .3. b) aa).

[720]   *Wiesner* in Münchener Handbuch des Gesellschaftsrechts, Band 4, § 19 Rnr. 20.

Trotz dieses weiten unternehmerischen Ermessensspielraums ist aber zu bedenken, dass die unternehmerische Initiative stets mit einer sorgsamen Risikoeinschätzung zu verbinden ist. Dem widerspricht es beispielsweise, Kredite ohne übliche Sicherheiten zu gewähren, denn gerade bei der Gewährung von Krediten muss der Vorstand die Interessen der Gesellschaft besonders im Auge behalten. Die Leistung erheblicher Zahlungen ohne die vereinbarten bzw. angemessenen Sicherheiten, ist grob pflichtwidrig[721]. Bei Kreditinstituten ist die Gewährleistung der sorgfältigen Prüfung der Kreditwürdigkeit der Kunden zentrale unternehmerische Vorstandspflicht[722].

Ob hier der Kreditgewährung angemessene Sicherheiten zu Grunde gelegt wurden, erscheint angesichts der überhöhten Bewertung der Sicherheiten fraglich. Dass die Vorstandsmitglieder der Hypo-Bank im Zeitpunkt der Kreditentscheidungen diese Mängel in der Sicherheitenbewertung hätten erkennen können, kann aber nicht eindeutig festgestellt werden. Jedenfalls war die sorgfältige Überprüfung der Kreditwürdigkeit der Kunden nicht gewährleistet, wie die willkürliche Zurückgruppierung von Kunden aus schlechten in gute Bonitätsklassen ohne Kontrollmöglichkeiten sowie das ungenügende Risikomanagementsystem allgemein zeigen. Der Gesamtvorstand hat dadurch gegen die Pflicht zur rechtmäßigen und effizienten internen Organisation der Gesellschaft verstoßen.

Ob die Hypo-Bank im Rahmen der Kreditentscheidungen gleichzeitig gegen § 18 a.F. KWG verstoßen hat, muss offen bleiben. Nach dieser Vorschrift hatte sich ein Kreditinstitut von den Kreditnehmern, denen Kredite von insgesamt mehr als 100.000 bzw. ab 1996 250.000 DM gewährt wurden, die wirtschaftlichen Verhältnisse, insbesondere durch Vorlage der Jahresabschlüsse, grundsätzlich offen legen zu lassen[723]. Die von § 18 KWG erforderte Prüfungspflicht der vorgelegten Unterlagen beschränkt sich dabei allein auf die Plausibilität und Freiheit von inneren Widersprüchen der Unterlagen. Keinesfalls ist darüber hinaus eine Prüfung der Richtigkeit der in den vorgelegten Unterlagen enthaltenen Daten erforderlich[724]. Es konnte nicht geklärt werden, ob die Hypo-Bank dieser Verpflichtung nachkam.

---

[721] Vgl. *Hopt* in Großkommentar, AktG, § 93 Rnr. 113 und 82.

[722] So *Mertens* in Kölner Kommentar zum AktG, § 93 Rnr. 48. Ausführlich oben, B. II. 3. c) bb).

[723] Diese Verpflichtung besteht auch nach der aktuellen Fassung des § 18 KWG, allerdings sind nun Kredite mit einer Gesamthöhe von mehr als 250.000 Euro betroffen.

[724] So *Kiethe*, WM 2003, 861, 864 m.w.N.

Einen Pflichtverstoß stellt die Falschinformation des Aufsichtsrats durch Eberhard Martini bezüglich der Bewertung von Forderungen der Hypo-Bank gegen Joint Venture-Gesellschaften dar.

Am 01.12.1997 erklärte Martini in seiner Rede vor dem Aufsichtsrat zunächst, dass das Geschäftsfeld von Development-Finanzierungen im Joint Venture-Sektor nicht mehr als aktives Geschäft betrieben werde. Insoweit sei eine Liquidationsbewertung der Forderungen der Hypo-Bank gegen die betreffenden Joint Venture-Gesellschaften gerechtfertigt[725]. Die angeblich beabsichtigte Liquidationsbewertung war nach Aussage der Sonderprüfer jedoch aus rein tatsächlichen Gründen gar nicht möglich[726]. Später erläuterte Martini vor dem Aufsichtsrat, dass die mit den Abschlussprüfern entwickelte Liquidationsbewertung nicht mehr die angewendete Bewertungsmethode sei, nachdem gerade auch bei den Abschlussprüfern inzwischen zunehmende Zweifel an einer steuerlichen Anerkennung aufgetreten seien. Die unterlassene Durchführung einer Liquidationsbewertung führe zu einem um rund 700 Mio. DM niedrigeren Risikovorsorgebetrag als noch im Dezember angesetzt. Die Sonderprüfer haben dazu festgestellt, dass das Argument der zweifelhaften steuerlichen Anerkennung falsch war. Schließlich erklärte Martini in der Aufsichtsratssitzung der Hypo-Bank vom 30.03.1998, in der gemeinsam mit dem Vorstand der Hypo-Bank der Jahresabschluss 1997 festgestellt wurde, dass das Thema Risikobewältigung mit dem vorliegenden Abschluss durch einen Kraftakt bereinigt sei[727]. Auch dies war nicht zutreffend.

Martini hat somit gegen die Pflicht verstoßen, durch Information und Beratung dafür zu sorgen, dass der Aufsichtsrat die ihm im Interesse der Gesellschaft zugewiesenen Aufgaben erfüllen kann. Jedes Vorstandsmitglied ist dem Aufsichtsrat gegenüber zu unbedingter Offenheit verpflichtet[728]. Die Fehlerhaftigkeit seiner Ausführungen hätte Martini erkennen können. Ob die anderen Vorstandsmitglieder von den falschen Aussagen Martinis bei den Aufsichtsratssitzungen wussten, ist nicht nachweisbar, aber wahrscheinlich. Zumindest aber waren sie anwesend, als Martini bei der gemeinsamen Sitzung des Aufsichtsrats und des Vorstands erklärte, dass das Thema Risikobewältigung bereinigt sei. Dass dies nicht zutraf, hätte jedem Vorstandsmitglied bekannt sein müssen. Ein Einschreiten wäre angezeigt gewesen. Da dies nicht erfolgte, haben

---

[725]   Vgl. Sonderprüfungsbericht der BDO S. 65.
[726]   Vgl. oben, Teil 1, C. IX.
[727]   Vgl. Sonderprüfungsbericht der BDO S. 66ff.
[728]   Vgl. *Hopt* in Großkommentar, AktG, § 93 Rnr. 137, 203 sowie BGHZ 20, 239, 246.

die anderen Vorstandsmitglieder gegen ihre allgemeine Überwachungspflicht verstoßen.

Die Staatsanwaltschaft kommt diesbezüglich zu einem ähnlichen Ergebnis und hat darüber hinaus festgestellt, dass fünf Ex-Vorstände der Hypo-Bank in den Abschlüssen 1994 bis 1997, auf Hauptversammlungen und Bilanzpressekonferenzen sowie gegenüber dem Aufsichtsrat die Ertragslage der Bank zu günstig dargestellt und bilanzpolitisch motivierte Sondermaßnahmen nicht offen gelegt haben. Dies stellt einen Verstoß gegen die Straftatbestände der §§ 331 Nr. 1 und 2 HGB, 400 Abs. 1 Nr. 1 AktG dar[729].

5. Ergebnis

Die ehemalige Hypo-Bank hat bei der Aufstellung des Jahresabschlusses 1997 in zahlreichen Fällen gegen handelsrechtliche Ansatz- und Bewertungsvorschriften verstoßen. Die Erkennbarkeit dieser Verstöße sowohl für die zuständigen als auch die nicht zuständigen Vorstandsmitglieder aufgrund der bekannten Berichte der Innenrevision, der Kreditakten und der Diskussionen im Gesamtvorstand über die Behandlung einzelner kritischer Geschäftsfelder, führt dazu, dass die nicht zuständigen Vorstandsmitglieder ihre Überwachungspflicht gegenüber den zuständigen Vorstandsmitgliedern verletzt haben. Es handelt sich folglich um Pflichtverstöße sämtlicher ehemaliger Vorstandsmitglieder.

Die ehemalige Hypo-Bank verfügte über kein funktionierendes Risikomanagementsystem; dies stellt nach damaliger Rechtslage einen Verstoß gegen eine allgemeine Leitungspflicht nach § 76 Abs. 1 AktG dar. Die Mängel waren für die zuständigen Vorstandsmitglieder aufgrund kritischer Berichte ohne weiteres erkennbar. Da der Gesamtvorstand im Wege organisatorischer Vorkehrungen dafür zu sorgen hat, dass ihm keine gravierenden Prüfungsergebnisse unbekannt bleiben, hat er gegen diese Pflicht verstoßen.

Die sorgfältige Überprüfung der Kreditwürdigkeit der Kunden der ehemaligen Hypo-Bank war nicht gewährleistet, wie die willkürliche Zurückgruppierung von Kunden aus schlechten in gute Bonitätsklassen ohne Kontrollmöglichkeiten sowie das ungenügende Risikomanagementsystem allgemein zeigen. Der Gesamtvorstand hat dadurch gegen die Pflicht zur rechtmäßigen und effizienten internen Organisation der Gesellschaft verstoßen.

Einen Pflichtverstoß stellt die Falschinformation des Aufsichtsrats seitens Martini bezüglich der Bewertung von Forderungen der Hypo-Bank

---

[729]   Vgl. bereits oben, Teil 1, C. V.

gegen Joint Venture-Gesellschaften dar. Die anderen Vorstandsmitglieder waren anwesend, als Martini bei der gemeinsamen Sitzung des Aufsichtsrats und des Vorstands erklärte, dass das Thema Risikobewältigung bereinigt sei. Dass dies nicht zutraf, hätte jedem Vorstandsmitglied bekannt sein müssen. Ein Einschreiten wäre angezeigt gewesen. Da dies nicht erfolgte, haben die anderen Vorstandsmitglieder gegen ihre allgemeine Überwachungspflicht verstoßen.

Die Staatsanwaltschaft hat festgestellt, dass fünf Ex-Vorstände der Hypo-Bank in den Abschlüssen 1994 bis 1997, auf Hauptversammlungen und Bilanzpressekonferenzen sowie gegenüber dem Aufsichtsrat die Ertragslage der Bank zu günstig dargestellt und bilanzpolitisch motivierte Sondermaßnahmen nicht offen gelegt haben. Dies stellt einen Verstoß gegen die Straftatbestände der §§ 331 Nr. 1 und 2 HGB, 400 Abs. 1 Nr. 1 AktG dar.

C. Vorstandspflichten im Rahmen einer Verschmelzung

Nachdem die Pflichten des Vorstands bei der Leitung der Aktiengesellschaft dargestellt wurden und festgestellt wurde, dass der Vorstand der ehemaligen Hypo-Bank gegen diverse Pflichten verstoßen hat, soll nachfolgend untersucht werden, ob die gerade dargestellten allgemeinen Pflichten im Rahmen einer Verschmelzungssituation modifiziert werden müssen und ob zusätzliche Pflichten seitens der Vorstände der beteiligten Gesellschaften zu beachten sind.

Unter Verschmelzung versteht man die Übertragung des gesamten Vermögens eines Rechtsträgers auf einen anderen, entweder schon bestehenden oder neu gegründeten Rechtsträger im Wege der Gesamtrechtsnachfolge unter Auflösung ohne Abwicklung, wobei den Anteilsinhabern des übertragenden und erlöschenden Rechtsträgers im Wege des Anteilstausches eine Beteiligung an dem übernehmenden oder neuen Rechtsträger gewährt wird[730]. Die Pflichten im Zusammenhang mit der Verschmelzung sind vor dem Hintergrund zu sehen, dass die Verwaltung in diesen Fällen Verantwortung trägt, die weit über die üblichen Anforderungen an eine ordnungsgemäße operative und strategische Unternehmensführung hinausgeht. Es handelt sich um eine Strukturänderung, die zu einer grundlegenden Reorganisation der Verfassung der betroffenen Gesellschaften und ihrer Rechtsbeziehungen zu den Aktionären und Gläubigern führt. Gleichwohl ist die Organisation und Durch-

---

[730] Vgl. *Sagasser* in Sagasser/Bula/Brünger, Umwandlungen, B Rnr. 4.

führung der Verschmelzung eine Leitungsaufgabe, die als solche dem Vorstand zugewiesen ist[731].

Zusätzliche bzw. modifizierte Pflichten können sich vor allem, aber nicht nur, aus dem Umwandlungsgesetz ergeben. Aus diesem Grund und weil die Pflicht des Vorstands die Gesetze und die Satzung der Aktiengesellschaft zu beachten sowie sich nicht treuwidrig gegenüber der Gesellschaft zu verhalten den weiten Handlungsrahmen des Vorstands bei der Leitung von vornherein begrenzen[732], sollen zunächst diese Pflichten des Vorstands betrachtet werden, bevor das Augenmerk auf die Sorgfaltspflicht des Vorstands gerichtet wird, bei deren Erfüllung ein weiter unternehmerischer Ermessensspielraum eingeräumt wird[733]. Dieser Aufbau entspricht dem bei der Darstellung der allgemeinen Leitungspflichten des Vorstands gewählten und dient der besseren Vergleichbarkeit[734].

I. Bindung an Gesetz und Satzung

Die an erster Stelle stehende grundsätzliche Entscheidung der Vorstände der beteiligten Gesellschaften, die Möglichkeit einer Verschmelzung der von ihnen vertretenen Gesellschaften zu prüfen und die Entscheidung, die Verschmelzung durchzuführen, stellen unternehmerische Entscheidungen dar, die folglich mit einem weiten Ermessensspielraum der Vorstände der beteiligten Gesellschaften versehen sind und nur anhand der vom BGH entwickelten Grundsätze zur allgemeinen Sorgfaltspflicht überprüft werden können[735]. An diese Entscheidungen schließen sich aber unmittelbar gesetzliche Pflichten an.

1. Pflichten nach dem UmwG

Es kann nicht auf sämtliche umwandlungsrechtlichen Pflichten eingegangen werden, dies würde den Rahmen der Arbeit sprengen. Die zentralen Pflichten sollen aber erörtert werden. Wichtige Elemente der Verschmelzung im Bereich der Vorstandstätigkeit bilden dabei der Ver-

---

731 So *Schnorbus*, ZHR 167 (2003), 666, 676. Gegebenenfalls sind Zustimmungserfordernisse des Aufsichtsrats zu beachten, vgl. *van Kann* in Hölters, Handbuch des Unternehmens- und Beteiligungskaufs, Teil VIII, Rz. 32.

732 Vgl. *Roth*, Unternehmerisches Ermessen und Haftung des Vorstands, 57.

733 So *Fleischer*, WM 2003, 1045, 1046.

734 Einen kurzen Überblick über oft zu bewältigende Rechtsfragen gibt *Feuring* in RWS-Forum 15, Gesellschaftsrecht 1999, 153, 157f.

735 Vgl. ausführlich oben B. II. 3. b) aa) sowie BGHZ 135, 244, 253f. = BGH ZIP 1997, 883, 885f. („ARAG/Garmenbeck").

schmelzungsvertrag, der Verschmelzungsbericht sowie die Vorbereitung des Verschmelzungsbeschlusses.

a) Mindestinhalt des Verschmelzungsvertrages

Grundlage der Verschmelzung bildet der Verschmelzungsvertrag, der von den Vorständen der an der Verschmelzung beteiligten Aktiengesellschaften in vertretungsberechtigter Anzahl geschlossen wird, § 4 UmwG[736]. Der notariell zu beurkundende Verschmelzungsvertrag wird nur wirksam, wenn die Aktionäre ihm durch Beschluss im Rahmen einer Hauptversammlung ihrer jeweiligen Aktiengesellschaft zustimmen, §§ 6, 13 UmwG.

Der Mindestinhalt des Verschmelzungsvertrages wird von § 5 Abs. 1 UmwG gesetzlich vorgegeben. Zu den wichtigsten Pflichtangaben gehört die Festlegung gemäß § 5 Abs. 1 Nr. 3 UmwG, in welchem Verhältnis jeder Aktionär der übertragenden Rechtsträger seine Aktien in solche am übernehmenden Rechtsträger eintauschen kann und welche bare Zuzahlung er gegebenenfalls erhält. Der Verschmelzungsvertrag muss diese Parameter eindeutig bestimmen. Die Erläuterung der ihrer Ermittlung zugrunde liegenden Methoden und Überlegungen ist dem Verschmelzungsbericht vorbehalten[737]. Bare Zuzahlungen dienen in erster Linie dem Zweck, durch einen Spitzenausgleich in Geld praktikable Umtauschverhältnisse zu schaffen. Bei Aktiengesellschaften dürfen die Zuzahlungen dabei gemäß § 68 Abs. 3 UmwG zehn Prozent des Nennbetrags der insgesamt gewährten Anteile des übernehmenden Rechtsträgers nicht übersteigen[738].

Bei der Verschmelzung durch Neugründung (§ 2 Nr. 2 UmwG) hat nach § 37 UmwG der Verschmelzungsvertrag zugleich die Satzung der neu gegründeten Aktiengesellschaft vollständig zu enthalten. Ferner sind die allgemeinen Gründungsvorschriften nach §§ 23 ff. AktG zu beachten und Vertretungsorgane für den neuen Rechtsträger zu bestellen[739].

---

[736] Der Verschmelzungsvertrag dürfte typischerweise auch einem satzungsmäßigen Zustimmungsvorbehalt des Aufsichtsrates nach § 111 Abs. 4 S. 2 AktG unterliegen, so *Mutschler/Mersmann*, DB 2003, 79, 79; *Sagasser/Ködderitzsch* in Sagasser/Bula/Brünger, Umwandlungen, J Rnr. 24.

[737] *Schröer* in Semler/Stengel, UmwG, § 5 Rnr. 18.

[738] Vgl. *Stratz* in Schmitt/Hörtnagl/Stratz, UmwG, § 5 Rnr. 28 sowie *Volhard* in Semler/Volhard, Arbeitshandbuch für Unternehmensübernahmen, Band 1, § 17 Rnr. 128f.

[739] So *Lutter* in Lutter, UmwG, § 5 Rnr. 71; vgl. auch *Volhard* in Semler/Volhard, Arbeitshandbuch für Unternehmensübernahmen, Band 1, § 17 Rnr. 157ff. Muster von Verschmelzungsverträgen bei: *Klumpp/Beisel* in Beisel/Klumpp, Der Unternehmenskauf, Kapitel 19 Rnr. 198ff. (Verschmelzung durch Neugrün-

Bis die Hauptversammlungen der beteiligten Aktiengesellschaften die Zustimmung zur Verschmelzung beschlossen haben, ist der Verschmelzungsvertrag schwebend unwirksam. Erst mit Zustimmung der Hauptversammlung einer der beteiligten Rechtsträger, wird der Verschmelzungsvertrag für den Vorstand dieser Gesellschaft rechtlich bindend[740]. Nach Eintritt der beiderseitigen Bindungswirkung verpflichtet der Verschmelzungsvertrag die Vertragspartner, die zur Herbeiführung des Eintritts der Verschmelzungswirkung erforderlichen Handlungen vorzunehmen. Dabei ist der Vorstand der jeweiligen Aktiengesellschaft im Innenverhältnis zu seinen Aktionären verpflichtet, die Verschmelzung durchzuführen. Im Außenverhältnis haben die beteiligten Gesellschaften gegeneinander Anspruch auf Erfüllung. Dazu gehört die Anmeldung der Verschmelzung zum Handelsregister und die Gewährung der Gegenleistung[741].

b) Der Verschmelzungsbericht

Der Verschmelzungsbericht, der von den Vorständen der beteiligten Rechtsträger auch gemeinsam erstattet werden darf[742] und von allen Vorstandsmitgliedern zu unterzeichnen ist, dient ausschließlich dem Schutz der Anteilsinhaber und ist notwendig, weil der Verschmelzungsvertrag als solcher für die an den Verhandlungen nicht beteiligten Anteilsinhaber nicht genügend Informationen enthält, er schreibt nur das Ergebnis der Verhandlungen fest. Die Anteilsinhaber der jeweiligen Rechtsträger als die eigentlichen Entscheidungs- und Vermögensträger sollen aber in die Lage versetzt werden, ihre Entscheidung über die Verschmelzung in Kenntnis aller wesentlichen Umstände treffen zu können[743]. Deshalb schreibt § 8 Abs. 1 S. 1 UmwG vor, dass der Bericht ausführlich sein muss und den Sinn und Zweck der Verschmelzung selbst darzustellen hat. Daneben sind auch die einzelnen Bestimmungen des Verschmelzungsvertrages zu erläutern. Insbesondere das Umtauschverhältnis der Anteile ist zu erklären. Alle Ausführungen im Verschmelzungsbericht müssen rechtlich und wirtschaftlich begründet werden.

---

dung); sowie *Brünger* in Sagasser/Bula/Brünger, Umwandlungen, J Rnr. 175 A (Verschmelzung durch Aufnahme).

740 Vgl. *Volhard* in Semler/Volhard, Arbeitshandbuch für Unternehmensübernahmen, Band 1, § 17 Rnr. 219.

741 Ausführlich zum Eintritt der Bindungswirkung *Volhard* in Semler/Volhard, Arbeitshandbuch für Unternehmensübernahmen, Band 1, § 17 Rnr. 243ff. m.w.N.

742 Die gemeinsame Berichterstattung ist in der Praxis börsennotierter Aktiengesellschaften die Regel, so *Gehling* in Semler/Stengel, UmwG, § 8 Rnr. 6.

743 Vgl. *Stratz* in Schmitt/Hörtnagl/Stratz, UmwG, § 8 Rnr. 4.

Begrenzt wird die Berichtspflicht gemäß § 8 Abs. 2 UmwG durch das Geheimhaltungsinteresse der beteiligten Rechtsträger, welches konkret zu begründen ist.

Eine nähere Bestimmung des Mindestinhalts des Verschmelzungsberichts hat der Gesetzgeber nicht vorgegeben. Die Offenheit der gesetzlichen Regelung erschwert die rechtssichere Anwendung und führt zu erheblichen Unsicherheiten. In der Praxis haben sich aber mittlerweile bestimmte Standards entwickelt, die als Leitfaden für die Erstellung eines Verschmelzungsberichts dienen können[744]. Da es sich hierbei um keine gesetzlichen Vorgaben handelt, sondern um eine Hilfe für den Vorstand zur sorgfaltsgerechten Ausfüllung seines aus der weiten Gesetzesformulierung resultierenden Darstellungsspielraums, soll darauf erst im Rahmen der Darstellung der Sorgfaltspflichten des Vorstands bei der Verschmelzung eingegangen werden[745].

c) Vorbereitung des Verschmelzungsbeschlusses

Durch den Verschmelzungsbeschluss stimmen die Anteilsinhaber der beteiligten Rechtsträger dem Verschmelzungsvertrag und somit letztlich der Verschmelzung zu. Aus § 4 Abs. 2 UmwG folgt, dass die Zustimmungsbeschlüsse auch vor dem Abschluss des Verschmelzungsvertrages gefasst werden können. Bei Aktiengesellschaften kann nur im Rahmen einer ordnungsgemäß einberufenen Hauptversammlung abgestimmt werden[746]. Es sind insoweit die Bestimmungen des Aktienrechts zu beachten. Von der Einberufung der Hauptversammlung an und während der Hauptversammlung sind in den Geschäftsräumen der Gesellschaft die in § 63 Abs. 1 UmwG genannten Unterlagen zur Einsicht der Aktionäre auszulegen[747]. Auf Verlangen ist jedem Aktionär gemäß § 63 Abs. 3 UmwG unverzüglich eine Abschrift dieser Unterlagen zuzusenden. Gemäß § 61 UmwG ist der Verschmelzungsvertrag oder sein Entwurf bereits vor der Einberufung der Hauptversammlungen zum Handelsregister einzureichen.

Nach § 64 Abs. 1 S. 2 UmwG hat der Vorstand den Verschmelzungsvertrag oder seinen Entwurf mündlich zu erläutern. Dazu hat der Vorstand den Verschmelzungsbericht zusammenfassend darzustellen. Hierdurch

---

[744] Vgl. *Gehling* in Semler/Stengel, UmwG, § 8 Rnr. 11; *Sagasser/Ködderitzsch* in Sagasser/Bula/Brünger, Umwandlungen, J Rnr. 82; *Temme* in Picot/Mentz/Seydel, Die Aktiengesellschaft bei Unternehmenskauf und Restrukturierung, Teil X Rnr. 75.

[745] Dazu unten, C. III. 1.

[746] §§ 13 Abs. 1 S. 2 UmwG, 121 ff. AktG.

[747] §§ 63 Abs. 1, 64 Abs. 1 S. 1 UmwG.

sollen insbesondere Aktionäre informiert werden, die den Verschmelzungsbericht nicht eingesehen haben. Die Darlegungen des Vorstands
gehen insoweit über eine zusammenfassende Darstellung des Verschmelzungsberichts hinaus, als sie diesen gegebenenfalls aktualisieren,
denn zwischen der Einberufung und der Hauptversammlung liegen einige Wochen, in denen es zu Veränderungen kommen kann[748].

§ 64 Abs. 2 UmwG erweitert das nach § 131 AktG jedem Aktionär ohnehin hinsichtlich der eigenen Gesellschaft zustehende Auskunftsrecht in
der Hauptversammlung auf die wesentlichen Angelegenheiten der anderen beteiligten Rechtsträger. Der Vorstand darf die Auskunft entsprechend § 131 Abs. 3 AktG verweigern[749]. Als Nebenpflicht aus dem Abschluss des Verschmelzungsvertrags lässt sich eine Pflicht der anderen
Vorstände der beteiligten Gesellschaften herleiten, dem Vorstand der
Aktiengesellschaft insoweit Auskünfte auch über die anderen beteiligten
Gesellschaften zu erteilen. Das gilt allerdings stets vorbehaltlich des
Auskunftsverweigerungsrechts, das sich insbesondere bei Wettbewerbs-
situationen ergeben kann[750].

---

[748] Vgl. dazu *Diekmann* in Semler/Stengel, UmwG, § 64 Rnr. 9f.; *Grunewald* in
       Lutter, UmwG, § 64 Rnr. 3f.

[749] Vgl. *Temme* in Picot/Mentz/Seydel, Die Aktiengesellschaft bei Unterneh-
       menskauf und Restrukturierung, Teil X Rnr. 104; *Stratz* in Schmitt/Hörtnagl/
       Stratz, UmwG, § 64 Rnr. 5. Mit In-Kraft-Treten des UMAG zum 01.11.2005
       wurden die Auskunftsverweigerungsgründe in § 131 Abs. 3 AktG ausgewei-
       tet. Vgl. zu Einzelheiten: Begründung des RegE zum UMAG, BT-Drucks.
       15/5092, S. 17f.

[750] So *Diekmann* in Semler/Stengel, UmwG, § 64 Rnr. 18. Muster einer Nieder-
       schrift über eine Hauptversammlung bei *Brünger* in Sagasser/Bula/Brünger,
       Umwandlungen, J Rnr. 175 D. Beispiele für Fehler in Verschmelzungsbe-
       schlüssen werden von *Schöne* in Semler/Volhard, Arbeitshandbuch für Unter-
       nehmensübernahmen, Band 1, § 34 Rnr. 55ff. aufgelistet. Eine andere Frage ist
       es, ob im Rahmen einer Due Diligence erlangte Informationen über die ande-
       ren Verschmelzungspartner auf Nachfrage auch den Aktionären auf der
       Hauptversammlung zugänglich zu machen sind. In Betracht kommt ein Aus-
       kunftsanspruch aus § 131 Abs. 4 AktG. Aus dieser Vorschrift kann nach wohl
       überwiegender Ansicht jedoch hier nichts hergeleitet werden, denn Auskünfte
       im Rahmen einer Due Diligence werden den potentiellen Verschmelzungs-
       partnern erteilt, nicht aber einem Aktionär. Dies gilt auch, wenn die potenti-
       ellen Verschmelzungspartner bereits über Aktien an der Gesellschaft verfü-
       gen, da ihnen Auskünfte im Rahmen einer Due Diligence nicht wegen ihrer
       Eigenschaft als Aktionär erteilt werden, so *Diekmann* in Semler/Stengel,
       UmwG, § 64 Rnr. 17. Ebenso, allerdings zum Unternehmenskauf: *Körber*, NZG
       2002, 263, 265; *Linker/Zinger*, NZG 2002, 497, 502; *Semler* in Hölters, Handbuch
       des Unternehmens- und Beteiligungskaufs, Teil VI, Rz. 62; *Stoffels*, ZHR 165
       (2001), 362, 381f.; *Ziemons*, AG 1999, 492, 494f. Ausführlich zur Due Diligence
       unten, C. III. 4. b).

d) Weitere Pflichten nach dem UmwG

Neben diesen wichtigen Elementen einer Verschmelzung, hat der Vorstand eine Vielzahl anderer umwandlungsrechtlicher Pflichten zu beachten. Es sollen nur wenige kurz aufgeführt werden.

aa) Antrag auf Bestellung eines Verschmelzungsprüfers

Gemäß § 60 UmwG ist bei einer Aktiengesellschaft der Verschmelzungsvertrag oder sein Entwurf durch einen oder mehrere Verschmelzungsprüfer nach den §§ 9 bis 12 UmwG zu prüfen. Der Vorstand hat die Bestellung der Verschmelzungsprüfer beim zuständigen Gericht zu beantragen. Er kann dabei einen Verschmelzungsprüfer vorschlagen. An diesen Vorschlag ist das Gericht aber nicht gebunden. Im Gegensatz zur früheren Rechtslage kann der Vorstand die Verschmelzungsprüfer nicht mehr selbst bestellen[751].

bb) Bestellung eines Treuhänders

Jeder übertragende Rechtsträger hat gemäß § 71 Abs. 1 S. 1 UmwG für den Empfang der zu gewährenden Aktien und der baren Zuzahlung einen Treuhänder zu bestellen. Der Treuhänder wickelt den Umtausch der Aktien ab. Die Bestellung des Treuhänders obliegt dem Vorstand. Es ist zulässig, dass sämtliche übertragenden Aktiengesellschaften einen gemeinsamen Treuhänder bestellen[752].

Ein Aktienumtausch findet nicht statt, soweit der übernehmende Rechtsträger Anteilsinhaber des übertragenden Rechtsträgers ist oder der übertragende Rechtsträger eigene Anteile innehat. Diese Aktien gehen ersatzlos unter[753].

Bei der hier zu untersuchenden Verschmelzung war dies zumindest teilweise der Fall: Durch den so genannten „6:1 Clou" der Vereinsbank hatte diese vor der Verschmelzung 45 Prozent der Aktien der Hypo-Bank durch einen Aktientausch erworben.

cc) Durchführung einer Kapitalerhöhung

Im Rahmen einer Verschmelzung auf eine bestehende Aktiengesellschaft erhalten die Aktionäre der übertragenden Gesellschaft Aktien an der übernehmenden. Weil im Regelfall vor der Verschmelzung keine ausreichende Anzahl auskehrbarer Aktien an der übernehmenden Gesellschaft

---

[751] Ausführlich zur Verschmelzungsprüfung, unten, 2. Kapitel C.

[752] Vgl. *Marsch-Barner* in Kallmeyer, UmwG, § 71 Rnr. 4, 2.

[753] Vgl. § 20 Abs. 1 Nr. 3 S. 1, 2. HS UmwG; *Klawitter* in Semler/Volhard, Arbeitshandbuch für Unternehmensübernahmen, Band 1, § 22 Rnr. 112.

zur Verfügung steht, müssen diese erst mittels einer Kapitalerhöhung geschaffen werden. Obwohl es sich dabei um einen aktienrechtlichen Vorgang handelt, soll an dieser Stelle darauf eingegangen werden, da die §§ 66 bis 69 UmwG dieses Verfahren modifizieren. Im Hinblick auf eine Verfahrensvereinfachung erklärt § 69 UmwG einzelne Normen für nicht anwendbar.

Eine Verschmelzung durch Aufnahme ist gemäß § 68 UmwG aber auch ohne Kapitalerhöhung insoweit möglich, als die Übertragung des Vermögens auf die übernehmende Gesellschaft zu keiner realen Einlage bei dieser führt. Dies liegt beispielsweise vor, wenn die übernehmende Gesellschaft Aktien der übertragenden hält oder der übertragende Rechtsträger eigene Anteile hält[754].

Bei der Verschmelzung zur Hypovereinsbank war diese Regelung aufgrund des im Vorfeld erfolgten Aktientauschs zu beachten. Die Vereinsbank hatte dabei 45 Prozent der Aktien der Hypo-Bank erworben. Eine Kapitalerhöhung durfte die aufnehmende Vereinsbank insoweit nicht durchführen.

Nicht erforderlich, aber zulässig ist eine Kapitalerhöhung, soweit die übernehmende Gesellschaft gemäß § 68 Abs. 1 S. 2 UmwG eigene Aktien innehat oder der übertragende Rechtsträger voll einbezahlte Anteile der übernehmenden Gesellschaft hält. Diese können dann an die Aktionäre der übertragenden Gesellschaft abgegeben werden[755].

dd) Anmeldung der Verschmelzung

Die Verschmelzung muss zu ihrer Wirksamkeit in die Register der Sitze aller beteiligten Rechtsträger eingetragen werden. Die Vorstände haben dabei gemäß § 16 Abs. 1 UmwG grundsätzlich die Verschmelzung jeweils am Sitz ihrer eigenen Gesellschaft zum Register anzumelden.

Bei der Anmeldung zum Register haben die jeweiligen Vorstände diverse Erklärungen und Negativerklärungen abzugeben, insbesondere nach § 16 Abs. 2 UmwG zu erklären, dass eine Anfechtungsklage gegen den Verschmelzungsbeschluss nicht anhängig gemacht worden ist. Dieser Erklärung steht es gleich, wenn erfolgreich ein Unbedenklichkeitsverfahren nach § 16 Abs. 3 UmwG durchgeführt worden ist und somit trotz erhobener Anfechtungsklage keine Registersperre eintritt.

---

[754] Vgl. *Volhard* in Semler/Volhard, Arbeitshandbuch für Unternehmensübernahmen, Band 1, § 17 Rnr. 226.

[755] Vgl. ausführlich zur Kapitalerhöhung *Sagasser/Ködderitzsch* in Sagasser/Bula/Brünger, Umwandlungen, J Rnr. 127ff.

Sofern eine Kapitalerhöhung bei der übernehmenden Aktiengesellschaft beschlossen worden ist, sollte der Vorstand diese gleichzeitig anmelden, weil die Kapitalerhöhung gemäß § 66 UmwG vor der Verschmelzung einzutragen ist und ansonsten die Verschmelzung verzögert wird[756].

Gemäß § 17 UmwG ist der Anmeldung zum Register ein umfangreiches Anlagenkonvolut beizufügen. § 71 Abs. 1 S. 2 UmwG erweitert den Umfang um die Erklärung des Treuhänders, dass die auszugebenden Aktien und baren Zuzahlungen bei ihm eingegangen sind[757].

2. Andere gesetzliche Pflichten

Die Vorstände der an einer Verschmelzung beteiligten Aktiengesellschaften haben neben diesen speziell umwandlungsrechtlichen Pflichten andere gesetzliche Pflichten außerhalb des UmwG zu beachten, die aber in engem Zusammenhang mit der beabsichtigten Verschmelzung stehen[758].

a) Anmeldung bei der zuständigen Kartellbehörde

Verschmelzungen können der kartellrechtlichen Zusammenschlusskontrolle unterfallen. Ist das der Fall, so hat dies erhebliche praktische Bedeutung für die Vorbereitung und die Durchführung der Verschmelzung: Das Verschmelzungsvorhaben ist bei den zuständigen Behörden anzumelden und das aufwendige Verfahren ist einzuhalten. Die Verschmelzung darf bis zur Entscheidung der Kartellbehörde zunächst nicht vollzogen werden. Deshalb ist es für den Vorstand unerlässlich, bereits in einem frühen Planungsstadium kartellrechtliche Fragestellungen aufzuwerfen und in die Planung einzubeziehen.

---

[756] Vgl. *Volhard* in Semler/Stengel, UmwG, § 16 Rnr. 3. Zur zeitlichen Reihenfolge der einzelnen Eintragungen in die Register *Sagasser/Ködderitzsch* in Sagasser/Bula/Brünger, Umwandlungen, J Rnr. 143f.

[757] Einen Überblick über die beizufügenden Unterlagen geben *Temme* in Picot/Mentz/Seydel, Die Aktiengesellschaft bei Unternehmenskauf und Restrukturierung, Teil X Rnr. 122ff. sowie *Volhard* in Semler/Volhard, Arbeitshandbuch für Unternehmensübernahmen, Band 1, § 17 Rnr. 102. Muster von Handelsregisteranmeldungen sind abgedruckt bei *Brünger* in Sagasser/Bula/Brünger, Umwandlungen, J Rnr. 175 B und C. Einen Ablaufplan für eine Verschmelzung enthalten *Temme* in Picot/Mentz/Seydel, Die Aktiengesellschaft bei Unternehmenskauf und Restrukturierung, Teil X Rnr. 5 sowie *Sagasser/Ködderitzsch* in Sagasser/Bula/Brünger, Umwandlungen, J Rnr. 9ff.

[758] Nicht eingegangen werden soll auf die handelsbilanzielle Rechnungslegung bei Verschmelzungen, vgl. dazu *Bula/Schlösser* in Sagasser/Bula/Brünger, Umwandlungen, K Rnr. 1ff.

Seit Einführung der europäischen Fusionskontrolle im Jahr 1990 sind Zusammenschlüsse von gemeinschaftsweiter Bedeutung ausschließlich bei der Europäischen Kommission in Brüssel anzumelden. Die nationalen Kartellbehörden der EU-Mitgliedsstaaten haben bei solchen Zusammenschlüssen keine Prüfungskompetenz[759]. Voraussetzungen für eine vorherige Anmeldepflicht sind sowohl nach der europäischen als auch nach der deutschen Fusionskontrolle, dass ein Zusammenschlusstatbestand vorliegt und dass bestimmte Umsatzschwellen von den am Zusammenschluss beteiligten Unternehmen überschritten werden. Dabei sind die Zusammenschlusstatbestände und die Umsatzschwellen nach deutschem und europäischem Recht unterschiedlich ausgeformt[760]. Der Vorstand hat die Voraussetzungen einer eventuell bestehenden Anmeldepflicht frühzeitig zu prüfen, um Verzögerungen zu vermeiden.

b) Anzeigepflichten nach dem KWG

Jedermann, der beabsichtigt, eine bedeutende Beteiligung an einem Kreditinstitut zu erwerben oder den Betrag der bedeutenden Beteiligung so zu erhöhen, dass die Schwellen von 20, 33, oder 50 Prozent der Stimmrechte oder des Kapitals erreicht oder überschritten werden, hat gemäß § 2b Abs. 1 KWG der BAFin und der Deutschen Bundesbank die Höhe der beabsichtigten Beteiligung unverzüglich mitzuteilen. Diese Anzeigepflicht besteht auch, wenn das Kreditinstitut unter die Kontrolle des Inhabers der bedeutenden Beteiligung kommt. Die BAFin kann gemäß § 2b Abs. 1a KWG den beabsichtigten Erwerb der bedeutenden Beteiligung bzw. ihre Erhöhung u.a. dann untersagen, wenn es sich nicht von der erforderlichen persönlichen Qualifikation des Inhabers des Erwerbers überzeugen kann. Neben der Untersagungsverfügung kann die BAFin gemäß § 2b Abs. 2 KWG die Ausübung der Stimmrechte untersagen und die Anordnung treffen, dass über die Anteile nur mit Zustimmung der BAFin verfügt werden darf.

---

759 Vgl. *Picot*, Handbuch Mergers & Acquisitions, 335. Näher zum Verhältnis europäische – nationale Fusionskontrolle *Sedemund* in Hölters, Handbuch des Unternehmens- und Beteiligungskaufs, Teil VII, Rz. 219ff.

760 Vgl. zu den unterschiedlichen Voraussetzungen und Verfahren: *Beisel* in Beisel/Klumpp, Der Unternehmenskauf, Kapitel 12 Rnr. 1ff.; *Holzapfel/Pöllath*, Unternehmenskauf in Recht und Praxis, Rnr. 49ff.; *Picot*, Handbuch Mergers & Acquisitions, 337ff.; *Sagasser/Maier* in Sagasser/Bula/Brünger, Umwandlungen, G Rnr. 1ff. sowie insbesondere *Sedemund* in Hölters, Handbuch des Unternehmens- und Beteiligungskaufs, Teil VII, Rz. 12ff.

Spiegelbildlich zur Anzeigepflicht des Erwerbers besteht diese Pflicht gemäß § 24 Abs. 1 Nr. 11 KWG auch für das Kreditinstitut selbst[761].

c) Mitteilungspflichten gemäß §§ 21 ff. WpHG und §§ 20 f. AktG

Außerhalb des Anwendungsbereichs des KWG sind vom Vorstand einer Aktiengesellschaft andere Mitteilungspflichten zu beachten:

Nach § 21 Abs. 1 WpHG besteht gegenüber der börsennotierten Gesellschaft und der BAFin eine Mitteilungspflicht desjenigen, der durch Erwerb, Veräußerung oder auf sonstige Weise 5, 10, 25, 50 oder 75 Prozent der Stimmrechte der börsennotierten Gesellschaft erreicht, über- oder auch unterschreitet. Die Mitteilung ist spätestens innerhalb von sieben Kalendertagen zu machen. Erfolgt die Mitteilung nicht, so besteht gemäß § 28 WpHG u.a. kein Stimmrecht[762].

Die börsennotierte Gesellschaft hat gemäß § 25 Abs. 1 WpHG die ihr zugeleitete Mitteilung des Meldepflichtigen innerhalb von neun Kalendertagen nach Zugang zu veröffentlichen.

Ist die Aktiengesellschaft nicht börsennotiert, gelten die Mitteilungspflichten nach §§ 20 f. AktG. Hierbei kommt es auf das Überschreiten von 25 Prozent der Aktien und nicht der Stimmrechte an. Unterbleibt die Mitteilung, bestehen Rechte aus diesen Aktien für die Zeit, für die die Mitteilungspflicht nicht erfüllt ist, grundsätzlich nicht[763].

Im Rahmen einer Verschmelzung können diese Mitteilungspflichten für die übernehmende Aktiengesellschaft relevant werden. Diese hat im Rahmen einer Verschmelzung genau zu prüfen, was das Vermögen der übertragenden Gesellschaft enthält. Ist im Vermögen eine Beteiligung an einer dritten Gesellschaft enthalten, ist festzustellen, ob es sich dabei um eine Beteiligung an derselben Gesellschaft handelt, an der auch die übernehmende Gesellschaft bereits beteiligt ist. Die Beteiligungen sind zu addieren, was zu einem Berühren oder Überschreiten einer Beteiligungsschwelle führen kann[764].

---

[761]   Vgl. zu weiteren Einzelheiten *von Schenck* in Semler/Volhard, Arbeitshandbuch für Unternehmensübernahmen, Band 1, § 18 Rnr. 15ff.

[762]   Ausführlich hierzu *Marsch-Barner* in Semler/Volhard, Arbeitshandbuch für Unternehmensübernahmen, Band 1, § 7 Rnr. 154ff.

[763]   Vgl. *Holzapfel/Pöllath*, Unternehmenskauf in Recht und Praxis, Rnr. 287; *Marsch-Barner* in Semler/Volhard, Arbeitshandbuch für Unternehmensübernahmen, Band 1, § 7 Rnr. 90ff.

[764]   So *Heppe*, WM 2002, 60, 64.

d) Sonstige kapitalmarktrechtliche Pflichten

Lediglich angesprochen seien hier das Insiderhandelsverbot gemäß § 14 WpHG, denn es versteht sich von selbst, dass die Vorstände der an der Verschmelzung beteiligten Gesellschaften sich daran halten müssen. Die Versuchung zu solchen Verstößen ist indes groß, z.B. sich selbst vor dem allgemeinen Anlegerpublikum mit Papieren der eigenen oder einer anderen beteiligten Gesellschaft einzudecken[765]. Zu beachten ist, dass die Umsetzung einer eigenen unternehmerischen Entscheidung, die nicht durch anderweitig erlangtes Insiderwissen bestimmt oder maßgeblich beeinflusst wurde, kein Ausnutzen der Information im Sinne des § 14 Abs. 1 Nr. 1 WpHG a.F. darstellt, da die Beteiligten die Insidertatsache erst durch ihre eigene Entscheidung schaffen. Die Tatsache der geplanten Verschmelzung an sich ist somit insiderrechtlich unbeachtlich, die Verschmelzung kann durchgeführt werden[766]. Daran ändert auch die Neufassung des § 14 WpHG nichts: Der Begriff des Ausnutzens wurde zwar durch den Begriff des Verwendens einer Insiderinformation ersetzt, dies geschah aber nur, weil die bisherige Fassung erhebliche Schwierigkeiten bei der Beweisführung verursachte. Unter Ausnutzen wurde ein zweckgerichtetes Handeln verstanden. Zudem wurde das Ausnutzen als Alleinstellungsmerkmal interpretiert und führte bei Hinzutreten weiterer, oft kaum zu widerlegender Motive des Täters zur Straflosigkeit. Der Begriff „Verwendung" soll lediglich deutlich machen, dass ein solches subjektiv ausgerichtetes Handeln nicht mehr verlangt wird[767].

Weiterhin ist die Ad-hoc-Publizitätspflicht nach § 15 WpHG[768] von den Vorständen zu beachten sowie das Verbot der Kurs- und Marktpreismanipulation gemäß § 20a WpHG[769].

---

[765] Vgl. dazu bei Übernahmen *Hopt*, FS Lutter, 1361, 1394f.; *Kort*, FS Lutter, 1421, 1443.

[766] Vgl. *Hasselbach* in Picot/Mentz/Seydel, Die Aktiengesellschaft bei Unternehmenskauf und Restrukturierung, Teil V Rnr. 119; *Marsch-Barner* in Semler/Volhard, Arbeitshandbuch für Unternehmensübernahmen, Band 1, § 7 Rnr. 121.

[767] Vgl. Begründung des RegE zum Gesetz zur Verbesserung des Anlegerschutzes (Anlegerschutzverbesserungsgesetz – AnSVG), BT-Drucks. 15/3174, S. 34. Die Neufassung des § 14 WpHG ist als Teil des AnSVG (BGBl. I 2004, 2630ff.) am 30.10.2004 in Kraft getreten.

[768] Die im Rahmen des AnSVG am 30.10.2004 in Kraft getretene Neufassung des § 15 WpHG führt zu einer Anpassung der Anknüpfungspunkte der §§ 14 und 15 WpHG: Entscheidend ist jeweils das Vorliegen einer Insiderinformation. Der Begriff der Insiderinformation geht über den bisher maßgeblichen Begriff der Tatsache hinaus, vgl. Begründung des RegE zum AnSVG, BT-Drucks. 15/3174, S. 33.

3. Veränderungen durch das KonTraG, TransPuG sowie den Kodex

Das KonTraG und das TransPuG haben zu keinen umwandlungsspezifischen Veränderungen von Vorstandspflichten geführt. Ebenso verhält es sich mit dem Kodex. Er enthält keine neuen oder veränderten Vorstandspflichten, die speziell auf Verschmelzungssituationen abstellen.

II. Treuepflicht

Die Treuepflicht der Vorstandsmitglieder gegenüber der Aktiengesellschaft setzt dem Leitungsermessen auch bei Verschmelzungssituationen von vorneherein Grenzen. Besonderheiten bestehen nicht, so dass diesbezüglich auf die obigen Ausführungen verwiesen werden kann[770]. Vor allem haben die Vorstandsmitglieder Interessenkonflikte, die bei einer Verschmelzung insbesondere aufgrund einer gleichzeitigen Organstellung bei verschiedenen Verschmelzungspartnern auftreten können, zu vermeiden. In Betracht kommt wie im Rahmen der vergleichbaren Problematik von Vorstands-Doppelmandaten im Konzern ein Stimmverbot analog § 34 BGB oder die Einräumung eines pflichtgemäßen Ermessens, wie der Doppelmandatar die widerstreitenden Interessen zum Ausgleich bringt[771].

Zu betonen ist, dass die Treuepflicht der Vorstandsmitglieder bis zur Wirksamkeit der Verschmelzung gegenüber der einzelnen an der Verschmelzung beteiligten Gesellschaft fortbesteht. Erst danach sind die Vorstandsmitglieder des neu gegründeten oder des aufnehmenden Rechtsträgers diesem Rechtsträger treupflichtig.

III. Sorgfaltspflichten

Innerhalb des Rahmens, der durch die Gesetze, die Satzung sowie die Treuepflicht vorgegeben wird, steht dem Vorstand ein weites unternehmerisches Leitungsermessen zu. Dieses Ermessen hat der Vorstand mit der Sorgfalt eines ordentlichen und gewissenhaften Geschäftsleiters auszuüben. Die oben festgestellten Konkretisierungen dieses allgemeinen Merkmals[772], gelten auch im Bereich von Verschmelzungssituationen. Folglich hat sich der Vorstand bei seinen Maßnahmen und Entscheidun-

---

[769] Vgl. dazu *Holzapfel/Pöllath*, Unternehmenskauf in Recht und Praxis, Rnr. 292.

[770] Vgl. dazu ausführlich oben, B. II. 2.

[771] Strittig im Rahmen der vergleichbaren Problematik von Vorstands-Doppelmandaten im Konzern: Dazu *Hopt* in Großkommentar, AktG, § 93 Rnr. 152f. sowie *Wiesner* in Münchener Handbuch des Gesellschaftsrechts, Band 4, § 19 Rnr. 23 jeweils m.w.N.

[772] Vgl. B. II. 3.

gen stets nach dem Unternehmensinteresse zu richten, welches aber nicht eindeutig definierbar ist. Wegen der Bedeutung, die der korrekten Festlegung des Umtauschverhältnisses für die Aktionäre zukommt, sind die Sorgfaltspflichten im Rahmen der Verschmelzung dabei in besonderem Maße an den Interessen der Anteilsinhaber orientiert[773]. Zur Frage, wann der Vorstand pflichtwidrig handelt, hat der BGH durch die ARAG/Garmenbeck-Entscheidung deutlichere Anhaltspunkte geliefert: Eine Schadensersatz auslösende Pflichtverletzung kommt erst dann in Betracht,

> „wenn die Grenzen, in denen sich ein von Verantwortungsbewusstsein getragenes, ausschließlich am Unternehmenswohl orientiertes, auf sorgfältiger Ermittlung der Entscheidungsgrundlagen beruhendes unternehmerisches Handeln bewegen muss, deutlich überschritten sind, die Bereitschaft, unternehmerische Risiken einzugehen, in unverantwortlicher Weise überspannt worden ist oder das Verhalten des Vorstandes aus anderen Gründen als pflichtwidrig gelten muss"[774].

An diesem Leitsatz ist auch jedes unternehmerische Handeln im Rahmen von Verschmelzungssituationen zu messen. Außer der erwähnten Betonung des Interesses der Anteilsinhaber, ergeben sich keine weiteren Modifikationen.

1. Sorgfältige Anwendung gesetzlicher Vorschriften am Beispiel des Verschmelzungsberichts

Der Vorstand ist verpflichtet, die gesetzlichen Vorschriften zu beachten. Bezüglich der Art und Weise der Erfüllung einer gesetzlichen Verpflichtung stellt das Gesetz aber oftmals keine präzisen Anforderungen, sondern enthält beispielsweise unbestimmte Rechtsbegriffe. Wie der Vorstand in diesen Fällen die gesetzlichen Vorgaben ausfüllt, steht in seinem pflichtgemäßen Ermessen. Bei der Ausübung des Ermessens hat sich der Vorstand am Unternehmensinteresse zu orientieren. Dieses verlangt in der Regel eine zügige Durchführung der Verschmelzung, da Verzögerungen zu Nachteilen und auch Schäden führen können. So können Synergieeffekte oder steuerliche Verlustvorträge der Verschmelzung verloren gehen, das Ansehen der an der Verschmelzung beteiligten Gesellschaften auf dem Markt kann erheblich beeinträchtigt werden, qualifizierte Mitarbeiter wandern ab oder Kunden gehen aufgrund der

---

[773] So *Clemm/Dürrschmidt*, FS Widmann, 3, 17. Ein falsch bemessenes Umtauschverhältnis führt zu einem unmittelbaren Schaden der Aktionäre.

[774] BGH ZIP 1997, 883, 885f. („ARAG/Garmenbeck"). Vgl. dazu ausführlich oben, B. II. 3. b) aa).

mit einer Verzögerung verbundenen Unsicherheit verloren[775]. Die Vorstände trifft allgemein die Pflicht, das Ziel der Verschmelzung nicht zu gefährden, sondern durch alle geeigneten Maßnahmen zu fördern, Verzögerungen entgegenzuwirken und gegebenenfalls das Unbedenklichkeitsverfahren nach § 16 Abs. 3 UmwG zur Überwindung einer Registersperre zu betreiben[776]. Bei zweifelhafter Rechtslage dürfen sich die Vorstandsmitglieder zwar grundsätzlich auf den für die Gesellschaft günstigsten Standpunkt stellen, sie müssen bei ihrer Entscheidung aber berücksichtigen, dass die Ausübung einer zweifelhaften Rechtsposition bei einer für die Gesellschaft negativen Anwendung durch die Gerichte im konkreten Einzelfall zu einem erheblichen Schaden für die Gesellschaft führen kann[777]. Da es sich bei der Verschmelzung um einen höchst fehleranfälligen Vorgang handelt[778], sind die Vorstände der beteiligten Gesellschaften aus Gründen der Transaktionssicherheit verpflichtet, die Vorgaben der Rechtsprechung zur Anwendung gesetzlicher Vorschriften besonders sorgfältig zu beachten. Existieren im Einzelfall keine Vorgaben, weil sich die Rechtsprechung noch nicht geäußert hat, so ist der Stand der wissenschaftlichen Diskussion zu berücksichtigen. Im Folgenden soll dies am Beispiel des Verschmelzungsberichts aufgezeigt werden.

Ein ordnungsgemäßer Verschmelzungsbericht ist von zentraler Bedeutung für das Gelingen der Verschmelzung. Unvollständige oder inhaltlich fehlerhafte Berichte ermuntern zur Anfechtung des Zustimmungsbeschlusses. Die überwiegende Zahl erfolgreicher Klagen verdankt diesen Erfolg Informations-, insbesondere auch Berichtsmängeln. Deswegen verlangt die Erstellung des Verschmelzungsberichts äußerste Sorgfalt, um „anfechtungsfest" zu sein[779].

---

[775]   Vgl. *Bork* in Lutter, UmwG, § 16 Rnr. 21; *Marsch-Barner* in Kallmeyer, UmwG, § 16 Rnr. 45

[776]   Vgl. *Marsch-Barner* in Kallmeyer, UmwG, § 4 Rnr. 19ff. sowie *Lutter* in Lutter, UmwG, § 4 Rnr. 22; *Volhard* in Semler/Volhard, Arbeitshandbuch für Unternehmensübernahmen, Band 1, § 17 Rnr. 248.

[777]   Vgl. *Wiesner* in Münchener Handbuch des Gesellschaftsrechts, Band 4, § 25 Rnr. 4 sowie *Schneider*, FS 100 Jahre GmbH-Gesetz, 473, 477.

[778]   So *Schöne* in Semler/Volhard, Arbeitshandbuch für Unternehmensübernahmen, Band 1, § 34 Rnr. 53.

[779]   So *Volhard* in Semler/Volhard, Arbeitshandbuch für Unternehmensübernahmen, Band 1, § 17 Rnr. 185. Allerdings habe sich die Gefahrenlage mit der Möglichkeit der Überwindung der Registersperre im Rahmen des Unbedenklichkeitsverfahrens nach § 16 Abs. 3 UmwG entspannt, so *Sagasser/Ködderitzsch* in Sagasser/Bula/Brünger, Umwandlungen, J Rnr. 82.

§ 8 Abs. 1 S. 1 UmwG schreibt lediglich vor, dass der Bericht ausführlich sein muss und den Sinn und Zweck der Verschmelzung selbst darzustellen hat. Daneben sind auch die einzelnen Bestimmungen des Verschmelzungsvertrages zu erläutern. Insbesondere das Umtauschverhältnis der Anteile ist zu erklären. Alle Ausführungen im Verschmelzungsbericht müssen rechtlich und wirtschaftlich begründet werden.

Eine nähere Bestimmung des Mindestinhalts des Verschmelzungsberichts hat der Gesetzgeber nicht vorgegeben. Der Vorstand hat zur sorgfaltsgerechten Ausfüllung seines aus der weiten Gesetzesformulierung resultierenden Darstellungsspielraums insbesondere die Vorgaben der Rechtsprechung und gegebenenfalls des juristischen Schrifttums zu berücksichtigen.

Die Rechtsprechung hat festgestellt, dass sich der Verschmelzungsbericht nicht in einer Wiederholung des Verschmelzungsvertrages erschöpfen darf, auch wenn der Verschmelzungsvertrag oder sein Entwurf bereits ins Einzelne gehende Angaben enthält. Der Zweck des Verschmelzungsberichts, dem Aktionär bei der Entscheidung über die Zustimmung zum Verschmelzungsvertrag zusammen mit den weiteren Vorlagen des § 63 Abs. 1 UmwG eine zuverlässige Beurteilungsgrundlage zu schaffen, erfordert es konkrete Angaben in dem Umfang zu machen, dass den Aktionären eine Plausibilitätskontrolle des Umtauschverhältnisses, der Rechtmäßigkeit und der Wirtschaftlichkeit der Verschmelzung sowie des Verschmelzungsvertrages möglich ist. Um die Bewertung, die dem Umtauschverhältnis zugrunde liegt, nachvollziehen zu können, reicht die Beschreibung der Bewertungsmethode nicht aus. Es müssen die wesentlichen Zahlen, auf die sich die Bewertung stützt, genannt werden. Der Aktionär muss in die Lage versetzt werden, von sich aus, notfalls unter Mithilfe eines Fachkundigen, die Bewertungsgrundlagen für die Festlegung des Umtauschverhältnisses nachzuvollziehen. Der Vorstand braucht aber bei der Erläuterung der Bewertungsgrundlagen im Verschmelzungsbericht nicht alle Einzelheiten des Bewertungsgutachtens offen zu legen, denn dem Aktionär muss es nicht erlaubt sein selbst ein Gutachten über die Unternehmensbewertungen erstellen zu können[780]. Im Einzelnen ist es nicht erforderlich, dass der Verschmelzungsbericht einen detaillierten „Synergiefahrplan" enthält. Vielmehr genügt die grobe Schätzung der Synergien und die schlag-

---

[780] Vgl. BGH WM 1989, 1128, 1130f. („Kochs Adler"); BGH ZIP 1990, 168, 168f. („DAT/Altana II"); BGH AG 1991, 102, 103 („SEN"); OLG Hamm DB 1988, 1842, 1842f.; OLG Karlsruhe DB 1989, 1616, 1616f. jeweils zu § 340a AktG a.F.

wortartige Aufzählung der geplanten kostensparenden Maßnahmen für die einzelnen Unternehmensbereiche[781].

Grenzen sind der Offenlegungspflicht des Vorstands im Verschmelzungsbericht gemäß § 8 Abs. 2 UmwG dort gesetzt, wo ein geschütztes Geheimhaltungsinteresse der Gesellschaften entgegensteht, dieses Interesse ist dann konkret zu begründen[782].

Können aus der Rechtsprechung keine Vorgaben abgeleitet werden, muss der Vorstand auf die im Schrifttum entwickelten Leitlinien zurückgreifen, um eine fehlerfreie Berichterstattung zu gewährleisten[783]. Treten trotzdem noch Zweifelsfragen über die Berichtsintensität oder darüber auf, ob ein Problem in den Bericht aufzunehmen ist oder nicht, hat der Vorstand zugunsten einer ausführlicheren Fassung des Berichts zu entscheiden[784]. Dieser Grundsatz wird in der bisherigen Praxis grundsätzlich befolgt, da die Berichte oft umfassend und umfangreich sind[785].

Die erforderlichen Berichtsangaben sind für alle an der Verschmelzung beteiligten Rechtsträger zu machen. Der Vorstand jeder beteiligten Gesellschaft muss sich daher, obwohl er nur für seine Gesellschaft berichtet, die im Rahmen der Berichtspflicht erforderlichen Informationen über jede andere Gesellschaft beschaffen. Es bestehen nach überwiegender Ansicht entsprechende Auskunftspflichten zwischen den an der Verschmelzung beteiligten Gesellschaften, die sich aus dem vorvertraglichen Rechtsverhältnis zwischen den Gesellschaften ergeben[786]. Die

---

[781]   So OLG Düsseldorf ZIP 1999, 793, 795 („Thyssen Krupp") sowie OLG Hamm ZIP 1999, 798, 801 („Thyssen Krupp").

[782]   Dies ist nun gesetzlich in § 8 Abs. 2 S. 2 UmwG geregelt. Zur früheren Rechtslage, vgl. BGH AG 1991, 102, 103 („SEN"); OLG Hamm DB 1988, 1842, 1843; OLG Karlsruhe DB 1989, 1616, 1617. Einzelheiten zu § 8 Abs. 2 bei *Lutter* in Lutter, UmwG, § 8 Rnr. 45ff.

[783]   Dazu *Marsch-Barner* in Kallmeyer, UmwG, § 8 Rnr. 6ff.; *Sagasser/Ködderitzsch* in Sagasser/Bula/Brünger, Umwandlungen, J Rnr. 87ff.; *Stratz* in Schmitt/ Hörtnagl/Stratz, UmwG, § 8 Rnr. 8ff.; *Volhard* in Semler/Volhard, Arbeitshandbuch für Unternehmensübernahmen, Band 1, § 17 Rnr. 190ff. mit einem Beispiel für die Gliederung eines Verschmelzungsberichts.

[784]   Vgl. *Reichert* in Semler/Volhard, Arbeitshandbuch für Unternehmensübernahmen, Band 1, § 17 Rnr. 67, der zu einer ausführlicheren Fassung aber nur rät.

[785]   Vgl. *Gehling* in Semler/Stengel, UmwG, § 8 Rnr. 12, der feststellt, dass die Berichte zum Teil über das Informationsbedürfnis der Mehrzahl der Aktionäre weit hinausgehen.

[786]   So *Lutter* in Lutter, UmwG, § 8 Rnr. 44; *Marsch-Barner* in Kallmeyer, UmwG, § 8 Rnr. 28; *Volhard* in Semler/Volhard, Arbeitshandbuch für Unternehmensübernahmen, Band 1, § 17 Rnr. 196; a.A. *Gehling* in Semler/Stengel, UmwG, § 8 Rnr. 64: Gegebene Informationen müssten zwar zutreffend und vollständig

Pflicht zur Auskunft folgt für jede Gesellschaft aber auch aus dem Interesse, die Zustimmungsbeschlüsse aller Hauptversammlungen soweit wie möglich vor Anfechtungsklagen zu schützen, denn nur so kann die Verschmelzung zügig durchgeführt werden, was wiederum im Unternehmensinteresse aller beteiligten Gesellschaften liegt[787].

2. Entscheidung zur Verschmelzung und sorgfältiges Handeln allgemein

An erster Stelle eines Verschmelzungsprozesses steht immer die grundsätzliche Entscheidung, einen Partner zu suchen bzw. sich mit einem entsprechenden Angebot intensiv zu befassen. Die Gründe für diese Entscheidung können im Einzelnen sehr vielfältig sein, sind aber stets wirtschaftlicher Natur[788]. Es ist zu prüfen, ob eine Verschmelzung überhaupt sinnvoll ist, sie muss zur Strategie des Unternehmens passen[789]. Unzweckmäßige Verschmelzungen haben von Anfang an zu unterbleiben[790].

Zuständig für diese Grundsatzentscheidung aber auch für die einzelnen Durchführungsmaßnahmen ist der Vorstand der Aktiengesellschaft. Ihm obliegt es, einen geeigneten Partner auszuwählen und die entsprechenden Vorbereitungsmaßnahmen zu treffen, um eine möglichst sichere Auswahl der geeigneten Handlungsvarianten zu ermöglichen[791]. Die Zuständigkeit des Vorstands bedeutet aber nicht, dass der Gesamtvorstand verpflichtet ist, durchgängig mit voller Kopfzahl den gesamten Prozess zu führen und zu begleiten. Nach den allgemeinen Regeln kann ein Vorstandsmitglied oder können mehrere Vorstandsmitglieder mit der Vor-

---

sein, will eine Gesellschaft aber über bedeutende Sachverhalte keine Auskunft erteilen, sei der Verschmelzungsvorgang gegebenenfalls abzubrechen.

[787] Der Vorstand ist verpflichtet, Schaden von der Gesellschaft abzuhalten. Das OLG Hamm hat aber festgestellt, dass im Fall Thyssen Krupp die Krupp AG glaubhaft gemacht hat, dass ihr durch die Verzögerung der Eintragung finanzielle Nachteile in Höhe von mindestens 22,8 Mio. DM pro Monat entstehen, vgl. OLG Hamm ZIP 1999, 798, 799 („Thyssen Krupp").

[788] Die Verschmelzung ist regelmäßig durch die Hoffnung auf die allgemein stärkere wirtschaftliche Kraft der zusammenzufügenden unternehmerischen Aktivitäten motiviert, so *Mertens*, AG 1997, 541, 546.

[789] Vgl. *Mutschler/Mersmann*, DB 2003, 79, 80.

[790] So *Stratz* in Schmitt/Hörtnagl/Stratz, UmwG, § 25 Rnr. 19; vgl. auch *Bermel* in Goutier/Knopf/Tulloch, UmwR, § 25 UmwG Rnr. 19.

[791] Vgl. *van Kann* in Hölters, Handbuch des Unternehmens- und Beteiligungskaufs, Teil VIII, Rz. 29, 32 sowie *Schnorbus*, ZHR 167 (2003), 666, 676.

bereitung der Verschmelzung betraut werden, die wiederum auf ihre Stäbe und Berater zurückgreifen können[792].

Aufgrund der Letztkompetenz der Hauptversammlung gemäß § 13 Abs. 1 UmwG, sind die Pflichten des Vorstands zwar insbesondere auf die Vorbereitung der Entscheidungsfindung der Aktionäre gerichtet, dennoch liegt die gesamte Vorbereitungs- und Durchführungsverantwortung beim Vorstand[793]. Die am Anfang stehende Entscheidung, dass eine Verschmelzung sinnvoll ist, stellt eine unternehmerische Leitungsentscheidung des Gesamtvorstandes dar. Die Hauptversammlung hat dann die vom Vorstand herausgearbeitete strategische und unternehmenspolitische Beurteilung der geplanten Verschmelzung zu billigen.

Je nach Ablauf und Beeinflussbarkeit des Prozesses ist eine vorläufige Unternehmensbewertung des an der Transaktion beteiligten anderen Unternehmens sowie eine Synergieabschätzung erforderlich[794]. Allerdings kann in diesem Stadium vom Vorstand nicht mehr als eine grobe Prognose erwartet werden, da meist nur öffentlich zugängliche Informationsquellen wie beispielsweise Geschäftsberichte und Berichte aus den Medien verfügbar sein dürften. Im Fortlauf der Verhandlungen zwischen den Verschmelzungspartnern ist die Prognose zu verfeinern. Wie bei jeder unternehmerischen Entscheidung verfügt der Vorstand auch hier über beträchtliche Spielräume der Einschätzung und Beurteilung. Die Grenze zur Pflichtwidrigkeit bestimmt sich auch für die Aufgaben des Vorstands im Rahmen einer Verschmelzung nach den Vorgaben der ARAG/Garmenbeck-Entscheidung des BGH[795]. Der BGH hat mit dieser Entscheidung den Ansatz der amerikanischen Business Judgement Rule aufgenommen. Danach ist eine Entscheidung des Vorstands der gerichtlichen Überprüfung entzogen, falls drei Voraussetzungen vorliegen: Fehlen eines relevanten Eigeninteresses eines Vorstandsmitglieds an der Sache, ausreichende Information und Sachprüfung sowie gutgläubiges Handeln im Unternehmensinteresse. Die ARAG/Garmenbeck-Entscheidung enthält aber über die geschilderten Gesichtspunkte hinaus noch inhaltliche Vorgaben an die Vorstandsentscheidung: Eine haftungsauslösende Pflichtverletzung liegt auch vor, wenn der Vorstand die Bereitschaft, unternehmerische Risiken einzugehen, in unverantwortlicher Weise überspannt hat. Eine Maßnahme ist jedenfalls dann als unverant-

---

[792] Vgl. *Mutschler/Mersmann*, DB 2003, 79, 82. Zur Geschäftsverteilung und Delegation vgl. oben B. II. 3. c) cc) und dd).

[793] Vgl. *Clemm/Dürrschmidt*, FS Widmann, 3, 10; *Mutschler/Mersmann*, DB 2003, 79, 79.

[794] Vgl. *Mutschler/Mersmann*, DB 2003, 79, 80.

[795] So auch *Schnorbus*, ZHR 167 (2003), 666, 682. Vgl. BGH ZIP 1997, 883ff. („ARAG/Garmenbeck").

wortlich anzusehen, wenn sie schlechterdings nicht zu rechtfertigen ist und ein verantwortungsbewusst denkender und handelnder Kaufmann zu ihrer Durchführung zu keiner Zeit bereit wäre[796].

Die Entscheidung zur Verschmelzung muss folglich unbeeinflusst von Eigeninteressen der Vorstandsmitglieder getroffen werden, wie beispielsweise der Aussicht auf einen höher dotierten Anstellungsvertrag in der verschmolzenen Gesellschaft oder der Befürchtung in der verschmolzenen Gesellschaft seinen Vorstandsposten zu verlieren. Die Entscheidungsgrundlagen müssen darüber hinaus vom Vorstand sorgfältig ermittelt werden. Dabei ist es oft nicht nur nötig, bestehende Informationen zu nutzen, sondern sich solche auch selbst zu beschaffen. Gegebenenfalls ist er verpflichtet sachverständigen Rat einzuholen. Eine fremde Expertise hat der Vorstand dabei zumindest auf ihre Plausibilität hin zu kontrollieren. Allerdings beeinflusst auch die Dringlichkeit einer Maßnahme den Maßstab, der an den erforderlichen Informationsstand anzulegen ist. Je eiliger die Entscheidung, desto geringer die Möglichkeit, sie umfassend vorzubereiten und Entscheidungsalternativen abzuwägen. Daneben hat der Vorstand auch zwischen Kosten und Nutzen einer ausgiebigen Tatsachenermittlung abzuwägen[797]. Diese Abwägung muss allerdings in der Regel bei einer solch gewichtigen Maßnahme, wie der Entscheidung zur Verschmelzung und der Suche nach einem geeigneten Partner zu einer ausgiebigen Tatsachenermittlung durch den Vorstand führen, denn die Nachteile einer wirtschaftlich gescheiterten Verschmelzung können gravierend sein. Ein ausreichender Kenntnisstand des Vorstands ist unabdingbar und überwiegt die dadurch anfallenden Kosten. Wie bereits ausgeführt, kann aber an die Qualität der Tatsachenermittlung zu Beginn des Verschmelzungsprozesses kein allzu hoher Maßstab angelegt werden, da meist nur öffentlich zugängliche Informationsquellen verfügbar sein dürften. Im weiteren Verlauf des Verschmelzungsprozesses hat der Vorstand seinen Kenntnisstand soweit wie möglich zu erweitern. Diese Pflicht bezieht sich zumindest auf alle wesentlichen und erreichbaren Informationen, da bei gewichtigen Entscheidungen nur dann von einer angemessenen Informationsbeschaffung ausgegangen werden kann. Dadurch erhöhen sich im Laufe des Verschmel-

---

[796] So *Henze*, NJW 1998, 3309, 3311; BGH ZIP 1992, 1542, 1550f. („Klöckner"). Ähnlich *Roth*, Unternehmerisches Ermessen und Haftung des Vorstands, 99f. Gegen diese inhaltliche Kontrolle *Schnorbus*, ZHR 167 (2003), 666, 682. Dieser will die Vorgaben der ARAG/Garmenbeck-Entscheidung in Anlehnung an die Business Judgement Rule insoweit konkretisieren, als dass jede inhaltliche Überprüfung der unternehmerischen Entscheidung durch die Gerichte untersagt sei, sofern die formellen Voraussetzungen der Business Judgement Rule beachtet wurden.

[797] Ausführlich zum erforderlichen Informationsstand bereits oben, B. II. 3. b).

zungsprozesses die Anforderungen, die an eine informierte und somit sorgfaltsgerechte unternehmerische Entscheidung zu stellen sind. Jeder Teilschritt der Verschmelzung ist daran zu messen.

Schließlich muss sich der Vorstand bei der Entscheidung zur Verschmelzung ausschließlich am Unternehmensinteresse orientieren. Liegt die Verschmelzung offensichtlich im Interesse der Gesellschaft, so ist der Vorstand gehalten, sich für die Verschmelzung zu entscheiden. Dies ist beispielsweise der Fall, wenn das Unternehmen allein mittelfristig nicht überlebensfähig ist oder gar am Rande der Insolvenz steht. Umgekehrt darf der Vorstand einer Verschmelzung nicht zustimmen, wenn diese erkennbar nicht im Interesse der Gesellschaft liegt. Beispiele hierfür sind eine geplante rechtswidrige Tätigkeit des Unternehmens oder eine geplante Ausbeutung des Unternehmens nach vollzogener Verschmelzung. Soweit der Vorstand diese Gefahren erkennt, ist er verpflichtet die Verschmelzung zu verhindern. In der überwiegenden Zahl der Fälle dürfte eine geplante Verschmelzung aber weder im offensichtlichen Interesse der Gesellschaft geboten sein, noch offensichtlich diesen Interessen zuwiderlaufen. Der Vorstand hat dann über das Verschmelzungsvorhaben unter Abwägung aller im Unternehmen zusammentreffenden Interessen – der Aktionärsinteressen, der Interessen der Arbeitnehmer sowie der Allgemeinheit – zu entscheiden[798]. Wegen der Bedeutung, die der korrekten Festlegung des Umtauschverhältnisses für die Aktionäre zukommt, muss der Vorstand dabei primär, aber nicht ausschließlich, die Interessen der Aktionäre im Auge haben[799]. Innerhalb dieses Rahmens hat der Vorstand einen erheblichen Spielraum der Einschätzung und Beurteilung, welches Verhalten dem Unternehmensinteresse entspricht. Das Unternehmensinteresse ist dabei keine einmal ermittelte konstante Größe, sondern muss für jeden Einzelfall ständig neu ermittelt werden[800]. Der Vorstand muss sich bei der Vorbereitung der Verschmelzung beispielsweise fragen, ob sein Unternehmen in der Lage ist, die Verschmelzung finanziell und organisatorisch durchzuführen und welche Chancen und Risiken mit der Transaktion im Hinblick auf die zukünftige Ertragskraft des Gesamtunternehmens verbunden sind[801]. Die

---

[798]   Vgl. *Treeck*, FS Fikentscher, 434, 450f. sowie zu Übernahmeversuchen *Kort*, FS Lutter, 1421, 1436.

[799]   So *Clemm/Dürrschmidt*, FS Widmann, 3, 17 sowie auch bei Übernahmeversuchen *Kort*, FS Lutter, 1421, 1426, 1435. Es existiert kein Eigeninteresse der Aktionäre an der Beibehaltung der bisherigen Struktur ihrer Gesellschaft, so dass damit die Ablehnung des Verschmelzungsvorhabens nicht begründet werden kann, vgl. *Kort*, FS Lutter, 1421, 1434.

[800]   Vgl. *Semler*, Leitung und Überwachung der Aktiengesellschaft, Rnr. 51.

[801]   Vgl. *Landwehrmann* in Anwaltkommentar Aktienrecht, § 93 Rnr. 93.

Einschätzungsprärogative des Vorstands führt im Ergebnis dazu, dass die Verschmelzung nur dann nicht dem Unternehmensinteresse entspricht, wenn sie offensichtlich nicht zweckdienlich[802] bzw. unter keinem in Betracht kommenden Aspekt sinnvoll ist.

Das bedeutet, dass speziell bei ausreichender Ermittlung der Entscheidungsgrundlagen sowie bei einer ausschließlichen Orientierung am Unternehmensinteresse, wenig Raum für ein Verhalten bleibt, welches zwar diese beiden Vorgaben erfüllt, aber trotzdem als pflichtwidrig einzustufen ist. Der vom BGH insoweit vorgesehenen inhaltlichen Kontrolle der Entscheidung im Hinblick darauf, ob der Vorstand die Bereitschaft, unternehmerische Risiken einzugehen, in unverantwortlicher Weise überspannt hat, kann kein großer Anwendungsbereich zukommen. Für die Verschmelzung hat die Rechtsprechung des BGH zur Folge, dass jeder einzelne Teilschritt an den Vorgaben der ARAG/Garmenbeck-Entscheidung zu messen ist, um ein dem Sorgfaltsmaßstab des § 93 Abs. 1 S. 1 AktG entsprechendes Handeln zu gewährleisten[803].

3. Entscheidung über das Verschmelzungskonzept

Dies gilt auch für die Wahl des Verschmelzungskonzepts. Der Vorstand hat zunächst die verschiedenen Formen der Merger & Acquisitions zu prüfen und zu entscheiden welche Gestaltungsmöglichkeiten in Betracht kommen. Neben einer Verschmelzung besteht beispielsweise die Möglichkeit ein Unternehmen bzw. einen Unternehmensteil zu kaufen, eine Holding-Gesellschaft zu bilden oder nur eine Kooperation einzugehen. Eine wesentliche Rolle spielen regelmäßig steuerliche Gesichtspunkte, die Nutzung einer vorhandenen Börsennotierung sowie Kostengesichtspunkte. Von Bedeutung ist meist auch der Zeitbedarf, der zur Umsetzung der gewählten Struktur erforderlich ist. Ein sehr hoher Stellenwert kommt schließlich der Transaktionssicherheit zu[804].

Hat sich der Vorstand mit den Vorständen der anderen beteiligten Gesellschaften auf die Verschmelzung als Transaktionsstruktur geeinigt, weil beispielsweise die Aktivitäten der Gesellschaften in einer Gesellschaft gebündelt werden sollen, ist von den Vorständen zu beachten, dass der zeitliche Ablauf der Verschmelzung wesentlich von § 17 Abs. 2 S. 4 UmwG bestimmt wird. Danach ist der Anmeldung beim Registerge-

---

[802]   Vgl. *Clemm/Dürrschmidt*, FS Widmann, 3, 11.

[803]   Vgl. *Mutschler/Mersmann*, DB 2003, 79, 80.

[804]   Vgl. *Reichert* in Semler/Volhard, Arbeitshandbuch für Unternehmensübernahmen, Band 1, § 17 Rnr. 1ff.; *Seydel* in Picot/Mentz/Seydel, Die Aktiengesellschaft bei Unternehmenskauf und Restrukturierung, Teil III Rnr. 35f. sowie *Picot*, Handbuch Mergers & Acquisitions, 22.

richt eine Schlussbilanz der übertragenden Rechtsträger beizufügen, die auf einen höchstens acht Monate vor der Anmeldung liegenden Stichtag datiert ist. Ausgehend von der Acht-Monats-Frist ist ein Zeitplan für den Verschmelzungsablauf zu entwerfen. In diesen Plan sind möglichst Berater, Wirtschaftsprüfer und Notare mit einzubeziehen, damit eine optimale Terminabstimmung gewährleistet ist. Aber nicht nur externe Experten sollten die Verschmelzung vorbereiten und begleiten, sondern auch im Unternehmen selbst bedarf es der Einrichtung entsprechender Arbeitsgruppen, die gemeinsam mit den korrespondierenden Arbeitsgruppen der anderen beteiligten Unternehmen die wesentlichen Vorbereitungen treffen[805].

Die gewählte Zielstruktur kann als Verschmelzung im Wege der Aufnahme oder im Wege der Neugründung erreicht werden. Denkbar ist auch ein der Verschmelzung vorgelagertes Tauschverfahren bzw. Übernahmeangebot[806]. Dabei muss sich der Vorstand bewusst sein, dass die Verschmelzungskonzepte jeweils spezifische Vor- und Nachteile aufweisen[807].

Bei der Verschmelzung durch Aufnahme, besteht eine Anfechtungsmöglichkeit der Aktionäre der aufnehmenden Gesellschaft nicht nur wegen formaler Fehler, Auskunftsmängeln und Berichtsmängeln. Vielmehr kann eine Anfechtung auch wegen eines angeblich unangemessenen Umtauschverhältnisses erfolgen. Dies ergibt sich aus § 14 Abs. 2 UmwG. Da im Gegensatz zur Verschmelzung durch Neugründung kein Spruchverfahren zur Überprüfung des Umtauschverhältnisses zur Verfügung steht, ist das Risiko einer auf Bewertungsmängel gestützten Anfechtungsklage hoch. Meist führt die Anfechtungsklage zur Blockade der Verschmelzung, denn die dadurch eintretende Registersperre kann nur im Wege des Freigabeverfahrens nach § 16 Abs. 3 UmwG überwunden werden, was bei Bewertungsrügen sehr viel schwieriger zu bewerkstelligen ist, als bei anderen Anfechtungsgründen. Aber auch bei einem erfolgreichen Verfahren nach § 16 Abs. 3 UmwG muss jedenfalls mit einer Verzögerung von einigen Monaten gerechnet werden[808].

---

805   Vgl. *Sagasser/Ködderitzsch* in Sagasser/Bula/Brünger, Umwandlungen, J Rnr. 10 sowie *Reichert* in Semler/Volhard, Arbeitshandbuch für Unternehmensübernahmen, Band 1, § 17 Rnr. 34, 39.

806   Dazu unten ausführlich, vgl. unten C. V. 1. sowie 8.

807   Zu den Vor- und Nachteilen einer Verschmelzung gegenüber anderen Möglichkeiten der Unternehmenskonzentration, vgl. *Sagasser/Ködderitzsch* in Sagasser/Bula/Brünger, Umwandlungen, I Rnr. 6ff.

808   So *Decher*, FS Lutter, 1209, 1216. Zu den Einzelheiten des Freigabeverfahrens, vgl. unten 3. Kapitel C. IV.

Bei einer Verschmelzung durch Neugründung gilt hingegen bezüglich angeblicher Bewertungsmängel der Anfechtungsausschluss des § 14 Abs. 2 UmwG. Den Aktionären der übertragenden Gesellschaften steht das Spruchverfahren zur nachträglichen Überprüfung der Bewertung zur Verfügung. Das Anfechtungsrisiko ist daher deutlich niedriger. Wirtschaftlich kann allerdings im Wege des Spruchverfahrens eine Korrektur durch die Festsetzung barer Zuzahlungen stattfinden, was die Liquidität der verschmolzenen Gesellschaft schwer beeinträchtigen kann. Dieses Risiko kann dadurch minimiert werden, dass die Verschmelzung nur durchgeführt wird, wenn bereits ein vorgeschaltetes Übernahmeangebot durch die neu gegründete Gesellschaft von einem großen Teil der Aktionäre der übertragenden Gesellschaften angenommen wurde[809] oder die Zahl der Aktionäre durch das Angebot zum Tausch ihrer Aktien gegen Aktien einer unbeteiligten Gesellschaft reduziert wurde[810].

Für die Beurteilung, ob die Entscheidung des Vorstands über das Verschmelzungskonzept pflichtwidrig getroffen wurde, sind auch hier wieder die Vorgaben des BGH heranzuziehen, denn diese Entscheidung stellt eine unternehmerische Leitungsentscheidung dar. Das hiernach eröffnete weite Handlungsermessen des Vorstands wird zunächst durch die Pflicht zur sorgfältigen Ermittlung der Entscheidungsgrundlagen eingeschränkt. Wie soeben erläutert, sind dabei vor allem rechtliche Beurteilungen entscheidend, die nicht auf potentiell geheimhaltungsbedürftigen Unternehmensinterna fußen, sondern lediglich die Kenntnis der geltenden Rechtslage und beispielsweise der Aktionärsstruktur der beteiligten Gesellschaften erfordern, um die Transaktionsrisiken beurteilen zu können. Darüber hinaus sind vom Vorstand – gegebenenfalls durch ihre Arbeitsgruppen – die Auswirkungen auf die künftige Organisationsstruktur, die steuerlichen und bilanziellen Auswirkungen sowie Gesichtspunkte der Unternehmensfinanzierung in den Blick zu nehmen[811].

---

[809]   Vgl. zu dieser Konstellation *Decher*, FS Lutter, 1209, 1214ff. sowie *Reichert* in Semler/Volhard, Arbeitshandbuch für Unternehmensübernahmen, Band 1, § 17 Rnr. 9ff. *Sagasser/Ködderitzsch* in Sagasser/Bula/Brünger, Umwandlungen, I Rnr. 2 weisen darauf hin, dass Verschmelzungen üblicherweise den Charakter einer Übernahme durch einen Partner der Verschmelzung in sich tragen.

[810]   Vgl. *Seydel* in Picot/Mentz/Seydel, Die Aktiengesellschaft bei Unternehmenskauf und Restrukturierung, Teil III Rnr. 39f. Zu den Einzelheiten des Rechtsschutzsystems bei der Verschmelzung, vgl. ausführlich unten 3. Kapitel B. II. und C. IV.

[811]   Vgl. *Reichert* in Semler/Volhard, Arbeitshandbuch für Unternehmensübernahmen, Band 1, § 17 Rnr. 33.

Hat sich der Vorstand diese Informationen beschafft, liegt eine pflicht-gemäße Entscheidung vor, wenn das gewählte Verschmelzungskonzept dem Unternehmensinteresse entspricht und diese Entscheidung von keinen Eigeninteressen eines Vorstandsmitglieds beeinflusst wurde. Bei der Konkretisierung des Unternehmensinteresses verfügt der Vorstand wiederum über beträchtliche Spielräume der Einschätzung und Beur-teilung, wobei aber die Transaktionssicherheit eine wesentliche Rolle in seinen Erwägungen spielen muss. Ein pflichtwidriges Verhalten des Vorstands dürfte nur bei einer offensichtlich nicht zweckdienlichen Wahl der Transaktionsstruktur vorliegen.

4. Prüfung der Vermögenslage der Rechtsträger

Die Vorstände der an der Verschmelzung beteiligten Rechtsträger haben gemäß § 5 Abs. 1 Nr. 3 UmwG das Umtauschverhältnis der Anteile im Verschmelzungsvertrag anzugeben. Darüber hinaus haben die Vorstän-de im Verschmelzungsbericht gemäß § 8 Abs. 1 UmwG insbesondere das Umtauschverhältnis rechtlich und wirtschaftlich zu erläutern und zu be-gründen. Das Umtauschverhältnis wird aus dem Verhältnis der Unter-nehmenswerte der beteiligten Rechtsträger abgeleitet. Dazu ist in der Regel für jede beteiligte Gesellschaft eine Unternehmensbewertung er-forderlich[812]. Auf dabei auftretende besondere Schwierigkeiten ist gemäß § 8 Abs. 1 S. 2 UmwG im Verschmelzungsbericht hinzuweisen. § 25 Abs. 1 S. 2 UmwG erwähnt die Pflicht zur sorgfältigen Prüfung der Vermögenslage der an der Verschmelzung beteiligten Rechtsträger. Da-bei haben die Vorstände nicht nur für eine ordnungsgemäße Bewertung des von ihnen selbst verwalteten Rechtsträgers zu sorgen, sondern auch die Vermögenslage der anderen beteiligten Rechtsträger zu prüfen[813]. § 25 Abs. 1 UmwG hat insofern aber nur klarstellende Bedeutung, weil die dort aufgeführten Pflichten ohnehin Bestandteil des Pflichtenpro-gramms nach § 93 Abs. 1 S. 1 AktG sind[814]. Den genannten Vorschriften ist gemein, dass sie die Prüfung der Vermögenslage der beteiligten Rechtsträger zumindest konkludent voraussetzen um eine Bewertung der Rechtsträger zu ermöglichen.

---

[812]   Vgl. *Marsch-Barner* in Kallmeyer, UmwG, § 8 Rnr. 12; *Temme* in Picot/Mentz/ Seydel, Die Aktiengesellschaft bei Unternehmenskauf und Restrukturierung, Teil X Rnr. 31; *Volhard* in Semler/Volhard, Arbeitshandbuch für Unterneh-mensübernahmen, Band 1, § 17 Rnr. 127.

[813]   So *Clemm/Dürrschmidt*, FS Widmann, 3, 14.

[814]   Vgl. *Schnorbus*, ZHR 167 (2003), 666, 670f. m.w.N.

a) Vermögenslage der selbst verwalteten Gesellschaft

Der Umfang der bei der Prüfung der Vermögenslage vom Vorstand zu beachtenden Sorgfaltspflicht ist wenig klar[815]. Die Vorstandsmitglieder haben sich aber stets vor Augen zu halten, dass sie durch das im Verschmelzungsvertrag vereinbarte Umtauschverhältnis nachhaltig in die Rechtsposition der Aktionäre eingreifen, denn ein fehlerhaft bemessenes Umtauschverhältnis führt zu einem unmittelbaren Schaden der Aktionäre. Zwar entscheiden die Aktionäre über die Zustimmung zur Verschmelzung und damit auch über die Festsetzung des Umtauschverhältnisses. Dieses Umtauschverhältnis wird aber in der Praxis durch den von den Vorständen selbst ausgehandelten Verschmelzungsvertrag präjudiziert, auf dessen Angemessenheit die Aktionäre auch vertrauen müssen[816].

Zunächst erfordert eine sorgfältige Unternehmensbewertung die sorgfältige Ermittlung und Prüfung der dafür notwendigen Daten sowie die Klärung der Problemfelder. Dies geschieht regelmäßig im Wege einer Due Diligence Prüfung der anderen beteiligten Gesellschaften. Unter Due Diligence versteht man die sorgfältige, systematische und detaillierte Untersuchung und Analyse eines Unternehmens im Rahmen der Vorbereitung und Durchführung einer Transaktion, um die für diese Transaktion wesentlichen Einflussfaktoren aufzuzeigen und zu analysieren sowie ein Gesamtbild des Unternehmens zu erlangen[817].

Hinsichtlich der selbst verwalteten Gesellschaft gilt hingegen ein erweiterter Sorgfaltsmaßstab. Der Vorstand hat die Wirtschaftsprüfer oder die sonstigen mit der Unternehmensbewertung beauftragten externen Sachverständigen zu begleiten und gemeinsam mit ihnen ein Ergebnis zu erarbeiten. Die Pflichten des Vorstands fokussieren sich dabei im Wesentlichen auf die Recherche und das Zusammentragen des für eine ordnungsgemäße Unternehmensbewertung notwendigen Zahlenmaterials und der dafür notwendigen Unterlagen. Da im Verschmelzungsbericht konkrete Prognosezahlen bekannt zu geben und zu erläutern sind[818], auf deren Basis die zukünftig zu erwartenden Erträge ermittelt wurden, hat der Vorstand nur dann pflichtgemäß gehandelt, wenn er ausreichende Vorkehrungen getroffen hat, die eine sachgerechte Ermittlung dieser Zahlen erwarten lassen. Der Vorstand ist also verantwortlich dafür, dass detaillierte Zukunftsplanungen gegebenenfalls nach Geschäftsbereichen

---

[815] Vgl. *Kübler* in Semler/Stengel, UmwG, § 25 Rnr. 9.

[816] So *Schnorbus*, ZHR 167 (2003), 666, 673f.

[817] Vgl. *Wagner/Russ* in Wirtschaftsprüfer-Handbuch, Band II, Rnr. O 2. Dazu sogleich ausführlich.

[818] Vgl. dazu oben C. III. 1.

getrennt erstellt und dabei Risiken im Rahmen des Vorhersehbaren ausreichend berücksichtigt werden. Diese Pflicht ist freilich umso schwä-
cher, je weiter die Prognose in die Zukunft reicht[819]. Den Vorstand trifft
eine Wahrheitspflicht, die er verletzt, wenn er vorsätzlich oder fahrlässig
falsche Angaben macht wie beispielsweise die Vorlage unrichtiger Bi-
lanz- oder Ertragszahlen. Ausfluss des Wahrheitsgebots ist ferner, dass
er Fehlvorstellungen der Verschmelzungspartner nicht durch Halbwahrheiten Vorschub leisten darf. Die bereitgestellten Informationen
müssen vollständig, richtig, zeitgerecht und geordnet sein[820]. Das Verschweigen bestimmter Umstände steht aktiven Falschangaben nur
gleich, wenn den Vorstand eine Aufklärungspflicht trifft. Eine solche
Redepflicht besteht im Kaufrecht beim Vorliegen solcher Umstände, die
den Vertragszweck vereiteln können und für den anderen Teil von wesentlicher Bedeutung sind, sofern er die Mitteilung nach der Verkehrsauffassung erwarten konnte[821]. Dies ist nach den Umständen des Einzelfalls einschließlich der Geschäftsgewandtheit des Käufers zu ermitteln[822].
Eine Aufklärungspflicht besteht aber nur, wenn der zu offenbarende
Umstand der aufklärungspflichtigen Partei auch bekannt ist[823].

Die Durchführung einer Due Diligence durch die Verschmelzungspartner führt zu keiner Reduzierung der Aufklärungspflichten[824]. Hiergegen
spricht schon, dass die Due Diligence meist in großer Hektik und unter
enormem Zeitdruck durchgeführt wird[825]. Des Weiteren begründen Verhandlungen im Zusammenhang mit einem Verschmelzungsvertrag ein

---

[819] So *Clemm/Dürrschmidt*, FS Widmann, 3, 12 und 13.

[820] So *Fleischer/Körber*, BB 2001, 841, 843 zum Unternehmenskauf sowie *Beisel* in
       Beisel/Klumpp, Der Unternehmenskauf, Kapitel 2 Rnr. 11; *Semler* in Hölters,
       Handbuch des Unternehmens- und Beteiligungskaufs, Teil VI, Rz. 168.

[821] Vgl. *Dietzel* in Semler/Volhard, Arbeitshandbuch für Unternehmensübernah-
       men, Band 1, § 9 Rnr. 24; *Fleischer/Körber*, BB 2001, 841, 843; *Klein-Blenkers*,
       NZG 2003, 903, 905 m.w.N. aus der Rechtsprechung; *Picot* in Picot/Mentz/
       Seydel, Die Aktiengesellschaft bei Unternehmenskauf und Restrukturierung,
       Teil I Rnr. 35.

[822] Weitere Abwägungskriterien sind die Intensität der Vertragsverhandlungen,
       Sachkunde der Parteien, Irrtumserregung vor Vertragsverhandlungen, Vorlie-
       gen eines Risikogeschäfts, Bestehen von Geheimhaltungspflichten, so *Picot*,
       Handbuch Mergers & Acquisitions, 120.

[823] Vgl. zur Frage, auf wessen Kenntnis dabei abzustellen ist *Semler* in Hölters,
       Handbuch des Unternehmens- und Beteiligungskaufs, Teil VI, Rz. 171ff.

[824] So *Dietzel* in Semler/Volhard, Arbeitshandbuch für Unternehmensübernah-
       men, Band 1, § 9 Rnr. 25; *Fleischer/Körber*, BB 2001, 841, 848; a.A. *Werner*, ZIP
       2000, 989, 990; *Semler* in Hölters, Handbuch des Unternehmens- und Beteili-
       gungskaufs, Teil VI, Rz. 169.

[825] Vgl. *Beisel* in Beisel/Klumpp, Der Unternehmenskauf, Kapitel 2 Rnr. 12.

Sonderrechtsverhältnis zwischen den Rechtsträgern im Sinne des § 311 Abs. 2 BGB, das zu besonderen Mitwirkungs- und Aufklärungspflichten der Parteien bei der Prüfung der Vermögenssituation der Rechtsträger und beim Abschluss des Verschmelzungsvertrages führt[826].

b) Due Diligence der anderen Gesellschaften

Auf die Prüfung der Vermögenslage der anderen an der Verschmelzung beteiligten Gesellschaften ist ausführlicher einzugehen. Man kann dabei nicht denselben Sorgfaltsmaßstab anlegen, da kaum Möglichkeiten bestehen, eigenständig die zukünftigen Ertragsaussichten der Verschmelzungspartner zu ermitteln. Insoweit ist der Vorstand einer Gesellschaft auf die von der „Gegenseite" übermittelten Informationen angewiesen und muss sich auf deren Richtigkeit und Vollständigkeit verlassen können[827]. Andererseits trifft den Vorstand die Pflicht zur ausdrücklichen Nachfrage, wenn die übermittelten Informationen erkennbar unvollständig oder unplausibel sind. Zu fordern ist daher in jedem Fall, dass der Vorstand bei den Verhandlungen ausreichende und zuverlässige Informationen über die Vermögenslage der anderen beteiligten Gesellschaften nachdrücklich einfordert und gegebenenfalls sogar den Abbruch der Verschmelzungsverhandlungen androht[828]. Der Vorstand muss die Transaktion spätestens dann abbrechen, wenn die verweigerten Informationen zwingend erforderlich sind und die Verweigerung nicht durch vernünftige Gründe gerechtfertigt ist, wie beispielsweise ein Geheimhaltungsinteresse nach § 8 Abs. 2 UmwG[829]. Nur dieses Verhalten entspricht dem Gebot der ordnungsgemäßen und wirtschaftlich vertretbaren Verhandlungsführung[830] und deckt sich mit den Anforderungen der ARAG/Garmenbeck-Entscheidung des BGH zum erforderlichen Kenntnisstand des Vorstands sowie zum Handeln im Unternehmensinteresse[831]. Der Vorstand kann sich deshalb nicht darauf berufen, eine andere an der Verschmelzung beteiligte Gesellschaft hätte keine oder nur unzureichende Auskunft über ihre Vermögenslage erteilt. Nicht opportun ist auch die Berufung auf mangelnde eigene Sachkunde. Im Regelfall

---

826 So *Schnorbus*, ZHR 167 (2003), 666, 686.
827 Vgl. zum Unternehmenskauf: BGH NJW 1977, 1536, 1537; *Beisel* in Beisel/Klumpp, Der Unternehmenskauf, Kapitel 2 Rnr. 9; *Merkt*, Internationaler Unternehmenskauf, Rnr. 505.
828 So *Clemm/Dürrschmidt*, FS Widmann, 3, 14.
829 Vgl. *Schnorbus*, ZHR 167 (2003), 666, 685.
830 Dazu *Grunewald* in Lutter, UmwG, § 25 Rnr. 11 m.w.N.
831 Dazu BGH ZIP 1997, 883ff. („ARAG/Garmenbeck") sowie oben B. II. 3. b) aa).

wird man die Hinzuziehung von sachverständigen Dritten erwarten müssen[832].

aa) Pflicht zur Due Diligence

Bei der Prüfung der Vermögenslage geht es letztlich um die Klärung der Problemfelder und der anzuwendenden Bewertungsmethoden. Insofern ist der Vorstand grundsätzlich verpflichtet, eine Due Diligence der anderen Gesellschaften rechtzeitig, d.h. so früh wie möglich im Vorfeld der Verschmelzung unter fachkundiger Beratung durchzuführen. Im Übrigen ist es generell Inhalt der allgemeinen Sorgfaltspflicht des Vorstandes, Entscheidungen sachgerecht vorzubereiten und Risiken einer Transaktion im Rahmen einer Due Diligence zu evaluieren. Ohnehin wird der Vorstand den Verschmelzungsbericht und die darin geforderten Angaben nur dann pflichtgemäß erstatten können, wenn ein hinreichender Kenntnisstand über die Vermögenslage der anderen Gesellschaften besteht[833]. Nach den Grundsätzen der ARAG/Garmenbeck-Entscheidung ist der Entschluss des Vorstands, eine Verschmelzung ohne vorherige Due Diligence durchzuführen, im Regelfall nicht mehr von seinem Ermessensspielraum gedeckt. Denn die Risiken sind so unkalkulierbar, dass deren bewusstes Eingehen nicht mehr im Unternehmenswohl liegen würde und kein unternehmerisches Handeln vorläge, das auf sorgfältiger Ermittlung der Entscheidungsgrundlagen beruhen würde[834]. Hinzu kommt, dass sich die Durchführung einer Due Diligence als standardisierter Bestandteil bei Transaktionen etabliert hat. Daher kann das Unterlassen einer Due Diligence nur ausnahmsweise in besonderen Einzelfällen vom Ermessenspielraum gedeckt sein, wenn aufgrund be-

---

[832]   Vgl. *Stratz* in Schmitt/Hörtnagl/Stratz, UmwG, § 25 Rnr. 20; *Vossius* in Widmann/Mayer, UmwR, 68. Erg.-Lfg., § 25 UmwG Rz. 33.

[833]   So *Schnorbus*, ZHR 167 (2003), 666, 680, 684; vgl. auch *Hefermehl/Spindler* in Münchener Kommentar, AktG, § 93 Rnr. 30; *Mertens*, AG 1997, 541, 546. Ebenso für den Unternehmenskauf: LG Hannover AG 1977, 198, 200f.; *Beisel* in Beisel/Klumpp, Der Unternehmenskauf, Kapitel 2 Rnr. 18ff.; *Kiethe*, NZG 1999, 976, 982; *Werner*, ZIP 2000, 989, 990f.

[834]   Empirische Erhebungen zeigen Misserfolgsquoten zwischen 30 und 70 Prozent, wobei Misserfolg nicht unbedingt ein formales Scheitern voraussetzt, sondern auch beinhaltet, dass die erwarteten Ziele (im Wesentlichen die Hebung der Synergiepotenziale) nicht bzw. nicht vollständig erreicht wurden. Als Ursache gelten vor allem das nicht ausreichende Wissen um das Transaktionsobjekt sowie die daraus folgende Überbewertung der Synergiepotenziale, so *Picot*, Handbuch Mergers & Acquisitions, 267.

sonderer Umstände die Risiken von vornherein bestimmbar sind und eine genauere Prüfung daher nicht erforderlich ist[835].

Ist die Due Diligence aus Zeitmangel – beispielsweise wegen des Tempos der Verhandlungen – in nur eingeschränktem Umfang möglich, bedeutet das, dass sich die Sorgfaltspflicht des Vorstands auf eine sachgerechte Auswahl der zu prüfenden Punkte beschränkt. Hierbei gilt, dass die Sorgfaltsanforderungen niedriger sind, je eiliger eine Entscheidung zu treffen ist[836]. Die Pflicht zur Due Diligence besteht nur im Rahmen des tatsächlich Möglichen[837].

Art und Umfang der Unternehmensprüfung werden vielfach auch maßgeblich von den Kosten der Prüfung beeinflusst. Die Höhe der Kosten hängt wesentlich von der Dauer der Due Diligence und der Größe des prüfenden Teams sowie davon ab, in welchem Umfang externe Berater wie Rechtsanwälte und Wirtschaftsprüfer in Anspruch genommen werden[838]. Dabei ist nicht zu übersehen, dass es vielfach äußerst schwierig sein wird, die Kosten einer erschöpfenden Prüfung gegen die wirtschaftlichen Risiken einer Beschränkung der Prüfung abzuwägen[839]. Eine Einschränkung der Sorgfaltsanforderungen kann jedenfalls nicht pauschal erfolgen, sondern ist vom konkreten Einzelfall abhängig. Ausschlaggebend für den Grad des zu betreibenden Aufwands ist in erster Linie das finanzielle Volumen der geplanten Akquisition, denn auch die Durchführung der Due Diligence selbst muss wirtschaftlichen Kriterien genügen[840].

---

[835] Vgl. zum Unternehmenskauf *Becker* in Picot/Mentz/Seydel, Die Aktiengesellschaft bei Unternehmenskauf und Restrukturierung, Teil II Rnr. 17 m.w.N. Nach *Stoffels*, ZHR 165 (2001), 362, 368, dürfte der Kauf der sprichwörtlichen „Katze im Sack" kaum jemals den Sorgfaltspflichten eines ordentlichen und gewissenhaften Geschäftsleiters entsprechen. Trotzdem zeigen empirische Untersuchungen, dass zwar in den allermeisten Fällen eine Due Diligence durchgeführt wird, dass dies bei Akquisitionen aber häufiger geschieht, als bei Verschmelzungen, vgl. dazu im Einzelnen *Wagner/Russ* in Wirtschaftsprüfer-Handbuch, Band II, Rnr. O 6.

[836] *Mutschler/Mersmann*, DB 2003, 79, 81. Zu den Kriterien der Auswahlentscheidung und den Vorteilen einer zügigen Due Diligence, vgl. *Beisel* in Beisel/Klumpp, Der Unternehmenskauf, Kapitel 2 Rnr. 22; *Werner*, ZIP 2000, 989, 994.

[837] So ausführlich *Werner*, ZIP 2000, 989, 993f. sowie *Becker* in Picot/Mentz/ Seydel, Die Aktiengesellschaft bei Unternehmenskauf und Restrukturierung, Teil II Rnr. 18, 34ff.

[838] Vgl. *Dietzel* in Semler/Volhard, Arbeitshandbuch für Unternehmensübernahmen, Band 1, § 9 Rnr. 108.

[839] So *Merkt*, Internationaler Unternehmenskauf, Rnr. 521.

[840] Vgl. *Götze*, ZGR 1998, 202, 204; *Werner*, ZIP 2000, 989, 994.

Darf der Vorstand auf die Durchführung einer Due Diligence bei seinen Verschmelzungspartnern folglich nicht verzichten, muss er konsequenterweise gleiches auch seinen Vertragspartnern gestatten[841].

bb) Funktionen der Due Diligence

Die Bewertung eines Unternehmens richtet sich grundsätzlich nach seiner Ertragskraft[842]. Die Feststellung der Erträge und der mittelfristigen Ertragskraft eines Unternehmens setzt die sehr genaue Kenntnis der innersten und üblicherweise sorgfältig verschlossenen Daten eines Unternehmens voraus, die dem Verschmelzungspartner unbekannt sind[843]. Die Due Diligence ist geeignet, die Informationslage der Verschmelzungspartner deutlich zu verbessern und das Informationsungleichgewicht zwischen den Beteiligten abzubauen[844]. Die Prüfung erstreckt sich auf alle rechtlichen, wirtschaftlichen, finanziellen, organisatorischen, personellen, steuerlichen und sächlichen Unternehmensgrundlagen[845]. Durch die Due Diligence wird den Verschmelzungspartnern in erster Linie eine Einschätzung der mit der Verschmelzung verbundenen Risiken sowie die Wertermittlung der beteiligten Gesellschaften ermöglicht. Die weiteren Funktionen der Due Diligence beim Unternehmenskauf treten demgegenüber bei der Verschmelzung in den Hintergrund: Im Rahmen eines Unternehmenskaufs dient die Due Diligence auch dazu, Grundlagen für individuelle Gewährleistungsregeln zu schaffen sowie für den Fall etwaiger zukünftiger Rechtsstreitigkeiten den Umfang der Offenlegung der relevanten Informationen über das Zielunternehmen zu dokumentieren[846]. Bei einer Verschmelzung werden die Vertragspartner aber zu einer Einheit, weshalb bei nach der Verschmelzung erkannten

---

841   So *Feuring* in RWS-Forum 15, Gesellschaftsrecht 1999, 153, 160. Zu den bei der Gestattung einer Due Diligence zu beachtenden rechtlichen Fragen sogleich, C. III. 4. b) dd).

842   Zu den verschiedenen Bewertungsmethoden, vgl. ausführlich 2. Kapitel B. II. 2.

843   Vgl. *Lutter*, FS Schippel, 455, 456.

844   Vgl. *Stoffels*, ZHR 165 (2001), 362, 365; *Wagner/Russ* in Wirtschaftsprüfer-Handbuch, Band II, Rnr. O 3.

845   Vgl. *Götze*, ZGR 1998, 202, 204; *Picot* in Picot/Mentz/Seydel, Die Aktiengesellschaft bei Unternehmenskauf und Restrukturierung, Teil I Rnr. 36.

846   Vgl. zur Gewährleistungs-, Risikoermittlungs-, Wertermittlungs- und Beweissicherungsfunktion: *Fleischer/Körber*, BB 2001, 841, 842; *Kiethe*, NZG 1999, 976, 977f.; *Körber*, NZG 2002, 263, 264; *Merkt*, Internationaler Unternehmenskauf, Rnr. 496ff. Im Ergebnis übereinstimmend *Wagner/Russ* in Wirtschaftsprüfer-Handbuch, Band II, Rnr. O 4, die nur drei Funktionen unterscheiden.

Problemen kein Vertragspartner mehr existiert, der auf Ausgleich in Anspruch genommen werden könnte[847].

Die letztgenannte Beweissicherungs- oder Dokumentationsfunktion spielt aber insofern eine Rolle, als dass der Vorstand mit dem dokumentierten Ergebnis der Due Diligence nachweisen kann, sich vor der Verschmelzung eingehend über die Risiken informiert zu haben. Dem Vorwurf des pflichtwidrigen Verhaltens kann so seitens des Vorstands entgegengetreten werden[848].

cc) Durchführung der Due Diligence

Für eine Due Diligence gibt es keine Regeln, die für alle Unternehmen gleichermaßen gelten. Jeder Fall ist anders gelagert. Was bei einem Unternehmen außerordentlich wichtig ist, kann bei dem anderen völlig unerheblich sein[849]. Trotzdem existieren inzwischen Standards, die zumindest Grundregeln für die Durchführung einer Due Diligence aufstellen[850]. Dabei haben sich vor allem verschiedene Spielarten der Due Diligence entwickelt: Stets durchzuführen ist beispielsweise die so genannte Commercial Due Diligence. Damit wird die Analyse des wirtschaftlichen Umfelds, der Marktposition und der Organisationsstruktur des Unternehmens bezeichnet. Gegenstand der Financial Due Diligence ist die finanzielle Unternehmensanalyse, die regelmäßig aufgrund der Jahresabschlussunterlagen der letzten drei bis fünf Jahre erfolgt, aber auch die Planungsrechnung einbezieht. Die Legal Due Diligence erforscht die Gesellschaftsverhältnisse des Unternehmens, seine Vermögensgegenstände und vertraglichen Beziehungen zu Dritten, insbesondere mit Blick auf etwaige Haftungsrisiken. Die Tax Due Diligence zielt auf Erkennung steuerlicher Risiken. Je nach Tätigkeit des zu prüfenden Unternehmens

---

[847]   Vgl. *Feuring* in RWS-Forum 15, Gesellschaftsrecht 1999, 153, 160; ähnlich *Mutschler/Mersmann*, DB 2003, 79, 82.

[848]   Vgl. *Dietzel* in Semler/Volhard, Arbeitshandbuch für Unternehmensübernahmen, Band 1, § 9 Rnr. 61.

[849]   *Wegmann/Koch*, DStR 2000, 1027, 1027. Beispielsweise sind bei Kreditinstituten Risiken aus Kreditgeschäften am typischsten. So können sowohl bei der Einschätzung der Kreditwürdigkeit des Kreditnehmers als auch bei der Beurteilung der Güte der finanzierten Projekts Fehler unterlaufen sein. Zudem können konjunkturelle oder branchenspezifische Faktoren die Neubewertung eines ursprünglichen „guten" Risikos erfordern. Weiter können die bestellten Sicherheiten schon bei der Bestellung falsch bewertet worden sein oder nachträglich einen Wertverlust erlitten haben, so dass sie keine volle Sicherheit mehr bieten, vgl. *von Schenck* in Semler/Volhard, Arbeitshandbuch für Unternehmensübernahmen, Band 1, § 18 Rnr. 40.

[850]   Ähnlich *Holzapfel/Pöllath*, Unternehmenskauf in Recht und Praxis, Rnr. 12.

können auch andere Arten der Due Diligence eine Rolle spielen: Gehen vom Unternehmen besondere Gefahren für die Umwelt aus, so empfiehlt sich die Durchführung einer Environmental Due Diligence. Genannt sei noch die Technical Due Diligence, die den Zustand der technischen Ausstattung und den Entwicklungsstand der Produkte des Unternehmens untersucht. Der Katalog ist nicht abschließend[851].

Einen ersten Eindruck vom Anforderungsprofil der Due Diligence vermitteln so genannte Checklisten, die sehr umfangreich sind und in standardisierter Form alle wesentlichen Prüfungspunkte sowie alle Dokumente und Unterlagen enthalten, deren Vorlage vom Vorstand des zu untersuchenden Unternehmens verlangt wird[852]. Die Checklisten können allerdings auf Grund der Unterschiedlichkeit der Unternehmen allenfalls Anhaltspunkte für den von Fall zu Fall zu bestimmenden Untersuchungsumfang bieten und müssen dementsprechend angepasst werden[853].

Weil den Vorständen der beteiligten Gesellschaften das notwendige Fachwissen für die Prüfung der vielfältigen Aspekte häufig fehlt und die Due Diligence meist zeit- und arbeitsintensiv ist, sind mit ihrer Durchführung in aller Regel externe Experten zu beauftragen, wie Anwälte, Steuerberater und Wirtschaftsprüfer. Eine vollständige Verlagerung auf externe Experten ist allerdings nicht der Regelfall, meistens erfolgt die Begutachtung auch unter Einschluss eigener Mitarbeiter des die Due Diligence durchführenden Unternehmens[854]. Auch das zu untersuchende Unternehmen sollte für die Vorbereitung und Durchführung der Due Diligence ein Mitarbeiterteam bilden und eine Person benennen, die für die Bereitstellung der Unterlagen und die Vermittlung der Gespräche

---

[851] Vgl. ausführlich *Picot*, Handbuch Mergers & Acquisitions, 278ff.; *Wegmann/Koch*, DStR 2000, 1027, 1029ff. Vgl. auch *Fleischer/Körber*, BB 2001, 841, 841; *Holzapfel/Pöllath*, Unternehmenskauf in Recht und Praxis, Rnr. 13. Hinzutreten können etwa noch die Human Resources Due Diligence, die Psychological bzw. Cultural Due Diligence oder auch die Insurance Due Diligence.

[852] Vgl. *Merkt*, Internationaler Unternehmenskauf, Rnr. 494; *Treeck*, FS Fikentscher, 434, 435. Muster einer Checkliste bei *Klumpp/Beisel* in Beisel/Klumpp, Der Unternehmenskauf, Kapitel 19 Rnr. 22ff.

[853] Vgl. *Kiethe*, NZG 1999, 976, 978; *Körber*, NZG 2002, 263, 264. Ausführlich dazu *Dietzel* in Semler/Volhard, Arbeitshandbuch für Unternehmensübernahmen, Band 1, § 9 Rnr. 138ff.

[854] Vgl. *Fleischer/Körber*, BB 2001, 841, 842; *Holzapfel/Pöllath*, Unternehmenskauf in Recht und Praxis, Rnr. 12; *Mutschler/Mersmann*, DB 2003, 79, 81; *Stoffels*, ZHR 165 (2001), 362, 365.

mit leitenden Angestellten zuständig ist. In der Praxis stammt dieser Hauptansprechpartner meist aus dem Vorstandsbereich[855].

Von einer allgemeinen Rechtspflicht zur Konsultation von Beratern ist trotz der Komplexität des Wirtschaftlebens zwar nicht auszugehen. Allerdings ist der Pflicht zur Selbstinformation spätestens seit der ARAG/Garmenbeck-Entscheidung des BGH großes Gewicht beizumessen. Eine unternehmerische Ermessensentscheidung gilt nur dann als pflichtgemäß, wenn der Vorstand sich angemessen informiert hat und sich, sofern die zur Verfügung stehenden Erkenntnisquellen nicht ausreichen, zusätzliche Informationen beschafft. In diesem Zusammenhang besteht die Verpflichtung sachverständigen Rat einzuholen, um Informationslücken, die einer angemessenen oder hinreichenden Information entgegenstehen, zu schließen[856]. Die Aufgabe des Beraters ist nur die Unterstützung des Vorstands in seinem Fachgebiet. Die weitgehende Übertragung von Aufgaben auf einen Berater ist dabei zulässig, aber nicht die Delegation der Entscheidung selbst[857]. Vor allem ist es unzulässig, trotz Erteilung umfangreicher Beratungsaufträge selbst uninformiert zu bleiben. Die Vorstände müssen bemüht sein, die Auskünfte und Empfehlungen der Berater inhaltlich nachzuvollziehen und deren Angemessenheit zu beurteilen[858].

Der Vorstand muss bei der Auswahl und Überwachung der Berater die erforderliche Sorgfalt walten lassen[859]. Dabei ist insbesondere darauf zu achten, dass sich zur Errechnung eines angemessenen Umtauschverhältnisses geeigneter Experten bedient wird[860].

Die Offenbarung von Geheimnissen gegenüber externen Beratern im Rahmen einer Due Diligence erfordert die Gewissheit, dass die Informationen vertraulich behandelt werden. Deshalb ist zu verlangen, dass der Berater einer beruflichen oder gesetzlichen Verschwiegenheitspflicht unterliegt, wie sie bei Rechtsanwälten, Steuerberatern, Wirtschaftsprü-

---

[855] So *Wegmann/Koch*, DStR 2000, 1027, 1029.

[856] So *Gasteyer* in Semler/Volhard, Arbeitshandbuch für Unternehmensübernahmen, Band 1, § 4 Rnr. 3, 8; *Rozijn*, NZG 2001, 494, 497, die allerdings beide von einer Pflicht zur umfassenden Information ausgehen. Vgl. dazu oben, B. II. 3. b).

[857] Vgl. dazu bereits ausführlich oben, B. II. 3. c) dd) (2).

[858] Vgl. *Gasteyer* in Semler/Volhard, Arbeitshandbuch für Unternehmensübernahmen, Band 1, § 4 Rnr. 6, 9.

[859] So *Schneider*, FS 100 Jahre GmbH-Gesetz, 473, 489. Ähnlich *Hefermehl/Spindler* in Münchener Kommentar, AktG, § 76 Rnr. 18. Ausführlich dazu bereits oben, B. II. 3. c) dd) (2).

[860] Vgl. *Vossius* in Widmann/Mayer, UmwR, 68. Erg.-Lfg., § 25 UmwG Rz. 21.

fern und Banken bestehen. Existiert eine solche Verschwiegenheitspflicht nicht, ist der Abschluss einer Vertraulichkeitsvereinbarung erforderlich. Dies gilt insbesondere für M&A-Dienstleister, die keinem der genannten Berufsstände angehören[861].

dd) Rechtliche Grenzen der Due Diligence

Vertrauliche Unternehmensdaten darf der Vorstand grundsätzlich nicht offenbaren. Die Informationsweitergabe kann vor allem aktien- und kapitalmarktrechtlichen Grenzen unterliegen. Es können sich aber Situationen ergeben, in denen es im Interesse des Unternehmens sein kann, diese Daten doch an Dritte weiterzugeben. Beispielsweise wird bei einer beabsichtigten Verschmelzung der Vorstand des Verschmelzungspartners regelmäßig auf Durchführung einer Due Diligence bestehen. Dafür müssten aber Informationen zur Verfügung gestellt werden, die grundsätzlich der aktienrechtlichen Geheimhaltung unterliegen. Der Vorstand befindet sich dann in einem Konflikt zwischen seiner Befugnis, das Unternehmen eigenverantwortlich zu leiten und den ihm obliegenden Geheimhaltungspflichten[862].

(1) Aktienrechtliche Grenzen

Nach § 93 Abs. 1 S. 2 AktG unterliegen Vorstandsmitglieder einer Verschwiegenheitspflicht bezüglich Gesellschaftsgeheimnissen und vertraulichen Angaben. Bei der überwiegenden Mehrheit der im Rahmen einer Due Diligence benötigten Informationen wird es sich um Geheimnisse der Gesellschaft handeln. Den potentiellen Verschmelzungspartnern liegt gerade an den Informationen, die nicht allgemein bekannt sind. Zu nennen sind hier vor allem Auskünfte über Herstellungsverfahren, Produktionsvorhaben, Kundenstamm, Finanzpläne, Umsatzzahlen, Steuerbescheide, stille Reserven, Einkaufskonditionen bei Hauptlieferanten, Kooperationsverträge und ähnlich beschränkt zugängliche Firmeninterna, die der Vorstand aus Gründen der Wettbewerbsfähigkeit oder des Ansehens der Gesellschaft nicht allgemein bekannt machen will. Dieser Wille besteht auch dann fort, wenn die Gesellschaft bestimmte Informationen einem beschränkten Kreis von Personen zugänglich machen möchte. Die Informationen verlieren dadurch nicht ihren Geheimnischarakter[863].

Anders als beim Unternehmenskauf, ist der Vorstand zur Vorbereitung einer Verschmelzung unstreitig dazu berechtigt, den Verschmelzungs-

---

861   Vgl. *Rozijn*, NZG 2001, 494, 498f. sowie *Roschmann/Frey*, AG 1996, 449, 452.

862   So *Meincke*, WM 1998, 749, 749 sowie *Körber*, NZG 2002, 263, 264.

863   Vgl. *Treeck*, FS Fikentscher, 434, 441f. sowie *Roschmann/Frey*, AG 1996, 449, 450.

partnern Unternehmensinterna im Rahmen einer Due Diligence zu offenbaren, ohne gegen die Verschwiegenheitspflicht nach § 93 Abs. 1 S. 2 AktG zu verstoßen.

Im Rahmen eines Unternehmenskaufs lehnt *Lutter*[864] die Weitergabe von umfassenden Informationen und Daten grundsätzlich ab, da es sich dabei um globale Daten handle, die das gesamte Unternehmen bestimmten und eine Gesamtwertung des Unternehmens beträfen. Eine Due Diligence dürfe nur zugelassen werden, wenn es ein anders nicht erreichbares überragend wichtiges unternehmerisches Interesse der Gesellschaft gebiete; gewissermaßen eine einmalige und unwiederbringliche unternehmerische Chance vorliege. Eine solche Situation sei gewisslich sehr, sehr selten[865].

Der überwiegende Teil der Literatur hält dieser restriktiven Ansicht aber zu Recht entgegen, dass die Schweigepflicht nicht absolut gilt[866]. Die Verschwiegenheitspflicht sei kein Selbstzweck, sondern diene einzig und allein den Interessen der Gesellschaft[867]. Sie sei lediglich ein Abwägungsfaktor unter mehreren bei der Beurteilung, ob eine Maßnahme das Wohl der Gesellschaft fördert[868]. § 93 Abs. 1 S. 2 AktG stelle gerade keine gesetzliche Vermutung für ein umfassendes Geheimhaltungsbedürfnis auf[869]. Das unternehmerische Interesse sei daher immanente Grenze der Schweigepflicht. Der Vorstand habe zwischen den voraussichtlichen Vor- und Nachteilen der Weitergabe von Tatsachen und Informationen pflichtgemäß abzuwägen. Er müsse dabei entsprechend den Vorgaben der ARAG/Garmenbeck-Entscheidung des BGH ausreichend informiert sein und Entscheidungsalternativen überdenken. *Lutter* sei aber zuzugeben, dass aufgrund der umfassenden Weitergabe von Unternehmensinterna, jedenfalls im Prinzip die Gefahr bestehe, dass der Empfänger die Informationen gegen das Unternehmen verwendet. Diese Gefahr habe der Vorstand durch entsprechende Sicherheitsmaßnahmen zu verringern[870].

---

[864] *Lutter*, FS Schippel, 455, 465f.

[865] So auch *Ziemons*, AG 1999, 492, 495.

[866] So *Schroeder*, DB 1997, 2161, 2162 sowie *Marsch-Barner* in Semler/Volhard, Arbeitshandbuch für Unternehmensübernahmen, Band 1, § 7 Rnr. 14.

[867] So *Müller*, NJW 2000, 3452, 3454.

[868] So *Stoffels*, ZHR 165 (2001), 362, 375 sowie *Körber*, NZG 2002, 263, 269.

[869] Vgl. BGHZ 64, 325, 330.

[870] Vgl. ausführlich *Becker* in Picot/Mentz/Seydel, Die Aktiengesellschaft bei Unternehmenskauf und Restrukturierung, Teil II Rnr. 23ff.; *Hefermehl/Spindler* in Münchener Kommentar, AktG, § 93 Rnr. 63 m.w.N.; *Kiethe*, NZG 1999, 976, 978f.; *Mertens*, AG 1997, 541, 542ff.; *Müller*, NJW 2000, 3452, 3453ff.; *Schroeder*,

Die Vorbereitung einer Verschmelzung stuft *Lutter* hingegen selbst als eine einmalige und unwiederbringliche unternehmerische Chance ein, die die Weitergabe von umfassenden Unternehmensinterna im Rahmen einer Due Diligence rechtfertigen kann, so dass der Vorstand auch nach dieser restriktiven Ansicht berechtigt ist, eine Due Diligence zuzulassen. Dies ergebe sich aus dem Gesetz, insbesondere aus §§ 42, 47, 63 UmwG. Das Unternehmen müsse zur Ermittlung der richtigen Umtauschbedingungen seine innersten Daten offen legen[871].

Die gerade aufgeführten Argumente des überwiegenden Teils der Literatur spielen im Rahmen von Verschmelzungen deshalb nur insofern eine Rolle, als dass der Vorstand verpflichtet ist, die Vor- und Nachteile der Verschmelzung inklusive der Gewährung der Due Diligence pflichtgemäß gegeneinander abzuwägen sowie wirksame Maßnahmen zur Risikobegrenzung zu ergreifen. Die am objektiven Unternehmensinteresse ausgerichtete Entscheidung, einen Verschmelzungspartner zu suchen und eine Zusammenführung der Unternehmen zu prüfen, rechtfertigt ab einem bestimmten Stadium, d.h. wenn der Verschmelzungsplan realisierbar erscheint und über unverbindliche Gespräche hinausgeht, dem Verschmelzungspartner Interna der Gesellschaft zu offenbaren. Es ergibt sich schon aus der Natur der Sache, dass eine solche Offenlegung umfassend vor Durchführung des Zusammenschlusses erfolgen muss. Da der Vorstand auf die Durchführung einer Due Diligence bei seinem Verschmelzungspartner nicht verzichten darf, muss er konsequenterweise gleiches auch seinem Verschmelzungspartner gestatten. Denn anders als bei einem Unternehmenskauf, bei dem bei Mängeln oder Fehlern der Vertragspartner in Anspruch genommen werden kann, fehlt nach einer Verschmelzung der andere Vertragspartner. Vielmehr sind die Vertragspartner eine Einheit geworden, weshalb die Vermögenslage der Verschmelzungspartner vor der Verschmelzung besonders sorgfältig zu prüfen ist[872].

Solange der Vorstand sicherstellt, dass die erteilten Auskünfte und Informationen vom potentiellen Verschmelzungspartner auch im Falle des Scheiterns der Verhandlungen vertraulich behandelt werden, darf diesem die Durchführung der Due Diligence seitens des Gesamt-

---

DB 1997, 2161, 2162f. m.w.N.; *Werner*, ZIP 2000, 989, 991f. Zu den Maßnahmen der Risikobegrenzung vgl. sogleich.

[871] So *Lutter*, FS Schippel, 455, 466 Fußnote 36. Vgl. auch *Bihr*, BB 1998, 1198, 1199; *Hopt* in Großkommentar, AktG, § 93 Rnr. 213; *Roth*, Unternehmerisches Ermessen und Haftung des Vorstands, 64.

[872] Vgl. *Feuring* in RWS-Forum 15, Gesellschaftsrecht 1999, 153, 160.

vorstandes[873] gestattet werden[874]. Es besteht ein legitimes Interesse der an der Verschmelzung beteiligten Gesellschaften, die jeweils anderen Gesellschaften – oft Wettbewerber – nicht zu tief in die Verhältnisse des eigenen Unternehmens blicken zu lassen. Hintergrund ist die Befürchtung, dass ein Verschmelzungsvertrag später nicht zustande kommt[875]. Die Gefahr ist nicht von der Hand zu weisen, dass sich ein Verschmelzungspartner dann das erlangte Wissen zum Nachteil des geprüften Verhandlungspartners zunutze macht[876]. Einschränkend ist aber festzustellen, dass im Gegensatz zum Unternehmenskauf keine einseitige Due Diligence stattfindet, sondern alle an der Verschmelzung beteiligten Gesellschaften gegenseitig eine Due Diligence durchführen. Da die Due Diligence Prüfungen der einzelnen Gesellschaften im Regelfall gleichzeitig und parallel ablaufen, unterliegen folglich alle Gesellschaften diesem Risiko in gleichem Maße[877].

Trotzdem ist der Vorstand der Gesellschaft, der eine Due Diligence seines Unternehmens zulässt, zur Verringerung der Risiken verpflichtet, die aus einem möglichen Scheitern der Verschmelzung resultieren, da andernfalls die dauerhafte Rentabilität des Unternehmens gefährdet sein kann. Nur dann ist das Unternehmensinteresse gewahrt. An die Stelle der Verschwiegenheitspflicht tritt die Pflicht, durch möglichst effektive Sicherheitsvorkehrungen das Risiko zu begrenzen[878]. Als Instrument hierfür steht vor allem der Abschluss einer Vertraulichkeitsvereinbarung zur Verfügung. Diese ist der Due Diligence vorgeschaltet und verpflichtet die Verschmelzungspartner zu absoluter Geheimhaltung sowie dazu, die im Rahmen der Due Diligence erlangten Informationen ausschließlich zur Prüfung der Verschmelzung zu verwenden, insbesondere aber nicht zu Wettbewerbszwecken[879]. Als Sanktion für den Fall der unzuläs-

---

[873] Die Bedeutung der Entscheidung über die Zulassung der Due Diligence geht bei einer Verschmelzung über die Ressortkompetenz eines einzelnen Vorstandsmitglieds hinaus. Aus diesem Grund ist ein Beschluss des Gesamtvorstandes notwendig, so *Stoffels*, ZHR 165 (2001), 362, 376 m.w.N. Vgl. auch *Dietzel* in Semler/Volhard, Arbeitshandbuch für Unternehmensübernahmen, Band 1, § 9 Rnr. 76; *Körber*, NZG 2002, 263, 268; *Linker/Zinger*, NZG 2002, 497, 498; *Müller*, NJW 2000, 3452, 3455; *Roschmann/Frey*, AG 1996, 449, 452.

[874] Vgl. *Landwehrmann* in Anwaltkommentar Aktienrecht, § 93 Rnr. 46.

[875] So *Holzapfel/Pöllath*, Unternehmenskauf in Recht und Praxis, Rnr. 17 für die insoweit vergleichbare Situation beim Unternehmenskauf.

[876] Vgl. *Stoffels*, ZHR 165 (2001), 362, 367 sowie *Mertens*, AG 1997, 541, 544 jeweils zum Unternehmenskauf.

[877] *Holzapfel/Pöllath*, Unternehmenskauf in Recht und Praxis, Rnr. 8, nennen dies den „Geisel-Effekt".

[878] So *Stoffels*, ZHR 165 (2001), 362, 376.

[879] Vgl. *Mertens*, AG 1997, 541, 542; *Treeck*, FS Fikentscher, 434, 444f.

sigen Offenlegung oder Verwendung erhaltener Informationen sollte die Vereinbarung eine so hohe Vertragsstrafe vorsehen, dass der Abschrekkungseffekt gewährleistet ist[880]. Die Vertraulichkeitsvereinbarung kann auch Bestandteil eines Letter of Intent sein, der neben dieser Vereinbarung üblicherweise die Erklärung der Absicht enthält, zum Abschluss der Verschmelzung gelangen zu wollen. Dieser Absichtserklärung kommt zwar grundsätzlich keine rechtliche Bindungswirkung zu, ist aber in der Regel Voraussetzung für die Gewährung der Due Diligence, da der Letter of Intent Beleg einer hinreichend verfestigten Transaktionsabsicht ist[881].

Die dargelegten Maßnahmen bieten aber keinen umfassenden Schutz, insbesondere lässt sich der Nachweis einer Verletzung der Geheimhaltungspflicht in der Praxis nur schwer führen[882]. Demgemäß kann es gerechtfertigt sein, den Verschmelzungspartnern erst in einem späteren Stadium und bei anhaltender Verschmelzungsabsicht Einblick in die sensiblen Daten des Unternehmens zu gewähren, denn es gilt bei der Abwägung des Vorstands, ob die Due Diligence zugelassen werden soll oder nicht, kein Alles-oder-nichts-Prinzip. Vielmehr sind gestufte Abwägungsergebnisse denkbar. Gerade bei der Due Diligence durch Wettbewerber der Gesellschaft kann dieses Vorgehen erforderlich sein[883].

---

[880] So *Dietzel* in Semler/Volhard, Arbeitshandbuch für Unternehmensübernahmen, Band 1, § 9 Rnr. 65.

[881] Vgl. *Müller*, NJW 2000, 3452, 3455; *Schroeder*, DB 1997, 2161, 2163; *Wagner/Russ* in Wirtschaftsprüfer-Handbuch, Band II, Rnr. O 12. Muster eines Letter of Intent bei *Klumpp/Beisel* in Beisel/Klumpp, Der Unternehmenskauf, Kapitel 19 Rnr. 1ff. Vgl. zu diesen Sicherheitsmaßnahmen auch *Holzapfel/Pöllath*, Unternehmenskauf in Recht und Praxis, Rnr. 17a; *Linker/Zinger*, NZG 2002, 497, 501; *Mertens*, AG 1997, 541, 546f.

[882] Vgl. *Semler* in Hölters, Handbuch des Unternehmens- und Beteiligungskaufs, Teil VI, Rz. 13, 55ff. sowie *Rozijn*, NZG 2001, 494, 499.

[883] So *Müller*, NJW 2000, 3452, 3454; ähnlich *Beisel* in Beisel/Klumpp, Der Unternehmenskauf, Kapitel 2 Rnr. 16; *Götze*, ZGR 1998, 202, 214f.; *Körber*, NZG 2002, 263, 270f.; *Picot* in Picot/Mentz/Seydel, Die Aktiengesellschaft bei Unternehmenskauf und Restrukturierung, Teil I Rnr. 34; *Treeck*, FS Fikentscher, 434, 436. Beim Unternehmenskauf wird bei der Due Diligence durch einen Wettbewerber als weitere Sicherheitsmaßnahme die Einschaltung eines neutralen Wirtschaftsprüfers diskutiert, der dem potentiellen Erwerber lediglich das Ergebnis der Unternehmensprüfung mitteilen dürfe, so *Schroeder*, DB 1997, 2161, 2163; *Stoffels*, ZHR 165 (2001), 362, 377; weitergehend *Ziemons*, AG 1999, 492, 497. Da die Gesellschaften bei einer Verschmelzung aber ihre innersten Daten gegenseitig offen legen müssen (§ 63 UmwG), kommt dies hier nicht in Betracht. Der Vorstand darf sich nicht mit dem Ergebnis der Unternehmensprüfung begnügen, da er sich schadensersatzpflichtig machen kann, falls sich das Umtauschverhältnis als unangemessen erweist. Ihm ist die Berufung dar-

Hat sich die Gesellschaft gegenüber Dritten, wie Lieferanten, Abnehmern oder Lizenzgebern, zur Geheimhaltung verpflichtet, sind diese Vereinbarungen vom Vorstand zu beachten. Denn über das Interesse der dritten Vertragspartner kann der Vorstand im Rahmen seiner Abwägung nicht disponieren. Derart geschützte Daten dürfen also nicht weitergegeben werden, außer bei ausdrücklicher Freigabe durch den betroffenen Vertragspartner[884].

(2) Grenzen aus dem WpHG

Die soeben formulierten rechtlichen Anforderungen an die Weitergabe von Informationen im Rahmen einer Due Diligence beruhen auf § 93 AktG. Zu beachten ist aber, dass kapitalmarktrechtliche Probleme auftreten, wenn es sich bei den Verschmelzungspartnern um börsennotierte Gesellschaften handelt. Geht es bei § 93 AktG um die Wahrung der Belange der Gesellschaft, also um den Schutz eines individuellen Rechtsgutes, so sorgen sich die Insiderregeln des WpHG in erster Linie um die Funktionsfähigkeit des organisierten Kapitalmarkts[885].

Dem Vorstand[886] ist es untersagt, einem anderen eine Insiderinformation unbefugt weiterzugeben, § 14 Abs. 1 Nr. 2 WpHG. Insiderinformation ist nach der Legaldefinition des § 13 Abs. 1 WpHG n.F. eine konkrete Information über nicht öffentlich bekannte Umstände, die sich auf einen Emittenten von Insiderpapieren oder Insiderpapiere selbst bezieht und die geeignet ist, den Kurs der Insiderpapiere erheblich zu beeinflussen[887].

---

auf, dass vom Verschmelzungspartner nur unzureichende Unterlagen zur Verfügung gestellt worden seien versagt, vgl. *Mertens*, AG 1997, 541, 546.

[884]   Vgl. *Dietzel* in Semler/Volhard, Arbeitshandbuch für Unternehmensübernahmen, Band 1, § 9 Rnr. 91f.; *Müller*, NJW 2000, 3452, 3454; *Picot* in Picot/Mentz/Seydel, Die Aktiengesellschaft bei Unternehmenskauf und Restrukturierung, Teil I Rnr. 125.

[885]   So *Stoffels*, ZHR 165 (2001), 362, 379.

[886]   Mit In-Kraft-Treten des größten Teils des AnSVG zum 30.10.2004 wurden Primär- und Sekundärinsider gleichgestellt. Eine Unterscheidung wurde entbehrlich, vgl. Begründung des RegE zum AnSVG, BT-Drucks. 15/3174, S. 34.

[887]   Zum Begriff des Insiderpapiers, vgl. § 12 WpHG. Mit In-Kraft-Treten des AnSVG wurde der Begriff weiter gefasst, da jetzt der Begriff Finanzinstrument maßgebend ist. Der Kreis der Insiderpapiere wurde erweitert, vgl. Begründung des RegE zum AnSVG, BT-Drucks. 15/3174, S. 26, 33. Im Gegensatz zum früher maßgeblichen Begriff der Insidertatsache werden vom Begriff der Insiderinformation in § 13 WpHG jetzt auch überprüfbare Werturteile oder Prognosen erfasst und es wurde klargestellt, dass eine Insiderinformation auch dann vorliegt, wenn sie sich auf einen Umstand in der Zukunft bezieht, sofern dessen Eintritt hinreichend wahrscheinlich ist. Bei der Beurteilung, ob eine Eignung zur erheblichen Kursbeeinflussung gegeben ist, ist darauf abzustel-

Damit ist der Kreis der Informationen, die Unternehmensgeheimnis im Sinne von §§ 93, 404 AktG sind und derjenigen, die Insiderinformationen im Sinne von § 13 WpHG sind bei einer Verschmelzung identisch, da die umfassende Offenlegung von Gesellschaftsgeheimnissen im Rahmen einer verschmelzungsvorbereitenden Due Diligence geeignet ist, den Kurs erheblich zu beeinflussen[888].

Untersagt ist jedoch nur die unbefugte Weitergabe von Insidertatsachen. Eine Weitergabe ist befugt, wenn sie im Rahmen der normalen Berufs- oder Geschäftsausübung erfolgt, d.h. für Vorstandsmitglieder, wenn sie ihre Anstellungsverträge und die gesetzlichen Vorschriften beachten. Entscheidend ist also auch hier, ob die Weitergabe im Interesse des Unternehmens zulässig oder sogar geboten ist. Ist die Offenbarung vertraulicher Informationen nach § 93 Abs. 1 AktG bereits zulässig, so verstößt sie auch nicht gegen § 14 Abs. 1 Nr. 2 WpHG[889]. Darüber hinaus schreibt § 63 UmwG, wie bereits erläutert, zur Ermittlung der richtigen Umtauschbedingungen die Offenlegung der innersten Unternehmensdaten vor, so dass dies keine unbefugte Weitergabe sein kann, sondern gesetzlich sogar vorgeschrieben ist.

Somit stellt das Zulassen einer Due Diligence anlässlich einer Verschmelzung keinen Verstoß gegen ein insiderrechtliches Mitteilungsverbot dar[890].

---

len, ob ein verständiger Anleger die Information bei seiner Anlageentscheidung berücksichtigen würde, Begründung des RegE zum AnSVG, BT-Drucks. 15/3174, S. 33f.

[888] Vgl. *Ziemons*, AG 1999, 492, 497. Die Due Diligence hat typischerweise das Ziel, wesentliche Risiken und wertbildende Faktoren zu ermitteln, die dann zu erheblichen Kursbeeinflussungen führen können, sofern man deren Veröffentlichung unterstellt, so *Kiethe*, NZG 1999, 976, 980.

[889] So *Linker/Zinger*, NZG 2002, 497, 500; *Schroeder*, DB 1997, 2161, 2164.

[890] Eine andere Frage ist es, ob die Entscheidung des Vorstands, das Unternehmen einer Due Diligence zu öffnen, die Ad-hoc-Publizitätspflicht nach § 15 WpHG auslöst. Dies ist zu verneinen, stellt sich doch die Due Diligence lediglich als ein Zwischenschritt auf dem Weg zur Verschmelzung dar, von dem selbst noch keine Auswirkungen auf die Vermögens- oder Finanzlage oder den allgemeinen Geschäftsverlauf ausgehen. Ferner dürfte es regelmäßig auch an dem geforderten erheblichen Kursbeeinflussungspotential fehlen, vgl. *Stoffels*, ZHR 165 (2001), 362, 381 Fußnote 83 sowie *Semler* in Hölters, Handbuch des Unternehmens- und Beteiligungskaufs, Teil VI, Rz. 73f. Im Ergebnis ebenso *Götze*, BB 1998, 2326, 2328f.; *Kiethe*, NZG 1999, 976, 979 Fußnote 59; *Linker/Zinger*, NZG 2002, 497, 501. Die Durchführung einer Due Diligence unterliegt auch datenschutzrechtlichen Einschränkungen. Darauf soll aber nicht eingegangen werden, da datenschutzrechtliche Fragen nicht typisch wirtschaftsrechtlich, sondern insbesondere personenbezogen sind. Vgl. dazu *Dietzel* in Semler/Volhard, Arbeitshandbuch für Unternehmensübernahmen,

ee) Ergebnis

Bezüglich der Prüfung der Vermögenslage der selbst verwalteten Gesellschaft hat der Vorstand die Wirtschaftsprüfer oder die sonstigen mit der Unternehmensbewertung beauftragten externen Sachverständigen zu begleiten und gemeinsam mit ihnen ein Ergebnis zu erarbeiten. Der Vorstand ist dabei insbesondere zur sorgfältigen Recherche des für eine ordnungsgemäße Unternehmensbewertung notwendigen Zahlenmaterials und der dafür notwendigen Unterlagen verpflichtet.

Im Rahmen der Prüfung der Vermögenslage der Verschmelzungspartner ist der Vorstand verpflichtet, ausreichende und zuverlässige Informationen über deren Vermögenslage einzufordern. Der Vorstand ist darüber hinaus grundsätzlich verpflichtet, eine Due Diligence der anderen Gesellschaften rechtzeitig, d.h. so früh wie möglich im Vorfeld der Verschmelzung unter fachkundiger Beratung durchzuführen. Die externen Berater müssen sorgfältig ausgesucht und überwacht werden sowie zur Verschwiegenheit verpflichtet sein. Die von ihnen ermittelten Ergebnisse sind seitens des Vorstands einer Plausibilitätsprüfung zu unterziehen.

Der Vorstand der zu prüfenden Gesellschaft ist dazu berechtigt, den Verschmelzungspartnern Unternehmensinterna zu offenbaren, ohne gegen die Verschwiegenheitspflicht nach § 93 Abs. 1 S. 2 AktG oder insiderrechtliche Mitteilungsverbote zu verstoßen, vorausgesetzt er ergreift wirksame Maßnahmen zur Risikobegrenzung.

c) Bewertung der beteiligten Unternehmen

Durch die Due Diligence wird den Verschmelzungspartnern in erster Linie eine Einschätzung der mit der Verschmelzung verbundenen Risiken sowie die Wertermittlung der beteiligten Gesellschaften ermöglicht. Die Due Diligence ist die Grundlage für die Unternehmensbewertung. Das Umtauschverhältnis wird dann aus dem Verhältnis der Unternehmenswerte abgeleitet[891]. Der Zusammenhang zwischen Due Diligence und Unternehmensbewertung gilt insbesondere bei der Anwendung der Ertragswertmethode, auf die sich die Rechtsprechung in stets zunehmenden Maße bei der Unternehmensbewertung festgelegt hat. Auf das im Rahmen der Due Diligence ermittelte und überprüfte Datenmaterial

---

Band 1, § 9 Rnr. 94ff.; *Holzapfel/Pöllath*, Unternehmenskauf in Recht und Praxis, Rnr. 867; *Körber*, NZG 2002, 263, 267.

[891] Vgl. *Marsch-Barner* in Kallmeyer, UmwG, § 8 Rnr. 12; *Volhard* in Semler/Volhard, Arbeitshandbuch für Unternehmensübernahmen, Band 1, § 17 Rnr. 127.

braucht nur noch ein standardisiertes Bewertungsmodell aufgesetzt werden, um den Ertragswert zu ermitteln[892].

Da nicht Unternehmen, Unternehmensteile oder Anteile gegen Geld erworben werden, sondern Anteile an einem Unternehmen gegen Anteile an einem anderen Unternehmen getauscht werden, geht es bei der Unternehmensbewertung im Rahmen einer Verschmelzung nicht um die Bemessung eines absoluten Geldbetrages, sondern um die Wertrelation zwischen Unternehmensanteilen. Diese Relationsbewertung ist nur dann in sich schlüssig, wenn für alle beteiligten Unternehmen dieselben Bewertungsgrundsätze zur Anwendung gelangen und alle Parameter vergleichbar gemacht werden.

Trotzdem ist es in der Praxis durchweg üblich, auch bei der Relationsbewertung die absolute Höhe der Unternehmenswerte zu ermitteln. Bei der Verschmelzung ist dies sogar zwingend erforderlich, wenn es sich beispielsweise um eine so genannte Mischverschmelzung im Sinne des § 29 UmwG handelt, weil widersprechenden Anteilsinhabern in diesen Fällen ohnehin bare Abfindungsangebote gemacht werden müssen[893].

Den Vorstandsmitgliedern der Verschmelzungspartner wird regelmäßig das erforderliche Fachwissen für eine Unternehmensbewertung fehlen. Um eine zutreffende Berechnung der Unternehmenswerte und eines angemessenen Umtauschverhältnisses zu gewährleisten, haben sie sich in diesem Fall geeigneter Sachverständiger zu bedienen, die sie sorgfältig auszuwählen und entsprechend den gegebenen Möglichkeiten sorgfältig zu überwachen haben[894]. Es empfiehlt sich neutrale Wirtschaftsprüfer mit der Anfertigung eines Bewertungsgutachtens zu beauftragen[895], zulässig ist aber auch die Beauftragung der mit dem Unternehmen vertrauten Abschlussprüfer[896].

---

[892]   So *Picot*, Handbuch Mergers & Acquisitions, 297.

[893]   Vgl. *Müller* in Semler/Volhard, Arbeitshandbuch für Unternehmensübernahmen, Band 1, § 10 Rnr. 193f., 202. Die Notwendigkeit zur Ermittlung der absoluten Unternehmenswerte ergibt sich darüber hinaus aus § 8 Abs. 1 S. 1 UmwG, da zur Erläuterung des Umtauschverhältnisses auch die Angabe des konkreten Bewertungsergebnisses zählt. Eine bloße Relation reicht nicht aus, so *Gehling* in Semler/Stengel, UmwG, § 8 Rnr. 41 m.w.N.

[894]   Vgl. *Stratz* in Schmitt/Hörtnagl/Stratz, UmwG, § 25 Rnr. 19 sowie § 27 Rnr. 5; *Vossius* in Widmann/Mayer, UmwR, 68. Erg.-Lfg., § 25 UmwG Rz. 21. Vgl. auch *Gehling* in Semler/Stengel, UmwG, § 8 Rnr. 23: Keine Rechtspflicht, externe Sachverständige mit der Bewertung der Unternehmen zu beauftragen, aber bei der Verschmelzung von Aktiengesellschaften üblich.

[895]   Vgl. *Beisel* in Beisel/Klumpp, Der Unternehmenskauf, Kapitel 6 Rnr. 52.

[896]   Vgl. *Reichert* in Semler/Volhard, Arbeitshandbuch für Unternehmensübernahmen, Band 1, § 17 Rnr. 66. Kritisch dazu *Wegmann/Koch*, DStR 2000, 1027,

Das Gesetz schreibt nirgendwo die Anwendung eines bestimmten oder bestimmter Bewertungsverfahren vor. Die Auswahl und Anwendung der geeigneten Bewertungsmethode obliegt dem pflichtgemäßen Urteil des Vorstands[897]. Von der Rechtsprechung anerkannt sind die Ertragswertmethode sowie die Discounted-Cash-Flow-Methode (DCF-Methode) in ihren verschiedenen Ausprägungen[898]. Während letztere aber primär als Instrument der Entscheidungsfindung eingesetzt wird, wird die Ertragswertmethode besonders häufig zur formaljuristischen Bestimmung von Austauschverhältnissen beispielsweise bei der Verschmelzung von Aktiengesellschaften benutzt[899].

Bei der Unternehmensbewertung nach der Ertragswertmethode kommt es vor allem darauf an, welche Erträge die Gesellschaft in der Zukunft zu erwarten hat. Diese werden auf den Bewertungsstichtag abgezinst und zum Ertragswert kapitalisiert. Nicht betriebsnotwendiges Vermögen ist zusätzlich mit dem Zeitwert (erzielbarer Veräußerungserlös) am Bewertungsstichtag anzusetzen[900]. Auf die Einzelheiten der Unternehmensbewertung wird im Rahmen der Untersuchung der Haftung des Wirtschaftsprüfers ausführlich eingegangen[901], da mit der Bewertung der an der Verschmelzung beteiligten Aktiengesellschaften üblicherweise Wirtschaftsprüfer von den Vorständen der Verschmelzungspartner beauftragt werden, vor allem, wenn es sich um börsennotierte Gesellschaften handelt[902].

Es ist aber für die Vorstände nicht damit getan, externe Wirtschaftsprüfer mit der Bewertung nach den vorgenannten Verfahren zu beauftragen. Sie haben die Wirtschaftsprüfer zu begleiten und gemeinsam mit ihnen ein Ergebnis zu erarbeiten. In der Regel stützt sich nämlich die Unternehmensbewertung auf die von der Gesellschaft erstellten Unterneh-

---

1028, die aufgrund des weitreichenden Auftragsverhältnisses des Abschlussprüfers zur Gesellschaft dessen Unabhängigkeit und Neutralität gefährdet sehen. Seit In-Kraft-Treten des BilReG läuft der Abschlussprüfer nun Gefahr, durch die Anfertigung eines Bewertungsgutachtens künftig von der Abschlussprüfung ausgeschlossen zu werden, vgl. § 319 Abs. 3 Nr. 3d). Genauer zu §§ 319f. HGB unten, 2. Kapitel A. III. 3.

[897] Vgl. *Marsch-Barner* in Kallmeyer, UmwG, § 8 Rnr. 14.

[898] Vgl. *Müller* in Semler/Volhard, Arbeitshandbuch für Unternehmensübernahmen, Band 1, § 10 Rnr. 197. Zur Bedeutung des Börsenkurses der Aktien bei der Ermittlung des Umtauschverhältnisses, vgl. unten 2. Kapitel B. II. 2. b).

[899] So *Picot*, Handbuch Mergers & Acquisitions, 329.

[900] Vgl. *Volhard* in Semler/Volhard, Arbeitshandbuch für Unternehmensübernahmen, Band 1, § 17 Rnr. 151.

[901] Unten, 2. Kapitel B. II. 2.

[902] So *Gehling* in Semler/Stengel, UmwG, § 8 Rnr. 23.

mensplanungen. Die Vorstände sind verantwortlich dafür, dass detaillierte Zukunftsplanungen erstellt werden und dabei Risiken im Rahmen des Vorhersehbaren ausreichend berücksichtigt werden. Des Weiteren ist das für eine ordnungsgemäße Bewertung der selbst verwalteten Gesellschaft notwendige Zahlenmaterial vom Vorstand zusammenzutragen[903]. Das Ergebnis der Unternehmensbewertung ist vom Vorstand selbst inhaltlich nachzuvollziehen und zu beurteilen. Für eine fundierte Wertfindung ist überdies eine Analyse der Sensitivitäten unerlässlich, d.h. die Untersuchung, wie das Bewertungsergebnis auf Veränderungen der Eingabegrößen reagiert. Es gehört daher zu einer informierten Vorstandsentscheidung, über etwaige Auslenkungen und deren Ursachenmechanismen im Bilde zu sein[904].

Auf der Grundlage der Unternehmensbewertungen haben die Vorstände der zu verschmelzenden Gesellschaften nach pflichtgemäßem Ermessen ein angemessenes Umtauschverhältnis zu vereinbaren[905].

5. Besonderheiten beim Merger of Equals

Merger of Equals heißt übersetzt Unternehmenszusammenschluss unter Gleichen. Dabei handelt es sich um Zusammenschlüsse, bei denen nicht ein Unternehmen ein anderes übernimmt, sondern zwei in etwa gleichstarke und autonom handelnde Partner ihre Geschäftstätigkeiten zusammenführen. Die Bedingungen der Verschmelzung werden mit gleicher Verhandlungsmacht weitgehend frei verhandelt. Es fehlt der typische Mehrheits-Minderheits-Konflikt[906]. Aber auch bei einem Merger of Equals wird regelmäßig der Unternehmenswert eines Partners höher sein als der des andern[907], auf eine paritätische Beteiligung kommt es nicht an. Ziel ist vielmehr eine Beteiligung der Aktionäre, die der Wer-

---

903   Vgl. *Clemm/Dürrschmidt*, FS Widmann, 3, 12f.; *Gehling* in Semler/Stengel, UmwG, § 8 Rnr. 23.

904   *Mutschler/Mersmann*, DB 2003, 79, 81: Das oft gehörte Argument, der Markt habe sich eben anders entwickelt, enthüllt, dass an dieser Stelle zuvor ungenau gearbeitet wurde.

905   So *Decher*, FS Wiedemann, 787, 804 und auch 793: Der Börsenkurs wird als ein Kriterium bei den Verhandlungen über ein angemessenes Umtauschverhältnis herangezogen. Vgl. auch *Clemm/Dürrschmidt*, FS Widmann, 3, 14: Die Vorstände haben das Umtauschverhältnis fair auszuhandeln.

906   Vgl. *Schnorbus*, ZHR 167 (2003), 666, 686f.

907   Unternehmensbewertung Daimler-Benz/Chrysler: 58 Prozent zu 42 Prozent; Viag/Algroup: 65 zu 35 Prozent, vgl. *Decher*, FS Lutter, 1209, 1209f. sowie 1211 Fußnote 6.

trelation zwischen den Beteiligten Gesellschaften entspricht[908]. In Deutschland wurde der Begriff Merger of Equals bekannt durch den grenzüberschreitenden Zusammenschluss der Daimler-Benz AG mit der Chrysler Corp. zur DaimlerChrysler AG 1998. Zur gleichen Zeit führten auch die Vereinsbank und die Hypo-Bank ihre Verschmelzung als Merger of Equals zur Hypovereinsbank durch[909].

Unstreitig ist, dass von der Vereinbarung eines Merger of Equals eine psychologische Wirkung ausgeht: Der Öffentlichkeit wird suggeriert, die Gesellschaften stünden sich gleichrangig gegenüber. Dem dienen auch Entscheidungen zur Besetzung der Unternehmensleitung, die Bestimmung des Verwaltungssitzes und Wahl der Firma des gemeinsamen Unternehmens. Hierdurch sollen Bedenken gegen eine – in der Regel als negativ empfundene – Übernahme ausgeräumt werden[910]. Ungeklärt ist hingegen, ob ein Merger of Equals auch rechtliche Relevanz hat und wenn ja, welche.

Hopt misst der Vereinbarung eines Merger of Equals eine hohe rechtliche Bedeutung zu: Eine solche Vereinbarung stelle für den anderen Teil sicher, dass er volle Mitsprache bei der Gestaltung der Fusion nach außen und innen behält, namentlich bei den besonders kritischen Fragen des Umtauschverhältnisses, der Namensgebung, der Personalentscheidungen usw. Das erlaube ihm erst, bei der Fusion voll zu kooperieren. Auf der anderen Seite könne dann der übernehmende Partner damit rechnen, dass der Vorstand des anderen Teils seine besonderen Kenntnisse des Unternehmens für das Gelingen der Fusion nutzbar macht, Probleme und Risiken nicht unter den Tisch kehrt, sondern zur gemeinsamen Bewältigung offen legt und überhaupt Mitverantwortung für das neue, gemeinsame, größere Unternehmen und deren Aktionäre übernimmt. Wenn sich beide Partner vertragsgemäß loyal verhalten, sei ein vereinbarter Merger of Equals somit für beide Teile von ganz erheblichem Vorteil. Speziell für die Due Diligence impliziere die Entscheidung des übernehmenden Partners, sich auf einen Merger of Equals einzulassen, nicht nur die eigene Übermacht oder sogar Kontrollmöglichkeit nicht auszuspielen, sondern sich auf die loyale Mitwirkung des anderen Teils

---

908   Vgl. *Fromm-Russenschuck* in Picot/Mentz/Seydel, Die Aktiengesellschaft bei Unternehmenskauf und Restrukturierung, Teil VI Rnr. 59; *Stengel* in Semler/Stengel, UmwG, Anh. § 77 Rnr. 26 sowie *Feuring* in RWS-Forum 15, Gesellschaftsrecht 1999, 153, 162.

909   So die Einschätzung der Sonderprüfer, vgl. Sonderprüfungsbericht der BDO S. 115f. Zustimmend *Hopt*, FS Lutter, 1361, 1384.

910   *Stengel* in Semler/Volhard, Arbeitshandbuch für Unternehmensübernahmen, Band 1, § 17 Rnr. 280; vgl. auch *Feuring* in RWS-Forum 15, Gesellschaftsrecht 1999, 153, 162.

bei der Fusion zu verlassen. Eine Due Diligence, wie sie sich zwischen Verkäufer und Käufer eines Unternehmens üblicherweise und ohne dass die Öffentlichkeit davon erfährt und rechtlich zu erfahren braucht, durchgeführt wird, sei bei der Vereinbarung eines Merger of Equals, der in aller Regel ad-hoc-publizitätspflichtig sein werde, nach der Natur der Sache im Wesentlichen ausgeschlossen. Es gehe in einem solchen Fall nicht mehr um einen bloßen Unternehmenskauf, sondern vielmehr um eine gesellschaftsrechtliche Transaktion mit ganz anderen, weitgehend gesellschaftsrechtlichen Mitwirkungs- und Treuepflichten. Das gelte in ganz besonderem Maße bei einer Verschmelzung, bei der es für die Aktionäre und alle Beteiligten maßgeblich auf ein angemessenes Umtauschverhältnis ankommt. Schon beim allgemeinen Unternehmenskauf bestehen nach fester Rechtsprechung wesentliche Aufklärungspflichten. Erst recht träfen solche Aufklärungspflichten den Partner eines Merger of Equals, der wisse, dass sich der andere Teil darauf verlasse, dass ihm bei der Verschmelzung und speziell für die Bestimmung des Umtauschverhältnisses keine verborgenen Risiken verschwiegen werden[911].

Schnorbus sieht dagegen die rechtliche Bedeutung eines Merger of Equals im Bereich der Unternehmensbewertungen. Zur Due Diligence äußert er sich nicht. Da der typische Mehrheits-Minderheits-Konflikt fehle und die handelnden Parteien vielmehr über die gleiche Verhandlungsmacht verfügten, deute die Verhandlung eines Merger of Equals auf eine gewisse Richtigkeitsgewähr für die ausgehandelten Wertrelationen hin. Es streite eine Vermutung dafür, dass die Organe der beteiligten Rechtsträger uneigennützig und ausschließlich im Interesse der Anteilsinhaber das Umtauschverhältnis verhandelt haben. Deshalb stelle nach der Entscheidung des BayObLG bei einem Merger of Equals der Börsenkurs auch keine zwingende Unter- oder Obergrenze für die Bewertung der Gesellschaften dar[912].

Ähnlich argumentiert *Paefgen*, er zieht aber daraus andere Schlüsse: Den beschlussfassenden Mehrheiten der Hauptversammlungen beider Verschmelzungspartner komme bei ihrer Entscheidung grundsätzlich ein der gerichtlichen Überprüfung entzogener Ermessensspielraum zu. Denn mangels besonderer, einen Interessenkonflikt begründender Umstände könne bei einem Merger of Equals davon ausgegangen werden, dass die Mehrheit den Gesellschaftswillen uneigennützig und ausschließlich im Interesse der Gesellschaft als ganzer artikuliere. Die Rich-

---

[911] So *Hopt*, FS Lutter, 1361, 1385f. Vgl. auch *Kort* in Großkommentar, AktG, § 76 Rnr. 129 allerdings nur mit dem Hinweis auf Besonderheiten bei der Due Diligence im Falle eines Merger of Equals.

[912] So *Schnorbus*, ZHR 167 (2003), 666, 687. Vgl. auch BayObLG ZIP 2003, 253, 255ff. („Hypovereinsbank").

tigkeitsgewähr der Mehrheitsentscheidung sei also intakt. Dieser rechtliche Schutz des unternehmerischen Ermessens betreffe die vom Vorstand herausgearbeitete und von der Hauptversammlung zu billigende strategische und unternehmenspolitische Beurteilung der geplanten Verschmelzung durch die Gesellschaft. Diese bei der Beschlussfassung anzustellende Beurteilung gehe über die Prüfung der Angemessenheit der Verschmelzungswertrelation hinaus. Sie betreffe die Zweckmäßigkeit der Verschmelzung und dabei insbesondere auch die Beurteilung des in der Transaktion enthaltenen Synergiepotentials und den Vergleich mit alternativen Transaktionsmöglichkeiten wie beispielsweise der Verschmelzung mit einem anderen Partner. Einbegriffen sei insbesondere auch die Abwägung der Gefahren, die sich aus dem Aufgehen der bislang selbständigen Gesellschaft in dem mit dem Verschmelzungspartner geschaffenen neuen Unternehmen ergeben. Eine darauf gestützte Anfechtungsklage scheide aus. In der judiziellen Anerkennung des unternehmerischen Ermessens beider Hauptversammlungen der Verschmelzungspartner bei der Beurteilung dieser Fragen liege die Bedeutung des unternehmerischen Ermessens beim Merger of Equals[913].

Die Vereinbarung eines Merger of Equals kann aber aufgrund der Unschärfe des Begriffs keine weitreichenden Rechtsfolgen hervorrufen. Dem Argument, dass bei einem Merger of Equals von einem grundsätzlich interessengerecht ausgehandelten Umtauschverhältnis ausgegangen werden kann, da die Bedingungen der Verschmelzung mit gleicher Verhandlungsmacht weitgehend frei verhandelt werden, kann nur im Grundsatz aber nicht in dieser Allgemeinheit gefolgt werden, da von einem Merger of Equals teilweise bereits bei einem Wertverhältnis von 70 zu 30 Prozent gesprochen wird[914]. Hier besteht die Gefahr, dass ein Merger of Equals nur aus den oben erwähnten psychologischen Gründen vereinbart wird, in Wirklichkeit aber die größere Gesellschaft die kleinere dominiert. Allein aus der Vereinbarung eines Merger of Equals dann den Schluss zu ziehen, dass ein Minderheitenschutz weitgehend entbehrlich ist, indem den beschlussfassenden Mehrheiten der Hauptversammlungen beider Verschmelzungspartner bei ihrer Entscheidung ein der gerichtlichen Überprüfung entzogener Ermessensspielraum zukommt, ist nicht interessengerecht. Diese Einschätzung wird vor dem Hintergrund der Unumkehrbarkeit der Verschmelzung noch verstärkt. In Betracht kommt lediglich, an die Vereinbarung eines Merger of Equals erhöhte Mitwirkungs- und Aufklärungspflichten sowie die Verpflichtung zur vertrauensvollen Zusammenarbeit zu knüpfen, auf deren Er-

---

[913] So *Paefgen*, Unternehmerische Entscheidungen und Rechtsbindung der Organe in der AG, 208f.

[914] Vgl. *Hopt*, FS Lutter, 1361, 1385 Fußnote 102.

füllung sich der Verschmelzungspartner in gewissem Maße verlassen darf, solange keine gegenteiligen Anhaltspunkte ersichtlich sind[915]. Wie bereits oben ausgeführt, konzentrieren sich die Pflichten des Vorstands bei der Bewertung der selbst verwalteten Gesellschaft auf die Recherche und das Zusammentragen des für eine ordnungsgemäße Unternehmensbewertung notwendigen Zahlenmaterials und der dafür notwendigen Unterlagen. Diese Mitwirkungspflicht besteht bei jeder Verschmelzung. Der Vorstand ist bereits außerhalb eines Merger of Equals dafür verantwortlich, dass detaillierte Zukunftsplanungen gegebenenfalls nach Geschäftsbereichen getrennt erstellt und dabei Risiken im Rahmen des Vorhersehbaren ausreichend berücksichtigt werden[916]. Den Vorstand trifft eine Wahrheitspflicht. Das Verschweigen bestimmter Umstände steht aktiven Falschangaben nur gleich, wenn den Vorstand eine Aufklärungspflicht trifft. Eine solche Redepflicht besteht im Allgemeinen beim Vorliegen solcher Umstände, die den Vertragszweck vereiteln können und für den anderen Teil von wesentlicher Bedeutung sind, sofern er die Mitteilung nach der Verkehrsauffassung erwarten konnte. Bei einem Merger of Equals erscheint es aufgrund der angestrebten Gleichgewichtung der Verschmelzungspartner in der zusammengeführten Gesellschaft vertretbar, an die Aufklärungspflichten erhöhte Anforderungen zu stellen. Eine generelle Bestimmung der Intensität dieser Pflichten ist jedoch nicht möglich, sondern hängt vom konkreten Einzelfall ab. Auch wenn keine Anhaltspunkte dafür ersichtlich sind, dass der Verschmelzungspartner seine erhöhten Aufklärungspflichten verletzt, kann daraus aber nicht gefolgert werden, dass der Vorstand den Angaben des Verschmelzungspartners blind vertrauen darf. Die Vereinbarung eines Merger of Equals begründet zwar einen Vertrauenstatbestand, der Vorstand bleibt aber zur eigenverantwortlichen Leitung der Gesellschaft verpflichtet und darf somit keine Entscheidungen treffen, die lediglich auf ungeprüften Informationen Dritter beruhen. Vielmehr ist der Vorstand verpflichtet, Ergebnisse Dritter selbst inhaltlich nachzuvollziehen und wesentliche Informationen und Daten zumindest auf ihre Plausibilität zu kontrollieren bzw. sich selbst zu beschaffen. Er unterliegt der Pflicht zur angemessenen Selbstinformation.

Nach diesen Grundsätzen wäre der Entschluss des Vorstands, eine Verschmelzung ohne vorherige Due Diligence durchzuführen auch im Rahmen eines Merger of Equals nicht mehr von seinem Ermessensspielraum gedeckt. Denn die Risiken sind so unkalkulierbar, dass deren be-

---

[915] Weitergehend die Einschätzung der von der Hypovereinsbank beauftragten Sonderprüfer, vgl. Sonderprüfungsbericht der BDO S. 116.

[916] Vgl. *Clemm/Dürrschmidt*, FS Widmann, 3, 12 und 13 sowie bereits oben, C. III. 4. a).

wusstes Eingehen nicht mehr im Unternehmenswohl liegen würde und kein unternehmerisches Handeln vorläge, das auf sorgfältiger Ermittlung der Entscheidungsgrundlagen beruhen würde. Der Vorstand bleibt auch beim Merger of Equals verpflichtet, eine Due Diligence des Verschmelzungspartners durchzuführen und gleiches diesem Partner zu gewähren. Sich lediglich auf die loyale Mitwirkung des Verschmelzungspartners zu verlassen, wäre grob fahrlässig. Treten später verborgene Risiken zutage, kann die Verschmelzung nicht mehr rückgängig gemacht werden. Da die Verschmelzungspartner zu einer Einheit geworden sind, existiert auch kein Vertragspartner mehr, der auf Ausgleich in Anspruch genommen werden könnte[917]. Wurde das Umtauschverhältnis aufgrund der nicht berücksichtigten Risiken falsch bestimmt, besteht sogar die Gefahr, dass der Vorstand auf Zahlung von Schadensersatz in Anspruch genommen wird[918].

Eine Verminderung der Sorgfaltspflichten in der Form, dass der Vorstand berechtigt ist, die Due Diligence auf die Teile des Vermögens der anderen Gesellschaft zu begrenzen, die schon als problembehaftet erkannt worden sind, scheidet aus diesen Gründen ebenfalls aus[919]. Die Vereinbarung eines Merger of Equals kann nicht zu der weitreichenden Konsequenz führen, dass nur bereits Bekanntes eigenständig geprüft werden darf und bezüglich des Unbekannten grundsätzlich auf die Angaben des Verschmelzungspartners vertraut werden kann. Der Vorstand bleibt zumindest zur Untersuchung aller wesentlichen Geschäftsbereiche und wertbildenden Faktoren inklusive der wesentlichen Geschäftsrisiken des Verschmelzungspartners verpflichtet, um so für die Festlegung eines angemessenen Umtauschverhältnisses sorgen zu können.

6. Pflichten nach vollzogener Verschmelzung

Bereits im Vorfeld der Verschmelzung haben die Vorstände die Integration der Gesellschaften in das gemeinsame Unternehmen zu planen, denn erst die erfolgreiche Integration ermöglicht die Hebung der errech-

---

[917] Vgl. *Feuring* in RWS-Forum 15, Gesellschaftsrecht 1999, 153, 160; ähnlich *Mutschler/Mersmann*, DB 2003, 79, 82.

[918] Vgl. *Mertens*, AG 1997, 541, 546.

[919] So aber Sonderprüfungsbericht der BDO S. 115f. Sprißler und Münich sagen später dazu, dass 1998 den Sonderprüfern sicherlich zuzustimmen war. Heute könne man dies aber aufgrund der Entwicklungen in Rechtsprechung und Lehre auch anders sehen. Für Sprißler hatte die Vereinbarung eines Merger of Equals vor allem psychologische Bedeutung, vgl. Gespräch des Verfassers mit Sprißler und Münich am 08.10.2004.

neten Synergien[920]. Während des Verschmelzungsprozesses ist die Integrationsplanung fortzuentwickeln und gegebenenfalls anzupassen. Gerade die Integrationsplanung wird aber vielfach stiefmütterlich behandelt. Dies ist ein wesentlicher Grund für das Scheitern vieler Verschmelzungen. Dabei ist sie besonders wichtig, weil ihr Ergebnis zahlreiche Informationen liefert, die für das künftige gemeinsame Unternehmen bedeutsam sind. Die Integrationsplanung gibt beispielsweise Auskunft über die Richtigkeit der ursprünglich angestrebten Verschmelzungsstrategie und über den Zeitrahmen zur Erreichbarkeit der organisatorischen Zusammenführung sowie der daraus resultierenden Frage der Hebung der Synergien[921].

Spätestens nach rechtlich vollzogener Verschmelzung ist die Integrationsplanung dann umzusetzen. Dem Vorstand der aus der Verschmelzung hervorgegangenen Gesellschaft steht dabei im Einzelnen ein weiter Ermessensspielraum zu. Er ist aber verpflichtet, Maßnahmen zu ergreifen, die geeignet sind Reibungsverluste so gering wie möglich zu halten[922], denn regelmäßig entspricht nur dieses Vorgehen dem Unternehmensinteresse. Da die Integration je nach Umfang und Komplexität der Verschmelzung ein bis zwei Jahre beanspruchen kann, sind die geplanten Schritte zur Integration schnell und klar durchzuführen, wie beispielsweise die Beseitigung der Überschneidung von Tätigkeitsfeldern oder die Vorbereitung eines geplanten einheitlichen Marktauftritts. Andernfalls besteht die Gefahr der Lähmung der Organisation auf Grund von langsamen Entscheidungen[923]. Ebenso wichtig ist es, das Arbeitsklima im gemeinsamen Unternehmen zu verbessern, das durch notwendige betriebliche Einschnitte und die neuen ungewohnten Aufgaben der Kooperation zwischen Unternehmens- oder Konzernteilen, die bisher einander fremd waren, ohnehin belastet ist[924].

Nur ein Teil der erforderlichen Integrationsmaßnahmen ist rechtlicher Gestaltung zugänglich. Dazu gehören die Einsetzung eines Integrationsausschusses und gewisse Zusagen über Vergütungsniveaus. Wichtig ist auch die Propagierung der Verschmelzung, ihrer Ziele und der neuen Unternehmensidentität nach innen und außen durch gezieltes Marke-

---

[920] Vgl. *Mutschler/Mersmann*, DB 2003, 79, 81; *Picot*, Handbuch Mergers & Acquisitions, 383.

[921] Vgl. *Mutschler/Mersmann*, DB 2003, 79, 81.

[922] Vgl. auch *Hopt*, FS Lutter, 1361, 1400 für den Fall einer erfolgreichen feindlichen Übernahme.

[923] So *Picot*, Handbuch Mergers & Acquisitions, 383f. sowie Horn, ZIP 2000, 473, 483.

[924] Vgl. Horn, ZIP 2000, 473, 483.

ting[925]. Eine der am häufigsten unterschätzten Erfolgsfaktoren ist die kulturelle Integration von Unternehmen. Diese reicht von der Festlegung einer unternehmensweiten Sprache bei grenzüberschreitenden Verschmelzungen bis hin zur Entwicklung einer neuen Leistungskultur bei stark unterschiedlichen Unternehmenskulturen[926]. Aus dem häufig nur unterschwellig vorhandenen und deshalb auch so gefährlichen Widerstand gegen Veränderungen ergibt sich leicht eine kulturelle und organisatorische Inkompatibilität, sinkende Produktivität oder gar Massenflucht hochkarätiger Fach- und Führungskräfte. Eine Verschmelzung hat nur dann Aussicht auf Erfolg, wenn die Mitarbeiter die neue Struktur akzeptieren und bereit sind, mit den neuen Kollegen zusammenzuarbeiten[927]. Der Vorstand hat die Bedingungen dafür zu schaffen und auf feststellbare Fehlentwicklungen schnell und klar zu reagieren.

IV. Ergebnis

Auch in der Verschmelzungssituation gilt, dass sich jedes Vorstandsmitglied im Rahmen der Rechtsordnung halten und bei unternehmerischen Entscheidungen die Vorgaben der ARAG/Garmenbeck-Entscheidung beachten muss. Wichtige Modifikationen dieser Vorgaben ergeben sich aus dem Erfordernis der zügigen Durchführung der Verschmelzung sowie der Wahl einer sicheren Transaktionsstruktur. Beide Merkmale sollen Verzögerungen verhindern, denn diese können zu erheblichen Schäden führen, was wiederum dem Unternehmensinteresse widersprechen würde. Im Einzelnen treffen den Vorstand folgende Pflichten:

Hinsichtlich der Untersuchung der Vermögenslage der selbst verwalteten Gesellschaft hat der Vorstand vor allem die für eine ordnungsgemäße Unternehmensbewertung notwendigen Unterlagen zusammenzutragen und Auskünfte zu erteilen.

Bezüglich der Vermögenslage des Verschmelzungspartners ist der Vorstand verpflichtet eine Due Diligence durchzuführen und sich dabei im Regelfall externer Experten zu bedienen, die der Vorstand sorgfältig auszuwählen und zu überwachen hat. Die von ihnen ermittelten Ergebnisse sind einer Plausibilitätsprüfung zu unterziehen.

---

[925] So Horn, ZIP 2000, 473, 483f.; *Picot*, Handbuch Mergers & Acquisitions, 387: Entwicklung und Kommunikation einer begeisternden Vision und Wachstumsstrategie.

[926] Dazu im Einzelnen *Picot*, Handbuch Mergers & Acquisitions, 388f.

[927] Vgl. *Picot*, Handbuch Mergers & Acquisitions, 429f. sowie 431ff. zum Begriff Unternehmenskultur.

Der Vorstand darf die Due Diligence seiner Gesellschaft nur zulassen, wenn er wirksame Maßnahmen zur Risikobegrenzung ergreift.

Bei einem Merger of Equals sind zwar an die Aufklärungspflichten des Partners erhöhte Anforderungen zu stellen. Der Vorstand bleibt aber zur Untersuchung aller wesentlichen Geschäftsbereiche des Verschmelzungspartners verpflichtet.

Die Integration der Gesellschaften in das gemeinsame Unternehmen ist bereits im Vorfeld der Verschmelzung zu planen. Dabei ist besonders auf die kulturelle Integration zu achten.

V. Anwendung auf den Sachverhalt

Die Frage, ob ein bestimmtes Handeln oder Unterlassen des Vorstandes eine Pflichtverletzung darstellt, ist zunächst anhand der konkreten Entscheidungssituation und der die jeweilige Verhaltens- bzw. Unterlassungspflicht begründenden Rechtslage zu gewinnen[928]. Zu beachten ist deshalb, dass zum Zeitpunkt der Verschmelzung zur Hypovereinsbank teilweise andere gesetzliche Vorgaben galten als heute.

1. Der so genannte „6:1 Clou"

Dies wirkt sich unmittelbar bei der Frage aus, ob für den Tausch von Allianz-Aktien gegen 45 Prozent der Aktien der Hypo-Bank im Rahmen des so genannten „6:1 Clou" ein öffentliches Übernahmeangebot seitens der Vereins- und Westbank, die als Tochtergesellschaft der Vereinsbank die Tauschoperation durchgeführt hat, zu erstellen war.

a) Übernahmeangebot erforderlich?

Die Notwendigkeit eines öffentlichen Übernahmeangebotes beurteilte sich 1997 nach den Regeln des Übernahmekodex der Börsensachverständigenkommission in der Fassung von 1995[929]. Dieser Kodex wurde inzwischen vom WpÜG ersetzt[930].

---

[928] So *Landwehrmann* in Anwaltkommentar Aktienrecht, § 93 Rnr. 71.

[929] Abgedruckt in AG 1995, 572ff. Die spätere Fassung von 1997 galt mit Wirkung ab 1998 und ist abgedruckt in AG 1998, 133ff. Da der Aktientausch seitens der Vereinsbank bereits 1997 angeboten wurde, ist die frühere Fassung maßgeblich.

[930] Ausführlich zum WpÜG: *Beisel* in Beisel/Klumpp, Der Unternehmenskauf, Kapitel 14 Rnr. 18ff.; *Holzapfel/Pöllath*, Unternehmenskauf in Recht und Praxis, Rnr. 251ff. sowie bereits oben, B. II. 3. c) ee).

Der Übernahmekodex beinhaltete Empfehlungen für die an freiwilligen öffentlichen Übernahmeangeboten beteiligten Parteien, wobei öffentliche Übernahmeangebote vom Kodex als öffentliche Kauf- und Umtauschangebote sowie Aufforderungen zur Abgabe von Angeboten bestimmt werden, die ohne Bestehen einer Rechtspflicht von einem Bieter an die Inhaber von Wertpapieren einer Zielgesellschaft gerichtet sind, mit dem Ziel, deren Wertpapiere zu einem bestimmten Preis in bar oder im Tausch gegen andere Wertpapiere zu erwerben[931].

Das Angebot der Vereinsbank an die Aktionäre der Hypo-Bank im Rahmen des so genannten „6:1 Clou" erfüllt diese Vorgaben: Die Vereinsbank forderte die Aktionäre der Hypo-Bank öffentlich dazu auf, ihre Aktien der Vereinsbank anzubieten. Als Gegenleistung wurde seitens der Vereinsbank angeboten, jeweils sechs Aktien der Hypo-Bank in eine Aktie des Allianz-Konzerns aus einem Aktienpaket, das die Vereinsbank zu diesem Zeitpunkt besaß, umzutauschen[932]. Die Möglichkeit, die Aktionäre zur Abgabe des Angebots aufzufordern, statt selbst ein verbindliches Angebot abzugeben, wurde dem Bieter im Übernahmekodex ausdrücklich eingeräumt und ändert nichts am Charakter des öffentlichen Angebots im Sinne des Übernahmekodex[933]. Dass das Angebot unter der Bedingung stand, dass mindestens 40 Prozent aller Hypo-Aktien von den Aktionären zum Umtausch angeboten werden, aber der Umtausch gleichzeitig auf höchstens 45 Prozent begrenzt wurde, führt ebenfalls zu keiner anderen Beurteilung. Eine solche Vorgehensweise war gemäß Art. 7 Nr. 4 Übernahmekodex zulässig. Der Erwerb von 45 Prozent zog 1997 nicht die Pflicht zum Angebot an alle weiteren Aktionäre nach sich mit der damit verbundenen Gefahr des Zwangserwerbs aller Aktien[934].

Andere Spezialregelungen zum Recht der Unternehmensübernahmen existierten 1997 nicht. Hinzu kommt, dass die Vorgaben des Übernahmekodex rechtlich unverbindlich waren. Gemäß Art. 21 Übernahmeko-

---

[931] Öffentlich meint dabei, dass das Angebot an alle Aktionäre gerichtet ist und nicht etwa nur an solche mit größerem Anteilsbesitz, so *Thiel* in Semler/Volhard, Arbeitshandbuch für Unternehmensübernahmen, Band 1, § 31 Rnr. 32.

[932] Vgl. Pressestatement Schmidt vom 21.07.1997 S. 1.

[933] Vgl. Art. 7 Nr. 7 Übernahmekodex.

[934] Dies wäre 1997 eventuell beim Erwerb von mehr als 50 Prozent der Stimmrechte der Hypo-Bank aber der Fall gewesen, vgl. Art. 16 Übernahmekodex. Durch den mit Wirkung vom 01.01.1998 geltenden Übernahmekodex sowie durch das WpÜG wurde diese Schwelle gesenkt. Seit In-Kraft-Treten des WpÜG ist ein Übernahmeangebot unzulässig, das auf 30 Prozent der Stimmrechte der Zielgesellschaft oder mehr begrenzt ist, so *Holzapfel/Pöllath*, Unternehmenskauf in Recht und Praxis, Rnr. 254.

dex waren die potentiellen Bieter und Zielgesellschaften nur aufgefordert, die Regelungen des Kodex anzuerkennen[935]. Selbst die einmal erfolgte Bindung konnte durch einfache Erklärung der betreffenden Gesellschaft jederzeit wieder zum Erlöschen gebracht werden. Mangels hinreichender Anerkennungen, plädierte sogar die Börsensachverständigenkommission für eine gesetzliche Regelung[936].

Nach Auskunft der Hypovereinsbank hatte die Vereinsbank den Übernahmekodex zum Zeitpunkt des Tauschangebots anerkannt. Anders die Hypo-Bank. Sie habe sich dem Übernahmekodex lediglich für diese Transaktion unterworfen[937]. Die Verpflichtung zur Einhaltung des Übernahmekodex durch die Vereins- und Westbank, die die Tauschoperation für die Vereinsbank durchgeführt hat, ergibt sich aus dem Tauschangebot selbst[938]. Das Tauschangebot sei darüber hinaus bis ins Detail mit der Börsensachverständigenkommission abgestimmt worden. Der Übernahmekodex sei deshalb genauestens beachtet worden[939]. Zu diesem Ergebnis kommt man auch bei einem Vergleich des Angebots mit dem Übernahmekodex: Die gemäß Art. 7 des Übernahmekodex erforderlichen Mindestangaben sind im Angebot enthalten. Insbesondere wurden die Aktionäre der Hypo-Bank über die gemeinsamen Ziele der Vereinsbank und Hypo-Bank aufgeklärt, Art. 7 Nr. 13, es wurden Angaben über die Gegenleistung gemacht und über die wesentlichen Faktoren, die bei ihrer Bestimmung maßgebend waren, Art. 7 Nr. 5 und 6. Darüber hinaus enthielt das Angebot eine Stellungnahme der Hypo-Bank, Art. 7 Nr. 10. Die Angebotsfrist nach Art. 11 des Übernahmekodex wurde beachtet und da mehr Aktionäre von dem Angebot Gebrauch machten, als die Vereinsbank zu erwerben sich verpflichtet hat, wurden diese Aktionäre ab einer bestimmten Anzahl von Aktien pro rata berücksichtigt,

---

[935] Zu unterscheiden waren die generelle Anerkennungserklärung und die auf eine Transaktion beschränkte Anerkennungserklärung, vgl. *van Kann* in Hölters, Handbuch des Unternehmens- und Beteiligungskaufs, Teil VIII, Rz. 39f.

[936] So *Beisel* in Beisel/Klumpp, Der Unternehmenskauf, Kapitel 14 Rnr. 10; vgl. auch *Hasselbach* in Picot/Mentz/Seydel, Die Aktiengesellschaft bei Unternehmenskauf und Restrukturierung, Teil V Rnr. 3 sowie *Reichert* in Semler/Volhard, Arbeitshandbuch für Unternehmensübernahmen, Band 1, § 17 Rnr. 78.

[937] Gespräch des Verfassers mit Sprißler und Münich am 08.10.2004.

[938] Vgl. Aufforderung der Vereins- und Westbank zur Abgabe eines Tauschangebots.

[939] Gespräch des Verfassers mit Sprißler und Münich am 08.10.2004.

Art. 10[940]. Ein Verstoß gegen den Übernahmekodex ist folglich nicht feststellbar.

b) Gesetzliche Pflichten und „6:1 Clou"

Unabhängig von der Anerkennung des freiwilligen Übernahmekodex seitens der Verschmelzungspartner, waren im Zusammenhang mit dem Tauschangebot des „6:1 Clou" zwingende gesetzliche Pflichten zu beachten.

Wie oben kurz dargelegt[941], hat jeder, der beabsichtigt eine bestimmte Beteiligungsschwelle an einem Kreditinstitut zu erreichen oder zu überschreiten, gemäß § 2b Abs. 1 KWG der BAFin und der Deutschen Bundesbank die Höhe der beabsichtigten Beteiligung unverzüglich mitzuteilen. § 2b Abs. 1 KWG ordnete diese Anzeigepflicht auch in seiner 1997 geltenden Fassung bereits an. Da die BAFin damals noch nicht existierte, war Adressat der Anzeige das BAKred. Gleiches gilt für die Anzeigepflicht des Kreditinstituts gemäß § 24 Abs. 1 Nr. 11 KWG.

Diese Anzeigepflichten wurden nach Aussage von Sprißler, Finanzvorstand sowohl bei der Vereinsbank als auch bei der Hypovereinsbank, und Münich, Chefsyndikus bei der Vereinsbank, von beiden Banken im Rahmen des öffentlichen Übernahmeangebotes beachtet[942]. Hätte die Vereinsbank dem BAKred und der Deutschen Bundesbank die Erwerbsabsicht der 45-prozentigen Beteiligung an der Hypo-Bank nicht mitgeteilt, hätte kein wirksamer Erwerb der Beteiligung vorgelegen, was dazu geführt hätte, dass die Vereinsbank beim Verschmelzungsbeschluss der Hypo-Bank nicht stimmberechtigt gewesen und folglich der Verschmelzungsbeschluss nicht wirksam zustande gekommen wäre[943].

Weiterhin war von den beiden Banken die Ad-hoc-Publizitätspflicht nach § 15 WpHG in der 1997 geltenden Fassung zu beachten. Wenn eine inländische börsennotierte Gesellschaft ein öffentliches Umtauschangebot an die Aktionäre einer anderen in- oder ausländischen Gesellschaft richtet, besteht regelmäßig eine Ad-hoc-Mitteilungspflicht, da die Abga-

---

940   Vgl. zum Tauschangebot bereits oben, Teil 1, B. II. 2. und 4. sowie Aufforderung der Vereins- und Westbank zur Abgabe eines Tauschangebots.

941   Vgl. C. I. 2. b).

942   Gespräch des Verfassers mit Sprißler und Münich am 08.10.2004.

943   Denn grundsätzlich können Anteile, die die Rechtsträger gegenseitig aneinander innehaben, ausgeübt werden. Ein Stimmrechtsausschluss existiert nicht, so *Sagasser/Ködderitzsch* in Sagasser/Bula/Brünger, Umwandlungen, J Rnr. 122.

be dieses Angebots für die Aktien des Bieters meist von besonderer Kursrelevanz ist[944].

Durch die Neufassung des § 15 WpHG ist nunmehr die Streitfrage geklärt worden, ob neben dem Bieter auch die Zielgesellschaft zu einer Ad-hoc-Mitteilung verpflichtet ist. Ist ein Übernahmeangebot auch der Zielgesellschaft zuzurechnen, kann von einer Mitteilungspflicht ausgegangen werden. Dies ist der Fall, wenn das öffentliche Angebot auf einer Vereinbarung zwischen Bieter und Zielgesellschaft beruht[945]. Der so genannte „6:1 Clou" wurde von den Vorständen der Vereinsbank und der Hypo-Bank gemeinsam angekündigt und war zuvor so vereinbart worden, deshalb ist das Umtauschangebot beiden Instituten zuzurechnen. Nach Auskunft der Hypovereinsbank wurde von der Vereinsbank als Bieter und von der Hypo-Bank als Zielgesellschaft gemeinsam eine Ad-hoc-Mitteilung abgegeben[946].

c) „6:1 Clou" und Zuständigkeit der Hauptversammlung

Das öffentliche Umtauschangebot an die Aktionäre der Hypo-Bank war ein Schritt auf dem Weg zur Verschmelzung zur Hypovereinsbank, es stellte lediglich die Vorstufe zu weitergehenden Entscheidungen im Rahmen eines Gesamtplans dar. Dieser Gesamtplan wurde zwischen der Vereinsbank und der Hypo-Bank festgelegt und dann entsprechend Schritt für Schritt umgesetzt.

Fraglich ist, welche rechtlichen Anforderungen an diese Maßnahmen zu stellen sind. Betrachtet man die Einzelvorgänge isoliert je für sich, dann bedürfen einzelne Maßnahmen, wie beispielsweise die Verschmelzung, zweifellos der Mitwirkung der Hauptversammlung, während andere Akte nicht zustimmungsbedürftig sind, sondern zur ausschließlichen Zuständigkeit der Verwaltung gehören, so die Abgabe eines öffentlichen

---

[944]   So *Marsch-Barner* in Semler/Volhard, Arbeitshandbuch für Unternehmensübernahmen, Band 1, § 7 Rnr. 143; *Thiel* in Semler/Volhard, Arbeitshandbuch für Unternehmensübernahmen, Band 1, § 31 Rnr. 15.

[945]   Der Streit hat sich mit In-Kraft-Treten des AnSVG erledigt, da der ab dem 30.10.2004 geltende § 15 WpHG durch das Wort „insbesondere" nach dem Willen des Gesetzgebers verdeutlichen soll, dass auch Informationen außerhalb seines Tätigkeitsbereichs den Emittenten unmittelbar betreffen können. Zu denken sei etwa an die Übermittlung eines Übernahmeangebots durch eine andere Gesellschaft, so Begründung des RegE zum AnSVG, BT-Drucks. 15/3174, S. 35. Nachweise zu der Streitfrage bei *Marsch-Barner* in Semler/Volhard, Arbeitshandbuch für Unternehmensübernahmen, Band 1, § 7 Rnr. 143.

[946]   Gespräch des Verfassers mit Sprißler und Münich am 08.10.2004: Ad-hoc-Mitteilung am 21.07.1997 um 6.31 Uhr.

Umtauschangebots[947]. Die rechtliche Beurteilung dieser in einen Gesamtplan integrierten Einzelmaßnahmen ist dagegen umstritten.

Nach einer Ansicht ergibt sich aus der Einbettung der Einzelmaßnahmen in ein Gesamtkonzept die Zuständigkeit der Hauptversammlung für dieses Gesamtkonzept einschließlich Umtauschangebot und Verschmelzung, da von einem nach den Grundsätzen des § 139 BGB zu beurteilenden einheitlichen Geschäft auszugehen sei, auf das sich das Zustimmungserfordernis entsprechend einer Entscheidung des BGH zu beziehen habe[948]. Außerdem stelle ein Merger of Equals einen tiefen Eingriff in die rechtlichen und wirtschaftlichen Verhältnisse der Gesellschaft dar, so dass die Zuständigkeit der Hauptversammlung aus den Grundsätzen der Holzmüller-Entscheidung des BGH[949] folge[950].

Vorzugswürdig erscheint die Gegenansicht: Dass ein einzelner zustimmungspflichtiger Vorgang sich in einen weiteren Sachzusammenhang einfügt, begründet noch keine Ausdehnung der Entscheidungszuständigkeit der Hauptversammlung kraft Sachzusammenhangs. Vielmehr werden die berechtigten Interessen der Aktionäre insofern gewahrt, als dass das Tauschverfahren in die Berichterstattung über die Verschmelzung einzubeziehen ist, um so die sachgemäße Beurteilung des Gesamtkonzepts zu ermöglichen. Es ist dabei umfassend über das gesamte Konzept zu informieren. Hinzu kommt, dass die Aktionäre ohnehin indivi-

---

[947] So die Fragestellung bei *Baums*, FS Zöllner, Band I, 65, 73f., allerdings mit einem anderen Beispiel. Bei einem öffentlichen Angebot bedarf es keines Beschlusses der Hauptversammlung der Zielgesellschaft, weil ein solches Angebot nicht zu einer Änderung der Struktur der Zielgesellschaft führt, sondern nur zu einer Änderung der Zusammensetzung ihres Aktionärskreises. Es handelt sich damit ausschließlich um eine Maßnahme auf Aktionärsebene und nicht auf Gesellschaftsebene, über die folgerichtig jeder Aktionär individuell zu entscheiden hat, indem er seine Aktien tauscht oder nicht, so *Decher*, FS Lutter, 1209, 1221, 1224 *Reichert* in Semler/Volhard, Arbeitshandbuch für Unternehmensübernahmen, Band 1, § 17 Rnr. 62. Dies gilt im Ergebnis auch für die Bietergesellschaft, da es sich bei der Übernahme einer Beteiligung nicht um einen schwerwiegenden Eingriff in die Mitgliedschaft handelt, sondern um eine typische Investitionsentscheidung, die der Vorstand nach eigenem Ermessen zu treffen hat, strittig, vgl. *Reichert* in Semler/Volhard, Arbeitshandbuch für Unternehmensübernahmen, Band 1, § 17 Rnr. 64 m.w.N.

[948] Vgl. *Reichert* in Semler/Volhard, Arbeitshandbuch für Unternehmensübernahmen, Band 1, § 17 Rnr. 60, 63 mit Verweis auf BGHZ 82, 188, 196 („Hoesch/Hoogovens").

[949] Vgl. dazu BGHZ 83, 122, 131.

[950] So Horn, ZIP 2000, 473, 479, der dieses Erfordernis auf die bei einem Merger of Equals oftmals abgeschlossenen Zusammenarbeitsverträge stützt, obwohl die darin enthaltenen Bestimmungen nur als Programmsätze zu verstehen seien.

duell dem öffentlichen Übernahmeangebot zustimmen müssen. Der Gedanke des § 139 BGB ist nicht auf die vorliegende Problematik zu übertragen, da der die beiden Schritte der Übernahme und der Verschmelzung zu einem einheitlichen Geschäft verbindende Zusammenarbeitsvertrag – der bei einem Merger of Equals oftmals abgeschlossen wird – überwiegend keinen rechtsverbindlichen Charakter hat, sondern lediglich den Charakter eines Fahrplans der Transaktion[951]. Aus diesem Grund lässt sich die Zuständigkeit der Hauptversammlung auch nicht aus den Grundsätzen der Holzmüller-Entscheidung herleiten[952]. Erstens können die in Zusammenarbeitsverträgen enthaltenen Programmsätze aufgrund ihrer Unverbindlichkeit keinen tiefen Eingriff in die rechtlichen und wirtschaftlichen Verhältnisse der Gesellschaft bewirken. Und zweitens führt ein dem Merger of Equals vorgeschaltetes Übernahmeangebot nicht zur Änderung der Struktur der Zielgesellschaft, sondern nur zu einer Änderung der Zusammensetzung ihres Aktionärskreises. Es handelt sich ausschließlich um eine Maßnahme auf Aktionärsebene und nicht auf Gesellschaftsebene, über die folgerichtig jeder Aktionär individuell zu entscheiden hat, indem er seine Aktien tauscht oder nicht.

Eine Zuständigkeit der Hauptversammlung auch für das die Verschmelzung vorbereitende Übernahmeangebot scheidet nach zutreffender Ansicht folglich aus, jedoch sind die Aktionäre über das Gesamtkonzept umfassend zu informieren. Dieser Ansicht war auch die Vereinsbank. Sprißler und Münich erklärten, dass eine Vorlage des Übernahmeangebots an die Hauptversammlung zwar erwogen wurde. Letztlich habe man sich aber auf der Grundlage zweier Rechtsgutachten dagegen entschieden[953].

Die Aktionäre wurden im gemeinsamen Verschmelzungsbericht der Verschmelzungspartner zwar nicht umfassend, sondern nur kurz über das Tauschverfahren informiert[954]. Da das Tauschverfahren aber zu diesem Zeitpunkt bereits abgeschlossen war, hätte der Verschmelzungsbericht gar nicht mehr die Funktion einer vorherigen umfassenden Information zur Beurteilung des Gesamtkonzepts erfüllen können. Die erforderlichen Informationen wurden stattdessen den Aktionären bereits im Rahmen des ersten Teilschritts, des öffentlichen Tauschangebots, er-

---

[951] Vgl. *Baums*, FS Zöllner, Band I, 65, 74f.; *Decher*, FS Lutter, 1209, 1222f.

[952] Dies gilt umso mehr, als dass durch die „Gelatine I und II"-Entscheidungen des BGH eine einschränkende Konkretisierung der „Holzmüller"-Entscheidung erfolgt ist, vgl. BGH ZIP 2004, 993, 995ff. („Gelatine"); *Pentz*, BB 2005, 1397, 1401ff.

[953] Gespräch des Verfassers mit Sprißler und Münich am 08.10.2004.

[954] Vgl. Gemeinsamer Verschmelzungsbericht der Vereinsbank und Hypo-Bank S. 24.

teilt. Das Angebot war individuell an die Aktionäre der Hypo-Bank gerichtet und enthielt zahlreiche Informationen über das Gesamtkonzept der Verschmelzung[955].

2. Der Verschmelzungsvertrag

Vergleicht man den Verschmelzungsvertrag zwischen der Vereinsbank und der Hypo-Bank mit dem gesetzlich vorgegebenen Mindestinhalt nach § 5 UmwG, können keine Fehler festgestellt werden.

Der Verschmelzungsvertrag bestimmte eindeutig, in welchem Verhältnis jeder Aktionär der Hypo-Bank seine Aktien in solche an der Vereinsbank eintauschen kann und welche bare Zuzahlung er pro Aktie erhält[956]. Der gemäß § 5 Abs. 1 Nr. 6 UmwG erforderliche Verschmelzungsstichtag wurde auf den 01.01.1998 festgelegt[957]. Ab diesem Tag waren diese Aktien auch gewinnberechtigt[958].

Angegeben wurden auch besondere Rechte im Sinne von § 5 Abs. 1 Nr. 7 UmwG. Die Hypo-Bank hatte in den Jahren vor der Verschmelzung Genussscheine, Wandelgenussscheine, Optionsscheine sowie Schuldverschreibungen ausgegeben. Die Vereinsbank verpflichtete sich zur Einräumung gleichwertiger Rechte[959].

Im Verschmelzungsvertrag wurde auch die Zusage der Vereinbank angegeben, bestimmte Vorstandsmitglieder der Hypo-Bank zu Vorstandsmitgliedern der Vereinsbank zu bestellen[960]. Ob dies als angabepflichtige Gewährung eines Sondervorteils überhaupt zu qualifizieren ist, ist umstritten, kann aber offen bleiben[961].

---

[955]   Vgl. Aufforderung der Vereins- und Westbank zur Abgabe eines Tauschangebots.

[956]   Vgl. § 2 Abs. 1 des Verschmelzungsvertrages.

[957]   § 1 Abs. 3 des Verschmelzungsvertrages.

[958]   Vgl. § 5 Abs. 1 Nr. 5 UmwG mit § 2 Abs. 2 des Verschmelzungsvertrages.

[959]   Vgl. § 6 Abs. 1 und 2 des Verschmelzungsvertrages sowie *Sagasser/Ködderitzsch* in Sagasser/Bula/Brünger, Umwandlungen, J Rnr. 64ff.; *Temme* in Picot/Mentz/Seydel, Die Aktiengesellschaft bei Unternehmenskauf und Restrukturierung, Teil X Rnr. 37.

[960]   Vgl. § 6 Abs. 4 des Verschmelzungsvertrages.

[961]   Vgl. dazu *Sagasser/Ködderitzsch* in Sagasser/Bula/Brünger, Umwandlungen, J Rnr. 67; *Temme* in Picot/Mentz/Seydel, Die Aktiengesellschaft bei Unternehmenskauf und Restrukturierung, Teil X Rnr. 39 sowie *Volhard* in Semler/Volhard, Arbeitshandbuch für Unternehmensübernahmen, Band 1, § 17 Rnr. 140 jeweils m.w.N.

Schließlich schildert der Verschmelzungsvertrag noch ausführlich die Folgen der Verschmelzung für die Arbeitnehmer und ihre Vertretungen, § 5 Abs. 1 Nr. 9 UmwG[962].

Eine Pflichtverletzung der Vorstände der Verschmelzungspartner konnte insoweit nicht festgestellt werden.

3. Der Verschmelzungsbericht

Wie in der Praxis börsennotierter Aktiengesellschaften die Regel[963], haben auch die Vorstände der Vereinsbank und der Hypo-Bank gemäß § 8 Abs. 1 S. 1, 2. HS. UmwG einen gemeinsamen Verschmelzungsbericht vorgelegt.

Die einzelnen Bestimmungen des Verschmelzungsvertrages wurden darin ausführlich und über den Umfang des Verschmelzungsvertrages hinaus sowohl rechtlich als auch wirtschaftlich begründet. Die Verschmelzungspartner wurden dargestellt und die Verschmelzung wurde wirtschaftlich begründet und erläutert; das Verschmelzungskonzept und alternative Verschmelzungsmethoden wurden diskutiert[964]. Die bilanziellen, finanzwirtschaftlichen, steuerlichen und gesellschaftsrechtlichen Auswirkungen der Verschmelzung wurden erläutert[965] und schließlich wurde das Umtauschverhältnis ausführlich dargestellt und wirtschaftlich begründet[966]. Dabei wurden zunächst die dem Umtauschverhältnis zugrunde liegenden Bewertungsgrundsätze und das methodische Vorgehen bei der Unternehmensbewertung abstrakt geschildert. Anschließend wurden die konkreten Parameter festgelegt und begründet. Diesen Ausführungen schließt sich die Wertermittlung der Hypo-Bank und der Vereinsbank an, wobei die wesentlichen Zahlen, auf die sich die Bewertung stützt, genannt wurden. Im Verschmelzungsbericht wurde dann der Unternehmenswert und der Wert je Aktie für beide Verschmelzungspartner gesondert ermittelt; abschließend wurden die Aktienwerte in Relation gesetzt und das Umtauschverhältnis errechnet.

Die Ausführungen im gemeinsamen Verschmelzungsbericht entsprechen den gesetzlichen Vorgaben des § 8 Abs. 1 UmwG sowie den in der

---

[962] Vgl. § 7 des Verschmelzungsvertrages.

[963] So *Gehling* in Semler/Stengel, UmwG, § 8 Rnr. 6.

[964] Vgl. Gemeinsamer Verschmelzungsbericht der Vereinsbank und Hypo-Bank S. 6ff.

[965] Vgl. Gemeinsamer Verschmelzungsbericht der Vereinsbank und Hypo-Bank S. 27ff.

[966] Vgl. Gemeinsamer Verschmelzungsbericht der Vereinsbank und Hypo-Bank S. 59ff.

Rechtsprechung und der Lehre entwickelten Grundsätzen[967]. Eine Pflichtverletzung der Vorstände ist insoweit nicht ersichtlich.

4. Die Zustimmung der Hauptversammlung

Am 19.05.1998 beschlossen die Aktionäre bei der Hauptversammlung der Hypo-Bank (Präsenz 88 Prozent des Grundkapitals) mit 99,9 Prozent den Zusammenschluss mit der Vereinsbank[968]. Erforderlich war gemäß § 20 Abs. 1 der Satzung der Hypo-Bank eine Mehrheit von 80 Prozent der abgegebenen Stimmen und einer Mehrheit von 75 Prozent des Grundkapitals[969].

Eine Woche später genehmigte auch die Hauptversammlung der Vereinsbank die Verschmelzung beider Institute. Bei einer Präsenz von gut 62 Prozent beschlossen die Aktionäre mit 99,99 Prozent den Zusammenschluss zu den vorgeschlagenen Umtauschverhältnissen und die dafür beantragte Kapitalerhöhung[970]. Erforderlich war nach § 65 UmwG eine Mehrheit, die mindestens 75 Prozent des bei der Beschlussfassung vertretenen Grundkapitals umfasst[971].

5. Sonstige gesetzliche Pflichten

Als Treuhänder nach § 71 UmwG wurde die Dresdner Bank von der Hypo-Bank pflichtgemäß für den Empfang der zu gewährenden Aktien und baren Zuzahlungen bestellt[972].

Zur Durchführung der Verschmelzung erhöhte die Vereinsbank ihr Grundkapital um rund 553 Mio. DM auf 2,07 Mrd. DM[973]. Dadurch wurden Aktien der Vereinsbank in ausreichender Zahl geschaffen, um die Aktien der Hypo-Bank-Aktionäre umzutauschen[974].

---

[967] Ausführlich dazu bereits oben, C. III. 1.

[968] Vgl. FAZ vom 20.05.1998 S. 21; Handelsblatt vom 27.05.1998 S. 21.

[969] Vgl. Gemeinsamer Verschmelzungsbericht der Vereinsbank und Hypo-Bank S. 56; vgl. auch *Temme* in Picot/Mentz/Seydel, Die Aktiengesellschaft bei Unternehmenskauf und Restrukturierung, Teil X Rnr. 105.

[970] Vgl. FAZ vom 27.05.1998 S. 22; Handelsblatt vom 27.05.1998 S. 21.

[971] Vgl. Gemeinsamer Verschmelzungsbericht der Vereinsbank und Hypo-Bank S. 56 sowie *Sagasser* in Sagasser/Bula/Brünger, Umwandlungen, C Rnr. 8.

[972] § 4 Abs. 1 des Verschmelzungsvertrages, vgl. dazu auch oben C. I. 1. d) bb).

[973] Vgl. § 3 Abs. 1 des Verschmelzungsvertrages.

[974] Vgl. zur Kapitalerhöhung im Zusammenhang mit dem so genannten „6:1 Clou" der Vereinsbank, oben C. I. 1. d) cc).

Die Verschmelzung wurde am 29.08.1998 bzw. 31.08.1998 im Handelsregister eingetragen und am 02.09.1998 bekannt gemacht[975]. Da in der einmonatigen Frist nach der jeweiligen Hauptversammlung der beiden Banken keine Anfechtungsklagen der Aktionäre von Hypo-Bank und Vereinsbank gegen die Verschmelzung eingingen[976], konnten die Vorstände die nach § 16 Abs. 2 UmwG erforderliche Erklärung abgeben.

Um Verzögerungen zu vermeiden, haben die Vorstände der beiden Banken pflichtgemäß in einem frühen Planungsstadium ihr Verschmelzungsvorhaben beim Bundeskartellamt angemeldet und bereits Anfang September 1997 die Zustimmung erhalten[977].

6. Keine Verletzung der Treuepflicht

Anhaltspunkte für eine Verletzung der Treuepflicht während der Durchführung der Verschmelzung liegen nicht vor.

Es besteht nicht der Eindruck, dass sich ein Vorstandsmitglied durch Eigen- oder Drittinteressen bei der Entscheidungsfindung oder der Ausübung der Entscheidungen hat beeinflussen lassen. Die von der Presse[978] aufgestellte Vermutung, dass der Vorstand der Hypo-Bank der Verschmelzung nur zustimmte, weil die Allianz als Großaktionär der Hypo-Bank Druck ausgeübt habe, um mit der Verschmelzung die Rentabilität ihrer Beteiligung dauerhaft zu sichern, kann nicht mit Tatsachen untermauert werden und muss folglich als unzutreffend eingestuft werden[979].

Die aus der Treuepflicht abzuleitende Verschwiegenheitspflicht wurde von den Vorstandsmitgliedern der beiden Banken während der Verschmelzung nicht – zumindest nicht erkennbar – verletzt. Die Weitergabe von vertraulichen Informationen zur Vorbereitung der Verschmelzung an den Verschmelzungspartner sowie an externe Berater, ist im Rahmen einer Due Diligence unstreitig zulässig[980].

7. Entscheidung zur Verschmelzung und erste Maßnahmen

Die Motive für die Verschmelzung waren bei den Beteiligten zu Beginn unterschiedlich: Während der Vorstand der Hypo-Bank befürchtete, früher oder später von einer Frankfurter Großbank übernommen zu wer-

---

975 Vgl. BayObLG ZIP 2003, 253, 253 („Hypovereinsbank").

976 Vgl. oben, Teil 1, B. II. 12.

977 Vgl. FAZ vom 06.09.1997 S. 16; Handelsblatt vom 08.09.1997 S. 23.

978 Vgl. Der Spiegel 31/1997 S. 66, 67.

979 Vgl. zu dieser Vermutung, oben Teil 1, B. II. 1.

980 Ausführlich dazu bereits oben, C. III. 4. b) dd) (1).

den und im Zusammenschluss mit einem relativ gleich starken Partner die einzige Möglichkeit sah, dies zu verhindern. Suchte der Vorstand der Vereinsbank schon seit längerem erfolglos nach einem geeigneten Partner[981].

Die Verhandlungen zwischen den Vorständen der Vereinsbank und der Hypo-Bank mündeten am 17.07.1997 in einer Vertraulichkeitsvereinbarung, in der sich beide Parteien dazu verpflichteten, die Voraussetzungen eines Zusammenschlusses – gleich welcher Art und Intensität – zu überprüfen. Dazu führten beide Banken am 17. und 18.07. eine wechselseitige Untersuchung durch, die sich auf die Durchsicht der Prüfungsberichte 1993 bis 1996 mit allen Anlagebänden der jeweils anderen Bank bezog[982].

Im gemeinsamen Verschmelzungsbericht begründeten die beiden Institute die Verschmelzung mit wirtschaftlichen Motiven: Das Bankgewerbe stehe weltweit in einem tief greifenden Strukturwandel. Die zunehmende Globalisierung, der Start der Europäischen Wirtschafts- und Währungsunion und neue Technologien hätten den Wettbewerb verschärft und einen Konzentrationsprozess in Gang gesetzt. Durch den Zusammenschluss würden die Hypo-Bank und die Vereinsbank ein Volumen erreichen, um auch im europäischen Markt wettbewerbsfähig zu bleiben und selbständig agieren zu können. Die Synergieeffekte der Verschmelzung wurden mit 1 Mrd. DM pro Jahr nach 5 Jahren beziffert[983]. Diese Begründung wurde von der Hypovereinsbank später nochmals bekräftigt[984].

Da es sich bei der Entscheidung zur Verschmelzung um eine unternehmerische Leitungsentscheidung des Gesamtvorstandes handelt, verfügte sowohl der Vorstand der Hypo-Bank als auch der Vereinsbank über beträchtliche Spielräume der Einschätzung und Beurteilung. Die Pflichtwidrigkeit dieser Entscheidung ist nur nach den Vorgaben der ARAG/Garmenbeck-Entscheidung des BGH zu bestimmen[985]. Wie gerade im Rahmen der Treuepflicht ausgeführt, ist davon auszugehen, dass kein Mitglied der beiden Vorstände bei der Entscheidungsfindung von einem relevanten Eigen- oder Drittinteresse beeinflusst war. Mit der zwei Tage dauernden wechselseitigen Durchsicht der Prüfungsberichte 1993 bis 1996 beschafften sich beide Vorstände Informationen über den

---

981   Vgl. dazu ausführlich oben, Teil 1, B. II. 1.

982   Vgl. Sonderprüfungsbericht der BDO S. 110.

983   Vgl. Gemeinsamer Verschmelzungsbericht der Vereinsbank und der Hypo-Bank S. 14, 20.

984   Gespräch des Verfassers mit Sprißler und Münich am 08.10.2004.

985   Vgl. BGH ZIP 1997, 883ff. („ARAG/Garmenbeck").

Verschmelzungspartner. Unter Beachtung des frühen Zeitpunkts im Verschmelzungsprozess muss der Umfang der gewonnenen Informationen als ausreichend beurteilt werden. Es ist folglich von einer informierten Entscheidung der Vorstände auszugehen[986]. Abschließend muss davon ausgegangen werden, dass die Entscheidung zur Verschmelzung auch dem Unternehmensinteresse beider Gesellschaften entsprach: Dem Vorstand kommt bei der Abwägung zur Bestimmung des Unternehmensinteresses ein erheblicher Spielraum der Einschätzung und Beurteilung zu. Diese Einschätzungsprärogative des Vorstands führt im Ergebnis dazu, dass die Verschmelzung nur dann nicht dem Unternehmensinteresse entspricht, wenn sie offensichtlich nicht zweckdienlich[987] bzw. unter keinem in Betracht kommenden Aspekt sinnvoll ist[988]. Da die im Verschmelzungsbericht aufgeführten wirtschaftlichen Gründe für die Verschmelzung nachvollziehbar und aus der maßgeblichen ex-ante Sicht uneingeschränkt vertretbar und vernünftig erscheinen, kann nicht von einer unzweckmäßigen Verschmelzung gesprochen werden. Eine Pflichtverletzung liegt diesbezüglich nicht vor.

Das Unternehmensinteresse verlangt in der Regel eine zügige Durchführung der Verschmelzung, da Verzögerungen zu Nachteilen und auch Schäden führen können[989]. Dazu bedarf es u.a. der Einrichtung entsprechender Arbeitsgruppen, die gemeinsam mit den korrespondierenden Arbeitsgruppen der anderen beteiligten Unternehmen die wesentlichen Vorbereitungen treffen[990]. Bereits im August 1997, also kurz nach der Verkündung der Verschmelzungsabsicht, gründeten die Vorständen der beiden Banken einen Integrationsausschuss und sieben Fachausschüsse. Funktion der Ausschüsse war es zu prüfen, wieweit schon vor der Verschmelzung Schritte zur engeren Zusammenarbeit und gemeinschaftli-

---

[986]   Es ist darauf hinzuweisen, dass beide Verschmelzungspartner von unterschiedlichen und mehreren externen Experten beraten wurden; so wurden u.a. verschiedene Anwaltskanzleien für die verschiedenen problematischen Einzelpunkte der Verschmelzung herangezogen, vgl. Gespräch des Verfassers mit Sprißler und Münich am 08.10.2004. Grundsätzlich kann von informierten Entscheidungen der Vorstände ausgegangen werden.

[987]   Vgl. *Clemm/Dürrschmidt*, FS Widmann, 3, 11.

[988]   Ausführlich zu den Voraussetzungen der ARAG/Garmenbeck-Entscheidung im Rahmen von Verschmelzungen, vgl. oben, C. III. 2.

[989]   Vgl. *Bork* in Lutter, UmwG, § 16 Rnr. 21; *Marsch-Barner* in Kallmeyer, UmwG, § 16 Rnr. 45.

[990]   Vgl. *Sagasser/Ködderitzsch* in Sagasser/Bula/Brünger, Umwandlungen, J Rnr. 10 sowie *Reichert* in Semler/Volhard, Arbeitshandbuch für Unternehmensübernahmen, Band 1, § 17 Rnr. 34, 39.

che Aktivitäten auch in organisatorischen Strukturen möglich sind[991]. Eine Pflichtverletzung der Vorstände ist auch insoweit nicht ersichtlich.

8. Das Verschmelzungskonzept

Die Vorstände der Hypo-Bank und der Vereinsbank haben sich für eine Verschmelzung durch Aufnahme entschieden, wobei die Vereinsbank als aufnehmende Gesellschaft gewählt wurde. Eine Verschmelzung durch Neugründung, die laut Aussage von Martini den Merger of Equals am besten symbolisiert hätte[992], schied aus, da der bei beiden Banken bestehende – und auch für die verschmolzene Bank erstrebte – Status des gemischten Kreditinstituts bei einer Neugründung einer Bank heute nicht mehr vergeben wird[993].

Der Verschmelzung wurde ein Tauschverfahren vorgeschaltet. Durch den so genannten „6:1 Clou" der Vereinsbank wurde die Zahl der Hypo-Bank-Aktionäre kleiner und die Vereinsbank erwarb 45 Prozent der Aktien der Hypo-Bank. Das sich aus der Antragsmöglichkeit gegen die Höhe des vereinbarten Umtauschverhältnisses nach §§ 14 Abs. 2, 15 Abs. 1 UmwG ergebende Risiko einer umfangreichen baren Ausgleichspflicht an sämtliche Aktionäre der Hypo-Bank sowie das Anfechtungsrisiko aufgrund anderer Anfechtungsgründe, wurde infolgedessen auf den Anteil der Aktionäre der Hypo-Bank verringert, die nicht getauscht haben. Dass die Transaktionssicherheit durch die vom Ausschluss der §§ 14 Abs. 2, 15 Abs. 1 UmwG nicht erfasste Anfechtungsmöglichkeit der Aktionäre der Vereinsbank gefährdet war, ist dem angestrebten Status als gemischte Bank geschuldet. Das Risiko einer auf Bewertungsmängel gestützten Klage durch Aktionäre der aufnehmenden Vereinsbank war daher hoch und hätte nur durch eine Verschmelzung im Wege der Neugründung ausgeschaltet werden können[994]. Wie sich aus dem Verschmelzungsbericht ergibt, haben sich die Vorstände der beiden Verschmelzungspartner auch mit der Möglichkeit der Verschmelzung durch Neugründung befasst, diese aber aus den bereits genannten Gründen verworfen[995]. Die Möglichkeit einer feindlichen Übernahme der Hypo-

---

991 So Handelsblatt vom 22.07.1997 S. 16; Pressestatement Schmidt vom 21.07.1997 S. 2.

992 Vgl. FAZ vom 20.05.1998 S. 21.

993 Vgl. zu weiteren Gründen des gewählten Verschmelzungskonzepts bereits oben, Teil 1, B. II. 5.

994 Ausführlich zu den Vor- und Nachteilen der Verschmelzungsarten, vgl. oben, C. III. 3.

995 Vgl. Gemeinsamer Verschmelzungsbericht der Vereinsbank und der Hypo-Bank S. 24f.

Bank seitens der Vereinsbank, wurde im Vorstand der Vereinsbank nicht erwogen, da dies nach Überzeugung von Sprißler und Münich – beide an der Verschmelzung auf Seiten der Vereinsbank beteiligt – im Bankensektor generell nicht praktikabel sei[996].

Für die Beurteilung, ob die Entscheidung der beiden Vorstände über das Verschmelzungskonzept pflichtwidrig getroffen wurde, sind auch hier wieder die Vorgaben des BGH heranzuziehen, denn diese Entscheidung stellt eine unternehmerische Leitungsentscheidung dar. Anhaltspunkte für eine sorgfaltspflichtwidrige Ermittlung der Entscheidungsgrundlagen oder für das Vorliegen von Eigen- oder Drittinteressen sind nicht ersichtlich. Insbesondere wurden die Voraussetzungen für eine Anwendung des Tauschgutachtens intensiv intern erörtert und über eine verbindliche Vorprüfung durch das Finanzamt abgesichert[997]. Die Wahl des Verschmelzungskonzepts entsprach dem Unternehmensinteresse. Die im Rahmen der erforderlichen Abwägung besonders zu beachtende Transaktionssicherheit wurde durch den vorherigen Aktientausch soweit wie möglich gewährleistet. Darüber hinaus wurden durch diesen Aktientausch und der daraus folgenden Möglichkeit, das Tauschgutachten des BFH anzuwenden, Steuerzahlungen in Milliardenhöhe eingespart[998].

Die bei der Konkretisierung des Unternehmensinteresses zur Verfügung stehenden beträchtlichen Spielräume der Einschätzung und Beurteilung wurden durch die Wahl des vorliegenden Verschmelzungskonzepts folglich nicht verletzt[999]. Eine Pflichtverletzung scheidet diesbezüglich aus.

9. Vermögenslage der selbst verwalteten Gesellschaft

Der Vorstand der Hypo-Bank hat seinen Verschmelzungspartner über wesentliche Umstände bezüglich seiner Vermögenslage getäuscht.

Laut Sonderprüfungsbericht wurde dem Vorstand der Vereinsbank vom Vorstand der Hypo-Bank Ende Januar 1998 wahrheitswidrig mitgeteilt, dass im Abschluss zum 31.12.1997 für den Joint Venture- und Developer-Bereich eine zusätzliche Risikovorsorge von 1,5 Mrd. DM neben der normalen Risikovorsorge von 1,3 Mrd. DM eingestellt werden sollte. Zuvor von der KPMG geäußerte Zweifel an einer ausreichenden Risikoberücksichtigung im Joint Venture-Bereich wurden von der Hypo-Bank

---

996 Gespräch des Verfassers mit Sprißler und Münich am 08.10.2004.

997 Gespräch des Verfassers mit Sprißler und Münich am 08.10.2004.

998 Vgl. zur Anwendung des Tauschgutachtens des BFH, oben Teil 1, B. II. 2.

999 Allgemein dazu bereits oben, C. III. 3.

energisch zurückgewiesen[1000]. Die zuständigen Vorstandsmitglieder haben es unterlassen, die Vereinsbank über das wirkliche Ausmaß der Risiken aufzuklären und auf die unzureichende Risikovorsorge im Jahresabschluss 1997 hinzuweisen, obwohl der Vorstand der Hypo-Bank einen höheren Wertberichtigungsbedarf zum 31.12.1997 hätte erkennen können.

Auch ohne aufgrund der Vereinbarung eines Merger of Equals erhöhte Anforderungen an die gegenseitigen Aufklärungspflichten zu knüpfen, hat der Vorstand der Hypo-Bank durch diese zumindest fahrlässigen Falschangaben seine gegenüber dem Verschmelzungspartner bestehende Wahrheitspflicht verletzt. Ausfluss des Wahrheitsgebots ist ferner, dass der Vorstand Fehlvorstellungen der Verschmelzungspartner nicht durch Halbwahrheiten Vorschub leisten darf. Die bereitgestellten Informationen müssen vollständig und richtig sein[1001]. Diese bei jeder Verschmelzung zu beachtende Pflicht hat der Vorstand der Hypo-Bank verletzt.

Die beiden Banken verfuhren bei der Auskunftserteilung bezüglich ihrer eigenen Gesellschaft folgendermaßen: Von der KPMG verlangte Auskünfte über Bewertungsfragen einzelner Engagements mussten über den Vorstand der Hypo-Bank geleitet werden. Ebenso wurde bei Auskünften der WEDIT bezüglich Einzelengagements der Vereinsbank verfahren. Die Auskunftserteilung der Hypo-Bank war laut Sonderprüfungsbericht zu Anfang zögerlich, nach Abmahnung zurückhaltend[1002].

Wie oben ausgeführt[1003], hat der Vorstand die mit der Unternehmensbewertung beauftragten Sachverständigen zu begleiten und gemeinsam mit ihnen ein Ergebnis zu erarbeiten. Die Pflichten des Vorstands fokussieren sich dabei im Wesentlichen auf die Recherche und das Zusammentragen des für eine ordnungsgemäße Unternehmensbewertung notwendigen Zahlenmaterials und der dafür notwendigen Unterlagen. Nach Aussage von Sprißler und Münich wurden der KPMG seitens der Vereinsbank alle geforderten Unterlagen zur Verfügung gestellt[1004]. Die Zurückhaltung der Hypo-Bank bei der Auskunftserteilung gegenüber der KPMG kann aber nicht als Verletzung der Mitwirkungspflicht gewertet werden. Im Lenkungsausschuss, der mit jeweils zwei Vorstandsmitgliedern der Vereinsbank und der Hypo-Bank sowie mit einem Wirtschaftsprüfer der KPMG und der WEDIT besetzt war, wurde trotz der zurückhaltenden Auskunftserteilung gemeinsam ein Ergebnis erarbeitet.

[1000]   So Sonderprüfungsbericht der BDO S. 69, 121.

[1001]   Ausführlich dazu oben, C. III. 4. a).

[1002]   So Sonderprüfungsbericht der BDO S. 119, 121.

[1003]   Vgl. C. III. 4. a).

[1004]   Gespräch des Verfassers mit Sprißler und Münich am 08.10.2004.

Ein vorsichtiger Umgang mit Unternehmensinterna ist gerade gegenüber einem Wettbewerber und zu Beginn einer Transaktion sogar prinzipiell geboten, um die Risiken aus einem Scheitern der Verschmelzung zu verringern[1005].

Eine andere Frage ist, ob der Vorstand der Vereinsbank von der zurückhaltenden Auskunftserteilung gegenüber der KPMG gewusst hat und ob die KPMG die Vereinsbank darauf hinweisen hätte müssen. Darauf soll im 2. Kapitel der Arbeit eingegangen werden[1006].

10. Die Durchführung der Due Diligence

Die Verhandlungen zwischen den Vorständen der Vereinsbank und der Hypo-Bank mündeten in einer Vertraulichkeitsvereinbarung. Diese enthielt nicht nur die Verpflichtung, sich wechselseitig vollständige und richtige Informationen zu erteilen – für die allerdings keinerlei Haftung oder Gewährleistung übernommen wurde – und diese geheim zu halten, sondern regelte auch an wen die erhaltenen Informationen weitergegeben werden dürfen. Hierzu wurde auch eine Haftungsregelung bei schuldhafter Verletzung der Informations- und Geheimhaltungsverpflichtungen niedergelegt sowie eine Vertragsstrafe vereinbart. Weiterhin wurde ein Abwerbungsverbot für zwei Jahre nach Beendigung der Transaktion vereinbart sowie eine Verpflichtung bis zur Beendigung des Projekts keinerlei Handel in den an der Börse zugelassenen Wertpapieren der jeweils anderen Partei zu betreiben[1007]. Am 17. und 18.07.1997 führten beide Banken eine wechselseitige Untersuchung durch, die sich auf die Durchsicht der Prüfungsberichte 1993 bis 1996 mit allen Anlagebänden der jeweils anderen Bank bezog[1008]. Im September beauftragten die Vorstände beider Banken ihre Abschlussprüfer WEDIT und KPMG damit, ein gemeinsames Bewertungsgutachten zu den Unternehmenswerten der Hypo-Bank und der Vereinsbank sowie zum Umtauschverhältnis zu erstellen[1009]. Zur Sicherstellung einer einheitlichen Vorgehensweise bei der Bewertung wurde ein Lenkungsausschuss eingerichtet. Des Weiteren bildeten beide Wirtschaftsprüfungsgesellschaften gemischte Teams. Dabei wurde im Auftrag festgelegt, dass im Hinblick auf die intensive Kenntnis des jeweiligen Bewertungsobjekts die Federführung für die Bewertung der Hypo-Bank bei der WEDIT als deren Ab-

---

1005 Dazu ausführlich oben, C. 4. b) dd) (1).

1006 Vgl. dazu unten, 2. Kapitel B. IV. 2.

1007 So schriftliche Auskunft Münich vom 14.10.2004 S. 1f.

1008 Vgl. Sonderprüfungsbericht der BDO S. 110.

1009 Vgl. Gemeinsamer Verschmelzungsbericht der Vereinsbank und Hypo-Bank S. 59; Sonderprüfungsbericht der BDO S. 111.

schlussprüfer und für die Bewertung der Vereinsbank bei der KPMG als deren Abschlussprüfer liegen sollte[1010]. Federführung war dabei nach Auskunft von Sprißler und Münich so zu verstehen, dass die jeweiligen Abschlussprüfer als Berater an der Bewertung beteiligt waren. Hatte die WEDIT beispielsweise eine Frage zur Vereinsbank, dann seien die Abschlussprüfer der KPMG als Prüfer der Vereinsbank Auskunftspersonen für die Bewertungsgutachter der WEDIT gewesen[1011]. Als der Vorstand der Vereinsbank aufgrund von Marktgerüchten einen zusätzlichen Risikovorsorgebedarf bei der Hypo-Bank vermutete, beauftragte er im November 1997 informell die KPMG, die Risiken aus dem Projektgeschäft kritisch zu würdigen und für eine angemessene Berücksichtigung bei der Unternehmensbewertung Sorge zu tragen. Daneben sollten auch Lücken in der Vorsorgepolitik im Jahresabschluss 1997 der Hypo-Bank, soweit möglich, aufgedeckt werden[1012]. Sprißler und Münich räumen später ein, dass die Erteilung dieses vertraulichen Zusatzauftrags trotz des Vorliegens eines Merger of Equals zwar den Eindruck eines gewissen Maßes an Misstrauen erwecke. Das Vertrauen in den Partner dürfe aber auch nicht grenzenlos sein[1013].

Durch den Abschluss einer Vertraulichkeitsvereinbarung, die eine Vielzahl an Sicherheitsmaßnahmen enthält sowie der Gewährung der Due Diligence erst nach Abschluss der Vertraulichkeitsvereinbarung, haben die Vorstände der beiden Banken ihre Pflicht erfüllt das Risiko einer schädigenden Informationsverwendung durch den Verschmelzungspartner zu begrenzen[1014].

Die Beauftragung der eigenen Abschlussprüfer mit der Durchführung der Due Diligence und der Bewertung ist zwar als problematisch zu beurteilen, war rechtlich aber zulässig[1015]. Der Vorteil der langjährigen Erfahrung mit dem Unternehmen wird durch das aufgrund der Jahresabschlussprüfungen bestehende weitreichende Auftragsverhältnis zur Gesellschaft überlagert. Die Unabhängigkeit und Neutralität können eingeschränkt sein[1016]. Eine Pflichtverletzung der beiden Vorstände kann darin aber nicht erkannt werden, insbesondere kann auch keine sorgfalts-

1010 So Sonderprüfungsbericht der BDO S. 111f.
1011 Gespräch des Verfassers mit Sprißler und Münich am 08.10.2004.
1012 Vgl. Sonderprüfungsbericht der BDO S. 121.
1013 Gespräch des Verfassers mit Sprißler und Münich am 08.10.2004.
1014 Ausführlich dazu bereits oben, C. III. 4. b) dd) (1).
1015 Nach *Wagner/Russ* in Wirtschaftsprüfer-Handbuch, Band II, Rnr. O 26 muss der Abschlussprüfer vor Annahme des Auftrags lediglich die Interessenlage sorgfältig abwägen.
1016 So *Wegmann/Koch*, DStR 2000, 1027, 1028.

pflichtwidrige Auswahl der Gutachter festgestellt werden. Bei der WEDIT und der KPMG handelte es sich um große und erfahrene Wirtschaftsprüfungsgesellschaften. Sprißler und Münich geben zu bedenken, dass 1998 noch kein diesbezügliches Problembewusstsein vorhanden war. Es sei normal gewesen, die eigenen Abschlussprüfer mit der Due Diligence und der Bewertung zu beauftragen. Außerdem hätten nicht die Abschlussprüfer selbst das Gutachten erstellt, vielmehr seien innerhalb der Wirtschaftsprüfungsgesellschaften andere Mitarbeiter damit beauftragt worden, da die Abschlussprüfung und die Bewertung ganz unterschiedliche Kenntnisse voraussetzen würden[1017].

Wie oben dargelegt[1018], trifft den Vorstand die Pflicht zur ausdrücklichen Nachfrage, wenn die übermittelten Informationen erkennbar unvollständig oder unplausibel sind. Dieser Verpflichtung kam der Vorstand der Vereinbank nach, indem er die KPMG zusätzlich damit beauftragte, den aufgrund von Marktgerüchten vermuteten weitergehenden Risikovorsorgebedarf der Hypo-Bank aufzuklären. Die daraufhin von der KPMG im Lenkungsausschuss geäußerten Zweifel an einer ausreichenden Risikoberücksichtigung, wurden aber laut Sonderprüfungsbericht von der Hypo-Bank und der WEDIT energisch zurückgewiesen[1019]. Nachdem dem Vorstand der Vereinsbank vom Vorstand der Hypo-Bank Ende Januar 1998 wahrheitswidrig mitgeteilt worden war, dass im Abschluss zum 31.12.1997 für den Joint Venture- und Developer-Bereich eine zusätzliche Risikovorsorge von 1,5 Mrd. DM neben der normalen Risikovorsorge von 1,3 Mrd. DM eingestellt werden sollte, ging der Vorstand von einer ausreichenden Berücksichtigung der vermuteten zusätzlichen Risiken aus. Der Vorstand der Vereinsbank hat also pflichtgemäß nachgefragt und durfte – gerade nachdem zuvor ausdrücklich nachgefragt worden war und kurze Zeit später eine Sondervorsorge im Jahresabschluss durchgeführt wurde – auch auf die Richtigkeit der Angaben der Hypo-Bank vertrauen, da er selbst oder die KPMG aufgrund der Federführung der WEDIT bei der Due Diligence der Hypo-Bank kaum Möglichkeiten hatte, eigenständig die geforderten Informationen zu ermitteln und zwischen der Vereinsbank und der Hypo-Bank ein Merger of Equals vereinbart worden war, der einen Vertrauenstatbestand begründet hat. Die auch im Rahmen eines Merger of Equals bestehende Pflicht, Ergebnisse Dritter selbst inhaltlich nachzuvollziehen und wesentliche Informationen und Daten zumindest auf ihre Plausibilität zu

---

[1017]   Gespräch des Verfassers mit Sprißler und Münich am 08.10.2004.

[1018]   Vgl. C. III. 4. b).

[1019]   Vgl. Sonderprüfungsbericht der BDO S. 121.

kontrollieren bzw. sich selbst zu beschaffen, hat der Vorstand der Vereinsbank – soweit es ihm möglich war – erfüllt[1020].

11. Die Bewertung der beiden Institute

Die Bewertung der Vereinsbank und der Hypo-Bank wurde von der KPMG und der WEDIT gemeinsam nach der Ertragswertmethode durchgeführt[1021]. Die Vorstände der beiden Banken waren durch jeweils zwei Vorstandsmitglieder im Lenkungsausschuss vertreten und nur so an der Unternehmensbewertung beteiligt. Aus diesem Grund soll an dieser Stelle auch nicht näher auf die Unternehmensbewertung an sich eingegangen werden. Vielmehr soll im Zusammenhang mit der Bewertung und dem darauf beruhenden Umtauschverhältnis das Verhalten der Vorstände untersucht werden.

Erster Anknüpfungspunkt ist dabei die Beauftragung der WEDIT und der KPMG mit der Erstellung eines Bewertungsgutachtens. Da den Vorstandsmitgliedern regelmäßig das erforderliche Fachwissen für eine Unternehmensbewertung fehlt, haben sie sich geeigneter Sachverständiger zu bedienen, die sie sorgfältig auszuwählen und entsprechend den gegebenen Möglichkeiten sorgfältig zu überwachen haben. Wie schon im Rahmen der Due Diligence, so ist auch bei der Unternehmensbewertung eine Beauftragung der mit den Unternehmen vertrauten Abschlussprüfern als Bewertungsgutachter möglich[1022]. Anhaltspunkte, die gegen eine sorgfältige Auswahl der renommierten Wirtschaftsprüfungsgesellschaften KPMG und WEDIT sprechen, sind nicht ersichtlich.

Die sorgfältige Überwachung scheint ebenfalls gewährleistet gewesen zu sein[1023]. Insbesondere diente der gemeinsame Lenkungsausschuss, gebildet aus je einem Wirtschaftsprüfer und je zwei Vorstandsmitgliedern, der Sicherstellung einer einheitlichen Vorgehensweise bei der Bewertung. Dies erforderte zwangsläufig eine Plausibilitätskontrolle der Bewertung seitens der im Ausschuss vertretenen Vorstandsmitglieder. Es ist davon auszugehen, dass im Lenkungsausschuss gemeinsam mit den

---

[1020] So auch im Ergebnis der Sonderprüfungsbericht der BDO S. 126. Ausführlich zur Due Diligence im Rahmen eines Merger of Equals oben, C. III. 5.

[1021] Ein gemeinsames Bewertungsgutachten zweier Wirtschaftsprüfungsgesellschaften wurde auch im Falle der Verschmelzung Thyssen Krupp eingeholt, vgl. OLG Hamm ZIP 1999, 798, 799 („Thyssen Krupp").

[1022] Seit In-Kraft-Treten des BilReG läuft der Abschlussprüfer nun Gefahr, durch die Anfertigung eines Bewertungsgutachtens künftig von der Abschlussprüfung ausgeschlossen zu werden, vgl. § 319 Abs. 3 Nr. 3d). Genauer zu §§ 319f. HGB unten, 2. Kapitel A. III. 3.

[1023] Vgl. zur Zusammenarbeit des Vorstands mit den Gutachtern oben, C. III. 4. c).

Wirtschaftsprüfern ein Ergebnis erarbeitet wurde. Die Annahme, dass die Vorstände das Ergebnis der Unternehmensbewertung selbst inhaltlich nachvollzogen und beurteilt haben, wird durch den gemeinsamen Verschmelzungsbericht der Vorstände der beiden Banken gestützt. Darin heißt es, dass sich die Vorstände auf der Grundlage des Bewertungsgutachtens der KPMG und der WEDIT auf ein Umtauschverhältnis geeinigt haben und dass die Ausführungen des Bewertungsgutachtens zur Ermittlung der Unternehmenswerte und der Ableitung des Umtauschverhältnisses inhaltlich vollständig wiedergegeben werden, um den Aktionären beider Banken die Möglichkeit zu eröffnen, die Ermittlung des Umtauschverhältnisses nachzuvollziehen[1024]. Die ausführliche, auf das Bewertungsgutachten der Wirtschaftsprüfer gestützte Darstellung der Ermittlung der Unternehmenswerte und des Umtauschverhältnisses im Verschmelzungsbericht, erscheint nur nachvollziehbar, wenn sich die Vorstände zuvor selbst ausführlich mit der Bewertung anhand des Gutachtens auseinandergesetzt und diese als richtig eingestuft haben. Eine Pflichtverletzung der Vorstände der Verschmelzungspartner ist folglich nicht erkennbar.

12. Die Integration der Unternehmen

Bereits Anfang August 1997 gründeten die Vereinsbank und die Hypo-Bank einen Integrationsausschuss und sieben Fachausschüsse. Dem Integrationsausschuss gehörten je drei Vorstände der beiden Institute an[1025]. Die Ausschüsse prüften, inwieweit schon vor der Verschmelzung Schritte zur engeren Zusammenarbeit und gemeinschaftliche Aktivitäten auch in organisatorischen Strukturen möglich sind[1026]. Es ist anzunehmen, dass sich der Integrationsausschuss auch damit beschäftigte, Strategien zur Vermeidung von Reibungsverlusten zu entwerfen. Das Zentrale Projektoffice Fusion (ZPO) analysierte darüber hinaus ungefähr zehn Bankenfusionen und ermittelte Hauptfaktoren für eine erfolgreiche Verschmelzung: Frühzeitiges Festlegen einer klaren Strategie; Beachtung der Interessen aller, also nicht nur der Aktionärsinteressen; Treffen harter Entscheidungen hinsichtlich der Informationstechnologie und ebenso harte Umsetzung; konsequente Festlegung der Organisationsstruktur und der Besetzung sowie ausreichende Beachtung der so genannten weichen Faktoren, also vor allem der unterschiedlichen Unternehmenskul-

---

[1024] Vgl. Gemeinsamer Verschmelzungsbericht der Vereinsbank und der Hypo-Bank S. 59.

[1025] Vgl. FAZ vom 08.08.1997 S. 22; Handelsblatt vom 08.08.1997 S. 22.

[1026] So Handelsblatt vom 22.07.1997 S. 16; Pressestatement Schmidt vom 21.07.1997 S. 2.

turen. Obwohl später der Leiter des ZPO einräumt, den Faktor Kultur unterschätzt zu haben[1027], ist mangels anderweitiger Anhaltspunkte davon auszugehen, dass die Integration im Übrigen entsprechend ihrer Planung auch umgesetzt wurde[1028]. Die Unterschätzung des Faktors Kultur kann nicht als Pflichtverletzung gewertet werden, da sich Irrtümer meist erst später als solche herausstellen. Voraussetzung für eine Pflichtverletzung wäre die Erkennbarkeit des Irrtums aus der ex-ante Sicht. Dafür liegen aber wiederum keine Anhaltspunkte vor, denn die Hypovereinsbank hat viele Maßnahmen zur Integration der beiden Verschmelzungspartner ergriffen. So wurden nach Auskunft von Sprißler und Münich „Get-togethers" organisiert, lockere Veranstaltungen in Party-Atmosphäre, die der Kontaktaufnahme unter den neuen Kollegen und der Findung dienen sollten. Die Personalabteilungen wurden speziell geschult und es wurden Seminare zur Problemlösung veranstaltet. Hauszeitungen wurden gedruckt, die sich mit dem neuen, größeren Unternehmen beschäftigten und die Mitarbeiter motivieren sollten, daran aktiv mitzuarbeiten. Schließlich wurden sämtliche Führungskräften weltweit zu einem gemeinsamen Strategietag eingeladen, um eine Aufbruchstimmung zu erzeugen[1029].

Problematisch war jedoch insoweit die Art und Weise, wie Schmidt mit der Nachricht von der Aufdeckung der Risiken im Immobiliengeschäft der ehemaligen Hypo-Bank an die Öffentlichkeit ging und der anschließende öffentliche Streit mit Martini. Er sprach in diesem Zusammenhang von einem unvorstellbaren Ausmaß des Versagens der Hypo-Bank. Durch dieses emotionale Vorgehen gegen die Führung der Hypo-Bank wurde bei den Mitarbeitern der Hypo-Bank der Eindruck verstärkt, Mitarbeiter zweiter Klasse zu sein[1030]. Ein Eindruck, der bereits durch die Personalentscheidungen während der Verschmelzung entstanden sein könnte: Während nur fünf Mitglieder des Hypo-Bank-Vorstands in den Vorstand der Hypovereinsbank berufen wurden, waren es von Seiten der Vereinsbank neun. Auf der zweiten Führungsebene wurden sogar nur 25 von 80 Bereichsleitern der Hypo-Bank übernommen. Dagegen waren es bei der Vereinsbank 45 von 46[1031]. Die Integration wurde durch diese Maßnahmen behindert. Eine Pflichtverletzung ist darin aber nicht

---

[1027] Vgl. SZ vom 07.07.2000 S. 26.

[1028] Vgl. zur Umsetzung im Einzelnen oben, C. III. 6.

[1029] Gespräch des Verfassers mit Sprißler und Münich am 08.10.2004.

[1030] Ähnlich beurteilen heute auch Sprißler und Münich die Wirkung von Schmidts Auftritt. Die dadurch erzeugten Emotionen seien sicherlich schädlich für die Integration gewesen, vgl. Gespräch des Verfassers mit Sprißler und Münich am 08.10.2004.

[1031] Ausführlich dazu, oben Teil 1, B. II. 7.

zu sehen, da dem Vorstand der Hypovereinsbank ein weiter Ermessens-spielraum zustand und es bei Personalentscheidungen nicht darauf an-kommen kann, nur zur Förderung der Integration Führungspositionen paritätisch zu besetzen. Dies wurde auch später von der Hypovereins-bank bekräftigt: Zwei ehemalige Vorstände der Hypo-Bank seien von der Hypo-Bank selbst als zukünftige Vorstände der Hypovereinsbank abgelehnt worden. Ein Vorstandsmitglied der Hypo-Bank sei bereits von der Hypo-Bank für die Pension vorgesehen gewesen. Martini sei wegen seines höheren Alters im Vergleich zu Schmidt nicht Vorstandssprecher der verschmolzenen Bank geworden und Sprißler sei als zweiter Mann im Vorstand der Vereinsbank aufgrund des bestehenden gegenseitigen Vertrauens direkt an Schmidt „gekoppelt" gewesen, weshalb er und nicht Münstermann als zweiter Mann hinter Martini im Vorstand der Hypo-Bank in den Vorstand der Hypovereinsbank berufen wurde. Zur Besetzung der zweiten Führungsebene seien über ein ganzes Wochenen-de hinweg Assessment-Center durchgeführt worden. Diese Center seien jeweils von einem Vorstandsmitglied der Hypo-Bank und der Vereins-bank sowie einem Mitarbeiter aus der Personalabteilung geleitet wor-den. Ausschlaggebend sei vor allem das Abschneiden im Assessment-Center gewesen[1032].

13. Ergebnis

Der Vorstand der Hypo-Bank hat die Vereinsbank über wesentliche Um-stände bezüglich seiner Vermögenslage getäuscht. Die zuständigen Vor-standsmitglieder haben es unterlassen, die Vereinsbank über das wirkli-che Ausmaß der Risiken aufzuklären und auf die unzureichende Risiko-vorsorge im Jahresabschluss 1997 hinzuweisen, obwohl der Vorstand der Hypo-Bank einen höheren Wertberichtigungsbedarf zum 31.12.1997 hätte erkennen können. Dieses pflichtwidrige Verhalten war für den Vorstand der Vereinsbank jedoch nicht erkennbar.

D. Gesamtergebnis

Jedes Vorstandsmitglied muss sich im Rahmen der Rechtsordnung und der Satzung halten, es darf bei seinem Handeln nicht eigennützig vorge-hen, sondern es muss sich allein an dem Wohl des Unternehmens und folglich seiner Aktionäre, Arbeitnehmer, Gläubiger, Kunden und der Öf-fentlichkeit orientieren, es hat sich in der konkreten Entscheidungssitua-tion – das schließt die Berücksichtigung besonderen Zeitdrucks im Ein-zelfall ein – angemessen zu informieren und auf dieser Grundlage die

---

[1032]   Gespräch des Verfassers mit Sprißler und Münich am 08.10.2004.

Vor- und Nachteile der verschiedenen Handlungsoptionen sorgfältig abzuschätzen und den erkennbaren Risiken Rechnung zu tragen. Diese Vorgaben ergeben sich aus der ARAG/Garmenbeck-Entscheidung des BGH.

Die ehemalige Hypo-Bank hat bei der Aufstellung des Jahresabschlusses 1997 in zahlreichen Fällen gegen handelsrechtliche Ansatz- und Bewertungsvorschriften verstoßen. Dies war sowohl für die zuständigen als auch für die nicht zuständigen Vorstandsmitglieder erkennbar, so dass Pflichtverletzungen sämtlicher Vorstandsmitglieder vorliegen. Alle Vorstandsmitglieder haben auch gegen § 76 Abs. 1 AktG verstoßen, da die ehemalige Hypo-Bank über kein funktionierendes Risikomanagementsystem verfügte.

Die sorgfältige Überprüfung der Kreditwürdigkeit der Kunden der ehemaligen Hypo-Bank war nicht gewährleistet. Der Gesamtvorstand hat dadurch gegen die Pflicht zur rechtmäßigen und effizienten internen Organisation der Gesellschaft verstoßen.

Einen Pflichtverstoß stellt auch die Falschinformation des Aufsichtsrats durch Martini bezüglich der Bewertung von Forderungen der Hypo-Bank dar. Ein Einschreiten seitens der Vorstandsmitglieder wäre angezeigt gewesen. Da dies nicht erfolgte, haben die anderen Vorstandsmitglieder gegen ihre allgemeine Überwachungspflicht verstoßen.

Fünf Ex-Vorstände der Hypo-Bank haben gegen Straftatbestände im HGB und AktG verstoßen.

Auch in der Verschmelzungssituation gilt, dass sich jedes Vorstandsmitglied im Rahmen der Rechtsordnung halten und bei unternehmerischen Entscheidungen die Vorgaben der ARAG/Garmenbeck-Entscheidung beachten muss. Wichtige Modifikationen dieser Vorgaben ergeben sich aus dem Erfordernis der zügigen Durchführung der Verschmelzung sowie der Wahl einer sicheren Transaktionsstruktur. Beide Merkmale sollen Verzögerungen verhindern, denn diese können zu erheblichen Schäden führen, was wiederum dem Unternehmensinteresse widersprechen würde. Im Einzelnen treffen den Vorstand folgende Pflichten:

Hinsichtlich der Untersuchung der Vermögenslage der selbst verwalteten Gesellschaft hat der Vorstand vor allem die für eine ordnungsgemäße Unternehmensbewertung notwendigen Unterlagen zusammenzutragen und Auskünfte zu erteilen.

Bezüglich der Vermögenslage des Verschmelzungspartners ist der Vorstand verpflichtet eine Due Diligence durchzuführen und sich dabei im Regelfall externer Experten zu bedienen, die der Vorstand sorgfältig auszuwählen und zu überwachen hat. Die von ihnen ermittelten Ergebnisse sind einer Plausibilitätsprüfung zu unterziehen.

Der Vorstand darf die Due Diligence seiner Gesellschaft nur zulassen, wenn er wirksame Maßnahmen zur Risikobegrenzung ergreift.

Bei einem Merger of Equals sind zwar an die Aufklärungspflichten des Partners erhöhte Anforderungen zu stellen. Der Vorstand bleibt aber zur Untersuchung aller wesentlichen Geschäftsbereiche des Verschmelzungspartners verpflichtet.

Die Integration der Gesellschaften in das gemeinsame Unternehmen ist bereits im Vorfeld der Verschmelzung zu planen. Dabei ist besonders auf die kulturelle Integration zu achten.

Der Vorstand der Hypo-Bank hat die Vereinsbank über wesentliche Umstände bezüglich seiner Vermögenslage getäuscht. Die zuständigen Vorstandsmitglieder haben es unterlassen, die Vereinsbank über das wirkliche Ausmaß der Risiken aufzuklären und auf die unzureichende Risikovorsorge im Jahresabschluss 1997 hinzuweisen, obwohl der Vorstand der Hypo-Bank einen höheren Wertberichtigungsbedarf zum 31.12.1997 hätte erkennen können. Dieses pflichtwidrige Verhalten war für den Vorstand der Vereinsbank jedoch nicht erkennbar.

2. Kapitel: Die Haftung des Wirtschaftsprüfers

Wirtschaftsprüfer haben gemäß § 2 Abs. 1 Wirtschaftsprüferordnung (WPO) die berufliche Aufgabe, betriebswirtschaftliche Prüfungen, insbesondere solche von Jahresabschlüssen wirtschaftlicher Unternehmen, durchzuführen und Bestätigungsvermerke über die Vornahme und das Ergebnis solcher Prüfungen zu erteilen. Weitere wesentliche Aufgabenbereiche liegen in der Übernahme steuerlicher (§ 2 Abs. 2 WPO) und wirtschaftlicher Beratungen (§ 2 Abs. 3 Nr. 2), in der Tätigkeit als Sachverständiger auf den Gebieten der wirtschaftlichen Betriebsführung (§ 2 Abs. 3 Nr. 1) sowie in der Übernahme treuhänderischer Tätigkeiten (§ 2 Abs. 3 Nr. 3 WPO)[1033].

Durch den festgestellten Sachverhalt ergeben sich mehrere Anknüpfungspunkte für eine Haftung der beteiligten Wirtschaftsprüfer. Einerseits wurde der Jahresabschluss der Hypo-Bank aus dem Jahr 1997 infolge des Sondergutachtens der BDO für nichtig erklärt, dabei war dieser Jahresabschluss zuvor von der WEDIT uneingeschränkt testiert worden. Andererseits könnte eine Haftung der WEDIT und KPMG wegen eines falschen Wertgutachtens, welches die Grundlage für die Verschmelzung bildete, in Betracht kommen. Des Weiteren könnte sich die C&L Deutsche Revision[1034] als Verschmelzungsprüfer schadensersatzpflichtig gemacht haben. Diese verschiedenen Haftungsmöglichkeiten sollen im Folgenden dargestellt und beurteilt werden.

A. Die Haftung des Abschlussprüfers

Nicht nur der Sachverhalt legt eine Auseinandersetzung mit der Haftung des Abschlussprüfers nahe, sondern auch die Tatsache, dass zwischen der im Rahmen einer Verschmelzung im Vordergrund stehenden Verschmelzungsprüfung gemäß §§ 9 ff. UmwG und der Jahresabschlussprüfung gemäß §§ 316 ff. HGB mehrere Zusammenhänge bestehen:

In § 11 UmwG wird bezüglich der Stellung und Verantwortlichkeit des Verschmelzungsprüfers auf die entsprechenden Vorschriften bei der Abschlussprüfung verwiesen. Des Weiteren spielen testierte Jahresabschlüsse bei der Verschmelzung eine gewichtige Rolle, denn Ergebnisse aus der Vergangenheit können als unverzichtbare Ausgangsbasis für die Ermittlung des Gegenstandswertes des Unternehmens einen Plausibili-

---

[1033] Statt aller *Gloeckner*, Die zivilrechtliche Haftung des Wirtschaftsprüfers, 13ff.

[1034] Jetzt PricewaterhouseCoopers.

tätsmaßstab geben[1035]. Die Kontrolle dieser Vergangenheitsergebnisse in Form einer Bilanzprüfung ist aber durch den Verschmelzungsprüfer niemals geschuldet[1036]. Folglich kann sich eine fehlerhafte Abschlussprüfung im Rahmen einer Verschmelzung auswirken, weshalb eine Auseinandersetzung mit der Abschlussprüfung bei der Untersuchung einer Verschmelzung erforderlich ist.

Die Haftung des Abschlussprüfers gegenüber Dritten, d.h. gegenüber anderen als dem Vertragspartner, wird jedoch nicht erörtert. Die Darstellung dieses umfangreichen und umstrittenen Problemkreises würde den Umfang der Arbeit sprengen[1037].

I. Der Ursprung der Abschlussprüfung

Der Beruf des Wirtschaftsprüfers wurde bei der Einführung der aktienrechtlichen Pflichtprüfung1931[1038] geschaffen. Anlass der Notverordnung waren die Zusammenbrüche einiger angesehener Großunternehmen im Zuge der 1931 ihren Höhepunkt erreichenden Weltwirtschaftskrise[1039]. Die in diesem Zusammenhang entdeckten unseriösen Praktiken der Unternehmen bei der Rechnungslegung zeigten das unumgängliche Bedürfnis nach einheitlicher, objektiver Bilanzkontrolle[1040]. Die Erwartungen an die Abschlussprüfer und ihre Testate waren hoch angesetzt: Mit „Röntgenblick" und Schonungslosigkeit sollte der Prüfer in seinen Gegenstand eindringen, er sollte die Aufgabe eines „Krisenwarners" haben, sein Testat eine „Atmosphäre der Sicherheit und des Vertrauens im Wirtschaftsverkehr" begründen und eine „Garantiefunktion" für die Richtigkeit der Rechnungslegung ausüben[1041].

Äußerungen wie diese trugen schon früh zu der heute von Wirtschaftsprüfern beklagten so genannten Erwartungslücke bei, womit die Abweichung zwischen den Vorstellungen der Öffentlichkeit über den Umfang sowie den Sinn und Zweck der gesetzlichen Abschlussprüfung als eine

---

[1035] So *Schaal*, Der Wirtschaftsprüfer als Umwandlungsprüfer, 210 m.w.N.

[1036] Vgl. *Schaal*, Der Wirtschaftsprüfer als Umwandlungsprüfer, 62. Dazu unten, C. I. 2. a).

[1037] Dazu ausführlich: *Ebke*, Wirtschaftsprüfung und Dritthaftung, 11-90; *Schaal*, Der Wirtschaftsprüfer als Umwandlungsprüfer, 449ff., 480ff. m.w.N.

[1038] Verordnung des Reichspräsidenten über Aktienrecht, Bankenaufsicht und über eine Steueramnestie vom 19.09.1931, RGBl. I, 493.

[1039] Vgl. *Brandner*, JZ 1985, 757, 757; *Gloeckner*, Die zivilrechtliche Haftung des Wirtschaftsprüfers, 16, 17.

[1040] So *Gloeckner*, Die zivilrechtliche Haftung des Wirtschaftsprüfers, 16, 17.

[1041] So der damalige Präsident des Deutschen Industrie- und Handelstages, vgl. *Brandner*, JZ 1985, 757, 757.

Art Gütesiegel einerseits und der Berufsausübung nach den gesetzlich obliegenden Pflichten sowie den berufsständischen Grundsätzen ordnungsmäßiger Abschlussprüfung andererseits beschrieben wird[1042].

II. Die Funktion der Abschlussprüfung

Die Rechnungslegung durch die Gesellschaft bezweckt die Information der Anteilsinhaber und der Arbeitnehmer sowie derjenigen, welche in geschäftlichen Beziehungen zu der Gesellschaft stehen. Sie dient überdies der Unterrichtung solcher Personen, welche erst geschäftliche Beziehungen zu der Gesellschaft aufnehmen, ihr Kredit gewähren oder sich an ihr beteiligen wollen, ferner dem Staat und – insbesondere bei wirtschaftlich bedeutenden Unternehmen – auch der Allgemeinheit[1043].

Die Überwachung der Rechnungslegung durch den Abschlussprüfer ist demzufolge nicht lediglich gesellschaftsinterne Selbstkontrolle, sondern hat dieselbe Schutzrichtung wie die Rechnungslegung selbst[1044]. Die Prüfung durch externe, unabhängige Sachverständige soll sicherstellen, dass die Abschlüsse mit den Zielvorgaben der Rechnungslegung im Einklang stehen[1045].

III. Die Pflichten des Abschlussprüfers

Die Berufspflichten des Wirtschaftsprüfers ergeben sich primär aus der WPO und der in Gemäßheit des § 57 Abs. 3 und 4 WPO von der Wirtschaftsprüferkammer verabschiedeten Berufssatzung[1046]. Trotz des

---

[1042] So *Böcking/Orth*, WPg 1998, 351, 352. vgl. auch *Dörner*, DB 1998, 1, 1; *Henssler*, AnwBl. 1996, 3, 3; *Hommelhoff/Mattheus*, AG 1998, 249, 258; *Neumann*, BuW 1998, 881, 881.

[1043] So *Ebke*, Wirtschaftsprüfung und Dritthaftung, 11.

[1044] Vgl. *Ebke*, Wirtschaftsprüfung und Dritthaftung, 12, 13 mit Verweis auf die Begründung zum Aktiengesetzentwurf 1930. Vgl. auch *Brönner* in Großkommentar, AktG, § 168 Anm. 4: Die Jahresabschlussprüfung hat im Interesse der Gesellschaft zur Unterrichtung des Aufsichtsrats, mittelbar auch der Gläubiger und der Allgemeinheit zu erfolgen.

[1045] *Ebke*, WPK-Mitt. Sonderheft Juni 1997, 12, 20.

[1046] Satzung der Wirtschaftsprüferkammer über die Rechte und Pflichten bei der Ausübung der Berufe des Wirtschaftsprüfers und des vereidigten Buchprüfers (Berufssatzung für Wirtschaftsprüfer/vereidigte Buchprüfer) vom 11.06.1996 in der ab 02.03.2005 geltenden Fassung, abgerufen am 03.01.2005 unter www.wpk.de/pdf/bs-wpvbp_02_maerz_2005.pdf. Die Berufssatzung ist normatives Recht und löste die Berufsrichtlinien der Wirtschaftsprüferkammer ab, die als Richtlinien keine unmittelbare rechtliche Verbindlichkeit erlangen konnten, vgl. WPK-Mitt. 1996, 176, 176; *Schaal*, Der Wirtschaftsprüfer als Umwandlungsprüfer, 336.

Normcharakters der Regelungen der Berufssatzung[1047] ist dabei allerdings zu berücksichtigen, dass sie nur die Mitglieder der Wirtschaftsprüferkammer im Innenverhältnis binden. Im Verhältnis zum Auftraggeber oder Dritten entfalten sie keine unmittelbaren Rechtswirkungen[1048]. Im Rahmen der gesetzlich angeordneten Abschlussprüfung (Pflichtprüfung)[1049] ist § 323 Abs. 1 S. 1 und 2 HGB zu beachten, die sich aber größtenteils mit § 43 Abs. 1 WPO decken. Aufgrund des Vertragsverhältnisses mit dem Auftraggeber unterliegt der Wirtschaftsprüfer zudem einer vertraglichen Treuepflicht[1050].

§ 43 Abs. 1 WPO normiert als Berufspflichten Unabhängigkeit (§ 2 der Berufssatzung), Gewissenhaftigkeit (§ 4 der Satzung), Verschwiegenheit (§ 9 der Satzung), Eigenverantwortlichkeit (§ 11 der Satzung) und, insbesondere bei Gutachten und Abschlussprüfungen, Unparteilichkeit (§ 20 der Satzung).

1. Verschwiegenheit

Die Pflicht zur Verschwiegenheit bildet das Fundament für das Vertrauen, das dem Wirtschaftsprüfer entgegengebracht wird. Dementsprechend ist die Verschwiegenheitspflicht nicht nur durch das Berufsrecht, sondern gemäß § 203 StGB auch durch das Strafrecht sowie eine Vielzahl spezialgesetzlicher Vorschriften vorgeschrieben und abgesichert. Verschwiegenheit ist zeitlich unbegrenzt und gegenüber jedermann, auch gegenüber Berufskollegen, zu bewahren[1051]. Gemäß § 50 WPO hat der Wirtschaftsprüfer auch seine Gehilfen und Mitarbeiter zur Verschwiegenheit zu verpflichten[1052]. Die Verschwiegenheitspflicht erstreckt sich auf alle Kenntnisse von Tatsachen und Umständen, die im Rahmen der beruflichen Tätigkeit anvertraut oder bekannt werden, dagegen nicht auf die aus der Tätigkeit als Wirtschaftsprüfer gewonnenen fachlichen und

---

[1047]   So *Hense*, WPK-Mitt. 1997, 18, 20.

[1048]   Ausführlich *Ebke* in Münchener Kommentar, HGB, § 323 Rnr. 33.

[1049]   § 316 Abs. 1 S. 1 HGB ordnet die jährliche Abschlussprüfung für alle Kapitalgesellschaften an, die nicht kleine Gesellschaften im Sinne von § 267 Abs. 1 HGB sind, d.h. für mittelgroße und große Kapitalgesellschaften. Für Kredit- und Finanzdienstleistungsinstitute ergibt sich die Prüfungspflicht gemäß § 340k Abs. 1 HGB unabhängig von ihrer Rechtsform und Größe, vgl. *Förschle/Küster* in Beck´scher Bilanzkommentar, § 316 HGB Anm. 13.

[1050]   Vgl. *Schaal*, Der Wirtschaftsprüfer als Umwandlungsprüfer, 335; *Semler*, FS Quack, 439, 449. Ausführlich dazu unten, A. III. 6.

[1051]   *Kaminski* in Wirtschaftsprüfer-Handbuch, Band I, Rnr. A 259, 263.

[1052]   *Marsch-Barner* in Gemeinschaftskommentar-HGB, § 323 Rnr. 2.

rechtlichen Erfahrungen und Kenntnisse[1053]. Was letztlich vertraulich zu behandeln ist, entscheidet der Auftraggeber; dieser entscheidet auch über eine Befreiung von der Verschwiegenheitspflicht[1054].

2. Eigenverantwortlichkeit

Der Wirtschaftsprüfer ist gehalten, seinen Beruf eigenverantwortlich auszuüben. Er hat sein Handeln in eigener Verantwortung zu bestimmen, sich selbst ein Urteil zu bilden und seine Entscheidungen selbst zu treffen. Das setzt voraus, dass er in der Lage ist, die Tätigkeit seiner Mitarbeiter so zu überblicken und zu beurteilen, dass er sich eine auf Kenntnis beruhende eigene fachliche Überzeugung bilden kann[1055]. Aus der Pflicht zur eigenverantwortlichen Tätigkeit folgt, dass der Wirtschaftsprüfer keinen fachlichen Weisungen unterliegen darf, die ihn verpflichten, insbesondere Prüfungsberichte oder Gutachten entgegen seiner eigenen Überzeugung zu unterzeichnen[1056].

3. Unabhängigkeit, Unbefangenheit und Unparteilichkeit

Wie alle anderen freien Berufe muss auch der des Wirtschaftsprüfers unabhängig ausgeübt werden, also frei sein sowohl in fachlicher als auch in wirtschaftlicher bzw. arbeitsrechtlicher Hinsicht, vor allem frei von jeglicher Abhängigkeit von den Auftraggebern[1057].

Unbefangenheit bedeutet, dass der Wirtschaftsprüfer bei seinen Feststellungen, Beurteilungen und Entscheidungen frei von Einflüssen, Bindungen und Rücksichten ist. Ein Auftrag ist gemäß § 49 WPO bereits

---

[1053] Vgl. *Geuer*, Das Management des Haftungsrisikos der Wirtschaftsprüfer, 53.

[1054] Vgl. *Müller* in Kallmeyer, UmwG, § 11 Rnr. 14. Zum 01.01.2001 wurde der Halbsatz „§ 57b der WPO bleibt unberührt" in § 323 Abs. 1 S. 1 HGB eingefügt. Dadurch erfolgte lediglich ein Hinweis auf die gleichzeitig in Kraft getretene speziellere Verschwiegenheitsregel für die Durchführung der Qualitätskontrolle in § 57b WPO, vgl. Begründung des RegE zum Wirtschaftsprüferordnungs-Änderungsgesetz (WPOÄG), BR-Drucks. 255/00, S. 78 sowie Art. 6 Abs. 1 WPOÄG, BR-Drucks. 255/00, S. 28. Ausführlich zur Verschwiegenheitspflicht: *Adler/Düring/Schmaltz*, § 323 HGB Rnr. 30-63; *Ebke* in Münchener Kommentar, HGB, § 323 Rnr. 44-54; *Kaminski* in Wirtschaftsprüfer-Handbuch, Band I, Rnr. A 259ff. sowie *Poll*, DZWir 1995, 95, 96f.

[1055] So *Kaminski* in Wirtschaftsprüfer-Handbuch, Band I, Rnr. A 289.

[1056] Vgl. *Geuer*, Das Management des Haftungsrisikos der Wirtschaftsprüfer, 51. Zur Eigenverantwortlichkeit im Einzelnen: *Kaminski* in Wirtschaftsprüfer-Handbuch, Band I, Rnr. A 289ff.

[1057] Vgl. *Kaminski* in Wirtschaftsprüfer-Handbuch, Band I, Rnr. A 228f.

dann abzulehnen, wenn die begründete Besorgnis der Befangenheit des Wirtschaftsprüfers besteht[1058].

Unparteiisch verhält sich der Wirtschaftsprüfer, wenn er im Rahmen seiner Tätigkeit nur sachliche Gesichtspunkte gelten lässt und alles Persönliche ausscheidet[1059]. Dies erfordert, dass er nicht nur die Interessen seines Auftraggebers berücksichtigt, sondern gegebenenfalls auch widerstreitende Interessen Dritter[1060]. Er muss auf diese Unparteilichkeit namentlich gegenüber seinen Auftraggebern beharren[1061].

Unabhängigkeit, Unbefangenheit und Unparteilichkeit stehen infolge des gerade Gesagten in einem engen Zusammenhang: Wer abhängig ist, ist gleichzeitig auch befangen, weil sowohl die wirtschaftlichen bzw. arbeitsrechtlichen Bindungen als auch die fachliche Weisungsgebundenheit eine unwiderlegbare Vermutung begründen, dass der Abhängige gegenüber seinem Dienstherrn bzw. Weisungsbefugten auch befangen ist; auf das subjektive Empfinden des betroffenen Wirtschaftsprüfers kommt es insoweit nicht an. Ist der Wirtschaftsprüfer aber befangen oder gilt als befangen, so kann auch nicht mehr davon ausgegangen werden, dass er sich unparteiisch verhält[1062].

In diesem Pflichtenbereich ist der Gesetzgeber in den letzten Jahren aktiv geworden. Zunächst wurde das Berufsrecht der Wirtschaftsprüfer um ein System der externen Qualitätssicherung erweitert, der so genannten Qualitätskontrolle. Dadurch wird das in einer Wirtschaftsprüfungspraxis konkludent vorausgesetzte Qualitätssicherungssystem im Abstand von drei Jahren durch einen Berufskollegen unabhängig geprüft (Peer Review). Gegenstand der Prüfung ist die Organisation der betreffenden Wirtschaftsprüfungspraxis. Es werden Abläufe und Verfahren kontrolliert, aber es findet keine zweite Prüfung einmal geprüfter Abschlüsse statt[1063]. Mit Wirkung vom 01.01.2004 wurde die Berufsaufsicht der Wirt-

---

[1058]   Vgl. *Geuer*, Das Management des Haftungsrisikos der Wirtschaftsprüfer, 47. Nach Ansicht des BGH hat die KPMG hiergegen verstoßen, als sie sich zum Abschlussprüfer bei der Hypovereinsbank für das Geschäftsjahr 1999 bestellen ließ. Die Besorgnis der Befangenheit habe zum Zeitpunkt der Beschlussfassung durch die Hauptversammlung aus Sicht eines objektiv und sachgerecht urteilenden Dritten bestanden, vgl. BGHZ 153, 32, 40ff. sowie oben, Teil 1, C. VIII.

[1059]   Vgl. *Poll*, DZWir 1995, 95, 96.

[1060]   Vgl. *Geuer*, Das Management des Haftungsrisikos der Wirtschaftsprüfer, 48.

[1061]   So *Poll*, DZWir 1995, 95, 96. Vgl. auch *Ebke* in Münchener Kommentar, HGB, § 323 Rnr. 39.

[1062]   *Geuer*, Das Management des Haftungsrisikos der Wirtschaftsprüfer, 48.

[1063]   Vgl. §§ 57a-57h WPO, BGBl. I 2000, 1769ff. Zur Zielsetzung der Gesetzesänderung und zu den einzelnen Vorschriften: BR-Drucks. 255/00, S. 29ff. Am

schaftsprüferkammer wie auch der Berufsgerichte vor allem durch die Verschärfung der Sanktionsmöglichkeiten gegen Wirtschaftsprüfer gestärkt[1064].

Am 10.12.2004 ist das BilReG in Kraft getreten[1065]. Es erweitert und konkretisiert die Unabhängigkeitsregeln für den Abschlussprüfer durch die Neufassung des § 319 HGB und durch den neu eingefügten § 319a HGB[1066]. Mit dem in § 319 Abs. 3 Nr. 3d) HGB niedergelegten Grundsatz, dass das Erbringen von Bewertungsleistungen zum Ausschluss von der Prüfungstätigkeit führen kann, wird u.a. auch die Entscheidung des BGH berücksichtigt, in der dieser festgestellt hatte, dass gegen den Grundsatz der Unbefangenheit verstoßen wurde, als sich die KPMG zum Abschlussprüfer bei der Hypovereinsbank für das Geschäftsjahr 1999 bestellen ließ[1067]. In diesem Zusammenhang steht auch die Verpflichtung im neuen § 285 Nr. 17 HGB, wonach mit dem Abschlussprüfer vereinbarte Honorare unterteilt nach Art der Leistung im Anhang des Abschlusses anzugeben sind.

Das am 21.12.2004 in Kraft getretene BilKoG[1068] hat die §§ 342b ff. neu in das HGB einfügt. Der Gesetzgeber will dadurch das Vertrauen der Anleger in die Richtigkeit von Unternehmensabschlüssen stärken. Ein von staatlicher Seite beauftragtes privatrechtliches Gremium prüft – neben Abschlussprüfer und Aufsichtsrat – die Rechnungslegung kapital-

---

01.01.2005 ist das Gesetz zur Fortentwicklung der Berufsaufsicht über Abschlussprüfer in der Wirtschaftsprüferordnung (Abschlussprüferaufsichtsgesetz – APAG) vom 27.12.2004, BGBl. I 2004, 3846ff., in Kraft getreten, das bereits wieder eine Weiterentwicklung des Qualitätskontrollverfahrens nach §§ 57a ff. WPO enthält, vgl. ausführlich dazu Begründung des RegE zum APAG, BT-Drucks. 15/3983, S. 13ff. Das APAG ordnet darüber hinaus die Berufsaufsicht neu: Der Berufsstand wird nunmehr unter eine letztverantwortliche, berufsstandsunabhängige Aufsicht – die Abschlussprüferaufsichtskommission – gestellt. Diese beaufsichtigt die Wirtschaftsprüferkammer und ist zugleich für die Überwachung der Qualitätskontrolle zuständig, vgl. dazu §§ 61a ff. WPO.

[1064] Ausführlich dazu Begründung des RegE eines Gesetzes zur Reform des Zulassungs- und Prüfungsverfahrens des Wirtschaftsprüfungsexamens (Wirtschaftsprüfungsexamens-Reformgesetz – WPRefG), BT-Drucks. 15/1241, S 27.

[1065] Vgl. Art. 10 des Gesetzes zur Einführung internationaler Rechnungslegungsstandards und zur Sicherung der Qualität der Abschlussprüfung (Bilanzrechtsreformgesetz – BilReG), BGBl. I 2004, 3166, 3182.

[1066] So Begründung des RegE zum BilReG, BT-Drucks. 15/3419, S. 36.

[1067] Vgl. Begründung des RegE zum BilReG, BT-Drucks. 15/3419, S. 39. Vgl. zur Entscheidung des BGH: BGHZ 153, 32, 40ff. sowie oben, Teil 1, C. VIII.

[1068] Vgl. Art. 6 des Gesetzes zur Kontrolle von Unternehmensabschlüssen (Bilanzkontrollgesetz – BilKoG), BGBl. I 2004, 3408, 3415.

marktorientierter Unternehmen (Enforcement). Die Prüfung soll stichprobenartig und bei konkretem Verdacht auf Bilanzmanipulation erfolgen. Ziel ist es, Unregelmäßigkeiten bei der Erstellung von Unternehmensabschlüssen und –berichten präventiv entgegenzuwirken und, sofern Unregelmäßigkeiten dennoch auftreten, diese aufzudecken und den Kapitalmarkt darüber zu informieren. Das Enforcement soll sich auf solche Unternehmensberichte beschränken, die einer gesetzlichen Prüfungspflicht unterliegen[1069] und darf seit dem 01.07.2005 stattfinden[1070]. Es ist zu erwarten, dass durch das Enforcement mittelbar die Qualität der Abschlussprüfung erhöht wird, denn veröffentlichte Rechnungslegungsfehler fallen auch auf den Abschlussprüfer zurück. Folge der Veröffentlichung wäre, dass nach den Umständen gefragt werden würde, weshalb der Abschlussprüfer diese Fehler nicht entdeckt hat. Die Vermeidung dieses Risikos seitens des Abschlussprüfers kann zu einer Stärkung seiner Unabhängigkeit gegenüber dem geprüften Unternehmen führen.

Zusätzlich zu den nun geltenden gesetzlichen Maßnahmen, sieht auch der Corporate-Governance-Kodex zur Sicherung der Unabhängigkeit vor, dass der Aufsichtsrat – als Vertragspartner des Abschlussprüfers – stets in vollem Umfang über sämtliche vom Abschlussprüfer für das betreffende Unternehmen erbrachten Leistungen informiert ist[1071].

4. Gewissenhaftigkeit

Gewissenhaftigkeit bedeutet allgemein, dass der Wirtschaftsprüfer seine Tätigkeit nach bestem Wissen und Gewissen entsprechend dem Zweck des jeweiligen Auftrags wahrnimmt[1072]. § 4 der Berufssatzung konkretisiert den Begriff der Gewissenhaftigkeit näher, kann ihn aber wegen seiner Weite nicht lückenlos definieren. Gewissenhaftigkeit erfordert u.a., dass der Wirtschaftsprüfer über ausreichende Fähigkeiten und Kenntnisse verfügt und die zur Bearbeitung erforderliche Zeit besitzt[1073]. Des Weiteren muss er die fachspezifische Sachkunde anwenden und sich regelmäßig fortbilden[1074]. Der Wirtschaftsprüfer hat den seiner Tätigkeit

---

[1069] So Begründung des RegE zum BilKoG, BT-Drucks. 15/3421, S. 11f.

[1070] Vgl. Art. 56 Abs. 1 EGHGB. Ausführlich zum Enforcementverfahren vgl. *Kämpfer*, BB 2005, 13ff.

[1071] Vgl. Kodex-Ziffer 7.2.1.

[1072] *Geuer*, Das Management des Haftungsrisikos der Wirtschaftsprüfer, 35.

[1073] Dazu *Schaal*, Der Wirtschaftsprüfer als Umwandlungsprüfer, 337.

[1074] Dazu *Geuer*, Das Management des Haftungsrisikos der Wirtschaftsprüfer, 35f.

zugrunde liegenden Sachverhalt genau zu ermitteln[1075] und seinen Mandanten über bedeutende Umstände aufzuklären[1076].

Im Rahmen der Abschlussprüfung bedeutet Gewissenhaftigkeit die Verwendung aller objektiv erdenklichen Sorgfalt auf die Prüfungstätigkeit[1077]. In erster Linie kommt es dabei auf die Beachtung der gesetzlichen Vorschriften und Satzungsbestimmungen, in zweiter Linie auf die Prüfung nach den Grundsätzen ordnungsmäßiger Abschlussprüfung (GoA) an[1078]. Da sich daraus aber nicht immer eindeutig ersehen lässt, was zu einer gewissenhaften Prüfung gehört, muss in Zweifelsfällen eine nähere Konkretisierung anhand der Berufsauffassung unter Berücksichtigung von Sinn und Zweck der Abschlussprüfung erfolgen[1079]. Hierbei kommt insbesondere den von den Fachausschüssen des Instituts der Wirtschaftsprüfer in Deutschland e.V. (IDW) verabschiedeten Prüfungs- und Rechnungslegungsstandards sowie ergänzend auch den Prüfungs- und Rechnungslegungshinweisen (früher Fachgutachten, Stellungnahmen und sonstige Verlautbarungen) erhebliche Bedeutung zu[1080]. Der Verbindlichkeitsgrad von IDW Prüfungsstandards und IDW Rechnungslegungsstandards entspricht dem der bisherigen Fachgutachten und Stellungnahmen[1081]. D.h., der Abschlussprüfer hat sich diese Standards bei seinen eigenverantwortlichen Entscheidungen stets vor Augen zu halten. Sie sind eine wertvolle Orientierungshilfe für den Prüfer[1082]. Stellt sich die vom Prüfer zu bearbeitende Angelegenheit so dar, dass die Grundsätze eines Standards beachtet werden können, bilden sie für den Prüfer eine verlässliche Richtschnur, da sie das Maß an Umsicht und Sorgfalt besonnener und gewissenhafter Berufsangehöriger widerspie-

---

[1075] Ausführlich *Geuer*, Das Management des Haftungsrisikos der Wirtschaftsprüfer, 37f.

[1076] Im Einzelnen *Geuer*, Das Management des Haftungsrisikos der Wirtschaftsprüfer, 39ff.; *Schaal*, Der Wirtschaftsprüfer als Umwandlungsprüfer, 341.

[1077] Vgl. *Brönner* in Großkommentar, AktG, § 168 Anm. 3.

[1078] *Poll*, DZWir 1995, 95, 96.

[1079] So *Adler/Düring/Schmaltz*, § 323 HGB Rnr. 21.

[1080] Vgl. *Adler/Düring/Schmaltz*, § 323 HGB Rnr. 21; *Poll*, DZWir 1995, 95, 96. Mit der neuen Benennung veränderten sich auch die Verlautbarungen des IDW selbst: Durch eine ausführlichere Darstellung und durch die Einführung einer einheitlichen Struktur sowie von Textziffern soll eine verbesserte Lesbarkeit erreicht werden. Gleichzeitig soll auch das Verständnis der deutschen Berufsarbeit im Ausland erleichtert werden. Dies wird durch englische Übersetzungen der Standards unterstützt, so WPg 1998, 652, 652.

[1081] *Ebke* in Münchener Kommentar, HGB, § 323 Rnr. 25; WPg 1998, 652, 652.

[1082] Vgl. *Poll*, DZWir 1995, 95, 96.

geln[1083]. Damit sind aber zunächst nur rechtliche Mindestanforderungen gestellt[1084]. Der Prüfer muss/darf sich nicht sklavisch an diese Grundsätze halten. Vielmehr muss er unter Berücksichtigung der Eigenarten des konkreten Falles prüfen, ob eine Abweichung von ihnen geboten erscheint[1085]. Dadurch können weitere Prüfungshandlungen erforderlich werden[1086].

Den Standards kommt ebenso wie den früheren Fachgutachten und Stellungnahmen wegen nicht bestehender gesetzlicher Grundlage keine Rechtsnormqualität zu[1087]. Es handelt sich auch nicht um Gewohnheitsrecht, vielmehr binden sie allein die Mitglieder des IDW[1088]. Sie bilden aber für den Abschlussprüfer als Erkenntnisquelle für allgemein anerkannte Grundsätze ordnungsmäßiger Abschlussprüfung gegebenenfalls eine Entlastung, wenn er sich in Zweifelsfragen auf sie beruft. Auch stellen sie wichtige Entscheidungshilfen für die Gerichte dar[1089]. Deshalb wird dem Abschlussprüfer in der Regel kein haftungsauslösender Sorgfaltspflichtverstoß vorzuwerfen sein, wenn er die Prüfung an diesen Standards ausrichtet[1090]. Beachtet ein Abschlussprüfer andererseits ohne gewichtige Gründe die Grundsätze eines Standards nicht, so muss er damit rechnen, dass dies zu seinem Nachteil – und zwar sowohl zivilrechtlich als auch berufsrechtlich – ausgelegt werden kann[1091].

5. Verbot der Verwertung von Geheimnissen

Nicht durch § 43 Abs. 1 WPO, sondern durch § 323 Abs. 1 S. 2 HGB wird dem Wirtschaftsprüfer bei der gesetzlichen Abschlussprüfung untersagt, unbefugt Geschäfts- und Betriebsgeheimnisse zu verwerten, auch wenn er diese nur bei Gelegenheit der Prüfungshandlungen wahrgenommen

---

[1083]   Vgl. *Adler/Düring/Schmaltz*, § 323 HGB Rnr. 22.

[1084]   *Hopt*, WPg 1986, 461, 503.

[1085]   *Schaal*, Der Wirtschaftsprüfer als Umwandlungsprüfer, 338f; vgl. auch *Hopt*, WPg 1986, 461, 503.

[1086]   Vgl. *Poll*, DZWir 1995, 95, 96.

[1087]   So *Adler/Düring/Schmaltz*, § 323 HGB Rnr. 23; *Ebke* in Münchener Kommentar, HGB, § 323 Rnr. 27.

[1088]   Vgl. *Ebke* in Münchener Kommentar, HGB, § 323 Rnr. 27.

[1089]   *Adler/Düring/Schmaltz*, § 323 HGB Rnr. 23. Zum Ganzen auch: *Claussen/Korth* in Kölner Kommentar zum AktG, § 317 HGB Rnr. 34f; *Fliess*, WPK-Mitt. 1992, 49, 51; *Hense*, WPK-Mitt. 1997 18, 20; *Hopt*, WPg 1986, 461, 502f.

[1090]   Vgl. *Schaal*, Der Wirtschaftsprüfer als Umwandlungsprüfer, 338.

[1091]   So *Kaminski* in Wirtschaftsprüfer-Handbuch, Band I, Rnr. A 282. Von geringerem Verbindlichkeitsgrad sind die IDW Prüfungshinweise und IDW Rechnungslegungshinweise, vgl. WPg 1998, 652, 652.

hat[1092]. Der Begriff des Geschäfts- oder Betriebsgeheimnisses ist dabei weit zu verstehen. Erfasst sind alle Geheimnisse, die mit dem Geschäft oder Betrieb der geprüften Gesellschaft zusammenhängen[1093].

Die Verwertung ist eine – sei es auch nur mittelbare – wirtschaftliche Nutzbarmachung des Wissensvorsprungs zu eigenen Zwecken[1094].

Von der Verschwiegenheitspflicht unterscheidet sich das Verwertungsverbot zum einen darin, dass es keiner Mitteilung an Dritte bedarf. Zum anderen erstreckt sich das Verwertungsverbot nur auf Geheimnisse, während die Verschwiegenheitspflicht schlechthin alle Wahrnehmungen umfasst[1095].

Ein weiteres, spezialgesetzliches Verwertungsverbot ergibt sich für den Abschlussprüfer aus § 14 WpHG. Nach dieser Vorschrift sind sog. Insidergeschäfte verboten. Hierbei handelt es sich um ein Verwertungsverbot mit eigenständigem Regelungsgehalt, das neben dem Verwertungsverbot aus § 323 HGB zu beachten ist[1096]. Unstrittig ist, dass die Einwilligung der Gesellschaft zur Verwertung im Geltungsbereich des § 14 WpHG unbeachtlich ist, denn diese Vorschrift schützt das Funktionieren des Kapitalmarktes als überindividuelles Rechtsgut, das nicht der Disposition der Gesellschaft unterliegt[1097].

6. Vertragliche Treuepflicht

Aufgrund des Vertragsverhältnisses mit dem Auftraggeber unterliegt der Wirtschaftsprüfer neben den genannten Pflichten einer vertraglichen Treuepflicht[1098]. Diese verpflichtet den Wirtschaftsprüfer grundsätzlich die Interessen des Auftraggebers wahrzunehmen. Selbständige Bedeutung erlangt die Treuepflicht im Rahmen der Abschlussprüfung insbesondere bei Sachverhalten, die nicht schon unter § 321 Abs. 1 S. 3 HGB

[1092] Vgl. *Adler/Düring/Schmaltz*, § 323 HGB Rnr. 67. Das Verwertungsverbot ist als allgemeine Berufspflicht auch in § 10 der Berufssatzung der Wirtschaftsprüferkammer geregelt.

[1093] *Ebke* in Münchener Kommentar, HGB, § 323 Rnr. 56.

[1094] Vgl. *Poll*, DZWir 1995, 95, 97; *Schaal*, Der Wirtschaftsprüfer als Umwandlungsprüfer, 349.

[1095] Vgl. *Adler/Düring/Schmaltz*, § 323 HGB Rnr. 65; *Schaal*, Der Wirtschaftsprüfer als Umwandlungsprüfer, 348. Vgl. zum Begriff des Betriebsgeheimnisses oben, 2. Kapitel B. II. 2. e).

[1096] Dazu ausführlich *Adler/Düring/Schmaltz*, § 323 HGB Rnr. 70 ff.

[1097] Vgl. *Adler/Düring/Schmaltz*, § 323 HGB Rnr. 73.

[1098] Vgl. *Schaal*, Der Wirtschaftsprüfer als Umwandlungsprüfer, 335, 350f.; vgl. auch *Adler/Düring/Schmaltz*, § 321 HGB Rnr. 70; *Gloeckner*, Die zivilrechtliche Haftung des Wirtschaftsprüfers, 30.

fallen. Diese Vorschrift verpflichtet den Abschlussprüfer über bestimmte, bei Durchführung der Prüfung festgestellte Unrichtigkeiten und Verstöße zu berichten. Es ist nicht auszuschließen, dass dem Abschlussprüfer berichtspflichtige Tatbestände anders als bei Durchführung der Prüfung und somit außerhalb des Anwendungsbereichs von § 321 Abs. 1 S. 3 HGB bekannt werden. In diesen Fällen ist davon auszugehen, dass der Abschlussprüfer sein Wissen im Hinblick auf seine Treuepflicht der Gesellschaft nicht vorenthalten darf. Bestehende gesetzliche Verschwiegenheitspflichten sind jedoch zu beachten[1099].

IV. Die Rechte des Abschlussprüfers

Damit die Ziele der gesetzlichen Jahresabschlussprüfung erreicht werden können, stattet das Gesetz den Abschlussprüfer durch § 320 HGB mit weitreichenden Rechten aus[1100].

Der Prüfer kann seiner Aufgabe nur gerecht werden, wenn ihm die zu prüfenden Bücher und Schriften vor Ort zugänglich sind. Sein Einsichtsrecht umfasst daher das gesamte Schriftgut der Gesellschaft und erstreckt sich auch auf vertrauliche Unterlagen[1101]. Darüber hinaus gewährt § 320 Abs. 1 S. 2 HGB dem Abschlussprüfer ein Prüfungsrecht bezüglich sämtlicher Posten der Aktiv- als auch der Passivseite[1102]. Das Prüfungsrecht bezieht sich inhaltlich nicht nur auf die buchmäßige Erfassung, sondern auch auf das tatsächliche körperliche Vorhandensein der Vermögensgegenstände, so kann der Abschlussprüfer überprüfen, ob deren Bewertung ihrem Zustand entspricht[1103]. Nach § 320 Abs. 2 S. 1 HGB kann der Abschlussprüfer von den gesetzlichen Vertretern alle Aufklärungen und Nachweise verlangen, die für eine sorgfältige Prüfung notwendig sind[1104]. Die Erteilung von Auskünften befreit den Abschluss-

---

[1099]   Vgl. IDW Prüfungsstandard: Grundsätze ordnungsmäßiger Berichterstattung bei Abschlussprüfungen (IDW PS 450) Tz. 37, WPg 2003, 1127 und vor allem *Adler/Düring/Schmaltz*, § 321 HGB Rnr. 70, der aber rein private Kenntnisse des Abschlussprüfers als von der Treuepflicht nicht umfasst sieht.

[1100]   Vgl. *Ebke* in Münchener Kommentar, HGB, § 320 Rnr. 1.

[1101]   Vgl. *Kropff* in Geßler/Hefermehl/Eckardt/Kropff, AktG, § 165 Rnr. 6.

[1102]   Das Gesetz nennt in diesem Zusammenhang beispielhaft die Kasse, die Bestände an Wertpapieren und Waren, so *Ebke* in Münchener Kommentar, HGB, § 320 Rnr. 11; vgl. auch *Baumbach/Hopt*, HGB, § 320 Rnr. 1.

[1103]   Vgl. *Adler/Düring/Schmaltz*, § 320 HGB Rnr. 25; *Baumbach/Hueck*, AktG, § 165 Rnr. 3; *Schaal*, Der Wirtschaftsprüfer als Umwandlungsprüfer, 390.

[1104]   Aufklärungen sind mündliche Erklärungen und Erläuterungen, Nachweise dagegen schriftliche Unterlagen, die zur Untermauerung der Aufklärungen erforderlich sind. Zu den Unterlagen gehören auch solche, deren Aushändigung die Gesellschaft von Dritten beanspruchen oder erlangen kann, so

prüfer nicht von der Pflicht, die Bücher und Schriften selbst einzusehen und zu beurteilen. Die Auskünfte müssen beim Vorliegen von Anhaltspunkten für deren Unrichtigkeit überprüft werden[1105]. Die Vorlage von Büchern und Schriften oder erbetene Aufklärungen und Nachweise dürfen nicht aus Gründen der Geheimhaltung verweigert werden: Vor dem Abschlussprüfer gibt es kein Geheimnis bezüglich der Gegenstände der Prüfung[1106].

Aus Sicherheitsgründen ist der Prüfer aufgrund der Pflicht zur gewissenhaften Prüfung gehalten, eine von den gesetzlichen Vertretern des geprüften Unternehmens unterzeichnete Vollständigkeitserklärung einzuholen. Sie stellt eine umfassende Erklärung des Unternehmens über die Vollständigkeit der in den Büchern, im Jahresabschluss und im Lagebericht erfassten Geschäftsvorgänge, der erteilten Auskünfte und Nachweise dar. Eigene Prüfungshandlungen des Abschlussprüfers werden durch die Vollständigkeitserklärung zwar nicht ersetzt, sie ist aber die Versicherung, dass alle verlangten Auskünfte und Nachweise erbracht wurden und dient somit auch der Abgrenzung der Verantwortlichkeit[1107].

V. Umfang und Inhalt der Pflichtprüfung

Aus juristischer Sicht ist die Jahresabschlussprüfung in erster Linie eine formelle Gesetzes-, Satzungs- und Ordnungsmäßigkeitsprüfung über die handelsrechtliche Rechnungslegung von Kapitalgesellschaften, die nicht klein im Sinne von § 267 Abs. 1 HGB sind (§ 316 Abs. 1 HGB)[1108]. Der Gegenstand der Jahresabschlussprüfung schließt neben dem aus Bilanz, Gewinn- und Verlustrechnung und gegebenenfalls Anhang bestehenden Jahresabschluss den Lagebericht mit ein[1109]. Die Prüfung des Jahresab-

---

Adler/Düring/Schmaltz, § 320 HGB Rnr. 28; Ebke in Münchener Kommentar, HGB, § 320 Rnr. 15.

[1105] Vgl. Adler/Düring/Schmaltz, § 320 HGB Rnr. 31f.; Marsch-Barner in Gemeinschaftskommentar-HGB, § 320 Rnr. 3.

[1106] Die Gesellschaft ist durch die Verschwiegenheitspflicht des Abschlussprüfers nach § 323 Abs. 1 HGB geschützt, vgl. Claussen/Korth in Kölner Kommentar zum AktG, § 320 HGB Rnr. 7 sowie Ebke in Münchener Kommentar, HGB, § 320 Rnr. 22 m.w.N.

[1107] Vgl. Adler/Düring/Schmaltz, § 320 HGB Rnr. 33; Ebke in Münchener Kommentar, HGB, § 320 Rnr. 16; Förschle/Peter in Beck'scher Bilanzkommentar, § 317 HGB Anm. 183.

[1108] Vgl. Quick, BB 1992, 1675, 1675; Weiland, BB 1996, 1211, 1212; ähnlich Wiedmann in Wirtschaftsprüfer-Handbuch, Band I, Rnr. R 1.

[1109] Vgl. IDW Prüfungsstandard: Ziele und allgemeine Grundsätze der Durchführung von Abschlussprüfungen (IDW PS 200) Tz. 12, WPg 2000, 706.

schlusses umfasst gemäß § 317 Abs. 1 S. 1 HGB auch die Buchführung, da diese die Grundlage für den Jahresabschluss bildet[1110].

Den bei der Prüfung erforderlichen rechtlichen Ermittlungen gehen umfangreiche tatsächliche Ermittlungen voraus, deren Ziel es ist, die bedeutsamen Geschäftsvorfälle der zu prüfenden Gesellschaft zu sichten und zu prüfen[1111].

1. Sachverhaltsermittlung

Große Schwierigkeiten bereitet die Frage, wie umfangreich eine Prüfung zu sein hat, um dem gesetzlichen Erfordernis der Gewissenhaftigkeit (§ 317 Abs. 1 S. 3 HGB) gerecht zu werden[1112]. Denn der Gesetzgeber begnügt sich dadurch mit einer generalklauselartigen Anweisung[1113].

Sehr hilfreich für den Abschlussprüfer bei der Konkretisierung dieser Anweisung sind die vom IDW erstellten Prüfungsstandards (IDW PS). Der Begriff Gewissenhaftigkeit mit seiner Forderung nach Verwendung aller objektiv erdenklichen Sorgfalt auf die Prüfungstätigkeit scheint dabei zu verlangen, dass sämtliche Geschäftsvorfälle der prüfungspflichtigen Gesellschaft überprüft werden müssen. Angesichts des Zeitdrucks, des umfangreichen Prüfungsstoffes und des Grundsatzes der Wirtschaftlichkeit der Abschlussprüfung, wäre dies jedoch nicht zu bewältigen[1114]. Der IDW PS 200 besagt deshalb, dass keine lückenlose Prüfung erforderlich ist[1115]. Diese Ansicht vertritt auch die ganz herrschende Meinung, die sich darüber einig ist, dass eine stichprobenweise Prüfung der weitaus meisten Teilgebiete des Prüfungsgegenstandes zulässig ist[1116]. Ergibt eine Stichprobe Fehler, so ist in dem betreffenden Prüffeld die Prüfung zu intensivieren und erforderlichenfalls bis zur vollständigen Erfassung sämtlicher Geschäftsvorfälle des Prüffeldes auszudehnen[1117].

[1110] *Quick*, BB 1992, 1675, 1675.

[1111] Vgl. *Ebke*, Wirtschaftsprüfung und Dritthaftung, 18.

[1112] So *Hirte*, Berufshaftung, 60.

[1113] Vgl. *Ebke*, Wirtschaftsprüfung und Dritthaftung, 19.

[1114] Vgl. *Brönner* in Großkommentar, AktG, § 168 Anm. 3; *Gloeckner*, Die zivilrechtliche Haftung des Wirtschaftsprüfers, 28; IDW PS 200 Tz. 21, WPg 2000, 706.

[1115] IDW PS 200 Tz. 19, WPg 2000, 706.

[1116] Vgl. *Ebke*, Wirtschaftsprüfung und Dritthaftung, 22; *Hirte*, Berufshaftung, 60. Zu den Kriterien, die die Auswahl der Stichproben bestimmen: *Ebke*, Wirtschaftsprüfung und Dritthaftung, 23 m.w.N.

[1117] *Hirte*, Berufshaftung, 60; vgl. auch IDW PS 200 Tz. 22, WPg 2000, 706. Zur Definition des Begriffs Prüffeld beachte IDW Prüfungsstandard: Grundsätze der Planung von Abschlussprüfungen (IDW PS 240) Tz. 19, WPg 2000, 846.

Zeitdruck und Umfang des Prüfungsstoffes bedingen aber nicht nur Prüfungen in Stichproben, sondern auch eine unterschiedliche Gewichtung der Prüfungsintensität: Bereits bei mittelgroßen Unternehmen ist es unmöglich, sämtliche Gebiete der Rechnungslegung in jedem Jahr mit der gleichen Intensität zu prüfen. IDW PS 450 geht daher von der Möglichkeit sich verändernder Prüfungsschwerpunkte und -intensitäten aus[1118]. Dies wird man mit der Forderung nach einer gewissenhaften Prüfung allerdings nur dann für vereinbar ansehen können, wenn der Prüfer einen angemessenen mehrjährigen Prüfungsplan erstellt hat, die geringere Prüfungsintensität sich auf Bereiche der Ordnungsmäßigkeits- und Formalprüfungen beschränkt und insbesondere ein funktionierendes unternehmensinternes Kontrollsystem besteht[1119].

Aus dem Gebot der Gewissenhaftigkeit und Eigenverantwortlichkeit folgt, dass der Prüfer Ergebnisse und Unterlagen der internen Kontrolle nicht ungeprüft übernehmen darf[1120]. Dies berührt ein weitreichendes Problem der Abschlussprüfung: Darf der Abschlussprüfer nur solche Tatsachen als richtig unterstellen, von deren Vorhandensein er sich durch eigene Wahrnehmung überzeugt hat oder darf er sich insoweit auf die Angaben der zu prüfenden Gesellschaft oder auf die Angaben Dritter verlassen[1121]? Nach wohl herrschender Meinung kommt den eigenen Beobachtungen des Prüfers und seiner Gehilfen Vorrang zu. Der Prüfer genügt nur so dem Gebot der Gewissenhaftigkeit. Auf eigene Beobachtungen darf der Prüfer nur verzichten, wenn der Bestand nach Art und Weise im Verhältnis zum Ganzen unbedeutend ist[1122].

Nicht immer reichen aber eigene Beobachtungen aus, oft ist der Abschlussprüfer auf Angaben anderer angewiesen. Der IDW PS 200 nimmt bezüglich der Angaben der prüfungspflichtigen Gesellschaft klar Stellung und führt aus, dass die Abschlussprüfung mit einer kritischen Grundhaltung zu planen und durchzuführen ist; die erlangten Prüfungsnachweise sind kritisch zu würdigen. Der Abschlussprüfer muss sich stets darüber im Klaren sein, dass Umstände existieren können, auf-

---

[1118] Vgl. IDW PS 450 Tz. 37, WPg 2003, 1127.

[1119] So *Ebke* in Münchener Kommentar, HGB, § 317 Rnr. 26 m.w.N.; *Ebke*, Wirtschaftsprüfung und Dritthaftung, 24. Alle für die Rechnungslegung wichtigen Sachverhalte sind bei jeder Prüfung jeweils neu zu beurteilen, IDW PS 240 Tz. 13, WPg 2000, 846.

[1120] So *Ebke*, Wirtschaftsprüfung und Dritthaftung, 24; *Gloeckner*, Die zivilrechtliche Haftung des Wirtschaftsprüfers, 29. Näheres dazu bei *Ebke* in Münchener Kommentar, HGB, § 317 Rnr. 27.

[1121] Vgl. *Ebke* in Münchener Kommentar, HGB, § 317 Rnr. 28.

[1122] Ausführlich *Ebke* in Münchener Kommentar, HGB, § 317 Rnr. 29, 30; *Förschle/Peter* in Beck'scher Bilanzkommentar, § 317 HGB Anm. 184.

grund derer der Jahresabschluss und der Lagebericht wesentliche falsche Angaben enthalten. Er kann daher nicht ohne weiteres im Vertrauen auf die Glaubwürdigkeit der gesetzlichen Vertreter beispielsweise von der Richtigkeit ihrer Auskünfte ausgehen, sondern muss sich diese belegen lassen und die Überzeugungskraft dieser Nachweise würdigen. Bei Anhaltspunkten für Verstöße durch die gesetzlichen Vertreter oder durch die Mitarbeiter des geprüften Unternehmens hat er ergänzende Prüfungshandlungen vorzunehmen und die Prüfungsnachweise im Hinblick auf den Verdacht gezielt zu würdigen[1123].

Auch bei Angaben außenstehender Dritter ist Vorsicht geboten, denn Informationen Dritter sind nicht per se zuverlässig, unbewusste oder bewusste Veränderungen von Daten sind nicht von vornherein auszuschließen[1124]. Deshalb darf der Abschlussprüfer nicht einfach Prüfungsergebnisse und Untersuchungen Dritter übernehmen, darf sie aber verwerten[1125]. Allgemein ist dabei zu beachten, dass die Qualifikation und Unparteilichkeit des Dritten eine wichtige Rolle für die Verwertbarkeit seiner Angaben spielen[1126]. Dies betrifft vor allem die Verwertung fremder Urteile oder Gutachten von Sachverständigen[1127]. Ist der Abschlussprüfer aber gerade bei der Übernahme bzw. Verwertung[1128] fremder Urteile (z.B. Prüfungsberichte und Testate anderer Wirtschaftsprüfer) verpflichtet, diese Urteile nochmals selbst zu überprüfen? Das Gesetz regelt diese Frage nur für die Übernahme von in Jahresabschlüssen enthaltenen Daten bei der Konzernabschlussprüfung (§ 317 Abs. 3 HGB). Danach hat der Konzernabschlussprüfer auch die im Konzernabschluss zusammengefassten Jahresabschlüsse zu prüfen, sofern es sich nicht um bereits nach den §§ 316 ff. HGB geprüfte Jahresabschlüsse handelt. Bei bereits geprüften Jahresabschlüssen, ist von gesicherten Daten auszugehen[1129].

[1123] So IDW PS 200 Tz. 17, WPg 2000, 706. Anders *Geuer*, Das Management des Haftungsrisikos der Wirtschaftsprüfer, 37: Grundsätzlich darf der Wirtschaftsprüfer auf die Vollständigkeit und Richtigkeit der ihm präsentierten Tatsachen vertrauen.

[1124] So *Ebke*, Wirtschaftsprüfung und Dritthaftung, 28.

[1125] Vgl. *Baumbach/Hopt*, HGB, § 317 Rnr. 5.

[1126] Vgl. *Hopt*, WPg 1986, 461, 504.

[1127] Vgl. dazu jetzt IDW Prüfungsstandard: Verwertung der Arbeit von Sachverständigen (IDW PS 322), WPg 2002, 689ff.

[1128] Eine Verwertung von Prüfungsergebnissen und Untersuchungen Dritter liegt vor, wenn der Abschlussprüfer die Aussagen des Dritten seinem Prüfungsergebnis zugrunde legt; eine Übernahme von Prüfungsergebnissen liegt dann vor, wenn er auch das Urteil des Dritten übernimmt; vgl. *Förschle/Peter* in Beck'scher Bilanzkommentar, § 317 HGB Anm. 184.

[1129] So zur Umwandlungsprüfung *Schaal*, Der Wirtschaftsprüfer als Umwandlungsprüfer, 262.

Der Abschlussprüfer ist dann zur unbesehenen Übernahme fremder Urteile und Vorgaben ohne unmittelbar eigene Ermittlungen berechtigt[1130]. Etwas anderes gilt nur, wenn der Prüfer offensichtliche Fehler entdeckt oder berechtigte Zweifel nahe liegen[1131].

Daraus kann aber nicht ein allgemeiner Grundsatz abgeleitet werden, dass der Abschlussprüfer auch außerhalb der Konzernabschlussprüfung im Rahmen der Jahresabschlussprüfung zur unbesehenen Übernahme von Urteilen anderer Wirtschaftsprüfer berechtigt ist. Eine Übernahme kommt nur dann in Betracht, wenn es sich um gemäß §§ 316 ff. HGB geprüfte Angaben handelt und eine kritische Durchsicht der vom jeweiligen Abschlussprüfer erstellten Berichte keine berechtigten Zweifel an der Richtigkeit der Angaben entstehen lässt[1132].

Stets zu beachten bei der Verwendung von Angaben Dritter ist, dass der Abschlussprüfer im Prüfungsbericht nach § 321 HGB deutlich machen muss, welche Angaben auf geprüften und welche auf ungeprüften Grundlagen beruhen sowie ob und inwieweit sich die Beurteilungen des Abschlussprüfers auf nicht selbst durchgeführte Prüfungshandlungen oder auf Gutachten von Sachverständigen stützen[1133].

2. Rechnungslegungsrechtliche Ermittlungen

Nach der Ermittlung der prüfungserheblichen Geschäftsvorfälle setzt die Urteilsbildung auf Seiten des Abschlussprüfers die Prüfung voraus, ob die maßgebenden formellen und materiellen Regeln über die Rechnungslegung eingehalten wurden[1134]. In formeller Hinsicht hat der Abschlussprüfer insbesondere zu prüfen, ob der Jahresabschluss klar und übersichtlich aufgestellt (§§ 243 Abs. 2, 247 Abs. 1 HGB) und vollständig (§ 246 HGB) ist, ob die Bestimmungen über die hinreichende Aufgliederung der Bilanz (§ 247 Abs. 1 HGB) und der Gewinn- und Verlustrechnung (gemäß GoB) eingehalten sind, ob das Gebot des gesonderten Ausweises unter bestimmten Posten (§ 247 Abs. 2 HGB) sowie Verrech-

---

1130 Vgl. *Ebke*, Wirtschaftsprüfung und Dritthaftung, 28.

1131 So *Hopt*, WPg 1986, 461, 504; *Schaal*, Der Wirtschaftsprüfer als Umwandlungsprüfer, 262f.

1132 Vgl. *Baumbach/Hopt*, HGB, § 317 Rnr. 5; IDW Prüfungsstandard: Verwendung der Arbeit eines anderen externen Prüfers (IDW PS 320) Tz. 24, WPg 2004, 593; *Wiedmann* in Wirtschaftsprüfer-Handbuch, Band I, Rnr. R 645; weitergehend *Ebke*, Wirtschaftsprüfung und Dritthaftung, 28, der bereits das Vorliegen geprüfter Angaben genügen lässt, um eine Übernahme zu erlauben.

1133 Vgl. IDW PS 450 Tz. 16, WPg 2003, 1127; so auch *Hirte*, Berufshaftung, 60.

1134 Vgl. *Ebke* in Münchener Kommentar, HGB, § 317 Rnr. 32.

nungsverbote (§ 246 Abs. 2 HGB) beachtet sind und ob die Gliederungsvorschriften (§§ 266, 275 HGB) eingehalten wurden[1135].

a) Materieller Prüfungsumfang nach dem KonTraG

Die Anforderungen an die Prüfungsdurchführung wurden durch das KonTraG[1136] erstmalig kodifiziert[1137]. Vor In-Kraft-Treten des KonTraG war es die Aufgabe des Abschlussprüfers, Buchführung, Jahresabschluss und Lagebericht des vergangenen Geschäftsjahres einer Gesetzes- und Satzungs-, d.h. Ordnungsmäßigkeitsprüfung zu unterziehen, der Öffentlichkeit mittels Testat deren Rechtmäßigkeit zu bestätigen und darüber den Aufsichtsrat im Prüfungsbericht zu informieren. Diese Tätigkeit war ausschließlich auf den Bereich der Rechnungslegung beschränkt[1138].

Das KonTraG erweiterte sowohl den gesetzlichen Umfang der Abschlussprüfung um Aspekte einer zukunfts-, risiko- und problemorientierten Überwachung als auch korrespondierend die interne Berichterstattung gegenüber dem Aufsichtsrat[1139]. Durch den neugefassten § 317 Abs. 1 S. 3 HGB wurde der international anerkannte, risikoorientierte Prüfungsansatz gesetzlich verankert, dass die Prüfung auf das Erkennen von Unrichtigkeiten und Verstößen auszurichten ist[1140]. Strittig ist, ob diese Gesetzesänderung eine Änderung der Prüfungsdurchführung bedingt. Nach der wohl überwiegenden Ansicht im Schrifttum stellt die Neuregelung gegenüber den in den Fachgutachten und ergänzenden Stellungnahmen des IDW niedergelegten Anforderungen keine materielle Änderung dar, sondern hat lediglich deklaratorischen Charakter[1141].

[1135]   Diese Aufzählung ist nicht abschließend. Ausführlich dazu *Ebke* in Münchener Kommentar, HGB, § 317 Rnr. 33. Vgl. auch *Gloeckner*, Die zivilrechtliche Haftung des Wirtschaftsprüfers, 26, 27.

[1136]   Gesetz zur Kontrolle und Transparenz im Unternehmensbereich vom 27.04.1998, BGBl. I 1998, 786ff. Das KonTraG ist am 01.05.1998 in Kraft getreten.

[1137]   *Adler/Düring/Schmaltz*, § 317 HGB Rnr. 5.

[1138]   Vgl. *Mattheus*, ZGR 1999, 682, 687. Einen kurzen Überblick über die wesentlichen Mängel des Systems der Abschlussprüfung vor Geltung des KonTraG gibt *Neumann*, BuW 1998, 881, 881.

[1139]   Vgl. *Mattheus*, ZGR 1999, 682, 690f.

[1140]   Vgl. Begründung des RegE zum KonTraG, BT-Drucks. 13/9712, S. 27; *Hense*, WPK-Mitt. 1997, 18, 20; *Neumann*, BuW 1998, 881, 881.

[1141]   So *Dörner*, DB 1998, 1, 1; *Forster*, AG 1999, 193, 194; *Jacob* in Bericht über die Fachtagung 1997 des IDW, 157, 161; *Schindler/Rabenhorst*, BB 1998, 1886, 1890, die einräumen, dass einer gesetzlichen Vorschrift eine größere Publikumswirksamkeit zukommt, als einer Stellungnahme des IDW. *Emmerich* in Bericht

Andere dagegen sehen eine über den deklaratorischen Charakter hinausgehende Wirkung des § 317 Abs. 1 S. 3 HGB[1142]. Dem ist zuzustimmen: Während es dem Prüfer vor In-Kraft-Treten des KonTraG nur verwehrt gewesen war, vor offen erkennbaren Unrichtigkeiten und Verstößen die Augen zu verschließen, stellt die Neuregelung im Vergleich dazu eine Verschärfung dar, da der Prüfer nun zur systematischen Suche, Aufdeckung und Darstellung der Fehler und Risiken im Bereich der Rechnungslegung des Vorstands verpflichtet ist. Problemorientierung ist nach dem KonTraG zum Hauptziel der Abschlussprüfung geworden und nicht mehr bloßer Nebenaspekt[1143].

aa) Prüfung des Jahresabschlusses

In materieller Hinsicht hat sich die Prüfung des Jahresabschlusses bzw. des Konzernabschlusses[1144] darauf zu erstrecken, ob die gesetzlichen Vorschriften und sie ergänzende Bestimmungen des Gesellschaftsvertrags oder der Satzung vom Ersteller des Jahresabschlusses beachtet worden sind, § 317 Abs. 1 S. 2 HGB. Zu den gesetzlichen Vorschriften gehören auch die gegebenenfalls anzuwenden Spezialvorschriften für einzelne Rechtsformen oder Branchen[1145]. Die Prüfung erstreckt sich danach grundsätzlich auf die Einhaltung aller für die Rechnungslegung der Gesellschaft geltenden Regeln, einschließlich der kodifizierten und nicht kodifizierten Grundsätze ordnungsmäßiger Buchführung (GoB)[1146]. Die

---

über die Fachtagung 1997 des IDW, 339, 343 sowie *Moxter*, BB 1997, 722, 724 halten S. 3 des § 317 Abs. 1 HGB für überflüssig.

[1142] So *Böcking/Orth*, WPg 1998, 351, 358; *Lenz/Ostrowski*, BB 1997, 1523, 1526f.

[1143] So *Hommelhoff/Mattheus*, AG 1998, 249, 256; *Mattheus*, ZGR 1999, 682, 697f. Zu Letzterem auch *Schindler/Rabenhorst*, BB 1998, 1939, 1943f., die der Auffassung sind, dass durch das In-Kraft-Treten des KonTraG der Jahresabschluss nicht mehr den Ausgangspunkt der Prüfung darstellt. Vielmehr rückten die Strategie und das Umfeld des Unternehmens sowie seine Prozesse in das Blickfeld, weil beispielsweise sonst zu zukünftigen Risiken nicht Stellung genommen werden könne.

[1144] Auf die Regelungen der §§ 290 ff. HGB über den Konzernabschluss und den Konzernlagebericht sowie deren Prüfung durch den Wirtschaftsprüfer wird im Weiteren nur kurz eingegangen.

[1145] Zu den bei der Rechnungslegung von Kreditinstituten zu beachtenden Rechtsvorschriften unten, A. IX. 1.

[1146] So *Baumbach/Hopt*, HGB, § 317 Rnr. 2; *Förschle/Küster* in Beck'scher Bilanzkommentar, § 317 HGB Anm. 12; *Wiedmann* in Wirtschaftsprüfer-Handbuch, Band I, Rnr. R 10 sowie *Quick*, BB 1992, 1675, 1675; vgl. auch Begründung des RegE zum KonTraG, BT-Drucks. 13/9712, S. 27. Zu den GoB gehören insbesondere: Stichtagsprinzip (§ 242 Abs. 1, Abs. 2 HGB); „going concern"-Prinzip (§ 252 Abs. 1 Nr. 2 HGB); Grundsatz der Einzelbewertung (§ 252 Abs. 1 Nr. 3 HGB); Grundsatz der Bewertungsstetigkeit (§ 252 Abs. 1 Nr. 6 HGB); Anschaf-

Zweckmäßigkeit oder Ordnungsmäßigkeit der Geschäftsführung ist dabei nicht gezielt zu prüfen[1147]. Die durch gesetzliche Vorschriften eingeräumte Ermessensausübung des Unternehmens unterliegt der Kontrolle des Abschlussprüfers, der festzustellen hat, ob das Unternehmen dieses Ermessen ermessensfehlerfrei ausgeübt hat[1148]. Bei seiner Kontrolle muss der Abschlussprüfer wegen des Gebots der Unparteilichkeit die schutzwürdigen Belange der Gesellschaft ebenso beachten wie die Dritter. Ist eine eindeutige Festlegung nicht möglich, bleibt es bei der vom Unternehmen getroffenen Entscheidung[1149]. Der Prüfer darf nicht sein Ermessen an die Stelle des Ermessens des Aufstellers setzen. Soweit sich das Unternehmen innerhalb des Ermessensrahmens bewegt, hat der Prüfer den Jahresabschluss zu bestätigen[1150]. Wird das eingeräumte Ermessen überschritten, hat der Prüfer den Jahresabschluss zu beanstanden und, sofern das Unternehmen keine oder keine hinreichenden Änderungen vornimmt, den Bestätigungsvermerk einzuschränken oder zu versagen (§ 322 Abs. 4 S. 1 HGB)[1151].

Bei der Prüfungsausrichtung auf das Erkennen von Unrichtigkeiten und Verstößen wird nicht erwartet, dass die Abschlussprüfung sämtliche Unregelmäßigkeiten aufdecken kann. Gemäß § 317 Abs. 1 S. 3 HGB sollen vielmehr nur Vorgänge und Sachverhalte erkannt werden, die sich wesentlich auf die Darstellung des sich nach § 264 Abs. 2 S. 1 HGB ergebenden Bildes der Vermögens-, Finanz- und Ertragslage des Unternehmens auswirken[1152]. Was wesentlich ist, obliegt dem pflichtgemäßen Ermessen des Abschlussprüfers[1153]. Die Wesentlichkeitsgrenzen sollten dabei vorsichtig bemessen sein[1154].

---

fungs- und Herstellungskostenprinzip (§ 253 Abs. 1, Abs. 2 HGB); Vorsichtsprinzip, konkretisiert durch das Imparitätsprinzip (§ 252 Abs. 1 Nr. 4, 1. HS HGB); Realisationsprinzip (§ 252 Abs. 1 Nr. 4, 2. HS HGB); Niederstwertprinzip (§ 253 Abs. 1 bis 3 HGB), vgl. dazu *Ebke* in Münchener Kommentar, HGB, § 317 Rnr. 42 m.w.N.

[1147] Vgl. *Adler/Düring/Schmaltz*, § 317 HGB Rnr. 21; *Baumbach/Hopt*, HGB, § 317 Rnr. 4; vgl. auch bereits *Gloeckner*, Die zivilrechtliche Haftung des Wirtschaftsprüfers, 29, 30 sowie *Neflin*, Die Haftung des Wirtschaftsprüfers, 31.

[1148] Vgl. *Gloeckner*, Die zivilrechtliche Haftung des Wirtschaftsprüfers, 27 sowie *Ebke* in Münchener Kommentar, HGB, § 317 Rnr. 40.

[1149] Vgl. *Ebke*, Wirtschaftsprüfung und Dritthaftung, 32.

[1150] Vgl. *Neflin*, Die Haftung des Wirtschaftsprüfers, 31 und 36.

[1151] So *Ebke* in Münchener Kommentar, HGB, § 317 Rnr. 40.

[1152] Vgl. *Forster*, AG 1999, 193, 194; *Schindler/Rabenhorst*, BB 1998, 1886, 1890.

[1153] *Adler/Düring/Schmaltz*, § 317 HGB Rnr. 143 mit Einzelheiten zum Begriff der Wesentlichkeit.

[1154] So *Böcking/Orth*, WPg 1998, 351, 358.

bb) Prüfung des Lageberichts

Nach § 317 Abs. 2 S. 1 HGB muss der Abschlussprüfer prüfen, ob der Lagebericht mit dem Jahresabschluss in Einklang steht. Diese Prüfung erstreckt sich auch darauf, ob der Lagebericht mit den bei der Prüfung gewonnenen Erkenntnissen des Abschlussprüfers übereinstimmt. Zu diesen Erkenntnissen gehören auch solche, die aus einer früheren Prüfung gewonnen worden sind. Sonstiges Wissen des Abschlussprüfers, z.B. zur Entwicklung der Branche, lässt sich dabei ebenfalls nicht ausblenden[1155]. Außerdem muss überprüft werden, ob der Lagebericht insgesamt eine zutreffende Vorstellung von der Lage des Unternehmens vermittelt. Durch diese positive Fassung des Prüfungsziels muss sich der Prüfer künftig ein eigenes Bild von der Unternehmenslage machen und darf sich nicht darauf beschränken, die Lagebeschreibung des Vorstands in ungefähr nachzuvollziehen[1156].

Schließlich fordert nunmehr § 317 Abs. 2 S. 2 HGB, dass der Abschlussprüfer zu prüfen hat, ob die Risiken der künftigen Entwicklung im Lagebericht zutreffend dargestellt sind. Um diese Prüfung zu ermöglichen, wurden die §§ 289 Abs. 1, 315 Abs. 1 HGB durch das KonTraG um einen Halbsatz erweitert, der den gesetzlichen Vertretern des Unternehmens die Verpflichtung auferlegt, im (Konzern-)Lagebericht auf die künftige Entwicklung des Unternehmens und die damit verbundenen Risiken einzugehen[1157]. Hinsichtlich des Umfangs der im Lagebericht angabepflichtigen Risiken gilt, dass nicht nur bestandsgefährdende, sondern bereits solche Risiken aufzuführen sind, die die Entwicklung des Unternehmens belasten, ohne den Bestand zu gefährden. Dies sind solche Risiken, die einen wesentlichen Einfluss auf die Vermögens-, Finanz- und

---

[1155] Vgl. *Baumbach/Hopt*, HGB, § 317 Rnr. 7; *Marsch-Barner* in Gemeinschaftskommentar-HGB, § 317 Rnr. 11.

[1156] So *Hommelhoff/Mattheus*, AG 1998, 249, 258, die darin erhebliche Auswirkungen für die Prüfungspraxis sehen; so auch *Marsch-Barner* in Gemeinschaftskommentar-HGB, § 317 Rnr. 12; ähnlich *Schindler/Rabenhorst*, BB 1998, 1886, 1890; a.A. *Baumbach/Hopt*, HGB, § 317 Rnr. 7, die von einer unwesentlichen Abweichung gegenüber der früher geltenden Rechtslage ausgehen, wonach eine negative Prüfung erforderlich war, ob keine falsche Vorstellung von der Lage erweckt wird, vgl. § 317 Abs. 1 S. 3 HGB a.F.

[1157] Vgl. *Neumann*, BuW 1998, 881, 882. *Moxter*, BB 1997, 722, 722 sieht in der gesetzlichen Erweiterung der §§ 289 Abs. 1, 315 Abs. 1 HGB lediglich eine Klarstellung, da ein Bericht über die „Lage der Kapitalgesellschaft" nach § 289 Abs. 1, 1. HS HGB die Darlegung von „Risiken der künftigen Entwicklung" gemäß § 289 Abs. 1, 2. HS HGB einschließe. Er weist aber zutreffend darauf hin, dass das Informationsinteresse der Lageberichtsadressaten bezüglich der künftigen Risiken zu einem gesetzlichen Informationsanspruch erstarkt sei.

Ertragslage haben können[1158]. Die Prüfung nach § 317 Abs. 1 S. 2 HGB verlangt vom Abschlussprüfer eine erheblich intensivere Prüfung als nach alter Rechtslage, die profunde Kenntnisse der Geschäftstätigkeit des Unternehmens und der Branche voraussetzt[1159]. Zwischen den zukunftsbezogenen Angaben des Managements im Lagebericht und den vergangenheitsbezogenen Daten des Jahresabschlusses muss ein logischer Zusammenhang im Sinne einer realitätsnahen Ableitung der prognostischen Angaben erkennbar sein[1160].

Der Umfang der Prüfung ist in § 317 Abs. 2 HGB nicht abschließend geregelt, so ergibt sich aus § 321 Abs. 2 S. 1 HGB in der durch das KonTraG gefundenen Fassung, dass der Abschlussprüfer im Prüfungsbericht auch darzustellen hat, ob der Lagebericht den gesetzlichen Vorschriften und den ergänzenden Bestimmungen des Gesellschaftsvertrages oder der Satzung entspricht. Eine Darstellung im Prüfungsbericht kann zwangsläufig aber nur erfolgen, wenn vorher eine entsprechende Prüfung durchgeführt wurde. Gegenstand der Prüfung sind die Bestandteile des (Konzern-)Lageberichts nach § 289 bzw. § 315 HGB[1161]. Der Lagebericht ist dabei mit der gleichen Intensität und nach den gleichen Grundsätzen zu prüfen wie der Jahresabschluss. Im Unterschied zum Jahresabschluss enthält der Lagebericht aber in stärkerem Umfang wertende und prognostische Aussagen. Diese Aussagen über die künftige Entwicklung des Unternehmens – einschließlich der Darstellung der Risiken der künftigen Entwicklung – hat der Abschlussprüfer vor allem auf ihre Plausibilität zu beurteilen[1162]. Dabei gilt der Grundsatz, dass aufgrund der Alleinverantwortlichkeit der Geschäftsführung für die Darstellung der Unternehmenslage, nur geprüft werden kann, ob alle verfügbaren Informationen verwendet wurden, die grundlegenden Annahmen realistisch und in sich widerspruchsfrei sind und Prognoseentscheidungen richtig

---

[1158]   So *Schindler/Rabenhorst*, BB 1998, 1886, 1891; ähnlich *Dörner* in Bericht über die Fachtagung 2000 des IDW, 229, 250ff.

[1159]   Vgl. *Schruff* in Bericht über die Fachtagung 2000 des IDW, 149, 153.

[1160]   *Emmerich* in Bericht über die Fachtagung 1997 des IDW, 339, 342. *Müller*, WPg 2002, 1301, 1305, sieht wenig Veränderung gegenüber der alten Rechtslage und kritisiert die laxe Haltung mit der einige Vorstände und Geschäftsführungen den Lagebericht verfassen und mit der die Abschlussprüfer diese Lageberichte testieren. Die Darstellung der Risiken im Lagebericht sei trotz gesetzlicher Vorgaben häufig oberflächlich, unvollständig oder gar nicht vorhanden.

[1161]   Also sowohl die Bestandteile nach Abs. 1 als auch Abs. 2 des § 289 bzw. § 315 HGB.

[1162]   Vgl. *Adler/Düring/Schmaltz*, § 317 HGB Rnr. 161ff.; IDW Prüfungsstandard: Prüfung des Lageberichts (IDW PS 350) Tz. 6, WPg 1998, 663.

gehandhabt wurden[1163]. Eigene Prognoseentscheidungen des Abschluss-prüfers können hiermit nicht verbunden sein. Aufgabe des Ab-schlussprüfers kann es nur sein, zu den vorliegenden Prüfungsunterla-gen Stellung zu nehmen[1164].

cc) Prüfung des Überwachungssystems

Als erhebliche Erweiterung des Prüfungsumfangs stellt sich seit In-Kraft-Treten des KonTraG die Vorschrift des § 317 Abs. 4 HGB dar[1165], die in direktem Zusammenhang mit dem ebenfalls im Rahmen des KonTraG neu eingefügten § 91 Abs. 2 AktG steht. Durch diese Neuregelungen wird für die Jahresabschlussprüfung festgelegt, dass bei einer Aktienge-sellschaft, die Aktien mit amtlicher Notierung ausgegeben hat, vom Ab-schlussprüfer zu beurteilen ist, ob der Vorstand die ihm durch § 91 Abs. 2 AktG obliegenden Maßnahmen[1166] in einer geeigneten Form ge-troffen hat, ob diese zweckentsprechend ausgeführt werden und ob das Überwachungssystem[1167] während der gesamten zu prüfenden Zeit be-standen hat[1168]. § 317 Abs. 4 HGB galt in seiner durch das KonTraG fest-gelegten Form nicht für GmbH und nicht für Aktiengesellschaften mit im Geregelten Markt oder im Freiverkehr gehandelten Aktien, war also enger als § 3 Abs. 2 AktG[1169].

[1163]   Vgl. Begründung des RegE zum KonTraG, BT-Drucks. 13/9712, S. 27; *Ebke* in Münchener Kommentar, HGB, § 317 Rnr. 50; *Morck* in Koller/Roth/Morck, HGB, § 317 Rnr. 3; *Schindler/Rabenhorst*, BB 1998, 1886, 1890f.

[1164]   Vgl. *Dörner*, DB 1998, 1, 2. Kritisch hierzu: *Böcking/Orth*, WPg 1998, 351, 358f.; *Forster*, AG 1999, 193, 195 sowie *Schruff* in Bericht über die Fachtagung 2000 des IDW, 149, 153f.

[1165]   So *Dörner*, DB 1998, 1, 2; *Neumann*, BuW 1998, 881, 883.

[1166]   Zum Meinungsstreit darüber, welche Maßnahmen dies im Einzelnen sind, vgl. oben, 1. Kapitel B. II. 1. b) bb).

[1167]   Die Begründung des RegE zum KonTraG nennt als Gegenstand des Überwa-chungssystems lediglich ein angemessenes Risikomanagement und eine an-gemessene interne Revision, BT-Drucks. 13/9712, S. 15. Dem Begriff des Risiko-komanagements entsprechen die synonym verwendeten Begriffe des Risiko-früherkennungssystems und des Risikomanagementsystems, vgl. *Gelhausen* in Wirtschaftsprüfer-Handbuch, Band I, Rnr. P 5; vgl. auch *Böcking/Orth*, WPg 1998, 351, 359.

[1168]   Vgl. *Mattheus*, ZGR 1999, 682, 702f. und *Adler/Düring/Schmaltz*, § 317 HGB Rnr. 222.

[1169]   Vgl. *Baumbach/Hopt*, HGB, § 317 Rnr. 9. Zum Zeitpunkt des In-Kraft-Tretens des KonTraG existierte auch noch der Neue Markt. Für Aktiengesellschaften mit nur am Neuen Markt gehandelten Aktien galt § 317 Abs. 4 HGB ebenfalls nicht. Zum Neuen Markt: *Claussen*, DB 1998, 177, 177f. Seit der Neuordnung des Aktienmarktes zum 01.01.2003 gibt es nun zwei Segmente, den General

Das Überwachungssystem gemäß § 91 Abs. 2 AktG beschränkt sich von Gesetzes wegen auf Entwicklungen, die den Fortbestand des Unternehmens gefährden können. Die Bereiche, bei denen es zu bestandsgefährdenden Entwicklungen kommen kann, erstrecken sich dabei aber auf das gesamte Unternehmen und auf sämtliche betrieblichen Prozesse sowie Funktionsfelder[1170]. Bei Mutterunternehmen im Sinne des § 290 HGB ist die Überwachungs- und Organisationspflicht im Rahmen der bestehenden gesellschaftsrechtlichen Möglichkeiten sogar konzernweit zu verstehen, sofern von Tochtergesellschaften den Fortbestand der Gesellschaft gefährdende Entwicklungen ausgehen können[1171].

Die Prüfung des Überwachungssystems ist also nicht identisch mit der vor In-Kraft-Treten des KonTraG erforderlichen Prüfung des primär auf das Rechnungswesen ausgerichteten internen Kontrollsystems, sondern geht darüber hinaus und umfasst die Organisation der Gesellschaft[1172]. Allerdings kann die Prüfung nicht mit einer umfassenden Geschäftsführungsprüfung gleichgesetzt werden, es geht nur darum, zu prüfen, ob das Überwachungssystem zur Risikoerkennung geeignet ist[1173]. Die Beurteilung des Überwachungssystems stellt keine Prüfung im Sinne eines Soll/Ist-Vergleichs – zumal ein gesetzlich definiertes Soll-Objekt fehlt –, sondern vielmehr eine gutachterliche Beurteilung dar, deren Maßstäbe in Abhängigkeit von Branche, Größe und Komplexität des zu prüfenden Unternehmens festzulegen sind[1174]. Der Abschlussprüfer muss sich dabei auch ein Bild vom Risikobewusstsein der Unternehmensleitung und der Mitarbeiter verschaffen[1175].

Die Prüfung ist eine Eignungs- und Funktionsprüfung. Geeignet ist das Überwachungssystem dann, wenn es darauf ausgerichtet ist, alle Entwicklungen zu erfassen, die den Fortbestand des Unternehmens möglicherweise gefährden können[1176]. Die Erfassung muss so rechtzeitig er-

---

Standard und den Prime Standard, so *Semler/Spindler* in Münchener Kommentar, AktG, Vor § 76 Rnr. 181.

[1170] Vgl. *Marsch-Barner* in Gemeinschaftskommentar-HGB, § 317 Rnr. 18; *Mattheus*, ZGR 1999, 682, 703.

[1171] So Begründung des RegE zum KonTraG, BT-Drucks. 13/9712, S. 15.

[1172] Vgl. *Böcking/Orth*, WPg 1998, 351, 359; *Hommelhoff*, BB 1998, 2625, 2625; *Schindler/Rabenhorst*, BB 1998, 1886, 1892; vgl. auch *Adler/Düring/Schmaltz*, § 317 HGB Rnr. 236.

[1173] Vgl. *Ebke* in Münchener Kommentar, HGB, § 317 Rnr. 59; *Schindler/Rabenhorst*, BB 1998, 1886, 1892.

[1174] So *Schruff* in Bericht über die Fachtagung 2000 des IDW, 149, 152.

[1175] Vgl. IDW Prüfungsstandard: Die Prüfung des Risikofrüherkennungssystems nach § 317 Abs. 4 HGB (IDW PS 340) Tz. 22, WPg 1999, 658.

[1176] Vgl. *Marsch-Barner* in Gemeinschaftskommentar-HGB, § 317 Rnr. 20.

folgen, dass ausreichend Zeit für durchdachte Gegenmaßnahmen verbleibt. Zur Eignungsprüfung gehört auch die Feststellung, ob die für die Risikobeurteilung und Informationsweitergabe verantwortlichen Stellen im Unternehmen eindeutig festgelegt sind. Die Funktionsprüfung erfordert die Feststellung, ob das Überwachungssystem in dem zu prüfenden Geschäftsjahr seine Aufgaben erfüllt hat. Dabei werden in der Regel typische Risiken in Stichproben untersucht[1177]. Außerhalb der Beurteilungspflicht des Prüfers liegt dagegen, ob der Vorstand verwirklichten Risiken angemessen und sachgerecht entgegengetreten ist (so genannte Risikobewältigung). Dies fällt nicht mehr in den Bereich der Risikoerkennung und würde zudem auf eine Prüfung der Geschäftsführungsmaßnahmen hinauslaufen, die weiterhin ausschließlich Sache des Aufsichtsrates ist. Und mehr noch: Während dem Abschlussprüfer lediglich zur Beurteilung aufgegeben ist, ob das Vorstands-Controlling seine Aufgabe überhaupt erfüllt (so genannte Funktionsfähigkeits-Prüfung), besteht für den Aufsichtsrat die Pflicht zu bewerten, ob das eingerichtete System für das konkrete Unternehmen angemessen und unternehmerisch zweckmäßig ist[1178]. Darin wird der Aufsichtsrat vom Abschlussprüfer durch die Prüfung nach § 317 Abs. 4 HGB nur unterstützt.

b) Prüfung nach dem TransPuG und dem Corporate Governance Kodex

Am 26. Februar 2002 hat die so genannte Kodex-Kommission den Deutschen Corporate-Governance-Kodex vorgelegt. Praktisch zeitgleich trat das Transparenz- und Publizitätsgesetz (TransPuG)[1179] in Kraft, welches den Kodex vor allem über § 161 AktG gesetzlich flankiert[1180]. Sowohl der Kodex als auch das TransPuG entfalten Wirkungen für die Abschlussprüfung und verändern deren Durchführung.

[1177] Vgl. *Baumbach/Hopt*, HGB, § 317 Rnr. 10; IDW PS 340 Tz. 26-28, WPg 1999, 658; *Schindler/Rabenhorst*, BB 1998, 1886, 1892.

[1178] *Mattheus*, ZGR 1999, 682, 704f. Zu Einzelheiten der Prüfung des Risikofrüherkennungssystems vgl. IDW PS 340, WPg 1999, 658; vgl. auch *Dörner* in Bericht über die Fachtagung 2000 des IDW, 229, 242ff.

[1179] Gesetz zur weiteren Reform des Aktien- und Bilanzrechts, zu Transparenz und Publizität (Transparenz- und Publizitätsgesetz) vom 19.07.2002, BGBl. I 2002, 2681ff. Das TransPuG ist größtenteils am 26.07.2002 in Kraft getreten, vgl. Art. 5 TransPuG.

[1180] Vgl. *Seibert*, BB 2002, 581, 581 sowie *Ulmer*, ZHR 166 (2002), 150, 157, der als weitere „Flankierung" des Kodex die §§ 285 Nr. 16, 314 Abs. 1 Nr. 8 HGB (Pflichtangaben im Anhang) sowie § 325 HGB (Offenlegung im Handelsregister) aufführt. *Schüppen*, ZIP 2002, 1269, 1271 spricht von Verzahnung von Kodex und Aktienrecht.

aa) Veränderungen durch den Kodex

Da der Anhang des Jahres- bzw. Konzernabschlusses nun gemäß §§ 285 Nr. 16, 314 Abs. 1 Nr. 8 HGB eine Erklärung zu enthalten hat, dass die nach § 161 AktG vorgeschriebene Entsprechenserklärung abgegeben und den Aktionären zugänglich gemacht worden ist, erstreckt sich die Prüfung des jeweiligen Anhangs als Teil des Abschlusses nach § 317 HGB auf die Abgabe und die Zugänglichkeit der Entsprechenserklärung. Der Inhalt der Erklärung selbst wird nicht zum Gegenstand des Anhangs und folglich ist deren inhaltliche Richtigkeit auch nicht Gegenstand der Abschlussprüfung[1181]. Es handelt sich insoweit um eine rein formelle Vollständigkeitsprüfung[1182]. Eine Pflicht zur Prüfung, ob entgegen der Entsprechenserklärung von Kodex-Empfehlungen abgewichen wurde oder wird, hat der Gesetzgeber im Einklang mit der Empfehlung der Regierungskommission Corporate Governance nicht vorgesehen, da dies dem bei nicht auf die Rechnungslegung bezogenen Gesetzes- und Satzungsverstößen geltenden allgemeinen Prinzip widersprechen würde, dass der Abschlussprüfer insoweit keine aktive, erforschende Prüfung anzustellen, sondern nur zu berichten hat, wenn er gelegentlich der Prüfung solche Verstöße festgestellt hat[1183]. Ein solcher Verstoß gegen § 161 AktG ist stets schon als schwerwiegend im Sinne des § 321 Abs. 1 S. 3 HGB zu werten und folglich berichtspflichtig[1184].

[1181] Vgl. *Seibt*, AG 2002, 249, 257; *Berg/Stöcker*, WM 2002, 1569, 1573f. m.w.N. sowie Begründung des RegE zum TransPuG, BR-Drucks. 109/02, S. 63.

[1182] So *Ulmer*, ZHR 166 (2002), 150, 175. *Seibt*, AG 2002, 249, 257 spricht von einer formellen Prüfungspflicht.

[1183] Vgl. *Baums*, Bericht der Regierungskommission Corporate Governance, Rz. 12; *Berg/Stöcker*, WM 2002, 1569, 1574; *Teichmann*, WPg-Sonderheft 2001, S25, S28f. (Bericht über die Diskussion). *Seibert*, BB 2002, 581, 584 führt dazu aus, dass eine Prüfung auf inhaltliche Richtigkeit hin den Abschlussprüfer vermutlich zwar nicht überfordern würde, da es meist um formale Prüfungsfragen gehe, aber dies würde jedenfalls zu einer nicht beabsichtigten Aufgabenzuweisung führen. Kritisch dazu: *Ulmer*, ZHR 166 (2002), 150, 176f. sowie *Hopt* in Hommelhoff/Lutter/Schmidt/Schön/Ulmer, Corporate Governance, 27, 54f., der eine bloß formale Erklärungsprüfung für nahezu wertlos hält und die Gefahr von Missverständnissen und einer neuen Erwartungslücke sieht; so auch *Dörner*, WPg-Sonderheft 2001, S. S18, S19; a.A: Stellungnahme des IDW, WPg 2002, 146, 148. Für eine inhaltliche Prüfung der Entsprechenserklärung durch den Abschlussprüfer: *Doralt* sowie *Rosengarten*, vgl. *Zetzsche* in Gesellschaftsrechtliche Vereinigung, Gesellschaftsrecht in der Diskussion 2001, 107, 110, 113 (Bericht über die Diskussion).

[1184] Vgl. IDW Prüfungsstandard: Auswirkungen des Deutschen Corporate-Governance-Kodex auf die Abschlussprüfung (IDW PS 345) Tz. 33, WPg 2003, 1002 sowie Begründung des RegE zum TransPuG, BR-Drucks. 109/02, S. 63.

Die Gleichwertigkeit abweichender Regelungen kann in keinem Fall vom Abschlussprüfer, sondern nur vom Kapitalmarkt bewertet werden[1185].

Intensiv diskutiert wurden die Ausdehnung der Zwischenberichterstattung sowie deren Überprüfung durch einen Wirtschaftsprüfer. Der Kodex empfiehlt die Information der Anteilseigner und Dritter während des Geschäftsjahrs durch Zwischenberichte[1186]. Dabei spricht der Kodex die Empfehlung aus, die Zwischenberichte binnen 45 Tagen nach Ende des Berichtszeitraums öffentlich zugänglich zu machen[1187]. Eine prüferische Durchsicht der Zwischenberichte sieht der Kodex jedoch trotz einer entsprechenden Empfehlung der Regierungskommission Corporate Governance sowie seitens der Literatur nicht vor[1188]. Diesbezüglich bleibt der Kodex ohne Auswirkung für den Abschlussprüfer[1189].

[1185] So *Baums*, Bericht der Regierungskommission Corporate Governance, Rz. 12. Zustimmend insoweit *Hopt* in Hommelhoff/Lutter/Schmidt/Schön/Ulmer, Corporate Governance, 27, 55; a.A. *Spindler* in Gesellschaftsrechtliche Vereinigung, Gesellschaftsrecht in der Diskussion 2001, 91, 100f., der eine „richtige" Bewertung durch den Kapitalmarkt unter die Voraussetzung eines glaubwürdigen „Signals" stellt. Die Prüfung durch einen Abschlussprüfer stelle gerade ein solches Seriösitätssignal dar. Nur mit Hilfe solcher glaubwürdiger Signale (Testate) könne das Entstehen von Marktversagen verhindert werden. Zu Einzelheiten der Prüfung, vgl. IDW PS 345 Tz. 21-29, WPg 2003, 1002.

[1186] Vgl. Kodex-Ziffer 7.1.1.

[1187] Kodex-Ziffer 7.1.2. Die Regierungskommission Corporate Governance hatte sich für eine Aufstellung von Quartalsberichten für die ersten drei Quartale des Geschäftsjahres ausgesprochen, vgl. *Baums*, Bericht der Regierungskommission Corporate Governance, Rz. 269f. Eine regelmäßige quartalsweise Berichterstattung wird vom Kodex aber nicht empfohlen, sondern nur die Aufstellung von Zwischenberichten, zutreffend Stellungnahme des IDW 2002, 152, 152.

[1188] So *Baums*, Bericht der Regierungskommission Corporate Governance, Rz. 288f.: Die prüferische Durchsicht stellt eine Plausibilitätsbeurteilung dar; *Hopt* in Bericht über die Fachtagung 2000 des IDW, 27, 50f.; *Schruff* in Bericht über die Fachtagung 2000 des IDW, 149, 162f.; *Hopt* in Hommelhoff/ Lutter/Schmidt/Schön/Ulmer, Corporate Governance, 27, 66 unter Nennung der Vor- und Nachteile; a.A. *Bernhardt* in Hommelhoff/Lutter/ Schmidt/ Schön/Ulmer, Corporate Governance, 119, 129, der bei einer prüferischen Durchsicht der Zwischenberichte eine Vergrößerung der Erwartungslücke befürchtet.

[1189] *Klein* in Wirtschaftsprüfer-Handbuch, Band II, Rnr. P 1ff. sowie IDW Prüfungsstandard: Grundsätze für die prüferische Durchsicht von Abschlüssen (IDW PS 900), WPg 2001, 1078ff. beschreiben trotz fehlender gesetzlicher Bestimmungen sowie fehlender Empfehlung im Kodex Grundsätze für die prüferische Durchsicht von Zwischenabschlüssen, da die Beauftragung mit dieser

bb) Veränderungen durch das TransPuG

Seit In-Kraft-Treten des TransPuG gilt § 317 Abs. 4 HGB nunmehr für alle (auch nicht amtlich) börsennotierten Aktiengesellschaften. Damit wurde eine Empfehlung der Regierungskommission Corporate Governance umgesetzt[1190]. Die weiteren Änderungen bei der Abschlussprüfung betreffen nicht unmittelbar den Gegenstand und Umfang der Prüfung, sondern haben die Berichterstattung des Abschlussprüfers im Prüfungsbericht zum Gegenstand[1191].

c) Änderungen durch das BilReG

Durch das BilReG[1192] wurde § 317 Abs. 2 S. 2 HGB insofern geändert, als dass der Abschlussprüfer nun neben der Prüfung, ob die Risiken der künftigen Entwicklung im Lagebericht zutreffend dargestellt sind, auch zu prüfen hat, ob die Chancen dementsprechend dargestellt sind. Die Ergänzung dieser Vorschrift ist eine Konsequenz aus den Änderungen des Lageberichts und des Konzernlageberichts (§ 289 Abs. 1 S. 4 und § 315 Abs. 1 S. 5) durch das BilReG[1193] und dürfte zu keiner wesentlichen Erweiterung des Prüfungsumfangs führen. Die bereits für die Prüfung der Risiken erforderlichen Kenntnisse der Geschäftstätigkeit des Unternehmens und der Branche, können auch für die Prüfung der Chancen verwendet werden.

VI. Der Prüfungsbericht

Über das Ergebnis sowie über Art und Umfang der Pflichtprüfung hat der Abschlussprüfer gemäß § 321 Abs. 1 S. 1 HGB schriftlich zu berichten. In erster Linie bezweckt die Berichterstattung eine von der Geschäftsführung unabhängige und sachverständige Unterrichtung des Aufsichtsrates und damit dessen Unterstützung bei der Ausübung seiner Überwachungsfunktion. Darüber hinaus dient sie aber auch der Dokumentation von Prüfungsumfang und -durchführung. Der Prüfungsbericht ist im Gegensatz zum Bestätigungsvermerk vertraulich; er soll den Aufsichtsrat offen und rückhaltlos über das Prüfungsergebnis informie-

---

Tätigkeit individuell vereinbart werden kann, vgl. *Klein* in Wirtschaftsprüfer-Handbuch, Band II, Rnr. P 7.

[1190]   Vgl. *Baums*, Bericht der Regierungskommission Corporate Governance, Rz. 273; Begründung des RegE zum TransPuG, BR-Drucks. 109/02, S. 71; *Schüppen*, ZIP 2002, 1269, 1274.

[1191]   Dazu unten, A. VI. 2. a).

[1192]   Vgl. BGBl. I 2004, 3166ff.

[1193]   So Begründung des RegE zum BilReG, BT-Drucks. 15/3419, S. 35.

ren[1194]. Diese Vertraulichkeit kann in Zukunft aber dann teilweise entfallen, wenn über das Vermögen der Gesellschaft ein Insolvenzverfahren eröffnet oder der Antrag auf Eröffnung des Insolvenzverfahrens mangels Masse abgewiesen wird. Durch das BilReG sieht § 321a HGB nun vor, dass bestimmte Aktionäre oder Gläubiger Einsicht in die Prüfungsberichte des Abschlussprüfers der letzten drei Geschäftsjahre nehmen dürfen, soweit es sich um Berichte von Pflichtprüfungen handelt[1195].

1. Der Prüfungsbericht nach dem KonTraG

Durch das KonTraG erfolgte eine völlige Neufassung des § 321 HGB. Begründet wurde dies damit, dass sich der Prüfungsbericht in der Praxis häufig auf eine Aufgliederung und Erläuterung der Posten des Jahresabschlusses beschränkt hat und der Aufgabe, den Aufsichtsrat bei der Überwachung des Vorstandes zu unterstützen, nicht ausreichend nachgekommen ist[1196].

Das Klarheitsgebot wurde in Abs. 1 S. 1 besonders betont und soll gewährleisten, dass Prüfungsberichte allgemein verständlich sind[1197]. Verbleibende Verständnisfragen von Mitgliedern des Aufsichtsrats können in der Bilanzsitzung – seit Geltung des KonTraG unter verpflichtender

---

1194   Vgl. *Neumann* BuW 2000, 853, 856; *Scheffler*, WPg 2002, 1289, 1290. Diese Zielsetzung sieht *Müller*, WPg 2002, 1301, 1304 in der Praxis nicht umgesetzt, vielmehr mache es den Anschein, als scheuten sich die Abschlussprüfer, klare Position zu beziehen, um sich nicht angreifbar zu machen.

1195   Zu den Einzelheiten: Begründung des RegE zum BilReG, BT-Drucks. 15/3419, S. 43f. Der Gesetzgeber setzt damit eine Empfehlung der Regierungskommission Corporate Governance nur teilweise um, vgl. *Baums*, Bericht der Regierungskommission Corporate Governance, Rz. 180, 296f. Die wenigen Änderungen des Prüfungsberichts durch das BilReG werden an der jeweiligen Stelle erörtert. Eine gesonderte Darstellung unter einer eigenen Überschrift ist entbehrlich.

1196   So Begründung des RegE zum KonTraG, BT-Drucks. 13/9712, S. 28; *Dörner*, DB 1998, 1, 3.

1197   Vgl. *Adler/Düring/Schmaltz*, § 321 HGB Rnr. 40; *Neumann*, BuW 1998, 881, 885. *Marsch-Barner* in Gemeinschaftskommentar-HGB, § 321 Rnr. 3 kritisiert die Begründung des Regierungsentwurfs, S. 28, wonach der Prüfungsbericht so abgefasst werden soll, dass er auch von nicht sachverständigen Aufsichtsratsmitgliedern verstanden wird. Dies sei nicht sachgerecht, da diese verpflichtet seien, sich die für die Ausübung ihres Amtes erforderlichen Kenntnisse (auch auf dem Gebiet der gesetzlichen Rechnungslegung) anzueignen. Ähnlich IDW PS 450 Tz. 15, WPg 2003, 1127 sowie *Schindler/Rabenhorst*, BB 1998, 1939, 1939. *Moxter*, BB 1997, 722, 727 hält diese Forderung für nicht erfüllbar.

Teilnahme des Abschlussprüfers gemäß § 171 Abs. 1 S. 2 AktG – beantwortet werden[1198].

Im Prüfungsbericht ist gemäß § 321 Abs. 1 S. 2 HGB vorweg zur Beurteilung der Lage des Unternehmens durch die gesetzlichen Vertreter Stellung zu nehmen, soweit die geprüften Unterlagen und der Lagebericht eine solche Beurteilung erlauben[1199]. Die Forderung des Gesetzgebers zielt darauf ab, die subjektive Lageeinschätzung der Geschäftsführung durch den Blickwinkel eines sachkundigen Dritten zu objektivieren. Der Prüfer kann und soll dabei nur die Beurteilung der gesetzlichen Vertreter anhand der Erkenntnisse, die sich bei der Abschlussprüfung ergeben überprüfen, bewerten und unter Umständen in Frage stellen, aber nicht stattdessen eine eigene Prognose abgeben[1200]. Mithilfe des Prüfer-Lagekommentars sollen die Aufsichtsratsmitglieder in ihrer Aufmerksamkeit auf das Wesentliche, vor allem also auf jene Probleme gelenkt werden, die für den Fortbestand und die künftige Entwicklung des Unternehmens bedeutsam sind oder werden können[1201]. Der Prüfer-Lagekommentar leistet dem Aufsichtsrat die entscheidende Hilfe, um den Vorstand nach den heutigen Anforderungen, d.h. mit Blick auf Zukunftsprognosen und Risiken, überwachen zu können[1202].

[1198] Vgl. *Dörner*, DB 1998, 1, 3; *Neumann*, BuW 1998, 881, 885.

[1199] Die Einschränkung hinsichtlich der geprüften Unterlagen und des Lageberichts unterstreicht die Verantwortlichkeit des Managements, indem eine Stellungnahme nur verlangt wird, wenn die von der Geschäftsleitung erstellten Unterlagen hinreichend aussagekräftig sind; vgl. *Schindler/Rabenhorst*, BB 1998, 1939, 1939 m.w.N., die darauf hinweisen, dass in dieser Einschränkung das Risiko einer neuen Erwartungslücke gesehen werden kann.

[1200] Vgl. *Scheffler*, WPg 2002, 1289, 1296 sowie *Dörner*, DB 1998, 1, 3.

[1201] *Hommelhoff/Mattheus*, AG 1998, 249, 256f.

[1202] So *Mattheus*, ZGR 1999, 682, 698. Ausführlich *Hommelhoff*, BB 1998, 2567, 2570ff., der aber aus dem Wortlaut des § 321 Abs. 1 S. 2 HGB („unter Berücksichtigung des Lageberichts") schließen will, dass Grundlage für die Stellungnahme des Prüfers nicht nur der Lagebericht, sondern daneben auch die Berichte des Vorstands an den Aufsichtsrat gemäß § 90 AktG sind. Andere Autoren halten die Einbeziehung der Vorstandsberichterstattung in den Rahmen der Abschlussprüfung (so *Hopt* in Bericht über die Fachtagung 2000 des IDW, 27, 45 und wohl auch Stellungnahme des IDW, WPg 2000, 1027, 1033) oder zumindest eine prüferische Durchsicht dieser Vorstandsberichte durch den Abschlussprüfer (so *Schruff* in Bericht über die Fachtagung 2000 des IDW, 149, 169) zwar für konsequent, schlagen dies aber de lege ferenda vor und gehen folglich nicht davon aus, dass sich diese Einbeziehung bereits aus der geltenden Rechtslage ergibt.

§ 321 Abs. 1 S. 3 HGB begründet eine über den eigentlichen Prüfungs-auftrag hinausgehende Rede- und Warnpflicht des Abschlussprüfers[1203]. Der Zweck dieser – inzwischen durch das TransPuG erweiterten – Regelung liegt zunächst in der Ausrichtung der Prüfung auf die in § 321 Abs. 1 S. 3 HGB aufgezählten Aspekte. So sind bei Anhaltspunkten für berichtspflichtige Tatsachen die Prüfungshandlungen gegebenenfalls zu ändern oder zu erweitern. Außerdem sollen die Adressaten des Prüfungsberichts möglichst frühzeitig auf gefährliche, beeinträchtigende oder schwerwiegende Verstöße oder Tatsachen hingewiesen werden[1204].

Von kurzer Dauer war die Vorschrift des § 321 Abs. 2 HGB in der durch das KonTraG gefundenen Fassung. Danach war im Hauptteil des Prüfungsberichts darzustellen, ob die Buchführung und die weiteren geprüften Unterlagen, der Jahresabschluss bzw. Konzernabschluss und der (Konzern-)Lagebericht den gesetzlichen Vorschriften und den ergänzenden Bestimmungen der Satzung entsprechen[1205]. Nach § 321 Abs. 2 S. 2 HGB war auch darauf einzugehen, ob der Abschluss insgesamt unter Beachtung der GoB eine zutreffende Vorstellung von der Lage des Unternehmens vermittelt. Der Zusatz „insgesamt" macht deutlich, dass Beurteilungsobjekt das Zusammenwirken von Bilanz, Gewinn- und Verlustrechnung und Anhang ist. Abs. 2 S. 3 regelte die Aufgliederung der Posten des Jahres- bzw. Konzernabschlusses. Im Gegensatz zu der vor In-Kraft-Treten des KonTraG geltenden Regelung war eine Aufgliederung und Erläuterung nur noch dann erforderlich, wenn dadurch die Darstellung der Vermögens-, Finanz- und Ertragslage wesentlich verbessert wurde und diese Angaben nicht bereits im Anhang enthalten waren[1206]. Dies sollte eine unbefriedigende Doppelberichterstattung verhindern, denn oft mussten die Aufsichtsräte die mehr oder weniger gleichen Erläuterungen zu den Posten des Jahresabschlusses sowohl im Anhang als auch im Prüfungsbericht lesen[1207]. Die Aufgliederung und Erläuterung von Abschlusspositionen sollte nur noch zur Informationsverbesse-

---

[1203] So *Baumbach/Hopt*, HGB, § 321 Rnr. 2.

[1204] Vgl. *Marsch-Barner* in Gemeinschaftskommentar-HGB, § 321 Rnr. 9. Zu den Unterschieden im Hinblick auf die früher geltende so genannte kleine Redepflicht des § 321, vgl. *Neumann*, BuW 1998, 881, 885 sowie *Dörner*, DB 1998, 1, 3. Einzelheiten zu den Unrichtigkeiten und Verstößen gegen gesetzliche Vorschriften nach § 321 Abs. 1 S. 3 HGB, vgl. *Baumbach/Hopt*, HGB, § 321 Rnr. 3ff.

[1205] Nach *Schindler/Rabenhorst*, BB 1998, 1939, 1940 ist bei den „weiteren geprüften Unterlagen" z.B. an die Kostenrechnung oder an das interne Kontrollsystem wegen des regelmäßig grundlegenden Einflusses auf die Ordnungsmäßigkeit der Buchführung zu denken.

[1206] Vgl. Begründung des RegE zum KonTraG, BT-Drucks. 13/9712, S. 29.

[1207] So *Forster*, AG 1999, 193, 196.

rung und -ergänzung erfolgen[1208]. § 321 Abs. 2 HGB wurde durch das TransPuG nochmals neu gefasst, dabei wurden wesentliche Bestandteile der bisherigen Regelung teilweise in veränderter Form übernommen[1209].

Neu im Vergleich zu der Rechtslage, die im Zeitpunkt der Verschmelzung von Vereinsbank und Hypo-Bank galt, ist auch, dass der Abschlussprüfer gemäß § 321 Abs. 3 HGB in einem besonderen Abschnitt des Prüfberichts über Gegenstand, Art und Umfang der Prüfung zu berichten hat. Damit soll erreicht werden, dass die Tätigkeit des Abschlussprüfers besser beurteilt werden kann[1210]. Hinsichtlich Art und Umfang der Prüfung kommt dabei der Verweis auf die angewendeten Prüfungsgrundsätze in Betracht[1211]. Diesen Gedanken hat jetzt der Gesetzgeber aufgegriffen: Das BilReG ergänzt § 321 Abs. 3 HGB um einen neuen S. 2. Ausdrücklich wird darin angeordnet, dass der Prüfer im Prüfungsbericht auch auf die angewendeten Prüfungsgrundsätze einzugehen hat[1212].

Gemäß § 321 Abs. 4 HGB ist bei der Prüfung einer börsennotierten Aktiengesellschaft, das Ergebnis der Beurteilung des vom Vorstand nach § 91 Abs. 2 AktG einzurichtenden Überwachungssystems in einem besonderen Teil des Prüfungsberichts darzustellen, einschließlich notwendiger Systemverbesserungsmaßnahmen. Dabei sind aber nur die Schwachstellen zu beschreiben, eigene konkrete Verbesserungsvorschläge sind nicht Gegenstand der Berichterstattungspflicht[1213]. Ansonsten würden dem Abschlussprüfer Management-Aufgaben zugewiesen, deren Erledigung dem Vorstand obliegt[1214]. Das KonTraG greift in Anlehnung an die in der Praxis fortentwickelten Prüfungsansätze und das in der Abschlussprüfung verfügbare Know-how den Gedanken einer systematischen Risikoerfassung, also der Ermittlung von Risiken im Geschäfts- und Rechnungslegungsbereich auf. Dieses in der Praxis der Abschlussprüfung angesammelte Leistungspotential will das KonTraG fruchtbar machen. Über die Erfassung der Bilanzrisiken (§ 317 Abs. 1 S. 3 HGB) hinaus wird die systematische Suche nach Risiken aller Art zur vom

---

[1208]   Vgl. *Hommelhoff/Mattheus*, AG 1998, 249, 257.

[1209]   Dazu sogleich, A. VI. 2. a).

[1210]   So Begründung des RegE zum KonTraG, BT-Drucks. 13/9712, S. 29.

[1211]   *Schindler/Rabenhorst*, BB 1998, 1939, 1940 nennen als Beispiel für die angewendeten Prüfungsgrundsätze die entsprechenden Fachgutachten bzw. Prüfungsstandards des IDW.

[1212]   Vgl. RegE zum BilReG, BT-Drucks. 15/3419, S. 10.

[1213]   Vgl. IDW PS 450 Tz. 106, WPg 2003, 1127; *Scheffler*, WPg 2002, 1289, 1297; *Schindler/Rabenhorst*, BB 1998, 1939, 1941.

[1214]   So *Dörner*, DB 1998, 1, 4.

KonTraG gegebenen Rechtspflicht und konsequent werden diese Risiken obligatorischer Gegenstand im Prüfungsbericht. Denn der geforderte Controlling-Funktionsreport (§§ 317 Abs. 4, 321 Abs. 4 HGB) sowie die Stellungnahme zum Vorstands-Lagebericht im Rahmen des Prüfer-Lagekommentars (§§ 317 Abs. 2, 321 Abs. 1 S. 2 HGB), insbesondere zur Vorstands-Darstellung über die Chancen und Risiken der künftigen Entwicklung, kann der Abschlussprüfer erst nach systematischer Prüfung der Geschäftsrisiken ausformulieren. Mit dem Prüfer-Lagekommentar und dem Controlling-Funktionsreport wird das tradierte Unterstützungskonzept der Abschlussprüfung für den Aufsichtsrat über den Bereich der Rechnungslegung hinaus auf die Ebene der Unternehmensleitung des Vorstandes ausgeweitet[1215].

2. Neuerungen des Prüfungsberichts

Das TransPuG und in manchen Fällen auch der Kodex haben zu Veränderungen des Prüfungsberichts geführt.

a) Änderungen durch das TransPuG

§ 321 HGB wurde durch das TransPuG inzwischen nochmals geändert. Mit dieser Änderung soll die mit dem KonTraG eingeschlagene Richtung, die im Prüfungsbericht gegebene Darstellung und Bewertung des Prüfungsergebnisses problemorientierter zu gestalten, konsequent fortgesetzt werden[1216].

Durch die Neufassung des § 321 Abs. 1 S. 3 HGB wird die mit dem KonTraG eingeführte Negativerklärung zu Gunsten einer Positiverklärung ersetzt. Demzufolge hat der Prüfer nicht mehr zu berichten, „ob" er bei der Durchführung seiner Prüfung Unrichtigkeiten oder Verstöße gegen gesetzliche Vorschriften oder bestandsgefährdende oder die Entwicklung des Unternehmens wesentlich beeinträchtigende Tatsachen festgestellt hat. Vielmehr hat der Prüfer nun positiv über entsprechende Feststellungen zu berichten. Eine Einschränkung des Prüfungsinhalts ist damit nicht verbunden. In Erweiterung der bisherigen Regelung hat der Prüfer nun nicht nur über Tatsachen zu berichten, die schwerwiegende Verstöße der gesetzlichen Vertreter oder Arbeitnehmer gegen Gesetz, Gesellschaftsvertrag oder Satzung „darstellen", sondern bereits über solche Tatsachen, die entsprechende Verstöße „erkennen lassen". Eine

---

1215 So *Mattheus*, ZGR 1999, 682, 690f., 695, 714. Zur Berichterstattung nach dem KonTraG, vgl. auch IDW PS 450, WPg 1999, 601.

1216 So Begründung des RegE zum TransPuG, BR-Drucks. 109/02, S. 71.

rechtliche Subsumtion ist künftig nicht mehr in dem bisherigen Maße erforderlich[1217].

Ein neues, durch das TransPuG veranlasstes Kapitel des Prüfungsberichts ist der Rechnungslegungspolitik des Unternehmens zu widmen (§ 321 Abs. 2 S. 4 HGB). Damit weitet S. 4 die Berichterstattung nicht unwesentlich aus[1218]. Statt der bisher geforderten Aufgliederung und Erläuterung der Posten des Jahresabschlusses muss nun auf die wesentlichen Bewertungsgrundlagen und die Ausnutzung der vorhandenen Bilanzierungs- und Bewertungsspielräume unterschiedlicher Art eingegangen werden[1219]. Gemeint sind damit außergewöhnliche Sachverhaltsgestaltungen, die Ausnutzung von Ermessensspielräumen und die Ausübung oder Unterlassung von Bilanzierungs- und Bewertungswahlrechten. Dabei ist darauf einzugehen, welchen Einfluss gemachte Änderungen insgesamt auf die Darstellung der Vermögens-, Finanz- und Ertragslage haben[1220]. Die Möglichkeiten des Vorstands werden eingeschränkt, sich durch eine entsprechende Bilanzpolitik dem Aufsichtsrat gegenüber in ein günstiges Licht zu rücken[1221].

[1217] Begründung des RegE zum TransPuG, BR-Drucks. 109/02, S. 71f.; ähnlich *Baums*, Bericht der Regierungskommission Corporate Governance, Rz. 290. Dem zustimmend *Dörner*, WPg-Sonderheft 2001, S. S18, S19. Nach der Stellungnahme des IDW zum Entwurf des TransPuG, ist damit bereits bei Vorliegen entsprechender Verdachtsmomente zu berichten, vgl. WPg 2002, 146, 151. Neu gefasst wurde der erst im Rahmen des KonTraG geänderte Abs. 2 des § 321 HGB. In S. 1 wurde die bisher geforderte „Darstellung", ob die Buchführung und die weiteren Unterlagen, insbesondere der Jahresabschluss, den gesetzlichen Vorschriften entsprechen, durch eine entsprechende „Feststellung" ersetzt. Damit wird auf die Darstellung von unwesentlichen und unproblematischen Teilen des Jahresabschlusses verzichtet werden können, so Begründung des RegE zum TransPuG, BR-Drucks. 109/02, S. 72. Des Weiteren ist aufgrund der durch § 321 Abs. 2 S. 2 n.F. erfolgten Klarstellung zu beachten, dass über bedeutende Beanstandungen auch dann zu berichten ist, wenn diese für die Erteilung des Bestätigungsvermerks ohne Relevanz sind, vgl. *Schüppen*, ZIP 2002, 1269, 1274. Damit soll mehr Raum zu einer problemorientierten Darstellung gegeben werden, so Begründung des RegE zum TransPuG, BR-Drucks. 109/02, S. 72.

[1218] So *Scheffler*, WPg 2002, 1289, 1298; Stellungnahme des IDW zum Entwurf des TransPuG, WPg 2002, 146, 151.

[1219] Begründung des RegE zum TransPuG, BR-Drucks. 109/02, S. 72. So bereits *Nonnenmacher*, WPg-Sonderheft 2001, S. S15, S16.

[1220] Vgl. IDW PS 450 Tz. 74, WPg 2003, 1127; *Scheffler*, WPg 2002, 1289, 1298. Die durch das TransPuG geänderten Vorschriften der §§ 317, 321 HGB waren erstmals auf das nach dem 31.12.2001 beginnende Geschäftsjahr anzuwenden, vgl. Art. 54 Abs. 1 S. 3 EGHGB.

[1221] So *Schüppen*, ZIP 2002, 1269, 1275.

Durch den Gesetzgeber nicht umgesetzt wurde die Empfehlung der Regierungskommission Corporate Governance, die Berichterstattung über nicht rechnungslegungsbezogene Gesetzes- und Satzungsverstöße im Sinne von § 321 Abs. 1 S. 3 HGB in eine vom Prüfungsbericht gesonderte Erklärung aufzunehmen, die nur dem Aufsichtsrat zugänglich ist. Denn Empfänger des Prüfungsberichts sind auch Finanzbehörden, Kreditinstitute in ihrer Eigenschaft als Kreditgeber für das geprüfte Unternehmen, Großaktionäre, die kraft ihres Einflusses eine Einsichtnahme durchsetzen sowie bei Finanzdienstleistern die BAFin. Diese Vielzahl unterschiedlicher Empfänger kann für den Abschlussprüfer zu einem Zielkonflikt führen, soweit sensible oder gar brisante Sachverhalte anzusprechen sind[1222]. Durch die Empfehlung der Kommission sollte es dem Abschlussprüfer erleichtert werden, positive Feststellungen zu (möglichen) Verstößen gegen nicht rechnungslegungsbezogene Vorschriften auch tatsächlich darzustellen und die Bereitschaft zu entsprechender Darstellung zu erhöhen[1223]. Der Gesetzgeber ist dem nicht gefolgt. Es sei davon auszugehen, dass diejenigen Institutionen, die bisher die Vorlage des Prüfungsberichts verlangt hätten, dann auch die Vorlage der entsprechenden gesonderten Erklärung des Abschlussprüfers verlangen würden[1224].

Es bleibt scheinbar nur bei der durch das KonTraG gegebenen Lösungsmöglichkeit dieses Zielkonflikts: Der Abschlussprüfer kann durch seine verpflichtende Teilnahme an der Bilanzsitzung des Aufsichtsrats bzw. dessen Bilanzausschusses und seiner Berichtspflicht im Rahmen dieser Sitzung gemäß § 171 Abs. 1 S. 2 AktG die Möglichkeit nutzen, über die im Prüfungsbericht mit vorsichtigen und zurückhaltenden Formulierungen beschriebenen Verstöße mit der erforderlichen Deutlichkeit mündlich zu berichten[1225]. Zu beachten ist aber, dass dieses Vorgehen nicht unproblematisch ist, da der Abschlussprüfer gemäß § 321 Abs. 1 S. 1 HGB zur gebotenen Klarheit der Berichterstattung verpflichtet ist und über das Prüfungsergebnis schriftlich zu berichten hat. Letztlich kann nur darauf verwiesen werden, dass es nicht die Aufgabe des Abschlussprüfers ist, diesen Konflikt zu vermeiden[1226].

1222   Vgl. *Dörner*, DB 1998, 1, 3; *Scheffler*, WPg 2002, 1289, 1294; *Westerburg*, Die Kontrolle des Vorstands durch Aufsichtsrat und Abschlussprüfer, 301f.

1223   Vgl. *Baums*, Bericht der Regierungskommission Corporate Governance, Rz. 290. Zustimmend *Dörner*, WPg-Sonderheft 2001, S. S18, S19.

1224   So Begründung des RegE zum TransPuG, BR-Drucks. 109/02, S. 73.

1225   So *Westerburg*, Die Kontrolle des Vorstands durch Aufsichtsrat und Abschlussprüfer, 302; ähnlich *Dörner*, DB 1998, 1, 3.

1226   So auch *Scheffler*, WPg 2002, 1289, 1294.

b) Änderungen durch den Kodex

Der Kodex hat ebenfalls zu einer Neuerung für die Berichterstattung durch den Abschlussprüfer allgemein und in manchen Fällen auch für den Prüfungsbericht geführt: Im Rahmen der Erteilung des Prüfungsauftrags gemäß § 111 Abs. 2 S. 3 AktG kann der Aufsichtsrat besondere Berichtspflichten für den Abschlussprüfer vereinbaren. So empfiehlt der Kodex die Vereinbarung, dass der Prüfer über alle für die Aufgaben des Aufsichtsrats wesentlichen Feststellungen und Vorkommnisse unverzüglich berichten soll, die sich bei der Durchführung der Abschlussprüfung ergeben[1227]. Ferner soll der Abschlussprüfer den Aufsichtsrat informieren bzw. im Prüfungsbericht vermerken, wenn er bei der Prüfung Tatsachen feststellt, die eine Unrichtigkeit der von Vorstand und Aufsichtsrat abgegebenen Erklärung zum Kodex (§ 161 AktG) ergeben[1228].

VII. Der Prüfungsvermerk

Während der Prüfungsbericht in erster Linie ein internes Informationsmittel für die gesetzlichen Vertreter und die Kontrollorgane bildet, ist der in § 322 HGB geregelte Bestätigungsvermerk dazu bestimmt, die Öffentlichkeit zu unterrichten[1229]. Er ist deshalb Gegenstand der Offenlegung nach § 325 HGB.

[1227] Vgl. Kodex-Ziffer 7.2.3 Abs. 1; *Baums*, Bericht der Regierungskommission Corporate Governance, Rz. 324. *Dörner*, WPg-Sonderheft 2001, S. S18, S20 hält diese Empfehlung für geeignet, das Zusammenwirken von Aufsichtsrat und Prüfer weiter zu intensivieren. Eine demnach erfolgte Unterrichtung des Aufsichtsrates kann allerdings eine gebotene Berichterstattung im Prüfungsbericht und/oder Bestätigungsvermerk nicht ersetzen, vgl. IDW PS 345 Tz. 58, WPg 2003, 1002. Kritisch zu dieser Kodex-Regelung: *Schruff* in Bericht über die Fachtagung 2000 des IDW, 149, 169f., der dadurch u.a. die Zusammenarbeit des Prüfers mit dem Vorstand falsch gewichtet sieht, sowie Stellungnahme des IDW, WPg 2001, 1416, 1421: Es sei fraglich, ob die Kodex-Regelung notwendig ist, da bereits nach IDW PS über überwachungsrelevante Meinungsverschiedenheiten schriftlich zu berichten sei.

[1228] Vgl. Kodex-Ziffer 7.2.3 Abs. 2; IDW PS 345 Tz. 7, WPg 2003, 1002; *Scheffler*, WPg 2002, 1289, 1298. Ein solcher Verstoß gegen § 161 AktG ist stets aber schon als schwerwiegend im Sinne des § 321 Abs. 1 S. 3 HGB zu werten, dass die Berichtspflicht auch dann besteht, wenn der Aufsichtsrat auf eine Vereinbarung nach Ziffer 7.2.3 des Kodex verzichtet hat, vgl. oben A. V. 2. b) aa). Die Auswirkung auf den Prüfungsbericht ergibt sich folglich nicht unmittelbar aus dem Kodex, sondern bereits aus dem durch das TransPuG eingefügten § 161 AktG.

[1229] Vgl. *Quick*, BB 1992, 1675, 1675; *Scheffler*, WPg 2002, 1289, 1290.

1. Der Prüfungsvermerk nach dem KonTraG, TransPuG und Kodex

§ 322 HGB wurde durch das KonTraG wesentlich verändert. In der Gesetzesbegründung wird davon ausgegangen, dass sich die 1985 eingeführte Regelung nicht bewährt hat[1230]. Der Bestätigungsvermerk hatte eine einheitliche Kernfassung, was zur Gefahr der Überschätzung durch den Leser führte[1231]. Die sich aus der Natur von Jahresabschlüssen ergebende Begrenztheit der Aussagekraft kam nicht genügend zum Ausdruck. Die Bestätigung der Übereinstimmung mit den gesetzlichen Vorschriften hat zu einer falschen Erwartungshaltung geführt. Die Übereinstimmung mit den gesetzlichen Vorschriften wurde weniger als Einschränkung, sondern vielmehr als Gütesiegel in Bezug auf die wirtschaftlichen Verhältnisse des geprüften Unternehmens interpretiert[1232].

§ 322 HGB in der durch das KonTraG gefundenen Fassung setzte an die Stelle dieses so genannten Formeltestats eine deutlich bescheidenere, der durch Gesetz und GoB eingegrenzten Aussagekraft des Bestätigungsvermerks Rechnung tragende Erklärung, die das Ergebnis der Prüfung zusammenfasst. Um Missverständnissen vorzubeugen, wird seitdem eine Übereinstimmung mit den gesetzlichen Vorschriften nicht mehr bestätigt[1233]. Der Bestätigungsvermerk wurde trotz unveränderter Bezeichnung zu einem Bestätigungsbericht umgestaltet[1234]. Neben der Beurteilung des Prüfungsergebnisses hat der Abschlussprüfer nunmehr Gegenstand, Art und Umfang der Prüfung in das Testat aufzunehmen, mithin seine Tätigkeit zu umschreiben. Dabei soll verdeutlicht werden, dass die gesetzlichen Vertreter den Abschluss zu verantworten haben. Es ist seitdem auch darauf einzugehen, ob der (Konzern-)Lagebericht insgesamt nach der Beurteilung des Abschlussprüfers eine zutreffende Lage des Unternehmens oder des Konzerns vermittelt. Auf Risiken, die den Fortbestand des Unternehmens gefährden, ist gesondert einzugehen. In der Neufassung des Bestätigungsvermerks durch das KonTraG wird eine wichtige Maßnahme zur Schließung der Erwartungslücke gesehen[1235].

1230   Vgl. Begründung des RegE zum KonTraG, BT-Drucks. 13/9712, S. 29; *Schindler/Rabenhorst*, BB 1998, 1939, 1941.

1231   Vgl. *Dörner*, DB 1998, 1, 4; *Baumbach/Hopt*, HGB, § 322 Rnr. 1.

1232   Vgl. *Adler/Düring/Schmaltz*, § 322 HGB Rnr. 24; *Neumann*, BuW 1998, 881, 886.

1233   Vgl. *Baumbach/Hopt*, HGB, § 322 Rnr. 1; *Neumann*, BuW 1998, 881, 886; vgl. auch Begründung des RegE zum KonTraG, BT-Drucks. 13/9712, S. 29.

1234   Vgl. *Dörner*, DB 1998, 1, 4; *Marsch-Barner* in Gemeinschaftskommentar-HGB, § 322 Rnr. 1.

1235   *Schindler/Rabenhorst*, BB 1998, 1939, 1941; vgl. auch *Schruff* in Bericht über die Fachtagung 2000 des IDW, 149, 155. Ausführlich zur Erwartungslücke: *Böcking/Orth*, WPg 1998, 351ff.

Der Abschlussprüfer hat den Bestätigungsvermerk einzuschränken oder zu versagen, soweit Einwendungen zu erheben sind. Mit Einwendungen sind dabei nur wesentliche Beanstandungen gemeint[1236].

Weder das TransPuG noch der Kodex bewirkten eine Änderung des § 322 HGB oder sprechen eine Empfehlung bzw. Anregung zum Bestätigungsvermerk aus. Allerdings ergeben sich aus der Erweiterung der Pflichtangaben im (Konzern-)Anhang nach §§ 285 Nr. 16, 314 Abs. 1 Nr. 8 HGB durch das TransPuG dann Auswirkungen für den Bestätigungsvermerk, wenn die dadurch geforderten Angaben zur Entsprechenserklärung gemäß § 161 AktG nicht vorhanden, unvollständig oder unzutreffend sind. Angesichts der Bedeutung, die diesen Angaben im Anhang für die Verbindlichkeitswirkung des Kodex zukommt, hat der Abschlussprüfer den Bestätigungsvermerk in diesen Fällen einzuschränken[1237].

2. Änderungen durch das BilReG

Das BilReG hat überwiegend zu Änderungen im Bereich des Bestätigungsvermerks geführt. § 322 Abs. 1 S. 2 HS. 1 HGB der neu gefassten Vorschrift schließt künftig die Angabe der bei der Prüfung beachteten Prüfungsgrundsätze ein und entspricht insofern der Anpassung des Prüfungsberichts in § 321 Abs. 3 S. 2 HGB. Das Gesetz nennt nun in § 322 Abs. 2 S. 1 HGB vier Möglichkeiten der Tenorierung des Schlussvermerks. Hinzugekommen ist der so genannte „Disclaimer" (Nr. 4), mit dem der Prüfer sich außerstande erklärt, ein Urteil über den geprüften Abschluss abzugeben. Die Voraussetzungen des „Disclaimer" werden in Abs. 5 der Neuregelung präzisiert. Gemäß § 322 Abs. 2 S. 3 und 4 HGB muss künftig auch auf Risiken eingegangen werden, die den Fortbestand

---

1236 Vgl. IDW PS 400 Tz. 42, 50f., 65, WPg 1999, 641. Einschränkung und Versagung lassen sich wie folgt abgrenzen: Eine Einschränkung kommt in Betracht, wenn die festgestellten Unrichtigkeiten und Verstöße sich nur auf abgrenzbare Teile der Buchführung, des Jahresabschlusses oder des Lageberichts beziehen und gleichwohl zu wesentlichen Teilen der Rechnungslegung ein Positivbefund möglich ist. Der Bestätigungsvermerk ist zu versagen, wenn die Unrichtigkeiten und Verstöße so wesentlich oder so zahlreich sind, dass nach dem Urteil des Abschlussprüfers nur noch eine negative Gesamtaussage möglich ist, so *Adler/Düring/Schmaltz*, § 322 HGB Rnr. 227; *Neumann* BuW 2000, 853, 860f. Vorjahresmängel führen im Folgejahr nur dann zur Einschränkung, wenn die Mängel im Folgejahr fortbestehen oder die Durchführung der Korrektur zu beanstanden ist oder dies durch den Abschlussprüfer nicht beurteilt werden kann, IDW PS 400 Tz. 52, WPg 1999, 641.

1237 Vgl. Begründung des RegE zum TransPuG, BR-Drucks. 109/02, S. 63; IDW PS 345 Tz. 31, WPg 2003, 1002.

eines Tochterunternehmens gefährden, sofern dieses Tochterunternehmen für den Gesamtkonzern nicht nur von untergeordneter Bedeutung ist[1238]. Eine weitere Neuerung enthält § 322 Abs. 3 S. 2 HGB, der dem Abschlussprüfer in Zukunft die Möglichkeit geben soll, in den Bestätigungsvermerk einen Hinweis auf Umstände aufzunehmen, auf die er in besonderer Weise aufmerksam machen will, ohne das positive Prüfungsurteil einzuschränken. § 322 Abs. 6 S. 1 HGB ordnet in Erweiterung des bisher geltenden Abs. 3 eine Bewertung des Lageberichts und des Konzernlageberichts auch unter dem Gesichtspunkt ihrer Übereinstimmung mit dem Jahresabschluss oder Konzernabschluss an. In S. 2 werden jetzt auch die Chancen der zukünftigen Entwicklung genannt; dies entspricht den Regelungen in §§ 289 Abs. 1, 315 Abs. 1 HGB[1239]. Die Entscheidung, ob im Einzelfall der Bestätigungsvermerk uneingeschränkt oder eingeschränkt zu erteilen oder gar zu versagen ist oder ob sich der Prüfer außerstande erklärt, ein Urteil über den geprüften Abschluss abzugeben, liegt wie bereits bisher, im pflichtgemäßen Ermessen des Abschlussprüfers aufgrund des Ergebnisses der von ihm vorgenommenen Abschlussprüfung[1240].

Über die gerade dargestellten Neuerungen hinaus, lässt sich festhalten, dass die Neufassung des § 322 HGB in weiten Teilen mit § 322 HGB a.F. übereinstimmt bzw. die durch das KonTraG gefundene Fassung präzisiert[1241].

VIII. § 323 HGB als zentrale Haftungsnorm

§ 323 HGB konkretisiert die vertragliche Haftung des Abschlussprüfers im Rahmen einer Pflichtprüfung und geht, soweit er reicht, den allgemeinen schuldrechtlichen Regeln über Pflichtverstöße bei der Erfüllung des Prüfungsvertrages vor[1242] Die eigentliche Haftungsanordnung trifft § 323 Abs. 1 S. 3 HGB.

[1238] Vgl. dazu Begründung des RegE zum BilReG, BT-Drucks. 15/3419, S. 44.

[1239] Im Einzelnen dazu Begründung des RegE zum BilReG, BT-Drucks. 15/3419, S. 45.

[1240] Vgl. *Adler/Düring/Schmaltz*, § 322 HGB Rnr. 224.

[1241] Vgl. dazu die Begründung des RegE zum BilReG, BT-Drucks. 15/3419, S. 44f.

[1242] Vgl. *Ebke* in Münchener Kommentar, HGB, § 323 Rnr. 13; *Schaal*, Der Wirtschaftsprüfer als Umwandlungsprüfer, 404. Die Rechtsnatur des Prüfungsvertrages ist umstritten: Einigkeit herrscht insoweit, dass Vertragsinhalt eine entgeltliche Geschäftsbesorgung (§ 675 BGB) ist. Streit besteht jedoch dahingehend, ob dabei werk- oder dienstvertragliche Elemente überwiegen oder ob es sich um einen typengemischten Vertrag besonderer Art handelt. Die wohl herrschende Meinung tendiert zu der Annahme, dass es sich bei einem Prüfungsvertrag um einen Geschäftsbesorgungsvertrag mit überwiegend werk-

Unabhängig von einer entsprechenden Verweisung des Gesetzgebers ist § 323 HGB auf alle gesetzlich angeordneten Prüfungen anzuwenden[1243]. Auf freiwillige Abschlussprüfungen und die sonstigen beruflichen Tätigkeiten eines Wirtschaftsprüfers, wie beispielsweise die Erstellung von Gutachten, ist § 323 Abs. 1 nicht – auch nicht analog – anwendbar[1244].

Während im Allgemeinen nach Vertragsrecht nur der Vertragspartner haftet, der allerdings für seine Erfüllungsgehilfen einstehen muss (§ 278 BGB), werden durch § 323 Abs. 1 HGB neben dem Abschlussprüfer zusätzlich dessen Prüfungsgehilfen[1245] und die gegebenenfalls bei der Prüfung mitwirkenden gesetzlichen Vertreter einer Prüfungsgesellschaft persönlich verpflichtet[1246]. Die Ersatzpflicht trifft alle genannten Personen, obwohl sie, wie die Prüfungsgehilfen, in keinem Vertragsverhältnis zu dem zu prüfenden Unternehmen stehen[1247].

Die Haftung aus § 323 Abs. 1 S. 3 HGB besteht nur gegenüber der geprüften Gesellschaft als Vertragspartner und, wenn ein verbundenes Unternehmen (§ 271 Abs. 2 HGB) geschädigt worden ist, auch diesem gegenüber. Andere – also Gesellschafter und Gläubiger – sind nicht anspruchsberechtigt[1248].

---

vertraglichen Elementen handelt, (so *Baumbach/Hopt*, HGB, § 318 Rnr. 3; *Hense/Veltins* in Beck'scher Bilanzkommentar, § 318 HGB Anm. 14; *Claussen/Korth* in Kölner Kommentar zum AktG, § 318 HGB Rnr. 21; *Hirte*, Berufshaftung, 57; *Müller* in Kallmeyer, UmwG, § 10 Rnr. 10). *Gloeckner*, Die zivilrechtliche Haftung des Wirtschaftsprüfers, 23, geht von einem Dienstvertrag aus. Dass ein typengemischter Vertrag besonderer Art vorliegt, wird von *Brönner* in Großkommentar, AktG, § 163 Anm. 9 vertreten. Vgl. auch *Adler/Düring/Schmaltz*, § 318 HGB Rnr. 191ff.

1243 Strittig, vgl. *Fliess*, WPK-Mitt. 1992, 49, 51. Ausführlich *Adler/Düring/Schmaltz*, § 323 HGB Rnr. 6f.; *Hense* in Beck'scher Bilanzkommentar, § 323 HGB Anm. 4.

1244 Vgl. *Hense* in Beck'scher Bilanzkommentar, § 323 HGB Anm. 5; *Ebke* in Münchener Kommentar, HGB, § 323 Rnr. 14; *Quick*, BB 1992, 1675, 1678.

1245 Hierzu gehören Prüfungsleiter, Prüfer und Prüfungsassistenten, Mitarbeiter aus der Berichtskritik und –fertigung, aber auch Sachverständige, die der Abschlussprüfer im Rahmen der Abschlussprüfung heranzieht, *Ebke* in Münchener Kommentar, HGB, § 323 Rnr. 15.

1246 *Adler/Düring/Schmaltz*, § 323 HGB Rnr. 5.

1247 Vgl. *Marsch-Barner* in Gemeinschaftskommentar-HGB, § 323 Rnr. 5.

1248 So die herrschende Meinung, vgl. *Baumbach/Hopt*, HGB, § 323 Rnr. 7; *Hense* in Beck'scher Bilanzkommentar, § 323 HGB Anm. 120, 171; *Marsch-Barner* in Gemeinschaftskommentar-HGB, § 323 Rnr. 6 m.w.N., der aber auf die Möglichkeit verweist, dass nach der Rechtsprechung Dritte in den Schutzbereich des Prüfungsvertrages einbezogen sein und Schadensersatz erlangen können; ebenso *Claussen/Korth* in Kölner Kommentar zum AktG, § 323 HGB Rnr. 21f.

1. Pflichtverletzung

Voraussetzung einer Haftung nach § 323 Abs. 1 S. 3 HGB ist eine schuldhafte Pflichtverletzung. Zunächst ist zu klären, was unter Pflichten im Sinne von S. 3 zu verstehen ist.

Ein Teil der Lehre vertritt unter Hinweis auf den Aufbau und den Zusammenhang des § 323 Abs. 1 HGB die Ansicht, dass damit nur die Pflichten gemäß Abs. 1 S. 1 und 2 gemeint seien[1249]. Da § 323 Abs. 1 S. 3 HGB nicht auf S. 1 oder 2 Bezug nimmt, sondern allgemein von „seinen Pflichten" spricht, steht der größte Teil der Lehre aber zu Recht auf dem Standpunkt, dass der Abschlussprüfer für jede Verletzung seiner im Rahmen der Prüfung zu beachtenden Pflichten haftet[1250]. Dies ergibt sich auch aus der systematischen Stellung des § 323 HGB am Ende der Vorschriften über die Abschlussprüfung[1251]. Unter Prüfung im Sinne des § 323 HGB ist die Vornahme der Prüfung selbst, ihre rechtzeitige und vollständige Erledigung, wie überhaupt die Erfüllung aller Aufgaben zu verstehen, die mit einer sachgerechten Prüfung verbunden sind[1252].

Bei der Beantwortung der Frage, ob eine Pflichtverletzung vorliegt, ist ein objektiver Maßstab anzulegen. Dieser ist im Detail allerdings oft schwer zu ermitteln[1253]. Der Jahresabschluss ist kein mathematisch-exaktes Werk von Zahlen und Sprache, sondern etwas Relatives. Die Abschlussprüfung selbst beruht ebenfalls nicht auf einer exakten Wissenschaft, sondern ist „Kunsthandwerk auf höchstem Niveau"[1254]. Dementsprechend hat sich der Gesetzgeber mit der Vorgabe unbestimmter, ausfüllungsbedürftiger Rechtsbegriffe begnügt, was vor allem im Einzelfall Schwierigkeiten bei der Bestimmung des Umfangs der Prüfungspflicht bereiten kann[1255].

Allgemein ist zu beachten, dass unwesentliche Unrichtigkeiten außer Betracht bleiben, denn entscheidend ist nicht die buchstäbliche Richtigkeit, sondern die Gesamtrichtigkeit der Prüfung[1256].

[1249] So *Hense* in Beck'scher Bilanzkommentar, § 323 HGB Anm. 101.

[1250] Vgl. *Ebke*, JZ 1998, 991, 994f.; so auch *Baumbach/Hopt*, HGB, § 323 Rnr. 1, 7; *Claussen/Korth* in Kölner Kommentar zum AktG, § 323 HGB Rnr. 15 m.w.N.; *Hopt*, WPg 1986, 461, 465; *Schaal*, Der Wirtschaftsprüfer als Umwandlungsprüfer, 404.

[1251] Vgl. *Poll*, DZWir 1995, 95, 95.

[1252] Vgl. *Brönner* in Großkommentar, AktG, § 168 Anm. 3.

[1253] Vgl. *Adler/Düring/Schmaltz*, § 323 HGB Rnr. 77.

[1254] *Ebke* in Münchener Kommentar, HGB, § 323 Rnr. 21.

[1255] So *Adler/Düring/Schmaltz*, § 323 HGB Rnr. 77f.

[1256] Vgl. *Hopt*, WPg 1986, 461, 503.

2. Verschulden

Eine Pflichtverletzung löst nur dann eine Ersatzpflicht gemäß § 323 Abs. 1 S. 3 HGB aus, wenn sie schuldhaft (also vorsätzlich oder fahrlässig) begangen worden ist.

Vorsätzliche Pflichtverletzungen durch den Abschlussprüfer sind selten, deshalb kommt in den meisten Schadensfällen nur der Vorwurf fahrlässigen Verhaltens in Betracht[1257]. Haftungsmaßstab ist § 276 Abs. 2 BGB[1258]. Danach hat der Abschlussprüfer dafür einzustehen, dass er bei der Prüfung die im Verkehr erforderliche Sorgfalt walten lässt. Dieser Sorgfaltsmaßstab wird durch § 323 HGB als der Maßstab eines gewissenhaften und unparteiischen Prüfers konkretisiert[1259]. Infolge der damit verbundenen Objektivierung des Sorgfaltsmaßstabes begründet die Tatsache einer objektiven Pflichtverletzung in der Regel auch das Verschulden des Wirtschaftsprüfers[1260]. Allerdings handelt der Prüfer bei umstrittenen bilanzrechtlichen, betriebswirtschaftlichen oder prüfungstechnischen Fragen nicht schuldhaft, wenn er in Zweifelsfällen einen vernünftigen, vertretbaren Standpunkt eingenommen und seine Entscheidung im Prüfungsbericht klar dargelegt hat[1261].

[1257] So *Adler/Düring/Schmaltz*, § 323 HGB Rnr. 94f.

[1258] Vgl. Art. 2 Abs. 1 EGHGB.

[1259] *Hirte*, Berufshaftung, 65f.; ebenso *Adler/Düring/Schmaltz*, § 323 HGB Rnr. 95. Ähnlich *Hense* in Beck'scher Bilanzkommentar, § 323 HGB Anm. 110, der von einem fachlich qualifizierten und gewissenhaften Abschlussprüfer ausgeht und *Poll*, DZWir 1995, 95, 98, der fordert, dass der Abschlussprüfer jede erdenkliche Sorgfalt anzuwenden hat, wobei hohe Anforderungen zu stellen sind; ebenso *Claussen/Korth* in Kölner Kommentar zum AktG, § 323 HGB Rnr. 18. Nach *Gloeckner*, Die zivilrechtliche Haftung des Wirtschaftsprüfers, 39f.; *Henssler*, AnwBl. 1996, 3, 5 und *Neflin*, Die Haftung des Wirtschaftsprüfers, 8f. neigt die Rechtsprechung dazu vom Typus eines alles beherrschenden, zur rechten Zeit an alles denkenden und stets das Richtige treffenden Wirtschaftsprüfers auszugehen, der in der Realität nicht existiert. Der Sorgfaltsmaßstab sei aber derjenige, des normalen, gewissenhaften und mit seinen Pflichten vertrauten Durchschnittsberufsangehörigen.

[1260] *Hirte*, Berufshaftung, 66; ähnlich bereits *Gloeckner*, Die zivilrechtliche Haftung des Wirtschaftsprüfers, 40. Kritisch hierzu *Schaal*, Der Wirtschaftsprüfer als Umwandlungsprüfer, 412f.

[1261] So *Adler/Düring/Schmaltz*, § 323 HGB Rnr. 96 m.w.N.; ähnlich *Claussen/Korth* in Kölner Kommentar zum AktG, § 323 HGB Rnr. 17; *Brönner* in Großkommentar, AktG, § 168 Anm. 14; *Poll*, DZWir 1995, 95, 98. Wobei *Brönner* und *Poll* zusätzlich fordern, dass der Abschlussprüfer bei nicht gleich vertretbaren Ansichten die strengere berücksichtigen muss, da nur diese den Schutz der Gesellschaft umfassend verwirklichen kann.

Wie sich aus dem Wortlaut des § 323 Abs. 1 HGB ergibt, braucht sich das Verschulden nicht auf den Eintritt des Schadens zu erstrecken.

Ob der Abschlussprüfer fahrlässig oder vorsätzlich handelt, ist für § 323 Abs. 1 HGB ohne Bedeutung. Die Abgrenzung zwischen bewusster Fahrlässigkeit und bedingtem Vorsatz, spielt lediglich für die gesetzliche Haftungsobergrenze gemäß § 323 Abs. 2 HGB eine Rolle[1262].

Auf die weiteren Voraussetzungen des Schadensersatzanspruchs nach § 323 Abs. 1 S. 2 HGB wird im Rahmen der Anwendung auf den Sachverhalt eingegangen, soweit erforderlich[1263].

3. Gesetzliche Haftungsbegrenzung

§ 323 Abs. 2 HGB regelt die summenmäßige Begrenzung der Schadensersatzpflicht bei fahrlässigem Handeln. Dabei begrenzt § 323 Abs. 2 S. 1 HGB die Haftung auf 1 Mio. Euro für eine Prüfung. Nach S. 2 beschränkt sich die Ersatzpflicht bei Prüfung einer Aktiengesellschaft, deren Aktien zum Handel im amtlichen Markt zugelassen sind, auf 4 Mio. Euro[1264]. Vor Einführung des Euro am 01.01.2002 belief sich die gesetzliche Haftungsbegrenzung auf 2 Mio. DM bzw. bei den genannten Aktiengesellschaften auf 8 Mio. DM[1265]. Bis zum In-Kraft-Treten des KonTraG am 01.05.1998 galt eine Haftungsbegrenzung in Höhe von 500.000 DM, die aber zunehmend als unzureichend empfunden wurde[1266]. Momentan existieren bei der Bundesregierung Überlegungen, die Haftung des Ab-

---

[1262] Vgl. *Hense* in Beck'scher Bilanzkommentar, § 323 HGB Anm. 109f.

[1263] Vgl dazu unten, IX. 2. a) cc) und dd).

[1264] Gemäß Art. 51 Abs. 1 S. 1 EGHGB war § 323 Abs. 2 HGB in der vom 01.01.2002 an geltenden Fassung erstmals auf die Prüfung des Abschlusses für ein nach dem 31.12.2001 endendes Geschäftsjahr anzuwenden.

[1265] Durch das am 01.05.1998 in Kraft getretene KonTraG wurde diese gespaltene Haftungsbegrenzung eingeführt. Begründet wurde dies mit den besonderen Belangen des Kapitalanlegerschutzes bei Aktiengesellschaften, deren Aktien zum Handel im amtlichen Markt zugelassen sind, vgl. Begründung des RegE zu § 323 HGB in Ernst/Seibert/Stuckert, KonTraG, 100, 106. Ursprünglich war sogar eine Anhebung auf 4 Mio. DM als untere Begrenzung vorgesehen, eine Haftungshöchstsumme von 2 Mio. DM wurde dann allerdings für ausreichend erachtet, vgl. Begründung des RegE zu § 323 HGB in Ernst/Seibert/Stuckert, KonTraG, 106f.; dazu auch *Ebke* in Münchener Kommentar, HGB, § 323 Rnr. 8.

[1266] So Begründung des RegE zu § 323 HGB in Ernst/Seibert/Stuckert, KonTraG, 105; *Neumann*, BuW 1998, 881, 888; *Geuer*, Das Management des Haftungsrisikos der Wirtschaftsprüfer, 100 m.w.N. Vor 1966 lag die gesetzliche Haftungsbegrenzung bei 100.000 DM wie schon seit ihrer Einführung im Jahr 1931, vgl. *Ebke* in Münchener Kommentar, HGB, § 323 Rnr. 3ff.

schlussprüfers nochmals zu erweitern. Als Alternativen werden eine wesentlich angehobene feste Haftungsbegrenzungssumme oder der Bezug zum Vielfachen des vereinbarten Honorars erwogen. Dabei sollen die Belange des Mittelstandes berücksichtigt werden, indem die Erweiterung gegebenenfalls nur für Wirtschaftsprüfer bzw. Wirtschaftsprüfergesellschaften gelten soll, die an einem organisierten Kapitalmarkt tätige Unternehmen prüfen[1267].

Die gesetzliche Haftungsobergrenze gilt nicht nur für den Abschlussprüfer, sondern auch für seine Gehilfen und die bei der Prüfung mitwirkenden gesetzlichen Vertreter einer Prüfungsgesellschaft. Sie besteht aber nur bei Fahrlässigkeit[1268]. Der Abschlussprüfer müsste sich unter den Voraussetzungen des § 278 BGB vorsätzliches Verhalten der Prüfungsgehilfen oder der gesetzlichen Vertreter grundsätzlich zurechnen lassen mit der Folge seiner unbegrenzten Haftung. Es wird jedoch allgemein als unbillig angesehen, den Abschlussprüfer – wenn ihn kein eigenes Verschulden trifft – für den Vorsatz seines Gehilfen unbeschränkt haften zu lassen, während er bei eigener Fahrlässigkeit nur beschränkt haften müsste. In einem solchen Fall ist die Haftung des Prüfers daher auf die jeweils maßgebliche Haftungshöchstsumme des § 323 Abs. 2 HGB begrenzt, während der vorsätzlich handelnde Gehilfe unbeschränkt haftet[1269].

Die Haftungsbegrenzungssumme gilt für eine Abschlussprüfung. Unabhängig von der Anzahl der zum Ersatz verpflichtenden Handlungen haftet der Ersatzpflichtige also insgesamt nur bis zur Höhe von 1 Mio. bzw. 4 Mio. Euro, auch wenn der durch die einzelnen Fehler verursachte Schaden die jeweils maßgebliche Grenze übersteigt[1270]. Keine Erleichterung besteht, wenn ein Fehler mehrere Jahre hintereinander auftritt und jeweils wieder einen Schaden verursacht[1271]. Die Begrenzung der Ersatz-

---

[1267] So Maßnahmenkatalog der Bundesregierung zur Stärkung der Unternehmensintegrität und des Anlegerschutzes, NZG 2003, Heft 6, S. IX, S. XI; *Seibert*, BB 2003, 693, 697.

[1268] Zur Abgrenzung von bewusster Fahrlässigkeit und bedingtem Vorsatz im Rahmen der Abschlussprüfung, vgl. *Hense* in Beck´scher Bilanzkommentar, § 323 HGB Anm. 131.

[1269] So *Adler/Düring/Schmaltz*, § 323 HGB Rnr. 131; *Brönner* in Großkommentar, AktG, § 168 Anm. 18; *Hense* in Beck´scher Bilanzkommentar, § 323 HGB Anm. 132; *Geuer*, Das Management des Haftungsrisikos der Wirtschaftsprüfer, 100.

[1270] Vgl. *Ebke* in Münchener Kommentar, HGB, § 323 Rnr. 60; *Geuer*, Das Management des Haftungsrisikos der Wirtschaftsprüfer, 100f.

[1271] Vgl. *Adler/Düring/Schmaltz*, § 323 HGB Rnr. 126. Bei Fehlern die sowohl den Jahresabschluss der Obergesellschaft als auch den Konzernabschluss betreffen,

pflicht gilt dagegen unabhängig davon, wie viele Personen an der Prüfung beteiligt waren und wie viele Unternehmen – geprüfte und verbundene – geschädigt worden sind[1272].

a) Haftungsbegrenzung und Versicherungsschutz

„Längst vorbei sind die Zeiten, in denen man meinte, Haftung und Versicherung säuberlich voneinander trennen zu müssen oder zu können"[1273]. Vielmehr bestehen gerade zwischen der Haftungsbegrenzung des § 323 Abs. 2 HGB und dem Versicherungsschutz des Wirtschaftsprüfers mehrere Zusammenhänge:

Selbständige Wirtschaftsprüfer und Wirtschaftsprüfergesellschaften sind gemäß § 54 Abs. 1 S. 1 WPO verpflichtet, eine Berufshaftpflichtversicherung zur Deckung der sich aus ihrer Berufstätigkeit ergebenden Haftpflichtgefahren abzuschließen und aufrecht zu erhalten. Die Mindestversicherungssumme für einen einzelnen Versicherungsfall beträgt 1 Mio. Euro, §§ 54 Abs. 1 S. 2 WPO, 323 Abs. 2 S. 1 HGB. Eine darüber hinausgehende Absicherung der beruflichen Haftungsrisiken ist aus berufsrechtlicher Sicht dann notwendig, wenn Art und Umfang der Risiken dies erfordern. Diese Verpflichtung ergibt sich aus § 17 Abs. 2 der Berufssatzung und wurzelt ebenfalls in § 54 Abs. 1 S. 1 WPO[1274]. Ein weiterer Zusammenhang besteht bei vorsätzlichem Handeln des Ersatzpflichtigen: In diesem Fall entfällt sowohl die gesetzliche Haftungsbegrenzung als auch der Versicherungsschutz; vorsätzliches Handeln wird von der Berufshaftpflichtversicherung nicht abgedeckt[1275]. Schließlich ist darauf

---

kommt die Haftungshöchstgrenze zweimal zum Zuge, da es sich bei den Prüfungen um zwei getrennte Aufträge handelt, so auch *Hense* in Beck´scher Bilanzkommentar, § 323 HGB Anm. 133; *Fliess*, WPK-Mitt. 1992, 49, 52.

1272 Vgl. *Geuer*, Das Management des Haftungsrisikos der Wirtschaftsprüfer, 101 m.w.N.

1273 *Brandner*, JZ 1985, 757, 761.

1274 So *Ebke* in Münchener Kommentar, HGB, § 323 Rnr. 11. Außerhalb der Pflichtprüfung versuchen die Allgemeinen Auftragsbedingungen für Wirtschaftsprüfer und Wirtschaftsprüfungsgesellschaften vom 01.01.2002 (AAB) in Nr. 9 eine weitergehende Haftungsbeschränkung für alle sonstigen Haftungsfälle zu erreichen, vgl. *Hopt*, WPg 1986, 461, 505. Die Verwendung der AAB durch den Wirtschaftsprüfer führt aber zu der Pflicht, gemäß § 54a Abs. 1 Nr. 2 WPO die Mindestversicherungssumme auf das Vierfache zu erhöhen, vgl. *Kaminski* in Wirtschaftsprüfer-Handbuch, Band I, Rnr. A 208.

1275 Dies ergibt sich aus § 152 VVG, § 4 Abs. 1 Nr. 1 der Verordnung über die Berufshaftpflichtversicherung der Wirtschaftsprüfer und der vereidigten Buchprüfer (WPBHV), abgerufen am 14.10.2004 unter www.wpk.de/pdf/wpbhv/pdf. Vgl. auch *Fliess*, WPK-Mitt. 1992, 49, 52; *Neflin*, Die Haftung des Wirtschaftsprüfers, 50; *Quick*, BB 1992, 1675, 1678.

hinzuweisen, dass es Wirtschaftsprüfern ohne die Möglichkeit zur Haftungsbegrenzung schwer fallen dürfte, ausreichenden Versicherungsschutz zu erlangen[1276].

Diese Zusammenhänge spielen bei der folgenden intensiven Auseinandersetzung mit der gesetzlichen Haftungsbegrenzung eine wichtige Rolle.

b) Beurteilung der gesetzlichen Haftungsbegrenzung

Bei der gesetzlichen Haftungsbegrenzung des § 323 Abs. 2 HGB handelt es sich um eine einmalige Sonderregelung, die keine Parallele bei der Haftung anderer freier Berufe kennt[1277]. Begründet wurde diese Regelung bei ihrer Einführung im Jahre 1931 wie folgt:

> „Der Entwurf sieht hierbei, um eine verantwortungsbewusste, nur der Sache dienende und von Rücksichten auf Personen nicht beeinflusste Prüfung unter allen Umständen zu gewährleisten, vor, dass der Prüfer und seine Hilfspersonen für Verschulden zu haften haben, und dass ihre Haftung auch nicht etwa durch Vertrag ausgeschlossen oder beschränkt werden darf. Auf der anderen Seite gesteht der Entwurf dem Prüfer bei Fahrlässigkeit eine Höchstgrenze für seine Haftpflicht zu. Hierfür war die Überlegung maßgebend, dass erfahrungsgemäß bei Prüfungen der hier zur Erörterung stehenden Art geringfügige Versehen zu ungewöhnlich großen Schäden führen können, und dass ein Prüfer zum Nutzen seiner Arbeit von der drückenden Besorgnis, unbeschränkt zum Schadensersatz verpflichtet zu sein, befreit werden müsse. Es sprach ferner für die Einführung einer solchen Höchstgrenze, dass Prüfer sich mutmaßlich bis zu dem Höchstbetrage gegen Haftpflicht versichern werden, die (...) Unternehmung also damit rechnen kann, wenigstens bis zu der

---

[1276] Vgl. *Quick*, BB 1992, 1675, 1677; so auch *Kropff* in Geßler/Hefermehl/Eckardt/ Kropff, AktG, § 168 Rnr. 29. Indessen ist es nicht unmöglich angemessenen Versicherungsschutz im Falle unbeschränkter Haftung zu erlangen, wie der Vergleich mit dem Ausland zeigt, dazu sogleich, A. VIII. 3. b) bb). Die Versicherungspflicht wird aber vereinzelt kritisch gesehen: Es wird angenommen, dass ein hoher Versicherungsschutz einen Anreiz zu entsprechend hohen Schadensersatzforderungen auslöst, vgl. *Geuer*, Das Management des Haftungsrisikos der Wirtschaftsprüfer, 313. Darüber hinaus wird vermutet, dass neue Gesetze und die Rechtsprechung heute vielfach auf der Suche nach einem Schuldner demjenigen die Haftungsrisiken aufbürden, der sich gegen sie versichern kann: Privatrechtliche Haftung werde durch kollektive (der Gemeinschaft der Versicherten) ersetzt, so *Strauch*, JuS 1992, 897, 897 sowie *Brandner*, JZ 1985, 757, 761 und *Mertens*, AcP 1978, 227, 240.

[1277] Vgl. *Fliess*, WPK-Mitt. 1992, 49, 53; *Poll*, DZWir 1995, 95, 99.

durch Versicherung gedeckten Summe einen etwaigen Schaden ersetzt zu erhalten, während bei Nichtfestlegung eines Höchstbetrags zu befürchten wäre, dass ein Ersatz nur in den seltensten Fällen geleistet werden würde; denn unbegrenzte Haftpflichtwagnisse sind nicht oder gegen untragbar hohe Entgelte zu versichern, was häufig dazu führen würde, dass ein Prüfer von einer Versicherung ganz absieht"[1278].

aa) Herrschende Meinung

Nun hat der Wirtschaftsprüfer zwar inzwischen keine Wahl mehr, ob er sich gegen Haftpflichtgefahren aus seiner Berufstätigkeit versichern möchte oder nicht, denn gemäß § 54 Abs. 1 S. 1 WPO ist er dazu verpflichtet. Den anderen bereits 1931 vorgebrachten Argumenten für eine gesetzliche Haftungsbegrenzung wird aber vom weitaus überwiegenden Teil der Literatur auch heute noch zugestimmt[1279].

Bestimmend ist die Überlegung, dass Grundlage für ein funktionierendes Haftungssystem ein ausreichender Versicherungsschutz sei[1280]. Dieser sei aber nur bei beschränkter Haftung zu erlangen, eine Haftung in unbegrenzter Höhe sei faktisch nicht in vollem Umfang versicherbar[1281]. Aufgrund der im Ausland dominierenden unbegrenzten Haftung des Wirtschaftsprüfers sei wegen der beträchtlichen Verluste auf dem Versicherungsmarkt international bereits ein Rückzug der Versicherer zu verzeichnen[1282]. Eine Ausweitung der Haftung würde zu steigenden Versicherungsprämien führen und entsprechende Auswirkungen auf die Gebühren der Wirtschaftsprüfer haben[1283]. Ferner werden Auswirkungen auf die Struktur des Berufsstandes befürchtet[1284]: Bei Einführung einer

---

[1278] Begründung zu § 55h VAG des Entwurfs (= § 63 des Gesetzes), RT-Drucks. V/1930 Nr. 848, S. 16.

[1279] So *Adler/Düring/Schmaltz*, § 323 HGB Rnr. 115ff.; Begründung des RegE zu § 323 HGB in Ernst/Seibert/Stuckert, KonTraG, 105f.; *Ebke*, WPK-Mitt. 1997, 108, 110; *Fliess*, WPK-Mitt. 1992, 49, 53; *Geuer*, Das Management des Haftungsrisikos der Wirtschaftsprüfer, 99f.; *Kropff* in Geßler/Hefermehl/Eckardt/Kropff, AktG, § 168 Rnr. 29; *Neumann*, BuW 1998, 881, 888; *Quick*, BB 1992, 1675, 1677.

[1280] Vgl. *Poll*, DZWir 1995, 95, 99.

[1281] Vgl. *Adler/Düring/Schmaltz*, § 323 HGB Rnr. 119; Stellungnahme der Wirtschaftsprüferkammer, WPK-Mitt. 1991, 73, 74.

[1282] So Stellungnahme der Wirtschaftsprüferkammer, WPK-Mitt. 1991, 73, 75. Im Einzelnen *Fliess*, WPK-Mitt. 1992, 49, 61f.

[1283] Vgl. *Fliess*, WPK-Mitt. 1992, 49, 60.

[1284] Vgl. *Geuer*, Das Management des Haftungsrisikos der Wirtschaftsprüfer, 100; *Quick*, BB 1992, 1675, 1677.

unbegrenzten Haftung könne eine größere Prüfungsgesellschaft aus der Sicht eines an einem möglichst hohen Rückgriffspotential interessierten Mandanten Vorteile bieten. Des Weiteren hätte der Anstieg der Versicherungsprämien zur Folge, dass kleine und mittelständische Prüfungsgesellschaften Mühe bekommen würden, zu tragbaren Bedingungen überhaupt einen Haftpflichtversicherer zu finden[1285]. Bereits die Erhöhung der Haftungsgrenze durch das KonTraG und die damit verbundene Erhöhung der Versicherungsprämien habe für diese Gesellschaften eine außerordentliche Belastung dargestellt[1286]. Die Verteuerung der Versicherungsprämien könne zur Konzentration des Prüfungsmarktes in den Händen einer kleinen Zahl von Prüfungsgesellschaften führen[1287]. Nur wenige Wirtschaftsprüfer seien in der Lage, die dann anfallenden Versicherungsprämien aufzubringen. Der Wettbewerb innerhalb des Berufsstandes wäre gefährdet[1288]. Diese Konzentration im Wirtschaftsprüferbereich könne letztlich die Unabhängigkeit des einzelnen Prüfers tangieren[1289].

Mit der Versicherbarkeit der Berufsrisiken hängt ein weiteres Argument unmittelbar zusammen, welches alle Befürworter der gesetzlichen Haftungsbegrenzung ins Feld führen: Im Falle der unbegrenzten Haftung und der damit verbundenen Schwierigkeiten bezüglich der Versicherbarkeit, sei die Existenz des Berufsstandes gefährdet[1290]. Bei der Prüfertätigkeit handele es sich um in besonderem Maße schadensgeneigte Arbeit mit typischerweise extrem hohen Risiken[1291]. Gerade im Bereich der Pflichtprüfungen würden geringfügige Berufsversehen zu ungewöhnlich großen Schäden und in deren Folge zur Existenzvernichtung der betrof-

---

[1285] Vgl. *Adler/Düring/Schmaltz*, § 323 HGB Rnr. 120.

[1286] So *Neumann*, BuW 1998, 881, 888; vgl. auch *Dörner*, DB 1998, 1, 7.

[1287] Vgl. BR-Drucks. 670/96 Tz. 5.5.

[1288] Vgl. *Fliess*, WPK-Mitt. 1992, 49, 53; Stellungnahme der Wirtschaftsprüferkammer, WPK-Mitt. 1991, 73, 74f. (mittelstandsfeindliche Wettbewerbsverzerrung); *Schlechtriem*, BB 1984, 1177, 1185 (allerdings zur Frage der Zulässigkeit von formularmäßigen Haftungsbeschränkungen).

[1289] Vgl. Stellungnahme der Wirtschaftsprüferkammer, WPK-Mitt. 1991, 73, 75.

[1290] So z.B. *Adler/Düring/Schmaltz*, § 323 HGB Rnr. 115; Begründung des RegE zu § 323 HGB in Ernst/Seibert/Stuckert, KonTraG, 106; *Neumann*, BuW 1998, 881, 888; ähnlich *Quick*, BB 1992, 1675, 1677.

[1291] Vgl. *Schlechtriem*, BB 1984, 1177, 1182; so auch *Adler/Düring/Schmaltz*, § 323 HGB Rnr. 118; *Quick*, BB 1992, 1675, 1677.

fenen Wirtschaftsprüfer führen können[1292]. Eine unbegrenzte Haftung sei somit nicht zumutbar[1293].

Dies wird auch den Stimmen entgegnet, die die gesetzliche Haftungsbegrenzung der Wirtschaftsprüfer im Bereich der Pflichtprüfungen kritisieren. Die Bilanzrevision lasse sich in ihrer Eigenart nicht mit den exakten juristischen Arbeitsgebieten der Notare und Grundbuchrichter vergleichen[1294]. Abschlussprüfer würden sich außerdem bei ihrer Tätigkeit oftmals gegensätzlichen Interessen mehrerer Beteiligter gegenübersehen, während andere freie Berufe nur die Interessen eines Mandanten wahrzunehmen hätten. Ein solcher Interessengegensatz erhöhe das Haftungsrisiko, so dass der Abschlussprüfer eines besonderen Schutzes bedürfe[1295]. Die Stellung des Abschlussprüfers sei im Übrigen wesentlich geprägt von dem der Prüfung Dritter notwendigerweise innewohnenden Zwang zur Unparteilichkeit, damit werde der Prüfer nicht nur im privatrechtlichen Auftragsverhältnis, sondern auch im öffentlichen Interesse tätig. Sowohl der Haftungsberechtigte als auch der Prüfer bedürfe deshalb eines differenzierteren gesetzlichen Schutzes, als ihn andere freie Berufe, etwa Rechtsanwälte oder Steuerberater, benötigten[1296].

Gegen eine unbegrenzte Haftung wird weiterhin vorgebracht, dass es dem Äquivalenzprinzip widerspräche, für einen kleinen Gebühreneinsatz eine Gegenleistung zu verlangen, die die Gefahr der Existenzvernichtung in sich berge[1297]. Durch § 323 Abs. 2 HGB werde die wirtschaftliche Bedeutung von Leistung und Gegenleistung einerseits und Risiko und Gegenleistung andererseits berücksichtigt[1298]. Auch seien die Risiken einer gesetzlich vorgeschriebenen Prüfung viel zu hoch, um sie privatrechtlich tätig werdenden Personen uneingeschränkt zumuten zu können[1299].

Der Gesetzgeber hat im Rahmen des Gesetzgebungsverfahrens zum KonTraG an der Haftungsbegrenzung festgehalten und sich gegen eine unbegrenzte Haftung auch deshalb ausgesprochen, weil diese den irre-

---

[1292] So *Fliess*, WPK-Mitt. 1992, 49, 53; ähnlich *Kropff* in Geßler/Hefermehl/Eckardt/Kropff, AktG, § 168 Rnr. 29.

[1293] So Stellungnahme der Wirtschaftsprüferkammer, WPK-Mitt. 1991, 73, 75.

[1294] Vgl. *Schlechtriem*, BB 1984, 1177, 1182.

[1295] So *Fliess*, WPK-Mitt. 1992, 49, 53; Stellungnahme der Wirtschaftsprüferkammer, WPK-Mitt. 1991, 73, 74.

[1296] So Stellungnahme der Wirtschaftsprüferkammer, WPK-Mitt. 1991, 73, 74.

[1297] So *Henssler*, AnwBl. 1996, 3, 11.

[1298] So *Poll*, DZWir 1995, 95, 100.

[1299] So Begründung des RegE zu § 323 HGB in Ernst/Seibert/Stuckert, KonTraG, 105f.; *Neumann*, BuW 1998, 881, 888.

führenden Eindruck einer Art Garantiehaftung für den Fortbestand geprüfter Unternehmen vermittle[1300]. Die Wirtschaftsprüferkammer bezeichnet eine unbegrenzte Haftung gar als Etikettenschwindel; die theoretisch unbeschränkte Haftung sei in Wirklichkeit immer beschränkt, nämlich auf das tatsächlich vorhandene Vermögen des Haftenden, das möglicherweise außer jedem Verhältnis zur Höhe des Schadensersatzanspruches stehe. Dies sei mit dem Gedanken des effektiven Verbraucherschutzes nicht vereinbar, für den Anspruchsteller könne nur entscheidend sein, mit welcher Entschädigungsleistung er effektiv rechnen könne. Eine Haftungsbegrenzung mit Pflichtversicherung liege nicht nur im Interesse des Anspruchsberechtigten, sondern trage auch dem Institut der unabhängigen Abschlussprüfung Rechnung[1301]. Dagegen ist einzuwenden, dass die Begrenztheit der Haftungsmasse ein Problem ist, welches bei jedem Schadensersatzanspruch auftreten kann. In der Praxis ist immer zwischen einem bestehenden Anspruch und dessen Durchsetzbarkeit zu unterscheiden. Dass ein Wirtschaftsprüfer nicht unbegrenzt über Vermögen verfügt, ist selbstverständlich und stellt keinen Grund dar, der eine gesetzliche Haftungsbeschränkung rechtfertigen könnte.

Die herrschende Meinung macht weiterhin geltend, dass die Gewissheit des Prüfers, von der Sorge einer unbeschränkten Schadensersatzpflicht befreit zu sein, der Stärkung seiner Interessenneutralität diene[1302].

Teilweise wird für eine Haftungsbegrenzung vorgebracht, dass diese nicht zwingend negative Auswirkungen auf das Sorgfaltsniveau des Abschlussprüfers haben müsse[1303]. Dies ist aber vor allem in der betriebswirtschaftlichen Literatur umstritten. Eine Ansicht sieht das Sorgfaltsniveau nicht gefährdet, soweit die Begrenzung angemessen sei[1304]. Dagegen wird eingewendet, dass die beiden Instrumente der Haftungsbegrenzung und der Berufshaftpflichtversicherung gerade nicht dazu beitragen, Prüfer zu normentsprechender Prüfung anzuregen[1305]. *Ebke*[1306] weist zugunsten der gesetzlichen Haftungsbeschränkung darauf hin, dass man die verhaltenssteuernden Kräfte des zivilen Haftungsrechts nicht überbewerten solle. An der behaupteten Abschreckungs- und Prä-

---

[1300]   Vgl. Begründung des RegE zu § 323 HGB in Ernst/Seibert/Stuckert, KonTraG, 106.

[1301]   Vgl. Stellungnahme der Wirtschaftsprüferkammer, WPK-Mitt. 1991, 73, 74f.

[1302]   So *Adler/Düring/Schmaltz*, § 323 HGB Rnr. 121; *Quick*, BB 1992, 1675, 1677.

[1303]   Vgl. *Adler/Düring/Schmaltz*, § 323 HGB Rnr. 118.

[1304]   Vgl. *Herrmann*, Ökonomische Analyse der Haftung des Wirtschaftsprüfers, 143.

[1305]   Im Einzelnen vgl. *Schildbach*, BFuP 1996, 1, 25.

[1306]   *Ebke*, WPK-Mitt. Sonderheft Juni 1997, 12, 22.

ventionswirkung einer weiten Haftung können einem Zweifel kommen, wenn man bedenke, dass der Jahresabschluss kein mathematisch exaktes Werk von Zahlen und Sprache sei, sondern etwas Relatives und dass die Abschlussprüfung selbst ebenfalls nicht auf einer exakten Wissenschaft beruhe[1307]. Dagegen wird vorgebracht, dass in den USA eine größere Vorsicht bei der Prüfung durch das wachsende Haftungsrisiko festgestellt werden könne[1308] und dass die Empfehlungen von Rechtsanwälten in den USA seit der Senkung der Haftungsgrenzen immer riskanter geworden seien[1309].

Beim Vergleich der Abschlussprüferhaftung mit der Haftung in anderen Staaten, in denen es keine gesetzliche Haftungsbeschränkung gibt, wird darauf aufmerksam gemacht, dass bei Insolvenzen in diesen Staaten der Abschlussprüfer meistens die einzige Partei sei, die noch Geldmittel besitze oder jedenfalls über einen gewissen Versicherungsschutz verfüge und somit Prozesse geradezu auf sich ziehe[1310]. Indirekt wirkt diese Feststellung, die auch grundsätzlich in Deutschland Gültigkeit hat, als Argument für eine begrenzte Haftung in der momentanen Höhe, denn dieser Effekt wird umso stärker je höher die Haftungsgrenze und der entsprechende Versicherungsschutz sind und folglich ein höherer Schadensersatz in einem Prozess gegen den Abschlussprüfer geltend gemacht werden kann[1311].

Zuletzt werden noch verfassungsrechtliche Bedenken gegen eine unbegrenzte Haftung des Abschlussprüfers vorgebracht[1312]. Gesetzlich begründete Zahlungspflichten im Zivilrecht stellten einen Eingriff in Art. 2 Abs. 1 GG dar. Jedenfalls bei exorbitanten, insbesondere ruinösen Ersatzpflichten könne nicht nur die Handlungsfreiheit des Schädigers, sondern auch dessen Persönlichkeitsrecht betroffen sein[1313]. Die Berufshaftung berühre darüber hinaus grundsätzlich die Freiheit der Berufsausübung gemäß Art. 12 Abs. 1 S. 2 GG, da eine übermäßig hohe Ersatzpflicht die weitere Berufsausübung (finanziell) geradezu sinnlos machen

---

[1307] So *Ebke*, WPK-Mitt. Sonderheft Juni 1997, 12, 22.

[1308] Vgl. *Böcking/Orth*, WPg 1998, 351, 357; *Hopt*, WPg 1986, 461, 464.

[1309] So SZ vom 05.04.2002 S. 22.

[1310] So *Hopt*, WPg 1986, 461, 464; ähnlich BR-Drucks. 670/96 Tz. 5.1.

[1311] Einschränkend ist dazu festzustellen, dass dieser Effekt seine wesentlichen Ursachen nicht nur im Fehlen einer gesetzlichen Haftungsbegrenzung hat, sondern auch in der Tatsache, dass der Abschlussprüfer in den USA und der Schweiz gegenüber den einzelnen Aktionären und Gesellschaftsgläubigern haftet, vgl. *Hopt*, WPg 1986, 461, 463f. Die Dritthaftung besteht damit in einem weitaus größeren Umfang, als in Deutschland.

[1312] Dazu wohl nur *Canaris*, JZ 1987, 993ff.

[1313] So *Canaris*, JZ 1987, 993, 995, 1001.

könne. Auch Art. 14 GG könne betroffen sein, vor allem wenn es bei sehr hohen Geldforderungen zu einer „Erdrosselungswirkung" komme. Jedenfalls unterlägen katastrophal hohe Schadensersatzpflichten dem verfassungsrechtlichen Übermaßverbot[1314].

bb) Gegenansicht

Von den Vertretern der Gegenansicht, die sich gegen die geltende gesetzliche Haftungsbeschränkung des § 323 Abs. 2 HGB aussprechen, werden vor allem die Regelungen in ausländischen Rechtsordnungen zum Vergleich herangezogen. Eine gesetzliche Haftungsbeschränkung existiert zwar beispielsweise in Deutschland und Österreich[1315]. International dominiert aber die unbeschränkte Haftung des Abschlussprüfers[1316]. Das legt folgenden Schluss nahe: Wenn der Berufsstand durch eine unbegrenzte Haftung in der Existenz gefährdet wäre, dann müssten diese negativen Auswirkungen in den Ländern mit unbegrenzter prüferischer Haftung nachweisbar sein. Dies sei aber nicht der Fall[1317].

Aber auch auf nationaler Ebene ergibt der Vergleich zu anderen freien Berufen einen erheblichen Unterschied, der von der Gegenansicht kritisiert wird: Die gesetzliche Haftungsbeschränkung des § 323 Abs. 2 HGB kennt keine Parallele bei der Haftung anderer freier Berufe. Sie stelle eine Sonderregelung[1318], ein Unikum[1319], letztlich ein beachtliches berufspolitisches Privileg dar[1320]; vor allem, wenn man bedenke, dass die Haftungsbeschränkung für einen hochspezialisierten, mit einem hohen Anspruch auf Vertrauen auftretenden Berufsstand gelte[1321]. Die bereits bei der Gesetzesbegründung von 1931 vorgebrachte Überlegung, dass eine

---

[1314] Ausführlicher *Canaris*, JZ 1987, 993, 996, 1001, der aber selbst nur einen Eingriff in die Grundrechte bejaht, jedoch keinen Verstoß.

[1315] Vgl. *Ebke*, WPK-Mitt. 1997, 22, 24. Nach *Doralt* beträgt die Haftungssumme gemäß österreichischem Aktienrecht jedoch 20 Mio. Euro, ein Vielfaches der Haftungsbegrenzung nach § 323 Abs. 2 HGB, vgl. *Zetzsche* in Gesellschaftsrechtliche Vereinigung, Gesellschaftsrecht in der Diskussion 2001, 107, 110 (Bericht über die Diskussion).

[1316] Vgl. *Adler/Düring/Schmaltz*, § 323 HGB Rnr. 115; Begründung des RegE zu § 323 HGB in Ernst/Seibert/Stuckert, KonTraG, 100, 105; *Neumann*, BuW 1998, 881, 888. Ausführlich *Hopt*, WPg 1986, 461, 461ff. Dazu *Graf Lambsdorff* in Feddersen/Hommelhoff/Schneider, Corporate Governance, 217, 232: In Deutschland leben Abschlussprüfer wie im Paradies.

[1317] So *Lenz/Ostrowski*, BB 1997, 1523, 1528.

[1318] Vgl. *Poll*, DZWir 1995, 95, 99.

[1319] So *Brandner*, JZ 1985, 757, 760.

[1320] So *Henssler*, AnwBl. 1996, 3, 4.

[1321] Vgl. *Brandner*, JZ 1985, 757, 760.

gesetzliche Begrenzung erforderlich sei wegen der potentiell existenzge-fährdenden Wirkung eines Schadensfalles, vermag nach der Gegenan-sicht eine von anderen Dienstleistungen differenzierende Regelung nicht zu begründen[1322]. Mit der gleichen Begründung könne auch die Berufs-haftung der Rechtsanwälte, Notare oder Steuerberater eingeschränkt werden, ohne dass der Gesetzgeber für diesen Personenbereich diese Folgerung gezogen habe[1323].

Bedenkenswert ist auch der bislang wenig beachtete Umstand, dass die gesetzliche Haftungsbeschränkung eine Ungleichbehandlung von Haf-tungsfällen bei den verschiedenen Tätigkeiten des Wirtschaftsprüfers bewirkt: Ein Wirtschaftsprüfer haftet für Fahrlässigkeit in seiner Eigen-schaft als Abschlussprüfer in geringerem Umfang, als beispielsweise bei der Bewertung des gesamten Unternehmens. Noch deutlicher wird die-ses unterschiedliche Haftungsrisiko bei folgendem Vergleich: Der Ab-schlussprüfer kann bei der (freiwilligen) Prüfung eines kleinen Unter-nehmens mit höheren Beträgen haften[1324], als bei einem identischen Be-rufsversehen, welches ihm im Rahmen der (Pflicht-)Prüfung eines Groß-unternehmens unterläuft[1325].

Brandner vermutet, dass der gesetzlichen Haftungsbeschränkung teilwei-se historische Ursachen zugrunde liegen: Es sei bei Einführung der ge-setzlichen Haftungsbeschränkung schwer möglich gewesen, zu erträgli-chen Prämien eine über die damalige Haftungsgrenze hinaus deckungs-bereite Haftpflichtversicherung zu finden. Bei der jetzigen Organisation der Berufshaftpflichtversicherung habe dieses Versicherungsargument zur Rechtfertigung der Haftungsbeschränkung jedoch das meiste an Gewicht verloren[1326].

Schaal weist darauf hin, dass die Existenzgefährdung letztlich von den Wirtschaftsprüfern als Kontrollinstanz auf diejenigen verlagert wird, in deren Interesse nach dem Willen des Gesetzgebers die Kontrolle stattfin-

---

[1322] So *Schaal*, Der Wirtschaftsprüfer als Umwandlungsprüfer, 430ff.

[1323] So *Fischer* in Großkommentar, AktG, 2. Auflage., § 142 Anm. 19; *Ritter*, AktG, § 42 Anm. 9; *Schaal*, Der Wirtschaftsprüfer als Umwandlungsprüfer, 431.

[1324] Die §§ 316 ff. HGB gelten nur bei der Prüfung von Kapitalgesellschaften, die nicht kleine im Sinne des § 267 Abs. 1 HGB sind, vgl. § 316 Abs. 1 HGB. Bei freiwilligen Prüfungen ist § 323 Abs. 2 HGB nach ganz überwiegender Ansicht nicht anwendbar.

[1325] Beispiele nach *Fliess*, WPK-Mitt. 1992, 49, 52f.

[1326] So *Brandner*, JZ 1985, 757, 760. Allerdings schränkt *Brandner* dies an anderer Stelle selbst wieder ein, indem er darauf verweist, dass in den USA kleine und mittlere Wirtschaftsprüfer wegen der unbegrenzten Haftung und der Aus-weitung der Haftung Mühe hätten, überhaupt Deckung bei einem Haft-pflichtversicherer zu finden, vgl. *Brandner*, JZ 1985, 757, 762.

den soll: Das sei bei der Abschlussprüfung nicht nur das geprüfte Unternehmen, sondern es seien vor allem die Gläubiger, die bei einer durch den Prüfer mitverursachten Insolvenz eines Unternehmens Gefahr liefen, selbst Opfer zu werden[1327].

Claussen/Korth sehen, anders als die herrschende Ansicht, in einer eventuell durch die Abschaffung der gesetzlichen Haftungsbegrenzung ausgelösten Konzentration auf große Prüfungsgesellschaften eine Stärkung der Unabhängigkeit der Abschlussprüfer. Diese hätten bereits heute mehr als 70 Prozent des Pflichtprüfungsvolumens auf sich gezogen, was zur materiellen (ökonomischen) Unabhängigkeit der Wirtschaftsprüfungsgesellschaften von Großaufträgen und deren Mandantenwünschen führe[1328].

Gegen die Beibehaltung der gesetzlichen Haftungsbeschränkung sprach lange Zeit auch die Entwicklung auf EU-Ebene. Der ursprüngliche Vorschlag für eine 5. Richtlinie zum Gesellschaftsrecht (so genannte Strukturrichtlinie) sah die unbegrenzte und vertraglich wohl auch nicht begrenzbare Haftpflicht von Abschlussprüfern gegenüber der geprüften Gesellschaft und Dritten vor. Der geänderte Vorschlag enthielt keine Bestimmung, durch die der Abschlussprüfer direkt zur Haftung gegenüber Dritten verpflichtet werden sollte. Die Dritthaftung sollte vielmehr dem nationalen Gesetzgeber überlassen werden. An der unbeschränkten Haftung gegenüber der Gesellschaft hielt der Vorschlag jedoch fest. Die Neufassung dieses geänderten Vorschlags überlässt es nunmehr den Mitgliedstaaten, die zivilrechtliche Haftung der Abschlussprüfer für Schäden zu regeln, die die Gesellschaft, ein Aktionär oder ein Dritter erleiden. Ihnen wird dabei das Recht eingeräumt, im Falle von Fahrlässigkeit die Haftung gegenüber der geprüften Gesellschaft zu begrenzen[1329]. Da es zu keiner Einigung kam, wurde die Diskussion über die 5. Richtlinie eingestellt[1330].

[1327] So *Schaal*, Der Wirtschaftsprüfer als Umwandlungsprüfer, 431.

[1328] So *Claussen/Korth* in Kölner Kommentar zum AktG, § 319 HGB Rnr. 17.

[1329] Dazu *Adler/Düring/Schmaltz*, § 323 HGB Rnr. 117; *Fliess*, WPK-Mitt. 1992, 49, 59 und vor allem Stellungnahme der Wirtschaftsprüferkammer, WPK-Mitt. 1991, 73, 73.

[1330] So BR-Drucks. 670/96 Tz. 5.4. 1996 regte die Europäische Kommission in ihrem Grünbuch eine Diskussion zur Rolle, Stellung und Haftung des Abschlussprüfers in der EU an. Der Vorschlag einer Strukturrichtlinie erfuhr dabei aber kaum Zustimmung (so *Schaal*, Der Wirtschaftsprüfer als Umwandlungsprüfer, 497). Das Grünbuch bemerkte hierzu sogar selbst: „Es ist zu überdenken, ob die negativen Auswirkungen der fortdauernden Unterschiede bei den Bestimmungen über die Haftung von Abschlussprüfern wichtig genug sind, ein Tätigwerden der EU zu rechtfertigen; dabei sind die Schwierigkeiten

Bedenken an der Europarechtskonformität der gesetzlichen Haftungsbegrenzung werden auch vor dem Hintergrund des europarechtlichen Grundsatzes der Gleichwertigkeit und der Effektivität geäußert. Es stelle sich die Frage, ob die in § 323 Abs. 2 HGB geregelten Haftungshöchstbeträge die effektive Durchsetzung der beruflichen Sorgfalt behindern[1331].

cc) Stellungnahme

Der Kritik an der herrschenden Meinung ist größtenteils zuzustimmen. Die Rechtfertigung einer gegenüber anderen freien Berufen privilegierend wirkenden gesetzlichen Haftungsbeschränkung vor allem mit dem Argument, der Abschlussprüfer sei anders als andere freiberuflich Tätige gegensätzlichen Interessen ausgesetzt, was zu einer Erhöhung des Haftungsrisikos führe, ist nicht überzeugend. Den Abschlussprüfer trifft gemäß § 43 Abs. 1 WPO die Pflicht zur Unabhängigkeit, Unparteilichkeit und Gewissenhaftigkeit, also die Pflicht sich nicht von Interessen anderer beeinflussen zu lassen. Von einem Mitglied dieses renommierten Berufsstandes ist die Einhaltung seiner allgemeinen Berufspflichten auch beim Vorliegen von erschwerenden Umständen zu erwarten.

Die Tatsache, dass der Abschlussprüfer auch im öffentlichen Interesse tätig ist, führt nicht zwingend zur Notwendigkeit einer gesetzlichen Haftungsbegrenzung. Gemäß § 2 Abs. 1 BRAO übt der Rechtsanwalt ebenfalls einen freien Beruf aus. Dabei ist er nach § 1 BRAO ein unabhängiges Organ der Rechtspflege. Im Interesse des Rechtsstaatsgedankens und der Rechtspflege stehen dem Bürger Rechtskundige unabhängig von staatlicher Einflussnahme zur Seite. Damit nehmen die Rechtsanwälte sowohl bei ihrer forensischen als auch bei ihrer beratenden Tätigkeit eine öffentliche Aufgabe wahr und handeln ebenfalls im öffentlichen Interesse[1332]. Für Rechtsanwälte besteht aber nach § 51a BRAO nur die Möglichkeit einer vertraglichen Haftungsbegrenzung. Die entgegen der herrschenden Meinung bestehende Vergleichbarkeit des Abschlussprüfers mit anderen freien Berufen spricht für eine Angleichung der Abschlussprüferhaftung an die außerhalb der Abschlussprüfertätigkeit bestehende Haftung als Wirtschaftsprüfer sowie sonstiger freier Berufe.

---

in Betracht zu ziehen, die ein solches Tätigwerden mit sich bringen kann, sowie die mögliche Diskriminierung für andere Berufe, die eine spezifische Aktion für den Prüferberuf bewirkt", Grünbuch der Europäischen Kommission vom 24.07.1996 Tz. 5.7, abgedruckt in WPK-Mitt. 1996, 279ff.

[1331] Ausführlicher *Habersack*, Europäisches Gesellschaftsrecht, Rnr. 225f. sowie *Richter*, Jahresabschlussprüfung und Prüfungsanforderungen in der Europäischen Union, 52 Fußnote 189.

[1332] Vgl. *Feuerich/Braun*, BRAO, § 1 Rnr. 2, 6.

Auch die Skandale der letzten Jahre um falsche Abschlussprüfungen in Deutschland und vor allem den USA lassen eine gesetzliche Haftungsbegrenzung als nicht gerechtfertigt erscheinen[1333]. Vielmehr sprechen diese Vorkommnisse für eine Haftungsverschärfung, um die Abschlussprüfer so zu einer vorsichtigeren und gewissenhafteren Prüfung zu bewegen. Wie der Vergleich zu den USA zeigt, darf dabei aber nicht übersehen werden, dass allein der Wegfall der gesetzlichen Haftungsbeschränkung nicht automatisch zu einer verbesserten Prüfungsqualität führt.

Trotzdem wäre die Aufhebung der gesetzlichen Haftungsbeschränkung nach § 323 Abs. 2 HGB ein wichtiger Schritt zur Angleichung der Haftungsregelungen innerhalb der freien Berufe und der Abschlussprüferhaftung innerhalb der EU. Eine eventuell daraus folgende Konzentration der Wirtschaftsprüferbranche mit ihren negativen Auswirkungen wäre hinnehmbar. Denn erstens muss eine gewisse Konzentration auf große Wirtschaftsprüfungsgesellschaften – wie *Claussen/Korth* vertreten – nicht zwingend zu einer Beeinträchtigung der Unabhängigkeit führen, sondern es ist durchaus möglich, dass dies die ökonomische Unabhängigkeit der Wirtschaftsprüfungsgesellschaften von Großaufträgen und Mandantenwünschen zur Folge hat[1334]. Zweitens muss es nicht zwingend zu einer Konzentration kommen, denn den kleinen Wirtschaftsprüfungsgesellschaften und selbständigen Wirtschaftsprüfern ist es meist möglich ihre Leistungen billiger anzubieten, als den großen Wirtschaftsprüfungsgesellschaften. Diese Entwicklung ist auch beim Rechtsanwaltsberuf zu beobachten. Dort bieten sich kleinen Kanzleien über den Weg der geringeren Vergütung Wettbewerbsvorteile, denn während Großkanzleien oft nur gegen Vereinbarung eines deutlich über der gesetzlichen Vergütung liegenden Honorars tätig werden, vereinbaren deren mittelständische Kollegen meist die gesetzliche Vergütung nach dem RVG[1335]. Bei den Wirtschaftsprüfern besteht bezüglich der Vergütungs-

---

[1333]   Vor allem in den USA mehren sich in den letzten Jahren die Skandale um falsche Bilanzen, teilweise sogar unter Beteiligung der Abschlussprüfer, so z.B. die Insolvenz des Energiekonzerns Enron, der auch zur Auflösung der Wirtschaftsprüfungsgesellschaft Arthur Andersen geführt hat, vgl. FAZ vom 17.06.2002 S. 18. Der amerikanische Gesetzgeber hat darauf vor allem mit einer härteren strafrechtlichen Verfolgung von Bilanzbetrug reagiert, vgl. SZ vom 09.07.2002 S. 2. In Deutschland hat sich das IDW veranlasst gesehen, seine Position zu den in der Diskussion befindlichen Vorschlägen zur Stärkung der Abschlussprüfung nach dem Enron-Skandal zu erläutern, vgl. dazu Verlautbarung des IDW, WPg 2002, 692ff.

[1334]   So *Claussen/Korth* in Kölner Kommentar zum AktG, § 319 HGB Rnr. 17.

[1335]   Gesetz über die Vergütung der Rechtsanwältinnen und Rechtsanwälte (Rechtsanwaltsvergütungsgesetz – RVG), BGBl. I 2004, 788ff.

höhe sogar noch mehr Spielraum, denn anders als bei den Rechtsanwälten und Steuerberatern – die grundsätzlich keine geringere als die gesetzlich angeordnete Vergütung vereinbaren dürfen[1336]– besteht keine gesetzliche Honorarregelung[1337]. Eine Aufhebung der gesetzlichen Haftungsbegrenzung würde folglich den Wettbewerb auf dem Prüfungsmarkt fördern[1338].

Bei Wegfall der gesetzlichen Haftungsbeschränkung wäre zwar mit einer Veränderung der Struktur des Berufsstandes zu rechnen. Aber auch weiterhin könnten viele mittelständische Wirtschaftsprüfungsgesellschaften und selbständige Wirtschaftsprüfer neben den großen Gesellschaften bestehen, falls es ihnen dann gelingt sich über günstige Leistungsangebote Marktanteile zu sichern und es weiterhin möglich ist, ohne Gefährdung der Existenz aufgrund eines einzelnen Haftungsfalles als Wirtschaftsprüfer tätig zu sein. Voraussetzung hierfür ist die Möglichkeit, die Haftung auf anderem Wege zu begrenzen. Die Notwendigkeit dieser Möglichkeit ergibt sich vor allem aus der Einsicht, dass der herrschenden Meinung insoweit Recht zu geben ist, als es sehr schwer sein dürfte, bei unbegrenzter Haftungshöhe einen Versicherer zu finden, der zu – auch für mittelständische Wirtschaftsprüfungsgesellschaften – akzeptablen Bedingungen eine Berufshaftpflichtversicherung anbietet. Das Bestehen eines ausreichenden Versicherungsschutzes ist aber Voraussetzung für das Funktionieren eines Haftungssystems[1339].

[1336] Dies ergibt sich für Rechtsanwälte aus § 49b Abs. 1 BRAO, (Ausnahmen gelten in außergerichtlichen Angelegenheiten, vgl. § 4 Abs. 2 RVG). Bei Steuerberatern wird die Vereinbarung einer niedrigeren Vergütung nicht als Verstoß gegen § 4 Abs. 1 S. 1 StBGebV, aber als in der Regel berufswidrig betrachtet (so *Meyer/Goez*, StBGebV, § 4 Rnr. 11f.).

[1337] Vgl. *Kaminski* in Wirtschaftsprüfer-Handbuch, Band I, Rnr. A 508, der darauf hinweist, dass § 55 WPO zwar dem Bundesministerium für Wirtschaft die Möglichkeit gibt, mit Zustimmung des Bundesrates eine Gebührenordnung für den Bereich der gesetzlich vorgeschriebenen Prüfungen zu erlassen, aber bisher sei von dieser Ermächtigung kein Gebrauch gemacht worden. Im Interesse einer gewissenhaften und sorgfältigen Prüfung sollte jedoch erwogen werden, eine solche gesetzliche Honorarregelung einzuführen, um eine „Discount-Abschlussprüfung" zu verhindern. Damit würde auch ein weiterer Schritt auf dem Weg zur Angleichung der freien Berufen gemacht. Nach *Röhricht*, WPg-Sonderheft 2001, S. S80, S81 würde die durch eine Gebührenordnung festgesetzte Vergütung einen Beitrag zur Unabhängigkeit des Abschlussprüfers darstellen. Kritisch *Bormann*, BB 2002, 190, 197.

[1338] Vgl. *Lenz/Ostrowski*, BB 1997, 1523, 1528, die dies für wünschenswert halten und den offiziellen Vertretern des Berufsstandes vorwerfen, sie würden eine wettbewerbsverhindernde Politik – mit Zustimmung des Gesetzgebers – verfolgen.

[1339] Vgl. *Poll*, DZWir 1995, 95, 99.

Als eine solche Möglichkeit kommt vor allem die Zulässigkeit der vertraglichen Haftungsbegrenzung für alle Tätigkeiten des Wirtschaftsprüfers in Betracht[1340]. In einigen anderen EU-Mitgliedstaaten können die Abschlussprüfer die Haftung auf diese Art beschränken[1341]. Bereits nach geltendem Recht ist es dem Wirtschaftsprüfer gemäß § 54a WPO möglich, seine Haftung für alle seine Tätigkeiten – außer der Pflichtprüfung nach §§ 316 ff. HGB und den anderen gesetzlich vorgeschriebenen Prüfungen, auf die § 323 Abs. 2 HGB kraft Verweisung Anwendung findet[1342]– durch einzelvertragliche Vereinbarung bis zu einer Mindesthöhe von 1 Mio. Euro bzw. durch vorformulierte Vertragsbedingungen bis zu 4 Mio. Euro für Fahrlässigkeit zu begrenzen, wenn insoweit Versicherungsschutz besteht. Diese Regelung sollte auch für die Pflichtprüfung gelten[1343]. Der Abschlussprüfer könnte so sein Haftungsrisiko begrenzen oder, falls die geprüfte Gesellschaft damit nicht einverstanden ist, auf den Abschluss des Prüfungsvertrages verzichten. Dadurch würde das Haftungssystem der Wirtschaftsprüfer an das der Rechtsanwälte und Steuerberater angeglichen, denn den Angehörigen dieser freien Berufe ist es bereits möglich, die Haftung bei Fahrlässigkeit vertraglich auf eine Mindesthöhe zu beschränken[1344].

Durch die Möglichkeit der vertraglichen Haftungsbegrenzung für Pflichtprüfungen könnten weiterhin auch kleine Wirtschaftsprüfungsgesellschaften zur Übernahme dieser Prüfungsaufträge bereit sein, falls die zu prüfende Gesellschaft die gegenüber großen Wirtschaftsprüfungsgesellschaften dann vereinbarte geringere Haftungssumme in Kauf nimmt. Ein Anreiz hierfür dürfte in einem dann wohl niedrigeren Honorar des Wirtschaftsprüfers als Ausgleich für die geringere Haftungssumme liegen.

[1340]   So auch *Lenz/Ostrowski*, BB 1997, 1523, 1528.

[1341]   Vgl. BR-Drucks. 670/96 Tz. 5.2.

[1342]   Auf diese Prüfungen ist § 54a WPO nicht anwendbar, sondern § 323 Abs. 4 HGB, wonach die Haftung nicht über die Begrenzung des Abs. 2 hinaus beschränkt werden kann. Einer Erweiterung der Haftung steht § 323 Abs. 4 HGB zwar nicht entgegen, würde aber nach ganz herrschender Ansicht gegen Standesrecht verstoßen, vgl. stellvertretend *Quick*, BB 1992, 1675, 1678; *Schaal*, Der Wirtschaftsprüfer als Umwandlungsprüfer, 439 sowie *Geuer*, Das Management des Haftungsrisikos der Wirtschaftsprüfer, 101 m.w.N.

[1343]   Der Vorschlag gilt auch für die anderen gesetzlich vorgeschriebenen Prüfungen, auf die § 323 Abs. 2 HGB durch Verweis Anwendung findet.

[1344]   Vgl. § 51a BRAO, § 67a StBerG. Die Mindesthöhe orientiert sich an der Mindestversicherungssumme. Diese beträgt bei Steuerberatern und Rechtsanwälten 250.000 Euro für den einzelnen Versicherungsfall. Für Rechtsanwälte ergibt sich dies aus § 51 Abs. 4 BRAO, für Steuerberater aus § 67 S. 1 StBerG i.V.m. § 52 Abs. 1 DVStB.

Sowohl Rechtsanwälte, Steuerberater als auch Wirtschaftsprüfer sind berechtigt, ihre Haftpflicht auch durch vorformulierte Vertragsbedingungen zu beschränken. Wird davon Gebrauch gemacht, besteht aber bei allen genannten freien Berufen nur noch die Möglichkeit die Haftung auf das Vierfache dessen zu beschränken, was bei einer entsprechenden Vereinbarung durch Einzelabrede erlaubt ist[1345]. Ein wichtiger Unterschied zwischen den entsprechenden Vorschriften zur Haftungsbegrenzung besteht aber im Rahmen des § 51a Abs. 1 Nr. 2 BRAO: Ein Rechtsanwalt kann danach seine Haftung durch vorformulierte Vertragsbedingungen nur für Fälle einfacher Fahrlässigkeit beschränken, während Wirtschaftsprüfer und Steuerberater die Beschränkung für jede Fahrlässigkeit, also auch für grobe, vereinbaren können. Kommt es zum Abschluss eines Vertrages, der eine den §§ 54a Abs. 1 Nr. 2 WPO bzw. 67a Abs. 1 Nr. 2 StBerG entsprechenden Haftungsbeschränkung enthält, wird dadurch weder gegen § 309 Nr. 7b BGB noch gegen § 307 BGB verstoßen. Zwar würde ein Verstoß gegen § 309 Nr. 7b BGB durch die Haftungsbeschränkung auch bei grober Fahrlässigkeit grundsätzlich vorliegen[1346], aber eine Inhaltskontrolle ist ausnahmsweise gemäß § 307 Abs. 3 S. 1 BGB dann ausgeschlossen, wenn die der Vertragsklausel zugrunde liegende gesetzliche Vorschrift nach ihrem Sinn und Zweck als Erlaubnisnorm gewertet werden muss. Das trifft auf die Haftungsregelungen in § 51a BRAO, § 67a StBerG und § 54a WPO zu[1347]. Mit normativen Regelungen übereinstimmende Allgemeine Geschäftsbedingungen unterliegen nicht der Inhaltskontrolle, weil diese leer laufend wäre, denn an die Stelle der unwirksamen Klausel würde gemäß § 306 BGB die inhaltsgleiche gesetzliche Vorschrift treten[1348]. Der Gesetzgeber könnte durch eine Änderung des § 51a Abs. 1 Nr. 2 BRAO dafür sorgen, dass auch Rechtsanwälte im Wege vorformulierter Vertragsbedingungen ihre Haftung für jede Form der Fahrlässigkeit wirksam ausschließen könnten. Eine solche Änderung wäre im Interesse einer Gleichbehandlung der genannten freien Berufe wünschenswert.

Ein weiterer bedeutender Unterschied ist die Untergrenze der Haftungssumme, die vertraglich vereinbart werden kann. Während Steuerberater und Rechtsanwälte ihre Haftung einzelvertraglich bis auf 250.000 Euro

---

1345   Vgl. § 51a Abs. 1 Nr. 2 BRAO; § 67a Abs. 1 Nr. 2 StBerG; § 54a Abs. 1 Nr. 2 WPO.

1346   Nach herrschender Meinung sind die Verbote des § 309 Nr. 7 BGB gemäß §§ 307, 310 Abs. 1 BGB grundsätzlich auch im Verkehr zwischen Unternehmen anzuwenden, so *Heinrichs* in Palandt, BGB, 63. Auflage, § 309 Rnr. 48.

1347   So *Heinrichs* in Palandt, BGB, 63. Auflage, § 307 Rnr. 67.

1348   Vgl. *Heinrichs* in Palandt, BGB, 63. Auflage, § 307 Rnr. 63; *Teichmann* in Jauernig, BGB, § 307 Rnr. 13.

beschränken können[1349], beträgt für Wirtschaftsprüfer die Mindesthöhe der Haftung 1 Mio. Euro[1350]. Da sogar die Befürworter einer gesetzlichen Haftungsbeschränkung lange Zeit die bis zum In-Kraft-Treten des Kon-TraG geltende Grenze von 500.000 DM als zu niedrig kritisiert haben[1351], kommt eine Angleichung der einzelvertraglich vereinbaren Haftungssumme des Wirtschaftsprüfers auf 250.000 Euro nicht in Betracht. Vielmehr sollte über eine Erhöhung der Haftungssumme auf 1 Mio. Euro bei der Haftung des Rechtsanwalts und des Steuerberaters nachgedacht werden.

Als Abweichung zur Haftung des Steuerberaters und Rechtsanwalts sollte im Rahmen der Wirtschaftsprüferhaftung aber keine einheitliche vertragliche Haftungsbeschränkung für alle Tätigkeiten eingeführt werden. Es sollte inhaltlich an einer mit der geltenden Vorschrift vergleichbaren Differenzierung zwischen kapitalmarktorientierten Aktiengesellschaften und anderen Gesellschaften festgehalten werden. Das KonTraG führte die Regelung ein, dass bei der Prüfung einer Aktiengesellschaft, deren Aktien zum Handel im amtlichen Markt zugelassen sind, sich die Ersatzpflicht für Fahrlässigkeit nicht auf 1 Mio., sondern auf 4 Mio. Euro vertraglich beschränken lässt. Vorzugswürdig erscheint aber eine Modifizierung dieser Regelung insoweit, dass künftig zwischen börsennotierten und nicht-börsennotierten Aktiengesellschaften unterschieden werden sollte[1352], da die vom Gesetzgeber des KonTraG geltend gemachten besonderen Belange des Kapitalanlegerschutzes[1353] entgegen dessen Ansicht auch in diesem Fall greifen. Eine differenzierte vertragliche Haftungsbeschränkung sollte darüber hinaus unabhängig davon gelten, ob die Haftungsbeschränkung einzelvertraglich oder durch vorformulierte Vertragsbedingungen vereinbart wird.

Dadurch würde den bereits vom historischen Gesetzgeber geltend gemachten Bedenken besser Rechnung getragen; dieser befürchtete, dass ohne die gesetzlich angeordnete Haftung (allerdings mit einer gesetzlichen Höchstgrenze) das geprüfte Unternehmen und der Abschlussprüfer vertraglich eine Haftungsbeschränkung oder gar einen Haftungsausschluss vereinbaren könnten und so die Qualität der Prüfung beeinflusst

---

[1349]   Vgl. § 67 S. 1 StBerG i.V.m. § 52 Abs. 1 DVStB bzw. § 51 Abs. 4 BRAO.

[1350]   §§ 54a Abs. 1 Nr. 1, 54 Abs. 1 S. 2 WPO i.V.m. § 323 Abs. 2 S. 1 HGB.

[1351]   Vgl. Begründung des RegE zu § 323 HGB in Ernst/Seibert/Stuckert, KonTraG, 105; *Ebke*, WPK-Mitt. 1997 22, 24; Stellungnahme der Wirtschaftsprüferkammer, WPK-Mitt. 1991, 73, 74.

[1352]   So auch § 317 Abs. 4 HGB i.d.F. des TransPuG.

[1353]   Vgl. Begründung des RegE zum KonTraG, BT-Drucks. 13/9712, S. 29, 28.

werden könnte[1354]. Die Regelung einer grundsätzlich unbegrenzten, vertraglich beschränkbaren Haftung, bei der aber die vereinbarte Beschränkung nicht eine angemessene Mindestsumme unterschreiten darf, hat die gleiche Funktion der Qualitätssicherung der gesetzlichen Jahresabschlussprüfung wie die geltende Regelung[1355]. Im Kontext der sich häufenden Bilanzskandale und der dabei entstandenen hohen Schäden scheint die durch das KonTraG eingeführte, aber modifizierte Differenzierung angemessen.

dd) Weitere Möglichkeiten zur Begrenzung des Haftungsrisikos

Neben der Möglichkeit einer vertraglichen Haftungsbegrenzung besteht noch eine Vielzahl anderer, der gesetzlichen Haftungsbeschränkung meist vorzuziehender Alternativen zur Begrenzung des Berufsrisikos.

Schwieriger in der Umsetzung als die Schaffung einer vertraglichen Haftungsbegrenzungsmöglichkeit, ist ein Vorschlag von *Schaal*, demzufolge der Sorgfaltsmaßstab hinreichend konkretisiert werden und durch klare Vorgaben hinsichtlich des Prüfungsinhaltes das Haftungsrisiko kalkulierbar gemacht werden sollte; dies dürfe aber nicht mit einer Simplifizierung der Prüfung zu Lasten der Schutzadressaten einher gehen[1356]. Dieser theoretisch richtige Ansatz stößt in der praktischen Umsetzung auf erhebliche Probleme. Das KonTraG, TransPuG und auch das BilReG sowie der Kodex haben hier bereits zu einer Verbesserung geführt, indem Inhalt und Umfang der durchzuführenden Prüfung dem Abschlussprüfer jetzt genauer vorgegeben werden. Aber trotz dieser Konkretisierung und den umfangreichen und detaillierten Rechnungslegungs- und Prüfungsstandards des IDW bringt das Wirtschaftsgeschehen immer wieder eine Vielzahl von Sachverhalten hervor, die sich nicht genau unter eine bestimmte Regelung subsumieren lassen. Und eben weil die Abschlussprüfung keine exakte Wissenschaft ist und oft ein erheblicher Ermessensspielraum auf Seiten des Rechnungslegenden verbleibt, ist eine klare und eindeutige Bestimmung des Sorgfaltsmaßstabes mit größten Schwierigkeiten verbunden.

1354 So Begründung zu § 55h VAG des Entwurfs (= § 63 des Gesetzes), RT-Drucks. V/1930 Nr. 848, S. 16.

1355 Bedenkenswert ist in diesem Zusammenhang auch der Vorschlag von *Lenz/Ostrowski*, BB 1997, 1523, 1528, die vertragliche Haftungsvereinbarung den Aktionären offen zu legen, um so für mehr Transparenz zu sorgen und den Druck auf den Aufsichtsrat zu erhöhen, eine effiziente Haftungsvereinbarung mit dem Abschlussprüfer abzuschließen.

1356 So *Schaal*, Der Wirtschaftsprüfer als Umwandlungsprüfer, 431.

Eine bereits praktizierte Alternative zur gesetzlichen Haftungsbegrenzung ist die Begrenzung im Wege der Gründung von Wirtschaftsprüfungsgesellschaften als Kapitalgesellschaft. Die §§ 27 ff. WPO regeln ausführlich die Anerkennung der GmbH, AG und anderer Rechtsformen als Wirtschaftsprüfungsgesellschaften durch die Wirtschaftsprüferkammer. Diese gesellschaftsrechtliche Haftungsbeschränkung wird seit langem von den größten Wirtschaftsprüfungsgesellschaften bevorzugt, die sämtlich als AG oder GmbH organisiert sind. Ihre Zulassung hat zu keiner Verdrängung der kleinen Wirtschaftsprüfungsgesellschaften und der allein tätigen Wirtschaftsprüfer geführt[1357]. Auch hat sich umgekehrt die Rechtsform der Kapitalgesellschaft nicht als Wettbewerbsnachteil erwiesen, da die hohe Kompetenz für den Auftraggeber im Vordergrund steht[1358]. Die Wahl der Kapitalgesellschaft als Rechtsform wird jedoch auch kritisch beurteilt; die damit verbundenen Möglichkeiten zur Minderung der Haftungsrisiken sollten nicht überschätzt werden[1359].

Um der Gefahr vorzubeugen, irgendwann für bestimmte Haftungsrisiken keinen Versicherer auf den traditionellen Versicherungsmärkten zu finden, steht als zusätzliches Instrument die Errichtung einer „Captive Insurance Company" (kurz „Captive") zur Verfügung. Diese Gefahr ist umso größer je höher die vertraglich vereinbarten Haftungssummen sind. Bei einer Captive handelt es sich um ein rechtlich selbständiges Unternehmen, an welchem eine Wirtschaftsprüfungsgesellschaft (bzw. ein Wirtschaftsprüfer) oder mehrere beteiligt sind; sie ist ein Mittel der internen Selbstversicherung, um die Lücken, die im Versicherungsschutz entstanden sind zu überwinden[1360]. Die führenden Wirtschaftsprüfungsgesellschaften in den USA haben diesen Weg bereits beschritten[1361]. Für kleine Wirtschaftsprüfungsgesellschaften kann diese Möglichkeit ebenfalls sinnvoll sein, aber nur bei einer Captive, an der auch andere Gesellschaften beteiligt sind[1362]. *Fliess* merkt dazu jedoch an, dass diese Maßnahme in den USA nicht zu einer grundsätzlichen Lösung der Probleme geführt habe[1363].

[1357] Vgl. *Henssler*, AnwBl. 1996, 3, 10.

[1358] So *Henssler*, AnwBl. 1996, 3, 10.

[1359] So pauschal *Fliess*, WPK-Mitt. 1992, 49, 58.

[1360] Ausführlich dazu *Geuer*, Das Management des Haftungsrisikos der Wirtschaftsprüfer, 299ff.

[1361] Vgl. *Fliess*, WPK-Mitt. 1992, 49, 62 m.N.

[1362] Vgl. *Geuer*, Das Management des Haftungsrisikos der Wirtschaftsprüfer, 313.

[1363] So *Fliess*, WPK-Mitt. 1992, 49, 62.

ee) Ergebnis

Die gesetzliche Haftungsbeschränkung des § 323 Abs. 2 HGB ist als eine unangemessene Privilegierung des Abschlussprüfers unangebracht und auch entbehrlich. Durch die Ermöglichung einer vertraglichen Haftungsbeschränkung würden die Haftungsregelungen denjenigen von Rechtsanwälten und Steuerberatern stark angeglichen und gleichzeitig wäre dem Bedürfnis der Abschlussprüfer nach Versicherbarkeit ihres Berufsrisikos Genüge getan.

§ 54 Abs. 1 S. 2 WPO sollte aus redaktionellen Gründen folgendermaßen geändert werden: „Die Mindestversicherungssumme für den einzelnen Versicherungsfall muss 1 Mio. Euro betragen". Um eine vertragliche Haftungsbeschränkung auf 4 Mio. Euro für die Prüfung von börsennotierten Aktiengesellschaften zu ermöglichen – und zwar unabhängig davon, ob einzelvertraglich oder durch vorformulierte Vertragsbedingungen – sollte bei § 54a Abs. 1 Nr. 2 WPO nach den Worten „durch vorformulierte Vertragsbedingungen" die Worte „oder bei gesetzlich angeordneten Prüfungen von börsennotierten Aktiengesellschaften" eingefügt werden. Bei Prüfung anderer Gesellschaften sowie bei anderen Tätigkeiten des Wirtschaftsprüfers verbliebe es bei einer vertraglichen Haftungsbeschränkungsmöglichkeit von 1 Mio. Euro, außer die Haftungsbegrenzung wird durch vorformulierte Vertragsbedingungen vereinbart, dann beträgt die Mindesthöhe 4 Mio. Euro.

Im Interesse einer Gleichbehandlung von Rechtsanwälten, Steuerberatern und Wirtschaftsprüfern, sollte der Gesetzgeber durch eine Änderung des § 51a Abs. 1 Nr. 2 BRAO dafür sorgen, dass auch Rechtsanwälte im Wege vorformulierter Vertragsbedingungen ihre Haftung für jede Form der Fahrlässigkeit wirksam ausschließen können. Gleichzeitig sollte über eine Erhöhung der Haftungssumme auf 1 Mio. Euro bei der Haftung des Rechtsanwalts und des Steuerberaters nachgedacht werden.

4. Vertragliche Haftungsvereinbarung

Die Ersatzpflicht nach § 323 HGB kann durch Vertrag weder ausgeschlossen noch beschränkt werden, § 323 Abs. 4 HGB.

Einer vertraglichen Erweiterung steht diese Regelung nicht entgegen. Die Vereinbarung einer höheren als der gesetzlichen Höchstgrenze des § 323 Abs. 2 HGB widerspräche aber nach ganz herrschender Ansicht der Berufsauffassung der Wirtschaftsprüfer, da eine Haftungserweiterung zu unerlaubter Konkurrenz und zu einer Bevorzugung der wirtschaftlich stärkeren Wirtschaftsprüfer führen würde[1364]. Ein derartiger Wettbewerb um Pflichtprüfungsaufträge sei als unlauter und daher berufswidrig anzusehen[1365].

Dies bedeutet nicht, dass eine in der Praxis oft anzutreffende (prozessuale oder außerprozessuale) Vergleichsvereinbarung durch die sich ein Abschlussprüfer zu einer höheren Zahlung als der gesetzlichen Haftungshöchstgrenze nach Eintritt eines Schadens verpflichtet, gegen die Berufsauffassung verstößt. Die Vereinbarung in einem Vergleich erfolgt nicht, um einen Wettbewerbsvorteil gegenüber anderen Wirtschaftsprüfern zu erlangen, sondern um eine meist langwierige gerichtliche Auseinandersetzung mit dem geprüften Unternehmen zu vermeiden, die das Ansehen des Wirtschaftsprüfers erheblich schädigen kann[1366]. Vergleichsvereinbarungen zur Zahlung von Schadensersatz über zweistellige Millionenbeträge stellen die Bedeutung der gerade erörterten Haftungsbeschränkungsmöglichkeiten für die Praxis allerdings in Frage. Zu bedenken ist jedoch, dass es sich bei solchen Vergleichen um spektakuläre Einzelfälle handelt, die nicht verallgemeinert werden können. Für die Mehrheit des Berufsstandes ist die Möglichkeit einer Haftungsbegrenzung von essentieller Bedeutung.

Nach Aufhebung der gesetzlichen Haftungsbeschränkung des § 323 Abs. 2 HGB de lege ferenda könnte eine höhere Haftung auch für Pflichtprüfungen vertraglich vereinbart werden. Dies würde dann nicht im Gegensatz zur Berufsauffassung stehen, da durch die Berufsauffassung die Vereinbarung einer höheren Haftungssumme nur bei Bestehen einer gesetzlichen Haftungsbegrenzung verboten wird[1367].

[1364]   So *Brönner* in Großkommentar, AktG, § 168 Anm. 19; *Poll*, DZWir 1995, 95, 100; vgl. auch *Adler/Düring/Schmaltz*, § 323 HGB Rnr. 147; *Hense* in Beck´scher Bilanzkommentar, § 323 HGB Anm. 136; a.A. *Baumbach/Hueck*, AktG, § 168 Rnr. 9; *Ritter*, AktG, § 42 Anm. 11. Kritisch *Lenz/Ostrowski*, BB 1997, 1523, 1528.

[1365]   Vgl. *Kaminski* in Wirtschaftsprüfer-Handbuch, Band I, Rnr. A 451; *Quick*, BB 1992, 1675, 1678. Unklar ist, ob das berufsrechtliche Verbot unmittelbar aus § 16 Berufssatzung der Wirtschaftsprüferkammer folgt, so *Müller* in Kallmeyer, UmwG, § 11 Rnr. 18 sowie *Schaal*, Der Wirtschaftsprüfer als Umwandlungsprüfer, 439; zweifelnd *Ebke* in Münchener Kommentar, HGB, § 323 Rnr. 61.

[1366]   Beispielsweise haben die Prüfer der Flowtex AG 100 Mio. DM Schadensersatz aus eigenen Mitteln bezahlt, vgl. *Bormann*, BB 2002, 190, 197 m.w.N. Also ein Vielfaches mehr, als sie bei einer Verurteilung durch ein Gericht hätten bezahlen müssen. Dies macht deutlich, wie viel den Wirtschaftsprüfern an einer schnellen und möglichst diskreten Lösung gelegen war.

[1367]   Vgl. *Ebke* in Münchener Kommentar, HGB, § 323 Rnr. 61; *Fliess*, WPK-Mitt. 1992, 49, 60.

IX. Anwendung auf den ermittelten Sachverhalt

Die rechtlichen Ausführungen zu Umfang der Prüfung, Pflichten und Haftung des Abschlussprüfers sollen im Folgenden auf den festgestellten Sachverhalt angewendet werden. Der Sachverhalt soll auf eine mögliche Haftung der WEDIT als Abschlussprüfer der Hypo-Bank untersucht werden.

Vorab ist festzustellen, dass es sich bei der ehemaligen Hypo-Bank um ein Kreditinstitut gemäß § 1 Abs. 1 KWG handelte, aus diesem Grund sollen zunächst kurz die Besonderheiten bei der Rechnungslegung und Prüfung von Kreditinstituten erläutert werden.

1. Die Rechnungslegung und Prüfung von Kreditinstituten

Die §§ 340 bis 340o HGB enthalten diesbezüglich ergänzende Vorschriften. Sofern in den §§ 340a ff. HGB nichts Abweichendes geregelt ist, gelten gemäß § 340a Abs. 1 HGB für Kreditinstitute bei der Aufstellung des Jahresabschlusses rechtsform- und größenunabhängig die §§ 264 bis 289 HGB. Dabei wird ausschließlich auf den Geschäftszweig, nämlich die Tätigkeit im Kreditgewerbe abgestellt. Ein Verweis auf die §§ 238 bis 263 HGB ist entbehrlich, da sich deren Geltung bereits aus der Kaufmannseigenschaft der Kreditinstitute ergibt[1368].

§ 340a Abs. 2 HGB nimmt einige der von der Verweisung in Abs. 1 erfassten Vorschriften von der Geltung für Kreditinstitute aus. Um das HGB nicht mit Details zu überladen, wurden Fragen bezüglich Gliederung und Ausweis in die auf der Grundlage des § 330 Abs. 1 und Abs. 2 HGB erlassene „Verordnung über die Rechnungslegung der Kreditinstitute und Finanzdienstleistungsinstitute" (RechKredV)[1369] ausgelagert, die insbesondere auch die für Kreditinstitute geltenden Formblattvorschriften enthält[1370]. So haben beispielsweise die Kreditinstitute gemäß § 2 Abs. 1 RechKredV an Stelle des § 266 HGB über die Gliederung der Bilanz Formblatt 1 der RechKredV und an Stelle des § 275 HGB über die Gliederung der Gewinn- und Verlustrechnung Formblatt 2 oder 3 der RechKredV grundsätzlich anzuwenden[1371]. Neben der Pflicht für alle

---

[1368]   Vgl. *Schröer* in Gemeinschaftskommentar-HGB, § 340a Rnr. 1; so auch *Böcking/Oldenburger* in Münchener Kommentar, HGB, § 340a Rnr. 2 und 6.

[1369]   Neufassung vom 11.12.1998, BGBl. I 1998, 3658 ff.

[1370]   Vgl. *Adler/Düring/Schmaltz*, § 317 HGB Rnr. 56; *Böcking/Oldenburger* in Münchener Kommentar, HGB, § 340a Rnr. 1.

[1371]   Bezüglich weiterer Einzelheiten zu Regelungen der RechKredV, vgl. die Übersichten bei *Böcking/Oldenburger* in Münchener Kommentar, HGB, § 340a Rnr. 13 sowie bei *Schröer* in Gemeinschaftskommentar-HGB, § 340a Rnr. 3.

Kreditinstitute einen Lagebericht nach § 289 HGB aufzustellen (§ 340a Abs. 1 HGB)[1372], verlangt § 340i Abs. 1 HGB rechtsform- und größenunabhängig die Aufstellung eines Konzernabschlusses und eines Konzernlageberichts.

Die Abschlussprüfung von Kreditinstituten ist unabhängig von Größe und Rechtsform durch § 340k HGB geregelt, der hinsichtlich der materiellen Vorschriften auf die §§ 316 bis 324 HGB verweist[1373]. Daneben sind für Kreditinstitute noch die speziellen Bestimmungen der §§ 28, 29 KWG zu beachten[1374]. Der Umfang der Prüfung wird dadurch insofern erweitert, als der Abschlussprüfer gemäß § 29 Abs. 1 S. 1 KWG auch die wirtschaftlichen Verhältnisse des Kreditinstituts zu prüfen hat. Dazu gehört u.a. die Feststellung, ob das Institut die Anforderungen nach § 25a KWG erfüllt hat. § 25a KWG erlegt jedem Kreditinstitut besondere organisatorische Pflichten auf, z.B. hinsichtlich der angemessenen Steuerung, Überwachung und Kontrolle von Risiken, Einrichtung angemessener Sicherheitsvorkehrungen sowie der Aufzeichnung von Geschäftsvorfällen[1375]. Infolge des § 29 Abs. 4 KWG ist bei der Erstellung des Prüfungsberichts durch den Abschlussprüfer gemäß § 321 HGB die durch das BAKred erlassene Neufassung der Prüfungsberichtsverordnung vom 17.12.1998 (PrüfbV)[1376] zu beachten. Sie war gemäß § 76 PrüfbV erstmals für nach dem 31.12.1997 beginnende Geschäftsjahre anzuwenden und enthält formale und inhaltliche Anforderungen an die Berichterstattung

---

[1372] Durch das BilReG soll der Informationsgehalt des Lageberichts künftig verbessert werden. Gemäß § 289 Abs. 3 HGB sind nun in die mit der Lageberichterstattung von großen Kapitalgesellschaften verbundene Analyse auch die wichtigsten nichtfinanziellen Leistungsindikatoren einzubeziehen. § 340a Abs. 1 HGB n.F. stellt klar, dass Kreditinstitute bei der Aufstellung eines Lageberichts auch Abs. 3 des § 289 HGB zu beachten haben, vgl. Begründung des RegE zum BilReG, BT-Drucks. 15/3419, S. 31, 48.

[1373] Vgl. *Baumbach/Hopt*, HGB, § 340k Rnr. 1.

[1374] Vgl. *Schröer* in Gemeinschaftskommentar-HGB, § 340k Rnr. 2; *Wagener* in Wirtschaftsprüfer-Handbuch, Band I, Rnr. J 350.

[1375] Die Prüfung nach § 25a KWG ist nicht identisch mit der durch das KonTraG eingeführten Prüfung des Überwachungssystems nach § 91 Abs. 2 AktG im Rahmen des § 317 Abs. 4 HGB; so *Böcking/Oldenburger* in Münchener Kommentar, HGB, § 340k Fußnote 36. Inzwischen liegt ein Entwurf eines IDW Prüfungsstandards: Prüfung der Funktionsfähigkeit der Internen Revision bei Kreditinstituten (IDW EPS 523) vor, vgl. WPg 2003, 286ff.

[1376] BGBl. I 1998, 3690ff. Das BAKred ist inzwischen aufgegangen in der neuen BAFin.

des Abschlussprüfers, die sich auch auf den Prüfungsumfang und gegenstand auswirken[1377].

Neben der PrüfbV hat der Abschlussprüfer vor allem den IDW Prüfungsstandard: Prüfung der Adressausfallrisiken und des Kreditgeschäfts von Kreditinstituten zu beachten[1378]. Als Adressenausfallrisiko wird das Risiko eines Verlusts oder entgangenen Gewinns aufgrund des Ausfalls eines Vertragspartners bezeichnet, z.b. das Risiko, dass ein Vertragspartner seinen Verpflichtungen aus dem Darlehensvertrag nicht nachkommen kann. Für akute und für latente Ausfallrisiken ist im Jahresabschluss eine angemessene Risikovorsorge zu bilden. Die Prüfung der ordnungsgemäßen Berücksichtigung von Adressenausfallrisiken stellt bei Kreditinstituten einen wesentlichen Bestandteil der Jahresabschlussprüfung dar. Daneben ist als weiterer wesentlicher Bestandteil die Einhaltung der Pflichten nach § 25a KWG zu überprüfen. Insgesamt sind in die Prüfung alle Geschäftsarten und -prozesse einzubeziehen, aus denen Adressenausfallrisiken resultieren können. Der Abschlussprüfer hat sich in diesem Zusammenhang einen umfassenden Einblick sowohl in das Kreditgeschäft als solches, die damit verbundenen Risiken als auch in das interne Kontrollsystem einschließlich der internen Kontrollverfahren für Adressenausfallrisiken des Kreditinstituts zu verschaffen. Die Prüfung des Kreditgeschäfts zielt auf die Beurteilung der Ordnungsmäßigkeit der Kreditbearbeitung bzw. Geschäftsabwicklung, der Angemessenheit und Wirksamkeit des internen Kontrollsystems sowie die Einhaltung gesetzlicher, aufsichtsrechtlicher oder satzungsmäßiger Vorschriften ab[1379].

Bei Verstößen gegen rein KWG-rechtliche Regelungen wird regelmäßig eine Einschränkung oder Versagung des Bestätigungsvermerks nicht in Betracht kommen[1380]. Sofern jedoch das interne Kontrollsystem einschließlich der internen Kontrollverfahren für Adressenausfallrisiken erhebliche und nicht nur vereinzelte Mängel aufweist oder begründete Zweifel an der Angemessenheit der vom Kreditinstitut vorgenommenen Risikovorsorge bestehen, hat der Abschlussprüfer unter Berücksichti-

---

[1377]   Vgl. *Böcking/Oldenburger* in Münchener Kommentar, HGB, § 340k Rnr. 7. Ähnlich *Adler/Düring/Schmaltz*, § 317 HGB Rnr. 61: Faktisch werde der materielle Prüfungsumfang durch die PrüfbV bestimmt. Vor der Geltung der Neufassung waren die Bestimmungen der PrüfbV vom 21.07.1994 (BGBl. I 1994, 1803ff.) anzuwenden. Ausführlich zu dieser alten Fassung der PrüfbV, *Windmöller* in Wirtschaftsprüfer-Handbuch, 11. Auflage, Band I, Rnr. J 299ff.

[1378]   IDW PS 522, WPg 2002, 1254ff.

[1379]   So IDW PS 522 Tz. 1, 2, 4, 11 und 19, WPg 2002, 1254.

[1380]   *Adler/Düring/Schmaltz*, § 317 HGB Rnr. 62.

gung des Gesamtbilds zu prüfen, ob der Bestätigungsvermerk einzuschränken oder sogar zu versagen ist[1381].

2. Die Haftung der WEDIT wegen mangelhafter Abschlussprüfung

Bei der Anwendung der dargestellten Haftungsvoraussetzungen auf den festgestellten Sachverhalt kommt eine Haftung der WEDIT als Abschlussprüfer aus zwei Gesichtspunkten in Betracht: Die WEDIT könnte die Abschlussprüfung des Jahresabschlusses 1997 mangelhaft durchgeführt haben, (dazu sogleich), und sie könnte durch die Beauftragung zweier Professoren mit der Erstellung eines Gutachtens zu diesem Jahresabschluss gegen ihre Verschwiegenheitspflicht verstoßen haben, (dazu unten 3.).

Aufgrund der Verschwiegenheitspflicht von Vorstand, Aufsichtsrat und Abschlussprüfer[1382] und der Tatsache, dass der Prüfungsbericht der WEDIT zum Jahresabschluss der Hypo-Bank 1997 nicht der Offenlegung unterliegt und dem Verfasser nicht zugänglich war, musste bei der Untersuchung der Schadensersatzpflicht größtenteils auf die Angaben im Sonderprüfungsbericht der BDO[1383] sowie auf Presseberichte zurückgegriffen werden[1384].

Vorweg ist auch darauf hinzuweisen, dass 1997/1998 andere rechtliche Vorgaben galten als heute. Die Vorschriften des KonTraG, welche Änderungen bezüglich der Prüfungs- und Berichtspflichten bewirkten, waren gemäß Art. 46 Abs. 1 EGHGB erstmals auf das nach dem 31.12.1998 beginnende Geschäftsjahr und die Neuregelungen des TransPuG, des BilReG sowie die Empfehlungen des Kodex noch später anzuwenden. Für die Abschlussprüfer der WEDIT war die PrüfbV a.F.[1385] maßgeblich und schließlich waren von den Abschlussprüfern andere Fachgutachten, Stellungnahmen und sonstige Verlautbarungen des IDW zu beachten als die jetzt gültigen IDW Rechnungslegungsstandards sowie die ergänzen-

---

[1381]   Vgl. IDW PS 522 Tz. 42, WPg 2002, 1254. Da es sich bei der Hypo-Bank um eine Hypothekenbank i.S.v. § 1 HypBankG handelte, waren bei der Prüfung zusätzlich die Vorschriften des HypBankG zu beachten, insbesondere die §§ 24 und 28.

[1382]   Vgl. § 116 i.V.m. § 93 Abs. 1 S. 2 AktG bzw. § 323 Abs. 1 S. 1 HGB.

[1383]   Dieses Gutachten kann nicht als objektiv richtig bezeichnet werden, da von den Verfassern – wie stets in Gutachten, denen ein wirtschaftlicher Sachverhalt zugrunde liegt – viele Wertungen vorgenommen werden mussten und Wertungen sind stets subjektiv.

[1384]   Presseberichten mangelt es oftmals an Genauigkeit.

[1385]   BGBl. I 1994, 1803ff.

den Prüfungshinweise. Insbesondere wurde IDW PS 522 erst im Oktober 2002 vom Hauptfachausschuss des IDW verabschiedet[1386].

a) Haftung aus § 323 Abs. 1 S. 3 HGB

Aus den vielfältigen Verstößen der geprüften Gesellschaft gegen handelsrechtliche Bilanzierungsvorschriften, dem Verstoß gegen die Pflicht eine rechtmäßige und effiziente interne Organisation der Gesellschaft zu gewährleisten[1387] und der Tatsache, dass der von der WEDIT uneingeschränkt testierte Jahresabschluss 1997 der Hypo-Bank für nichtig erklärt wurde, kann – trotz einer gewissen Indizwirkung – nicht automatisch auf einen haftungsauslösenden Pflichtverstoß des Abschlussprüfers geschlossen werden[1388]. Dass durch die Sonderprüfung die Verstöße und Fehler der Hypo-Bank festgestellt wurden, rechtfertigt nicht zwingend die Annahme, auch die WEDIT als Abschlussprüfer hätte diese Feststellungen machen müssen. Dies würde der unterschiedlichen Ausgestaltung der beiden Prüfungen nicht ausreichend Rechnung tragen: Die Abschlussprüfung als Ordnungsmäßigkeitsprüfung der gesamten Rechnungslegung ist in der Regel weniger intensiv als die Sonderprüfung, bei der einzelne Bereiche genau untersucht werden. Folglich muss ein konkreter Pflichtverstoß des Abschlussprüfers festgestellt werden.

aa) Pflichtverstoß

Besondere Bedeutung erlangt im vorliegenden Fall die Pflicht zur Gewissenhaftigkeit, denn für eine gewissenhafte Abschlussprüfung kommt es auf die Beachtung der gesetzlichen Vorschriften und Satzungsbestimmungen sowie die Prüfung nach den Grundsätzen ordnungsmäßiger Abschlussprüfung (GoA) an[1389]. In Zweifelsfällen erfolgt eine nähere Konkretisierung dieser Anforderungen anhand der Fachgutachten, Stellungnahmen und sonstigen Verlautbarungen des IDW[1390]. Im Zeitpunkt der Prüfung des Jahresabschlusses 1997/1998 waren von der WEDIT im Wesentlichen die Fachgutachten des Hauptfachaus-

---

1386   Bis dahin war die Stellungnahme des Bankfachausschusses: Zur Abschlussprüfung bei Kreditinstituten – Einzelfragen zur Prüfung des Kreditgeschäftes und Darstellung der Prüfungsergebnisse im Prüfungsbericht (Stellungnahme BFA 1/1978), WPg 1978, 486ff. zu beachten, vgl. IDW PS 522 Fußnote 1 sowie Tz. 10, WPg 2002, 1254.

1387   Vgl. ausführlich zu den Verstößen des Vorstands der Hypo-Bank, oben 1. Kapitel B. IV.

1388   Ähnlich OLG Düsseldorf BB 1996, 2614, 2614.

1389   *Poll*, DZWir 1995, 95, 96.

1390   Zur Rechtnatur und Bindungswirkung dieser Verlautbarungen und zur Pflicht zur Gewissenhaftigkeit, vgl. oben, A. III. 4.

schusses 1/1988: „Grundsätze ordnungsmäßiger Durchführung von Abschlussprüfungen" (FG 1/1988) sowie 2/1988: „Grundsätze ordnungsmäßiger Berichterstattung bei Abschlussprüfungen" (FG 2/1988) und 3/1988: „Grundsätze für die Erteilung von Bestätigungsvermerken bei Abschlussprüfungen" (FG 3/1988) zu beachten[1391]. Daneben war für die Abschlussprüfer der WEDIT die Stellungnahme BFA 1/1978 maßgebend[1392].

Das pflichtgemäße Ermessen des Abschlussprüfers, im Einzelfall Art und Umfang der Prüfungsdurchführung zu bestimmen, wird durch diese Faktoren (allgemeine Berufspflichten, fachliche Verlautbarungen des Berufsstandes) beeinflusst[1393]. So bestimmt FG 1/1988 allgemein, dass wesentliche Kriterien für die Bestimmung des Prüfungsumfangs die organisatorischen und wirtschaftlichen Gegebenheiten des zu prüfenden Unternehmens, die Bedeutung des einzelnen Prüfungsgegenstandes, die Wahrscheinlichkeit von Fehlern oder Verstößen gegen die Rechnungslegungsvorschriften sowie die Gewinnung von Prüfungsfeststellungen in zeitgerechter und wirtschaftlicher Weise sind[1394]. Bei der Prüfung der Jahresabschlüsse von Kreditinstituten wird das Ermessen des Abschlussprüfers zusätzlich von der PrüfbV beeinflusst. Diese enthält zwar eigentlich nur formale und inhaltliche Anforderungen an die Berichterstattung des Abschlussprüfers. Faktisch wird der materielle Prüfungsumfang aber durch die PrüfbV bestimmt[1395], denn der Abschlussprüfer kann nur über etwas berichten, was er vorher auch geprüft hat. Die Abschlussprüfer der WEDIT hatten im Zeitpunkt der Prüfung die PrüfbV a.F. vom 21.07.1994 anzuwenden.

Die Zielsetzung der Abschlussprüfung erfordert keine lückenlose Prüfung[1396]. Es ist auch gar nicht möglich, dass jedes Jahr sämtliche Teilgebiete eines Prüfungsgegenstandes mit gleich hoher Intensität geprüft werden[1397]. Dazu FG 1988/1:

[1391] Vgl. WPg 1989, 9ff, 20ff. sowie 27ff.

[1392] WPg 1978, 486ff. Entsprechend den früher zu beachtenden Regelungen wird im Folgenden – falls erforderlich – das 1997/1998 vorliegende Wirtschaftsprüfer-Handbuch (11. Auflage) als Quelle herangezogen und als solches gekennzeichnet.

[1393] Vgl. *Wiedmann* in Wirtschaftsprüfer-Handbuch, Band I, Rnr. R 16.

[1394] Vgl. FG 1/1988, Abschn. D. II. 1, WPg 1989, 9.

[1395] So *Adler/Düring/Schmaltz*, § 317 HGB Rnr. 61.

[1396] FG 1/1988, Abschn. D. II. 1 Anm. 1., WPg 1989, 9; *Wiedmann* in Wirtschaftsprüfer-Handbuch, Band I, Rnr. R 81.

[1397] Vgl. *Ebke* in Münchener Kommentar, HGB, § 317 Rnr. 26.

„Alle für die Rechnungslegung wichtigen Sachverhalte sind auch bei Wiederholungsprüfungen jeweils neu zu beurteilen. Die Bildung von wechselnden Prüfungsschwerpunkten im Sinne einer jährlich wechselnden, besonders intensiven Prüfung einzelner Teilgebiete ist zulässig und kann im Interesse einer wirtschaftlichen Prüfungsdurchführung liegen. Sie setzt ein angemessen funktionierendes internes Kontrollsystem des geprüften Unternehmens voraus und erfordert einen Plan für mehrere Jahre, der diese Prüfungsschwerpunkte aufzeigt"[1398].

Ein funktionierendes internes Kontrollsystem spielt aber nicht nur als Voraussetzung für die Bildung von jährlich wechselnden Prüfungsschwerpunkten eine Rolle. Vielmehr ist es in dem Umfang ein unabdingbarer Teil der Jahresabschlussprüfung, wie es eine vollständige, richtige, zeitgerechte und geordnete Erfassung, Verarbeitung und Aufzeichnung der Daten der Rechnungslegung zu unterstützen hat und eine Sicherung des Rechnungswesens vor Fehlern gewährleisten soll[1399]. Die Einschätzung des internen Kontrollsystems durch den Abschlussprüfer bestimmt weitgehend Art und Umfang der ergebnisorientierten Prüfungshandlungen. Schwachstellen im internen Kontrollsystem erfordern eine Ausdehnung und Intensivierung ergebnisorientierter Prüfungshandlungen[1400]. Entsprechend den Zielsetzungen des internen Kontrollsystems, nämlich vollständige Erfassung aller Transaktionen, Vornahme von Geschäften nur innerhalb vorgegebener Kompetenzen und Sicherung der aus den Transaktionen zufließenden Vermögensgegenstände, lassen sich im Kreditgeschäft folgende Kontrollziele festhalten: Kreditvergabe nur nach vorhergehender Bonitätsprüfung und nur innerhalb vorgegebener Kompetenzen sowie laufende Überwachung der Engagements, der Sicherheiten und der Rückzahlung[1401]. Wie bereits oben ausführlich dargestellt, wurden diese Ziele durch das interne Kontrollsystem der Hypo-Bank nicht erreicht[1402].

Zu diesem Ergebnis hätten aufgrund der gravierenden und teilweise offensichtlichen Mängel auch die Abschlussprüfer der WEDIT gelangen müssen, und zwar trotz der Tatsache, dass das interne Kontrollsystem

---

[1398]   FG 1/1988, Abschn. D. I. Anm. 3., WPg 1989, 9.

[1399]   Vgl. *Havermann* in Wirtschaftsprüfer-Handbuch, 11. Auflage, Band I, Rnr. P 46, 139.

[1400]   Vgl. FG 1/1988, Abschn. D. II. 1., WPg 1989, 9; *Havermann* in Wirtschaftsprüfer-Handbuch, 11. Auflage, Band I, Rnr. P 47.

[1401]   Vgl. *Wiedmann*, WPg 1981, 705, 709.

[1402]   Vgl. 1. Kapitel B. IV. 2. sowie Sonderprüfungsbericht der BDO S. 34f., 57.

vom Abschlussprüfer nicht jährlich erneut vollständig zu erfassen ist, sondern vielmehr eine Prüfung durch Stichproben erfolgen kann[1403].

Aus dem Vorliegen eines nicht angemessen funktionierenden internen Kontrollsystems ergeben sich mehrere Folgen für die Ausgestaltung einer ordnungsmäßigen Abschlussprüfung: Es verbietet sich eine Prüfung nach wechselnden Schwerpunkten im Rahmen eines mehrjährigen Prüfungsplans[1404] und vor allem ist eine Ausdehnung und Intensivierung der Prüfungshandlungen erforderlich.

Der Umfang der Prüfung wird bei der Prüfung von Kreditinstituten maßgeblich von der PrüfbV festgelegt. Gemäß § 27 Abs. 1 PrüfbV a.F. sind die strukturellen Merkmale des Kreditgeschäfts (Kreditarten, Branchen, geographische Streuung, Größenklassen) vom Abschlussprüfer im Prüfungsbericht darzustellen und dementsprechend davor zu prüfen. Daneben ist die Organisation des Kreditgeschäfts, insbesondere die Kreditüberwachung, die Beachtung gesetzlicher und satzungsmäßiger Begrenzungen, sowie die Befolgung von Arbeitsanweisungen durch Kreditsachbearbeiter gemäß § 27 Abs. 2 PrüfbV a.F. darzustellen und zu beurteilen sowie gemäß Abs. 3 das Kreditgeschäft in wirtschaftlicher Hinsicht unter Berücksichtigung der Bonität der Kreditnehmer, der Sicherheiten, der Rückstände sowie besonderer Risiken zu beurteilen. Es ist vom Abschlussprüfer darzulegen, ob für die erkennbaren Risiken in ausreichendem Umfang Wertberichtigungen und Rückstellungen gebildet worden sind. Die Entwicklung der Wertberichtigungen und Rückstellungen insgesamt ist darzustellen. Sofern nach dem Bilanzstichtag neuer Wertberichtungsbedarf bekannt geworden ist, ist hierüber ebenfalls zu berichten[1405]. Die dazu erforderlichen Prüfungshandlungen waren aufgrund des nicht angemessen funktionierenden internen Kontrollsystems von der WEDIT zu intensivieren. Dabei hätte die unterdotierte Risikovorsorge in Milliardenhöhe entdeckt werden müssen.

Die bereits erwähnte Grundregel, dass die Zielsetzung der Abschlussprüfung keine lückenlose Prüfung erfordert, hat neben der grundsätzlich

---

[1403]   Vgl. *Havermann* in Wirtschaftsprüfer-Handbuch, 11. Auflage, Band I, Rnr. P 79, 148.

[1404]   Für die Prüfung nach einem mehrjährigen Prüfungsplan kommen in erster Linie Ordnungsmäßigkeits- und Formalprüfungen in Betracht; vgl. *Havermann* in Wirtschaftsprüfer-Handbuch, 11. Auflage, Band I, Rnr. P 125. Alle für die Rechnungslegung wichtigen Sachverhalte sind auch bei Wiederholungsprüfungen jeweils neu zu beurteilen; FG 1/1988, Abschn. D. I. Anm. 3., WPg 1989, 9.

[1405]   Vgl. § 27 Abs. 3 PrüfbV a.F.; Stellungnahme BFA 1/1978, WPg 1978, 486ff. sowie *Windmöller* in Wirtschaftsprüfer-Handbuch, 11. Auflage, Band I, Rnr. J 311.

gegebenen Möglichkeit einen mehrjährigen Prüfungsplan zu erstellen, noch eine weitere Konsequenz: Unter Berücksichtigung des Grundsatzes der Wesentlichkeit und des Fehlerrisikos wird der Abschlussprüfer seine Prüfungshandlungen auf der Grundlage von Stichproben vornehmen. Werden durch Stichproben Verstöße oder Fehler aufgedeckt, so sind die Prüfungshandlungen zu intensivieren und erforderlichenfalls bis zur vollständigen Erfassung sämtlicher Geschäftsvorfälle des Prüffeldes auszudehnen[1406].

Ob bei der Prüfung von Stichproben durch die WEDIT, angesichts des Ausmaßes der Unterdotierung der Risikovorsorge, der unwahrscheinliche Fall vorlag und die Stichproben keine (wesentlichen) Fehler enthielten, kann nicht beurteilt werden. Bei der Bemessung des Prüfungsumfangs, kann der Abschlussprüfer aber die Ergebnisse der Innenrevision berücksichtigen; er soll sie jedenfalls zur Kenntnis nehmen[1407]. Hier lagen Berichte der Innenrevision der Hypo-Bank zur Risikosituation in mehreren Geschäftsfeldern vor[1408]. Da es sich um kritische Berichte handelte, hätte die WEDIT nur zu dem Schluss kommen können, die betreffenden Geschäftsfelder sehr intensiv zu prüfen. Stichprobenprüfungen hätten in diesen Bereichen ausgeweitet werden müssen oder sogar überhaupt nicht mehr durchgeführt werden dürfen. Dann hätten den Abschlussprüfern die Verstöße der Hypo-Bank vor allem gegen die Bewertungsvorschriften des HGB nicht verborgen bleiben können. Gerade die Einhaltung dieser für die Rechnungslegung geltenden gesetzlichen Vorschriften hatte die WEDIT jedoch zu prüfen[1409].

Eine gewissenhafte Prüfung des Jahresabschlusses 1997 ist somit unter Berücksichtigung aller Umstände nicht erfolgt.

Insofern kommt es gar nicht darauf an, ob die von der WEDIT bestrittenen Aussagen früherer Hypo-Bank-Mitarbeiter zutreffen, dass bei der Bildung der Risikovorsorge im Joint Venture-Bereich die Objekte zwischen den Projektleitern, den Geschäftsführern der Hypo-Tecta und Hy-

---

[1406] So FG 1/1988, Abschn. D. II. 1. Anm. 1., WPg 1989, 9; *Hirte*, Berufshaftung, 60. Ausführlich oben, A. V. 1.

[1407] Vgl. FG 1/1988, Abschn. D. II. 7. Anm. 3., WPg 1989, 9.

[1408] Die WEDIT macht zwar geltend, ihr seien wichtige Daten und Einschätzungen für die Bewertung von Kreditforderungen nicht zur Verfügung gestellt worden. Erst Ende September 1999 habe sie erstmals davon Kenntnis erlangt, dass zuständige Verantwortliche bei den Immobilien-Tochtergesellschaften schon Ende 1997 Projektverluste in Milliardenhöhe kalkuliert haben, vgl. dazu oben, Teil 1, E. II a.E. Das ändert aber nichts an der Tatsache, dass noch mehrere andere kritische Berichte der Innenrevision existierten, die durch die WEDIT zur Kenntnis zu nehmen waren, vgl. dazu oben, 1. Kapitel B. IV. 2.

[1409] Vgl. FG 1/1988, Abschn. C. I., WPg 1989, 9.

po-Real sowie den Wirtschaftsprüfern der WEDIT besprochen worden seien und nach Diskussion der Projektkalkulation ein mit allen Beteiligten abgesprochenes und einvernehmliches Ergebnis erzielt worden sei. Dieses Ergebnis sei dann von der Bank als Basis für die Bildung der Risikovorsorge verwendet worden[1410].

Lediglich Anhaltspunkte für eine weitere Pflichtverletzung der WEDIT ergeben sich aus den Feststellungen im Sonderprüfungsbericht der BDO zur Aufstellung des Jahresabschlusses 1997: Martini erläuterte demzufolge in seiner Rede bei der Aufsichtsratssitzung am 21.01.1998 unrichtigerweise, dass die mit den Abschlussprüfern entwickelte Liquidationsbewertung nun nicht mehr die angewendete Bewertungsmethode sei, nachdem gerade auch bei den Abschlussprüfern inzwischen zunehmende Zweifel an einer steuerlichen Anerkennung aufgetreten seien[1411]. Es ist aber fraglich, ob diese fehlerhafte Begründung der WEDIT angelastet werden kann. Martini berief sich in seiner Rede zwar auf die Ansicht der Abschlussprüfer, es konnte aber nicht geklärt werden, ob die Abschlussprüfer der WEDIT wirklich zuerst eine Liquidationsbewertung in Betracht zogen und dann wegen vermeintlichen steuerlichen Gründen doch ablehnten. Ebenso offen bleibt die Frage, ob die Abschlussprüfer an der betreffenden Aufsichtsratssitzung teilnahmen oder nicht[1412]. Deshalb kann diesbezüglich nicht von einer Pflichtverletzung der WEDIT ausgegangen werden.

Allerdings waren die Abschlussprüfer bei der Aufsichtsratssitzung vom 30.03.1998 anwesend, in der gemeinsam mit dem Vorstand der Hypo-Bank der Jahresabschluss 1997 festgestellt wurde. Die WEDIT erklärte dabei, sie komme zu dem Ergebnis, dass die Bank die Risiken im Kreditgeschäft durch Wertberichtigungen und Rückstellungen in angemessenem Umfang abgeschirmt habe[1413]. Diese fehlerhafte Aussage der Abschlussprüfer ist lediglich eine Konsequenz aus der festgestellten Verletzung der Pflicht zur gewissenhaften Prüfung. Eine eigenständige Pflichtverletzung liegt nicht vor.

[1410] Vgl. Sonderprüfungsbericht der BDO S. 38f.

[1411] Dazu ausführlich Sonderprüfungsbericht der BDO S. 63ff. sowie oben, Teil 1, C. IX.

[1412] Sprißler und Münich vermuteten im Rahmen eines Gesprächs mit dem Verfasser vom 08.10.2004, dass die Abschlussprüfer der WEDIT bei dieser Aufsichtsratssitzung nicht dabei waren, sondern erst bei der Bilanzaufsichtsratssitzung.

[1413] Vgl. Sonderprüfungsbericht der BDO S. 68.

bb) Verschulden

Nach diesen Ausführungen liegt der Verdacht des vorsätzlichen Handelns durch die Abschlussprüfer zwar nahe, von einer vorsätzlichen Pflichtverletzung kann aber nicht zwingend ausgegangen werden, dafür fehlen eindeutige Anhaltspunkte, die keinen anderen Schluss zulassen würden. Die Tatsache einer objektiven Pflichtverletzung begründet aber in der Regel auch das Verschulden des Wirtschaftsprüfers. So auch hier; ein Ausnahmefall (umstrittene bilanzrechtliche, betriebswirtschaftliche oder prüfungstechnische Frage), der der Annahme einer fahrlässigen Pflichtverletzung entgegenstehen könnte, liegt nicht vor[1414]. Das Verschulden der Abschlussprüfer wird der WEDIT nach § 31 BGB zugerechnet[1415].

cc) Schaden und Kausalität

Aus der Pflichtverletzung muss ein Schaden, d.h. eine Vermögensminderung entstanden sein. Ob eine solche vorliegt bestimmt sich nach den allgemeinen Regeln der §§ 249 ff. BGB und der dazu von der Lehre entwickelten Schadensbemessungsregel der Differenzhypothese[1416].

Als Schaden der Hypo-Bank und folglich deren Rechtsnachfolgerin Hypovereinsbank kommt in erster Linie die für das Geschäftsjahr 1997 an die Aktionäre ausbezahlte Dividende von 1,45 DM je 5,- DM-Aktie in Betracht. Insgesamt wurde der Bilanzgewinn 1997 in Höhe von rund 385 Mio. DM ausgeschüttet[1417]. Voraussetzung hierfür ist, dass der Abschlussprüfer pflichtwidrig den Bestätigungsvermerk für den Jahresabschluss einer Aktiengesellschaft erteilt, der beispielsweise statt des ausgewiesenen Bilanzgewinns einen Bilanzverlust hätte ausweisen müssen. Wird dieser Bilanzgewinn ausgeschüttet, kann in dieser Ausschüttung ein Schaden der Gesellschaft liegen, wenn und soweit die Ausschüttung von den Aktionären aufgrund von § 62 Abs. 1 S. 2 AktG nicht zurückverlangt werden kann[1418].

[1414] Vgl. *Hirte*, Berufshaftung, 66 sowie *Adler/Düring/Schmaltz*, § 323 HGB Rnr. 96.

[1415] Ausführlich zum Verschulden, vgl. oben, A. VIII. 2.

[1416] *Adler/Düring/Schmaltz*, § 323 HGB Rnr. 98; *Ebke*, Wirtschaftsprüfung und Dritthaftung, 73.

[1417] Vgl. Vorschlag des Vorstands für die Verwendung des Bilanzgewinns, Jahresabschluss der Hypo-Bank 1997, abgedruckt als Teil 2 im gemeinsamen Verschmelzungsbericht der Vereinsbank und der Hypo-Bank S. 123; FAZ vom 01.04.1998 S. 22.

[1418] So *Hense* in Beck'scher Bilanzkommentar, § 323 HGB Anm. 105; *Geuer*, Das Management des Haftungsrisikos der Wirtschaftsprüfer, 96f.; *Henssler*, AnwBl. 1996, 3, 4.

Fraglich ist hier, ob der Jahresabschluss der Hypo-Bank bei Bildung einer angemessenen Risikovorsorge noch einen Bilanzgewinn ausgewiesen hätte oder einen Bilanzverlust hätte ausweisen müssen. Denn es ist zu beachten, dass der Vorstand der Hypo-Bank die Möglichkeit gehabt hätte einen Bilanzverlust durch Hebung der in ausreichender Höhe vorhandenen stillen Reserven abzuwenden[1419]. Die Hypovereinsbank hat auf diese Weise im Oktober 1998 dann auch die Sonderrisikovorsorge gebildet[1420]. Wahrscheinlich wäre der auszahlbare Bilanzgewinn aber zumindest niedriger ausgefallen, als tatsächlich ausgewiesen. So dass das Vorliegen eines Schadens angenommen werden kann, auch wenn dessen Höhe unklar bleibt.

Die Kosten der Sonderprüfung durch die BDO sind von der WEDIT ebenfalls als Schaden zu ersetzen, denn die Ersatzpflicht erstreckt sich auch auf alle Begleit- und Folgekosten, die durch die Pflichtverletzung veranlasst sind[1421]. Gegenstand der Sonderprüfung war neben anderen Prüfungspunkten die Angemessenheit der Risikovorsorge im Jahresabschluss 1997 der Hypo-Bank[1422] und somit Teile des von der WEDIT geprüften Jahresabschlusses, denn die Angemessenheit der Risikovorsorge ist vom Abschlussprüfer zu beurteilen[1423]. Hätten die Abschlussprüfer der WEDIT die Prüfung gewissenhaft durchgeführt, wäre die Folge entweder die Bildung einer angemessenen Risikovorsorge durch die Hypo-

---

[1419] Die Hypo-Bank weist ihr Bilanzergebnis im Jahresabschluss 1997 als Bilanzgewinn aus, vgl. Jahresabschluss der Hypo-Bank 1997, abgedruckt als Teil 2 im gemeinsamen Verschmelzungsbericht der Vereinsbank und der Hypo-Bank S. 97, und hat somit gemäß § 268 Abs. 2 S. 2 HGB die Bilanz unter Berücksichtigung der teilweisen Verwendung des Jahresergebnisses aufgestellt. Als Ergebnisverwendung gelten dabei auch Einstellungen bzw. Auflösungen von Rücklagen (u.a. stille Reserven), vgl. *Coenenberg*, Jahresabschluss und Jahresabschlussanalyse, 305. Die in der Bilanz 1997 wohl praktizierte Auflösung stiller Reserven wäre unbegrenzt zur Bildung einer angemessenen Risikovorsorge möglich gewesen, da beschränkende gesetzliche Auflösungsregeln wie bei anderen Rücklagen fehlen.

[1420] Vgl. dazu Teil 1, C. I.

[1421] Vgl. *Geuer*, Das Management des Haftungsrisikos der Wirtschaftsprüfer, 96. So auch *Brönner* in Großkommentar, AktG, § 168 Anm. 12, der einen ersatzfähigen Schaden bejaht, wenn wegen einer schlechten Prüfung des Jahresabschlusses eine neue Prüfung erforderlich wird. Die Kosten der neuen Prüfung sind zu ersetzen. Der vorliegende Fall ist nicht anders zu beurteilen: Die Sonderprüfung wurde aufgrund der mangelhaften Abschlussprüfung erforderlich, ausführlicher dazu sogleich.

[1422] Vgl. Sonderprüfungsbericht der BDO S. 5.

[1423] Vgl. *Windmöller* in Wirtschaftsprüfer-Handbuch, 11. Auflage, Band I, Rnr. J 307; vgl. auch Stellungnahme BFA 1/1978 IV. d) (4) sowie jetzt IDW PS 522 Tz. 38, WPg 2002, 1254.

Bank oder bei einer Weigerung seitens der Bank die Versagung des Bestätigungsvermerks durch die Prüfer gewesen. In beiden Fällen wäre es
wohl zu keiner Sonderprüfung gekommen, denn die Problematik der
unterdotierten Risikovorsorge wäre dann bekannt gewesen. Kurz vor
der Verschmelzung hätte die Hypo-Bank aber wohl eher eine angemessene Risikovorsorge gebildet, als die Versagung des Bestätigungsvermerks zu riskieren. Die Hypovereinsbank wäre in diesem Fall bei der
von Juli bis September 1998 durchgeführten Untersuchung[1424] zu dem
Ergebnis gekommen, dass keine zusätzliche Sonderrisikovorsorge erforderlich ist. Der BDO wäre der Auftrag zur Sonderprüfung nicht erteilt
worden und deren Kosten wären folglich nicht entstanden. Die Pflichtwidrigkeit der WEDIT hat diesen Schaden ursächlich herbeigeführt. Die
Folge, dass eine im Rahmen der Abschlussprüfung nicht monierte Unterdotierung der Risikovorsorge in der vorliegenden Größenordnung zu
einer Sonderprüfung führen kann, war objektiv vorhersehbar und liegt
nicht außerhalb aller Wahrscheinlichkeit[1425].

dd) Mitverschulden

Nach herrschender Meinung kann die Schadensersatzpflicht des Prüfers
bei mitwirkendem Verschulden des Geschädigten gemäß § 254 BGB
ganz oder teilweise entfallen[1426]. Allerdings mindert die Berücksichtigung des Mitverschuldens nur den Ersatzanspruch, nicht die Haftungsobergrenze des § 323 Abs. 2 HGB, d.h. das Mitverschulden hat bei der
Schadensersatzpflicht anzusetzen, wie sie ohne summenmäßige Begrenzung bestehen würde[1427].

Ein Mitverschulden kommt insbesondere dann in Betracht, wenn ein gesetzlicher Vertreter oder Mitarbeiter der prüfungspflichtigen Gesellschaft den Abschluss vorsätzlich verfälscht und der Prüfer dies fahrläs-

---

1424   Dazu Sonderprüfungsbericht der BDO S. 69f.
1425   Vgl. *Gloeckner*, Die zivilrechtliche Haftung des Wirtschaftsprüfers, 37.
1426   Vgl. *Adler/Düring/Schmaltz*, § 323 HGB Rnr. 134; *Hense* in Beck´scher Bilanz-
       kommentar, § 323 HGB Anm. 121; *Brönner* in Großkommentar, AktG, § 168
       Anm. 16; *Ebke* in Münchener Kommentar, HGB, § 323 Rnr. 62; *Gloeckner*, Die
       zivilrechtliche Haftung des Wirtschaftsprüfers, 44ff.; *Kropff* in Geßler/Hefer-
       mehl/Eckardt/Kropff, AktG, § 165 Rnr. 27; a.A.: *Baumbach/Hueck*, AktG, § 168
       Rnr. 6, der § 254 BGB für unanwendbar hält sowie *Mayer* in Widmann/Mayer,
       UmwR, 50. Erg.-Lfg., § 11 UmwG Rz. 34 und *Müller* in Kallmeyer, UmwG,
       § 11 Rnr. 17, die grundsätzlich keinen Raum für ein mitwirkendes Verschul-
       den sehen.
1427   Vgl. *Adler/Düring/Schmaltz*, § 323 HGB Rnr. 129; *Hopt*, WPg 1986, 461, 466;
       Schaal, Der Wirtschaftsprüfer als Umwandlungsprüfer, 427.

sig nicht bemerkt hat[1428]. Eine Schadensersatzpflicht dürfte in derartigen Fällen entfallen oder doch stark gemindert sein[1429].

Handeln Organe oder Mitarbeiter der geprüften Gesellschaft dagegen fahrlässig und erkennt der Prüfer die Fehler, ohne daraus Konsequenzen zu ziehen, wird sich der Prüfer auf ein Mitverschulden nicht berufen können[1430].

Handeln Gesellschaft und Abschlussprüfer vorsätzlich, kommt nach § 254 BGB im Zweifel eine Schadensteilung in Betracht[1431].

Streitig ist, ob sich der Abschlussprüfer auf § 254 BGB berufen kann, wenn sowohl er als auch die Gesellschaft fahrlässig gehandelt haben. Die überwiegende Ansicht geht dahin, dem Prüfer eine Berufung auf das Mitverschulden der Gesellschaft in diesem Fall grundsätzlich zu versagen[1432].

Die stark eingeschränkte Anwendung des § 254 BGB im Rahmen des § 323 Abs. 1 S. 3 HGB wird damit begründet, dass die Abschlussprüfung gerade dazu dienen solle, Fehler im Rechnungswesen der geprüften Gesellschaft aufzudecken und daraus drohende Schäden von der Gesellschaft abzuwenden[1433]. Die Gesellschaft hätte diese Schäden mindestens zum Teil doch zu tragen, wenn sie sich ein mitwirkendes Verschulden ihrer Organe oder Mitarbeiter entgegenhalten lassen müsste[1434]. Aus-

---

1428   Vgl. *Ebke* in Münchener Kommentar, HGB, § 323 Rnr. 62. Kann der Abschlussprüfer dies dagegen trotz gewissenhafter und unparteiischer Prüfung nicht erkennen, so kommt es auf § 254 BGB überhaupt nicht mehr an, weil es dann bereits an einer objektiven Pflichtwidrigkeit des Prüfers fehlt, so *Schaal*, Der Wirtschaftsprüfer als Umwandlungsprüfer, 428 m.w.N.

1429   Vgl. *Quick*, BB 1992, 1675, 1676; ebenso *Hense* in Beck'scher Bilanzkommentar, § 323 HGB Anm. 122 und *Ebke* in Münchener Kommentar, HGB, § 323 Rnr. 62. Differenzierend nach Einzelfall: OLG Karlsruhe WPK-Mitt. 1999, 231, 231 und 233. Lediglich für Minderung der Schadensersatzpflicht: *Baumbach/Hopt*, HGB, § 323 Rnr. 7; *Hopt*, WPg 1986, 461, 466; *Schaal*, Der Wirtschaftsprüfer als Umwandlungsprüfer, 428.

1430   Vgl. *Hense* in Beck'scher Bilanzkommentar, § 323 HGB Anm. 122.

1431   Vgl. *Ebke* in Münchener Kommentar, HGB, § 323 Rnr. 62; *Quick*, BB 1992, 1675, 1676.

1432   So *Hense* in Beck'scher Bilanzkommentar, § 323 HGB Anm. 123; *Geuer*, Das Management des Haftungsrisikos der Wirtschaftsprüfer, 92; *Poll*, DZWir 1995, 95, 99; *Quick*, BB 1992, 1675, 1676.

1433   Vgl. *Geuer*, Das Management des Haftungsrisikos der Wirtschaftsprüfer, 91f.; ebenso *Hense* in Beck'scher Bilanzkommentar, § 323 HGB Anm. 121.

1434   So *Kropff* in Geßler/Hefermehl/Eckardt/Kropff, AktG, § 168 Rnr. 27. Gegen diese Begründung *Adler/Düring/Schmaltz*, § 323 HGB Rnr. 135, die vorbringen, dass der Abschlussprüfer nicht dazu da sei, die Verwaltung der Gesellschaft

nahmen könnten gelten, wenn die geprüfte Gesellschaft grobes Verschulden trifft, während der Abschlussprüfer nur leicht fahrlässig gehandelt habe[1435].

Ob die Schadensersatzpflicht der WEDIT aufgrund eines Mitverschuldens des Vorstandes der Hypo-Bank gemindert ist, ist fraglich. Dies hängt davon ab, ob der Vorstand der Hypo-Bank die Unterdotierung der Risikovorsorge zumindest billigend in Kauf nahm und somit bedingt vorsätzlich gehandelt hat. Auf den ersten Blick erscheint ein vorsätzliches Verhalten des Vorstands der Hypo-Bank wahrscheinlich. Andernfalls lässt es sich nur schwer erklären, wie es trotz der Kenntnis der kritischen Berichte der Innenrevision – die zuständigen Vorstandsmitglieder haben die Kenntnisnahme der Berichte durch ihr jeweiliges Kurzzeichen dokumentiert[1436]– zu einer derartig hohen Unterdotierung kommen konnte. Für eine vorsätzliche Unterdotierung der Risikovorsorge durch den Vorstand sprechen auch die Ergebnisse des staatsanwaltschaftlichen Ermittlungsverfahrens: Zwar wurde das eingeleitete Strafverfahren im August 2001 eingestellt. Fünf ehemalige Hypo-Vorstände mussten aber jeweils hohe sechsstellige Beträge in DM an die Staatskasse bezahlen. Laut Staatsanwaltschaft haben die Ex-Vorstände der Hypo-Bank in den Abschlüssen 1994 bis 1997, auf Hauptversammlungen und Bilanzpressekonferenzen sowie gegenüber dem Aufsichtsrat „die Ertragslage der Bank zu günstig dargestellt und bilanzpolitisch motivierte Sondermaßnahmen nicht offen gelegt". Dies verstoße gegen Straftatbestände im HGB und AktG. Nicht bestätigt habe sich der Verdacht, die Manager hätten einen noch höheren Wertberichtigungsbedarf für zwingend erforderlich gehalten[1437]. Diese letzte Aussage spricht zwar gegen ein absichtliches Verhalten der Vorstände bei der Bildung der unzureichenden Risikovorsorge, lässt aber durchaus Raum für eine Interpretation des Verhaltens als bedingt vorsätzlich, denn beim bedingten Vorsatz muss die Tatbestandsverwirklichung nicht erstrebt oder als sicher angesehen

---

von deren Aufgaben und Verantwortlichkeit zu entlasten. Eine Schadensprävention sei vielmehr lediglich Reflexwirkung der Kontroll- und Informationsfunktion der Abschlussprüfung. Dagegen wiederum *Hense* in Beck'scher Bilanzkommentar, § 323 HGB Anm. 123.

1435   *Hense* in Beck'scher Bilanzkommentar, § 323 HGB Anm. 123; ähnlich *Gloeckner*, Die zivilrechtliche Haftung des Wirtschaftsprüfers, 45; *Kropff* in Geßler/Hefermehl/Eckardt/Kropff, AktG, § 168 Rnr. 27.

1436   Dazu bereits oben, 1. Kapitel B. IV. 2. b).

1437   Vgl. FAZ vom 19.06.2001 S. 22 sowie vom 28.08.2001 S. 24; vgl. auch Handelsblatt vom 28.08.2001 S. 28; Der Spiegel 35/2001 S. 95. Vgl. dazu bereits Teil 1, C. V.

werden, sondern es genügt, die Tatbestandsverwirklichung für möglich zu halten und für den Fall ihres Eintritts in Kauf zu nehmen[1438].

Letztlich kann hier aber ohne Kenntnis der Ermittlungsakten der Staatsanwaltschaft kein endgültiges Urteil gefällt werden[1439]. In Betracht kommt auch ein nur grob fahrlässiges Verhalten der Vorstände der ehemaligen Hypo-Bank.

Da den Prüfern der WEDIT nur fahrlässiges Verhalten einwandfrei nachgewiesen werden kann[1440], wäre letztlich die Entscheidung, ob die Vorstände der Hypo-Bank vorsätzlich oder fahrlässig gehandelt haben, entscheidend für die Frage der Anwendbarkeit des § 254 BGB. Denn während, wie erwähnt, bei vorsätzlichem Verhalten der geprüften Gesellschaft und fahrlässigem Verhalten der Prüfer Mitverschulden in Betracht kommt, ist nach überwiegender Ansicht dem Abschlussprüfer eine Berufung auf das Mitverschulden der Gesellschaft grundsätzlich zu versagen, wenn sowohl er als auch die Gesellschaft fahrlässig gehandelt haben.

ee) Gesetzliche Haftungsbegrenzung

Die Haftungssummenbegrenzung des § 323 Abs. 2 S. 1 HGB gilt für eine Abschlussprüfung, unabhängig von der Anzahl der zum Ersatz verpflichtenden Handlungen. Die Prüfung des Jahresabschlusses einer Obergesellschaft und ihres Konzernabschlusses sind zwei getrennte Prüfungen (§ 316 Abs. 1 und 2 HGB). Bei Fehlern, die sowohl den Jahresabschluss der Obergesellschaft als auch den Konzernabschluss betreffen, kommt die Haftungshöchstgrenze somit zweimal zum Zuge[1441].

Die WEDIT hat sowohl den Jahresabschlusses als auch den Konzernabschlusses der Hypo-Bank geprüft[1442]. Da es sich um die Prüfung von Abschlüssen aus dem Jahr 1997 handelt, ist § 323 Abs. 2 HGB n.F. mit seiner

---

[1438] So *Grundmann* in Münchener Kommentar, BGB, § 276 Rnr. 156, 161.

[1439] Die Staatsanwaltschaft München verweigerte die Akteneinsicht.

[1440] Dazu bereits oben, A. IX. 2. a) bb). Nach Angaben von Münich, dem früheren Chefsyndikus der Vereinsbank, sind auch die Verfahren gegen die beiden Mitarbeiter der WEDIT gegen Zahlung einer Geldsumme eingestellt worden, vgl. Gespräch des Verfassers mit Sprißler und Münich am 08.10.2004. Daraus können aber ebenfalls keine zwingenden Rückschlüsse auf ein vorsätzliches Verhalten gezogen werden.

[1441] Vgl. *Ebke* in Münchener Kommentar, HGB, § 323 Rnr. 60 und *Adler/Düring/Schmaltz*, § 323 HGB Rnr. 126.

[1442] Vgl. Bestätigungsvermerk der WEDIT im Jahresabschluss der Hypo-Bank 1997, abgedruckt als Teil 2 im gemeinsamen Verschmelzungsbericht der Vereinsbank und der Hypo-Bank S. 124.

wesentlich erhöhten Haftungsgrenze nicht anwendbar. Diese Vorschrift war gemäß Art. 46 Abs. 1 S. 2 EGHGB erstmals auf die Prüfung des Abschlusses für das nach dem 31.12.1998 beginnende Geschäftsjahr anzuwenden[1443]. Vielmehr beträgt die maßgebliche Haftungsbegrenzung 500.000 DM.

Im vorliegenden Fall haben sich die Prüfungsfehler der WEDIT sowohl auf den Jahresabschluss als auch auf den Konzernabschluss der Hypo-Bank ausgewirkt; die Haftungshöchstgrenze kommt zweimal zum Zuge. Die Prüfungsfehler haben zur Erteilung eines uneingeschränkten Bestätigungsvermerks für einen Jahres- und Konzernabschluss geführt, die nach Ansicht der Sonderprüfer eine unterdotierte Risikovorsorge in Höhe von 3,629 Mrd. DM ausweisen. Die festgestellte Überbewertung übersteigt sowohl den Jahres- als auch den Konzernüberschuss 1997 der Hypo-Bank um ein Mehrfaches. Sie macht mehr als ein Drittel des bilanziellen Eigenkapitals der Obergesellschaft bzw. des Konzerns der Hypo-Bank zum 31.12.1997 aus[1444]. Der Schadensersatz beträgt folglich maximal 1 Mio., statt nur 500.000 DM. Da insgesamt der Bilanzgewinn 1997 in Höhe von rund 385 Mio. DM ausgeschüttet wurde[1445], muss aber davon ausgegangen werden, dass der Bilanzgewinn bei Bildung einer angemessenen Risikovorsorge zumindest niedriger ausgefallen wäre und zwar nicht nur um 1 Mio. DM. Die Hypovereinsbank hat somit höchstwahrscheinlich einen Schadensersatzanspruch gegen die WEDIT von 1 Mio. DM.

Diese Summe könnte eventuell noch höher sein: Wenn ein Prüfungsfehler mehrere Jahre hintereinander in den Jahresabschlüssen fortgeführt und jeweils wieder für die Entstehung eines (neuen) Schadens ursächlich wird, haftet der Abschlussprüfer für jede Prüfung bis zur jeweils maßgeblichen gesetzlichen Höchstgrenze[1446]. Als schon vor 1997 entstandener Schaden der Hypo-Bank kommen die jährlich an die Aktionäre ausbezahlten Dividenden in Betracht[1447]. Fest steht, dass die von den Sonderprüfern erkannten Fehler bei der Bildung der Risikovorsorge nicht erstmals im Jahresabschluss 1997 gemacht wurden, sondern es sich teilweise

---

1443 Vgl. ausführlich zur gesetzlichen Haftungsbegrenzung oben, A. VIII. 3.

1444 So Sonderprüfungsbericht der BDO S. 60f.

1445 Vgl. Vorschlag des Vorstands für die Verwendung des Bilanzgewinns, Jahresabschluss der Hypo-Bank 1997, abgedruckt als Teil 2 im gemeinsamen Verschmelzungsbericht der Vereinsbank und der Hypo-Bank S. 123; FAZ vom 01.04.1998 S. 22.

1446 Die Serienschadenklausel nach Nr. 9 Abs. 2 AAB findet auf gesetzliche Abschlussprüfungen keine Anwendung, vgl. *Adler/Düring/Schmaltz*, § 323 HGB Rnr. 126.

1447 Vgl. dazu oben, A. IX. 2. a) cc).

um ein langjährig praktiziertes Vorgehen handelte. Unklar bleibt aber, ab wann diese Fehler für die Abschlussprüfer erkennbar waren und ob sie einen solchen Umfang annahmen, dass der Umfang der jährlich ausbezahlten Dividende zumindest reduziert hätte werden müssen[1448]. Folglich kann nur von einer hohen Haftungswahrscheinlichkeit der WEDIT für die Prüfung der vor 1997 liegenden Abschlüsse der Hypo-Bank ausgegangen werden. Sicher kommt die Haftungshöchstgrenze des § 323 Abs. 2 S. 1 HGB a.f. allerdings nur zweimal zur Anwendung[1449].

b) Haftung aus §§ 823 ff. BGB

Für den Abschlussprüfer besteht die Gefahr, dass er für Schäden, die eine fehlerhafte Abschlussprüfung verursacht hat, aus den Vorschriften über die unerlaubte Handlung sowohl von der geprüften Gesellschaft als auch von Dritten in Anspruch genommen wird. Die Ansprüche Dritter werden im Rahmen dieser Arbeit jedoch nicht erörtert[1450]. Es bleiben die deliktischen Ansprüche der in § 323 Abs. 1 S. 3 HGB Genannten.

Umstritten ist, ob ein Anspruch aus unerlaubter Handlung verdrängt wird, wenn sowohl die Voraussetzungen einer Haftung nach § 323 HGB als auch einer Deliktsnorm vorliegen[1451] oder ob eine echte Anspruchskonkurrenz besteht[1452]. Auch wenn man das Deliktsrecht neben § 323 HGB für anwendbar halten sollte, so liegen die Voraussetzungen der §§ 823 ff. BGB hier nicht vor:

Da die Hypo-Bank und folglich deren Rechtsnachfolgerin die Hypovereinsbank durch die pflichtwidrige Abschlussprüfung lediglich einen Vermögensschaden erlitten hat, scheidet § 823 Abs. 1 BGB als Anspruchsgrundlage aus.

[1448] Diese Fragen sind nicht Gegenstand der Arbeit. Hingewiesen sei aber darauf, dass laut Staatsanwaltschaft die Ex-Vorstände der Hypo-Bank bereits im Jahresabschluss 1994 „die Ertragslage der Bank zu günstig dargestellt und bilanzpolitisch motivierte Sondermaßnahmen nicht offen gelegt" haben, vgl. oben, A. IX. 2. a) dd).

[1449] Nämlich für den Jahresabschluss 1997 und den Konzernabschluss 1997.

[1450] Hierzu ausführlich: *Ebke*, Wirtschaftsprüfung und Dritthaftung, 37ff. sowie *Adler/Düring/Schmaltz*, § 323 HGB Rnr. 179ff.

[1451] Vgl. *Adler/Düring/Schmaltz*, § 323 HGB Rnr. 175; so grundsätzlich auch *Ebke*, Wirtschaftsprüfung und Dritthaftung, 37 Fußnote 15; *Schaal*, Der Wirtschaftsprüfer als Umwandlungsprüfer, 463.

[1452] So *Gloeckner*, Die zivilrechtliche Haftung des Wirtschaftsprüfers, 55; *Hopt*, WPg 1986, 461, 466; *Marsch-Barner* in Gemeinschaftskommentar-HGB, § 323 Rnr. 5.

Für die Haftung nach § 823 Abs. 2 BGB wird der Verstoß gegen ein den Schutz eines Dritten bezweckendes Gesetz vorausgesetzt. Zwar sind die Vorschriften der WPO, die Bilanzierungsvorschriften sowie § 323 Abs. 1 HGB keine Schutzgesetze, wohl aber die §§ 332, 333 HGB, §§ 403, 404 AktG[1453] und §§ 314, 315 UmwG[1454]; dasselbe gilt für die strafrechtlichen Vorschriften der §§ 263, 264a, 266, 283 ff. StGB[1455]. Alle diese Vorschriften begründen eine Haftung jedoch nur im Falle vorsätzlicher Pflichtverletzung[1456] und Vorsatz kann den Abschlussprüfern der WEDIT nicht nachgewiesen werden.

So verhält es sich auch mit einem Anspruch aus § 826 BGB. Ein Wirtschaftsprüfer handelt sittenwidrig, wenn ihm im Hinblick auf seine Prüfungshandlungen in solchem Maße Leichtfertigkeit nachgewiesen werden kann, dass sie als Gewissenlosigkeit zu werten ist[1457]. Zusätzlich erforderlich, aber auch ausreichend ist bedingter Schädigungsvorsatz[1458]. Dieser liegt vor, wenn der Wirtschaftsprüfer das Bewusstsein hat, infolge seines Tuns oder Unterlassens werde der andere der Gefahr eines Schadens ausgesetzt und diesen möglichen Schaden für den Fall der Realisierung billigend in Kauf nimmt[1459]. Aus einem besonders leichtfertigen Verhalten des Prüfers wird aber bereits auf dessen bedingten Vorsatz zur Schadenszufügung geschlossen[1460]. Den Abschlussprüfern der WEDIT kann zwar zweifelsohne Fahrlässigkeit vorgeworfen werden,

---

[1453] Die Bundesregierung will die Strafvorschriften für Falschangaben des Vorstands und des Abschlussprüfers verschärfen. Dabei wird auch überlegt, den Verschuldensmaßstab in bestimmten Fällen auf Leichtfertigkeit abzusenken, auch wegen der praktischen Schwierigkeit, Vorsatz nachzuweisen, so Maßnahmenkatalog der Bundesregierung zur Stärkung der Unternehmensintegrität und des Anlegerschutzes, NZG 2003, Heft 6 S. IX, S. XII.

[1454] Vgl. *Adler/Düring/Schmaltz*, § 323 HGB Rnr. 184f.; *Geuer*, Das Management des Haftungsrisikos der Wirtschaftsprüfer, 79; *Schaal*, Der Wirtschaftsprüfer als Umwandlungsprüfer, 461f.

[1455] Vgl. *Kaminski* in Wirtschaftsprüfer-Handbuch, Band I, Rnr. A 455.

[1456] Vgl. *Ebke*, Wirtschaftsprüfung und Dritthaftung, 46.

[1457] So OLG Düsseldorf BB 1996, 2614, 2616 sowie *Adler/Düring/Schmaltz*, § 323 HGB Rnr. 191 mit weiteren Nachweisen aus der Rechtsprechung. Das Vorliegen von Gewissenlosigkeit wird man u.a. dann annehmen können, wenn sich der Prüfer gewissenlos über erkannte Bedenken hinwegsetzt oder bei Fragen von erheblicher Bedeutung auf eine unerlässliche eigene Prüfung bewusst verzichtet.

[1458] Vgl. *Ebke*, Wirtschaftsprüfung und Dritthaftung, 56; *Geuer*, Das Management des Haftungsrisikos der Wirtschaftsprüfer, 81.

[1459] Ausführlich *Semler*, FS Quack, 439, 456.

[1460] Vgl. *Adler/Düring/Schmaltz*, § 323 HGB Rnr. 193.

aber der Nachweis des leichtfertigen Verhaltens in Form von Gewissenlosigkeit gelingt nicht.

3. Ergebnis

Wegen Verstoßes gegen die Pflicht zur gewissenhaften Abschlussprüfung hat sich die WEDIT gemäß § 323 Abs. 1 S. 3 HGB schadensersatzpflichtig gemacht. Der zu ersetzende Schaden kann allerdings nicht beziffert werden; auf jeden Fall sind die Kosten der Sonderprüfung zu ersetzen. Unklar bleibt, ob die gesamte ausbezahlte Dividende als Schaden geltend gemacht werden kann. Da auf Seiten der WEDIT von einer fahrlässigen Pflichtverletzung auszugehen ist, ist die Haftungsbegrenzung des § 323 Abs. 2 HGB a.F. zu beachten. Wie oft diese zum Zuge kommt, kann nicht abschließend beurteilt werden. Sicher kann aber von einer zweimaligen Anwendbarkeit der Haftungsbegrenzung und somit von einer Haftung in Höhe von 1 Mio. DM ausgegangen werden.

Die Berücksichtigung von Mitverschulden seitens der Hypo-Bank wäre hier nur bei vorsätzlichem Verhalten des Vorstandes der Hypo-Bank möglich. Vorsatz konnte aber nicht zweifelsfrei festgestellt werden.

Ein Anspruch aus §§ 823 ff. BGB besteht nicht.

Der Anspruch hat sich durch die Vergleichsvereinbarung der WEDIT mit der Hypovereinsbank erledigt[1461].

4. Die Haftung der WEDIT wegen Verletzung der Verschwiegenheitspflicht

Die WEDIT hat im September 1999 ein Gutachten vorgelegt, welches zu dem Ergebnis kommt, dass der Jahresabschluss 1997 der ehemaligen Hypo-Bank korrekt gewesen sei und die Immobilienrisiken ordnungsgemäß bewertet worden seien[1462]. Das Gutachten wurde von zwei Professoren verfasst und war von der WEDIT in Auftrag gegeben worden.

Die WEDIT hat durch die Beauftragung gegen ihre Verschwiegenheitspflicht aus § 323 Abs. 1 S. 1 HGB verstoßen, denn Gutachter können nur dann tätig werden, wenn sie über die für die Gutachtenerstellung notwendigen Informationen verfügen. Da diese Informationen größtenteils nicht öffentlich zugänglich waren, kann nur die WEDIT die erforderlichen Kenntnisse zur Verfügung gestellt haben, über die sie aufgrund ihrer Stellung als langjähriger Abschlussprüfer der Hypo-Bank auch ver-

---

[1461]   Vgl. zur Einigung zwischen der Hypovereinsbank und der WEDIT, oben, Teil 1, E. III.

[1462]   Vgl. Handelsblatt vom 02.09.1999 S 22. Dazu näher oben, Teil 1, E. I. 1.

fügte. Die Verschwiegenheitspflicht im Rahmen der Abschlussprüfung erstreckt sich aber auf alle Kenntnisse von Tatsachen und Umständen, die im Rahmen der beruflichen Tätigkeit anvertraut oder bekannt werden. Was letztlich vertraulich zu behandeln ist, entscheidet der Auftraggeber; dieser entscheidet auch über eine Befreiung von der Verschwiegenheitspflicht und zwar über die Dauer des Vertragsverhältnisses hinaus[1463]. Eine Befreiung durch die Hypovereinsbank als Rechtsnachfolgerin der Hypo-Bank war hier nicht erfolgt; im Gegenteil, die Hypovereinsbank kritisierte die Vorgehensweise der WEDIT[1464].

An der Pflichtverletzung ändert auch die Tatsache nichts, dass einer der Gutachter, Wolfgang Ballwieser, Mitglied des WEDIT-Aufsichtsrats war[1465], da die Verschwiegenheitspflicht der Abschlussprüfer gemäß § 323 Abs. 3 HGB auch gegenüber den Mitgliedern des Aufsichtsrats besteht.

Eine Verletzung der Verschwiegenheitspflicht könnte nur dann ausscheiden, wenn die WEDIT ihr Schweigen zur Wahrnehmung berechtigter eigener Interessen gebrochen hat. Dieser allgemeine Rechtsgrundsatz rechtfertigt die Offenbarung von Tatsachen und Umständen als ultima ratio erst dann, wenn die dem Prüfer drohenden Nachteile schwerwiegend sind, alle anderen Mittel und Wege, den Ruf, das Ansehen oder das Vermögen des Prüfers zu wahren, keinen Erfolg gehabt haben und das Interesse des Auftraggebers an der Geheimhaltung nach sorgfältiger Abwägung aller Tatsachen und Umstände hinter den berechtigten Interessen des Prüfers zurücktreten müssen[1466]. Ein berechtigtes Interesse kann bei Regressprozessen und sonstigen Verfahren gegen den Abschlussprüfer angenommen werden oder ganz ausnahmsweise bei einer Honorarstreitigkeit mit der Gesellschaft aber in aller Regel nicht schon bei Pressekampagnen[1467]. Wenn – so wie hier durch den Vorstandsvorsitzenden der Hypovereinsbank Albrecht Schmidt – öffentlich Vorwürfe durch den Auftraggeber selbst erhoben werden[1468], ist danach zu differenzieren, ob die Äußerungen bewusst unwahr sind oder

---

[1463] Vgl. *Geuer*, Das Management des Haftungsrisikos der Wirtschaftsprüfer, 53; *Müller* in Kallmeyer, UmwG, § 11 Rnr. 14 sowie *Brönner* in Großkommentar, AktG, § 168 Anm. 6. Zum Inhalt der Verschwiegenheitspflicht, vgl. bereits oben A. III. 1.

[1464] Vgl. Handelsblatt vom 02.09.1999 S. 22 sowie vom 06.09.1999 S. 14; Der Spiegel 36/1999 S. 117.

[1465] Vgl. FAZ vom 07.09.1999 S. 24.

[1466] So *Ebke* in Münchener Kommentar, HGB, § 323 Rnr. 49.

[1467] Vgl. *Baumbach/Hopt*, HGB, § 323 Rnr. 2.

[1468] Vgl. dazu Teil 1, C. IV. 5.

der Äußernde gutgläubig gehandelt hat oder ob sie wahr sind[1469]. Schmidt warf den Abschlussprüfern der WEDIT vor, sie hätten den Jahresabschluss fehlerhafterweise uneingeschränkt testiert. Dieser Vorwurf erwies sich aufgrund der durchgeführten Sonderprüfung und den soeben gemachten Feststellungen[1470] als richtig. Bei wahren Äußerungen kann aber kein berechtigtes Interesse der WEDIT bestehen, ihr Schweigen zu brechen. Die Einhaltung der Pflicht zur Verschwiegenheit war der WEDIT somit zuzumuten.

Ein Schadensersatzanspruch scheitert aber daran, dass ein Schaden, der durch die Verletzung der Verschwiegenheitpflicht verursacht worden sein müsste, nicht erkennbar ist. Aus diesem Grund sind die Voraussetzungen sowohl des § 323 Abs. 1 S. 3 HGB als auch der §§ 823 ff. BGB nicht erfüllt.

X. Ergebnis

Die gesetzliche Haftungsbeschränkung des § 323 Abs. 2 HGB ist entbehrlich. Stattdessen sollte die Möglichkeit einer vertraglichen Haftungsbeschränkung eingeführt werden. Dies würde die Haftungsregelungen von Abschlussprüfern stark an diejenigen der Rechtsanwälte und Steuerberater angleichen und gleichzeitig wäre dem Bedürfnis der Abschlussprüfer nach Versicherbarkeit ihres Berufsrisikos Genüge getan. Im Interesse einer Angleichung der genannten freien Berufe, sollte der Gesetzgeber durch eine Änderung der BRAO dafür sorgen, dass auch Rechtsanwälte im Wege vorformulierter Vertragsbedingungen ihre Haftung für jede Form der Fahrlässigkeit wirksam ausschließen können. Gleichzeitig sollte über eine Erhöhung der Haftungssumme auf 1 Mio. Euro bei der Haftung des Rechtsanwalts und des Steuerberaters nachgedacht werden.

Wegen Verstoßes gegen die Pflicht zur gewissenhaften Abschlussprüfung hat sich die WEDIT gemäß § 323 Abs. 1 S. 3 HGB schadensersatzpflichtig gemacht. Der zu ersetzende Schaden kann allerdings nicht beziffert werden; auf jeden Fall sind die Kosten der Sonderprüfung zu ersetzen. Aufgrund der zumindest zweimal zur Anwendung kommenden Haftungsbegrenzung des § 323 Abs. 2 HGB a.F. ist von einer Haftung in Höhe von 1 Mio. DM auszugehen. Ein Anspruch aus §§ 823 ff. BGB besteht nicht. Ebenso scheidet trotz Pflichtverletzung eine Haftung der WEDIT wegen Verstoßes gegen die Verschwiegenheitpflicht aus.

[1469] Dazu näher *Ebke* in Münchener Kommentar, HGB, § 323 Rnr. 51, der allerdings nur differenziert zwischen bewusst unwahren Äußerungen und Gutgläubigkeit des Äußernden.

[1470] Vgl. oben, A. IX. 2. a) aa).

Alle Ansprüche haben sich durch die Vergleichsvereinbarung der WEDIT mit der Hypovereinsbank erledigt.

B. Die Haftung des Wirtschaftsprüfers als privatrechtlicher Gutachter

Gemäß § 2 Abs. 3 Nr. 1 WPO sind Wirtschaftsprüfer befugt auf den Gebieten der wirtschaftlichen Betriebsführung als Sachverständige aufzutreten. Dabei fertigt der Wirtschaftsprüfer in dieser Funktion regelmäßig Gutachten an[1471]. Einen Schwerpunkt bildet dabei die Erstellung von Gutachten zur Ermittlung des Wertes eines Unternehmens. Sie spielen bei Verschmelzungen eine gewichtige Rolle, da sie es den beiden zu verschmelzenden Unternehmen ermöglichen ihre Unternehmenswerte in Relation zueinander zu setzen und dadurch das Umtauschverhältnis der Anteile zu bestimmen. Folgerichtig führen Fehler bei der Begutachtung oft zu einem fehlerhaften Umtauschverhältnis. Das Haftungsrisiko des Wirtschaftsprüfers ist bei dieser Tätigkeit dementsprechend hoch[1472].

I. Pflichten im Rahmen der Gutachtenerstellung

Begutachtungen sind keine Handlungsempfehlungen, sondern sie beschränken sich auf Ermittlungen, Feststellungen, Analysen und Beurteilungen von eindeutig definierten und abgegrenzten Sachverhalten durch externe Sachverständige (Gutachter) mit dem Ziel der Abgabe eines wertenden Urteils[1473].

Rechte und Pflichten der Vertragsparteien ergeben sich dabei im Einzelnen aus dem jeweiligen Vertrag, aus dem Sinn und Zweck des Gutachtens sowie aus der Verkehrsauffassung[1474]. Dem Vertrag werden von den Wirtschaftsprüfern zumeist die Allgemeinen Auftragsbedingungen (AAB) des IDW zugrunde gelegt[1475]. Als generellen Pflichtenmaßstab

---

[1471] Vgl. *Gloeckner*, Die zivilrechtliche Haftung des Wirtschaftsprüfers, 15.

[1472] Die Haftung als Gutachter gegenüber Dritten, d.h. gegenüber anderen als dem oder den Vertragspartner(n), wird nicht erörtert. Dieser Problemkreis taucht im zugrunde liegenden Sachverhalt nicht auf. Dazu *Schaub*, Jura 2001, 8, 10ff.; vgl. auch *Hopt*, WPg 1986, 461, 500; *Müller*, WPK-Mitt. Sonderheft 1991, 3, 25ff. Ebenso verhält es sich mit der Haftung des Wirtschaftsprüfers als gerichtlich bestellter Gutachter, dazu *Geuer*, Das Management des Haftungsrisikos der Wirtschaftsprüfer, 29 m.w.N.

[1473] *Weiland*, BB 1996, 1211, 1211.

[1474] So *Geuer*, Das Management des Haftungsrisikos der Wirtschaftsprüfer, 28; vgl. auch *Fliess*, WPK-Mitt. 1992, 49, 56; *Gloeckner*, Die zivilrechtliche Haftung des Wirtschaftsprüfers, 80; *Semler*, FS Quack, 439, 440.

[1475] Vgl. *Gloeckner*, Die zivilrechtliche Haftung des Wirtschaftsprüfers, 81.

sieht Nr. 2 Abs. 1 S. 2 AAB[1476] die Grundsätze ordnungsmäßiger Berufsausübung vor. Zur Ausfüllung dieses allgemeinen Maßstabes kann auf
die WPO und die Berufssatzung zurückgegriffen werden[1477]. Bei den sich
daraus ergebenden Berufspflichten ist zu berücksichtigen, dass es sich
um rechtliche Mindestanforderungen an die Qualität der Leistungen von
Wirtschaftsprüfern handelt[1478]. Die Verantwortlichkeit des Wirtschaftsprüfers beurteilt sich letztlich nach denselben Gesichtspunkten wie bei
der Prüfungstätigkeit, da die Pflicht zu Unabhängigkeit, Gewissenhaftigkeit, Verschwiegenheit und Eigenverantwortlichkeit den Angehörigen
dieses Berufs grundsätzlich auferlegt ist und von der Art des übernom-
menen Auftrags nicht berührt wird[1479]. Bei der Erstattung von Gutachten
hat sich der Wirtschaftsprüfer, wie auch bei der Abschlussprüfung, unparteiisch zu verhalten, § 43 Abs. 1 S. 2 WPO. Dieses Gebot verlangt absolute Neutralität, die im Gutachten auch zum Ausdruck kommen
muss[1480]. Bezüglich der Pflichten bei der Begutachtung kann also in vollem Umfang auf die obigen Ausführungen zu den Pflichten des Abschlussprüfers verwiesen werden[1481].

Bei einem Gutachten ergeben sich darüber hinaus noch zusätzliche
Pflichten: So hat der Wirtschaftsprüfer beispielsweise einen Verhandlungspartner, der ihn mit der Erstellung eines Gutachtens beauftragen
will, schon vor Vertragsschluss über wirtschaftliche Vor- und Nachteile
des Gutachtens zu informieren. Sind die für das Gutachten erforderlichen Informationen unzureichend, hat der Wirtschaftsprüfer seinen
Auftraggeber darauf hinzuweisen. Des Weiteren hat er ihn auf Gefähr-
dungen von Interessen oder sonstige Risiken aufmerksam zu machen,
die dem Auftraggeber bei der Verwertung des Gutachtens entstehen
können[1482].

[1476] Allgemeine Auftragsbedingungen für Wirtschaftsprüfer und Wirtschaftsprüfungsgesellschaften vom 01.01.2002.

[1477] Vgl. *Fliess*, WPK-Mitt. 1992, 49, 56.

[1478] So *Geuer*, Das Management des Haftungsrisikos der Wirtschaftsprüfer, 34.

[1479] Vgl. *Gloeckner*, Die zivilrechtliche Haftung des Wirtschaftsprüfers, 80; *Semler*,
FS Quack, 439, 447 und § 43 Abs. 1 S. 1 WPO.

[1480] Vgl. *Kaminski* in Wirtschaftsprüfer-Handbuch, Band I, Rnr. A 257f. Auch wenn
der Wirtschaftsprüfer bei widerstreitenden Interessen nur von einer beteiligten Partei mit einem Gutachten beauftragt ist, darf er keine einseitigen Feststellungen treffen, *Geuer*, Das Management des Haftungsrisikos der Wirtschaftsprüfer, 49.

[1481] Vgl. ausführlich A. III. Dies gilt auch für die vertragliche Treuepflicht, vgl.
ausführlich dazu *Semler*, FS Quack, 439, 449.

[1482] Ausführlicher *Geuer*, Das Management des Haftungsrisikos der Wirtschaftsprüfer, 40ff. sowie *Müller*, WPK-Mitt. Sonderheft 1991, 3, 14 und 16.

II. Inhalt und Umfang der Begutachtung

Wer einen sachverständigen Dritten beauftragt, für ihn ein Gutachten zu erstellen, muss mitteilen, was er zu wissen wünscht, d.h. zu welchem Zweck das Gutachten benötigt wird. Der Auftragsinhalt wird größtenteils durch die vom Auftraggeber vorgegebene Aufgabenstellung bestimmt[1483].

1. Gutachten im Allgemeinen

Zunächst ist seitens des Gutachters ein ausreichendes Maß an Sicherheit erforderlich, dass der ermittelte Sachverhalt zutreffend und in sich plausibel ist. Um diese Sicherheit zu gewinnen, müssen regelmäßig in gewissem Umfang Prüfungshandlungen vorgenommen werden. Die ermittelten Fakten müssen vom Gutachter sachverständig beurteilt werden. Über das Ergebnis seiner Untersuchungen und Überlegungen muss der Gutachter berichten[1484].

Aufgrund des festgestellten Auftragsinhalts muss sich der Gutachter einen Rahmen für sein Arbeitsprogramm erstellen. Er selbst legt dabei die Auswahl der vorzunehmenden Handlungen und die Bestimmung der mit dem Auftrag im Zusammenhang stehenden organisatorischen Maßnahmen fest. Die zu Beginn einer Gutachtenerstellung anstehenden Planungsarbeiten unterscheiden sich nicht von denen einer Abschlussprüfung[1485].

Bei der Verschaffung und insbesondere bei der Verwertung der Fachkenntnisse im Rahmen des Gutachtens hat der Gutachter die allgemein für seine Fachrichtung geltenden Methoden zu beachten[1486]. Die von einem anderen getroffenen Feststellungen müssen verifiziert, analysiert und auf ihre Plausibilität hin überprüft werden. Der Gutachter muss sich ein Urteil darüber bilden, ob die vorgenommenen Überprüfungen nicht etwa Anlass dafür geben, an der Zuverlässigkeit der überlassenen Unterlagen zu zweifeln und ob unter diesen Umständen für die späteren Beurteilungen eine ausreichend sichere Grundlage vorliegt. Bestehen diesbezüglich keine Bedenken, darf der Gutachter die ihm übergebenen Daten im Allgemeinen ungeprüft verwenden[1487]. Er ist grundsätzlich

---

1483 Von außergewöhnlicher praktischer Bedeutung ist die klare inhaltliche Umschreibung des Gutachtenauftrags, *Müller*, WPK-Mitt. Sonderheft 1991, 3, 9.

1484 Vgl. *Semler*, FS Quack, 439, 440.

1485 *Semler*, FS Quack, 439, 442. Vgl. dazu IDW Prüfungsstandard: Grundsätze der Planung von Abschlussprüfungen (IDW PS 240), WPg 2000, 846ff.

1486 Vgl. *Müller*, WPK-Mitt. Sonderheft 1991, 3, 15.

1487 Vgl. *Semler*, FS Quack, 439, 442.

nicht verpflichtet, tatsächliche Ermittlungen anzustellen oder zu überprüfen, ob Informationen, die er von seinem Auftraggeber erhalten hat,
in allen Punkten zutreffen[1488]. Überprüfungen sind allerdings insoweit
erforderlich, als einzelne besonders bedeutsame Vorgänge anhand von
Originalunterlagen nachvollzogen und die richtige Erfassung des aus
diesen Unterlagen folgenden Zahlenwerks in Rechenwerk und Statistik
kontrolliert werden müssen. Der Prüfer muss insgesamt zu einem eigenen Urteil über die Verlässlichkeit des Zahlenwerks kommen[1489]. Entbehrlich ist dagegen eine systematische Stichprobenkontrolle oder die
Verwendung anderer Verfahren (z.B. Inventur oder Forderungs-
bestätigungen), wie sie bei Abschlussprüfungen gefordert sind[1490]. Die in
geprüften Jahresabschlüssen enthaltenen Aussagen dürfen in der Regel
ohne weiteres übernommen werden, da wegen der vorangegangenen
objektiven Kontrolle von gesicherten Daten auszugehen ist. Es kann auf
die Kommentare und Bemerkungen der Abschlussprüfer zurückgegriffen werden. Dies gilt nicht, wenn berechtigte Zweifel an der Richtigkeit der Daten nahe liegen[1491].

Bei der Berichterstattung im Gutachten ist vorrangig die Zwecksetzung
des Auftrags zu beachten. Der Wirtschaftsprüfer muss das Gutachten
inhaltlich so ausgestalten, dass der sachkundige Leser die Gedanken-
gänge intellektuell nachvollziehen kann, die den Wirtschaftsprüfer zu
seinem Gutachtenergebnis geführt haben. Dazu gehört auch, dass er den
Sachverhalt mitteilt, auf den sich seine gutachterliche Äußerung bezieht.
Ebenso hat er die Fragestellungen anzugeben, die in seinem Gutachten
behandelt werden[1492]. Das Gutachten muss alle für die Zielsetzung erforderlichen Feststellungen enthalten und darüber berichten, welche wesentlichen Tatsachen die Untersuchung erbracht hat. Es darf nicht den
Eindruck erwecken, dass Tatbestände geprüft worden sind, wenn dies
tatsächlich nicht der Fall war; es muss erkennen lassen, wenn Ausführungen auf Auskünften oder Untersuchungen Dritter beruhen. Das Verschweigen wesentlicher Umstände stellt eine Verletzung der Gutachter-

---

[1488] So *Müller*, WPK-Mitt. Sonderheft 1991, 3, 16.

[1489] Vgl. *Piltz*, Die Unternehmensbewertung in der Rechtsprechung, 258; *Semler*, FS
Quack, 439, 443.

[1490] So *Semler*, FS Quack, 439, 443.

[1491] Vgl. *Hopt*, WPg 1986, 461, 504; vgl. auch IDW Standard: Grundsätze zur
Durchführung von Unternehmensbewertungen (IDW S 1) Tz. 89, WPg 2000,
825 sowie *Picot*, Handbuch Mergers & Acquisitions, 279f.; vgl. zur Umwandlungsprüfung *Schaal*, Der Wirtschaftsprüfer als Umwandlungsprüfer, 262f.

[1492] Vgl. *Müller*, WPK-Mitt. Sonderheft 1991, 3, 15.

pflicht dar[1493]. Das Gutachten ist mit größtmöglicher Objektivität zu erstatten[1494].

2. Bewertungsgutachten

Einleitend ist darauf hinzuweisen, dass sich die Arbeit weniger mit der Darstellung der technischen Details für die Durchführung einer Unternehmensbewertung befasst, sondern sich vielmehr auf die Darstellung der prinzipiellen Vorgehensweise konzentriert.

Wirtschaftsprüfer werden besonders häufig mit der Erstattung von Gutachten beauftragt, die die Bewertung von Unternehmen zum Gegenstand haben. Im Gegensatz zu anderen Gutachten existiert diesbezüglich ein IDW Standard, der die wesentlichen allgemeinen Grundsätze der Unternehmensbewertung vor dem Hintergrund von Theorie, Praxis und Rechtsprechung enthält[1495].

Die an der Ermittlung eines Unternehmenswerts interessierten Parteien haben subjektiv geprägte, in aller Regel unterschiedliche Vorstellungen über das zu bewertende Unternehmen und damit auch über den Unternehmenswert[1496]. Als neutraler Gutachter wird der Wirtschaftsprüfer als Sachverständiger tätig, der mit nachvollziehbarer Methodik einen objektivierten, von den individuellen Wertvorstellungen betroffener Parteien unabhängigen Wert des Unternehmens ermittelt[1497]. Häufig wird der Wirtschaftsprüfer als neutraler Sachverständiger bereits zur Aufbereitung der für Verhandlungen notwendigen Datenbasis eingeschaltet, um

---

1493   *Semler,* FS Quack, 439, 445f.; vgl. auch *Theysohn-Wadle* in Beisel/Klumpp, Der Unternehmenskauf, Kapitel 3 Rnr. 24.

1494   Vgl. *Gloeckner,* Die zivilrechtliche Haftung des Wirtschaftsprüfers, 81.

1495   Vgl. IDW S 1 Tz. 1, WPg 2000, 825. Inzwischen liegt ein Entwurf einer Neufassung des IDW Standards: Grundsätze zur Durchführung von Unternehmensbewertungen (IDW ES 1 n.F.) vor, WPg 2005, 28ff. Laut einer Presseinformation des IDW erfordern neue theoretische und empirische Erkenntnisse sowie veränderte wirtschaftliche Rahmenbedingungen eine Neufassung. Insbesondere die Neuorientierung bei der Ermittlung des Kapitalisierungszinsfußes sowie die Abkehr von der Vollausschüttungsannahme spielen dabei eine Rolle, so Presseinformation 11/04 des IDW vom 30.11.2004 S. 2f., abgerufen am 03.01.2005 unter www.idw.de/idw/generator/property=Dateien/id=373954. pdf. Zur Unternehmensbewertung nach IDW ES 1 n.F. *Großfeld/Stöver/Tönnes,* BB-Special 7/2005, 2ff.

1496   *Siepe* in Wirtschaftsprüfer-Handbuch, Band II, Rnr. A 31f. sowie *Theysohn-Wadle* in Beisel/Klumpp, Der Unternehmenskauf, Kapitel 3 Rnr. 1ff.

1497   IDW S 1 Tz. 12, WPg 2000, 825. Der objektivierte ist nicht mit dem objektiven Unternehmenswert gleichzusetzen, vgl. dazu *Widmann* in Hölters, Handbuch des Unternehmens- und Beteiligungskaufs, Teil II, Rz 11.

zu vermeiden, dass der Verhandlungspartner Einblick in die Interna des anderen Unternehmens erhält. Dies führt zu einer neutralen und sachkundigen Gewinnung, Prüfung und Analyse von Daten im Rahmen der so genannten Due Diligence[1498].

a) Due Diligence

Nur kurz soll nochmals auf die Due Diligence eingegangen werden. Wie oben ausgeführt, ist der Vorstand einer Aktiengesellschaft bei einer geplanten Verschmelzung in der Regel verpflichtet, das Unternehmen des Verschmelzungspartners einer Due Diligence zu unterziehen[1499]. Weil den Vorständen der beteiligten Gesellschaften das notwendige Fachwissen für die Prüfung der vielfältigen Aspekte häufig fehlt und die Due Diligence meist zeit- und arbeitsintensiv ist, sind mit ihrer Durchführung grundsätzlich externe Experten zu beauftragen. Eine vollständige Verlagerung auf externe Experten ist allerdings nicht der Regelfall, meistens sind sowohl Externe als auch Mitarbeiter des die Due Diligence durchführenden Unternehmens beteiligt[1500]. Wird die Due Diligence unter Hinzuziehung von Wirtschaftsprüfern in ihrer Funktion als neutrale Bewertungsgutachter durchgeführt, so kann sie als Vorstufe der eigentlichen Bewertung begriffen werden, denn eine sorgfältige Unternehmensbewertung erfordert zunächst die sorgfältige Ermittlung und Prüfung der dafür notwendigen Daten sowie die Klärung der Problemfelder. Zumindest Teilbereiche der Due Diligence sind eine Voraussetzung für die anschließende Unternehmensbewertung[1501].

b) Inhalt des Unternehmenswerts

Der Wert des Unternehmens wird von dem subjektiven Nutzen festgelegt, den seine Eigentümer aus ihm ziehen können[1502]. Unter der Voraussetzung ausschließlich finanzieller Ziele bestimmt sich der Wert durch den Barwert der mit dem Eigentum an dem Unternehmen verbundenen Nettozuflüsse an die Unternehmenseigner (Nettoeinnahmen der Unternehmenseigner). Demnach wird der Unternehmenswert allein aus seiner

---

[1498] Ähnlich *Siepe* in Wirtschaftsprüfer-Handbuch, Band II, Rnr. A 34. Ausführlich zur Due Diligence oben, 1. Kapitel, C. III. 4. b).

[1499] Vgl. oben, 1. Kapitel, C. III. 4. b) aa).

[1500] Vgl. *Fleischer/Körber*, BB 2001, 841, 842; *Mutschler/Mersmann*, DB 2003, 79, 81; *Stoffels*, ZHR 165 (2001), 362, 365. Dazu bereits oben, 1. Kapitel, C. III. 4. b) cc).

[1501] So *Dietzel* in Semler/Volhard, Arbeitshandbuch für Unternehmensübernahmen, Band 1, § 9 Rnr. 211 bezüglich der so genannten Financial Due Diligence. Zur Financial Due Diligence siehe bereits oben, 1. Kapitel, C. III. 4. b) cc) sowie *Picot*, Handbuch Mergers & Acquisitions, 278ff.

[1502] Vgl. *Siepe* in Wirtschaftsprüfer-Handbuch, Band II, Rnr. A 3.

Eigenschaft abgeleitet, finanzielle Überschüsse für die Eigentümer des Unternehmens zu erwirtschaften[1503]. Dieser Wert ergibt sich grundsätzlich aufgrund der finanziellen Überschüsse, die bei Fortführung des Unternehmens und Veräußerung etwa vorhandenen nicht betriebsnotwendigen Vermögens[1504] erwirtschaftet werden (Zukunftserfolgswert).

Nur für den Fall, dass der Barwert der finanziellen Überschüsse, der sich bei Liquidation des gesamten Unternehmens ergibt (Liquidationswert), den Fortführungswert übersteigt, kommt der Liquidationswert als Unternehmenswert in Betracht[1505]. Denn vernünftigerweise wird niemand ein Unternehmen weiterführen, wenn dessen Liquidation einen größeren Erlös verspricht, als es seine Fortführung ermöglicht[1506]. Dem Substanzwert kommt dagegen bei der Ermittlung des Unternehmenswerts keine eigenständige Bedeutung zu[1507].

Tatsächlich gezahlte Marktpreise für vergleichbare Unternehmen oder Unternehmensanteile sind wichtige Orientierungsgrößen zur Beurteilung der Plausibilität von Unternehmenswerten und Anteilswerten, ersetzen aber keine Unternehmensbewertung[1508]. Dies gilt nach Ansicht des IDW auch für Börsenkurse[1509]. Während Unternehmensbewertungen auf detailliert analysierten Daten zum Bewertungsobjekt beruhen, seien Börsenkurse Tagespreise am Aktienmarkt, die den Preis darstellen, der sich an der Börse aufgrund von Angebot und Nachfrage bildet. Die Börsenkursbildung hänge dabei von vielfältigen Einflussfaktoren ab, z.B. künftigen Entwicklungen und Möglichkeiten des Unternehmens, die von den Marktteilnehmern erwartet werden, Marktenge, Spekulationen, Änderungen des Zinsniveaus, Währungskursen, politischen Ereignissen,

---

[1503] Vgl. IDW S 1 Tz. 4, WPg 2000, 825. So auch *Piltz*, Die Unternehmensbewertung in der Rechtsprechung, 17.

[1504] Nicht betriebsnotwendiges Vermögen liegt vor, wenn die eigentliche Unternehmensaufgabe bei der Veräußerung solcher Vermögensteile nicht berührt wird, vgl. IDW S 1 Tz. 64, WPg 2000, 825; *Stratz* in Schmitt/Hörtnagl/Stratz, UmwG, § 5 Rnr. 22; *Theysohn-Wadle* in Beisel/Klumpp, Der Unternehmenskauf, Kapitel 3 Rnr. 18f.

[1505] IDW S 1 Tz. 5, WPg 2000, 825. Ausführlich zum Liquidationswert: *Piltz*, Die Unternehmensbewertung in der Rechtsprechung, 29ff.

[1506] *Schaal*, Der Wirtschaftsprüfer als Umwandlungsprüfer, 198 m.w.N.

[1507] Dieser ist nur auf Wunsch des Auftraggebers vom Wirtschaftsprüfer eigenständig zu ermitteln, so *Siepe* in Wirtschaftsprüfer-Handbuch, Band II, Rnr. A 5.

[1508] Ausführlich zur Ermittlung von Vergleichsunternehmen und deren Marktwert, *Siepe* in Wirtschaftsprüfer-Handbuch, Band II, Rnr. A 66ff.

[1509] So IDW S 1 Tz. 13, WPg 2000, 825. Daran hält auch IDW ES 1 n.F. fest, vgl. Tz. 14ff., WPg 2005, 28.

psychologischen Momenten, allgemeiner Börsentendenz[1510]. Börsen-
preise sind aber zur Plausibilitätsbeurteilung des ermittelten Unterneh-
mens- oder Anteilswerts heranzuziehen[1511].

Die Funktion des Börsenwertes könnte sich bald grundlegend ändern,
falls die durch die Rechtsprechung ausgelöste Entwicklung dazu führt,
dass künftig bei jeder Unternehmensbewertung von börsennotierten
Aktiengesellschaften grundsätzlich auf den Börsenkurs als Untergrenze
des Unternehmenswerts abgestellt werden muss. Nach einer Entscheidung des BVerfG[1512] darf beim Abschluss eines Beherrschungs- und Ge-
winnabführungsvertrages nach § 291 AktG sowie im Falle der Eingliederung durch Mehrheitsbeschluss gemäß § 320 AktG der Verkehrswert von
Aktieneigentum nicht ohne Berücksichtigung des Börsenkurses der betreffenden Aktie ermittelt werden. Sofern in diesen Fällen der ermittelte
Wert der Aktien unter dem Börsenkurs liegt, ist der Börsenkurs grundsätzlich als Mindestgröße heranzuziehen. Maßgeblicher Börsenwert ist
nach einem Beschluss des BGH[1513] ein Referenzkurs, der sich aus dem
Durchschnittskurs der letzten drei Monate vor dem Tag der Hauptversammlung der beherrschten Gesellschaft errechnet[1514]. Streitig ist, ob diese Grundsätze allgemein auf Unternehmensbewertungen börsennotierter
Aktiengesellschaften angewendet werden können[1515]. Nach einem Beschluss des BayObLG zur hier untersuchten Verschmelzung bedarf es

---

[1510] Vgl. IDW S 1 Tz. 14, WPg 2000, 825; *Schaal*, Der Wirtschaftsprüfer als Umwandlungsprüfer, 193ff.

[1511] Vgl. *Siepe* in Wirtschaftsprüfer-Handbuch, Band II, Rnr. A 56.

[1512] BVerfG ZIP 1999, 1436, 1441ff. („DAT/Altana").

[1513] BGH ZIP 2001, 734, 737 („DAT/Altana").

[1514] Ausführlich zum Ganzen: *Röhricht* in Gesellschaftsrechtliche Vereinigung, Gesellschaftsrecht in der Diskussion 2001, 3, 20ff.; *Henze*, FS Lutter, 1101, 1102f.,
1108ff. sowie *Busse von Colbe*, FS Lutter, 1053, 1053ff. Kritisch zur Wahl des Re-
ferenzkurses, *Siepe* in Wirtschaftsprüfer-Handbuch, Band II, Rnr. A 62; dazu
auch *Stratz* in Schmitt/Hörtnagl/Stratz, UmwG, § 5 Rnr. 25.

[1515] Nach *Lutter* in Lutter, UmwG, § 5 Rnr. 23a erlangt die Entscheidung des
BVerfG Bedeutung für jede Unternehmensbewertung börsennotierter Aktiengesellschaften; künftig stelle der Börsenkurs die Untergrenze dar; zustimmend
Marsch-Barner in Kallmeyer, UmwG, § 8 Rnr. 14; ähnlich *Bula/Schlösser* in Sa-
gasser/Bula/Brünger, Umwandlungen, J Rnr. 32; *Vollrath*, FS Widmann, 117,
122ff. *Schaal*, Der Wirtschaftsprüfer als Umwandlungsprüfer, 199ff., stimmt
zwar der Maßgeblichkeit des Börsenkurses als Untergrenze im Rahmen der
Bestimmung von Barabfindungen zu, lehnt dies aber ab, wenn es um die Ermittlung des Umtauschverhältnisses bei Verschmelzungen geht. Ähnlich
Decher in FS Wiedemann, 787, 800ff., 804ff.; *Siepe* in Wirtschaftsprüfer-
Handbuch, Band II, Rnr. A 65. Vgl. auch die Nachweise bei *Bungert*, BB 2003,
699, 699.

jedenfalls bei der Verschmelzung zweier Aktiengesellschaften, von denen keine einen beherrschenden Einfluss auf die andere auszuüben vermag, keiner Berücksichtigung des Börsenwertes[1516]. Die Interessenlage der Anteilsinhaber der übertragenden wie der übernehmenden Gesellschaft sei anders gelagert als diejenige der Aktionäre von Gesellschaften, die einen Gewinnabführungs- und/oder Beherrschungsvertrag abschließen oder an einer Eingliederung beteiligt sind. Die Aktionäre haben in den letztgenannten Fällen keine Möglichkeit, im Verhandlungswege eine angemessene Entschädigung zu erreichen, da sie die hierfür erforderlichen Mehrheiten in „ihrer" Gesellschaft bei Abstimmungen nicht herbeiführen können. Ein Aktionär habe auch nicht die Möglichkeit gegen den Beschluss der Hauptversammlung durch Anfechtungsklage vorzugehen. Anders sei die Lage bei der Verschmelzung gleichberechtigter Gesellschaften. Hier bestehe im Grundsatz kein Interessengegensatz zwischen Großaktionären und Minderheitsaktionären der jeweiligen Vertragspartei. Die Stellung der Großaktionäre der beteiligten Gesellschaften sei in diesen Fällen regelmäßig nicht so stark, dass ein Großaktionär allein die erforderliche Stimmenmehrheit besitze. Zudem habe jeder Großaktionär ein Interesse daran, für sich und damit auch für die anderen Aktionäre seiner Gesellschaft möglichst günstige Bedingungen auszuhandeln[1517].

c) Grundsätze zur Ermittlung von Unternehmenswerten

Das Umtauschverhältnis wird aus dem Verhältnis der Unternehmenswerte der beteiligten Rechtsträger sowie der beiderseitigen Kapitalverhältnisse abgeleitet. Dazu ist in der Regel für jeden Rechtsträger eine Unternehmensbewertung erforderlich[1518]. Das UmwG schreibt keine bestimmte Bewertungsmethode vor. Bei Verschmelzungen börsennotierter Aktiengesellschaften wird bei der Festsetzung des Umtauschverhältnisses aber zumeist eine Unternehmensbewertung nach dem IDW Standard

---

[1516] Vgl. BayObLG ZIP 2003, 253, 253ff. („Hypovereinsbank"). Das Gericht geht dabei offensichtlich davon aus, dass die Hypo-Bank in keinem Abhängigkeitsverhältnis zur Vereinsbank stand, obwohl die Vereinsbank Inhaberin von 44,4 Prozent der Aktien der Hypo-Bank war und nur ca. 27,2 Prozent der Hypo-Bank-Aktien von Publikumsaktionären gehalten wurden. Auf diesen in Erwägung zu ziehenden Gedanken weist *Paschos*, ZIP 2003, 1017, 1020 Fußnote 26 m.w.N. hin, der aber hier nicht näher erörtert werden soll.

[1517] Vgl. ausführlich BayObLG ZIP 2003, 253, 253ff. („Hypovereinsbank"). So auch *Bungert*, BB 2003, 699, 700f.; *Schnorbus*, ZHR 167 (2003), 666, 687 m.w.N.; *Siepe* in Wirtschaftsprüfer-Handbuch, Band II, Rnr. A 65. Im Ergebnis zustimmend *Paschos*, ZIP 2003, 1017, 1017ff. m.w.N. auch zur Gegenansicht.

[1518] Vgl. *Marsch-Barner* in Kallmeyer, UmwG, § 8 Rnr. 12.

§ 1[1519] vorgenommen[1520]. Die Bestimmung des Umtauschverhältnisses stellt den wohl kompliziertesten und fehleranfälligsten Teil des gesamten Verschmelzungsvorgangs dar. Aufgrund der Abhängigkeit des Umtauschverhältnisses von der Unternehmensbewertung, ist die Festlegung des Umtauschverhältnisses mit all denjenigen Unwägbarkeiten belastet, die die Unternehmensbewertung mit sich bringt. Allerdings, das folgt aus § 12 Abs. 2 S. 1 UmwG, muss das Umtauschverhältnis lediglich angemessen sein. D.h., die erhaltenen Anteile müssen den Wert der hingegebenen Anteile im Wesentlichen erreichen. Der Gesetzgeber gibt damit der Erkenntnis nach, dass es einen einzig richtigen Unternehmenswert nicht gibt und insofern eine prognoseabhängige Bandbreite verbleibt. Folglich kommt es weniger auf eine exakte Ermittlung der Unternehmenswerte an, als vielmehr auf die richtige Relation der Unternehmenswerte der beteiligten Rechtsträger zueinander[1521].

Die Unternehmenswertermittlung erfordert die Prognose und Abzinsung der künftigen finanziellen Überschüsse aus dem betriebsnotwendigen und nicht betriebsnotwendigen Vermögen, denn der Barwert aller den Unternehmenseignern zufließenden künftigen finanziellen Überschüsse bildet den Wert des Unternehmens[1522].

Unternehmenswerte sind zeitpunktbezogen zu ermitteln. Mit dem Bewertungsstichtag wird festgelegt, welche finanziellen Überschüsse nicht mehr zu berücksichtigen sind, weil sie den bisherigen Eigentümern des Unternehmens bereits zugeflossen sind, und ab welchem Zeitpunkt zu erwartende oder schon realisierte finanzielle Überschüsse den künftigen Eigentümern zuzurechnen sind[1523]. Zu den zu erwartenden Überschüssen gehören nur solche Erfolgschancen, die zumindest durch zum Stichtag bereits eingeleitete Maßnahmen, d.h. durch Umsetzungsbeschlüsse der Geschäftsführung bzw. eines Aufsichtorgans und dokumentierte Planungen, konkretisiert sind[1524], die also in ihrem Ursprung bereits am Stichtag angelegt und erkennbar sind (so genannte Wurzel-

---

[1519]   IDW S 1, WPg 2000, 825ff. Beachte auch IDW ES 1 n.F., WPg 2005, 28ff.

[1520]   So *Gehling* in Semler/Stengel, UmwG, § 8 Rnr. 24.

[1521]   *Bula/Schlösser* in Sagasser/Bula/Brünger, Umwandlungen, J Rnr. 29. Dazu *Müller* in Semler/Volhard, Arbeitshandbuch für Unternehmensübernahmen, Band 1, § 10 Rnr. 41: Kein Unternehmenswert könne dem Postulat absoluter Richtigkeit genügen.

[1522]   So *Siepe* in Wirtschaftsprüfer-Handbuch, Band II, Rnr. A 76 sowie *Seetzen*, WM 1999, 565, 570.

[1523]   Ausführlich zu weiteren Funktionen des Bewertungsstichtags: *Siepe* in Wirtschaftsprüfer-Handbuch, Band II, Rnr. A 80ff.

[1524]   Vgl. IDW S 1 Tz. 41, WPg 2000, 825.

theorie)[1525]. Voraussetzung ist ein einheitlicher Bewertungsstichtag für die zu bewertenden Unternehmen[1526].

In seiner Funktion als neutraler Gutachter hat der Wirtschaftsprüfer das Gebot der Unparteilichkeit zu beachten[1527]. Das für die Bilanzierung verbindliche Vorsichtsprinzip gemäß § 252 Abs. 1 Nr. 4 HGB bringt eine ungleiche Gewichtung der zum Teil gegenläufigen Interessen von Gläubigern und Unternehmenseignern zugunsten des Gläubigerschutzes zum Ausdruck. Um eine Benachteiligung einer der beteiligten Parteien durch Anwendung des Vorsichtsprinzips zu verhindern, gilt der Grundsatz der Unbeachtlichkeit des (bilanziellen) Vorsichtsprinzips[1528]. Der Gutachter hat aber durchaus eine typisierte Risikoaversion anzunehmen[1529].

Bei der Bewertung des betriebsnotwendigen Vermögens gilt Folgendes: Die zur Ermittlung des Unternehmenswerts abzuzinsenden Nettoeinnahmen der Unternehmenseigner ergeben sich vorrangig aufgrund des Anspruchs der Unternehmenseigner auf Ausschüttung bzw. Entnahme der vom Unternehmen erwirtschafteten finanziellen Überschüsse abzüglich vom Eigner zu erbringender Einlagen. Die Nettoeinnahmen der Eigner hängen in erster Linie von der Fähigkeit des Unternehmens ab, finanzielle Überschüsse zu erwirtschaften. Eine Unternehmensbewertung setzt daher die Prognose der entziehbaren künftigen finanziellen Überschüsse voraus[1530].

[1525] So *Marsch-Barner* in Kallmeyer, UmwG, § 8 Rnr. 16; *Seetzen*, WM 1999, 565 569; *Widmann* in Hölters, Handbuch des Unternehmens- und Beteiligungskaufs, Teil II, Rz. 189; BGH DB 1973, 563, 565.

[1526] Vgl. *Bayer*, ZIP 1997, 1613, 1617.

[1527] So *Siepe* in Wirtschaftsprüfer-Handbuch, Band II, Rnr. A 156.

[1528] Vgl. IDW S 1 Tz. 69, WPg 2000, 825; *Piltz*, Die Unternehmensbewertung in der Rechtsprechung, 22; *Theysohn-Wadle* in Beisel/Klumpp, Der Unternehmenskauf, Kapitel 3 Rnr. 23.

[1529] So *Siepe* in Wirtschaftsprüfer-Handbuch, Band II, Rnr. A 157.

[1530] IDW S 1 Tz. 24f., WPg 2000, 825. Einzelheiten zu den Grundlagen der Ermittlung finanzieller Überschüsse: IDW S 1 Tz. 26ff., WPg 2000, 825; *Siepe* in Wirtschaftsprüfer-Handbuch, Band II, Rnr. A 87ff. Bezüglich des nicht betriebsnotwendigen Vermögens gilt der Grundsatz der gesonderten Bewertung. Sofern der Liquidationswert dieser Vermögensgegenstände den Barwert ihrer finanziellen Überschüsse bei Verbleib im Unternehmen übersteigt, stellt die Liquidation die vorteilhaftere Verwertung dar. Für die Ermittlung des Gesamtwerts des Unternehmens ist dann der Liquidationswert des nicht betriebsnotwendigen Vermögens dem Barwert der finanziellen Überschüsse des betriebsnotwendigen Vermögens hinzuzufügen; vgl. IDW S 1 Tz. 65, WPg 2000, 825; *Piltz*, Die Unternehmensbewertung in der Rechtsprechung, 28f.

d) Prognose der künftigen finanziellen Überschüsse

Kernproblem einer jeden Unternehmensbewertung ist die Prognose der finanziellen Überschüsse aus dem betriebsnotwendigen Vermögen. Sie erfordert eine umfangreiche Informationsbeschaffung und darauf aufbauende vergangenheits-, stichtags- und zukunftsorientierte Unternehmensanalysen, die durch Plausibilitätsüberlegungen im Hinblick auf ihre Angemessenheit und Widerspruchsfreiheit zu überprüfen sind[1531]. Die Informationsbeschaffung sowie die Analyse der Informationen ist Aufgabe der Due Diligence. Auf das im Rahmen der Due Diligence ermittelte und überprüfte Datenmaterial braucht nur noch ein standardisiertes Bewertungsmodell aufgesetzt werden, um den Wert des Unternehmens zu ermitteln. Das Bewertungsmodell ist gleichsam das Instrument der Errechnung des Wertes, die Due Diligence das Verfahren, das die Inputs für das Instrument maßgeblich festlegt[1532].

aa) Informationsbeschaffung

Die inhaltliche Qualität einer Unternehmensanalyse wird durch Qualität und Umfang der verfügbaren Informationen wesentlich bestimmt. Daher kommt der Informationsbeschaffung eine ausschlaggebende Bedeutung zu[1533]. Für die Prognose der finanziellen Überschüsse sind grundsätzlich unternehmens- und marktorientierte, zukunftsbezogene Informationen erforderlich. Vergangenheits- und stichtagsbezogene Informationen sind nur insoweit von Bedeutung, als sie als Grundlage für die Schätzung künftiger Entwicklungen oder für die Vornahme von Plausibilitätsbeurteilungen dienen können[1534]. Diese Informationen können über unternehmensinterne und externe Informationsquellen beschafft werden[1535].

[1531]   IDW S 1 Tz. 73, WPg 2000, 825; so auch *Siepe* in Wirtschaftsprüfer-Handbuch, Band II, Rnr. A 159 sowie *Bula/Schlösser* in Sagasser/Bula/Brünger, Umwandlungen, J Rnr. 38.

[1532]   So *Picot*, Handbuch Mergers & Acquisitions, 297.

[1533]   *Siepe* in Wirtschaftsprüfer-Handbuch, Band II, Rnr. A 162; vgl. *Widmann* in Hölters, Handbuch des Unternehmens- und Beteiligungskaufs, Teil II, Rz. 103.

[1534]   IDW S 1 Tz. 75, WPg 2000, 825; vgl. auch *Stratz* in Schmitt/Hörtnagl/Stratz, UmwG, § 5 Rnr. 11.

[1535]   Zu den internen Informationen zählen z.B. interne Planungsdaten sowie daraus entwickelte Plan-Gewinn- und Verlustrechnungen, Plan-Bilanzen und Plan-Kapitalflussrechnungen. Externe Informationsquellen sind vor allem marktbezogene Daten, die vielfach für jedermann zur Verfügung stehen. Zu Einzelheiten vgl. *Siepe* in Wirtschaftsprüfer-Handbuch, Band II, Rnr. A 162ff.

bb) Vergangenheitsanalyse

Die Vergangenheitsanalyse bildet den Ausgangspunkt für die Prognose künftiger Entwicklungen und für die Vornahme von Plausibilitätsüberlegungen[1536]. Unternehmensbezogene Informationen über die in der Vergangenheit erwiesene Ertragskraft sowie Vermögens- und Finanzverhältnisse, müssen vor dem Hintergrund der zurückliegenden Markt- und Umweltentwicklungen analysiert werden. Nur so kann verhindert werden, dass vergangene Entwicklungen unkritisch in die Zukunft fortgeschrieben werden[1537]. Zur Analyse sind in aller Regel Gewinn- und Verlustrechnungen, Kapitalflussrechnungen, Bilanzen und interne Ergebnisrechnungen heranzuziehen. Dabei sollte in Abhängigkeit von den Umständen des Einzelfalls ein aussagekräftiger Referenzzeitraum gewählt werden, der in der Regel zwischen drei und fünf Jahren liegt[1538]. Die Bedeutung vergangener Ergebnisse nimmt grundsätzlich mit zunehmendem Alter ab[1539].

Ziel der Vergangenheitsanalyse ist die Identifikation von Einflussfaktoren, die auch künftig einen Einfluss auf den Unternehmenserfolg haben. Den gewonnenen Vergangenheitsdaten kommt die Funktion einer Orientierungs- und Kontrollgröße zu, unmittelbar bewertungsrelevant sind sie nicht[1540].

cc) Planung und Prognose sowie deren Plausibilitätsbeurteilung

Die Vergangenheitsanalyse kann die Prognose der künftigen finanziellen Überschüsse nicht ersetzen; sie kann aber die Grundlage für deren Schätzung sowie Plausibilisierung sein. Für die Prognose ist eine Analyse der für die Zukunft erwarteten leistungs- und finanzwirtschaftlichen Entwicklungen des Unternehmens unter Berücksichtigung der erwarte-

---

[1536] IDW S 1 Tz. 77, WPg 2000, 825.

[1537] *Siepe* in Wirtschaftsprüfer-Handbuch, Band II, Rnr. A 167. Die Vergangenheitsanalyse ist besonders wichtig, da Vergangenheitserträge keineswegs repräsentativ für die Zukunft zu sein brauchen. Forschungs- und Entwicklungskosten mögen z.B. die Vergangenheit belastet haben, die Zukunft kann gerade deswegen positiv ausfallen. Ein Produkt mag jahrelang gut verkauft worden sein, ist jetzt aber veraltet: Vergangenheit gut, Zukunft schlecht, so *Piltz*, Die Unternehmensbewertung in der Rechtsprechung, 19.

[1538] Vgl. IDW S 1 Tz. 78, WPg 2000, 825; *Siepe* in Wirtschaftsprüfer-Handbuch, Band II, Rnr. A 169. *Theysohn-Wadle* in Beisel/Klumpp, Der Unternehmenskauf, Kapitel 3 Rnr. 29 hält einen Analysezeitraum von drei Jahren oftmals für zu kurz.

[1539] So *Schaal*, Der Wirtschaftsprüfer als Umwandlungsprüfer, 211.

[1540] *Widmann* in Hölters, Handbuch des Unternehmens- und Beteiligungskaufs, Teil II, Rz. 107, 110.

ten Markt- und Umweltentwicklungen erforderlich. Die eventuell bereits vorliegenden Planungen und Prognosen durch das zu bewertende Unternehmen sind hinsichtlich ihrer Verlässlichkeit und Plausibilität kritisch zu hinterfragen[1541].

Prognosen werden mit fortschreitender Entfernung vom Bewertungsstichtag ungenauer[1542]. Es lassen sich für einen gewissen Zeitraum voraussichtliche Entwicklungen der finanziellen Überschüsse plausibler beurteilen und sicherer prognostizieren als für die nachfolgenden Jahre. Zwangsläufig ergibt sich damit ein Horizont für die Zukunftsbetrachtung, jenseits dessen die Quantifizierung der finanziellen Überschüsse nur noch auf globale Annahmen zu stützen ist[1543]. In der Praxis hat es sich daher als hilfreich erwiesen, die finanziellen Überschüsse in unterschiedlichen Zukunftsphasen zu planen und zu prognostizieren. Dies gilt sowohl für die Planung durch das Unternehmen als auch für die Planung durch den Wirtschaftsprüfer[1544]. In den meisten Fällen werden nur zwei Phasen eine Rolle spielen[1545]. Für die nähere erste Phase, die häufig einen Zeitraum von drei bis fünf Jahren umfasst, stehen dem Wirtschaftsprüfer zumeist hinreichend detaillierte Planungsrechnungen zur Verfügung. Die Planungsjahre der ferneren zweiten Phase basieren in der Regel auf mehr oder weniger pauschalen Fortschreibungen der Detailplanungen der ersten Phase. Wegen des starken Gewichts der finanziellen Überschüsse in der zweiten Phase kommt der kritischen Überprüfung der zugrunde liegenden Annahmen eine besondere Bedeutung zu[1546].

[1541]   Vgl. *Picot*, Handbuch Mergers & Acquisitions, 278; *Siepe* in Wirtschaftsprüfer-Handbuch, Band II, Rnr. A 178.

[1542]   *Schaal*, Der Wirtschaftsprüfer als Umwandlungsprüfer, 214 sowie *Bula/Schlösser* in Sagasser/Bula/Brünger, Umwandlungen, J Rnr. 38.

[1543]   IDW S 1 Tz. 81, WPg 2000, 825.

[1544]   *Siepe* in Wirtschaftsprüfer-Handbuch, Band II, Rnr. A 182.

[1545]   So IDW S 1 Tz. 82, WPg 2000, 825; *Schaal*, Der Wirtschaftsprüfer als Umwandlungsprüfer, 215. Anders *Piltz*, Die Unternehmensbewertung in der Rechtsprechung, 19, der von drei Phasen ausgeht.

[1546]   IDW S 1 Tz. 82ff., WPg 2000, 825; *Widmann* in Hölters, Handbuch des Unternehmens- und Beteiligungskaufs, Teil II, Rz. 114. Dazu auch *Siepe* in Wirtschaftsprüfer-Handbuch, Band II, Rnr. A 182ff., der in Rnr. A 185 darauf hinweist, dass diese Problematik abgeschwächt wird; zum einen dadurch, dass sich in der Zukunft einzelne positive und negative Einflussfaktoren kompensieren werden und zum anderen dadurch, dass die zu erfolgende Abzinsung der jeweiligen finanziellen Überschüsse bewirkt, dass ihr Barwert mit zunehmender Entfernung der Zukunftsjahre vom Bewertungsstichtag sinkt. Zur Abzinsung im Rahmen der Kapitalisierung der künftigen finanziellen Über-

Die Prognose der künftigen finanziellen Überschüsse ist mithilfe von Plausibilitätsüberlegungen kritisch zu hinterfragen. Dies gilt sowohl für die von dem zu bewertenden Unternehmen vorgelegten als auch für die vom Bewerter selbst erstellten Planungen. Plausibilitätsüberlegungen sollten grundsätzlich auf jeder Stufe des Bewertungsprozesses vorgenommen werden[1547]. Die Planungen können mittels der durch die Due Diligence gewonnenen und analysierten Daten auf ihre Plausibilität überprüft werden[1548]. Dabei müssen die einzelnen Teilplanungen (insbesondere Plan-Bilanz, Plan-Gewinn- und Verlustrechnungen sowie Finanzplanungen) aufeinander abgestimmt und in sich plausibel sein[1549].

e) Bewertungsverfahren

Der Unternehmenswert, verstanden als Zukunftserfolgswert, kann nach dem Ertragswertverfahren oder nach dem Discounted-Cash-Flow-Verfahren (DCF-Verfahren) ermittelt werden. Beide Verfahren beruhen auf den gleichen konzeptionellen Grundlagen[1550]. Nach der Ertragswertmethode bestimmt sich der Wert eines Unternehmens nach seinen künftigen, an die Unternehmenseigner ausschüttbaren und auf die Gegenwart abgezinsten Ertragsüberschüssen. Die Substanz des Unternehmens erlangt nur mittelbar Bedeutung als unerlässlicher „Nährboden" des Zukunftserfolgs[1551]. DCF-Verfahren bestimmen den Unternehmens-

---

schüsse: IDW S 1 Tz. 91ff., WPg 2000, 825; IDW ES 1 n.F. Tz. 94ff., WPg 2005, 28 sowie ausführlich *Großfeld/Stöver/Tönnes*, BB-Special 7/2005, 2, 4ff.

[1547] *Siepe* in Wirtschaftsprüfer-Handbuch, Band II, Rnr. A 190.

[1548] Vgl. *Picot*, Handbuch Mergers & Acquisitions, 278.

[1549] Vgl. IDW S 1 Tz. 87, WPg 2000, 825; *Widmann* in Hölters, Handbuch des Unternehmens- und Beteiligungskaufs, Teil II, Rz. 122f.

[1550] Vgl. *Siepe* in Wirtschaftsprüfer-Handbuch, Band II, Rnr. A 6. Ergänzend zu diesen Verfahren wird zunehmend der Market Approach als marktorientiertes Bewertungsverfahren eingesetzt, so *Widmann* in Hölters, Handbuch des Unternehmens- und Beteiligungskaufs, Teil II, Rz. 29 mit Einzelheiten hierzu in Rz. 60ff.

[1551] *Schaal*, Der Wirtschaftsprüfer als Umwandlungsprüfer, 175 m.w.N. Für die Höhe des Kapitalisierungszinssatzes wird auf den Zinssatz einer sicheren Alternativanlagemöglichkeit abgestellt, den Besonderheiten der Unternehmensbeteiligung aber durch pauschale Ab-/Zuschläge Rechnung getragen. Dem auf diese Weise gefundenen Ergebnis wird das nicht betriebsnotwendige Vermögen mit seinen Zerschlagungswerten hinzugerechnet. Ausführlich zum Ertragswertverfahren: IDW S 1 Tz. 106ff., WPg 2000, 825; *Siepe* in Wirtschaftsprüfer-Handbuch, Band II, Rnr. A 246ff. Im inzwischen vorliegenden IDW ES 1 n.F., WPg 2005, 28ff., wird bei der Ermittlung des Kapitalisierungszinsfußes eine Neuorientierung vorgenommen, so Presseinformation 11/04 des IDW vom 30.11.2004 S. 2f., abgerufen am 03.01.2005 unter www.idw.de/idw/

wert durch Abzinsung der entziehbaren Cash flows. Die Cash flows stellen erwartete Zahlungen an die Kapitalgeber dar[1552]. Bei gleichen Bewertungsannahmen bzw. -vereinfachungen führen die Ertragswertmethode und die DCF-Verfahren zu gleichen Unternehmenswerten[1553].

f) Dokumentation und Berichterstattung

Bei der Ermittlung von Unternehmenswerten sind die berufsüblichen Grundsätze in Bezug auf die Anlage von Arbeitspapieren entsprechend anzuwenden[1554]. Hierzu gehört auch die Einholung einer Vollständigkeitserklärung[1555].

Die Arbeitspapiere müssen es einem sachkundigen Dritten ermöglichen, das Bewertungsergebnis nachzuvollziehen und die Auswirkungen der getroffenen Annahmen auf den Unternehmenswert abzuschätzen[1556].

Im Bewertungsgutachten muss der Wirtschaftsprüfer einen eindeutigen Unternehmenswert bzw. eine Wertspanne nennen und begründen[1557]. Obwohl es bei der Verschmelzung nicht um die Bemessung eines absoluten Geldbetrags geht, sondern um die Wertrelation zwischen Unternehmensanteilen, ist auch bei der Relationsbewertung die absolute Höhe der Unternehmenswerte zu ermitteln[1558]. Dem Grundsatz der Klarheit der Berichterstattung entsprechend hat der Wirtschaftsprüfer in seinem Gutachten deutlich zu machen, auf welchen wesentlichen Annahmen der von ihm ermittelte Unternehmenswert beruht[1559]. Aus der Berichterstattung muss hervorgehen, ob es sich bei den getroffenen Annahmen um solche des Gutachters, des Managements des zu bewertenden Un-

---

generator/property=Dateien/id=373954.pdf. Dazu ausführlich *Großfeld/Stöver/Tönnes*, BB-Special 7/2005, 2, 4ff.

[1552] IDW S 1 Tz. 124, WPg 2000, 825; vgl. auch *Seetzen*, WM 1999, 565 571. Ausführlich zu den einzelnen DCF-Verfahren: *Siepe* in Wirtschaftsprüfer-Handbuch, Band II, Rnr. A 304ff. sowie *Picot*, Handbuch Mergers & Acquisitions, 313ff.

[1553] Vgl. *Siepe* in Wirtschaftsprüfer-Handbuch, Band II, Rnr. A 6; so auch IDW S 1 Tz. 106, WPg 2000, 825.

[1554] Vgl. IDW Prüfungsstandard: Arbeitspapiere des Abschlussprüfers (IDW PS 460) Tz. 3, WPg 2000, 916.

[1555] IDW S 1 Tz. 174, WPg 2000, 825.

[1556] Vgl. *Siepe* in Wirtschaftsprüfer-Handbuch, Band II, Rnr. A 158.

[1557] Vgl. IDW S 1 Tz. 176, WPg 2000, 825.

[1558] Vgl. *Müller* in Semler/Volhard, Arbeitshandbuch für Unternehmensübernahmen, Band 1, § 10 Rnr. 193f. Darüber ist auch im Verschmelzungsbericht zu informieren, so *Gehling* in Semler/Stengel, UmwG, § 8 Rnr. 41.

[1559] *Siepe* in Wirtschaftsprüfer-Handbuch, Band II, Rnr. A 158; so auch IDW S 1 Tz. 71 und 178, WPg 2000, 825.

ternehmens oder sachverständiger Dritter handelt[1560]. Weiterhin ist auf das angewendete Bewertungsverfahren (Ertragswertverfahren, DCF-Verfahren) sowie auf das Vorgehen bei der Prognose und der Abzinsung der finanziellen Überschüsse einzugehen. Umfang und Qualität der zugrunde gelegten Daten müssen ebenso wie der Umfang von Schätzungen und Annahmen ersichtlich sein[1561].

III. Die vertragliche Haftung

Nachfolgend soll auf die vertragliche Haftung des Wirtschaftsprüfers als Gutachter eingegangen werden. Dabei sollen aber nicht sämtliche Aspekte erörtert werden, sondern nur die wesentlichen Voraussetzungen für eine Haftung.

1. Rechtsnatur des Gutachtervertrages

Rechtlich ist die Erstellung eines Gutachtens nach überwiegender Ansicht als Geschäftsbesorgungsvertrag mit werkvertraglichem Charakter zu qualifizieren, da der Schwerpunkt auf der Herstellung des Gutachtens, also der Herbeiführung eines Erfolges im Sinne des § 631 Abs. 2 BGB, liegt[1562].

2. Schadensersatz

Die Rechte des Bestellers bei Mängeln des Gutachtens richten sich nach der Abnahme nach § 634 BGB[1563]. Ein Schadensersatzanspruch kann vom

---

[1560] IDW S 1 Tz. 72, WPg 2000, 825; vgl. auch *Siepe* in Wirtschaftsprüfer-Handbuch, Band II, Rnr. A 158. Ausführlich zur Verwertung von Annahmen sachverständiger Dritter der entsprechend anwendbare IDW Prüfungsstandard: Verwertung der Arbeit von Sachverständigen (IDW PS 322) Tz. 4, WPg 2002, 689 sowie IDW Prüfungsstandard: Verwendung der Arbeit eines anderen externen Prüfers (IDW PS 320) Tz. 7, WPg 2004, 593, soweit es sich bei dem Dritten um einen Wirtschaftsprüfer handelt.

[1561] IDW S 1 Tz. 178, WPg 2000, 825.

[1562] Vgl. *Geuer*, Das Management des Haftungsrisikos der Wirtschaftsprüfer, 28 m.N.; *Hopt*, WPg 1986, 461, 500; *Neflin*, Die Haftung des Wirtschaftsprüfers, 2f.; *Schaub*, Jura 2001, 8, 8 m.w.N.; *Schlechtriem*, BB 1984, 1177, 1184; a.A. *Müller*, WPK-Mitt. Sonderheft 1991, 3, 7f.; *Sprau* in Palandt, BGB, 63. Auflage, Einf. v. § 631 Rnr. 24; *Zimmermann*, BuW 2001, 993, 993, die von einem Werkvertrag ausgehen. Bezüglich eines möglichen Schadensersatzanspruchs führt diese abweichende Einordnung des Gutachtenauftrags aber zu keinen unterschiedlichen Ergebnissen.

[1563] Vgl. *Schwenker* in Erman, BGB, Band I, § 634 Rz. 2. Ausführlich zur Abnahme bei Gutachten: *Müller*, WPK-Mitt. Sonderheft 1991, 3, 19f. Im Folgenden wird

Besteller grundsätzlich erst geltend gemacht werden, nachdem er dem Unternehmer eine angemessene Frist zur Nacherfüllung gesetzt hat und diese ergebnislos verstrichen ist[1564]. Eine Ausnahme vom Erfordernis der Nachfristsetzung ergibt sich aus § 280 Abs. 1 BGB, auf den § 634 Nr. 4 BGB verweist[1565]. Unter den Voraussetzungen des § 280 Abs. 1 BGB kann der Ersatz nur solcher Schäden geltend gemacht werden, die nicht im eigentlichen Zurückbleiben hinter der geschuldeten Leistung bestehen. Deshalb bleibt die Differenzierung von Mangel- und Mangelfolgeschäden relevant. Lediglich der Mangelfolgeschaden ist nach § 280 Abs. 1 BGB zu ersetzen[1566]. Gerade diese Schäden an den anderen Rechtsgütern des Bestellers machen bei einem mangelhaften Gutachten den weitaus größeren Teil des durch den Mangel verursachten Schadens aus.

Soweit der Besteller allerdings Schadensersatz statt der Leistung fordert, also Ersatz für Mangelschäden begehrt (dies sind bei Gutachten dessen Kosten), ist der Anspruch gemäß § 280 Abs. 3 BGB von zusätzlichen Voraussetzungen abhängig. Das ist im Rahmen des § 281 BGB grundsätzlich die bereits erwähnte erfolglose Fristsetzung zur Nacherfüllung (§ 281 Abs. 1 S. 1 BGB). Ausnahmsweise ist hier die Fristsetzung im Falle von § 281 Abs. 2 BGB und § 636 BGB entbehrlich. Nach § 636 BGB bedarf es der Fristsetzung u.a. dann nicht, wenn die Nacherfüllung dem Besteller unzumutbar ist. Das Vorliegen von Unzumutbarkeit wird beispielsweise angenommen, wenn das – wenn auch nun mangelfreie – Werk infolge des bei Beendigung der Nacherfüllung eingetretenen Zeitablaufs für den Besteller kein Interesse mehr hat[1567]. Dies ist bei einem Wertgutachten der Fall, wenn dessen Fehlerhaftigkeit erst nach Abschluss der Transaktion bemerkt wird, deren Grundlage das Wertgutachten bildete. Ein neuerliches Gutachten käme zu spät.

Ob der Wirtschaftsprüfer ohne vorherige Möglichkeit zur Behebung des Mangels direkt auf Schadensersatz in Anspruch genommen werden kann und welche Anspruchsgrundlage zur Anwendung kommt, hängt folglich von der jeweiligen Konstellation des Einzelfalls ab.

---

die seit In-Kraft-Treten des Gesetzes zur Modernisierung des Schuldrechts vom 26.11.2001 (BGBl. I 2001, 3138ff.) zum 01.01.2002 geltende Rechtslage dargestellt. Anders im Rahmen der Anwendung auf den Sachverhalt, vgl. unten, B. IV.

[1564] Vgl. *Schwenker* in Erman, BGB, Band I, § 635 Rz. 1; *Sprau* in Palandt, BGB, 63. Auflage, § 634 Rnr. 2.

[1565] Vgl. *Sprau* in Palandt, BGB, 63. Auflage, § 636 Rnr. 8.

[1566] Vgl. *Dedek* in Praxis der Schuldrechtsreform, § 281 Rnr. 15, 18.

[1567] Vgl. *Schlechtriem* in Jauernig, BGB, § 636 Rnr. 5, *Sprau* in Palandt, BGB, 63. Auflage, § 636 Rnr. 8, 16.

Hat die Pflichtverletzung des Gutachters nicht zu einem Mangel am Gutachten geführt, so ergibt sich der Schadensersatzanspruch des Bestellers unmittelbar aus §§ 280 ff., 311a BGB. § 634 BGB ist dann nicht anwendbar[1568]. Dies ist bei Verletzung einer vertraglichen Nebenpflicht der Fall, z.b. bei Vermögensschäden aufgrund mangelhafter oder unterlassener Aufklärung oder Verletzung der Verschwiegenheitspflicht[1569]. Zunächst soll aber nur auf die Voraussetzungen der werkvertraglichen Mängelgewährleistungshaftung eingegangen werden.

a) Vorliegen eines Mangels

§ 634 BGB setzt das Vorliegen eines Mangels voraus. Als Mängel kommen Sach- und Rechtsmängel in Betracht, die gleich behandelt werden. Unter Sachmangel fällt jede Abweichung der Istbeschaffenheit des Gutachtens von seiner Sollbeschaffenheit[1570]. Die Istbeschaffenheit bestimmt sich grundsätzlich nach dem tatsächlichen Zustand bei der Abnahme. Die Sollbeschaffenheit richtet sich zunächst danach, was die Vertragsparteien vereinbart haben, hilfsweise ist auf die von den Parteien vorausgesetzte, andernfalls auf die übliche Funktionstüchtigkeit des Werkes abzustellen, § 633 Abs. 2 BGB[1571].

Wird dem Gutachter, wie es häufig der Fall ist, nur mitgeteilt zu welchem Zweck das Gutachten benötigt wird und somit auf eine detaillierte Beschreibung verzichtet[1572], ist ein Gutachten zu erstatten, welches für die vertraglich vorausgesetzte Verwendung geeignet ist, § 633 Abs. 2 S. 2 Nr. 1 BGB. D.h. es kommt auf die vom Besteller beabsichtigte und dem Gutachter bekannte Verwendung an[1573]. Kann das Gutachten nicht zweckentsprechend verwendet werden, ist es mangelhaft und zwar unabhängig davon, ob die anerkannten Regeln des Fachs eingehalten sind[1574].

[1568] Vgl. *Sprau* in Palandt, BGB, 63. Auflage, Vorbemerkung von § 633 Rnr. 9.

[1569] So *Gasteyer* in Semler/Volhard, Arbeitshandbuch für Unternehmensübernahmen, Band 1, § 4 Rnr. 108; *Holzapfel/Pöllath*, Unternehmenskauf in Recht und Praxis, Rnr. 532.

[1570] Vgl. *Müller*, WPK-Mitt. Sonderheft 1991, 3, 18.

[1571] Vgl. *Schudnagies*, NJW 2002, 396, 397; *Sprau* in Palandt, BGB, 63. Auflage, § 633 Rnr. 1, 5.

[1572] So *Semler*, FS Quack, 439, 440.

[1573] Vgl. *Schwenker* in Erman, BGB, Band I, § 633 Rz. 16. Ähnlich *Müller*, WPK-Mitt. Sonderheft 1991, 3, 18: Grundsätzlich muss das Gutachten so beschaffen sein, dass es für den Verwendungszweck funktionstauglich ist.

[1574] Vgl. *Soergel* in Münchener Kommentar, BGB, § 633 Rnr. 16.

Hilfsweise ist gemäß § 633 Abs. 2 S. 2 Nr. 2 BGB auf die Eignung des Gutachtens zur üblichen Verwendung abzustellen. Die geschuldete Beschaffenheit richtet sich nach dem durch die Verkehrssitte ausgedrückten hypothetischen Parteiwillen[1575]. Es kommt dann auf die generelle Funktion an, die allgemein ein Gutachten haben kann[1576].

Entscheidend für das Vorliegen eines Mangels ist stets das Gesamtbild, welches das Gutachten vermittelt. Es kommt nicht allein darauf an, ob die Einzeltatsachen richtig oder falsch sind[1577].

b) Verschulden

§ 634 Nr. 4 BGB erklärt hinsichtlich des Schadensersatzes aufgrund eines Mangels §§ 280, 281, 283 und § 311a BGB für anwendbar. Erforderlich ist bei jeder dieser Anspruchsgrundlagen ein Verschulden des Gutachters. Maßstab sind die §§ 276 bis 278 BGB. Vorsatz wird dabei selten gegeben sein; sollte er aber in Frage kommen, ist zu beachten, dass sich der Vorsatz nur auf die Pflichtverletzung zu beziehen braucht und nicht auf den Eintritt des Schadens[1578]. Fahrlässigkeit ist zu bejahen, wenn Feststellungen oder Überprüfungen unterbleiben, deren Notwendigkeit bei fachgerechtem Vorgehen objektiv hätte erkannt werden müssen[1579]. § 276 Abs. 2 BGB stellt auf das Anforderungsprofil ab, das für einen Wirtschaftsprüfer als Angehöriger seines Berufsstandes objektiv Geltung beansprucht[1580]. Infolge der damit verbundenen Objektivierung des Sorgfaltsmaßstabes begründet die Tatsache einer objektiven Pflichtverletzung in der Regel auch das Verschulden des Wirtschaftsprüfers[1581].

c) Schaden und Kausalität

Beim Besteller muss ein Schaden entstanden sein, der seine Ursache in dem Mangel hat[1582]. Durch den generellen Schadensersatzanspruch in

---

[1575] So *Sprau* in Palandt, BGB, 63. Auflage, § 633 Rnr. 7.

[1576] Vgl. *Müller*, WPK-Mitt. Sonderheft 1991, 3, 19.

[1577] Vgl. *Semler*, FS Quack, 439, 450, der dies aufgrund der von der Rechtsprechung entwickelten Grundsätze zur Prospekthaftung ableitet.

[1578] Vgl. *Zimmermann*, BuW 2001, 993, 994 m.N. aus der Rechtsprechung.

[1579] Vgl. *Semler*, FS Quack, 439, 454.

[1580] So *Müller*, WPK-Mitt. Sonderheft 1991, 3, 23.

[1581] *Hirte*, Berufshaftung, 66. Dazu auch *Müller*, WPK-Mitt. Sonderheft 1991, 3, 23, der kritisiert, dass in der Haftungspraxis der Wirtschaftsprüfer jedenfalls in seiner Funktion als Sachverständiger zu einem allwissenden Wesen stilisiert werde. Stehe fest, dass das Gutachten mangelhaft ist, dann werde ein Verschulden vermutet.

[1582] Vgl. *Sprau* in Palandt, BGB, 63. Auflage, § 634 Rnr. 6.

§ 280 BGB ist die oftmals schwierige Unterscheidung zwischen mittelbaren/entfernten und unmittelbaren/nahen Mangelfolgeschäden nunmehr entfallen[1583]. Alle Mangelfolgeschäden werden über § 280 BGB ersetzt. Dieser Anspruch tritt neben den Anspruch auf Nacherfüllung und erfasst alle Schäden, die durch die Nacherfüllung nicht beseitigt werden können. Verlangt der Besteller dagegen Ersatz von Mangelschäden, geht es um einen unter §§ 281, 283 BGB fallenden Schadensersatzanspruch statt der Leistung, der an die Stelle des Anspruchs auf Primärleistung tritt[1584].

Angewendet auf ein mangelhaftes Gutachten bedeutet dies, dass Schäden an anderen Rechtsgütern des Bestellers als dem Gutachten selbst über § 280 Abs. 1 BGB ersetzt werden[1585]: Dies sind vor allem Schäden am Vermögen des Bestellers, die er im Vertrauen auf die Richtigkeit des in Wahrheit mangelhaften Gutachtens durch eigene Vermögensdispositionen herbeigeführt hat[1586]. Die Kosten für ein mangelfreies Gutachten werden dagegen nach §§ 281, 283 BGB ersetzt, falls deren zusätzliche Voraussetzungen vorliegen. Bei einem mangelhaften Bewertungsgutachten, welches zum Zwecke der Verschmelzung zweier Unternehmen erstellt wurde, sind die Geschädigten nicht die Unternehmen selbst, sondern deren Anteilsinhaber, die aber nicht Vertragspartner des Gutachters sind. Denn durch ein aus dem Gutachten resultierendes unangemessenes Umtauschverhältnis erhalten die Anteilsinhaber eine zu geringe bzw. zu hohe Quote an dem übernehmenden Rechtsträger. In diesem Fall tritt bei den Anteilsinhabern des übertragenden bzw. übernehmenden Rechtsträgers eine Teilentwertung ihrer Anteile und damit ein Vermögensschaden ein[1587]. Bei den Unternehmen entsteht ein Schaden folglich meist nur in Höhe der Kosten des Gutachtens. Dieser Anspruch richtet sich, wie dargelegt, nach §§ 281, 283 BGB.

d) Vertragliche Haftungsbegrenzung

Eine gesetzliche Haftungsbeschränkung wie bei der Pflichtprüfung findet sich im Bereich der gutachterlichen Tätigkeit nicht. Da dem Vertrag zur Erstattung eines Gutachtens aber regelmäßig die AAB zugrunde ge-

---

[1583] Vgl. *Schudnagies*, NJW 2002, 396, 398; vgl. auch *Kitz* in Dauner-Lieb/Arnold/Dötsch/Kitz, Fälle zum neuen Schuldrecht, 185.

[1584] Vgl. *Heinrichs* in Palandt, BGB, 63. Auflage, § 280 Rnr. 18.

[1585] Vgl. *Kitz* in Dauner-Lieb/Arnold/Dötsch/Kitz, Fälle zum neuen Schuldrecht, 184.

[1586] Vgl. *Zimmermann*, BuW 2001, 993, 999 m.w.N.

[1587] Vgl. *Clemm/Dürrschmidt*, FS Widmann, 3, 7; *Lutter* in Lutter, UmwG, § 11 Rnr. 9; *Marsch-Barner* in Kallmeyer, UmwG, § 25 Rnr. 9f. m.w.N.; *Schaal*, Der Wirtschaftsprüfer als Umwandlungsprüfer, 419ff.

legt werden, gilt in diesen Fällen für den Umfang der Haftung Nr. 9 Abs. 2 AAB, der die Haftung des Wirtschaftsprüfers gemäß § 54a Abs. 1 Nr. 2 WPO im Grundsatz auf 4 Mio. Euro beschränkt. Davon abweichend werden auch individuelle Haftungsvereinbarungen mit höheren Haftungsbeträgen getroffen[1588].

Vertragliche Haftungsbeschränkungen erfassen grundsätzlich nur vertragliche Ansprüche, nicht aber die daneben auch noch möglichen Ansprüche aus den §§ 823 ff. BGB[1589].

IV. Anwendung auf den festgestellten Sachverhalt

Im Auftrag der Vorstände der Vereinsbank und der Hypo-Bank haben die KPMG und die WEDIT ein gemeinsames Bewertungsgutachten zum Unternehmenswert der Hypo-Bank und der Vereinsbank sowie zum Umtauschverhältnis erstellt. Es stellt sich die Frage, ob die aufgedeckten Fehlbeträge in der Risikovorsorge der Hypo-Bank einen direkten Einfluss auf den Unternehmenswert der Gesellschaft und das Umtauschverhältnis haben. Die Antwort darauf hat Auswirkungen auf die weitere Frage der Haftung der KPMG und WEDIT als Ersteller des Gutachtens.

Die Wirtschaftsprüfungsgesellschaften wurden im September 1997 von den beiden Banken gemeinsam beauftragt. Zur Sicherstellung einer einheitlichen Vorgehensweise bei der Bewertung wurde in diesem Auftrag vorgesehen, dass beide Wirtschaftsprüfungsgesellschaften jeweils gemischte Teams bilden. Dabei sollte im Hinblick auf die intensive Kenntnis des jeweiligen Bewertungsobjekts die Federführung für die Bewertung der Hypo-Bank bei der WEDIT (Abschlussprüfer der Hypo-Bank) und für die Bewertung der Vereinsbank bei der KPMG (Abschlussprüfer der Vereinsbank) liegen[1590]. Die Untersuchungen zur Ermittlung der

---

[1588]   Vgl. *Fliess*, WPK-Mitt. 1992, 49, 56.

[1589]   *Zimmermann*, BuW 2001, 993, 999. Da deliktische Ansprüche gegen den Wirtschaftsprüfer im Zusammenhang mit seiner Tätigkeit als Gutachter in der Praxis keine große Rolle spielen (so *Fliess*, WPK-Mitt. 1992, 49, 57), soll darauf auch nur kurz eingegangen werden: § 823 Abs. 1 BGB wird im Allgemeinen als Anspruchsgrundlage ausscheiden, da der von einem unrichtigen Gutachten verursachte Schaden auf das davon nicht geschützte Vermögen des Auftraggebers einwirkt. Bezüglich § 823 Abs. 2 BGB sowie § 826 BGB kann auf die Ausführungen zur deliktischen Haftung des Abschlussprüfers verwiesen werden, vgl. oben, A. IX. 2. b). Dazu auch *Schaub*, Jura 2001, 8, 10; *Semler*, FS Quack, 439, 456; *Strauch*, JuS 1992, 897, 901.

[1590]   Sonderprüfungsbericht der BDO S. 111 sowie oben, Teil 1, B. II. 6.

Unternehmenswerte haben die Wirtschaftsprüfer in der Zeit von September 1997 bis März 1998 durchgeführt[1591].

1. Schadensersatz gemäß § 635 BGB a.f.

Die durch das Gesetz zur Schuldrechtsmodernisierung geänderten Vorschriften finden auf den vorliegenden Sachverhalt gemäß Art. 229 § 5 S. 1 EGBGB keine Anwendung, da das der Gutachtenerstattung zugrunde liegende Schuldverhältnis vor dem 01.01.2002 entstanden ist.

Wie oben ausgeführt[1592], ist die Erstellung eines Gutachtens nach überwiegender Ansicht als Geschäftsbesorgungsvertrag mit werkvertraglichem Charakter zu qualifizieren. Die Haftung bei Unrichtigkeit des Gutachtens richtet sich nach § 635 BGB a.f. oder pVV[1593]. Da der Schadensersatzanspruch gemäß § 635 BGB a.f. statt der Wandlung oder Minderung entsteht, müssen deren Voraussetzungen gegeben sein, d.h. es muss zunächst ein Werkmangel nach § 633 Abs. 1 BGB vorliegen.

a) Mangelhaftes Gutachten

Der Auftragsinhalt spielt für eine mögliche Haftung der Gutachter eine zentrale Rolle, denn die Mangelhaftigkeit des Gutachtens bestimmt sich aus der Abweichung der Istbeschaffenheit des Gutachtens von seiner vertraglich umschriebenen Sollbeschaffenheit. Deshalb ist es im Interesse aller Vertragsparteien, dass der Gutachtenauftrag so konkret wie möglich ausgestaltet wird. Der Wortlaut der Auftragserteilung lag dem Verfasser jedoch nicht vor. Aber auch aus dem Verwendungszweck können sich Konsequenzen für die vertragliche Sollbeschaffenheit des Gutachtens ergeben. Denn schon aus dem Gesichtspunkt von Treu und Glauben ist abzuleiten, dass grundsätzlich das Gutachten so angefertigt werden muss, dass es für den Verwendungszweck funktionstauglich ist. Generell muss das Gutachten so beschaffen sein, dass es unter Berücksichtigung seines Verwendungszwecks die gestellten Fragen auf der Grundlage des zutreffenden Sachverhalts in richtiger Heranziehung des neuesten Erkenntnisstandes des Fachgebietes nach der maßgeblichen Methodik des Faches beantwortet[1594].

Der Verwendungszweck war hier die Bewertung der beiden Banken zur Ermittlung eines angemessenen Umtauschverhältnisses. Die Gutachter

---

[1591]   So Sonderprüfungsbericht der BDO S. 78.

[1592]   Vgl. B. III. 1.

[1593]   Vgl. *Sprau* in Palandt, BGB, 61. Auflage, Einf. v. § 631 Rnr. 14. Zur pVV siehe unten, B. IV. 2.

[1594]   Vgl. *Müller*, WPK-Mitt. Sonderheft 1991, 3, 9, 18. Vgl. auch oben, B. II. 1.

hatten dabei vor allem die Stellungnahme des HFA 2/1983: Grundsätze zur Durchführung von Unternehmensbewertungen[1595], als zum Zeitpunkt der Gutachtenerstellung maßgebliche Methodik zu beachten, was nach eigener Aussage der WEDIT und der KPMG im Gutachten auch geschehen ist[1596].

aa) Vergleich Istbeschaffenheit – Sollbeschaffenheit

Ein Vergleich der Istbeschaffenheit des Gutachtens mit der Sollbeschaffenheit, der teilweise auch von den Sonderprüfern der BDO durchgeführt wurde[1597], ergibt Folgendes:

Die Bewertung durch die Gutachter basiert auf der Ertragswertmethode. Dazu sind zunächst die Vergangenheitsergebnisse zu analysieren und zu bereinigen. Anschließend sind die künftigen finanziellen Überschüsse zu schätzen und auf den Bewertungsstichtag abzuzinsen. Die Prognose der nachhaltig erzielbaren Zukunftsergebnisse bildet die wesentliche Grundlage für die Ertragswertermittlung. Die Gutachter der KPMG und WEDIT führen aus, dass Synergieeffekte, die sich aus der Verschmelzung ergeben, nicht in die Bewertung zum Zwecke der Ermittlung des Umtauschverhältnisses einzubeziehen sind (stand-alone-Prinzip) und berufen sich diesbezüglich auf die herrschende Meinung und die Rechtsprechung[1598]. Dem ist zuzustimmen, denn sowohl die Aktionäre der Vereinsbank als auch der Hypo-Bank partizipieren nach erfolgter Verschmelzung quotal an dem zukünftigen, durch erzielte Synergieeffekte

---

[1595] Veröffentlicht in WPg 1983, 468ff.

[1596] Vgl. Bewertungsgutachten, inhaltlich vollständig wiedergegeben in Gemeinsamer Verschmelzungsbericht der Vereinsbank und der Hypo-Bank S. 60, 60.

[1597] Die Sonderprüfer untersuchten nach eigenen Angaben, ob die von den Gutachtern angewendeten Methoden den allgemeinen in Praxis, Lehre und Rechtsprechung anerkannten Grundsätzen zur Durchführung von Unternehmensbewertungen (HFA 2/1983) entsprachen, die zugrunde gelegten Daten fachgerecht abgeleitet wurden und die Zukunftseinschätzungen plausibel erscheinen. Eine Angemessenheitsprüfung erfordere dagegen keine vollständige bzw. eigenständige Unternehmensbewertung der beteiligten Unternehmen durch den Sonderprüfer. Die Beurteilung der Angemessenheit der berücksichtigten Risiken erstrecke sich gemäß der Beauftragung der BDO lediglich auf die Geschäftsrisiken der Hypo-Bank, wobei sich das Problem ergebe, dass die Ermittlung von Umtauschverhältnissen durch die Relation der Anteilswerte der beteiligten Gesellschaften bestimmt werde. Somit könne eine Beurteilung nicht zur Gänze ohne Einbeziehung der bei der Vereinsbank im Rahmen der Wertermittlung berücksichtigten Geschäftsrisiken erfolgen, so Sonderprüfungsbericht der BDO S. 75.

[1598] Vgl. Bewertungsgutachten, wiedergegeben in Gemeinsamer Verschmelzungsbericht der Vereinsbank und der Hypo-Bank S. 60, 60.

erhöhten Ertrag der Hypovereinsbank[1599]. Finanzielle Überschüsse, die bei der fiktiven Veräußerung etwaigen nicht betriebsnotwendigen Vermögens erwirtschaftet werden, bilden einen weiteren Bestandteil des Unternehmenswerts und werden gesondert dem Ertragswert hinzugerechnet[1600].

Die Bewertung nach der Ertragswertmethode steht in Übereinstimmung mit der 1997/1998 maßgeblichen Stellungnahme HFA 2/1983 und wird auch von den Sonderprüfern als sachgerecht bezeichnet[1601]. Um einen Interessenausgleich zwischen den Gesellschaftern der fusionierenden Gesellschaften herbeizuführen, ist es grundsätzlich notwendig, nach einer einheitlichen Unternehmensbewertungsmethode, hier nach der Ertragswertmethode, und innerhalb dieser Methode nach einheitlichen Grundsätzen zu verfahren. Letztere beziehen sich auf einheitliches Vorgehen, z.B. bei der Schätzung der Zukunftserträge, der Festlegung des Zeithorizonts (Phasenmethode), der Behandlung von allgemeinen und speziellen Unternehmensrisiken, der Abgrenzung des nicht betriebsnotwendigen Vermögens usw.[1602]. Diese Notwendigkeit wurde von den Gutachtern erkannt und erklärt, dass gleichartige Sachverhalte in der Bewertung der einzelnen Unternehmen in gleicher Weise berücksichtigt worden seien[1603].

[1599] So *Bayer*, ZIP 1997, 1613, 1617; *Seetzen*, WM 1999, 565, 572. *Bayer* fordert aber für die Festlegung einer Barabfindung nach § 29 UmwG die Berücksichtigung von Synergieeffekten, vgl. *Bayer*, ZIP 1997, 1613, 1617f. Begründet wird dies mit dem Grundsatz der Gleichbehandlung der Anteilsinhaber. Danach darf keiner der an der Verschmelzung Beteiligten von einer Partizipation an den Synergieeffekten ausgeschlossen werden. Da indes ausscheidende Aktionäre nicht mehr an künftigen Ertragswerterhöhungen teilhaben können, bleibt insoweit nur eine Berücksichtigung von Synergien in der Barabfindung. Zustimmend *Müller* in Semler/Volhard, Arbeitshandbuch für Unternehmensübernahmen, Band 1, § 10 Rnr. 204ff., 214 sowie *Bula/Schlösser* in Sagasser/Bula/Brünger, Umwandlungen, J Rnr. 35f. m.w.N.; a.A. *Siepe* in Wirtschaftsprüfer-Handbuch, Band II, Rnr. A 113.

[1600] Vgl. Bewertungsgutachten, wiedergegeben in Gemeinsamer Verschmelzungsbericht der Vereinsbank und der Hypo-Bank S. 60, 60. Zum Begriff des nicht betriebsnotwendigen Vermögens: HFA 2/1983, C. 1. e), WPg 1983, 468 sowie oben, B. II. 2. b).

[1601] Vgl. Sonderprüfungsbericht der BDO S. 94; Stellungnahme HFA 2/1983 C. 1., 2. und 6., WPg 1983, 468.

[1602] So *Pfitzer* in Wirtschaftsprüfer-Handbuch, Band II, Rnr. D 52 und ähnlich *Schaal*, Der Wirtschaftsprüfer als Umwandlungsprüfer, 260f.

[1603] Vgl. Bewertungsgutachten, wiedergegeben in Gemeinsamer Verschmelzungsbericht der Vereinsbank und der Hypo-Bank S. 60, 61.

Schwieriger zu beantworten ist die Frage, ob diese Vorgaben von den Gutachtern auch tatsächlich umgesetzt wurden und ob generell die Umsetzung der Ertragswertmethode durch die Gutachter sachgerecht erfolgt ist.

Die Gutachter haben als Bewertungsstichtag den Tag der zuerst stattfindenden ordentlichen Hauptversammlung der Hypo-Bank vom 19.05.1998 festgelegt[1604]. Die Stellungnahme HFA 2/1983 enthält hierzu zwar keine eindeutige Regelung[1605], aber der gewählte Bewertungsstichtag stimmt mit der wohl überwiegenden Ansicht in der Literatur überein und wurde weder von den Verschmelzungsprüfern der C&L noch vom BayObLG beanstandet[1606].

Zur Analyse der vorhandenen Erfolgsfaktoren und -komponenten und zur Gewinnung von Kontrollmaßstäben für die Zukunftsprognose, haben die Gutachter bei beiden Banken die Aufwendungen und Erträge der Geschäftsjahre 1993 bis 1997 als Referenzperiode untersucht. Für die Analyse der Risikoaufwendungen im Kreditgeschäft wurden darüber hinaus Kennzahlen der Jahre 1988 bis 1997 herangezogen[1607]. Die gewählten Zeiträume sind nach Ansicht der Sonderprüfer ausreichend, um im Zuge von Unternehmensbewertungen notwendige Plausibilisierungen der Planansätze zu unterstützen[1608].

Die Gutachter zerlegten den Planungszeitraum in zwei Phasen, um die Planungsunsicherheit zu reduzieren. Für den Zeitraum 1998 bis 2002 wurden die detaillierten Planungen der Banken herangezogen. Für alle folgenden Jahre wurden konstante Überschüsse angesetzt (nachhaltiges Ergebnis). Ausgangspunkt für diese nachhaltigen Ergebnisse war der Geschäftsumfang wie er gemäß den Planungen im Jahr 2002 erreicht wird[1609]. Dieses Vorgehen ist korrekt und deckt sich mit der Stellungnahme HFA 2/1983; insbesondere ist die Zerlegung des Planungszeit-

---

[1604]   Vgl. Bewertungsgutachten, wiedergegeben in Gemeinsamer Verschmelzungsbericht der Vereinsbank und der Hypo-Bank S. 60, 61.

[1605]   Vgl. Stellungnahme HFA 2/1983 C. 1. f), WPg 1983, 468.

[1606]   Vgl. Prüfungsbericht C&L Deutsche Revision S. 11; BayObLG ZIP 2003, 253, 254, 258 („Hypovereinsbank"). Ausführlicher dazu unten, C. I. 2. a) a.E.

[1607]   So Bewertungsgutachten, wiedergegeben in Gemeinsamer Verschmelzungsbericht der Vereinsbank und der Hypo-Bank S. 60, 62.

[1608]   Vgl. Sonderprüfungsbericht der BDO S. 96. HFA 2/1983 führt dazu aus, dass der Umfang der Vergangenheitsanalyse sich nach der Lage des Einzelfalles richtet, üblicherweise werde auf bis zu fünf zurückliegende Jahre zurückgegriffen; vgl. C. 1. g) und 2. a), WPg 1983, 468.

[1609]   Vgl. Bewertungsgutachten, wiedergegeben in Gemeinsamer Verschmelzungsbericht der Vereinsbank und der Hypo-Bank S. 60, 60 und 62.

raums in lediglich zwei Phasen und die Festlegung eines Fünf-Jahres-Zeitraums für die nähere Phase zulässig[1610].

Die zukünftig erzielbaren Ergebnisse müssen auf den Bewertungsstichtag abgezinst werden, denn je weiter diese in der Zukunft liegen, umso mehr verlieren sie an Wert[1611]. Der durch das Bewertungsgutachten ermittelte Kapitalisierungszinssatz beträgt für die Phase von 1998 bis 2002 (Phase 1) 5,85 Prozent und für die Phase ab 2003 (Phase 2) 5,50 Prozent. Darin enthalten ist ein einheitlicher Basiszinssatz und ein einheitlicher Risikozuschlag für beide Kreditinstitute. Begründet wird die Festlegung eines einheitlichen Risikozuschlags durch die Gutachter damit, dass die beiden Banken im Wesentlichen in denselben Geschäftsfeldern tätig sind und Unterschiede in der Risikobehaftung einzelner Planungsgrößen durch eine direkte Bereinigung dieser Erträge bzw. Aufwendungen berücksichtigt wurden[1612]. Bezüglich des Basiszinssatzes erheben die Sonderprüfer der BDO keine Einwendungen, dieser sei nachvollziehbar. Auch die durch die Gutachter durchgeführten Analysen zur Ermittlung von Indikatoren zur Höhe des Risikozuschlags beurteilen die Sonderprüfer grundsätzlich als angemessen und sachgerecht. Ergebnis dieser Analysen sei aber gewesen, dass die Hypo-Bank im Vergleich zur Vereinsbank ein höheres Risiko ausgewiesen habe. Der Ansatz eines einheitlichen Risikozuschlags trotz erkennbarer Unterschiede in der Risikostruktur sei hier nur deshalb methodisch vertretbar, weil aufgrund der getroffenen bzw. eingeleiteten Maßnahmen beider Kreditinstitute zur

---

[1610]   Vgl. HFA 2/1983, B. 2. b) b2) b2,1), WPg 1983, 468, die zwar als Beispiel eine Aufteilung in drei Phasen vornimmt und für die erste Phase einen Zeitraum von drei Jahren festsetzt, dabei handelt es sich aber um keine verbindliche Anordnung, sondern nur um einen Vorschlag. So wie im Bewertungsgutachten, *Siepe* in Wirtschaftsprüfer-Handbuch, Band II, Rnr. A 182f.

[1611]   So *Theysohn-Wadle* in Beisel/Klumpp, Der Unternehmenskauf, Kapitel 3 Rnr. 48. Dieser Kapitalisierungszinssatz wird aus dem Basiszins, einem Zuschlag für das unternehmerische Risiko und einem Abschlag wegen des allgemeinen Inflationsrisikos ermittelt. Der Ermittlung des Kapitalisierungszinssatzes liegt der Gedanke des Vergleichs mit einer risikolosen Finanzanlage zugrunde. Zu Einzelheiten: *Bula/Schlösser* in Sagasser/Bula/Brünger, Umwandlungen, J Rnr. 49ff.; *Stratz* in Schmitt/Hörtnagl/Stratz, UmwG, § 5 Rnr. 16ff.; *Widmann* in Hölters, Handbuch des Unternehmens- und Beteiligungskaufs, Teil II, Rz. 138ff. IDW ES 1 n.F., WPg 2005, 28ff., nimmt bei der Ermittlung des Kapitalisierungszinsfußes eine Neuorientierung vor, so Presseinformation 11/04 des IDW vom 30.11.2004 S. 2f., abgerufen am 03.01.2005 unter www.idw.de/idw/generator/property=Dateien/id=373954.pdf. Dazu auch *Großfeld/Stöver/ Tönnes*, BB-Special 7/2005, 2, 4ff.

[1612]   So Bewertungsgutachten, wiedergegeben in Gemeinsamer Verschmelzungsbericht der Vereinsbank und der Hypo-Bank S. 60, 63f.; Sonderprüfungsbericht der BDO S. 94.

Reduzierung der Kreditrisiken und damit der Risikoquoten absehbar gewesen sei, dass eine Übertragung der sich aus einer Vergangenheitsanalyse ergebenden Risikosituation auf die Zukunft nicht sachgerecht wäre. Insgesamt könne davon ausgegangen werden, dass die eingeleiteten Maßnahmen die durch die Gutachter getroffene Annahme eines einheitlichen Risikozuschlags stützten[1613].

Als nicht betriebsnotwendiges Vermögen werden von den Gutachtern der KPMG und WEDIT die nicht dem operativen Bankgeschäft dienenden Beteiligungen und Grundstücke gesondert bewertet. Dazu zählen die Gutachter auch die strategische Beteiligung der Vereinsbank an der Hypo-Bank in Höhe von 45 Prozent des Grundkapitals[1614]. Diese Aufteilung in betriebsnotwendiges und nicht betriebsnotwendiges Vermögen wird von den Sonderprüfern aufgrund der ihnen zur Verfügung gestellten Informationen als plausibel beurteilt[1615].

Die Bewertung der Hypo-Bank basiert auf der strategischen Mehrjahresplanung der Hypo-Bank, die Bewertung der Vereinsbank auf der Planung der Vereinsbank. Diese von den Banken erstellten Planungen sind, soweit dies sachlich geboten ist, durch die Gutachter zu bereinigen. Im Wesentlichen werden hierbei Anpassungen durchgeführt, die sich aus dem Anlass der Bewertung ergeben, wie beispielsweise der Ansatz eines typisierten Ertragsteuersatzes oder die gesonderte Bewertung von Vermögensteilen. Eine Verschmelzung erfordert eine vergleichende objektivierte Unternehmensbewertung. Es gilt der Grundsatz, dass gleiche Verhältnisse mit gleichen Maßstäben zu beurteilen sind. Hieraus ergibt sich im Allgemeinen die Notwendigkeit, die Geschäftspläne der beteiligten Gesellschaften in den volkswirtschaftlichen Grundannahmen oder anderen der Planung unterliegenden Zukunftseinschätzungen einander anzupassen. Darüber hinaus sind Bereinigungen dann vorzunehmen, wenn dem Gutachter die Plansätze nicht plausibel erscheinen. Im Zuge der gutachterlichen Tätigkeit haben die Wirtschaftsprüfer der KPMG und WEDIT zur Feststellung der Ertragskraft der beiden Bank deren jeweilige Ergebnisse der Referenzperiode (1993 bis 1997) unter Eliminierung der nicht in die Ertragsprognose einzubeziehenden Posten analysiert. Die Planzahlen wurden sodann anhand der bereinigten Vergangenheitszahlen plausibilisiert. Methodisch begründete und bewertungstechnische Anpassungen der Plansätze wurden durchgeführt. Des Weiteren

---

[1613] So Sonderprüfungsbericht der BDO S. 94f.

[1614] Vgl. Bewertungsgutachten, wiedergegeben in Gemeinsamer Verschmelzungsbericht der Vereinsbank und der Hypo-Bank S. 60, 65.

[1615] Vgl. Sonderprüfungsbericht der BDO S. 93.

erfolgten bei beiden Banken Anpassungen auf Grundlage einheitlicher volkswirtschaftlicher Eckdaten (einheitliche Zinsszenarien etc.)[1616].

Die Vorgehensweise der Gutachter steht in keinem ersichtlichen Widerspruch zur Stellungnahme HFA 2/1983 und auch die Sonderprüfer der BDO halten die vorgenommenen Bereinigungen der Gutachter für nachvollziehbar und plausibel[1617].

Bereinigungen einzelner Planansätze erfolgten in den Fällen, in denen nach Meinung der Gutachter die Plausibilität der Planwerte aufgrund durchgeführter Analysen nicht gegeben war. Insbesondere erfolgten Anpassungen der für die Hypo-Bank prognostizierten Zinsmargen und der in den Planungen der Hypo-Bank und der Vereinsbank angesetzten Aufwendungen zur Vorsorge für Risiken im Kreditgeschäft.

Die Gutachter analysierten die geplanten Zinsmargen und Bruttoerlöse der beiden Banken. Hierbei ergaben sich Differenzen, die sich im Wesentlichen durch die unterschiedlichen Kreditportfolios begründeten. So war die Hypo-Bank beispielsweise im vermittelten Kreditgeschäft, im Außerdeckungsgeschäft und im Bauträgerbereich stärker engagiert als die Vereinsbank und erzielte auch höhere Margen. Die Differenzen wurden durch Anpassungen der geplanten Zinsmargen der Hypo-Bank bereinigt. Über den Planungszeitraum 1998 bis 2002 unterstellte die Hypo-Bank einen Anstieg der Zinsmargen, während die Zinsmargen der Vereinsbank mit sinkendem Niveau geplant wurden. Zur Anpassung der Annahmen erfolgte bei der Hypo-Bank eine Anpassung, also Reduzierung, der geplanten Margen durch die Gutachter auf ein über den Planungszeitraum konstantes Niveau[1618].

Zur Plausibilisierung der in den Geschäftsplänen der beiden Kreditinstitute enthaltenen Risikovorsorgen aus Kreditgeschäften wurden von den Gutachtern Untersuchungen der Planungsrechnungen und der in den letzten zehn Geschäftsjahren in diesem Zusammenhang angefallenen Aufwendungen durchgeführt. Ein Ergebnis dieser Analysen waren die folgenden Verhältnisse von Nettozuführungen zur Risikovorsorge zum risikobehafteten Kreditvolumen: Über den betrachteten zehnjährigen Zeitraum wies die Vereinsbank eine durchschnittliche Risikoquote

---

1616   Vgl. Bewertungsgutachten, wiedergegeben in Gemeinsamer Verschmelzungsbericht der Vereinsbank und der Hypo-Bank S. 60, 66f., 71f.; *Bitzer*, Probleme der Prüfung des Umtauschverhältnisses bei aktienrechtlichen Verschmelzungen, 79; *Pfitzer* in Wirtschaftsprüfer-Handbuch, Band II, Rnr. D 52; Sonderprüfungsbericht der BDO S. 83ff.

1617   Vgl. Sonderprüfungsbericht der BDO S. 93; HFA 2/1983, C. 2. a), WPg 1983, 468.

1618   Vgl. Sonderprüfungsbericht der BDO S. 85, 90 und 92.

vor Bereinigungen von 0,47 Prozent auf. Für die Hypo-Bank resultierte eine durchschnittliche Risikoquote vor Bereinigungen von 0,89 Prozent. Für beide Gesellschaften wurden Bereinigungen der Quoten vorgenommen. Diese Bereinigungen beinhalteten als außerordentliche Risikoaufwendungen beurteilte Aufwendungen der Vergangenheit. Für die Hypo-Bank waren dies insbesondere auch die im Untersuchungszeitraum angefallenen Risiken aus den Bereichen Joint Ventures/Baumaßnahmen und Bauträger/Developer. Nach Bereinigung ermittelten die Gutachter für die Hypo-Bank eine durchschnittliche Risikoquote von ca. 0,64 Prozent und für die Vereinsbank von 0,45 Prozent, ein Unterschied von 0,19 Prozent. Auf der Grundlage der durchgeführten Analysen erfolgte bei beiden Unternehmen eine Anpassung der geplanten Risikovorsorgeaufwendungen. Bei beiden Instituten wurde die Risikovorsorge im Kreditgeschäft durch die Gutachter erhöht, wobei die Erhöhung der Planungen bei der Hypo-Bank sowohl absolut als auch prozentual in stärkerem Umfang erfolgte als bei der Vereinsbank[1619].

Die Prüfer der BDO halten die von den Gutachtern angewendeten Verfahren zur Identifikation der Geschäftsrisiken für sachgerecht. Insbesondere seien bei den Untersuchungen die prognostizierten Risikovorsorgen nicht isoliert in ihrer Entwicklung analysiert, sondern die bestehenden Abhängigkeiten der Höhe der zukünftigen Risiken vom Umfang des Kreditvolumens und der den Planungen zugrunde gelegten Zinsmargen berücksichtigt worden.

Insgesamt kommt der Sonderprüfungsbericht zu dem Ergebnis, dass die konkrete Umsetzung des angewandten Bewertungsverfahrens als sachgerecht anzusehen ist[1620]. Ein Mangel scheint also nicht vorzuliegen, da eine Abweichung des Gutachtens von der Sollbeschaffenheit nicht erkennbar ist; die Funktionstauglichkeit des Gutachtens zur Bewertung der beiden Kreditinstitute und Ermittlung eines angemessenen Umtauschverhältnisses als Verwendungszweck scheint gegeben.

bb) Auswirkungen der unterdotierten Risikovorsorge

Es stellt sich aber die Frage, ob die aufgedeckten Fehlbeträge in der Risikovorsorge der Hypo-Bank zum 31.12.1997 keinen Einfluss auf den Unternehmenswert der Gesellschaft, auf das Umtauschverhältnis und das Ergebnis des Gutachtens nehmen.

[1619] Vgl. Sonderprüfungsbericht der BDO S. 89f. und 92f.
[1620] So Sonderprüfungsbericht der BDO S. 94, 96.

Dazu der Sonderprüfungsbericht[1621]:

> „Bei der Bewertung der im Jahresabschluss ausgewiesenen Vermögensgegenstände und Schulden sind alle zum Bilanzstichtag vorhersehbaren Risiken und Verluste in den Jahresabschluss einzubeziehen. Im Rahmen von Unternehmensbewertungen gilt der Grundsatz der Unbeachtlichkeit des bilanziellen Vorsichtsprinzips[1622]. Die niedrigere Bewertung von Vermögensgegenständen und die höhere Bewertung von Schulden bei Vorliegen unvollständiger Informationen und daraus resultierender Ermessensspielräume gilt für die Unternehmensbewertung nicht. Vielmehr darf hierbei nicht die ungünstigste Entwicklung unterstellt werden. Es findet regelmäßig eine Berechnung der Ertragswerte unter Berücksichtigung der Risikoneigung der Kapitalgeber des Unternehmens statt.
>
> Eingeschränkt gelten muss bei der Unternehmensbewertung der handelsrechtliche Grundsatz der Einzelbewertung gemäß § 252 Abs. 1 Nr. 3 HGB, da eine detaillierte Fortschreibung und Planung einzelner Vermögensgegenstände und Schulden einen unangemessenen Aufwand zur Folge hätte, der in keinem Verhältnis zu der hieraus erzielbaren Verbesserung der Genauigkeit der ermittelten Unternehmenswerte steht.
>
> Die Bildung einer Einzelwertberichtigung hat direkt keine Auswirkung auf den Ertragswert. Dem durch die Bildung der Wertberichtigung geminderten Eigenkapital steht eine entsprechende Kürzung einer Aktivposition gegenüber, ohne dass bis zum tatsächlichen Eintritt des Forderungs- oder Zinsausfalles eine Reduktion von Planungsgrößen gegeben ist. Der Einfluss auf den Unternehmenswert entsteht jedoch mit dem für die Zukunft erwarteten Eintritt des Forderungs- oder Zinsausfalls.
>
> Eine Unternehmenswertermittlung erfolgt regelmäßig auf Grundlage einer Gesamtbetrachtung der zu bewertenden Einheit[1623]. Die Einzelbetrachtung von Forderungen oder Einzelrisiken und ihre wahrscheinliche Entwicklung in der Zukunft wird nur in besonderen Fällen erfolgen, in denen dem Gutachter Informationen vorliegen, die eine Einzelbetrachtung notwendig machen. Bei den ermittelten Fehlbeträgen in der Risikovorsorge zum 31.12.1997 handelt es sich um solche Einzelrisiken. Nach den uns durch die Gutachter erteilten Auskünften waren diesen aber die Einzelrisiken zum Zeitpunkt der Bewertung nicht bekannt, sie konnten mithin als Einzelrisiken auch nicht berücksichtigt wer-

---

1621   Vgl. Sonderprüfungsbericht der BDO S. 97ff.

1622   So auch HFA 2/1983 C. 1. n), WPg 1983, 468 und bereits oben, B. II. 2. c).

1623   Ebenso HFA 2/1983 C. 1. a), WPg 1983, 468.

den. Die Berücksichtigung der Risikovorsorge könnte allerdings durch allgemeine Überlegungen bezüglich der Risikobehaftung des Geschäfts der Hypo-Bank erfolgt sein.

Auf Anfrage wurde uns durch die Gutachter mitgeteilt, dass neben den durchgeführten Bereinigungen im Bereich der Zinsmargen und der geplanten Risikovorsorgen keine weiteren Anpassungen der Planungsrechnungen in die Bewertung eingeflossen sind, welche die Berücksichtigung eines gemessen an der Vereinsbank höheren Risikos bei der Hypo-Bank bezweckten. Wir haben untersucht, ob und wenn ja, inwieweit in der Bewertung der Hypo-Bank die Risiken in Höhe von 3,629 Mrd. DM bzw. 1,939 Mrd. DM nach Berücksichtigung der für die Hypo-Bank in die Planung eingestellten Steuerbelastung berücksichtigt worden sind.

Zunächst ist festzustellen, dass die in die Bewertung der Hypo-Bank eingeflossenen (geplanten) Risikoaufwendungen sowohl absolut, wie auch gemessen an den jeweiligen Kreditvolumina wesentlich höher als die der Vereinsbank sind. Wie bereits dargelegt, erlaubt die isolierte Betrachtung der Risikovorsorge im Verhältnis zum geplanten Kreditvolumen keine abschließende Aussage über die Angemessenheit der berücksichtigten Risiken in der Unternehmensbewertung. Da ein Zusammenhang zwischen dem Risiko eines Kreditgeschäftes und den erzielbaren Zinsmargen besteht, müssen zusätzlich die für die Vereinsbank und die Hypo-Bank unterstellten Risikovorsorgen mit den unterstellten Zinsmargen bzw. Zinsüberschüssen verglichen werden. Die dabei gegebenen Unterschiede in den Zinsmargen, sind laut Gutachter auf die zum Bewertungsstichtag vorhandenen und für die Zukunft unterstellten unterschiedlichen Kreditportfolios beider Institute zurückzuführen. Es lässt sich feststellen, dass für die Hypo-Bank gemessen an der Vereinsbank insgesamt deutlich höhere Zinsmargen bei der Bewertung unterstellt wurden[1624] und somit eine Kompensation der im Vergleich zur Vereinsbank höheren geplanten Risikovorsorgeaufwendungen gegeben war. Die von uns zu diesem Sachverhalt durchgeführten Analysen zeigen jedoch, dass für die Hypo-Bank bezogen auf ihren Unternehmenswert, kein vollständiger Ausgleich der höheren Risikoaufwendungen durch die unterstellten höheren Zinsmargen er-

---

[1624] Für die Jahre 1998 bis 2002 wird für die Hypo-Bank konstant eine bereinigte Zinsmarge von 1,67 Prozent (Marge Bankgeschäft) bzw. 0,95 Prozent (Marge Hypothekenbankgeschäft) zugrunde gelegt, während für die Vereinsbank für 1998 eine Zinsmarge von 1,50 (Marge Bankgeschäft) bzw. 0,80 Prozent (Marge Hypothekenbankgeschäft) angenommen wird, die sich bis zum Jahr 2002 auf 1,30 bzw. 0,70 Prozent reduziert, vgl. Sonderprüfungsbericht der BDO S. 106.

folgte. Es verbleibt ein nicht unwesentlicher Anteil an höherer Risikovorsorge, der sich entsprechend in der Unternehmensbewertung niedergeschlagen hat.

Bezüglich der geplanten Risikovorsorgeaufwendungen ist zusätzlich zu berücksichtigen, dass diese nicht nur in ihrer Höhe und in ihrer Relation zu den jeweiligen Kreditvolumina zu analysieren sind, sondern auch deren unterstellte relative Entwicklung im Planungszeitraum beachtet werden muss. Für beide Institute wurde einheitlich ein absoluter Rückgang der Risikoquote im Planungszeitraum um ca. 0,20 Prozent unterstellt[1625], der mit den bereits eingeleiteten risikobegrenzenden Maßnahmen begründet wurde[1626]. Zusätzlich ist jedoch zu berücksichtigen, dass die Verbesserung der Risikoquote im Planungszeitraum bei der Vereinsbank 47,42 Prozent und bei der Hypo-Bank lediglich 32,9 Prozent beträgt. Wir haben im Rahmen unserer Untersuchungen keine Anhaltspunkte für die Unterschiede in der relativen Entwicklung der Risikoquoten erkennen können. Nach unseren Erkenntnissen bestanden zum Bewertungsstichtag bei der Hypo-Bank aufgrund der beschriebenen (schlechten) Qualität der bestehenden Risikomanagementsysteme höhere Verbesserungspotentiale als sie bei der Vereinsbank gegeben waren. Unterstellt man für die Risikoquoten der Hypo-Bank demzufolge die gleiche Entwicklung wie sie bei der Vereinsbank unterstellt wurde, zeigt sich, dass ausgehend für das Planjahr 1998 unterstellten Quote von 0,64 Prozent bis zum Planjahr 2002 eine Reduktion um 0,30 Prozent auf 0,34 Prozent unterstellt werden kann[1627]. Aufgrund der von den Gutachtern gewählten Vorgehensweise, das Normjahr auf Grundlage eines Durchschnittes der Planjahre 1998 bis 2002 zu ermitteln, würden sich die ermittelten Differenzen auch in dem ab dem Jahr 2003 unterstellten nachhaltigen Ergebnis mit den entsprechenden Auswirkungen auf den Unternehmenswert niederschlagen."

Die Sonderprüfer der BDO kommen zu folgendem Ergebnis:

„Insgesamt haben unsere Plausibilitätsüberlegungen ergeben, dass unter Berücksichtigung der dargelegten Zusammenhänge

---

[1625] Bei der Hypo-Bank wurde von den Gutachtern ein Rückgang der Risikoquote (Verhältnis der Nettozuführungen zur Risikovorsorge zum risikobehafteten Kreditvolumen) von 0,64 Prozent im Jahr 1998 auf 0,43 Prozent im Jahr 2002 angenommen, bei der Vereinsbank von 0,41 Prozent auf 0,21 Prozent, vgl. Sonderprüfungsbericht der BDO S. 105.

[1626] Entspricht HFA 2/1983 C. 1. c), WPg 1983, 468: Maßnahmen, die bereits eingeleitet sind, sind in die Zukunftsplanungen einzubeziehen.

[1627] Die Gutachter unterstellten demgegenüber nur eine Reduktion um 0,21 Prozent auf 0,43 Prozent, vgl. Sonderprüfungsbericht der BDO S. 105.

und der im Rahmen einer jeden Unternehmensbewertung vorhandenen Ermessensspielräume die Geschäftsrisiken bei der Bewertung der Hypo-Bank angemessen berücksichtigt sind. Die von uns durchgeführten Plausibilisierungen haben gezeigt, dass in der bereinigten Planung der Hypo-Bank, die der Wertermittlung zugrunde gelegt wurde, ausreichend Potentiale in Form von Annahmen über die Entwicklung des Kreditvolumens, der Zinsmargen und der Risikovorsorgeaufwendungen enthalten sind, die bezüglich ihrer Auswirkungen auf den ermittelten Unternehmenswert die eingetretenen Einzelrisiken in Höhe von 1,939 Mrd. DM nach Ertragsteuern abdecken"[1628].

Die aufgedeckten Fehlbeträge in der Risikovorsorge der Hypo-Bank zum 31.12.1997 haben folglich keinen direkten Einfluss auf den Unternehmenswert und auf die Beurteilung des Bewertungsgutachtens als mangelfrei. Unter Zugrundelegung der Ergebnisse der Sonderprüfer ist das Bewertungsgutachten so angefertigt, dass es für seinen gewöhnlichen Verwendungszweck (Bewertung der beiden Banken und Ermittlung eines angemessenen Umtauschverhältnisses) funktionstauglich ist und zweckentsprechend verwendet werden kann. Ein Mangel liegt nicht vor.

b) Erteilung eines zusätzlichen Auftrags an die KPMG

Der KPMG wurde von der Vereinsbank zusätzlich der informelle Auftrag erteilt, bei der Unternehmensbewertung die Risiken aus dem Immobilienportfolio der Hypo-Bank mit besonderer Dringlichkeit zu untersuchen und für eine angemessene Berücksichtigung bei der Unternehmensbewertung Sorge zu tragen, denn der Vorstand der Vereinsbank hatte aufgrund von Marktgerüchten einen zusätzlichen Risikovorsorgebedarf bei der Hypo-Bank vermutet; daneben sollten auch Lücken in der Vorsorgepolitik im Jahresabschluss 1997 der Hypo-Bank – soweit möglich – aufgedeckt werden[1629]. Dadurch wurde für die KPMG der Auftrag erweitert: Die Due Diligence sollte sowohl im Bereich des Immobilienportfolios der Hypo-Bank als auch bei deren Vorsorgepolitik intensiviert werden. Die dabei gewonnenen Erkenntnisse sollten im Rahmen der Unternehmensbewertung berücksichtigt werden.

Auch hinsichtlich dieser Auftragserweiterung besteht ein Haftungsrisiko der KPMG gemäß § 635 BGB a.F. Voraussetzung ist wiederum das Vorliegen eines Mangels. Die Sollbeschaffenheit eines Werkes leitet sich primär aus dem vertraglich vorausgesetzten besonderen Zweck, Gebrauch oder Zustand des Werkes ab. Erst bei Fehlen der vertraglich fest-

---

[1628]   Sonderprüfungsbericht der BDO S. 108.

[1629]   Vgl. Rede Viermetz vom 17.12.1999 S. 10; Sonderprüfungsbericht der BDO S. 121.

gelegten Sollbeschaffenheit kommt es auf die gewöhnliche Beschaffenheit des Werkes an[1630]. Bezüglich der WEDIT ist mangels einer erkennbaren besonderen Sollbeschaffenheit von der soeben festgestellten Mangelfreiheit des Gutachtens auszugehen. Es stellt sich aber die Frage, wie sich die zwischen der Vereinsbank und der KPMG vereinbarte Erweiterung des Auftrags auf die Sollbeschaffenheit des Gutachtens auswirkt.

Folgt man der Darstellung im Sonderprüfungsbericht, so wurde ein Teil des Zusatzauftrags von den Gutachtern der KPMG ordnungsgemäß erfüllt: Wie erläutert, wurden die Geschäftsrisiken der Hypo-Bank bei der Unternehmensbewertung im Ergebnis angemessen berücksichtigt.

Ob die KPMG auch die anderen Teile des Auftrags – die Aufdeckung von Lücken in der Vorsorgepolitik im Jahresabschluss 1997 der Hypo-Bank soweit wie möglich sowie die Intensivierung der Due Diligence im Bereich des Immobilienportfolios der Hypo-Bank – erfüllt hat, ist schwieriger zu beantworten.

Laut Aktenvermerk der KPMG vom November 1998, haben die Gutachter der KPMG im Zuge der Arbeiten nach einer ersten Stichprobe von zehn Großprojekten im Lenkungsausschuss für die Unternehmensbewertung, dem je zwei Vorstände der beiden Banken und je ein Prüfer der KPMG und der WEDIT angehörten, Zweifel an einer ausreichenden Risikoberücksichtigung bei Projekten geäußert. Dies sei von der Hypo-Bank und der WEDIT zwar energisch zurückgewiesen worden. Zwischen den Sitzungen des Lenkungsausschusses habe der Hypo-Bank-Vorstand die Vereinsbank aber informiert, dass neben den „normalen" Wertberichtigungen im Jahresabschluss 1997 eine Sondervorsorge für Projektrisiken durchgeführt würde und die Größenordnung mit 2 Mrd. DM angegeben. Nach dem damaligen Stand der Informationen erschien der KPMG eine Vorsorge in der geplanten Größenordnung geeignet, die bilanziellen Risiken angemessen zu berücksichtigen. Dies sei auch gegenüber dem zuständigen Vorstandsmitglied der Vereinsbank so erläutert worden[1631], was allerdings von der Hypovereinsbank bestritten wird. Diese behauptet vielmehr in einem Aktenvermerk, dass die KPMG den errechneten Wertberichtigungsbedarf nicht beziffert habe[1632]. Aus einem weiteren Aktenvermerk der KPMG vom November 1998 geht hervor,

---

[1630]   Vgl. *Müller*, WPK-Mitt. Sonderheft 1991, 3, 18; *Sprau* in Palandt, BGB, 61. Auflage, § 633 Rnr. 2; *Putzo* in Palandt, BGB, 61. Auflage, § 459 Rnr. 8.

[1631]   Vgl. Sonderprüfungsbericht der BDO S. 121.

[1632]   Die KPMG habe in den Lenkungsausschusssitzungen nicht erkennen lassen, dass sie stichprobenweise zehn Projekte geprüft habe und habe auch den daraus errechneten Wertberichtigungsbedarf nicht beziffert. Sie habe lediglich in allgemeiner Form Bedenken über die Angemessenheit der Risikovorsorge geäußert, vgl. Sonderprüfungsbericht der BDO S. 122.

dass die KPMG angesichts dieser Planungen den Eindruck gewonnen habe, die WEDIT würde für eine angemessene Berücksichtigung der Risiken im Jahresabschluss der Hypo-Bank sorgen. Tatsächlich sei zum 31.12.1997 der Vorsorgebetrag aber auf 1,5 Mrd. DM reduziert und davon lediglich 800 Mio. DM für das Projektgeschäft genutzt worden, ohne dass es in diesem Bereich bereits „normale" Vorsorgen gegeben habe. Davon habe die KPMG erst im September 1998 und somit nach Eintragung der Verschmelzung Kenntnis erhalten[1633].

Demzufolge haben die Gutachter der KPMG die Due Diligence im Bereich des Immobilienportfolios der Hypo-Bank intensiviert und Risiken bei der Hypo-Bank aufgedeckt. Aufgrund widersprüchlicher Aussagen muss jedoch offen bleiben, ob es die Gutachter unterlassen haben den errechneten Wertberichtigungsbedarf gegenüber der Vereinsbank zu beziffern[1634].

Ob es den Gutachtern der KPMG gemäß ihrem Auftrag möglich gewesen wäre in der Vorsorgepolitik der Hypo-Bank noch weitere Lücken aufzudecken, erscheint im Hinblick auf die Arbeitsorganisation bei der Begutachtung eher unwahrscheinlich. Als deren Abschlussprüfer lag die Federführung für die Bewertung der Hypo-Bank bei der WEDIT[1635]. Dies bedeutete nach Auskunft von Sprißler, Finanzvorstand sowohl der Vereinsbank als auch der Hypovereinsbank, und Münich, Chefsyndicus der Vereinsbank, dass sich die Bewertungsgutachter der KPMG bei Fragen zur Hypo-Bank an die Abschlussprüfer der WEDIT – die als Auskunftspersonen in diesen Fällen fungierten – wenden mussten[1636]. Dazu die Aktenvermerke der KPMG:

> „Trotz ihrer Bitte und eines Gesprächs zwischen Dr. Kemmer von der Vereinsbank und Dr. Szantyr von der Hypo-Bank wurde den Prüfern der KPMG keine Einsicht in Originalakten gewährt. Die zuständigen Kreditsachbearbeiter konnten von der KPMG nicht direkt befragt werden. Alle Anforderungen mussten über die WEDIT geleitet werden, die sie an den zuständigen Abteilungsleiter der Hypo-Bank, Herrn Cancik, weiterleitete. Rückfragen konnten nur nach Terminvereinbarung mit Herrn Cancik an diesen gestellt werden." „Die Auskunftserteilung war zu Anfang zögerlich, nach Abmahnung zurückhaltend"[1637].

[1633]   Vgl. Sonderprüfungsbericht der BDO S. 120.

[1634]   Vgl. zu den widersprüchlichen Angaben: Sonderprüfungsbericht der BDO S. 119ff.

[1635]   Vgl. Sonderprüfungsbericht der BDO S. 111.

[1636]   Gespräch des Verfassers mit Sprißler und Münich am 08.10.2004.

[1637]   Vgl. Sonderprüfungsbericht der BDO S. 119, 121.

Trotz des erheblichen Umfangs des später entdeckten zusätzlichen Risikovorsorgebedarfs und des schlechten Zustands des Risikocontrollings, bestand für die KPMG, von ihrer Position als Gutachter unter der Führung der WEDIT und bei der eingeschränkten Fähigkeit sich direkt die erforderlichen Informationen zu beschaffen, wohl keine Möglichkeit weitere Risiken ohne eine intensive Prüfung aufdecken zu können. Hinzu kommt, dass die KPMG in der Zeit von September 1997 bis März 1998 zusammen mit der WEDIT das Bewertungsgutachten erstellt hat und somit zu der Zeit tätig war, als der Jahresabschluss 1997 der Hypo-Bank noch nicht endgültig aufgestellt war, sondern immer wieder geändert wurde. Gerade die Höhe der Risikovorsorge wurde dabei ständig neu diskutiert[1638]. Der Jahresabschluss der Hypo-Bank wurde erst nach der Erstattung des Bewertungsgutachtens vom 11.03.1997 uneingeschränkt von der WEDIT testiert, nämlich am 20.03.1998[1639]. Diese Umstände könnten es der KPMG erschwert haben, weitere Risiken bei der Hypo-Bank aufzudecken.

Anderer Ansicht ist insoweit jedoch der BGH: Der KPMG sei ebenso wie der Vereinsbank bekannt gewesen, dass das Immobiliengeschäft der Hypo-Bank besonders hohe Risiken in sich barg. Sie hätte deshalb als Verschmelzungswertgutachter ihrer Berechnung des Ertragswerts der Hypo-Bank nicht allein die Planzahlen dieser Gesellschaft unter Außerachtlassung der in ihnen nicht oder nicht ausreichend berücksichtigten ertragswirksamen Verlustrisiken zugrunde legen dürfen. Auf die Notwendigkeit einzelne Engagements der Hypo-Bank zu untersuchen und bei der Risikobewertung zu berücksichtigen, sei sie zudem vom Vorstand der Vereinsbank ausdrücklich hingewiesen worden. Dem sei die KPMG, wie sich aus dem Sonderprüfungsbericht der BDO ergebe, nur unzureichend nachgekommen[1640]. Leider führt der BGH nicht im Einzelnen aus, wie er zu dieser Einschätzung gelangt. Eine abschließende Beurteilung der Vorgehensweise der KPMG ist an dieser Stelle aber auch entbehrlich, denn schließlich wurden die nicht aufgedeckten Risiken laut Sonderprüfungsbericht der BDO –auf den sich ja auch der BGH bezieht– bei der Bewertung der Hypo-Bank angemessen berücksichtigt, so dass das Gutachten auch unter Berücksichtigung des informellen Zusatzauftrags der vereinbarten besonderen Sollbeschaffenheit entspricht, gebrauchstauglich ist und zweckentsprechend verwendet werden kann. Insoweit scheidet ein Mangel des Gutachtens aus.

[1638]   Vgl. ausführlich dazu oben, Teil 1, C. IX.

[1639]   Vgl. Sonderprüfungsbericht der BDO S. 112.

[1640]   So BGHZ 153, 32, 41.

c) Ergebnis

Folgt man den Ausführungen des Sonderprüfungsberichts, so liegt kein mangelhaftes Bewertungsgutachten vor. Die Geschäftsrisiken der Hypo-Bank wurden bei der Bewertung angemessen berücksichtigt. Die aufgedeckten Fehlbeträge in der Risikovorsorge der Bilanz der Hypo-Bank sind im Rahmen der Risikovorsorge auf Gesamtbankebene enthalten und somit im Umtauschverhältnis berücksichtigt[1641]. Die informelle Beauftragung der KPMG durch die Vereinsbank hat keine Auswirkungen auf das Ergebnis: Ein Mangel scheidet aus. Ein Schadensersatzanspruch gemäß § 635 BGB a.F. ist nicht gegeben.

2. Schadensersatz aus pVV des Gutachtenvertrages

Die Ausführung des Zusatzauftrags seitens der KPMG kann aber unter einem anderen Aspekt haftungsrechtliche Relevanz besitzen. Die Regeln der positiven Vertragsverletzung (pVV) und nicht die Sonderregelungen der §§ 633 ff. BGB a.F. sind anwendbar, wenn der Gutachter eine Nebenpflicht schuldhaft verletzt hat, ohne dass dies zu einem Mangel führt[1642]. Beispiele für solche haftungsrelevanten Nebenpflichtverletzungen sind die Weitergabe unvollständiger oder unrichtiger Informationen oder das Unterlassen notwendiger Hinweise[1643].

Ein mangelhaftes Gutachten liegt laut Sonderprüfungsbericht nicht vor. Zu einer möglichen Nebenpflichtverletzung der KPMG äußert sich der BGH wie folgt: Auch wenn die Prüfung des Immobilienportfolios – wie im Sonderprüfungsbericht der BDO dargestellt – von der Hypo-Bank erschwert wurde, hätte die KPMG in ihrem Bericht darauf hinweisen und klarstellen müssen, dass ihr aufgrund dieser Erschwernisse eine umfassende und abschließende Beurteilung der Risiken im Bauträgerimmobiliengeschäft der Hypo-Bank und damit eine sachgemäße Ermittlung der Verschmelzungswertrelation nicht möglich war. Da sie das unterlassen habe, sei ihre Mitverantwortlichkeit dafür, dass der erhebliche Berichtigungsbedarf erst nach der Verschmelzung erkannt worden sei, zumindest nicht auszuschließen[1644]. Dieser Einschätzung ist zuzustimmen, denn es darf nicht der Eindruck erweckt werden, dass Tatbestände geprüft worden sind, wenn dies tatsächlich nicht der Fall war. Das Verschweigen wesentlicher Umstände stellt eine Verletzung der Gutachter-

---

[1641] Vgl. Sonderprüfungsbericht der BDO S. 109.

[1642] Vgl. *Sprau* in Palandt, BGB, 61. Auflage, Vorb. v. § 633 Rnr. 22f.

[1643] So *Gasteyer* in Semler/Volhard, Arbeitshandbuch für Unternehmensübernahmen, Band 1, § 4 Rnr. 108.

[1644] So BGHZ 153, 32, 41.

pflicht dar[1645]. Umfang und Qualität der zugrunde gelegten Daten müssen im Rahmen der schriftlichen Berichterstattung ebenso wie der Umfang von Schätzungen und Annahmen ersichtlich sein[1646]; auf besondere Erschwernisse oder Beschränkungen bei der Informationsgewinnung ist einzugehen[1647]. Sprißler und Münich weisen zudem darauf hin, dass die Vereinsbank bei Kenntnis des Umfangs der Prüfungserschwernisse die Möglichkeit gehabt hätte, im Rahmen der Sitzungen des gemeinsamen Lenkungsausschusses für Abhilfe zu sorgen[1648].

Ein Anspruch aus pVV würde aber letztlich sowohl bei Annahme einer Nebenpflichtverletzung seitens der KPMG als auch bei Vorliegen eines mangelhaften Gutachtens wegen Feststellung eines unangemessenen Umtauschverhältnisses am fehlenden Schaden scheitern. Durch die Nebenpflichtverletzung wurde das Vermögen der vertraglich berechtigten Gutachtenbesteller Vereinsbank und Hypo-Bank nicht geschädigt: Hätte die KPMG die Vereinsbank auf die erheblichen Erschwernisse bei der Prüfung hingewiesen und wäre es der Vereinsbank dann gelungen, diese Erschwernisse zu beseitigen, dann wäre eventuell ein anderes Umtauschverhältnis ermittelt worden. Das Umtauschverhältnis hat aber keinen Einfluss auf das Vermögen der beteiligten Gesellschaften selbst, vielmehr tritt durch ein unangemessenes Umtauschverhältnis nur bei den Anteilsinhabern entweder des übertragenden oder des übernehmenden Rechtsträgers eine Teilentwertung ihrer Anteile und damit ein Vermögensschaden ein[1649].

V. Ergebnis

Weder gegen die WEDIT noch gegen die KPMG besteht ein Schadensersatzanspruch im Zusammenhang mit dem von beiden Wirtschaftsprüfungsgesellschaften erstellten Verschmelzungswertgutachten[1650]. Folgt

---

1645 *Semler*, FS Quack, 439, 445f. sowie *Theysohn-Wadle* in Beisel/Klumpp, Der Unternehmenskauf, Kapitel 3 Rnr. 24.

1646 Vgl. IDW S 1 Tz. 178, WPg 2000, 825.

1647 So *Wagner/Russ* in Wirtschaftsprüfer-Handbuch, Band II, Rnr. O 28 sowie Merkt, Internationaler Unternehmenskauf, Rnr. 869 jeweils zum Due Diligence-Bericht.

1648 Gespräch des Verfassers mit Sprißler und Münich am 08.10.2004.

1649 Vgl. *Clemm/Dürrschmidt*, FS Widmann, 3, 7; *Marsch-Barner* in Kallmeyer, UmwG, § 25 Rnr. 9f. m.w.N. sowie oben, B. III. 2. c). Am fehlenden Schaden der Gutachtenbesteller scheitert auch ein Anspruch aus unerlaubter Handlung.

1650 *Hopt*, ZGR 2000, 779, 796 bezeichnet die Geschehnisse um die Verschmelzung vorsichtig als Fehlleistung führender Wirtschaftsprüfungsgesellschaften, ohne dabei konkreter zu werden.

man den Ausführungen des Sonderprüfungsberichts, so liegt kein mangelhaftes Bewertungsgutachten vor. Von einer Nebenpflichtverletzung der KPMG ist zwar auszugehen, denn die Gutachter hätten in ihrem Bericht auf Erschwernisse bei ihren Untersuchungen hinweisen müssen. Ein Anspruch aus pVV scheitert aber am fehlenden Schaden der Gutachtenbesteller.

Dieses Ergebnis wirft allerdings die Frage auf, weshalb dann sowohl die WEDIT als auch die KPMG sich mit der Hypovereinsbank auf eine knapp unterhalb der vereinbarten Haftungsgrenze in Höhe von 10 Mio. DM liegende Zahlung geeinigt haben[1651]. Beide kannten zu diesem Zeitpunkt bereits den Sonderprüfungsbericht der BDO, der die Gutachter nicht schwer belastet, sondern hauptsächlich die Abschlussprüfer der WEDIT. Während somit eine Zahlung der WEDIT nachvollziehbar ist – obwohl sich die WEDIT auch auf die gesetzliche Haftungsbeschränkung des § 323 Abs. 2 HGB in Höhe von damals 500.000 DM pro Prüfung hätte berufen können –, sind die Beweggründe der KPMG schwieriger auszumachen. Ein Grund könnte darin liegen, dass der Sonderprüfungsbericht nicht die Untersuchung der ordnungsgemäßen Erfüllung des informellen Zusatzauftrags zwischen der Vereinsbank und der KPMG zum Gegenstand hatte, eventuell wurde seitens der KPMG diesbezüglich ein Haftungsrisiko gesehen. Eine Pflichtverletzung – die allerdings keinen Schaden bei der Vereinsbank verursacht hat – wurde insofern ja auch gerade festgestellt.

Es ist anzunehmen, dass für eine Zahlung in dieser Höhe aber andere, nicht-rechtliche Gründe eine entscheidende Rolle spielten: Beide Wirtschaftsprüfungsgesellschaften mussten eine gerichtliche Auseinandersetzung mit der Hypovereinsbank befürchten. Die Wirtschaftsprüfer sahen sich bereits massiver öffentlicher Kritik ausgesetzt und mussten mit einer nachhaltigen Schädigung ihres Rufs im Falle eines langen Prozesses rechnen und zwar unabhängig von dessen Ausgang. Des Weiteren stand die WEDIT durch die staatsanwaltschaftlichen Ermittlungen bereits unter Druck und wollte sich weitere negative Schlagzeilen wohl ersparen. Auf Seiten der KPMG dürfte auch die Erhaltung ihres Mandats als Abschlussprüfer der Hypovereinsbank ein gewichtiges Argument für eine Zahlung gewesen sein. Betrachtet man dann noch die Tatsache, dass die Abschlussprüfer der Flowtex AG trotz gesetzlicher Haftungsbeschränkung im Rahmen eines Vergleichs sogar 100 Mio. DM Schadensersatz bezahlt haben[1652], wird die Zahlung von knapp 10 Mio. DM nachvollziehbar.

[1651]   Dazu oben, Teil 1, E. III.

[1652]   So *Bormann*, BB 2002, 190, 197 m.w.N.

C. Die Haftung des Wirtschaftsprüfers als Verschmelzungsprüfer

Die Haftung als Verschmelzungsprüfer stellt keinen Schwerpunkt der Erörterungen dar, denn bezüglich der Verantwortlichkeit des Verschmelzungsprüfers verweist § 11 Abs. 2 S. 1 UmwG auf § 323 HGB, dessen Voraussetzungen bereits ausführlich dargestellt wurden[1653]. Des Weiteren spielte die Haftung des Verschmelzungsprüfers bei der öffentlichen Diskussion um die Verschmelzung zur Hypovereinsbank keinerlei Rolle. Im Folgenden werden deshalb vor allem die Grundzüge der Verschmelzungsprüfung und die Unterschiede von § 11 UmwG zu § 323 HGB dargelegt.

I. Grundzüge der Verschmelzungsprüfung

Bei Verschmelzungen unter Beteiligung von Aktiengesellschaften ist bei einer Verschmelzung durch Aufnahme gemäß § 60 UmwG der Verschmelzungsvertrag oder sein Entwurf nach den §§ 9 bis 12 UmwG zu prüfen. Dies gilt gemäß § 73 UmwG bei einer Verschmelzung durch Neugründung entsprechend.

1. Prüfungszweck

Mit der Verschmelzungsprüfung hat der Gesetzgeber in den §§ 9 bis 12 UmwG einen Präventivschutz für die von der Verschmelzung betroffenen Anteilsinhaber geschaffen. Es liegt im Interesse der Anteilsinhaber, dass insbesondere das Umtauschverhältnis der Anteile und dessen Angemessenheit von unabhängigen Sachverständigen geprüft und gegebenenfalls bestätigt wird. Bereits vor der Beschlussfassung über die Verschmelzung wird ihnen deshalb ein Sachverständigengutachten über die Angemessenheit des Umtauschverhältnisses zur Verfügung gestellt, durch das sie über eine verbesserte Informationslage verfügen[1654].

[1653] Vgl. oben, A. VIII.

[1654] Vgl. *Pfitzer* in Wirtschaftsprüfer-Handbuch, Band II, Rnr. D 13. Dieser Präventivschutz wird für die Anteilsinhaber der übertragenden Rechtsträger ergänzt durch den a-posteriori-Schutz des Spruchverfahrens zur Verbesserung des Umtauschverhältnisses (§ 15 Abs. 1 S. 2 UmwG i.V.m. §§ 1ff. SpruchG) und für die Anteilsinhaber des übernehmenden Rechtsträgers durch die Anfechtungsklage gegen den Verschmelzungs- oder einen Kapitalerhöhungsbeschluss, vgl. *Müller* in Kallmeyer, UmwG, § 9 Rnr. 3; *Zeidler* in Semler/Stengel, UmwG, § 9 Rnr. 3; ausführlich dazu unten, 3. Kapitel B. II., C.

2. Gegenstand der Verschmelzungsprüfung

Prüfungsgegenstand ist gemäß § 9 Abs. 1 UmwG der Verschmelzungsvertrag oder dessen Entwurf. Der Verschmelzungsbericht ist nach der ganz überwiegenden Auffassung nicht Gegenstand der Prüfung; der Gesetzeswortlaut ist insoweit eindeutig[1655]. Da im Rahmen der Prüfung des Verschmelzungsvertrags allerdings – wie sich aus § 12 Abs. 2 UmwG ergibt – die Angemessenheit des vorgeschlagenen Umtauschverhältnisses der Anteile im Vordergrund steht, ist der Verschmelzungsbericht diesbezüglich als wichtige Informationsquelle anzusehen, denn er enthält wesentliche Angaben über die Angemessenheit des Umtauschverhältnisses[1656]. Schwachpunkt dieser Konzeption ist jedoch, dass die Anteilsinhaber so die Informationen der Vertretungsorgane über die Sinnhaftigkeit der Verschmelzung unkontrollierbar hinnehmen müssen, da die Mitteilungen im Verschmelzungsbericht ohne jede Prüfung und Bestätigung ihrer Richtigkeit bleiben. Dies bedeutet nicht, dass die Verschmelzungsprüfung zur Zweckmäßigkeit der Verschmelzung als solche Stellung zu nehmen hätte[1657], denn der Verschmelzungsprüfer muss sich nicht dazu äußern, ob die rechtlichen und wirtschaftlichen Interessen sämtlicher Anteilsinhaber gewahrt sind. Eine Zweckmäßigkeitskontrolle steht nur den Anteilsinhabern zu[1658]. Wenn jedoch im Verschmelzungsbericht etwa behauptet wird, die Verschmelzung sei extrem vorteilhaft, weil sich erhebliche Synergieeffekte erzielen ließen, dann geht es nicht an, dass die Anteilinhaber diese Behauptung, die möglicherweise für das Ergebnis der Beschlussfassung von entscheidender Bedeutung ist, unge-

---

[1655] Vgl. *Bula/Schlösser* in Sagasser/Bula/Brünger, Umwandlungen, J Rnr. 109; *Hannappel* in Goutier/Knopf/Tulloch, UmwR, § 12 UmwG Rnr. 10; *Lutter* in Lutter, UmwG, § 9 Rnr. 12; *Müller* in Kallmeyer, UmwG, § 9 Rnr. 10 m.w.N. auch zur Gegenansicht; *Schaal*, Der Wirtschaftsprüfer als Umwandlungsprüfer, 271; *Stratz* in Schmitt/Hörtnagl/Stratz, UmwG, § 9 Rnr. 4; *Volhard* in Semler/Volhard, Arbeitshandbuch für Unternehmensübernahmen, Band 1, § 17 Rnr. 207; *Zeidler* in Semler/Stengel, UmwG, § 9 Rnr. 18. Dem Gesetzgeber war der Streit um die Aufnahme des Verschmelzungsberichts als Prüfungsgegenstand bekannt, deshalb ist davon auszugehen, dass er bewusst auf die Überprüfung des Verschmelzungsberichts verzichtet hat, vgl. *Mayer* in Widmann/Mayer, UmwR, 50. Erg.-Lfg., § 9 UmwG Rz. 18.

[1656] Vgl. *Pfitzer* in Wirtschaftsprüfer-Handbuch, Band II, Rnr. D 21; IDW, Stellungnahme Hauptfachausschuss 6/1988: Zur Verschmelzungsprüfung nach § 340b Abs. 4 AktG, Abschnitt I., WPg 1989, 42.

[1657] *Bayer*, ZIP 1997, 1613, 1621.

[1658] Vgl. *Bayer*, AG 1988, 323, 328; *Pfitzer* in Wirtschaftsprüfer-Handbuch, Band II, Rnr. D 26; *Lutter* in Lutter, UmwG, § 9 Rnr. 12; *Mayer* in Widmann/Mayer, UmwR, 50. Erg.-Lfg., § 9 UmwG Rz. 22f.

prüft hinnehmen müssen[1659]. Insofern besteht gesetzgeberischer Handlungsbedarf, um dem gesetzlichen Prinzip des Minderheitenschutzes durch Information gerecht zu werden.

Der Verschmelzungsvertrag ist auf Vollständigkeit und Richtigkeit zu überprüfen. Es handelt sich um eine formelle und materielle Vollständigkeitsprüfung[1660]. Zunächst ist zu prüfen, ob der Verschmelzungsvertrag die gemäß § 5 Abs. 1 Nr. 1-9 UmwG erforderlichen Mindestangaben enthält und ob diese Angaben zutreffen[1661]. Prüfungsgegenstand sind auch alle weiteren Bestimmungen (fakultative Bestandteile) des Verschmelzungsvertrags. Diese sind nicht auf Vollständigkeit, aber auf Richtigkeit zu prüfen[1662].

Im Mittelpunkt der Prüfung steht die Angemessenheit des vorgeschlagenen Umtauschverhältnisses der Anteile. Dies ergibt sich aus der Regelung des § 12 Abs. 2 UmwG, derzufolge im Verschmelzungsprüfungsbericht auf das Umtauschverhältnis und seine Ermittlung besonders einzugehen ist. Zum Umtauschverhältnis gehört auch die Höhe der baren Zuzahlungen[1663]. Bei einer Verschmelzung, die in den Anwendungsbereich des § 29 Abs. 1 S. 1 UmwG fällt, erstreckt sich die Verschmelzungsprüfung gemäß § 30 Abs. 2 S. 1 UmwG außerdem auf die Angemessenheit einer anzubietenden Barabfindung[1664].

[1659] *Bayer*, ZIP 1997, 1613, 1621 m.w.N.; vgl. auch *Hommelhoff*, ZGR 1993, 452, 465f. sowie *Schmitz*, Die Verschmelzungsprüfung gem. § 340b AktG, 190; zur Spaltung vgl. *Engelmeyer*, Die Spaltung von Aktiengesellschaften nach dem neuen Umwandlungsrecht, 103f.

[1660] So *Hannappel* in Goutier/Knopf/Tulloch, UmwR, § 12 UmwG Rnr. 4; *Pfitzer* in Wirtschaftsprüfer-Handbuch, Band II, Rnr. D 20.

[1661] Vgl. *Mayer* in Widmann/Mayer, UmwR, 50. Erg.-Lfg., § 9 UmwG Rz. 19; *Müller* in Kallmeyer, UmwG, § 9 Rnr. 11. Ausführlich zu den einzelnen Angaben des § 5 Abs. 1 UmwG: *Schaal*, Der Wirtschaftsprüfer als Umwandlungsprüfer, 89ff.

[1662] Vgl. *Bula/Schlösser* in Sagasser/Bula/Brünger, Umwandlungen, J Rnr. 106af.; *Pfitzer* in Wirtschaftsprüfer-Handbuch, Band II, Rnr. D 20. Gegen eine Prüfung dieser freiwilligen Bestandteile aber *Zeidler* in Semler/Stengel, UmwG, § 9 Rnr. 15.

[1663] *Müller* in Kallmeyer, UmwG, § 9 Rnr. 12. Diese haben die Aufgabe, die durch Anteile nicht ausgleichbaren Spitzenbeträge auszugleichen, wenn den Anteilsinhabern der übertragenden Rechtsträger bei Beachtung der Nennbetrags-Untergrenzen Geschäftsanteile entsprechend dem Umtauschverhältnis nicht voll zugeteilt werden können, vgl. *Pfitzer* in Wirtschaftsprüfer-Handbuch, Band II, Rnr. D 3. Ausführlich dazu *Schaal*, Der Wirtschaftsprüfer als Umwandlungsprüfer, 102ff.

[1664] Vgl. *Mayer* in Widmann/Mayer, UmwR, 50. Erg.-Lfg., § 9 UmwG Rz. 21; so auch *Bula/Schlösser* in Sagasser/Bula/Brünger, Umwandlungen, J Rnr. 108.

Umtauschverhältnis wie Barabfindung sind die materiellen Kernregelungen eines Verschmelzungsvertrags. Sie sind wegen des zugrunde liegenden Zahlenmaterials auch die sensibelsten Punkte. Da die vollkommene Transparenz häufig an § 8 Abs. 2 UmwG scheitern wird, kommt der Stellungnahme des unabhängigen Sachverständigen besondere Bedeutung für die Information der Anteilsinhaber zu[1665].

a) Prüfung der Angemessenheit des Umtauschverhältnisses

Das Umtauschverhältnis der Anteile gibt an, wie viele Anteile an der übernehmenden Gesellschaft die Anteilsinhaber der übertragenden Gesellschaften als Gegenleistung erhalten. In Anbetracht des Postulats der Angemessenheit ist eine Gleichwertigkeit von Leistung (Aufgabe der Beteiligung an dem übertragenden Rechtsträger) und Gegenleistung (Gewährung von Anteilen an dem übernehmenden Rechtsträger) anzustreben[1666]. Angemessenheit bedeutet, dass die erhaltenen Anteile den Wert der hingegebenen Anteile im Wesentlichen erreichen müssen[1667]. Grundlage für die Ermittlung des Umtauschverhältnisses ist eine Unternehmensbewertung, d.h. die beteiligten Rechtsträger sind zu bewerten. Entscheidend ist dabei allein die richtige Ermittlung der Relation der Unternehmenswerte zueinander[1668].

§ 12 Abs. 2 S. 2 Nr. 1-3 UmwG bestimmt, dass der Verschmelzungsprüfer u.a. zu prüfen und darüber zu berichten hat, nach welchen Methoden das vorgeschlagene Umtauschverhältnis ermittelt worden und aus welchen Gründen die Anwendung dieser Methoden angemessen ist. Es ist jedoch nicht Aufgabe des Verschmelzungsprüfers, das Umtauschverhältnis selbst festzustellen und die dafür notwendigen Unternehmensbewertungen selbst durchzuführen[1669]. Wie bei jeder Pflichtprüfung darf auch der Verschmelzungsprüfer die zu beurteilenden Angaben nicht selbst ermitteln; die von den Vertretungsorganen der verschmelzungswilligen Rechtsträger errechneten Daten sind grundsätzlich zu über-

---

[1665] *Müller* in Kallmeyer, UmwG, § 9 Rnr. 13.

[1666] Ähnlich *Pfitzer* in Wirtschaftsprüfer-Handbuch, Band II, Rnr. D 39 sowie *Engelmeyer*, Die Spaltung von Aktiengesellschaften nach dem neuen Umwandlungsrecht, 37.

[1667] Vgl. *Bula/Schlösser* in Sagasser/Bula/Brünger, Umwandlungen, J Rnr. 29.

[1668] Vgl. *Schmitz*, Die Verschmelzungsprüfung gem. § 340b AktG, 10; *Zeidler* in Semler/Stengel, UmwG, § 9 Rnr. 32. Im Fall des § 29 Abs. 1 UmwG reicht dies allerdings nicht aus. Einzelheiten bei *Bayer*, ZIP 1997, 1613, 1617; *Müller* in Kallmeyer, UmwG, § 9 Rnr. 32 m.w.N.

[1669] Vgl. *Lutter* in Lutter, UmwG, § 9 Rnr. 11; *Mayer* in Widmann/Mayer, UmwR, 50. Erg.-Lfg., § 9 UmwG Rz. 27; *Zeidler* in Semler/Stengel, UmwG, § 9 Rnr. 30.

nehmen[1670]. Dies befreit den Prüfer aber nicht von einer eigenen Prüfung der zugrunde gelegten Daten auf ihre Vollständigkeit und Richtigkeit im Rahmen von Kontrollrechnungen. Ausnahmsweise kann davon für die in geprüften Jahresabschlüssen enthaltenen Daten abgesehen werden, da wegen der vorangegangenen objektiven Kontrolle von gesicherten Daten auszugehen ist, sofern der Prüfer bei der Heranziehung der Jahresabschlüsse keine offensichtlichen Fehler entdeckt[1671].

Zu überprüfen ist die fremderstellte Unternehmensbewertung, welche notwendig zur Ermittlung des Umtauschverhältnisses war. Dabei hat der Verschmelzungsprüfer zu untersuchen, ob die den Unternehmensbewertungen zugrunde liegenden Daten fachgerecht abgeleitet wurden, die getroffenen Prognose- und Wertungsentscheidungen vertretbar waren und den Regeln einer ordnungsgemäßen Unternehmensbewertung entsprechen[1672]. Zwischen Feststellung und Prüfung ist streng zu unterscheiden; keinesfalls darf der Prüfer eigenes Ermessen an die Stelle des Ermessens der Vertretungsorgane setzen. Eigene Erhebungen sind nur insoweit geboten, als es für Plausibilitätsüberlegungen bei Prognosen erforderlich ist oder die von den Vertretungsorganen vorgelegten Unterlagen nicht ausreichend oder nicht zweifelsfrei sind, um das angesetzte Umtauschverhältnis zu belegen[1673].

[1670] Vgl. *Pfitzer* in Wirtschaftsprüfer-Handbuch, Band II, Rnr. D 24; so auch *Hannappel* in Goutier/Knopf/Tulloch, UmwR, § 12 UmwG Rnr. 7; IDW, Stellungnahme Hauptfachausschuss 6/1988: Zur Verschmelzungsprüfung nach § 340b Abs. 4 AktG, Abschnitt I., WPg 1989, 42; *Schaal*, Der Wirtschaftsprüfer als Umwandlungsprüfer, 262.

[1671] Vgl. *Schaal*, Der Wirtschaftsprüfer als Umwandlungsprüfer, 262f. sowie auch *Stratz* in Schmitt/Hörtnagl/Stratz, UmwG, § 12 Rnr. 4.

[1672] Vgl. *Bula/Schlösser* in Sagasser/Bula/Brünger, Umwandlungen, J Rnr. 108; *Hannappel* in Goutier/Knopf/Tulloch, UmwR, § 12 UmwG Rnr. 11; IDW, Stellungnahme Hauptfachausschuss 6/1988: Zur Verschmelzungsprüfung nach § 340b Abs. 4 AktG, Abschnitt II., WPg 1989, 42; *Lutter* in Lutter, UmwG, § 9 Rnr. 11; *Stratz* in Schmitt/Hörtnagl/Stratz, UmwG, § 12 Rnr. 4; ähnlich *Mayer* in Widmann/Mayer, UmwR, 50. Erg.-Lfg., § 9 UmwG Rz. 27. Ausführlich zu den Regeln einer ordnungsgemäßen Unternehmensbewertung, oben, B. II. 2.; vgl. auch *Zeidler* in Semler/Stengel, UmwG, § 9 Rnr. 38.

[1673] Vgl. IDW, Stellungnahme Hauptfachausschuss 6/1988: Zur Verschmelzungsprüfung nach § 340b Abs. 4 AktG, Abschnitt I., WPg 1989, 42; *Müller* in Kallmeyer, UmwG, § 9 Rnr. 22. Umstritten ist, ob für den Fall, dass die vorgelegten Unterlagen nicht ausreichen, es die Aufgabe des Verschmelzungsprüfers ist, die Unternehmensbewertungen selbst durchzuführen. Dafür: *Hannappel* in Goutier/Knopf/Tulloch, UmwR, § 12 UmwG Rnr. 9 (m.w.N.). Dagegen: *Pfitzer* in Wirtschaftsprüfer-Handbuch, Band II, Rnr. D 24.

Dabei ist zu berücksichtigen, dass es keinen einwertigen Unternehmenswert gibt, vielmehr können sich bei der Bewertung eines Unternehmens aufgrund der Abhängigkeit von unsicheren Prognosen erhebliche Wertunterschiede ergeben. Folglich besteht auch die Möglichkeit, dass ein angemessenes Umtauschverhältnis nur innerhalb einer relativ großen Bandbreite abgeschätzt werden kann[1674]. Weiterhin ist zu beachten, dass trotz fehlerhafter Methoden oder fehlerhafter Anwendung der richtigen Methoden bei der Unternehmensbewertung das Umtauschverhältnis im Ergebnis korrekt festgelegt worden sein kann. Das ist etwa der Fall, wenn ein Fehler durch einen anderen Fehler kompensiert wird oder sich lediglich geringfügig auswirkt, das Umtauschverhältnis also auch bei korrekter Bewertung den vorgefundenen Wert haben könnte[1675]. Bei der Prüfung der Angemessenheit des Umtauschverhältnisses gelten über die bereits ausführlich dargestellten Regeln einer ordnungsgemäßen Unternehmensbewertung[1676] hinaus, folgende vom Verschmelzungsprüfer zu überprüfende Grundsätze:

Die Interessen der Anteilsinhaber der übertragenden und des übernehmenden Rechtsträgers sind gleichermaßen bei der Unternehmensbewertung zu berücksichtigen. Alle Anteilsinhaber sind gleich zu behandeln[1677].

Die Angemessenheitsprüfung muss sich auf den einheitlichen Bewertungsstichtag beziehen. Das UmwG trifft jedoch zur Konkretisierung des Bewertungsstichtages keinerlei Regelungen. Vertreten wird das Zubilligen völliger Freiheit bei der Festlegung des Stichtags[1678] sowie die Fixierung spezieller Zeitpunkte. Bei den Anhängern eines bestimmten Zeitpunkts erstreckt sich das Spektrum vom Verschmelzungsstichtag (§ 5 Abs. 1 Nr. 6 UmwG) über den Zeitpunkt der Gesellschafterversammlung des übertragenden Rechtsträgers bis zum Zeitpunkt der Handelsregistereintragung der Verschmelzung. Nach überwiegender Auffassung ist der Zeitpunkt der Gesellschafterversammlung des übertragenden Rechtsträgers der maßgebliche Bewertungszeitpunkt[1679].

[1674]   Vgl. *Hannappel* in Goutier/Knopf/Tulloch, UmwR, § 12 UmwG Rnr. 13; *Lutter* in Lutter, UmwG, § 9 Rnr. 11.

[1675]   *Schaal*, Der Wirtschaftsprüfer als Umwandlungsprüfer, 264.

[1676]   Vgl. oben, B. II. 2.

[1677]   Vgl. *Bula/Schlösser* in Sagasser/Bula/Brünger, Umwandlungen, J Rnr. 109; *Lutter* in Lutter, UmwG, § 5 Rnr. 18; *Schaal*, Der Wirtschaftsprüfer als Umwandlungsprüfer, 138; *Zeidler* in Semler/Stengel, UmwG, § 9 Rnr. 32.

[1678]   So grundsätzlich *Lutter* in Lutter, UmwG, § 5 Rnr. 21, der aber Einschränkungen bei der Wahl des Stichtages macht.

[1679]   So *Bula/Schlösser* in Sagasser/Bula/Brünger, Umwandlungen, J Rnr. 30; *Engelmeyer*, Die Spaltung von Aktiengesellschaften nach dem neuen Umwand-

b) Prüfung der Vollständigkeit des Verschmelzungsvertrags

Im Rahmen der Verschmelzungsprüfung hat eine Prüfung der Vollständigkeit des Verschmelzungsvertrags zu erfolgen. Dabei kann sich der Prüfer an dem Katalog der Mindestangaben in § 5 Abs. 1 Nr. 1 bis 9 UmwG orientieren[1680]. Diese Bestimmung ist jedoch nicht abschließend, weitere Pflichtinhalte finden sich je nach Konstellation in §§ 29 Abs. 1 S. 4, 37, 40, 46 und 80 UmwG[1681].

c) Prüfung der Richtigkeit des Verschmelzungsvertrags

Die Richtigkeitsprüfung hat sich damit zu befassen, ob die Aussagen im Verschmelzungsvertrag inhaltlich/sachlich zutreffen und in sich widerspruchsfrei sind. So hat der Verschmelzungsprüfer festzustellen, ob die Angaben denjenigen entsprechen, die sich aus den ihm zur Verfügung stehenden anderen Unterlagen entnehmen lassen und ob die Voraussetzungen dafür geschaffen sind, dass die Verschmelzung so abläuft, wie es im Vertrag vorgesehen ist. Zu überprüfen ist die Beachtung der Verschmelzungsvorschriften des UmwG. Eine umfassende Rechtmäßigkeits- und Wirksamkeitsprüfung aller Bestimmungen ist nicht Prüfungsgegenstand. Ergeben sich jedoch anlässlich der Prüfungshandlungen Einwendungen oder Bedenken, hat der Prüfer dies zu berücksichtigen und gegebenenfalls im Prüfungsbericht auszuführen[1682].

3. Auswahl, Rechte und Pflichten des Verschmelzungsprüfers

§ 11 Abs. 1 S. 1 UmwG verweist für die Auswahl der Verschmelzungsprüfer auf die entsprechende Anwendung der §§ 319 Abs. 1 bis 4, 319a Abs. 1 HGB[1683]. Verschmelzungsprüfer können damit für alle Rechtsträger Wirtschaftsprüfer und Wirtschaftsprüfungsgesellschaften sein[1684].

---

lungsrecht, 38f.; *Pfitzer* in Wirtschaftsprüfer-Handbuch, Band II, Rnr. D 46; *Schaal*, Der Wirtschaftsprüfer als Umwandlungsprüfer, 166f. und aus der Rechtsprechung BayObLG ZIP 2003, 253, 254, 258 („Hypovereinsbank"); a.A. *Bermel/Hannappel* in Goutier/Knopf/Tulloch, UmwR, § 5 UmwG Rnr. 25; *Zeidler* in Semler/Stengel, UmwG, § 9 Rnr. 40ff.

[1680] *Mayer* in Widmann/Mayer, UmwR, 50. Erg.-Lfg., § 9 UmwG Rz. 30.

[1681] Vgl. *Müller* in Kallmeyer, UmwG, § 9 Rnr. 17.

[1682] Vgl. *Schmitz*, Die Verschmelzungsprüfung gem. § 340b AktG, 324f; *Zeidler* in Semler/Stengel, UmwG, § 9 Rnr. 27. Dazu auch *Schaal*, Der Wirtschaftsprüfer als Umwandlungsprüfer, 87ff.

[1683] Mit In-Kraft-Treten des BilReG am 10.12.2004 wurde die bisherige Angabe „§ 319 Abs. 1 bis 3" ersetzt, vgl. Art. 8 Nr. 10 BilReG, BGBl. I 2004, 3166, 3181.

[1684] So *Müller* in Kallmeyer, UmwG, § 11 Rnr. 2, der des Weiteren darstellt, in welchen Fällen vereidigte Buchprüfer und Buchprüfungsgesellschaften Ver-

Das wohl wichtigste Recht des Verschmelzungsprüfers ist das durch den Verweis in § 11 Abs. 1 S. 1 UmwG anwendbare Einsichts- und Auskunftsrecht nach § 320 Abs. 1 S. 2, Abs. 2 S. 1 und S. 2 HGB[1685]. Der Prüfer hat das Recht, die Bücher und Schriften und alle die Verschmelzung betreffenden Unterlagen einzusehen. Dazu gehören beispielsweise der Verschmelzungsvertrag und der Verschmelzungsbericht, Planungen, Bewertungsgutachten und Verhandlungsprotokolle[1686]. Gegebenenfalls muss sich die Gesellschaft Unterlagen von Dritten beschaffen, wie z.B. Arbeitspapiere des Bewertungsgutachters und erforderlichenfalls der Abschlussprüfer[1687]. Inwieweit sich der Prüfer auf eine zeitlich nicht allzu lang zurückliegende Abschlussprüfung verlassen will, liegt in seinem prüferischen Ermessen[1688].

Das Auskunftsrecht besteht gemäß § 11 Abs. 1 S. 4 UmwG nicht nur gegenüber dem auftraggebenden Rechtsträger, sondern auch gegenüber den übrigen an der Verschmelzung beteiligten Rechtsträgern, gegenüber Konzernunternehmen sowie gegenüber abhängigen und herrschenden Unternehmen. Diese Erweiterung bezieht sich aber wohl nur auf die Rechte nach § 320 Abs. 2 S. 1 und S. 2 HGB, also auf Aufklärungen und Nachweise, nicht auf Einsichts- und Prüfungsrechte nach § 320 Abs. 1 S. 2 HGB[1689].

Die vom Verschmelzungsprüfer zu beachtenden Pflichten ergeben sich aus der Verweisung in § 11 Abs. 2 S. 1 UmwG auf § 323 HGB. Im Zusammenhang mit der Verschmelzungsprüfung ist insbesondere der Standard des IDW S 1[1690] vom Prüfer zu berücksichtigen[1691].

---

schmelzungsprüfer sein können; dazu auch *Pfitzer* in Wirtschaftsprüfer-Handbuch, Band II, Rnr. D 27ff.; a.A. *Lutter* in Lutter, UmwG, § 11 Rnr. 5.

[1685] So bezüglich der Rechte des Spaltungsprüfers *Engelmeyer*, Die Spaltung von Aktiengesellschaften nach dem neuen Umwandlungsrecht, 142.

[1686] *Mayer* in Widmann/Mayer, UmwR, 50. Erg.-Lfg., § 11 UmwG Rz. 26; vgl. auch *Schmitz*, Die Verschmelzungsprüfung gem. § 340b AktG, 187f.; *Zeidler* in Semler/Stengel, UmwG, § 11 Rnr. 8.

[1687] Vgl. *Hannappel* in Goutier/Knopf/Tulloch, UmwR, § 11 UmwG Rnr. 12; *Volhard* in Semler/Volhard, Arbeitshandbuch für Unternehmensübernahmen, Band 1, § 17 Rnr. 210.

[1688] So *Müller* in Kallmeyer, UmwG, § 11 Rnr. 10.

[1689] So *Lutter* in Lutter, UmwG, § 11 Rnr. 8; *Mayer* in Widmann/Mayer, UmwR, 50. Erg.-Lfg., § 11 UmwG Rz. 26; *Zeidler* in Semler/Stengel, UmwG, § 11 Rnr. 12. Bezüglich weiterer Einzelheiten zu den Rechten des Verschmelzungsprüfers kann auf die Ausführungen zu den Rechten des Abschlussprüfers verwiesen werden, oben A. IV.

[1690] Vgl. IDW S 1, WPg 2000, 825ff. Dazu ausführlich oben, B. II. 2. Inzwischen liegt ein Entwurf einer Neufassung des IDW S 1 vor, vgl. IDW ES 1 n.F., WPg 2005, 28ff.

4. Der Prüfungsbericht

Die Verschmelzungsprüfer haben über das Ergebnis der Prüfung gemäß § 12 Abs. 1 S. 1 UmwG schriftlich zu berichten. Dabei berichtet grundsätzlich jeder Prüfer getrennt über die von ihm geprüfte Gesellschaft. Aus Zweckmäßigkeitsgründen sieht das Gesetz im Falle der Bestellung verschiedener Prüfer jedoch vor, dass der Prüfungsbericht auch gemeinsam erstattet werden kann (§ 12 Abs. 1 S. 2 UmwG). Sind die Prüfer gemäß § 10 Abs. 1 S. 2 UmwG für alle Gesellschaften gemeinsam bestellt, so ist ein gemeinsamer Prüfungsbericht berufsüblich[1692].

a) Zweck des Prüfungsberichts

Durch den schriftlichen Prüfungsbericht sollen die Anteilsinhaber insbesondere über die Angemessenheit des Umtauschverhältnisses und bei Mischverschmelzungen über die nach § 29 UmwG zwingend anzubietende Barabfindung informiert werden, die im Regelfall Grundlage für das Abstimmungsverhalten im Rahmen des Verschmelzungsbeschlusses sein werden[1693]. Deshalb bestimmt beispielsweise § 63 Abs. 1 Nr. 5 UmwG bei der Verschmelzung unter Beteiligung von Aktiengesellschaften, dass die Prüfungsberichte der Prüfer von der Einberufung der beschlussfassenden Hauptversammlung an in dem Geschäftsraum der Gesellschaft zur Einsicht der Aktionäre auszulegen sind. Außerdem ist auf Verlangen jedem Aktionär gemäß § 63 Abs. 3 UmwG eine Abschrift der Prüfungsberichte zu erteilen.

b) Mindestinhalt gemäß § 12 Abs. 2 UmwG

Der Inhalt des Prüfungsberichts ist im Gesetz nicht abschließend geregelt. Lediglich der Mindestinhalt ist in § 12 Abs. 2 UmwG festgelegt. Danach ist der Prüfungsbericht gemäß S. 1 mit der Erklärung darüber abzuschließen, ob das vorgeschlagene Umtauschverhältnis und gegebenenfalls die Höhe der baren Zuzahlung angemessen ist[1694].

[1691] Vgl. *Mayer* in Widmann/Mayer, UmwR, 50. Erg.-Lfg., § 11 UmwG Rz. 32. Zur inhaltlichen Konkretisierung der einzelnen Pflichten wird auf die obigen Erläuterungen verwiesen, A. III.

[1692] Vgl. *Lutter* in Lutter, UmwG, § 12 Rnr. 5; *Zeidler* in Semler/Stengel, UmwG, § 12 Rnr. 5; ähnlich *Schmitz*, Die Verschmelzungsprüfung gem. § 340b AktG, 326.

[1693] *Mayer* in Widmann/Mayer, UmwR, 50. Erg.-Lfg., § 12 UmwG Rz. 7; vgl. auch zum Prüfungsbericht bei der Spaltung *Engelmeyer*, Die Spaltung von Aktiengesellschaften nach dem neuen Umwandlungsrecht, 146.

[1694] Vgl. *Bula/Schlösser* in Sagasser/Bula/Brünger, Umwandlungen, J Rnr. 111. Beispiel bei IDW, Stellungnahme Hauptfachausschuss 6/1988: Zur Verschmelzungsprüfung nach § 340b Abs. 4 AktG, Abschnitt III., WPg 1989, 42.

Gemäß S. 2 Nr. 1 ist anzugeben, nach welchen Methoden das vorgeschlagene Umtauschverhältnis ermittelt worden ist. Unter dem Begriff „Methoden" sind nach überwiegender Ansicht die unterschiedlichen Methoden der Unternehmensbewertung zu verstehen[1695]. Da in Theorie, Praxis und Rechtsprechung es nahezu unstreitig ist, dass für die Bewertung eines Unternehmens regelmäßig allein das Ertragswertverfahren oder das Discounted-Cash-Flow-Verfahren (DCF-Verfahren) – gegebenenfalls unter Berücksichtigung des Börsenwertes – in Betracht kommt[1696], wurde vertreten, dass es ausreichend sei, wenn der Verschmelzungsprüfer angebe, nach welcher Methode das vorgeschlagene Umtauschverhältnis ermittelt worden ist[1697]. Inzwischen wird dies allgemein als unzureichend beurteilt und vom Prüfer verlangt, dass er sich zusätzlich in seinem Bericht darüber auszulassen hat, ob die angewandte Bewertungsmethode den Grundsätzen zur Durchführung von Unternehmensbewertungen des IDW entspricht[1698]. Im Vordringen befindet sich die Auffassung, dass diese Aussage allein ebenfalls nicht ausreicht, vielmehr seien die Grundzüge der Bewertungsmethode zu beschreiben, damit sich der Anteilsinhaber ein Bild von der methodischen Vorgehensweise des Verschmelzungsprüfers machen könne[1699].

c) Umfang der Berichtspflicht

Abgesehen von diesen gesetzlichen Mindesterfordernissen steht die inhaltliche Ausgestaltung des Prüfungsberichts im pflichtgemäßen Ermessen des Verschmelzungsprüfers, der dabei an die Berufsgrundsätze sei-

---

[1695] Vgl. *Engelmeyer*, Die Spaltung von Aktiengesellschaften nach dem neuen Umwandlungsrecht, 150f.; *Lutter* in Lutter, UmwG, § 12 Rnr. 8; *Mayer* in Widmann/Mayer, UmwR, 50. Erg.-Lfg., § 12 UmwG Rz. 17 m.w.N. Nach a.A. fällt auch die Vorgehensweise zur Bestimmung von Wertfaktoren für das jeweilige Bewertungsverfahren unter den Begriff der Methode. Deshalb sei darauf einzugehen, wie die bereinigte Vergangenheitsanalyse erfolgt sei, nach welcher Vorgehensweise die Prognosen angestellt worden seien oder wie der Kapitalisierungszinssatz ermittelt worden sei, vgl. ausführlich *Schaal*, Der Wirtschaftsprüfer als Umwandlungsprüfer, 291f. m.w.N.

[1696] So *Pfitzer* in Wirtschaftsprüfer-Handbuch, Band II, Rnr. D 70.

[1697] Vgl. OLG Hamm, DB 1988, 1842, 1844.

[1698] Vgl. *Zeidler* in Semler/Stengel, UmwG, § 12 Rnr. 9.

[1699] So *Bula/Schlösser* in Sagasser/Bula/Brünger, Umwandlungen, J Rnr. 114; *Engelmeyer*, Die Spaltung von Aktiengesellschaften nach dem neuen Umwandlungsrecht, 152; *Mayer* in Widmann/Mayer, UmwR, 50. Erg.-Lfg., § 12 UmwG Rz. 18. Auch *Pfitzer* in Wirtschaftsprüfer-Handbuch, Band II, Rnr. D 70 hält dies zumindest für sinnvoll.

ner Standesorganisation gebunden ist[1700]. Der Prüfer hat folglich über das Ergebnis der Prüfung gewissenhaft, unparteiisch, vollständig, wahrheitsgetreu und mit der gebotenen Klarheit zu berichten[1701].

Zunächst ist im Prüfungsbericht bezüglich des Verschmelzungsvertrags bzw. dessen Entwurfs mitzuteilen, ob dieser den gesetzlichen Anforderungen entspricht, d.h. vollständig und richtig ist[1702]. Ansonsten ist der Umfang der Berichtspflicht im Einzelnen umstritten:

In der Rechtsprechung und Literatur wird teilweise der Standpunkt vertreten, dass der Prüfungsbericht ebenso wie der Verschmelzungsbericht so umfassend ausgestaltet sein müsse, dass er den Anteilseignern als weitere Informationsquelle zur Vorbereitung auf den Verschmelzungsbeschluss dienen kann. Den Anteilseignern soll es durch den Prüfungsbericht möglich sein, die Stichhaltigkeit der abschließenden Erklärung zu beurteilen[1703]. Dies bedeute nicht, dass der Bericht der Prüfer die Angaben des Verschmelzungsberichts ausführlich zu wiederholen habe, ausreichend sei bereits eine Bezugnahme, Ergänzung und wertende Feststellung aufgrund eines durch den Verschmelzungsbericht geschaffenen Informationsbestands. Die Prüfer sollen den Anteilsinhabern vor allem mitteilen, aufgrund welcher tatsächlich von ihnen getroffenen Feststellungen sie zu der Überzeugung gelangt seien, dass die Umtauschrelation angemessen sei. Auch der Prüfungsbericht habe somit wie der Verschmelzungsbericht konkrete Tatsachen und Zahlen zu enthalten[1704]. Dies folge auch aus dem Umkehrschluss der Bestimmung über den Geheimnisschutz des Unternehmens (§ 12 Abs. 3 i.V.m. § 8 Abs. 2 UmwG). Die dort vorgesehene Erlaubnis, geheimhaltungsbedürftige Tatsachen aus dem Prüfungsbericht auszuklammern, setze gerade die grundsätzliche Verpflichtung voraus, den Anteilsinhabern Tatsachenmaterial zu unterbreiten[1705].

1700 So *Bula/Schlösser* in Sagasser/Bula/Brünger, Umwandlungen, J Rnr. 111; *Mayer* in Widmann/Mayer, UmwR, 50. Erg.-Lfg., § 12 UmwG Rz. 12. Bezüglich der Berufsgrundsätze vgl. IDW PS 450, WPg 2003, 1127ff.; zum Aufbau des Prüfungsberichts vgl. IDW, Stellungnahme Hauptfachausschuss 6/1988: Zur Verschmelzungsprüfung nach § 340b Abs. 4 AktG, Abschnitt III., WPg 1989, 42; ablehnend bezüglich dieses Aufbaus *Schaal*, Der Wirtschaftsprüfer als Umwandlungsprüfer, 286f.

1701 Vgl. IDW PS 450 Tz. 8ff., WPg 2003, 1127.

1702 Vgl. *Pfitzer* in Wirtschaftsprüfer-Handbuch, Band II, Rnr. D 67.

1703 Vgl. OLG Karlsruhe, DB 1989, 1616, 1617, 1618.

1704 So *Bayer*, AG 1988, 323, 328; OLG Karlsruhe, DB 1989, 1616, 1618; ähnlich *Schaal*, Der Wirtschaftsprüfer als Umwandlungsprüfer, 283.

1705 So *Bayer*, AG 1988, 323, 328; zustimmend OLG Karlsruhe DB 1989, 1616, 1618 zu § 340b Abs. 4 S. 5 AktG a.F.; a.A. *Lutter* in Lutter, UmwG, § 12 Rnr. 10;

Einer anderen Auffassung in Rechtsprechung und Literatur zufolge, ist der Prüfungsbericht ausschließlich auf das gefundene Ergebnis auszurichten[1706]. Nach einer Entscheidung des OLG Hamm sei es nicht zu beanstanden, wenn der Prüfungsbericht nicht über den Mindestinhalt des § 12 Abs. 2 UmwG hinausgehe[1707]. Anders als für den Verschmelzungsbericht werde für den Prüfungsbericht eine ausführliche Berichterstattung vom Gesetz nicht angeordnet. Die Berichtspflicht der Vertretungsorgane gehe weiter als die der Verschmelzungsprüfer. Während im Verschmelzungsbericht das Umtauschverhältnis der Anteile zu erläutern und begründen sei, beschränke sich der Prüfungsbericht auf die bloße Darlegung und Rechtfertigung der zugrunde liegenden Methoden und auf das Testat[1708] über die Angemessenheit des vorgeschlagenen Umtauschverhältnisses. Der Prüfungsbericht habe konkrete Bewertungsfaktoren nur zu enthalten, wenn der Prüfer sein Testat einschränkt oder gar versagt. In diesen Fällen unterliege der Prüfer einem Rechtfertigungszwang, d.h. er muss die Einschränkung oder Versagung auch anhand konkreter Zahlenangaben begründen[1709]. Die strengen Anforderungen an die fachliche Qualifikation und die Unabhängigkeit der Prüfer spreche ebenso gegen die Notwendigkeit detaillierter Angaben im Prüfungsbericht wie die umfassend ausgeformte zivilrechtliche Verantwortlichkeit der Prüfer gegenüber den an der Verschmelzung beteiligten Anteilseignern. Demnach ergebe sich für die außenstehenden Anteilseigner keine Notwendigkeit, die Ausführungen des Verschmelzungsprü-

---

Zeidler in Semler/Stengel, UmwG, § 12 Rnr. 14 sowie *Kraft* in Kölner Kommentar zum AktG, § 340b Rnr. 14 a.E., diese Erlaubnis beziehe sich nur auf die in § 340b Abs. 4 AktG (entspricht größtenteils § 12 Abs. 2 UmwG) aufgezählten Angaben.

1706 Vgl. *Engelmeyer*, Die Spaltung von Aktiengesellschaften nach dem neuen Umwandlungsrecht, 148; IDW, Stellungnahme Hauptfachausschuss 6/1988: Zur Verschmelzungsprüfung nach § 340b Abs. 4 AktG, Abschnitt II., WPg 1989, 42; *Kraft* in Kölner Kommentar zum AktG, § 340b Rnr. 14; *Mayer* in Widmann/Mayer, UmwR, 50. Erg.-Lfg., § 12 UmwG Rz. 14; *Müller* in Kallmeyer, UmwG, § 12 Rnr. 4; *Pfitzer* in Wirtschaftsprüfer-Handbuch, Band II, Rnr. D 76; *Stratz* in Schmitt/Hörtnagl/Stratz, UmwG, § 12 Rnr. 11. So auch OLG Karlsruhe DB 1989, 1616, 1618, das darin aber keinen Widerspruch zu der gerade dargestellten Auffassung sieht.

1707 Vgl. OLG Hamm DB 1988, 1842, 1843 zu § 340b Abs. 4 AktG a.F; so auch *Lutter* in Lutter, UmwG, § 12 Rnr. 10.

1708 Als Testat wird die Erklärung zum Umtauschverhältnis nach § 12 Abs. 2 S. 1 UmwG regelmäßig bezeichnet. Dazu im Einzelnen *Pfitzer* in Wirtschaftsprüfer-Handbuch, Band II, Rnr. D 84ff.

1709 So *Engelmeyer*, Die Spaltung von Aktiengesellschaften nach dem neuen Umwandlungsrecht, 148f.

fers auf ihre Stichhaltigkeit zu überprüfen[1710]. Andernfalls würde dem Anteilseigner die Funktion eines Über-Verschmelzungsprüfers zuerkannt; es würde eine Kontrolle der Kontrolleure ermöglicht, was vom Gesetz nicht vorgesehen sei[1711]. Im Übrigen erfolge ein ausreichendes Korrektiv über das Spruchverfahren gemäß §§ 1ff. Spruchverfahrensgesetz (SpruchG)[1712], in dessen Rahmen die Angemessenheit des Umtauschverhältnisses gerichtlich überprüft werden könne[1713].

Wichtig ist in diesem Zusammenhang das Urteil des BGH vom 18.12.1989[1714]. Danach kann sich der Prüfungsbericht auf den Mindestinhalt des § 12 UmwG beschränken. Das Gesetz verstehe die Pflicht zur Offenlegung im Verschmelzungsbericht und die Verschmelzungsprüfungspflicht als einander „ergänzende" Maßnahmen, mit denen der Schutz der Anteilsinhaber so vollkommen wie möglich ausgestaltet werden solle. Stelle der Prüfungsbericht also eine den Verschmelzungsbericht ergänzende Maßnahme dar, bedürfe es zur Gewährleistung des Schutzes keiner weitergehenden Erklärungen der Prüfer, als sie von § 340b Abs. 4 AktG (jetzt § 12 UmwG) vorausgesetzt werden. Denn aufgrund des Prüfungsberichts und der aus den übrigen Unterlagen ersichtlichen Angaben[1715] könne der Anteilsinhaber deren Richtigkeit und

---

[1710] Vgl. *Mayer* in Widmann/Mayer, UmwR, 50. Erg.-Lfg., § 12 UmwG Rz. 14; a.A. OLG Karlsruhe DB 1989, 1616, 1618: Die Schaffung der Prüfungsberichtspflicht gegenüber den Anteilseignern zeige, dass diese nicht schlechthin darauf verwiesen sein sollen, Sachkunde und Unabhängigkeit der Prüfer zu vertrauen. Sie sollen vielmehr darüber hinaus in gewissem Umfang in die Lage versetzt werden, sich selbst ein Bild über das Ergebnis der Prüfung zu machen.

[1711] Vgl. *Kraft* in Kölner Kommentar zum AktG, § 340b Rnr. 14; *Mayer* in Widmann/Mayer, UmwR, 50. Erg.-Lfg., § 12 UmwG Rz. 14; a.A. *Schaal*, Der Wirtschaftsprüfer als Umwandlungsprüfer, 282ff., fachliche Qualifikation und gesetzlich vorgeschriebene Unabhängigkeit seien keine Garanten für eine unbeeinflusste Tätigkeit, erforderlich sei Transparenz. Die Möglichkeit einer Kontrolle der Kontrolleure durch die Anteilsinhaber schaffe einen gewissen Druck, dadurch werde die Qualität der Prüfung gesteigert.

[1712] Art. 1 des Gesetzes zur Neuordnung des gesellschaftsrechtlichen Spruchverfahrens (Spruchverfahrensneuordnungsgesetz), BGBl. I 2003, 838ff.

[1713] Vgl. *Mayer* in Widmann/Mayer, UmwR, 50. Erg.-Lfg., § 12 UmwG Rz. 14; *Stratz* in Schmitt/Hörtnagl/Stratz, UmwG, § 12 Rnr. 11; a.A. *Schaal*, Der Wirtschaftsprüfer als Umwandlungsprüfer, 283: Im Spruchverfahren könne nur eine bare Zuzahlung, aber keine Korrektur des Umtauschverhältnisses erstritten werden.

[1714] BGH ZIP 1990, 168ff. („DAT/Altana II").

[1715] Bei der Verschmelzung unter Beteiligung von Aktiengesellschaften bestehen diese übrigen Unterlagen gemäß § 63 Abs. 1 UmwG aus dem Verschmelzungsvertrag oder dessen Entwurf, den Verschmelzungsberichten, den Jah-

die Angemessenheit der Bewertung nachvollziehen. Die umfassenden und ausführlichen Erläuterungen zum Umtauschverhältnis und einer gegebenenfalls erforderlichen Barabfindung seien im Verschmelzungsbericht anzusiedeln; dieser müsse über alle für das Verschmelzungsvorhaben maßgebenden Umstände unterrichten, nicht jedoch der Prüfungsbericht[1716].

Müller[1717] führt dazu richtigerweise aus, dass dies aber nur grundsätzlich gelte. Es könne nicht generell entschieden werden, ob und inwieweit der Prüfungsbericht konkrete Tatsachen und Zahlen wiedergeben müsse; vielmehr komme es auf den Einzelfall an. Ausgangspunkt jeder Inhaltsbestimmung müsse dabei sein, dass Verschmelzungsbericht und Prüfungsbericht einander ergänzende Maßnahmen seien. Beide dienten der umfassenden Information der Anteilsinhaber. Der Prüfungsbericht könne auf Erläuterungen verzichten, die sich bereits aus dem Verschmelzungsbericht ergäben. Seien zum Verständnis des Prüfungsberichts notwendige Angaben (auch Zahlen- oder Prognoseangaben) im Verschmelzungsbericht nicht vorhanden, müssten diese Angaben in den Prüfungsbericht aufgenommen werden, wenn dies zum Verständnis und zur Nachvollziehbarkeit des Prüfungsergebnisses notwendig sei. Der Prüfungsbericht könne auf den Verschmelzungsvertrag oder den Verschmelzungsbericht Bezug nehmen, nicht aber umgekehrt der Verschmelzungsvertrag oder Verschmelzungsbericht auf den Prüfungsbericht. Die ergänzende Funktion des Prüfungsberichts bestimme damit auch seinen Inhalt und Umfang[1718]. In jedem Fall ist eine Wertung des aus der Verbindung von Verschmelzungsbericht und Prüfungsbericht geschaffenen Informationsstands vorzunehmen[1719].

II. Unterschiede zu § 323 HGB

Die Haftung des Verschmelzungsprüfers entspricht aufgrund der Verweisung in § 11 Abs. 2 S. 1 UmwG auf § 323 HGB der Haftung des Ab-

---

resabschlüssen und den Lageberichten der an der Verschmelzung beteiligten Gesellschaften für die letzten drei Geschäftsjahre sowie der unter bestimmten Voraussetzungen aufzustellenden Zwischenbilanz.

[1716] So BGH ZIP 1990, 168, 169 („DAT/Altana II"); *Müller* in Kallmeyer, UmwG, § 12 Rnr. 3.

[1717] *Müller* in Kallmeyer, UmwG, § 12 Rnr. 5f.

[1718] So *Müller* in Kallmeyer, UmwG, § 12 Rnr. 6; zustimmend *Bula/Schlösser* in Sagasser/Bula/Brünger, Umwandlungen, J Rnr. 111 sowie jetzt auch *Mayer* in Widmann/Mayer, UmwR, 50. Erg.-Lfg., § 12 UmwG Rz. 14.

[1719] *Zeidler* in Semler/Stengel, UmwG, § 12 Rnr. 7.

schlussprüfers[1720]. Es bestehen jedoch einige Unterschiede. Diese ergeben sich in erster Linie aus § 11 Abs. 2 S. 2 UmwG: Die Haftung besteht gegenüber allen an der Verschmelzung beteiligten Rechtsträgern – also auch gegenüber denen, die nicht selbst den Prüfungsauftrag erteilt haben – und deren Anteilsinhabern. Mit der Einbeziehung der Anteilsinhaber geht § 11 Abs. 2 UmwG über § 323 Abs. 1 HGB hinaus[1721]. Die Verantwortlichkeit besteht nicht gegenüber Gläubigern der beteiligten Rechtsträger oder sonstigen Dritten. Dieser Ausschluss gilt im Unterschied zu § 323 HGB auch bezüglich verbundener Unternehmen, weil insoweit § 323 Abs. 1 S. 3 HGB von § 11 Abs. 2 S. 2 UmwG verdrängt wird[1722].

Durch den erweiterten Kreis der Anspruchsberechtigten und der Funktion der Verschmelzungsprüfung, ergeben sich auch Unterschiede hinsichtlich des zu ersetzenden Schadens. Während bei Pflichtverstößen im Rahmen der Abschlussprüfung Vermögensschäden des geprüften und gegebenenfalls der verbundenen Unternehmen zu ersetzen sind, sind bei der Verschmelzungsprüfung die Anteilsinhaber im Fall einer unrichtigen Feststellung des Umtauschverhältnisses die Hauptgeschädigten[1723]. Fraglich ist, ob die beteiligten Rechtsträger überhaupt geschädigt werden. Ein Schaden der übertragenden Rechtsträger ist bei wirksamer Verschmelzung kaum denkbar, da nicht sie, sondern ihre Anteilsinhaber die Gegenleistung in Form von Anteilen und baren Zuzahlungen erwerben. In Betracht kommt aber ein Rufschaden in Zusammenhang mit dem Ablauf der Verschmelzung oder ein Schaden aus der Offenbarung von Geschäftsgeheimnissen[1724]. Das gleiche gilt für den übernehmenden Rechtsträger: Ist das Umtauschverhältnis unangemessen hoch, so ist dies

---

[1720] Vgl. dazu ausführlich oben, A. VIII.

[1721] Vgl. *Müller* in Kallmeyer, UmwG, § 11 Rnr. 15; *Stratz* in Schmitt/Hörtnagl/Stratz, UmwG, § 11 Rnr. 9.

[1722] Vgl. *Mayer* in Widmann/Mayer, UmwR, 50. Erg.-Lfg., § 11 UmwG Rz. 33; *Müller* in Kallmeyer, UmwG, § 11 Rnr. 15; *Pfitzer* in Wirtschaftsprüfer-Handbuch, Band II, Rnr. D 35; *Stratz* in Schmitt/Hörtnagl/Stratz, UmwG, § 11 Rnr. 9; a.A. *Schaal*, Der Wirtschaftsprüfer als Umwandlungsprüfer, 407ff.; kritisch zur Nichteinbeziehung der verbundenen Unternehmen in den Haftungsbereich *Lutter* in Lutter, UmwG, § 11 Rnr. 10 sowie *Zeidler* in Semler/Stengel, UmwG, § 11 Rnr. 16.

[1723] Vgl. *Lutter* in Lutter, UmwG, § 11 Rnr. 9.

[1724] Vgl. *Kraft* in Kölner Kommentar zum AktG, § 349 Rnr. 6; vgl. auch *Bermel* in Goutier/Knopf/Tulloch, UmwR, § 25 UmwG Rnr. 12; *Grunewald* in Lutter, UmwG, § 25 Rnr. 14; *Marsch-Barner* in Kallmeyer, UmwG, § 25 Rnr. 9 sowie *Vossius* in Widmann/Mayer, UmwR, 68. Erg.-Lfg., § 25 UmwG Rz. 27f.; a.A. *Schnorbus*, ZHR 167 (2003), 666, 694f.

ein Schaden seiner Anteilsinhaber und nicht des Rechtsträgers[1725]. Der Schaden der Anteilsinhaber des übernehmenden Rechtsträgers besteht in der Verkürzung ihres Gewinnanspruchs dadurch, dass die Gewinnberechtigung der Neuanteile am Gesamtgewinn überproportional hoch ist, die einzelnen Alt-Anteilsinhaber also vermögensmäßig schlechter stehen als vorher. Zudem hat eine solche Fehlbewertung eine Einbuße beim mitgliedschaftsrechtlichen Einfluss zur Folge. Entsprechendes gilt für die Anteilsinhaber des übertragenden Rechtsträgers: ihr Schaden besteht darin, dass sie für ihre Alt-Anteile keine ausreichende Zahl von Anteilen an dem übernehmenden Rechtsträger erhalten, letztlich ihre Gewinnansprüche dadurch verkürzt sind[1726].

III. Anwendung auf den festgestellten Sachverhalt

Im Folgenden soll überprüft werden, ob die Verschmelzungsprüfer im Rahmen der Verschmelzung zur Hypovereinsbank pflichtwidrig gehandelt haben. Dabei muss auch beachtet werden, dass sich seit der Verschmelzung Änderungen im UmwG durch das Spruchverfahrensneuordnungsgesetz ergeben haben[1727].

1. Bestellung zum Verschmelzungsprüfer

Im Rahmen der Verschmelzung zur Hypovereinsbank wurde mit Beschluss des Landgerichts München I vom 30.10.1997 auf gleichlautende Anträge vom 02.10.1997 der Vorstände der Hypo-Bank und der Vereinsbank die Wirtschaftsprüfungsgesellschaft Coopers & Lybrand (C&L) Deutsche Revision AG, Frankfurt[1728], zum gemeinsamen Verschmelzungsprüfer bestellt[1729].

Zu diesem Zeitpunkt konnten die Verschmelzungsprüfer gemäß § 10 Abs. 1 UmwG a.F. vom Vertretungsorgan oder auf dessen Antrag vom Gericht bestellt werden. Inzwischen besteht durch die Änderung des § 10 UmwG nur noch die Möglichkeit der gerichtlichen Bestellung. Sowohl nach altem als auch nach neuem Recht können die Verschmelzungsprüfer für mehrere oder alle beteiligten Rechtsträger gemeinsam bestellt werden. Waren aber mehrere Aktiengesellschaften an einer Verschmelzung beteiligt und wollten deren Vertretungsorgane eine gemein-

---

[1725]   Vgl. *Marsch-Barner* in Kallmeyer, UmwG, § 25 Rnr. 10; sowie *Clemm/Dürr-schmidt*, FS Widmann, 3, 7; *Schnorbus*, ZHR 167 (2003), 666, 673, 694.

[1726]   So *Schaal*, Der Wirtschaftsprüfer als Umwandlungsprüfer, 422 m.w.N.

[1727]   Vgl. Art. 4 des Spruchverfahrensneuordnungsgesetz, BGBl. I 2003, 838ff.

[1728]   C&L heißt jetzt PricewaterhouseCoopers Deutsche Revision AG.

[1729]   Vgl. Prüfungsbericht C&L Deutsche Revision S. 1.

same Verschmelzungsprüfung, so war die gerichtliche Bestellung eines gemeinsamen Prüfers gemäß § 60 Abs. 3 S. 1 UmwG a.F. die einzige Möglichkeit hierfür[1730]. Wurde davon kein Gebrauch gemacht, war für jede beteiligte Aktiengesellschaft jeweils ein Prüfer zu bestellen, § 60 Abs. 2 UmwG a.F.[1731]. Folglich wurde die C&L durch die gerichtliche Bestellung in der einzig zulässigen Form zum gemeinsamen Verschmelzungsprüfer für die beiden Banken bestellt.

Durch das Spruchverfahrensneuordnungsgesetz scheidet nunmehr eine Bestellung der Verschmelzungsprüfer durch die Vertretungsorgane der beteiligten Rechtsträgers in jedem Fall aus. Gemäß § 10 Abs. 1 S. 1 UmwG erfolgt die Auswahl und die Bestellung der Verschmelzungsprüfer stets durch das Gericht. Dabei macht es nach S. 2 auch keinen Unterschied, ob die Bestellung eines gemeinsamen Verschmelzungsprüfers durch die Rechtsträger beantragt wird und ob es sich bei den Rechtsträgern um Aktiengesellschaften handelt, denn die Sonderregelung des § 60 Abs. 2 und 3 UmwG, die diese Fallkonstellation regelte, konnte im Hinblick auf die jetzt allgemein angeordnete gerichtliche Bestellung entfallen[1732]. Ziel der Neuregelung ist es, dem Eindruck der Parteinähe der Prüfer von vorneherein entgegenzuwirken und damit die Akzeptanz der Prüfungsergebnisse zu erhöhen[1733]. Der Gesetzgeber folgte damit einer Empfehlung der Regierungskommission Corporate Governance[1734].

2. Prüfungsgegenstand

Zutreffend weist der Prüfungsbericht darauf hin, dass Gegenstand der Prüfung gemäß § 9 Abs. 1 UmwG der Verschmelzungsvertrag und nicht der von den Vorständen der beteiligten Banken gemeinsam erstattete

---

[1730] Vgl. *Stratz* in Schmitt/Hörtnagl/Stratz, UmwG, § 10 Rnr. 6; *Zeidler* in Semler/Stengel, UmwG, § 10 Rnr. 23.

[1731] Vgl. *Pfitzer* in Wirtschaftsprüfer-Handbuch, Band II, Rnr. D 31.

[1732] Vgl. Begründung des RegE zum Spruchverfahrensneuordnungsgesetz, BT-Drucks. 15/371, S. 19.

[1733] So Begründung des RegE zum Spruchverfahrensneuordnungsgesetz, BT-Drucks. 15/371, S. 19, 18. *Reichert* steht der Erreichung dieses Ziels durch eine gerichtliche Bestellung des Prüfers skeptisch gegenüber: Ob nicht auch das Gericht regelmäßig, soweit keine Bedenken bezüglich Qualifikation oder Unabhängigkeit bestehen, Vorschlägen der Gesellschaft, die nicht ohne Bedacht unterbreitet werden, folgen wird, bleibe abzuwarten, so *Reichert* in Hommelhoff/Lutter/Schmidt/Schön/Ulmer, Corporate Governance, 165, 188f.

[1734] Vgl. *Baums*, Bericht der Regierungskommission Corporate Governance, Rz. 170.

Verschmelzungsbericht war[1735]. Auch die abstrakte Darstellung der gesetzlich geforderten Art und des Umfangs der Verschmelzungsprüfung[1736] entspricht den oben dargestellten Anforderungen[1737].

3. Vollständigkeit und Richtigkeit

Die Mindestangaben des Verschmelzungsvertrages nach § 5 Abs. 1 UmwG wurden von den Verschmelzungsprüfern der C&L auf ihre Vollständigkeit und Richtigkeit überprüft[1738]. Sonstige Angaben des Vertrages müssen lediglich auf ihre Richtigkeit geprüft werden[1739]; dies ist erfolgt[1740].

4. Mindestinhalt des Prüfungsberichts

Der von den Verschmelzungsprüfern zu beachtende Mindestinhalt des Prüfungsberichts ergibt sich aus § 12 Abs. 2 UmwG. Danach ist der Prüfungsbericht gemäß S. 1 mit der Erklärung darüber abzuschließen, ob das vorgeschlagene Umtauschverhältnis und gegebenenfalls die Höhe der baren Zuzahlung angemessen ist. Die von den Verschmelzungsprüfern gewählte Formulierung im Prüfungsbericht entspricht dabei genau dem Vorschlag des IDW[1741].

a) Bewertungsstichtag

Der Prüfungsbericht stellt fest, dass die Parteien des Verschmelzungsvertrages als Bewertungsstichtag den Tag der Hauptversammlung der übertragenden Gesellschaft (Hypo-Bank) bestimmt haben[1742]. Dies entspricht der überwiegenden Ansicht in der Literatur[1743]; die Wahl des Bewertungsstichtages wurde von der C&L folglich zu Recht nicht beanstandet.

[1735] Vgl. Prüfungsbericht C&L Deutsche Revision S. 2 sowie 5f.

[1736] Vgl. Prüfungsbericht C&L Deutsche Revision S. 4ff.

[1737] Vgl. dazu oben, C. I.

[1738] Vgl. Prüfungsbericht C&L Deutsche Revision S. 6ff.

[1739] Vgl. oben, C. I. 2.

[1740] Vgl. Prüfungsbericht C&L Deutsche Revision S. 10.

[1741] Vgl. Prüfungsbericht C&L Deutsche Revision S. 24 sowie IDW, Stellungnahme Hauptfachausschuss 6/1988: Zur Verschmelzungsprüfung nach § 340b Abs. 4 AktG, Abschnitt III., WPg 1989, 42.

[1742] Vgl. Prüfungsbericht C&L Deutsche Revision S. 11.

[1743] Vgl. oben, C. I. 2. a) a.E.

b) § 12 Abs. 2 S. 2 UmwG

Des Weiteren wird im Prüfungsbericht ausgeführt, dass die Ermittlung der Unternehmenswerte durch die Wirtschaftsprüfungsgesellschaften KPMG und WEDIT in einem gemeinschaftlichen Gutachten erfolgte, welches den Verschmelzungsprüfern zur Verfügung gestellt worden sei. Die Gutachter hätten den Prüfern mit Auskünften zur Verfügung gestanden und Nachweise aus den Arbeitspapieren überlassen. Die Unternehmensbewertungen seien nach den Grundsätzen der Stellungnahme 2/1983 des Hauptfachausschusses des IDW durchgeführt worden[1744]. Angewandte Bewertungsmethode sei die Ertragswertmethode gewesen. Dabei sei auch eine Auffassungsänderung des IDW bezüglich der Berücksichtigung von persönlichen Ertragsteuern bei der Unternehmensbewertung beachtet worden[1745].

Der Prüfungsbericht ist diesbezüglich nicht zu beanstanden. Nach allgemeiner Ansicht ist von den Prüfern mindestens festzustellen, dass die angewendete Bewertungsmethode den Grundsätzen zur Durchführung von Unternehmensbewertungen des IDW entspricht. Die Ertragswertmethode wird im Bericht kurz dargestellt. Ob dies in ausreichendem Maße geschehen ist, kann offen bleiben, denn die Auffassung, dass auch die Grundzüge der Bewertungsmethode zu beschreiben sind, hat sich bis jetzt noch nicht durchsetzen können[1746]. Dass im Prüfungsbericht auf die Stellungnahme 2/1983 des Hauptfachausschusses und die Auffassungsänderung des IDW verwiesen wird und nicht auf den nun gültigen IDW S 1, ist korrekt, denn zur Zeit der Erstellung des Berichts im März 1998 waren diese Verlautbarungen des IDW gültig und folglich anzuwenden.

Der Prüfungsbericht stellt klar, dass der Börsenwert zur Ermittlung des Umtauschverhältnisses nicht heranzuziehen gewesen sei, weil dieser nach herrschender Meinung kein zuverlässiger Maßstab für den Gesamtwert eines Unternehmens sei[1747]. Dies entsprach zum Zeitpunkt der Berichterstellung der ganz herrschenden Meinung und ist somit nicht zu beanstanden[1748].

[1744] IDW, Stellungnahme Hauptfachausschuss 2/1983: Grundsätze zur Durchführung von Unternehmensbewertungen, WPg 1983, 468ff. Diese Stellungnahme wurde ersetzt durch IDW S 1 (WPg 2000, 825ff.), der aber in seinen Grundzügen der früher gültigen Stellungnahme entspricht. Vgl. nun auch IDW ES 1 n.F., WPg 2005, 28.

[1745] Vgl. Prüfungsbericht C&L Deutsche Revision S. 11ff.

[1746] Vgl. dazu oben, C. I. 4. b).

[1747] Vgl. Prüfungsbericht C&L Deutsche Revision S. 13.

[1748] Vgl. dazu bereits oben, B. II. 2. b).

Bei der Erläuterung der Angemessenheit der Bewertungsmethode weist der Prüfungsbericht darauf hin, dass die angewendete Ertragswertmethode im Einklang steht mit Theorie und Praxis der Unternehmensbewertung[1749]. Dies genügt den Erfordernissen des § 12 Abs. 2 S. 2 Nr. 2 UmwG[1750].

Im Rahmen der Ausführungen zu § 12 Abs. 2 S. 2 Nr. 3 UmwG reichte die Feststellung im Prüfungsbericht, dass außer der Ertragswertmethode keine anderen Methoden angewendet worden sind[1751]. Der Hinweis, dass die C&L im Zuge der Prüfungshandlungen keine besonderen Schwierigkeiten festgestellt hat, war ebenfalls ausreichend[1752].

5. Unternehmenswerte, Umtauschverhältnis und bare Zuzahlung

Der Verschmelzungsprüfer hat die fremderstellte Unternehmensbewertung, welche zur Ermittlung des Umtauschverhältnisses erforderlich war, zu überprüfen. Dabei ist von ihm zu untersuchen, ob die den Unternehmensbewertungen zugrunde liegenden Daten fachgerecht abgeleitet wurden, die getroffenen Prognose- und Wertungsentscheidungen vertretbar waren und den Regeln einer ordnungsgemäßen Unternehmensbewertung entsprechen[1753].

Die von der C&L hierzu gemachten Angaben im Prüfungsbericht decken sich mit diesen Vorgaben[1754]. Im Einzelnen stellt der Prüfungsbericht fest, dass bei der Ermittlung der Unternehmenswerte richtigerweise nach einheitlichen Grundsätzen verfahren wurde. Die Ertragswerte seien unter Zugrundelegung der Phasenmethode ermittelt worden, wobei die erste Phase die Geschäftsjahre 1998 bis 2002, die zweite Phase die Geschäftsjahre ab 2003 umfasse. Grundlage für die Prognose der künftigen Ertragsüberschüsse seien Planungsrechnungen der beiden Gesellschaften aus dem Jahr 1997 gewesen. Zur Beurteilung der Plausibilität der in

---

[1749] Vgl. Prüfungsbericht C&L Deutsche Revision S. 14.

[1750] Vgl. *Mayer* in Widmann/Mayer, UmwR, 50. Erg.-Lfg., § 12 UmwG Rz. 22; so auch *Pfitzer* in Wirtschaftsprüfer-Handbuch, Band II, Rnr. D 70.

[1751] Vgl. Prüfungsbericht C&L Deutsche Revision S. 14; *Pfitzer* in Wirtschaftsprüfer-Handbuch, Band II, Rnr. D 73; *Mayer* in Widmann/Mayer, UmwR, 50. Erg.-Lfg., § 12 UmwG Rz. 23; a.A. *Schaal*, Der Wirtschaftsprüfer als Umwandlungsprüfer, 294f.

[1752] So Prüfungsbericht C&L Deutsche Revision S. 14.

[1753] Vgl. *Hannappel* in Goutier/Knopf/Tulloch, UmwR, § 12 UmwG Rnr. 11; IDW, Stellungnahme Hauptfachausschuss 6/1988: Zur Verschmelzungsprüfung nach § 340b Abs. 4 AktG, Abschnitt II., WPg 1989, 42 sowie ausführlich bereits oben, C. I. 2. a).

[1754] Vgl. Prüfungsbericht C&L Deutsche Revision S. 15ff.

den Planungsrechnungen angesetzten Werte seien die Ergebnisse der Geschäftsjahre 1993 bis 1997, die aus den handelsrechtlichen Jahresabschlüssen abgeleitet worden seien, herangezogen worden. Von der sachgerechten Durchführung der Vergangenheitsanalyse habe man sich überzeugt. Die Verschmelzungsprüfer kommen zu dem Ergebnis, dass aufgrund der Untersuchung der Planungsrechnungen und der durchgeführten Analyse der Vergangenheitsergebnisse, die den Unternehmensbewertungen zugrunde liegenden Daten fachgerecht abgeleitet wurden und die Zukunftseinschätzungen plausibel sind[1755]. Die von der WEDIT und KPMG durchgeführten Unternehmensbewertungen der Vereinsbank und der Hypo-Bank entsprechen nach Ansicht der Verschmelzungsprüfer folglich den Regeln einer ordnungsgemäßen Unternehmensbewertung.

Die Verschmelzungsprüfer haben darüber hinaus die Berechnung des Umtauschverhältnisses und die Höhe der baren Zuzahlung überprüft und im Prüfungsbericht anhand von konkreten Berechnungen nachvollziehbar dargestellt[1756]. Dabei setzten die Prüfer den Unternehmenswert pro Inhaber-Stammaktie der Hypo-Bank zum Unternehmenswert pro Stammaktie der Vereinsbank in Relation. Auf dieser Grundlage ergab sich ein Umtauschverhältnis von vier Hypo-Bank-Stammaktien zu drei Hypovereinsbank-Stammaktien, welches so auch im Verschmelzungsvertrag vereinbart worden war[1757]. Der dadurch pro einer umzutauschenden Stammaktie der Hypo-Bank auszugleichende Betrag beträgt 0,26 DM. Diese bare Zuzahlung war von der Vereinsbank zu leisten. Die Verschmelzungsprüfer stellen anhand einer Rechnung dazu fest, dass die baren Zuzahlungen den in § 68 Abs. 3 UmwG als Höchstbetrag bestimmten zehnten Teil des Gesamtnennbetrags der von der Vereinsbank zu gewährenden Aktien nicht übersteigen. Das in § 2 Abs. 1 des Verschmelzungsvertrags vereinbarte Umtauschverhältnis sei richtig abgeleitet worden. Es sei unter Berücksichtigung der baren Zuzahlung der Vereinsbank angemessen[1758]. Des Weiteren sei die für die Durchführung der Verschmelzung erforderliche Erhöhung des Grundkapitals der Vereinsbank rechnerisch richtig ermittelt worden.[1759]

Dieses Ergebnis entspricht den später gemachten Feststellungen der Sonderprüfer der BDO, denn die BDO führt aus, dass die entdeckten Geschäftsrisiken der ehemaligen Hypo-Bank keinen Einfluss auf das er-

[1755] Vgl. Prüfungsbericht C&L Deutsche Revision S. 16.

[1756] Vgl. Prüfungsbericht C&L Deutsche Revision S. 19ff.

[1757] Vgl. § 2 Abs. 1 des Verschmelzungsvertrages.

[1758] So Prüfungsbericht C&L Deutsche Revision S. 22f.

[1759] Vgl. Prüfungsbericht C&L Deutsche Revision S. 23f.

mittelte Umtauschverhältnis haben[1760]. Dabei ist zu beachten, dass den Verschmelzungsprüfern, im Gegensatz zu den Sonderprüfern, der Bericht über die Prüfung des Jahresabschlusses der Hypo-Bank für das Jahr 1997 nicht vorgelegen hat[1761] und eine Analyse der darin enthaltenen Vergangenheitsergebnisse insoweit zumindest erschwert wurde. Darüber hinaus besteht die Aufgabe des Verschmelzungsprüfers darin, die vorgegebenen Unternehmenswertgutachten seinerseits zu begutachten, d.h. zu überprüfen, ob sie nachvollziehbar und vertretbar sind[1762], während die Sonderprüfer gezielt untersuchten, ob bei der Festlegung des Umtauschverhältnisses die Risiken des Geschäfts der Hypo-Bank angemessen berücksichtigt wurden. Auch die Sonderprüfer überprüften dabei, ob die Durchführung der Unternehmensbewertungen seitens der KPMG und WEDIT den anerkannten Grundsätzen entsprach, allerdings erfolgte keine Gesamtbeurteilung der Unternehmensbewertung und der ihr zugrunde liegenden Prämissen, sondern eine Beschränkung auf die Geschäftsrisiken der Hypo-Bank[1763]. Da die Sonderprüfer bei ihrer punktuellen und damit insoweit intensiveren Überprüfung zu dem Ergebnis gelangten, dass die entdeckten Geschäftsrisiken der ehemaligen Hypo-Bank keinen Einfluss auf das ermittelte Umtauschverhältnis haben, ist dieses Ergebnis auch der Beurteilung zur Vorgehensweise der Verschmelzungsprüfer zugrunde zu legen und mangels weiterer Erkenntnisquellen davon auszugehen, dass die Verschmelzungsprüfer bei der Beurteilung der Angemessenheit des Umtauschverhältnisses und der Höhe der baren Zuzahlung zu keinem falschen Ergebnis gekommen sind. Ein Pflichtverstoß der Verschmelzungsprüfer scheidet aus.

IV. Ergebnis

Pflichtverstöße der Verschmelzungsprüfer sind nicht erkennbar. Es ist davon auszugehen, dass die Prüfer der C&L Deutsche Revision die im Verschmelzungsvertrag enthaltenen Angaben ordnungsgemäß auf ihre Vollständigkeit und Richtigkeit geprüft haben. Insbesondere ist eine gewissenhafte Überprüfung der Angemessenheit des vorgeschlagenen Umtauschverhältnisses und der Höhe der baren Zuzahlung zu unterstellen.

Die Verschmelzungsprüfung sollte auf den Verschmelzungsbericht der Vertretungsorgane ausgedehnt werden, um zu verhindern, dass die Informationen der Vertretungsorgane über die Sinnhaftigkeit der Ver-

---

[1760]   Vgl. Sonderprüfungsbericht der BDO S. 109.

[1761]   Dies ergibt sich aus dem Prüfungsbericht der C&L Deutsche Revision S. 2.

[1762]   Vgl. *Stratz* in Schmitt/Hörtnagl/Stratz, UmwG, § 12 Rnr. 4.

[1763]   So Sonderprüfungsbericht der BDO S. 75f.

schmelzung ungeprüft hingenommen werden müssen. Dies bedeutet nicht, dass der Verschmelzungsprüfer zur Zweckmäßigkeit der Verschmelzung als solche Stellung zu nehmen hätte. Es empfiehlt sich eine gesetzliche Regelung.

D. Gesamtergebnis

Die gesetzliche Haftungsbeschränkung des § 323 Abs. 2 HGB ist als eine unangemessene Privilegierung des Abschlussprüfers abzuschaffen und durch die Möglichkeit einer vertraglichen Haftungsbeschränkung zu ersetzen. Dabei sollte eine Begrenzung bis zu einem Mindestbetrag von 1 Mio. Euro möglich sein und bei gesetzlich angeordneten Prüfungen von börsennotierten Aktiengesellschaften bis zu 4 Mio. Euro.

Wegen Verstoßes gegen die Pflicht zur gewissenhaften Abschlussprüfung hat sich die WEDIT gemäß § 323 Abs. 1 S. 3 HGB schadensersatzpflichtig gemacht. Alle Ansprüche haben sich aber durch die Vergleichsvereinbarung mit der Hypovereinsbank erledigt.

Weder gegen die WEDIT noch gegen die KPMG besteht ein Schadensersatzanspruch im Zusammenhang mit dem von den beiden Wirtschaftsprüfungsgesellschaften erstellten Verschmelzungswertgutachten. Folgt man den Ausführungen des Sonderprüfungsberichts, so liegt kein mangelhaftes Bewertungsgutachten vor. Die informelle Beauftragung der KPMG durch die Vereinsbank hat keine Auswirkungen auf dieses Ergebnis: Trotz Pflichtverletzung durch die KPMG scheidet ein Mangel aus. Ein Schadensersatzanspruch gemäß § 635 BGB a.F. ist nicht gegeben. Ein Anspruch aus pVV scheitert am fehlenden Schaden der Gutachtenbesteller.

Ein Pflichtverstoß der Verschmelzungsprüfer C&L Deutsche Revision ist nicht erkennbar.

Die Verschmelzungsprüfung sollte auf den Verschmelzungsbericht der Vertretungsorgane ausgedehnt werden. Es empfiehlt sich eine gesetzliche Regelung.

3. Kapitel:
Rechtsschutzsystem bei der Verschmelzung
von Aktiengesellschaften

A. Einleitung

In diesem Kapitel soll ausführlich auf das geltende Rechtsschutzsystem bei der Verschmelzung zweier Aktiengesellschaften eingegangen werden. Dabei konzentriert sich die Darstellung auf den Rechtsschutz von Aktionären im Falle der unrichtigen Festlegung des Umtauschverhältnisses. Es wird die Frage nach der Verfassungsmäßigkeit der geltenden Regelungen aufgeworfen, auf Reformvorschläge umfassend eingegangen und es werden Anregungen für den Gesetzgeber formuliert.

Abschließend wird erläutert, ob und wie sich die gewonnenen Erkenntnisse auf den festgestellten Sachverhalt auswirken.

B. Rechtsschutz bei unrichtigem Umtauschverhältnis

I. Gefahrenlage

Bei Verschmelzungen kommt es zur Kollision verschiedener Interessen: Auf der einen Seite möchten die Aktionäre der übertragenden Gesellschaft ein möglichst hohes Umtauschverhältnis ihrer Aktien erreichen, um so eine größtmögliche Beteiligung an der verschmolzenen Aktiengesellschaft zu erhalten. Auf der anderen Seite sind die Aktionäre der übernehmenden Gesellschaft bestrebt, das Umtauschverhältnis so niedrig wie möglich zu halten, um möglichst wenig ihrer prozentualen Beteiligung an der Aktiengesellschaft und folglich ihrer Herrschafts- und auch Vermögensrechte zu verlieren[1764]. Durch ein unrichtiges Umtauschverhältnis sind also sowohl die Interessen der Aktionäre der übertragenden als auch der Aktionäre der übernehmenden Gesellschaft gefährdet[1765].

[1764] Vgl. *Bayer*, AG 1988, 323, 323f.

[1765] Vgl. *Bayer*, AG 1988, 323, 324; zur Spaltung vgl. *Engelmeyer*, Die Spaltung von Aktiengesellschaften nach dem neuen Umwandlungsrecht, 425f.

II. Rechtsschutzsystem

Das Umwandlungsgesetz unterscheidet bezüglich der Rechtmäßigkeits-kontrolle des Verschmelzungsbeschlusses zwischen Anfechtungs- und Spruch(stellen)verfahren[1766]: Will ein Anteilsinhaber der übertragenden Gesellschaft geltend machen, dass das Umtauschverhältnis der Anteile zu niedrig bemessen ist, so kann er gemäß § 14 Abs. 2 UmwG den Ver-schmelzungsbeschluss deshalb nicht anfechten. Eine darauf gestützte Klage gegen den Beschluss wäre unzulässig[1767]. Als Ausgleich für den Ausschluss der Anfechtung steht dem Anteilsinhaber der übertragenden Gesellschaft in diesem Fall das gerichtliche Spruchverfahren zur Verfü-gung (§ 15 Abs. 1 S. 2 UmwG i.V.m. §§ 1ff. SpruchG), in dem der Anteil-sinhaber von dem neuen Rechtsträger[1768] eine bare Zuzahlung verlangen kann[1769]. Das Gleiche gilt im Anwendungsbereich des § 29 Abs. 1 UmwG, also insbesondere bei Mischverschmelzungen, wenn ein Anteilsinhaber geltend macht, dass Barabfindungen nicht oder nicht angemessen vorge-sehen sind (§ 34 UmwG).

Macht ein Anteilsinhaber der übernehmenden Gesellschaft geltend, das Umtauschverhältnis sei unangemessen festgelegt worden, so steht ihm eine andere Rechtsschutzmöglichkeit zur Verfügung: Er kann hiergegen die allgemeinen Klagemöglichkeiten nutzen, im Regelfall also Anfech-tungsklage erheben[1770]. Folge der Klageerhebung ist, dass die Ver-schmelzung grundsätzlich nicht eingetragen und somit nicht wirksam werden kann; sie wird blockiert[1771].

Diskutiert wird eine analoge Anwendung der §§ 14 Abs. 2, 15 Abs. 1 UmwG für die Aktionäre der aufnehmenden Gesellschaft. Dadurch soll auch für diese Aktionäre bei unrichtigem Umtauschverhältnis unter

---

[1766] Im Folgenden wird entsprechend des neuen SpruchG die Bezeichnung Spruchverfahren verwendet, vgl. Gesetz zur Neuordnung des gesellschafts-rechtlichen Spruchverfahrens (Spruchverfahrensneuordnungsgesetz), BGBl. I 2003, 838ff.

[1767] Vgl. *Bork*, ZGR 1993, 343, 347; *Marsch-Barner* in Kallmeyer, UmwG, § 14 Rnr. 13. Für Unbegründetheit der Klage: *Gehling* in Semler/Stengel, UmwG, § 14 Rnr. 30.

[1768] Vgl. § 5 Nr. 4 SpruchG.

[1769] Ein Anspruch auf bare Zuzahlung ist in Höhe des Betrages gegeben, um den der im Zuge der Verschmelzung untergehende Anteil am übertragenden Rechtsträger den Wert des neuen Anteils am übernehmenden Rechtsträger übersteigt, vgl. *Clemm/Dürrschmidt*, FS Widmann, 3, 9.

[1770] Vgl. *Bork* in Lutter, UmwG, § 14 Rnr. 14; *Stratz* in Schmitt/Hörtnagl/Stratz, UmwG, § 14 Rnr. 20.

[1771] Ausführlich zu den Auswirkungen des geltenden Rechtsschutzsystems auf die Praxis unten, C. II. III. und IV.

gleichzeitigem Ausschluss der Anfechtungsmöglichkeit das Spruchverfahren eröffnet werden[1772]. Eine analoge Anwendung ist jedoch mit dem klaren und bewusst gewählten Wortlaut der Vorschriften unvereinbar. Diese vom Gesetzgeber vorgenommene eindeutige Bewertung ist als bindend hinzunehmen. Eine eigenmächtige Korrektur wäre ein Verstoß gegen Art. 100 Abs. 1 GG und scheidet aus[1773].

C. Konsequenzen des Status Quo

Im Folgenden wird das Spruchverfahren und die Anfechtungsklage kurz dargestellt und die Konsequenzen für die Praxis erläutert, die sich aus der unterschiedlichen Ausgestaltung der beiden Verfahren ergeben.

I. Spruchverfahren

Das Spruchverfahren wurde durch das Spruchverfahrensneuordnungsgesetz neu geregelt[1774]. Zunächst soll aber auf die bisher geltende Rechtslage eingegangen werden.

[1772] Ein Ausschluss der Anfechtungsklage sowohl für die Aktionäre der übertragenden als auch der aufnehmenden Gesellschaft wurde vom OLG Hamm zu § 352c AktG a.F. mit der Begründung vertreten, dass das Umtauschverhältnis als solches nach dem Willen des Gesetzgebers der Anfechtung durch die Aktionäre generell entzogen sein soll, vgl. OLG Hamm WM 1988, 1164, 1169. Die §§ 14 Abs. 2, 15 Abs. 1 UmwG wurden § 352c AktG a.F. nachgebildet, so *Bork* in Lutter, UmwG, § 14 Rnr. 1 und § 15 Rnr. 1.

[1773] Vgl. *Hommelhoff*, Jahrbuch der Fachanwälte für Steuerrecht 1995/1996, 629, 658; BGHZ 112, 9, 19 zu § 352c AktG a.F.; *Hoffmann-Becking*, ZGR 1990, 482, 485 Fußnote 4 m.w.N. zu § 352c AktG a.F. In seiner Entscheidung vom 18.12.2000 (BGH ZIP 2001, 199, 202 („MEZ")) hat der BGH aber angenommen, der Schutz der Anteilsinhaber des übernehmenden Rechtsträgers gegen eine zu hohe Abfindung beim Formwechsel könne durch eine analoge Anwendung der Bestimmungen über das Spruchverfahren gewährt werden. *Gehling* in Semler/Stengel, UmwG, § 14 Rnr. 17 hält dies auch für die Klage der Anteilsinhaber des übernehmenden Rechtsträgers gegen das Umtauschverhältnis unter bestimmten Voraussetzungen grundsätzlich für möglich. Dem ist jedoch entgegenzuhalten, dass diesen Anteilsinhabern die Anfechtungsklage offen steht, während beim Formwechsel den im Unternehmen der neuen Rechtsform verbleibenden Anteilseignern durch das Gesetz keine Rechtsschutzmöglichkeit gegen eine zu hohe Abfindung gewährt wird. Für eine analoge Anwendung der Regelungen über das Spruchverfahren fehlt es bei der Verschmelzung an einer Regelungslücke.

[1774] Gesetz zur Neuordnung des gesellschaftsrechtlichen Spruchverfahrens, BGBl. I 2003, 838ff. Das SpruchG ist im Wesentlichen am 01.09.2003 in Kraft getreten, vgl. Art. 7 Spruchverfahrensneuordnungsgesetz.

1. Bisherige Regelung

Zum Zeitpunkt der Verschmelzung der Vereinsbank und der Hypo-Bank galten für das Spruchverfahren die §§ 305 bis 312 UmwG a.F. Der Antrag auf gerichtliche Entscheidung – der nicht begründet werden musste – war danach binnen einer Frist von zwei Monaten nach der Bekanntmachung der Umwandlung zu stellen. Über ihn hatte das Landgericht (Kammer für Handelssachen) am Sitz des Rechtsträgers im Verfahren der freiwilligen Gerichtsbarkeit zu entscheiden (§§ 306, 307 UmwG a.F.)[1775]. Diese Verfahrensart hatte gemäß § 307 Abs. 1 UmwG a.F. i.V.m. § 12 FGG zur Folge, dass der Amtsermittlungsgrundsatz galt und dass der antragstellende Aktionär kein Kostenrisiko zu tragen hatte, denn gemäß § 312 Abs. 4 UmwG a.F. waren Kostenschuldner grundsätzlich die beteiligten Gesellschaften[1776]. Nach der Beantragung des Spruchverfahrens durch den Antragsteller bestellte das zuständige Gericht einen gemeinsamen Vertreter gemäß § 308 Abs. 1 UmwG a.F., der die Rechte derjenigen Anteilsinhaber wahrnahm, die zwar antragsberechtigt waren, selbst aber keinen Antrag gestellt hatten. Diese Regelung wird nur im Zusammenhang mit § 311 UmwG a.F. verständlich: Grundsätzlich werden in einem Antragsverfahren nur die Rechte derjenigen gewahrt, die selbst einen Antrag gestellt haben. Da gemäß § 311 S. 2 UmwG a.F. die Entscheidung aber für und gegen alle wirkte, also auch auf die Rechtsstellung der nicht antragstellenden Anteilsinhaber Einfluss nahm, wurde eine Vertretung dieser Personen im Spruchverfahren angeordnet[1777]. Folge der Bestellung eines gemeinsamen Vertreters war, dass er im Rahmen des Verfahrens die Rechtsstellung eines gesetzlichen Vertreters für die Anteilsinhaber hatte, für die er bestellt war (§ 308 Abs. 1 S. 2 UmwG a.F.). Diese Stellung hatte insbesondere im Fall der Rücknahme des Antrags durch den Antragsteller Bedeutung: § 308 Abs. 3 UmwG a.F. gab dem gemeinsamen Vertreter das Recht, aber nicht die Pflicht, das Verfahren auch dann weiterzuführen. Die Regelung des Abs. 3 wollte im Interesse der durch das Spruchverfahren beabsichtigten Gleichbehand-

---

[1775] Vgl. *Bork*, ZGR 1993, 343, 347 sowie *Bayer*, ZHR 163 (1999), 505, 548f.; *Schöne* in Semler/Volhard, Arbeitshandbuch für Unternehmensübernahmen, Band 1, § 34 Rnr. 89.

[1776] Vgl. *Hommelhoff*, ZGR 1993, 452, 470; *Seetzen*, WM 1999, 565, 568. Die Kostentragung zu Lasten der Gesellschaften sowie die übermäßige Länge des Spruchverfahrens (übliche Dauer von vier bis sechs und im Einzelfall sogar bis zu 15 Jahren, so FAZ vom 13.03.2002 S. 30 sowie *Lutter*, JZ 2000, 837, 839), lassen bei *Hoffmann-Becking*, WPg-Sonderheft 2001, S. S121, S123f. Zweifel an der Effizienz dieses Rechtsbehelfs aufkommen. *Bayer* in Hommelhoff/Lutter/Schmidt/Schön/Ulmer, Corporate Governance, 137, 152 bezeichnet die teilweise extreme Zeitdauer des Spruchverfahrens als dessen Hauptmangel.

[1777] Vgl. *Stratz* in Schmitt/Hörtnagl/Stratz, UmwG, § 308 Rnr. 2, 15.

lung der Anteilsinhaber verhindern, dass Unternehmen den oder die Antragsteller auskaufen, um dadurch das Verfahren zu beenden[1778]. Im Gegensatz zur Anfechtungsklage konnte der Antragsteller folglich durch die Rücknahme des Antrags nicht für die Beendigung des Verfahrens sorgen. Er verlor in diesem Fall die Herrschaft über das Verfahren.

Nicht zu verkennen ist, dass die in § 311 UmwG a.F. angeordnete inter-omnes-Wirkung erhebliche finanzielle Risiken für den übernehmenden bzw. neuen Rechtsträger zur Folge haben kann, da nach Abschluss des oft langjährigen Spruchverfahrens alle Anteilsinhaber des übertragenden Rechtsträgers einen Zahlungsanspruch geltend machen können, der ab Registereintragung der Verschmelzung nach § 15 Abs. 2 UmwG zu verzinsen ist[1779]. Daran hat auch das neue Spruchverfahrensgesetz nichts geändert.

2. Neue Regelung nach dem Spruchverfahrensgesetz

Oberstes Ziel des nun geltenden Spruchverfahrensgesetzes (SpruchG) ist es, die zu lange Verfahrensdauer spürbar zu verkürzen. Dabei werden die Elemente, die sich in der bisherigen Praxis nach Ansicht des Gesetzgebers bewährt haben, beibehalten (insbesondere Zuständigkeit der Kammer für Handelssachen, Rechtsinstitut des gemeinsamen Vertreters,

---

[1778] Vgl. *Krieger* in Lutter, UmwG, § 308 Rnr. 9f.; *Schöne* in Semler/Volhard, Arbeitshandbuch für Unternehmensübernahmen, Band 1, § 34 Rnr. 91.

[1779] So *Sagasser* in Sagasser/Bula/Brünger, Umwandlungen, C Rnr. 27 sowie *Maier-Reimer*, ZHR 164 (2000), 563, 566f.; *Seetzen*, WM 1999, 565, 566. *Decher*, FS Lutter, 1209, 1217 sieht darin eine Ursache dafür, weshalb in der Praxis oftmals keine reine Verschmelzung, sondern eine Verschmelzung kombiniert mit einem vorherigen Übernahmeangebot durchgeführt wird: Nach Annahme des Übernahmeangebots durch einen Großteil der Anteilsinhaber der übertragenden Gesellschaft reduziert sich das Risiko eines Spruchverfahrens und der damit verbundenen inter-omnes-Wirkung um die Zahl der Annehmenden. Die inter-omnes-Wirkung wird daneben auch oftmals durch eine so genannte Gleichstellungsklausel im Verschmelzungsvertrag hergestellt. Danach verpflichtet sich der übernehmende Rechtsträger entsprechende Zuzahlungen an alle Anteilsinhaber des übertragenden Rechtsträgers zu gewähren, unabhängig von der Stellung eines Antrags im Spruchverfahren. Bedeutung erlangt diese Klausel bei der Beendigung des Spruchstellenverfahrens durch einen Vergleich. § 311 UmwG a.F. galt dann nicht, vgl. *Temme* in Picot/Mentz/Seydel, Die Aktiengesellschaft bei Unternehmenskauf und Restrukturierung, Teil X Rnr. 32. Die Vereinsbank und die Hypo-Bank haben sich im Verschmelzungsvertrag auf eine solche Gleichstellungsklausel geeinigt, vgl. § 2 Abs. 3 des Verschmelzungsvertrages sowie Gemeinsamer Verschmelzungsbericht der Vereinsbank und der Hypo-Bank S. 49.

inter-omnes-Wirkung der Entscheidung)[1780]. Bislang waren die gesetzlichen Regelungen für das Spruchverfahren auf das AktG, das UmwG und das FGG verteilt. Durch diese Zersplitterung und wechselseitige Verweisungen waren die Regelungen nach Ansicht des Gesetzgebers unübersichtlich und schwer handhabbar. Deshalb wurden die Vorschriften in einem neuen Verfahrensgesetz, dem SpruchG, zusammengefasst[1781]. Der Gesetzgeber reagierte mit dem Gesetz u.a. auf Forderungen und Anregungen zur Neuregelung des Spruchverfahrens seitens der Regierungskommission Corporate Governance sowie der wirtschaftsrechtlichen Abteilung des 63. Deutschen Juristentags (DJT)[1782]. Im Einzelnen hat das Spruchverfahrensneuordnungsgesetz, welches neben dem neuen SpruchG vor allem Änderungen des AktG und UmwG zum Gegenstand hat, folgende Ziele:

- Generelle Einführung der gerichtlichen Auswahl und Bestellung der sachverständigen Prüfer bei Umstrukturierungsmaßnahmen (Änderung des § 320 Abs. 3 S. 2 AktG sowie des § 10 Abs. 1 S. 1 und 2 UmwG[1783]).

- Veränderung der Rolle des Sachverständigen im Spruchverfahren (nach Möglichkeit keine Erstellung „flächendeckender" Gesamtgutachten, sondern gezielte Beurteilung spezieller Einzelfragen). Dies soll über die Pflicht zur Antragsbegründung nach § 4 Abs. 2 S. 1 Nr. 4 SpruchG erreicht werden, wonach eine konkrete Bewertungsrüge zu erheben ist[1784].

- Einführung von Verfahrensförderungspflichten der Beteiligten bei gleichzeitiger Rückführung des Amtsermittlungsgrundsatzes.

- Neugestaltung der Kostenvorschriften durch Einführung eines Mindestwertes und einer Obergrenze für die Gerichtskosten sowie die

---

[1780] So Begründung des RegE zum Spruchverfahrensneuordnungsgesetz, BT-Drucks. 15/371, S. 11. Vgl. dazu auch *Heckschen* in Widmann/Mayer, UmwR, 72. Erg.-Lfg., § 15 UmwG Rz. 20.2ff.

[1781] Vgl. Begründung des RegE zum Spruchverfahrensneuordnungsgesetz, BT-Drucks. 15/371, S. 11 und 12.

[1782] Vgl. Begründung des RegE zum Spruchverfahrensneuordnungsgesetz, BT-Drucks. 15/371, S. 11. Dazu *Baums*, Bericht der Regierungskommission Corporate Governance, Rz. 169ff.; Beschlüsse des 63. DJT, DB 2000, 2108, 2109.

[1783] Dies entspricht einer Forderung der Regierungskommission Corporate Governance, vgl. *Baums*, Bericht der Regierungskommission Corporate Governance, Rz. 170.

[1784] So bereits *Baums*, Bericht der Regierungskommission Corporate Governance, Rz. 171.

stärkere Unterscheidung zwischen den Gerichtskosten und den außergerichtlichen Kosten bei der Kostenverteilung[1785].

Durch § 4 SpruchG wird darüber hinaus die Antragsfrist um einen Monat auf drei Monate verlängert.

Der Handelsrechtsausschuss des DAV bemängelte eine nach dem bisher geltenden Recht mögliche Zweigleisigkeit von Spruchverfahren: Existierten zwei übertragende Rechtsträger, so konnten zwei verschiedene Landgerichte zuständig sein, wenn die beiden Rechtsträger in verschiedenen Landgerichtsbezirken ihren Sitz hatten. Die beiden Gerichte konnten dann zu unterschiedlichen Ergebnissen kommen, obwohl in der Sache nur einheitlich entschieden werden konnte. Der DAV forderte deshalb eine Ergänzung des § 306 Abs. 1 UmwG a.F.[1786]. Der Gesetzgeber hat diese Forderung aufgegriffen und durch die Regelung des § 2 Abs. 1 S. 2 und 3 SpruchG mit deren Verweisung auf die §§ 4, 5 FGG umgesetzt[1787].

Die Literatur begrüßt ganz überwiegend sowohl die Vorschläge der Regierungskommission Corporate Governance als auch das neue SpruchG[1788]. Dabei wird auch darauf hingewiesen, dass die mit der Erhebung einer konkreten Bewertungsrüge verbundene erhöhte Substantiierungslast für den Antragstellers im Zusammenspiel mit der neuen höchstrichterlichen Rechtsprechung zur Bedeutung des Börsenkurses bei der Unternehmensbewertung börsennotierter Aktiengesellschaften[1789], zu einer spürbaren Verkürzung des Spruchverfahrens führen

---

[1785] Vgl. Begründung des RegE zum Spruchverfahrensneuordnungsgesetz, BT-Drucks. 15/371, S. 12; *Heckschen* in Widmann/Mayer, UmwR, 72. Erg.-Lfg., § 15 UmwG Rz. 20.5f.

[1786] So Handelsrechtsausschuss des DAV, NZG 2000, 802, 808. Vgl. auch *Sagasser* in Sagasser/Bula/Brünger, Umwandlungen, C Rnr. 25 sowie ausführlich *Neye*, FS Widmann, 87, 87ff.

[1787] Vgl. Begründung des RegE zum Spruchverfahrensneuordnungsgesetz, BT-Drucks. 15/371, S. 12f. Dieser Vorschlag wurde zuvor von der Regierungskommission Corporate Governance allerdings nicht aufgenommen.

[1788] So beispielsweise *Bayer* in Hommelhoff/Lutter/Schmidt/Schön/Ulmer, Corporate Governance, 137, 152f.; kurz: *Hoffmann-Becking*, WPg-Sonderheft 2001, S. S121, S123f.; überwiegende Zustimmung auch seitens *Reichert* in Hommelhoff/Lutter/Schmidt/Schön/Ulmer, Corporate Governance, 165, 188ff. Zurückhaltend *Hopt* in Hommelhoff/Lutter/Schmidt/Schön/Ulmer, Corporate Governance, 27, 62, der im SpruchG zwar begrüßenswerte prozessuale Verbesserungen erkennt, aber es für fraglich hält, ob das SpruchG wirklich Abhilfe schafft. Zu den wesentlichen Streitpunkten während des Gesetzgebungsverfahrens, vgl. *Neye*, FS Wiedemann, 1127, 1131ff.

[1789] BVerfG ZIP 1999, 1436ff. ("DAT/Altana"); BGH ZIP 2001, 734ff. ("DAT/Altana").

kann[1790]. Die durch die Rechtsprechung ausgelöste Entwicklung könnte eventuell soweit führen, dass künftig ein detailliertes und umfangreiches Bewertungsgutachten in der Regel entfallen könnte, da grundsätzlich nur auf den Börsenkurs abgestellt werden könnte[1791]. Des Weiteren ist der Börsenkurs nunmehr in einigen Fallkonstellationen als Untergrenze anzusehen bzw. bei der Unternehmensbewertung zu berücksichtigen[1792] und in diesen Fällen kann einem Antragsteller zugemutet werden, seinen Vortrag dahingehend zu substantiieren, warum der Börsenwert den Wert des Unternehmens nicht ausreichend reflektiert[1793].

Voraussetzung für eine solche Substantiierungslast ist jedoch, dass die Aktiengesellschaft ihrer materiellen Verpflichtung zur gesetzlich vorgeschriebenen Information der Aktionäre nachgekommen ist[1794]. Ansonsten kommt es zu Schwierigkeiten für die antragstellenden Aktionäre bei der Darlegung der konkreten Bewertungsrüge, denn dem Antragsteller wird auf Verlangen nach § 7 Abs. 3 SpruchG lediglich der Verschmelzungsbericht sowie der Verschmelzungsprüfungsbericht zur Verfügung gestellt. Dem will das SpruchG dadurch begegnen, dass das Gericht bei den Anforderungen an den Inhalt der Bewertungsrüge etwaige besondere Schwierigkeiten bei der Informationsbeschaffung für den Antragsteller nach dem Maßstab des § 9 SpruchG, der die Verfahrensförderungspflicht der Beteiligten regelt, zu berücksichtigen hat. Die Anforderungen für

---

[1790] Ausführlich zur Bedeutung des Börsenkurses nach der neuen höchstrichterlichen Rechtsprechung, oben 2. Kapitel B. II. 2. b).

[1791] Angedeutet von *Röhricht*, vgl. *Bachmann* in Gesellschaftsrechtliche Vereinigung, Gesellschaftsrecht in der Diskussion 1999, 31, 32 (Bericht über die Diskussion): Bei einem transparenten und effizienten Markt dürfte praktisch kein Unterschied zwischen dem inneren und dem Börsenwert auszumachen sein, zumal sich auch die Analysten an den erwarteten künftigen Erträgen der Gesellschaft orientierten. Man müsse sich wohl von der Vorstellung frei machen, dass es den „wahren" Unternehmenswert gebe, und dass dieser von einem einzelnen Sachverständigen zuverlässiger zu ermitteln sei als vom Kapitalmarkt. Die Maßgeblichkeit allein des Börsenwerts lasse sich aber nicht aus der genannten Entscheidung des BVerfG ableiten. In diesem Sinn auch *Schiessl* in Gesellschaftsrechtliche Vereinigung, Gesellschaftsrecht in der Diskussion 1999, 57, 75, der für eine Erweiterung des Spielraums der Gesellschaften bei der Festlegung der Bewertungsmethode ist und dabei vor allem die Bewertung anhand des Börsenkurses vornehmen will.

[1792] Vgl. aber zutreffend BayObLG ZIP 2003, 253, 253ff. („Hypovereinsbank").

[1793] So *Reichert* in Hommelhoff/Lutter/Schmidt/Schön/Ulmer, Corporate Governance, 165, 189. Ähnlich *Bayer* in Hommelhoff/Lutter/Schmidt/Schön/Ulmer, Corporate Governance, 137, 152.

[1794] *Bayer* in Hommelhoff/Lutter/Schmidt/Schön/Ulmer, Corporate Governance, 137, 152.

den Antragsteller dürfen dabei nicht überspannt werden[1795]. Es bleibt zu hoffen, dass die Gerichte dieser lediglich in der Gesetzesbegründung enthaltenen Aufforderung im erforderlichen Maße nachkommen werden[1796].

II. Anfechtungsklage

Gemäß § 14 Abs. 1 UmwG muss die Klage binnen eines Monats nach der Beschlussfassung über die Verschmelzung erhoben werden. Es gilt also eine andere Frist und auch ein anderer Anknüpfungspunkt für deren Beginn als im Spruchverfahren. Wie ausgeführt, beträgt dort die Frist nun drei Monate und der Fristbeginn richtet sich nach dem Zeitpunkt der Bekanntmachung der Verschmelzung.

Für die gemäß § 14 Abs. 2 UmwG im Falle eines unangemessenen Umtauschverhältnisses vom Spruchverfahren ausgeschlossenen Aktionäre der übernehmenden Gesellschaft verbleibt es bei den allgemeinen Klagemöglichkeiten, es steht also jedenfalls die Anfechtungsklage zur Verfügung. Folge ist, dass diese Aktionäre das Kostenrisiko tragen, welches allerdings durch die Streitwertregelung in § 247 AktG gemindert ist[1797]. Vor allem aber gilt bei der Anfechtungsklage nicht der Amtsermittlungsgrundsatz – der jedoch im Spruchverfahren nun durch das SpruchG teilweise zurückgeführt wurde –, so dass die klagenden Aktionäre die Darlegungs- und Beweislast tragen[1798]. Auch in der Wirkung der Entscheidungen unterscheidet sich das Spruchverfahren von der Anfechtungsklage: Die Entscheidung im Spruchverfahren führt zu einem reformatorischen Ergebnis, während die Anfechtungsklage nur von kassatorischer Wirkung ist[1799]. Wird der Klage stattgegeben, so führt dies gemäß § 248 Abs. 1 S. 1 AktG zur Nichtigkeit des Verschmelzungsbeschlusses und das Urteil wirkt für und gegen alle Aktionäre. Also wird bei der Anfechtungsklage in diesem Fall eine inter-omnes-Wirkung der

---

[1795] So Begründung des RegE zum Spruchverfahrensneuordnungsgesetz, BT-Drucks. 15/371, S. 13. Ähnlich *Reichert* in Hommelhoff/Lutter/Schmidt/Schön/Ulmer, Corporate Governance, 165, 189.

[1796] Ausführlich zur Frage, ob das Spruchverfahren oder die Anfechtungsklage bei der Nichterfüllung von Informationspflichten bezüglich des Umtauschverhältnisses als Rechtsbehelf eröffnet ist, vgl. unten, E III.

[1797] Vgl. *Martens*, AG 2000, 301, 302.

[1798] Vgl. *Martens*, AG 2000, 301, 302. Durch das SpruchG wurden zwar Elemente des Parteiprozesses eingeführt, aber das Spruchverfahren verbleibt weiterhin ein FGG-förmiges Verfahren, so *Heckschen* in Widmann/Mayer, UmwR, 72. Erg.-Lfg., § 15 UmwG Rz. 20.6.

[1799] Vgl. *Martens*, AG 2000, 301, 303; *Stratz* in Schmitt/Hörtnagl/Stratz, UmwG, § 14 Rnr. 20.

Entscheidung erreicht. Im Unterschied zum Spruchverfahren hat die Klagerücknahme durch den Anfechtungskläger mangels eines gemeinsamen Vertreters in jedem Fall die Beendigung des Verfahrens zur Folge.

Die unterschiedlichen Konsequenzen von Anfechtungsklage und Spruchverfahren können im Einzelfall eine Rolle bei der Entscheidung spielen, welche Gesellschaft die aufnehmende und welche die übertragende sein soll. Insbesondere bei der Konzernverschmelzung wird sich diese Entscheidung danach richten, in welcher Gesellschaft sich außenstehende Aktionäre befinden, von denen Einwendungen gegen das Umtauschverhältnis zu befürchten sind. Diese Gesellschaft wird dann die übertragende sein, um die Verschmelzung nicht durch eine blockierende Anfechtungsklage zu gefährden, sondern die Rechte dieser Aktionäre auf das Spruchverfahren zu beschränken[1800].

III. Verschmelzung im Wege der Neugründung

Die unterschiedlichen Wirkungen von Anfechtungsklage und Spruchverfahren können im Einzelfall auch ausschlaggebend sein bei der Entscheidung, ob die Verschmelzung durch Neugründung oder durch Aufnahme erfolgen soll[1801]: Wird die Verschmelzung im Wege der Neugründung gewählt, ergibt sich aus § 14 Abs. 2 UmwG, dass die Aktionäre beider Gesellschaften ihre Anfechtungsklage nicht auf Bewertungsmängel stützen können, da beide Gesellschaften zu einer neuen verschmolzen werden und folglich beide Aktionärsgruppen Aktionäre einer übertragenden Gesellschaft sind, die insofern auf das Spruchverfahren verwiesen werden[1802]. Zum Verschmelzungsvorgang als solchem kommt noch die Errichtung eines neuen Rechtsträgers hinzu, was zur Folge hat, dass gemäß § 36 Abs. 2 UmwG jeweils die rechtsformspezifischen Gründungsvorschriften zu beachten sind. Trotz dieser erhöhten Komplexität des Vorgangs und der erhöhten Kosten – Notariatskosten wegen Zugrundelegung beider Rechtsträgervermögen sowie Grunderwerbssteuer für die Übertragung aller Grundstücke der Rechtsträger[1803]– tritt die Verschmelzung durch Aufnahme oftmals hinter die Verschmelzung durch Neugründung zurück. Warum dies so ist, wird sogleich erörtert.

[1800] Vgl. *Baums*, FS Zöllner, 65, 83.

[1801] Vgl. Handelsrechtsausschuss des DAV, WM 1993 Sonderbeilage 2 Rnr. 50; *Heckschen* in Widmann/Mayer, UmwR, 68. Erg.-Lfg., § 14 UmwG Rz. 52.

[1802] Vgl. *Martens*, AG 2000, 301, 302.

[1803] Vgl. *Sagasser/Ködderitzsch* in Sagasser/Bula/Brünger, Umwandlungen, J Rnr. 7; *Schiessl* in Gesellschaftsrechtliche Vereinigung, Gesellschaftsrecht in der Diskussion 1999, 57, 74, der als Nutznießer den Fiskus sieht.

IV. Verschmelzung im Wege der Aufnahme

Bei der Verschmelzung im Wege der Aufnahme ist die Rechtsstellung der Aktionäre der aufnehmenden Gesellschaft anders. Sofern diese die Unrichtigkeit des Umtauschverhältnisses monieren, sind sie auf die Anfechtungsklage zu verweisen[1804]. Die Erhebung der Anfechtungsklage hat zur Folge, dass die Verschmelzung grundsätzlich nicht eingetragen werden kann. Denn den Vertretungsorganen der beteiligten Gesellschaften ist es dann unmöglich gemäß § 16 Abs. 2 UmwG zu erklären, „dass eine Klage gegen die Wirksamkeit des Verschmelzungsbeschlusses nicht oder nicht fristgemäß erhoben oder eine solche Klage rechtskräftig abgewiesen oder zurückgenommen worden ist." Zweck dieser Registersperre ist es, die schwierige Rückabwicklung einer nach Eintragung vollzogenen Strukturänderung für den Fall zu vermeiden, dass die anhängige Anfechtungsklage Erfolg hat. Die Wirkung der Registersperre wird allerdings relativiert durch die Möglichkeit, einen Unbedenklichkeitsbeschluss durch das mit der Anfechtung befasste Prozessgericht im Freigabeverfahren nach § 16 Abs. 3 UmwG herbeizuführen[1805]. Diese Möglichkeit wurde eingeführt, um zu verhindern, dass Umwandlungen durch die Erhebung unbegründeter oder unzulässiger Anfechtungsklagen verzögert und hierdurch auf die Unternehmen in der Weise Druck ausgeübt wird, dass diese den Anfechtungsklägern den „Lästigkeitswert" in barer Münze „abkaufen"[1806].

[1804] Vgl. *Marsch-Barner* in Kallmeyer, UmwG, § 14 Rnr. 15 m.w.N. Zur Frage der analogen Anwendung der §§ 14 Abs. 2, 15 Abs. 1 UmwG auf die Aktionäre der übernehmenden Gesellschaft, vgl. oben, B. II. a.E.

[1805] Vgl. *Bayer*, ZGR 1995, 613, 618f.; *Bork*, ZGR 1993, 343, 347.

[1806] Vgl. *Bayer*, ZHR 163 (1999), 505, 545. Die Rechtsprechung hatte ebenfalls auf diese Missbrauchsfälle reagiert, vgl. beispielsweise BGH WM 1989, 1128ff. („Kochs Adler"); BGH ZIP 1989, 1388ff. („DAT/Altana"); BGH ZIP 1990, 168ff. (DAT/Altana II"); BGH ZIP 1991, 1577ff. („Deutsche Bank"); BGH ZIP 1993, 763ff. („SEN"). *Schiessl* in Gesellschaftsrechtliche Vereinigung, Gesellschaftsrecht in der Diskussion 1999, 57, 64, hält diese Versuche, den Rechtsmissbrauch einzudämmen, für gescheitert, da die Anfechtungskläger inzwischen erheblich geschickter geworden seien; ähnlich *Baums*, Gutachten F zum 63. DJT Leipzig 2000, F 148f. Ausführlich zu den Grundlagen, den Vor- und Nachteilen der Anfechtungsklage sowie zu den Reformbestrebungen: *Bayer* in Gesellschaftsrechtliche Vereinigung, Gesellschaftsrecht in der Diskussion 1999, 35, 36ff; *Bayer*, NJW 2000, 2609, 2615ff.; *Bayer* in Hommelhoff/Lutter/Schmidt/Schön/Ulmer, Corporate Governance, 137, 141ff.; *Baums*, Beilage zu NJW 25, 2000, 30, 30; Beschlüsse des 63. DJT, DB 2000, 2108, 2108f.; *Baums*, Bericht der Regierungskommission Corporate Governance, Rz. 145-163; *Hoffmann-Becking*, WPg-Sonderheft 2001, S. S121, S122, S125f.; *Reichert* in Hommelhoff/Lutter/Schmidt/Schön/Ulmer, Corporate Governance, 165, 171ff.

Hält das Prozessgericht die Klage für unzulässig oder offensichtlich unbegründet oder erscheint „das alsbaldige Wirksamwerden der Verschmelzung nach freier Überzeugung des Gerichts unter Berücksichtigung der Schwere der mit der Klage geltend gemachten Rechtsverletzung zur Abwendung der vom Antragsteller dargelegten wesentlichen Nachteile für die an der Verschmelzung beteiligten Rechtsträger und ihre Anteilsinhaber vorrangig" (§ 16 Abs. 3 UmwG), so kann es auf Antrag des Rechtsträgers, dessen Verschmelzungsbeschluss angefochten worden ist, durch Beschluss feststellen, dass die Erhebung der Klage der Eintragung nicht entgegensteht[1807]. Dem Prozessgericht wird mit dieser Regelung eine Interessenabwägung aufgegeben und hierfür ein weites Ermessen eingeräumt[1808]. Dabei ist zu beachten, dass die Behauptung eines unrichtigen Umtauschverhältnisses selten ohne langwieriges Sachverständigengutachten als offensichtlich unbegründet zu widerlegen ist[1809]. Für Aktionäre, die die Verschmelzung blockieren wollen, drängt sich dieser Weg geradezu auf. Handelt es sich um einen Aktionär der übertragenden Gesellschaft, so wird er – soweit zugänglich – eine Aktie der aufnehmenden Gesellschaft erwerben und dann mit der ent-

---

[1807] Vgl. *Bork*, ZGR 1993, 343, 347.

[1808] *Bayer* in Gesellschaftsrechtliche Vereinigung, Gesellschaftsrecht in der Diskussion 1999, 35, 48.

[1809] Vgl. *Noack*, ZHR 164 (2000), 274, 285f.; Handelsrechtsausschuss des DAV, WM 1993 Sonderbeilage 2 Rnr. 51. Allgemein zur Offensichtlichkeit OLG Düsseldorf ZIP 1999, 793, 793 („Thyssen Krupp"): Eine Anfechtungsklage sei nicht offensichtlich unbegründet, wenn die Beurteilung ihrer Erfolgsaussicht von nicht zweifelsfrei zu beantworteten Rechtsfragen abhänge oder von der Bewertung von Tatsachen, insbesondere auch Beweiserhebungen, die unterschiedlicher Würdigung zugänglich seien; so auch *Bork* in Lutter, UmwG, § 16 Rnr. 19a und *Temme* in Picot/Mentz/Seydel, Die Aktiengesellschaft bei Unternehmenskauf und Restrukturierung, Teil X Rnr. 118; vgl. *Stratz* in Schmitt/Hörtnagl/Stratz, UmwG, § 16 Rnr. 52, der aber vor einer oberflächlichen Rechtsprüfung warnt. Für rechtliche Zweifel sei nur bei schwierigen, höchstrichterlich noch nicht entschiedenen Rechtsfragen Raum; einschränkend auch OLG Hamm ZIP 1999, 798, 799 („Thyssen Krupp"): Es komme nicht entscheidend darauf an, ob es zur Beurteilung der Erfolgsaussicht schwieriger rechtlicher Überlegungen bedarf. Entscheidend sei allein, ob sich ohne weitere Aufklärung in der Sache die Überzeugung gewinnen lasse, dass die Klage voraussichtlich abzuweisen sei. Die Klage müsse von vornherein unschlüssig oder unbegründet und zweifelsfrei ohne Erfolgsaussicht sein. So auch *Schwarz* in Widmann/Mayer, UmwR, 33. Erg.-Lfg., § 16 UmwG Rz. 23.2.; *Volhard* in Semler/Stengel, UmwG, § 16 Rnr. 31. Vgl. auch Begründung des RegE zum UMAG, BT-Drucks. 15/5092, S. 29: Es komme auf das Maß an Sicherheit an, mit der sich die Unbegründetheit prognostizieren lasse. Der für diese Prognose erforderliche Prüfungsaufwand sei nicht maßgeblich.

sprechenden Begründung dort klagen[1810]. Ob ihm über § 16 Abs. 3 UmwG die Blockademöglichkeit genommen werden kann, erscheint zumindest fraglich. Es bedarf dazu einer im Sinne der Gesellschaft erfolgenden Abwägung nach § 16 Abs. 3 S. 2 Alt. 3 UmwG. Bei der Abwägung zwischen dem Vollzugsinteresse des Rechtsträgers und dem Aufschubinteresse des Anfechtenden sind alle vorgetragenen und sich aus der Natur der Sache ergebenden Argumente des Einzelfalles zu berücksichtigen[1811]. Zu den wesentlichen Nachteilen einer Verzögerung zählen vor allem der zeitweilige oder endgültige Verlust der angestrebten Synergieeffekte[1812]. Andererseits hat das Gericht die Schwere der mit der Klage geltend gemachten Rechtsverletzung in die Abwägung einzubeziehen. Dabei besteht eine Wechselwirkung: Je gewichtiger die behaupteten Beschlussmängel, desto gravierender müssen die Nachteile der Verzögerung sein, damit das Interesse an der Eintragung vorrangig erscheint[1813]. Konsequenz ist eine Relativierung der Anfechtungsgründe, weil Umstände, die „an sich" eine Kassation des Beschlusses erzwingen würden, diese Konsequenz als Folge der Interessenabwägung gerade nicht haben[1814].

Aufgrund des nicht vorhersehbaren Ausgangs des Freigabeverfahrens, wird in der Praxis oftmals die Verschmelzung im Wege der Neugründung gewählt, um den Anfechtungsmöglichkeiten und dem damit verbundenen Lästigkeitswert opponierender Aktionäre der übernehmenden Gesellschaft auszuweichen[1815]. Entscheiden sich die Rechtsträger trotz

---

[1810] Vgl. *Heckschen* in Widmann/Mayer, UmwR, 68. Erg.-Lfg., § 14 UmwG Rz. 50; *Röhricht* in IDW, Reform des Umwandlungsrechts, 71.

[1811] Vgl. *Stratz* in Schmitt/Hörtnagl/Stratz, UmwG, § 16 Rnr. 56.

[1812] Weitere wesentliche Nachteile bei *Bork* in Lutter, UmwG, § 16 Rnr. 21 sowie *Temme* in Picot/Mentz/Seydel, Die Aktiengesellschaft bei Unternehmenskauf und Restrukturierung, Teil X Rnr. 119. Neben den Nachteilen wegen Verzögerung der Eintragung sind auch die Nachteile der Gesellschaft einzubeziehen, die ihr bei einem Erfolg der Anfechtungsklage entstehen. Alle der Gesellschaft im Falle der Nichteintragung drohenden Schäden sind zu berücksichtigen, so Begründung des RegE zum UMAG, BT-Drucks. 15/5092, S. 29.

[1813] Ausführlich zur Interessenabwägung *Volhard* in Semler/Stengel, UmwG, § 16 Rnr. 32ff. sowie insbesondere bei Behauptung eines unrichtigen Umtauschverhältnisses *Noack*, ZHR 164 (2000), 274, 285f.; *Marsch-Barner* in Kallmeyer, UmwG, § 16 Rnr. 44.

[1814] *Winter*, FS Ulmer, 699, 716.

[1815] Vgl. Handelsrechtsausschuss des DAV, WM 1993 Sonderbeilage 2 Rnr. 50; *Baums*, FS Zöllner, 65, 83; *Heckschen* in Widmann/Mayer, UmwR, 68. Erg.-Lfg., § 14 UmwG Rz. 52; *Noack*, ZHR 164 (2000), 274, 286; *Stratz* in Schmitt/Hörtnagl/Stratz, UmwG, § 14 Rnr. 20; *Reichert* in Semler/Volhard,

dieser Risiken für die Verschmelzung im Wege der Aufnahme und gelingt es ihnen gegen eine erhobene Anfechtungsklage einen Unbedenklichkeitsbeschluss herbeizuführen, kann die Verschmelzung eingetragen werden. Daran ändert auch ein späteres Obsiegen des Klägers im Hauptsacheverfahren nichts. Der Rechtsträger, der den Unbedenklichkeitsbeschluss erwirkt hat, ist dem erfolgreichen Kläger vielmehr gemäß § 16 Abs. 3 S. 6, 1. HS UmwG zum Ersatz des Schadens verpflichtet, der ihm aus einer auf dem Beschluss beruhenden Eintragung der Verschmelzung entstanden ist. Die Naturalrestitution durch „Entschmelzung" ist hingegen in Übereinstimmung mit § 20 Abs. 2 UmwG ausgeschlossen (§ 16 Abs. 3 S. 6, 2. HS)[1816]. Auch eine fehlerhafte Verschmelzung erlangt somit Bestandsschutz[1817].

D. Rechtmäßigkeit des Status Quo

Es stellt sich angesichts der unterschiedlichen Ausgestaltung von Spruchverfahren und Anfechtungsklage die Frage, ob die gegenwärtige Regelung in den §§ 14 Abs. 2, 15 Abs. 1 UmwG als rechtmäßig oder verfassungswidrig zu qualifizieren ist.

Nach Art. 1 Abs. 3 GG binden die Grundrechte die Gesetzgebung, und zwar als unmittelbar geltendes Recht. Daraus folgt u.a. die Verpflichtung des Gesetzgebers, die Wirkungen seiner gesetzlichen Regelungen zu überprüfen und Gesetze zu ändern, wenn sie beispielsweise durch den Wandel der tatsächlichen Verhältnisse verfassungswidrig geworden sind[1818].

Arbeitshandbuch für Unternehmensübernahmen, Band 1, § 17 Rnr. 8 spricht von einer häufig kaum akzeptablen Belastung der Transaktionssicherheit.

[1816] Vgl. *Bork* in Lutter, UmwG, § 16 Rnr. 33f.; *Sagasser* in Sagasser/Bula/Brünger, Umwandlungen, C Rnr. 23; *Schöne* in Semler/Volhard, Arbeitshandbuch für Unternehmensübernahmen, Band 1, § 34 Rnr. 80ff. Die Eintragung der Verschmelzung ist irreversibel, so *Noack*, ZHR 164 (2000), 274, 279 und OLG Frankfurt NZG 2003, 236, 236f.

[1817] *Bayer* in Gesellschaftsrechtliche Vereinigung, Gesellschaftsrecht in der Diskussion 1999, 35, 48. Ausführlich zur Reformbewegung, die die Anwendung des Freigabeverfahrens nach § 16 Abs. 3 UmwG auf andere Bereiche ausweiten will: *Baums*, Gutachten F zum 63. DJT Leipzig 2000, F 167ff.; Beschlüsse des 63. DJT, DB 2000, 2108, 2109; *Baums*, Bericht der Regierungskommission Corporate Governance, Rz. 153-157; dazu *Bayer* in Hommelhoff/Lutter/Schmidt/Schön/Ulmer, Corporate Governance, 137, 144ff.; *Hoffmann-Becking*, WPg-Sonderheft 2001, S. S121, S127; *Lutter*, JZ 2000, 837, 839f.; teilweise kritisch hierzu *Reichert* in Hommelhoff/Lutter/Schmidt/Schön/Ulmer, Corporate Governance, 165, 190ff.

[1818] So *Robbers* in Umbach/Clemens, GG, Band I, Art. 1 Rnr. 89.

I. Verstoß gegen Art. 3 GG

Durch die unterschiedliche Behandlung der Aktionäre der übertragenden und übernehmenden Gesellschaft bei der Ausgestaltung des Rechtsschutzes gegen ein unrichtiges Umtauschverhältnis kommt ein Verstoß gegen Art. 3 GG in Betracht.

1. Ungleichbehandlung

Das BVerfG hat die Voraussetzungen einer Verletzung des Gleichheitssatzes kontinuierlich mit der Willkürformel umschrieben. Der Gleichheitssatz ist danach (erst) dann verletzt, „wenn sich ein vernünftiger, sich aus der Natur der Sache ergebender Grund oder sonstwie sachlich einleuchtender Grund für die gesetzliche Differenzierung oder Gleichbehandlung nicht finden lässt"[1819]. Seit 1980 ist das Willkürverbot durch die so genannte neue Formel des BVerfG ergänzt worden: Der Gesetzgeber verletzt Art. 3 Abs. 1 GG dann, wenn durch ein Gesetz eine Gruppe von Normadressaten im Vergleich zu anderen Normadressaten ungleich behandelt wird, obwohl zwischen beiden Gruppen keine Unterschiede von solcher Art und solchem Gewicht bestehen, dass sie die ungleiche Behandlung rechtfertigen könnten[1820]. Welche Sachverhaltselemente so wichtig sind, dass ihre Verschiedenheit eine Ungleichbehandlung rechtfertigt, hat regelmäßig der Gesetzgeber zu entscheiden; sein Spielraum endet erst dort, wo die ungleiche Behandlung nicht mehr mit einer am Gerechtigkeitsgedanken orientierten Betrachtungsweise vereinbar ist[1821]. Bei der Überprüfung eines Gesetzes auf seine Vereinbarkeit mit dem Gleichheitssatz hat das BVerfG daher nicht zu untersuchen, ob der Gesetzgeber die zweckmäßigste und gerechteste Lösung gefunden hat, sondern nur, ob er die verfassungsrechtlichen Grenzen seiner Gestaltungsfreiheit eingehalten hat[1822].

Zunächst kann festgehalten werden, dass eine Ungleichbehandlung vorliegt: Den Aktionären der übertragenden Gesellschaft steht das Spruchverfahren offen, die Aktionäre der übernehmenden Gesellschaft werden auf die Anfechtungsklage verwiesen. Dies führt zur Geltung unter-

---

[1819] *Osterloh* in Sachs, GG, Art. 3 Rnr. 8; vgl. auch *Gubelt* in von Münch/Kunig, GG, Band 1, Art. 3 Rnr. 11.

[1820] Vgl. BVerfGE 55, 72, 88; BVerfGE 75, 78, 105; *Paehlke-Gärtner* in Umbach/Clemens, GG, Band I, Art. 3 Rnr. 61.

[1821] BVerfGE 57, 107, 115.

[1822] *Kannengießer* in Schmidt-Bleibtreu/Klein, Grundgesetz, Art. 3 Rnr. 3; so auch *Osterloh* in Sachs, GG, Art. 3 Rnr. 95.

schiedlicher Verfahrensgrundsätze, Kostenregelungen und Entscheidungswirkungen[1823].

2. Vergleichbare Sachverhalte

Zwischen beiden Aktionärsgruppen bestehen keine Unterschiede von solchem Gewicht, dass sie nicht miteinander verglichen werden könnten. Die bereits zur Vorgängervorschrift des § 352c AktG a.F. vorgebrachte Argumentation, die unterschiedliche Behandlung rechtfertige sich daraus, dass nur die Aktionäre der übertragenden Gesellschaft eine Leistung – die Übertragung des Vermögens ihrer Gesellschaft als Sacheinlage auf die übernehmende Gesellschaft – erbringen[1824], geht fehl. Denn auch die Aktionäre der übernehmenden Gesellschaft erbringen dadurch eine Leistung, dass ihre Gesellschaft für die empfangene Sacheinlage den Aktionären der übertragenden Gesellschaft im Gesellschaftsvermögen vorhandene bzw. durch Kapitalerhöhung geschaffene neue Aktien der übernehmenden Gesellschaft gewährt[1825].

Unerheblich ist die formal richtige Feststellung, nur bei den Aktionären der übertragenden Gesellschaft finde ein Wechsel der Mitgliedschaft statt[1826]. Entscheidend ist vielmehr, dass alle Anteilsinhaber der beteiligten Rechtsträger einen Eingriff in ihre Mitgliedschaftsrechte hinnehmen müssen; in jedem Fall erfolgt eine relative Stimmrechtsverwässerung und stets besteht die Gefahr, dass bei einem unangemessenen Umtauschverhältnis auch die Vermögenssubstanz der Mitgliedschaft beeinträchtigt wird[1827].

Die Vergleichbarkeit der beiden Aktionärsgruppen wird durch eine Gegenüberstellung „Verschmelzung im Wege der Neugründung" und „Verschmelzung im Wege der Aufnahme" verdeutlicht: Nur bei der Verschmelzung durch Aufnahme werden die Aktionäre der beteiligten Gesellschaften ungleich behandelt. Um die Unwägbarkeiten der Anfechtungsklage zu vermeiden, wird in der Praxis oftmals die Verschmel-

---

[1823] Ähnlich *Schiessl* in Gesellschaftsrechtliche Vereinigung, Gesellschaftsrecht in der Diskussion 1999, 57, 74, der von einem Ungleichgewicht spricht und als Beispiel die Verschmelzung zur Hypovereinsbank anführt.

[1824] So Begründung des RegE zu § 352c AktG a.F., BT-Drucks 9/1065, S. 20. Zustimmend *Priester*, NJW 1983, 1459, 1463.

[1825] Vgl. *Bayer*, ZHR 163 (1999), 505, 550; *Grunewald* in Geßler/Hefermehl/Eckardt/Kropff, AktG, § 352c Rnr. 8; zur Spaltung vgl. *Engelmeyer*, Die Spaltung von Aktiengesellschaften nach dem neuen Umwandlungsrecht, 426.

[1826] Begründung des RegE zu § 352c AktG a.F., BT-Drucks 9/1065, S. 20. Zustimmend *Priester*, NJW 1983, 1459, 1463.

[1827] *Bayer*, ZHR 163 (1999), 505, 550.

zung durch Neugründung gewählt[1828]. Die Verschmelzungsmodelle sind demnach austauschbar und folglich vergleichbar[1829].

3. Rechtfertigung

Der Gesetzgeber führt verschiedene Gründe auf, die seines Erachtens gegen eine Gleichstellung der beiden Aktionärsgruppen sprechen.

a) Anfechtung der Kapitalerhöhung gemäß § 255 Abs. 2 AktG

Der Gesetzgeber rechtfertigt die festgestellte Ungleichbehandlung vor allem damit, dass ein Ausschluss der Anfechtungsklage auch für die Aktionäre der übernehmenden Gesellschaft und deren Verweis auf das Spruchverfahren bei unrichtigem Umtauschverhältnis die Gefahr der Verzögerung oder Verhinderung der Verschmelzung nur dann ausräumen würde, wenn auch Klagen gegen die Wirksamkeit eines Beschlusses zur Kapitalerhöhung bei der übernehmenden Gesellschaft ausgeschlossen würden. Dies soll jedoch ein zu tiefer Eingriff in das allgemeine Gesellschaftsrecht sein[1830]. Damit stellt der Gesetzgeber auf die Situation ab, dass eine Verschmelzung bei der übernehmenden Gesellschaft meist eine Kapitalerhöhung unter Ausschluss des Bezugsrechts voraussetzt. Dies geschieht durch Beschluss der Hauptversammlung, der gemäß § 255 Abs. 2 AktG mit der Behauptung angefochten werden kann, der Ausgabe- bzw. Mindestbetrag sei unangemessen. Um die Gefahr der Verzögerung oder Verhinderung der Verschmelzung zu beseitigen, müsste also die Anfechtung gemäß § 255 Abs. 2 AktG durch ein Spruchverfahren ersetzt werden[1831]. Entgegen der Ansicht des Gesetzgebers würde dies keinen zu tiefen Eingriff in das allgemeine Gesellschaftsrecht darstellen, vielmehr wäre die Abschaffung des § 255 Abs. 2 AktG gerade sinnvoll gegen die „blockierenden" Anfechtungsklagen bei Verschmelzungen und Kapitalmaßnahmen[1832]. Dadurch wäre auch den Interessen der Aktionäre besser gedient, da ihnen ein kostengünstigeres und erleichtertes Verfahren zur Überprüfung des materiellen Verwässerungs-

---

[1828] Dazu bereits oben, C. IV.

[1829] Vgl. *Martens*, AG 2000, 301, 307.

[1830] So Begründung des RegE zu § 14 Abs. 2 UmwG bei *Ganske*, Umwandlungsrecht, 56.

[1831] Vgl. *Hirte*, ZIP 1994, 356, 360; so auch Beschlüsse des 63. DJT, DB 2000, 2108, 2109; *Bayer* in Hommelhoff/Lutter/Schmidt/Schön/Ulmer, Corporate Governance, 137, 143; *Schiessl* in Gesellschaftsrechtliche Vereinigung, Gesellschaftsrecht in der Diskussion 1999, 57, 74f.

[1832] Handelsrechtsausschuss des DAV, WM 1993 Sonderbeilage 2 Rnr. 52; so auch *Heckschen* in Widmann/Mayer, UmwR, 62. Erg.-Lfg., § 14 UmwG Rz. 49.

verbots des § 255 Abs. 2 AktG zur Verfügung stünde[1833]. Trotzdem hat sich die Regierungskommission Corporate Governance gegen diese Änderung ausgesprochen und führt aus:

> „Es ist fraglich, ob sich bei Verwirklichung des Vorschlags besonders viele Anfechtungsklagen erübrigen würden, da sich Anfechtungskläger typischerweise bei einem Bezugsrechtsausschluss nicht ausschließlich gegen den festgesetzten Bezugskurs wenden, sondern daneben – und häufig vorrangig – gegen den Bezugsrechtsausschluss überhaupt."

Außerdem sei das hinter dem Vorschlag stehende Problem der mit Anfechtung eines Kapitalerhöhungsbeschlusses in der Regel eintretenden faktischen Registersperre durch die Einführung eines Freigabeverfahrens gemäß § 16 Abs. 3 UmwG zu lösen, womit sich das Anliegen des in Rede stehenden Vorschlags erledigen dürfte[1834]. Die Kommission folgt darin ihrem Vorsitzenden, der die Erstreckung des Spruchverfahrens bereits in seinem Gutachten zum 63. Deutschen Juristentag (DJT) abgelehnt hatte[1835]. Das nunmehr in Kraft getretene UMAG hat den Vorschlag der Regierungskommission umgesetzt. Dadurch wurde § 246a in das AktG eingefügt, der einer Gesellschaft jetzt die Möglichkeit eröffnet, ein Freigabeverfahren zu beantragen im Falle der Klageerhebung gegen die Eintragung eines Hauptversammlungsbeschlusses über eine Maßnahme der Kapitalbeschaffung[1836]. Die Möglichkeit des Freigabeverfahrens gilt über die Verweisung in § 255 Abs. 3 AktG auch bei einem Kapitalerhöhungsbeschluss, der mit der Behauptung angefochten wird, der Ausgabe- bzw. Mindestbetrag sei unangemessen[1837].

Mit *Bayer* ist trotz dieser erfolgten Einschränkung der Blockademöglichkeit an einer Änderung des § 255 Abs. 2 AktG festzuhalten: Bei einer Auskoppelung des vermögensrechtlichen Streitpunktes in ein Spruchverfahren ist im Anfechtungsklageverfahren nur noch die Rechtmäßigkeit des Bezugsrechtsausschlusses zu entscheiden, was wesentlich

---

[1833] Vgl. *Bayer*, ZHR 163 (1999), 505, 549f. Trotz der stärkeren Differenzierung der Kostenregelung im neuen SpruchG, der darin in Teilen erfolgten Rückführung des Amtsermittlungsgrundsatzes und den weiterreichenden Verfahrensförderungspflichten, hat diese Aussage nach wie vor Gültigkeit.

[1834] So *Baums*, Bericht der Regierungskommission Corporate Governance, Rz. 152; a.A. *Winter*, FS Ulmer, 699, 719f.

[1835] Vgl. *Baums*, Gutachten F zum 63. DJT Leipzig 2000, F 122ff.

[1836] Zu Einzelheiten vgl. Begründung des RegE zum UMAG, BT-Drucks. 15/5092, S. 27ff. § 246a AktG führt entgegen dem Vorschlag der Regierungskommission keine allgemeine Registersperre ein. Eine Registersperre sei keine zwingende Voraussetzung für ein Freigabeverfahren.

[1837] Dagegen: *Bayer*, ZHR 168 (2004), 132, 159f.

schneller zu realisieren ist als die Überprüfung einer möglichen Anteils-verwässerung durch eine Aktienausgabe unter Wert[1838]. Eine solche Aufteilung in Anfechtungsklage für die Beurteilung der Rechtmäßigkeit des Bezugrechtsausschlusses und Spruchverfahren für Bewertungsrügen vorausgesetzt, spricht nichts gegen eine Einführung eines Freigabever-fahrens in § 246a AktG[1839].

Die in § 246a Abs. 3 S. 5 AktG angestrebte Verfahrenshöchstdauer von drei Monaten führt zu keiner anderen Beurteilung: Da die Zeitvorgabe für das Prozessgericht nicht bindend ist und eine Überschreitung ledig-lich zu begründen ist[1840], ist es nicht sicher, ob dieser Zeitraum bei ver-mögensrechtlichen Streitfragen regelmäßig eingehalten und eine Verzö-gerung der Kapitalmaßnahme verhindert werden kann. Wie bereits bei den Ausführungen zum Freigabeverfahren nach § 16 Abs. 3 UmwG er-läutert, ist die Behauptung einer vermögensrechtlichen Beeinträchtigung selten ohne langwieriges Sachverständigengutachten zu widerlegen, und auch im Rahmen eines Freigabeverfahrens nach § 246a AktG verbliebe es aufgrund der Ungewissheit des Ausgangs des Verfahrens bei einem er-heblichen Transaktionsrisiko für die an der Verschmelzung beteiligten Gesellschaften[1841]. Die Ausweitung des Spruchverfahrens auf die Fälle des § 255 Abs. 2 AktG würde dagegen die Verzögerung einer Kapitaler-höhung insoweit stets verhindern und für Sicherheit bei den an der Ver-schmelzung beteiligten Gesellschaften sorgen[1842]. Die jetzt erfolgte Er-streckung des Freigabeverfahrens auf die Fälle des § 255 Abs. 2 AktG ist folglich abzulehnen.

Die Reform des Anfechtungsrechts durch das UMAG zeigt jedoch, dass das Argument vom „zu tiefen Eingriff in das allgemeine Gesellschafts-recht" nicht mehr gilt. Das UMAG selbst führt zu einer Änderung des allgemeinen Gesellschaftsrechts.

[1838] So *Bayer*, NJW 2000, 2609, 2618; *Bayer* in Hommelhoff/Lutter/Schmidt/ Schön/Ulmer, Corporate Governance, 137, 144 sowie *Bayer*, ZHR 168 (2004), 132, 159f.

[1839] Vgl. auch *Winter*, FS Ulmer, 699, 719ff.

[1840] Vgl. zu dieser neuen Zeitvorgabe im Freigabeverfahren: Begründung des RegE zum UMAG, BT-Drucks. 15/5092, S. 28.

[1841] So bereits oben, C. IV., sowie *Reichert* in Hommelhoff/Lutter/Schmidt/ Schön/Ulmer, Corporate Governance, 165, 187f., der darauf hinweist, dass das Freigabeverfahren zu einer schnellen Klärung im Streit über Bewer-tungsfragen kaum geeignet sei.

[1842] Vgl. auch *Bayer*, ZHR 168 (2004), 132, 159f.

b) Möglicher Verstoß gegen § 57 AktG

Der Gesetzgeber rechtfertigt die ungleiche Behandlung der beiden Aktionärsgruppen des Weiteren damit, dass sich ansonsten bei einem Barausgleich auch zugunsten der Aktionäre der übernehmenden Gesellschaft Probleme wegen des Verbots der Rückgewähr von Einlagen gemäß § 57 AktG ergeben könnten[1843]. § 57 AktG verbietet jede Leistung der Gesellschaft, die wegen Mitgliedschaft aller oder einzelner Aktionäre erbracht würde oder wird, wenn sie nicht aus dem Bilanzgewinn erfolgt oder ausnahmsweise gesetzlich zugelassen ist[1844]. Es entspricht nahezu einhelliger Ansicht, dass ein Barausgleich auch zugunsten der Aktionäre der übernehmenden Gesellschaft einen Verstoß gegen § 57 AktG begründen würde[1845].

Martens[1846] tritt dieser Auffassung entgegen und verneint einen Verstoß gegen § 57 AktG. Durch eine Barzuzahlung an die Aktionäre der übernehmenden Gesellschaft würde der durch das unrichtige Umtauschverhältnis entstandene Vermögensverlust dieser Aktionäre lediglich kompensiert.

Ob eine Barzuzahlung zugunsten der Aktionäre der übernehmenden Gesellschaft § 57 AktG verletzen würde, kann an dieser Stelle offen bleiben, denn ein Verstoß könnte leicht vom Gesetzgeber durch eine entsprechende Ausnahmeregelung beseitigt werden, indem er die Barzuzahlung insoweit für zulässig erklärt und eine Gleichbehandlung der beiden Aktionärsgruppen ermöglicht[1847] Das Argument des Gesetzgebers, dass eine Kollision mit § 57 AktG auftreten würde, wiegt also nicht sehr schwer[1848].

[1843] Vgl. Begründung des RegE zu § 14 Abs. 2 UmwG bei *Ganske*, Umwandlungsrecht, 57.

[1844] Vgl. *Hüffer*, AktG, § 57 Rnr. 2.

[1845] So *Hoffmann-Becking*, ZGR 1990, 482, 486; zur Spaltung vgl. *Engelmeyer*, Die Spaltung von Aktiengesellschaften nach dem neuen Umwandlungsrecht, 427 m.w.N.

[1846] *Martens*, AG 2000, 301, Fußnote 24 und 37.

[1847] So Arbeitskreis Umwandlungsrecht, ZGR 1993, 321, 323; *Bork*, ZGR 1993, 343, Fußnote 45; *Hemeling* in IDW, Reform des Umwandlungsrechts, 91; zur Spaltung vgl. *Engelmeyer*, Die Spaltung von Aktiengesellschaften nach dem neuen Umwandlungsrecht, 427; a.A. *Reichert* in Hommelhoff/Lutter/Schmidt/Schön/Ulmer, Corporate Governance, 165, 186, der ein Hinwegsetzen über den Grundsatz des § 57 Abs. 1 AktG – auch unter Gläubigerschutzgesichtspunkten – für nicht überzeugend hält.

[1848] Vgl. *Bayer*, ZHR 163 (1999), 505, 550. Die Regierungskommission Corporate Governance führt dazu aus, dass sich ein etwaiger Konflikt mit § 57 Abs. 1 AktG dadurch lösen lässt, dass der aufnehmenden Gesellschaft nachgelassen

c) Belastung der aufnehmenden Gesellschaft

Weiterhin rechtfertigt der Gesetzgeber die Differenzierung zwischen den beiden Aktionärsgruppen mit der Befürchtung, dass die Bereitstellung der für die Verschmelzung erforderlichen Mittel schwierig werden könnte, wenn auch sämtlichen Aktionären des übernehmenden Rechtsträgers ein Nachbesserungsanspruch gewährt würde[1849]. Ausgleichszahlungen an die Aktionäre der übernehmenden Gesellschaft wegen einer zu hohen Umtauschquote würden zu einer doppelten Belastung dieser Gesellschaft – einerseits der überhöhte Aktientausch und andererseits der Barausgleich – führen[1850].

Dem ist insofern zuzustimmen, als dass bei einem überhöhten Aktientausch die zuviel gewährten Aktien nicht von den Aktionären der übertragenden Gesellschaft herausverlangt werden können, um so den Zustand herzustellen, der bei Festsetzung des richtigen Umtauschverhältnisses bestanden hätte. Denn dies scheidet nicht nur aus praktischen[1851], sondern auch aus rechtlichen Gründen aus[1852]. Es bliebe beim zu hohen Umtauschverhältnis und gleichzeitig erhielten die Aktionäre der übernehmenden Gesellschaft eine bare Zuzahlung als Kompensation. Jedoch sind die damit Belasteten nicht identisch: Während die Gesellschaft eine bare Zuzahlung zu tragen hätte, werden durch das überhöhte Umtauschverhältnis die Aktionäre der übernehmenden Gesellschaft und nicht die Gesellschaft selbst geschädigt[1853]. Es bleibt aber

---

wird, den geschuldeten Ausgleich durch Ausgabe von Anteilen aus Gesellschaftsmitteln zu erfüllen, vgl. *Baums*, Bericht der Regierungskommission Corporate Governance, Rz. 151. Dazu noch unten, E. I. 1. a) cc). Auch ein Vergleich mit der börsenrechtlichen Prospekthaftung zeigt, dass es sich bei § 57 Abs. 1 AktG um kein uneinschränkbares Prinzip handelt. Nach der Begründung des Gesetzentwurfs der Bundesregierung zum Dritten Finanzmarktförderungsgesetz sind die in § 45 BörsG a.F. getroffenen Regelungen zur Prospekthaftung abschließende Spezialregelungen, die § 57 AktG vorgehen, so *Huber*, ZIP 1998, 645, 646.

[1849] So Begründung des RegE zu § 14 Abs. 2 UmwG bei *Ganske*, Umwandlungsrecht, 57.

[1850] So *Priester*, NJW 1983, 1459, 1463; zustimmend *Ganske* in IDW, Reform des Umwandlungsrechts, 24; *Grunewald* in Geßler/Hefermehl/Eckardt/Kropff, AktG, § 352c Rnr. 8.

[1851] Dazu *Wiesen*, ZGR 1990, 503, 507.

[1852] Dazu *Martens*, AG 2000, 301, 304. Ausführlicher zu diesen Gründen unten, E. I. 1. c).

[1853] Vgl. *Clemm/Dürrschmidt*, FS Widmann, 3, 7; *Lutter* in Lutter, UmwG, § 11 Rnr. 9; *Marsch-Barner* in Kallmeyer, UmwG, § 25 Rnr. 9f. m.w.N.; *Schaal*, Der Wirtschaftsprüfer als Umwandlungsprüfer, 419ff. Dazu bereits oben, 2. Kapitel B. IV. 2., C. II.

bei dem Einwand, dass die Bereitstellung der für die Zuzahlung erforderlichen Mittel schwierig werden könnte. Diese Belastung wird dadurch zumindest abgemildert, dass in keinem Fall eine Zahlungspflicht gegenüber beiden Aktionärsgruppen entstehen könnte: Ist das Umtauschverhältnis unangemessen, könnte nur die benachteiligte Aktionärsgruppe eine bare Zuzahlung über das Spruchverfahren erlangen. Die Liquidität der aufnehmenden Gesellschaft würde – wie bereits nach geltendem Recht – nur durch eine Zahlungspflicht gegenüber einer Aktionärsgruppe in Mitleidenschaft gezogen werden[1854]. Die Belastung der Gesellschaft mit der Zahlungspflicht gegenüber einer der beiden Aktionärsgruppen ist indes hinnehmbar, wie ein Vergleich mit der Verschmelzung im Wege der Neugründung verdeutlicht. Ist bei der Verschmelzung durch Neugründung das Umtauschverhältnis unrichtig bemessen worden, so ist die neugegründete Gesellschaft beiden Aktionärsgruppen potentiell ausgleichspflichtig: Je nachdem, zu wessen Lasten das Umtauschverhältnis unrichtigerweise geht, besteht ein Ausgleichsanspruch dieser Aktionärsgruppe in bar. Diese Belastung der neugegründeten Gesellschaft wird vom Gesetzgeber in Kauf genommen.

Letztlich kann festgestellt werden: Sowohl bei der Verschmelzung im Wege der Aufnahme als auch im Wege der Neugründung geht es um den Verteilungskonflikt konkurrierender Aktionärsgruppierungen, für den die aufnehmende ebenso wie die neugegründete Gesellschaft aufgrund der Verschmelzung in gleicher Weise die Verantwortung trägt. Es besteht kein ersichtlicher Grund, die aufnehmende Gesellschaft anders zu behandeln als die durch Neugründung entstandene Gesellschaft[1855].

d) Ergebnis

Die Begründung des Gesetzgebers für eine unterschiedliche Behandlung der Aktionäre der übernehmenden und der übertragenden Gesellschaft vermag nicht zu überzeugen. Vielmehr sind die Bedenken gegen eine Gleichbehandlung vom Gesetzgeber selbst leicht durch entsprechende Gesetzesänderungen zu beseitigen oder hinnehmbar.

4. Verletzung von Art. 3 GG

Allein der Umstand, dass der Gesetzgeber nicht die zweckmäßigste, vernünftigste oder gerechteste Lösung gefunden hat, vermag aber nicht den

---

[1854] Ähnlich *Hoffmann-Becking*, ZGR 1990, 482, 486 sowie *Engelmeyer*, Die Spaltung von Aktiengesellschaften nach dem neuen Umwandlungsrecht, 428.

[1855] Vgl. *Martens*, AG 2000, 301, 308.

Vorwurf des Verstoßes gegen Art. 3 GG zu begründen[1856]. Art. 3 GG gebietet keine Uniformität der Regelungen; dem Gesetzgeber verbleibt eine weite Entscheidungsprärogative[1857]. Allgemeingültige verfassungsrechtliche Abwägungsregeln lassen sich dabei nicht formulieren. Die gesamte Verfassung als Wertungsvorgabe für Art. 3 Abs. 1 GG lässt sich nicht in kurze und gleichzeitig aussagekräftige Sätze fassen. Das BVerfG hat bei der Einführung der so genannten neuen Formel diese unmittelbar mit einer Ausdifferenzierung der Abwägung je nach Sach- und Regelungsbereich verknüpft[1858]. Dazu konkret das BVerfG[1859]:

> „Aus dem allgemeinen Gleichheitssatz ergeben sich je nach Regelungsgegenstand und Differenzierungsmerkmalen unterschiedliche Grenzen für den Gesetzgeber, die vom bloßen Willkürverbot bis zur strengen Bindung an Verhältnismäßigkeitserfordernisse reichen. Die Abstufung der Anforderungen folgt aus Wortlaut und Sinn des Art. 3 Abs. 1 GG sowie aus dem Zusammenhang mit anderen Verfassungsnormen.
>
> Da der Grundsatz, dass alle Menschen vor dem Gesetz gleich sind, in erster Linie eine ungerechtfertigte Verschiedenbehandlung von Personen verhindern soll, unterliegt der Gesetzgeber bei einer Ungleichbehandlung von Personengruppen regelmäßig einer strengen Bindung (vgl. BVerfGE 55, 72, 88). Diese Bindung ist umso enger, je mehr sich die personenbezogenen Merkmale den in Art. 3 Abs. 3 GG genannten annähern und je größer deshalb die Gefahr ist, dass eine an sie anknüpfende Ungleichbehandlung zur Diskriminierung einer Minderheit führt. Die engere Bindung ist jedoch nicht auf personenbezogene Differenzierungen beschränkt. Sie gilt vielmehr auch, wenn eine Ungleichbehandlung von Sachverhalten mittelbar eine Ungleichbehandlung von Personengruppen bewirkt. Bei lediglich verhaltensbezogenen Unterscheidungen hängt das Maß der Bindung davon ab, inwieweit die Betroffenen in der Lage sind, durch ihr Verhalten die Verwirklichung der Merkmale zu beeinflussen, nach denen unterschieden wird (vgl. BVerfGE 55, 72, 89). Überdies sind dem Gestaltungsspielraum des Gesetzgebers umso engere Grenzen gesteckt, je stärker sich die Ungleichbehandlung von Personen oder Sachverhalten auf die Ausübung grundrechtlich geschützter Freiheiten nachteilig auswirken kann (vgl. BVerfGE 60, 123, 134; 82, 126, 146).

[1856]   Vgl. *Jarass* in Jarass/Pieroth, Grundgesetz, Art. 3 Rnr. 15.

[1857]   Vgl. *Lutter/Leinekugel*, ZIP 1999, 261, 262.

[1858]   So *Osterloh* in Sachs, GG, Art. 3 Rnr. 90f.: Gedanke der Systemgerechtigkeit.

[1859]   BVerfGE 88, 87, 96f.

Der unterschiedlichen Weite des gesetzgeberischen Gestaltungsspielraums entspricht eine abgestufte Kontrolldichte bei der verfassungsrechtlichen Prüfung. Kommt als Maßstab nur das Willkürverbot in Betracht, so kann ein Verstoß gegen Art. 3 Abs. 1 GG nur festgestellt werden, wenn die Unsachlichkeit der Differenzierung evident ist (vgl. BVerfGE 55, 72, 90). Dagegen prüft das BVerfG bei Regelungen, die Personengruppen verschieden behandeln oder sich auf die Wahrnehmung von Grundrechten nachteilig auswirken, im Einzelnen nach, ob für die vorgesehene Differenzierung Gründe von solcher Art und solchem Gewicht bestehen, dass sie die ungleichen Rechtsfolgen rechtfertigen können (vgl. BVerfGE 82, 126, 146).

Die Erwägungen, die dieser Abstufung zugrunde liegen, sind auch für die Frage von Bedeutung, inwieweit dem Gesetzgeber bei der Beurteilung der Ausgangslage und der möglichen Auswirkungen der von ihm getroffenen Regelung eine Einschätzungsprärogative zukommt. Für die Überprüfung solcher Prognosen gelten ebenfalls differenzierte Maßstäbe, die von der bloßen Evidenzkontrolle bis zur strengen inhaltlichen Kontrolle reichen. Dabei sind insbesondere die Eigenart des jeweiligen Sachverhalts und die Bedeutung der auf dem Spiel stehenden Rechtsgüter zu berücksichtigen; außerdem hängt der Prognosespielraum auch von der Möglichkeit des Gesetzgebers ab, sich im Zeitpunkt der Entscheidung ein hinreichend sicheres Urteil zu bilden (vgl. BVerfGE 50, 290, 332f.)."

Die Personengruppen Aktionäre der übernehmenden und Aktionäre der übertragenden Gesellschaft werden durch den Gesetzgeber unterschiedlich behandelt. Da diese unterschiedliche Behandlung der Verschmelzung im Wege der Aufnahme und im Wege der Neugründung mittelbar eine Ungleichbehandlung dieser beiden Personengruppen bewirkt, ist die Kontrolldichte des BVerfG höher und die Regelung des Gesetzgebers ist nicht nur nach dem bloßen Willkürverbot zu beurteilen, sondern der Gesetzgeber unterliegt einer strengeren Bindung. Diese strengere Bindung schlägt sich in einer strengeren Prüfung durch das BVerfG nieder. Da es sich nicht um eine lediglich verhaltensbezogene Unterscheidung handelt, auf die die Betroffenen durch ihr Verhalten einwirken könnten, kann auf die Bindung des Gesetzgebers auch kein gelockerter Maßstab angewendet werden. Das BVerfG prüft deshalb in einem solchen Fall nach, ob für die Differenzierung Gründe von solcher Art und solchem Gewicht bestehen, dass sie die ungleichen Rechtsfolgen rechtfertigen könnten. Eine Rechtfertigung des Gesetzgebers für die Verschiedenbehandlung wurde jedoch soeben verneint. Allerdings kann dem Gesetzgeber eine Entscheidungsprärogative zukommen. Bei der Überprüfung dieser Prärogative hat im Bereich der Verschiedenbehandlung von Personengruppen eine strenge inhaltliche Kontrolle stattzufinden. Die Aktionäre der übernehmenden und übertragenden Gesellschaften unterliegen bei Streitigkeiten bezüglich des Umtauschverhältnisses aufgrund der unterschiedlichen Verfahren ungleichen Kosten-, Darlegungs- und Beweislastregelungen, die die Aktionäre der übertragenden Gesellschaft begünstigen. Entscheidend für das Vorliegen eines qualifizierten Schutzgefälles ist aber, dass die Anfechtungsklage nur von kassatorischer Wirkung ist, während die Entscheidung im Spruchverfahren zu einem reformatorischen Ergebnis führt[1860]. Der Aktionär der übernehmenden Gesellschaft kann den Verschmelzungsbeschluss nur zu Fall bringen mit der Folge, dass das Umtauschverhältnis angepasst werden muss. Ob diese Anpassung gelingt, entscheidet sich äußerstenfalls in einem zweiten Anfechtungsverfahren, in dem wiederum die Unrichtigkeit des Umtauschverhältnisses moniert wird. Dadurch vergeht viel Zeit. Dies wiederum kann die Erstellung eines neuen Bewertungsgutachtens erforderlich machen mit der Folge neuer Bewertungsrisiken und dadurch bedingter Fehlerquellen, die erneut mit einer Anfechtungsklage überprüft werden können. Der Aktionär der übernehmenden Gesellschaft hat folglich die Möglichkeit, die Verschmelzung zu torpedieren, aber nicht auf die Angemessenheit des Umtauschverhältnisses konstruktiv einzuwirken[1861]. Dies wird durch das Freigabeverfahren des § 16 Abs. 3 UmwG noch verschärft. Denn kommt es dadurch zur vorzeitigen Eintragung, ist die Verschmelzung irreversibel (§ 20 Abs. 2 UmwG). Der Aktionär kann sein Klageziel – Korrektur des Umtauschverhältnisses – nicht mehr erreichen[1862]. Stattdessen steht ihm gemäß § 16 Abs. 3 S. 6 UmwG ein Schadensersatzanspruch zu, sollte sich die Klage nach Eintragung als begründet erweisen. Dieser Anspruch ist jedoch relativ wertlos, da ein gerade auf der Eintragung beruhender Individualschaden des Klägers nur selten substantiiert dargelegt werden kann[1863]. Der beim Anfechtungskläger eintretende Schaden wird sich im Regelfall auf die ihm entstandenen Prozesskosten beschränken[1864].

Durch das Spruchverfahren kann der Antragsteller zwar ebenfalls nicht die Korrektur des Umtauschverhältnisses erreichen, denn Klagziel ist

---

1860 So *Martens*, AG 2000, 301, 303; *Stratz* in Schmitt/Hörtnagl/Stratz, UmwG, § 14 Rnr. 20.

1861 Vgl. *Martens*, AG 2000, 301, 303f.

1862 Vgl. *Martens*, AG 2000, 301, 304.

1863 *Bork* in Lutter, UmwG, § 16 Rnr. 34. So auch *Noack*, ZHR 164 (2000), 274, 293: „Muster ohne Wert" sowie *Schöne* in Semler/Volhard, Arbeitshandbuch für Unternehmensübernahmen, Band 1, § 34 Rnr. 85.

1864 So noch die Begründung des RefE zum UMAG S. 48 a.E., abgerufen am 04.10.2004 unter www.bmj.bund.de/media/archive/701.pdf. In der Begründung des RegE wurde dieser Satz gestrichen, vgl. Begründung des RegE zum UMAG, BT-Drucks. 15/5092, S. 29.

gemäß § 15 Abs. 1 UmwG ein Ausgleich durch bare Zuzahlung. Aber erweist sich im Spruchverfahren, dass das Umtauschverhältnis falsch bemessen wurde, so steht den Aktionären der übertragenden Gesellschaft dieser Anspruch ohne den Nachweis eines konkreten Schadens zu. Dies verdeutlicht, dass der Schutz der Aktionäre der übernehmenden Gesellschaft wesentlich schlechter ausgestaltet ist, da diesen entweder die Blockade der Verschmelzung – die sie eventuell grundsätzlich sogar als wirtschaftlich sinnvoll begrüßen würden – zur Verfügung steht oder ihnen bei Eintragung der Verschmelzung im Freigabeverfahren ein meist wertloser oder nur geringwertiger Schadensersatzanspruch zusteht. Dagegen haben die Aktionäre der übertragenden Gesellschaft stets einen Anspruch auf Barzuzahlung, sollte sich das Umtauschverhältnis im Spruchverfahren als zu niedrig erweisen. Dieser Anspruch steht im Unterschied zum Freigabeverfahren gemäß § 13 S. 2 SpruchG allen Aktionären zu, unabhängig davon, ob sie einen Antrag auf gerichtliche Entscheidung gestellt haben.

Des Weiteren ist zu berücksichtigen, dass es insbesondere bei Konzernverschmelzungen oftmals von Zufälligkeiten abhängt, welche Gesellschaft als übernehmende und welche als übertragende auftritt[1865]. Der Zufall kann aber kein geeignetes Kriterium sein, um eine Ungleichbehandlung zu rechtfertigen. Dies ist mit einer am Gerechtigkeitsgedanken orientierten Betrachtungsweise unvereinbar.

Die unterschiedlichen Auswirkungen auf den Rechtsschutz der beiden Aktionärsgruppen waren dem Gesetzgeber zum Zeitpunkt der Schaffung der §§ 14, 15 UmwG aufgrund der identischen Problematik bei der Vorgängervorschrift (§ 352c AktG a.F.) bekannt. Ein Spielraum des Gesetzgebers bei der Einschätzung der Ausgangslage und der möglichen Auswirkungen der von ihm getroffenen Regelungen bestand demgemäß nicht.

5. Ergebnis

Die bestehende Regelung in den §§ 14, 15 UmwG verletzt Art. 3 Abs. 1 GG.

II. Verstoß gegen Art. 14 GG

Daneben kommt noch ein Verstoß gegen Art. 14 GG in Betracht. Art. 14 Abs. 1 GG gewährleistet das Eigentum. Auch das in der Aktie verkörperte Anteilseigentum gehört nach der Rechtsprechung des BVerfG in

---

[1865] Vgl. *Bayer*, AG 1988, 323, 324; *Priester*, NJW 1983, 1459, 1463.

den grundrechtlichen Schutzbereich[1866]. Der Schutz erstreckt sich dabei sowohl auf die mitgliedschaftliche Stellung als auch auf die vermögensrechtlichen Ansprüche, welche das Aktieneigentum vermittelt[1867]. Seit der Feldmühle-Entscheidung des BVerfG[1868] ist anerkannt, dass Umstrukturierungsmaßnahmen im Hinblick auf die geschützte Rechtsposition der Aktionärsminderheit nur dann zulässig sind, wenn der Schutz der Aktionäre ausreichend gewahrt bleibt[1869]. Dieser Schutz besteht nicht nur in der Gewährung von Rechtsbehelfen gegen den Missbrauch wirtschaftlicher Macht, sondern vor allem in der Vorsorge für eine volle wirtschaftliche Entschädigung bei dem Verlust von Rechtspositionen[1870]. Auf welche Art und Weise die Aktionärsminderheit geschützt wird, ist dem Gesetzgeber allerdings freigestellt[1871].

Bezüglich einer sinnvollen Zielsetzung des bestehenden Rechtsschutzsystems sind Zweifel durchaus angebracht: Gegen ein unrichtiges Umtauschverhältnis steht den Aktionären der übernehmenden Gesellschaft nur die Anfechtungsklage zur Verfügung, mit der Folge der Verschmelzungsblockade. Die Kläger können nur destruktiv auf die Verschmelzung einwirken, indem sie wirtschaftlich sinnvolle Verschmelzungen im Ergebnis verhindern oder zumindest erheblich verzögern und so letztlich auch den Wert ihrer Aktien gefährden. Den Vorgaben des BVerfG ist aber bereits entsprochen, wenn Rechtsbehelfe zur Verfügung stehen, die gegen den Missbrauch wirtschaftlicher Macht schützen. Gerade die angesprochene Blockademöglichkeit im Wege der Anfechtungsklage eröffnet den Schutz vor dieser wirtschaftlichen Macht der Großaktionäre. Der Verlust einer Rechtsposition, die voll entschädigt werden müsste, geht mit einer Verschmelzung ebenfalls nicht einher, da

---

[1866] Vgl. BVerfG ZIP 1999, 1436, 1439 („DAT/Altana") m.w.N.

[1867] BVerfG ZIP 2000, 1670, 1671 („Moto Meter").

[1868] Vgl. BVerfG DB 1962, 1073ff.

[1869] So *Röhricht* in Gesellschaftsrechtliche Vereinigung, Gesellschaftsrecht in der Diskussion 1999, 3, 4. Das BVerfG ZIP 2000, 1670, 1671f. („Moto Meter") führt insofern aus, dass für Minderheitsaktionäre die Vermögenskomponente im Vordergrund stehe. Deshalb könnten sich die Schutzvorkehrungen zugunsten der Minderheitsaktionäre auf die Vermögenskomponente der Beteiligung konzentrieren. Die herrschaftliche Seite des Aktieneigentums sei für Kleinaktionäre ohnehin begrenzt, da sie auf die Unternehmenspolitik regelmäßig keinen relevanten Einfluss nehmen könnten.

[1870] *Henze*, FS Lutter, 1101, 1103.

[1871] *Bayer* in Gesellschaftsrechtliche Vereinigung, Gesellschaftsrecht in der Diskussion 1999, 35, 36.

die Aktionäre ihre Aktionärsstellung als solche nicht verlieren. Sie bleiben Aktionäre der aufnehmenden Gesellschaft[1872].

Nach einer Entscheidung des BVerfG[1873] zur so genannten „übertragenden Auflösung" nach § 179a AktG begegnet im Regelfall sogar eine fehlende gerichtliche Kontrolle des für die Vermögensübertragung erzielten Veräußerungserlöses im Rahmen eines Spruchverfahrens keinen verfassungsrechtlichen Bedenken, weil bei einer Veräußerung des Gesellschaftsvermögens an einen unbeteiligten Dritten ein Schutzbedürfnis für die Minderheitsaktionäre nicht entsteht. Der Schutz der Minderheitsaktionäre bestehe dann regelmäßig darin, dass auch der Großaktionär einen möglichst hohen Preis für das Gesellschaftsvermögen erzielen wolle. Dieser Schutz versage aber dann, wenn zwischen den Gesellschaftergruppen in Bezug auf den Veräußerungserlös keine Interessenhomogenität, sondern ein Interessenkonflikt bestehe, etwa wenn die Veräußerung nicht an einen unbeteiligten Dritten erfolge. Nach der Entscheidung des BVerfG haben die Gerichte dann von Verfassungs wegen zu prüfen, ob ein Preis bezahlt wird, der dem Wert der Unternehmensbeteiligung der Aktionäre entspricht. Diese gerichtliche Kontrolle könne auch im Rahmen einer Anfechtungsklage erfolgen.

Es bestehen keine Bedenken, die Argumentation des BVerfG auf die Verschmelzung zu übertragen. Auch dort will der Großaktionär regelmäßig ein möglichst vorteilhaftes Umtauschverhältnis erzielen, das auch den Minderheitsaktionären zugute kommt. Hält ein Aktionär der übernehmenden Gesellschaft das Umtauschverhältnis trotzdem für falsch, steht ihm als Rechtsschutzmöglichkeit die Anfechtungsklage gegen den Verschmelzungsbeschluss zur Verfügung. Das geltende Rechtsschutzsystem begegnet somit in dieser Hinsicht keinen verfassungsrechtlichen Bedenken.

III. Verstoß gegen § 53a AktG

§ 53a AktG normiert den Gleichbehandlungsgrundsatz. Ein unmittelbarer Bezug des § 53a AktG zu dem primär als Abwehrrecht gegen staatliche Maßnahmen konzipierten verfassungsrechtlichen Gleichheitssatz besteht nicht[1874]. Zweck und wesentlicher Gegenstand der Norm ist der

---

[1872] Es tritt eine Verwässerung des Anteilsbesitzes mit der Verschmelzung ein. Dies betrifft aber die nur herrschaftliche Seite des Aktieneigentums. Die Schutzvorkehrungen können sich nach der Moto Meter-Entscheidung des BVerfG (ZIP 2000, 1670, 1671f.) auf die Vermögenskomponente der Beteiligung konzentrieren.

[1873] BVerfG ZIP 2000, 1670, 1672 („Moto Meter").

[1874] *Hüffer*, AktG, § 53a Rnr. 3.

Schutz der Mitgliedschaft des Aktionärs, und zwar vor Eingriffen der Gesellschaftsorgane, besonders der Hauptversammlung, die den einen Teil der Aktionäre hinter den anderen Teil zurücksetzen, ohne dass solche Maßnahmen durch ein schutzwürdiges Interesse der Aktiengesellschaft gedeckt wären. Normadressat und damit Schuldnerin der Gleichbehandlungspflicht ist folglich nur die Aktiengesellschaft[1875].

Aus diesem Grund scheidet hier eine Verletzung des § 53a AktG aus. Denn die Ungleichbehandlung der beiden Aktionärsgruppen ergibt sich nicht aus einem Handeln der Gesellschaftsorgane, sondern direkt aus den gesetzlichen Regelungen der §§ 14 Abs. 2, 15 Abs. 1 UmwG.

IV. Ergebnis

Das geltende Rechtsschutzsystem verletzt Art. 3 Abs. 1 GG, dagegen liegt kein Verstoß gegen Art. 14 GG vor. Eine Verletzung des in § 53a AktG normierten aktienrechtlichen Gleichbehandlungsgrundsatzes scheidet aus.

E. Reformvorschläge

Der Verstoß des geltenden Rechts gegen Art. 3 Abs. 1 GG macht die Neuregelung des Rechtsschutzes der Aktionäre bei unrichtigem Umtauschverhältnis notwendig.

I. Gleichstellung aller Aktionäre

Der überwiegende Teil der Literatur[1876] fordert die Gleichbehandlung der Aktionäre der übertragenden und übernehmenden Gesellschaft, in-

---

[1875] *Hüffer*, AktG, § 53a Rnr. 4.

[1876] Vgl. Arbeitskreis Umwandlungsrecht, ZGR 1993, 321, 323; *Bayer*, AG 1988, 323, 325; Beschlüsse des 63. DJT, DB 2000, 2108, 2109; *Bork*, ZGR 1993, 343, 354; *Boujong*, FS Kellermann, 14; Handelsrechtsausschuss des DAV, WM 1993 Sonderbeilage 2 Rnr. 50; Handelsrechtsausschuss des DAV, NZG 2000, 802, 803; *Heckschen* in Widmann/Mayer, UmwR, 62. Erg.-Lfg., § 14 UmwG Rz. 49; *Hemeling* in IDW, Reform des Umwandlungsrechts, 91; *Hirte*, ZIP 1994, 356, 360; *Hoffmann-Becking*, ZGR 1990, 482, 484f.; *Hommelhoff*, ZGR 1993, 452, 470 mit konkretem Ergänzungsvorschlag zu § 14 UmwG; *Kraft* in Kölner Kommentar zum AktG, § 352c Rnr. 3; *Lutter*, JZ 2000, 837, 839; *Marsch-Barner* in Kallmeyer, UmwG, § 14 Rnr. 16; *Martens*, AG 2000, 301, 307f. mit konkretem Änderungsvorschlag zu § 14 Abs. 2 UmwG; *Noack*, ZHR 164 (2000), 274, 285f.; *Reichert* in Hommelhoff/Lutter/Schmidt/Schön/Ulmer, Corporate Governance, 165, 185; *Röhricht* in IDW, Reform des Umwandlungsrechts, 70; *Wiesen*, ZGR 1990, 503, 507; zur Spaltung vgl. *Engelmeyer*, Die Spaltung von Aktiengesellschaften

dem allen Aktionären bei einem unrichtigen Umtauschverhältnis das Spruchverfahren als Rechtsbehelf vom Gesetzgeber eröffnet wird unter gleichzeitigem Ausschluss der Anfechtungsmöglichkeit[1877]. In § 14 Abs. 2 UmwG sollen also auch die Aktionäre der übernehmenden Gesellschaft von der Erhebung der Anfechtungsklage ausgeschlossen werden. Dieser Forderung hat sich auch die Regierungskommission Corporate Governance[1878] angeschlossen, so dass von einer Umsetzung durch den Gesetzgeber auszugehen ist[1879].

Die Differenzierung wird von manchen Stimmen jedoch als gerechtfertigt angesehen[1880]. Neben den – teilweise behebbaren, teilweise hinzunehmenden – Bedenken des Gesetzgebers[1881] gegen eine Gleichstellung der Aktionäre wird geltend gemacht, dass ein Spruchverfahren auch für die Aktionäre der übernehmenden Gesellschaft nicht durchgeführt werden könne, da es nicht möglich sei, das, was an die ehemaligen Aktionäre der übertragenden Gesellschaft zuviel erbracht worden sei, von ihnen

---

nach dem neuen Umwandlungsrecht, 425ff. mit konkretem Erweiterungsvorschlag zu § 14 Abs. 2 UmwG.

[1877] Einschränkend noch *Baums*, FS Zöllner, 65, 84, der aus Sicht der übertragenden Gesellschaft auch Nachteile in einer Gleichbehandlung der Aktionäre sah, da bei der Anfechtungsklage die Registersperre überwunden werden könne und ein später sich ergebender Schadensersatzanspruch wegen des unangemessenen Umtauschverhältnisses nur an die klagenden Aktionäre gezahlt werden müsse, während der Barausgleich im Spruchverfahren allen Aktionären zustehe, die einen Nachteil durch das unrichtige Umtauschverhältnis erlitten haben. *Baums* ist jedoch entgegenzuhalten, dass die Registersperre gerade bei Bewertungsrügen oft nur schwer überwindbar ist und die Verschmelzung dadurch blockiert wird, vgl. Handelsrechtsausschuss des DAV, NZG 2000, 802, 803.

[1878] Vgl. *Baums*, Bericht der Regierungskommission Corporate Governance, Rz. 151.

[1879] Dies ergibt sich aus der Begründung des RegE zum TransPuG, BR-Drucks. 109/02, S. 20. Dort kommt der Wille des Gesetzgebers zum Ausdruck, die Empfehlungen der Regierungskommission, die nicht mit dem TransPuG umgesetzt werden konnten, in dieser Wahlperiode umzusetzen. Die Regierungskommission will mit dieser Empfehlung die Verweisung vermögensrechtlicher Streitigkeiten in das Spruchverfahren, also das Modell „Spruchverfahren statt Anfechtungsklage", ausweiten.

[1880] Vgl. Begründung des RegE zu § 352c AktG a.F., BT-Drucks 9/1065, S. 20f.; Begründung des RegE zu § 14 Abs. 2 UmwG bei *Ganske*, Umwandlungsrecht, 56f.; *Ganske* in IDW, Reform des Umwandlungsrechts, 24; *Grunewald* in Geßler/Hefermehl/Eckardt/Kropff, AktG, § 352c Rnr. 8; *Priester*, NJW 1983, 1459, 1463.

[1881] Dazu ausführlich bereits oben, D. I. 3.

wieder zurückzuerlangen[1882]. Dem ist insofern zuzustimmen, als von den Aktionären das zuviel Empfangene nicht eingetrieben werden kann. Jedoch steht dies der Öffnung des Spruchverfahrens für alle Aktionäre dann nicht entgegen, wenn die Durchführung des Verfahrens nicht der Rückerlangung des zuviel Geleisteten von den Aktionären der übertragenden Gesellschaft dient, sondern die Gesellschaft belastet und folglich eine andere Rechtsfolge angeordnet wird.

1. Rechtsfolge

Es kommen verschiedene Rechtsfolgen in Betracht. Nahe liegend ist die Gewährung einer baren Zuzahlung. Aber auch Schadensersatzansprüche oder zusätzliche Aktien werden als Rechtsfolge erwogen.

a) Bare Zuzahlung

Als mögliche Rechtsfolge bei Eröffnung des Spruchverfahrens für alle Aktionäre im Falle des unrichtigen Umtauschverhältnisses kommt die Gewährung einer Barzuzahlung entsprechend § 15 Abs. 1 UmwG in Betracht. Dies wird auch vom überwiegenden Teil der Literatur gefordert[1883].

aa) Begrenzte bare Zuzahlung

Uneinigkeit bestand darüber, ob § 15 Abs. 1 UmwG eine unbegrenzte Barzahlungspflicht anordnet. *Grunewald*[1884] bejahte dies im Hinblick auf die Vorgängervorschrift des § 15 UmwG. Eine eventuelle Gefährdung des Grundkapitals habe keine Auswirkung auf die Höhe der geschuldeten Zuzahlungen, denn dieser Effekt könne bei jeder größeren von der Gesellschaft geschuldeten Summe eintreten, ohne dass dies zu einer Reduzierung der Schuld führen würde[1885]. Die in der Literatur vorgebrachten Bedenken gegen eine unbegrenzte Barzahlungspflicht haben sich aber inzwischen wohl durchgesetzt. Die Höhe der baren Zuzahlung

---

[1882] So *Grunewald* in Geßler/Hefermehl/Eckardt/Kropff, AktG, § 352c Rnr. 8.

[1883] Vgl. Arbeitskreis Umwandlungsrecht, ZGR 1993, 321, 323; *Hemeling* in IDW, Reform des Umwandlungsrechts, 91; *Hoffmann-Becking*, ZGR 1990, 482, 485; *Marsch-Barner* in Kallmeyer, UmwG, § 14 Rnr. 16; *Martens*, AG 2000, 301, 308 mit konkretem Ergänzungsvorschlag zu § 15 UmwG; *Wiesen*, ZGR 1990, 503, 507, der diese Möglichkeit letztlich aber verwirft; zur Spaltung vgl. *Engelmeyer*, Die Spaltung von Aktiengesellschaften nach dem neuen Umwandlungsrecht, 427ff.

[1884] *Grunewald* in Geßler/Hefermehl/Eckardt/Kropff, AktG, § 352c Rnr. 25.

[1885] Ähnlich wohl nur noch *Stratz* in Schmitt/Hörtnagl/Stratz, UmwG, § 15 Rnr. 15 sowie *Seetzen*, WM 1999, 565, 566.

sei, wie sich aus § 15 Abs. 1 S. 1, 2. HS UmwG ergebe, zwar grundsätzlich nicht begrenzt. Beschränkungen könnten sich jedoch aus dem Grundsatz der Kapitalerhaltung gemäß § 57 AktG ergeben. Bei der baren Zuzahlung gehe es nämlich nicht nur um die Korrektur eines unangemessenen Umtauschverhältnisses, vielmehr handle es sich um Barzahlungen an die eigenen Aktionäre. Dies rechtfertige es nicht, alle Interessen der Öffentlichkeit, der Gläubiger und der Arbeitnehmer am Erhalt der Gesellschaft zurückzustellen. Ansonsten könnte die Gesellschaft in ihrem Bestand gefährdet werden. Die Haftungsmasse schmälernde Auszahlungen an die Aktionäre seien aufgrund der Kapitalerhaltungsvorschriften nur aus freiem Vermögen zulässig, setzten also ein zur Deckung aller bestehenden Verbindlichkeiten hinreichendes Vermögen bei der übernehmenden Gesellschaft voraus[1886]. Um eine Kollision mit den Kapitalerhaltungsvorschriften zu vermeiden, schlägt *Hommelhoff*[1887] vor, § 14 UmwG um einen dritten Absatz zu ergänzen, in welchem § 14 Abs. 2 UmwG auch für den übernehmenden Rechtsträger gelten soll, falls dieser glaubhaft machen könne, dass der eventuell notwendige Barausgleich aus den freien Rücklagen geleistet werden könne; dem soll das Versprechen eines Dritten gleichstehen, im notwendigen Umfang Zuzahlungen in das Eigenkapital des Rechtsträgers zu leisten[1888].

bb) Schuldner der baren Zuzahlung

Schuldner der Barausgleichspflicht bei zu hohem Umtauschverhältnis müssten eigentlich die bevorteilten Aktionäre der übertragenden Gesellschaft sein. Aber eine nachträgliche Verschlechterung des Umtauschverhältnisses unter Umständen sogar erst nach vielen Jahren und eine daraus resultierende Barzuzahlung zu ihren Lasten dürften praktisch nicht durchführbar sein[1889]. Des Weiteren bestehen auch rechtliche Bedenken gegen die Inanspruchnahme der Aktionäre der übertragenden Gesell-

---

[1886] So *Ihrig*, ZHR 160 (1996), 317, 336; *Marsch-Barner* in Kallmeyer, UmwG, § 15 Rnr. 2; *Philipp*, AG 1998, 264, 269 und *Bork* in Lutter, UmwG, § 15 Rnr. 5. *Reichert* in Hommelhoff/Lutter/Schmidt/Schön/Ulmer, Corporate Governance, 165, 185, hält die Hinnahme einer Schutzlücke zu Lasten der Aktionäre, die bei nicht hinreichendem Vermögen entsteht, für kaum vertretbar. *Hoffmann-Becking*, ZGR 1990, 482, 486 schlägt eine Begrenzung der Barzahlung im Gesamtvolumen vor, so dass bei Überschreiten dieser Grenze ein Ausgleich durch die Gewährung neuer Anteile aus Gesellschaftsmitteln erfolgen muss.

[1887] Vgl. *Hommelhoff*, ZGR 1993, 452, 470.

[1888] Kritisch *Reichert* in Hommelhoff/Lutter/Schmidt/Schön/Ulmer, Corporate Governance, 165, 185f.: Dies würde eine nicht unproblematische Prognoseentscheidung erfordern, die in einem vorgeschalteten Eilverfahren nach dem Vorbild des § 16 Abs. 3 UmwG zu treffen wäre.

[1889] *Wiesen*, ZGR 1990, 503, 507.

schaft: Mit der Eintragung werden die Aktionäre der übertragenden Gesellschaft Anteilsinhaber der übernehmenden Gesellschaft (§ 20 Abs. 1 Nr. 3 UmwG). Damit wird ihnen ein Besitzstand garantiert, der unentziehbar ist[1890]. Deshalb kommt nur die übernehmende Gesellschaft als Schuldner der Barzahlungspflicht in Betracht[1891].

cc) Verstoß gegen § 57 AktG

Nach ganz überwiegender Auffassung würde ein Barausgleich auch zugunsten der Aktionäre der übernehmenden Gesellschaft – trotz der Begrenzung auf das freie Vermögen – einen Verstoß gegen § 57 AktG begründen[1892].

Martens[1893] tritt dieser Auffassung entgegen: Durch die Barzuzahlung an die Aktionäre der übernehmenden Gesellschaft werde der durch das unrichtige Umtauschverhältnis entstandene Vermögensverlust dieser Aktionäre lediglich kompensiert. Dem ist jedoch entgegen zu halten, dass § 57 AktG über den Wortlaut hinaus nicht nur die Rückgewähr von Einlagen grundsätzlich verbietet, sondern jede Leistung der Gesellschaft, die wegen der Mitgliedschaft der Aktionäre erbracht wird, wenn sie nicht aus dem Bilanzgewinn erfolgt oder ausnahmsweise gesetzlich zugelassen ist[1894]. Die Kompensation eines Vermögensverlusts stellt eine solch verbotene Leistung dar.

Aus demselben Grund ist die Argumentation von *Hommelhoff*[1895] abzulehnen, wonach sich das Problem der Einlagenrückgewähr dann nicht stelle, wenn die Gesellschaft den Barausgleich aus den freien Rücklagen zu bedienen in der Lage sei. Auch in diesem Fall leistet die Gesellschaft an die Aktionäre wegen deren Mitgliedschaft.

Um ebenfalls eine Barzuzahlung an die Aktionäre der übernehmenden Gesellschaft zu ermöglichen, ist es demnach erforderlich neben der Än-

---

[1890] Vgl. *Martens*, AG 2000, 301, 304; a.A. *Seetzen*, WM 1999, 565, 566, der einen Aktientausch oder eine vorübergehende Ausschüttung von Dividenden nur an die benachteiligten Aktionäre für vorstellbar hält.

[1891] Vgl. *Engelmeyer*, Die Spaltung von Aktiengesellschaften nach dem neuen Umwandlungsrecht, 427.

[1892] So *Hoffmann-Becking*, ZGR 1990, 482, 486; zur Spaltung vgl. *Engelmeyer*, Die Spaltung von Aktiengesellschaften nach dem neuen Umwandlungsrecht, 427 m.w.N. Vgl. zu § 57 AktG bereits kurz oben, D. I. 3. b).

[1893] *Martens*, AG 2000, 301, Fußnote 24 und 37.

[1894] Vgl. *Hüffer*, AktG, § 57 Rnr. 2.

[1895] *Hommelhoff*, ZGR 1993, 452, 470.

derung der § 14 Abs. 2, 15 Abs. 1 UmwG ausdrücklich von § 57 AktG freizustellen[1896].

dd) Verzinsung gemäß § 15 Abs. 2 UmwG

Abschließend soll noch kurz auf die Zinsregelung des § 15 Abs. 2 UmwG eingegangen werden, die im Rahmen einer Barzahlungspflicht erhebliche Auswirkungen für die Liquidität der zur Zahlung verpflichteten Gesellschaft haben kann. Darin ist eine Verzinsung der Barzuzahlung mit jährlich zwei Prozent über dem jeweiligen Diskontsatz der Deutschen Bundesbank vorgesehen. An die Stelle des Diskontsatzes sollte ursprünglich nur bis zum Ablauf des 31.12.2001 der jeweilige Basiszinssatz treten[1897]. Diese Befristung wurde inzwischen gestrichen, so dass der jeweilige Basiszinssatz nun endgültig heranzuziehen ist[1898]. Durch die Pflicht zur Verzinsung wollte der Gesetzgeber verhindern, dass ein Spruchverfahren von dem zur baren Zuzahlung verpflichteten Rechtsträger verzögert wird[1899]. Diese Begründung übersieht, dass die lange Dauer der früheren Spruchverfahren nicht selten durch die Passivität der Gerichte und die Erstellung zusätzlicher Gutachten verursacht wurde[1900]. Durch das neue SpruchG ist mit Verzögerungen, wie sie in bisherigen Verfahren regelmäßig auftraten, in Zukunft nicht mehr zu rechnen, denn das SpruchG wurde gerade zur Verfahrensbeschleunigung geschaffen[1901]. Dies entschärft auf der einen Seite das Problem der hohen Zinsbelastung für die Rechtsträger im Fall der Barzuzahlungspflicht, macht aber auf der anderen Seite auch deutlich, dass die Begründung des Gesetzgebers zur Schaffung der Verzinsungspflicht durch das SpruchG ihre Relevanz verloren hat. Trotzdem kann an eine

---

[1896] *Maier-Reimer*, ZHR 164 (2000), 563, 569ff. weist auf wenig geklärte Fragen zur bilanziellen Behandlung von späteren baren Zuzahlungen hin und geht insbesondere auf den dabei in bestimmten Fällen entstehenden Konflikt mit dem Verbot der Unterpariemission (§ 9 Abs. 1 AktG) ein.

[1897] *Marsch-Barner* in Kallmeyer, UmwG, § 15 Rnr. 9; Art. 1 § 1 EuroEG, BGBl. I 1998, 1242.

[1898] Vgl. *Gehling* in Semler/Stengel, UmwG, § 15 Rnr. 28 Fußnote 51.

[1899] Begründung des RegE zu § 15 UmwG bei *Ganske*, Umwandlungsrecht, 58; zustimmend *Bork*, ZGR 1993, 343, 354.

[1900] *Marsch-Barner* in Kallmeyer, UmwG, § 15 Rnr. 9. Vgl. auch *Philipp*, AG 2000, 264, 270f., der deshalb vorschlägt, zum außerhalb des kaufmännischen Verkehrs geltenden Zinssatz von jährlich vier Prozent (§ 246 BGB) zurückzukehren, um die Gesellschaft zu entlasten. Dieser Vorschlag bringt aber während einer Niedrigzinsphase keinen spürbaren Unterschied, sondern kann sich u.U. sogar als zusätzliche Belastung für den ausgleichspflichtigen Rechtsträger erweisen.

[1901] Vgl. ausführlich dazu oben, C. I. 2.

Verzinsungspflicht festgehalten werden – beispielsweise nur in Höhe des jeweiligen Basiszinssatzes ohne den Aufschlag von zwei Prozent – um keinen Anreiz für den Rechtsträger für Verzögerungen zu schaffen.

b) Schadensersatz

Als weitere mögliche Rechtsfolge im Falle der Eröffnung des Spruchverfahrens auch für die Aktionäre der übernehmenden Gesellschaft wird – angelehnt an § 16 Abs. 3 S. 6 UmwG – die Gewährung von Schadensersatzansprüchen zugunsten dieser Aktionäre gegen die Gesellschaft und/oder deren Verwaltungsträger angeregt[1902]. Dieser Vorschlag birgt jedoch – wie stets bei Schadensersatzansprüchen – das Risiko in sich, dass ein Schaden eventuell nicht konkret nachweisbar und der Anspruch folglich wertlos ist.

c) Zusätzliche Aktien

Schließlich wird vermehrt vertreten, bei der Feststellung eines unangemessenen Umtauschverhältnisses im Spruchverfahren zusätzliche Aktien zu gewähren[1903]. Diese Möglichkeit wurde bereits vom Gesetzgeber hinsichtlich des Ausgleichs für ein zu niedriges Umtauschverhältnis bei Schaffung der Vorgängervorschrift von § 15 Abs. 1 UmwG, § 352c AktG a.F., gesehen, jedoch als nicht zweckmäßig abgelehnt[1904].

Im Einzelnen beurteilte der Gesetzgeber die Gewährung von weiteren Aktien als Verstoß gegen den Gleichbehandlungsgrundsatz (§ 53a AktG), da dieser eine entsprechende Erhöhung der Beteiligung für alle Aktionäre der übertragenden Gesellschaft erfordere[1905]. Diesem Argument wurde durch das UmwG die Grundlage entzogen, da die Ent-

---

[1902] So wohl nur *Röhricht* in IDW, Reform des Umwandlungsrechts, 70.

[1903] Vgl. *Bayer*, ZHR 163 (1999), 551; *Gehling* in Semler/Stengel, UmwG, § 15 Rnr. 26; Handelsrechtsausschuss des DAV, WM 1993 Sonderbeilage 2 Rnr. 53; Handelsrechtsausschuss des DAV, NZG 2000, 802, 803; *Hirte*, ZIP 1994, 356, 360; *Hoffmann-Becking*, WPg-Sonderheft 2001, S. S121, S124; *Martens*, AG 2000, 301, 303; *Philipp*, AG 1998, 264, 271, der dies für die geltende Regelung des § 15 Abs. 1 UmwG vorschlägt, aber nicht auf die Erweiterung des Spruchverfahrens auf alle Aktionäre eingeht. *Sagasser/Ködderitzsch* in Sagasser/Bula/Brünger, Umwandlungen, J Rnr. 3b sehen in der Pflicht zur baren Zuzahlung einen Widerspruch zu § 305 Abs. 5 AktG.

[1904] So Begründung des RegE zu § 352c AktG a.F., BT-Drucks 9/1065, S. 21.

[1905] Vgl. Begründung des RegE zu § 352c AktG a.F., BT-Drucks 9/1065, S. 21; zustimmend *Kraft* in Kölner Kommentar zum AktG, § 352c Rnr. 16; a.A. *Grunewald* in Geßler/Hefermehl/Eckardt/Kropff, AktG, § 352c Rnr. 20, die dies nicht für überzeugend hält, da auch der Erhalt einer baren Zuzahlung zu einer Ungleichbehandlung der Aktionäre führe.

scheidung im Spruchverfahren – im Gegensatz zur Regelung in § 352c Abs. 2 S. 3 AktG a.F. – gemäß § 13 S. 2 SpruchG für und gegen jedermann wirkt. Das Ergebnis des Spruchverfahrens kommt nun allen ehemaligen Aktionären der übertragenden Gesellschaft (im Falle eines zu niedrigen Umtauschverhältnisses) bzw. – bei Ausweitung des Spruchverfahrens auf die Aktionäre der übernehmenden Gesellschaft – allen ehemaligen Aktionären dieser Gesellschaft (im Falle eines zu hohen Umtauschverhältnisses) zugute, so dass die Ausgabe zusätzlicher Aktien der verschmolzenen Gesellschaft zur Deckung des „Umtauschdefizits" dem Gleichbehandlungsgrundsatz nicht mehr widerspräche[1906].

Der Gesetzgeber sieht als weiteres Problem, dass die Gewährung von zusätzlichen Aktien dazu führen müsste, den grundsätzlich unerwünschten Erwerb eigener Aktien durch die übernehmende Gesellschaft über § 71 Abs. 1 AktG hinaus zuzulassen[1907]. In dieser Hinsicht hat die durch das KonTraG neu eingefügte Vorschrift in § 71 Abs. 1 Nr. 8 AktG eine Änderung der gesetzgeberischen Ziele gebracht[1908]. Dadurch wird bereits der Erwerb eigener Aktien erlaubt, wenn die Hauptversammlung die Eckwerte des Erwerbs festsetzt. Ein bestimmter Erwerbszweck wird dabei vom Gesetz nicht festgelegt, als Zweck ausgeschlossen bleibt lediglich der Handel in eigenen Aktien[1909]. Die Erwerbserlaubnis von eigenen Aktien wurde durch das KonTraG modernisiert, einer weiteren Ausdehnung des Erwerbs eigener Aktien auf den Fall der Verschmelzung stehen angesichts dieser Liberalisierung keine Bedenken entgegen, denn die durch die §§ 71 ff. AktG vor allem bezweckte Kapitalerhaltung wird durch die Schranken des § 71 Abs. 2 AktG ausreichend geschützt[1910]. Erforderlich wäre eine Erweiterung der Erlaubnis des § 71 Abs. 1 Nr. 3 AktG durch den Gesetzgeber auf die Gewährung von Aktien zum Ausgleich eines unrichtigen Umtauschverhältnisses im Falle der

---

[1906] Vgl. *Philipp*, AG 1998, 264, 271, der dies allerdings nur auf die Aktionäre der übertragenden Gesellschaft bezieht; ebenso *Maier-Reimer*, ZHR 164 (2000), 563, 575.

[1907] So Begründung des RegE zu § 352c AktG a.F., BT-Drucks 9/1065, S. 21.

[1908] So *Maier-Reimer*, ZHR 164 (2000), 563, 575.

[1909] Vgl. *Claussen*, DB 1998, 177, 180.

[1910] Eine Ausdehnung des Aktienerwerbs auf die Verschmelzung wird beispielsweise empfohlen vom Handelsrechtsausschuss des DAV, NZG 2000, 802, 803 sowie *Reichert* in Hommelhoff/Lutter/Schmidt/Schön/Ulmer, Corporate Governance, 165, 187; a.A. *Vollrath*, FS Widmann, 117, 126f. für Abfindungen nach dem UmwG: Der Schutz des § 71 Abs. 2 AktG werde durch § 29 Abs. 1 S. 1, 2. HS. UmwG ausgehebelt. Dazu auch *Sagasser* in Sagasser/Bula/Brünger, Umwandlungen, C Rnr. 28.

Verschmelzung[1911]. Die Bereitstellung der für den Ausgleich benötigten zusätzlichen Aktien wäre dann erleichtert.

Des Weiteren macht der Gesetzgeber geltend, dass Kursschwankungen zwischen dem für die Bewertung des Umtauschverhältnisses maßgeblichen Zeitpunkt („Verschmelzungsstichtag") und dem Tag der gerichtlichen Entscheidung zu Verzerrungen des Ausgleichs führen könnten[1912]. Dem könnte aber dadurch begegnet werden, dass zunächst ein Barausgleich nach den geltenden Grundsätzen des § 15 Abs. 1 UmwG[1913] ermittelt und der Gewährung weiterer Aktien zugrunde gelegt wird. Bevor die Barausgleichssumme auf den Aktienkurs zur Zeit der gerichtlichen Entscheidung im Spruchverfahren umgerechnet werden könnte, müsste der Barausgleich gemäß § 15 Abs. 2 UmwG verzinst werden, was diesen erhöhen würde. Dadurch könnten der Barausgleich und die Gewährung zusätzlicher Aktien als gleichwertige Rechtsfolgen betrachtet werden.

Schließlich argumentiert der Gesetzgeber damit, dass ein Ausgleich in Aktien wegen der gesetzlichen Festlegung der Nennbeträge auf 50 DM pro Aktie (§ 8 AktG a.F.) auf erhebliche Schwierigkeiten stieße[1914]. Da inzwischen durch die Änderung des § 8 Abs. 2 S. 1 AktG der Mindestnennbetrag auf einen Euro herabgesetzt worden ist, ist dieses Vorbringen nicht mehr stichhaltig[1915]. Die Einwände des Gesetzgebers stehen daher nicht mehr einem Ausgleich durch Gewährung zusätzlicher Aktien entgegen.

Die zusätzlichen Aktien können dabei nicht von den Aktionären zurückerhalten werden, die überproportional viele Aktien durch das unrichtige Umtauschverhältnis erhalten haben. Dies dürfte durch die lange Dauer des Verfahrens praktisch nicht durchführbar sein[1916], auch wenn durch das neue SpruchG mit einer erheblichen Verkürzung des Verfahrens gegenüber der früher üblichen Dauer von durchschnittlich fünf Jahren ge-

---

[1911] Vgl. Handelsrechtsausschuss des DAV, NZG 2000, 802, 806; *Winter*, FS Ulmer, 699, 721.

[1912] So Begründung des RegE zu § 352c AktG a.F., BT-Drucks 9/1065, S. 21.

[1913] Danach kommt es nach herrschender Ansicht auf die Verhältnisse im Zeitpunkt der Beschlussfassung des jeweiligen Rechtsträgers an, vgl. *Marsch-Barner* in Kallmeyer, UmwG, § 15 Rnr. 2 m.w.N auch auf die Gegenmeinung.

[1914] Vgl. Begründung des RegE zu § 352c AktG a.F., BT-Drucks 9/1065, S. 21 und *Grunewald* in Geßler/Hefermehl/Eckardt/Kropff, AktG, § 352c Rnr. 20.

[1915] Vgl. *Philipp*, AG 1998, 264, 271.

[1916] *Wiesen*, ZGR 1990, 503, 507.

rechnet wird[1917]. Des Weiteren bestehen auch rechtliche Bedenken: Eine Einziehung der überproportional erhaltenen Aktien wäre rechtswidrig. Die betroffenen Aktionäre haben „ihren Preis" auf der Grundlage eines unangefochtenen Hauptversammlungsbeschlusses erhalten und nur auf der Grundlage dieses „Preises" der Verschmelzung zugestimmt. Ihnen diesen Preis durch Herabsetzung ihrer Umtauschquote wieder zu nehmen, wäre geradezu treuwidrig[1918]. Folglich müsste die Gesellschaft den Ausgleich durch die Ausgabe zusätzlicher Aktien leisten.

In der Literatur werden de lege ferenda verschiedene Varianten des Ausgleichs in Aktien vorgeschlagen[1919]: Der Handelsrechtsausschuss des DAV[1920] schlägt vor, zusätzliche Anteile aus Gesellschaftsmitteln an die im Spruchverfahren obsiegenden Altaktionäre auszugeben. Zu diesem Zweck müsse § 212 AktG geändert werden, um die neuen Anteile nur den Inhabern der vor der Verschmelzung vorhandenen Altanteile zu gewähren[1921]. Soweit nach den konkreten Kapitalverhältnissen die Ausgabe von Anteilen aus Gesellschaftsmitteln nicht möglich sei, müsse eine bare Ausgleichszahlung an die Inhaber der Altanteile erfolgen.

Bayer[1922] stimmt dem zu, weist allerdings darauf hin, dass diese Lösung dann auf Probleme trifft, wenn die Gesellschaft finanziell nicht in der Lage ist, im Wege der Kapitalerhöhung zusätzliche Aktien aus Gesellschaftsmitteln auszugeben oder aus freien Rücklagen bare Zahlungen zu leisten[1923]. Deshalb sei in einem solchen Fall daran zu denken, den geschädigten Altaktionären aufschiebend bedingte Ansprüche einzuräumen, die in Zeiten einer verbesserten Gewinnsituation der Gesellschaft vorrangig zu erfüllen wären. Auf diese Weise sei wenigstens die Chance eines Schadensausgleichs gesichert. Künftige Gewinne müssten nach

---

[1917] Zur Dauer: Begründung des RegE zum Spruchverfahrensneuordnungsgesetz, BT-Drucks. 15/371, S. 11.

[1918] Vgl. *Martens*, AG 2000, 301, 304.

[1919] *Maier-Reimer* hält bereits de lege lata eine Nachbesserung des Umtauschverhältnisses entgegen § 15 UmwG durch die Gewährung zusätzlicher Aktien für möglich. Er schränkt die dabei nach seiner Ansicht zu beachtende Vorgehensweise aber mit dem Hinweis ein, dass diese Lösung nicht absolut sicher und eine vorherige Abstimmung mit dem Handelsregister geboten sei. Eine Gesetzesänderung sei zur Klarstellung erwünscht, vgl. ausführlich *Maier-Reimer*, ZHR 164 (2000), 563, 576ff., 587f. Ähnlich *Stratz* in Schmitt/Hörtnagl/Stratz, UmwG, § 5 Rnr. 28.

[1920] Handelsrechtsausschuss des DAV, WM 1993 Sonderbeilage 2 Rnr. 53.

[1921] So auch *Philipp*, AG 1998, 264, 271.

[1922] *Bayer*, ZHR 163 (1999), 505, 551.

[1923] So auch *Hoffmann-Becking*, ZGR 1990, 482, 485.

diesem Vorschlag so lange thesauriert werden, bis die Zahlungsansprüche erfüllt werden[1924].

Philipp[1925] setzt sich dagegen nicht für eine Bevorzugung des Ausgleichs durch Gewährung zusätzlicher Aktien gegenüber dem Barausgleich ein, sondern möchte der fusionierten Gesellschaft alternativ das Wahlrecht einräumen, die ausgeurteilte bare Zuzahlung auch durch Ausgabe von Aktien an die früheren Aktionäre zu belegen[1926]. Dabei sieht auch er das Problem, dass dies nur bei entsprechend hohen offenen Rücklagen möglich ist. Als zusätzliche Alternative solle dann der fusionierten Gesellschaft durch Gesetz erlaubt werden, die ausgeurteilte bare Zuzahlung durch Genussrechte in Form von verzinslichen Genussscheinen darzustellen, deren Einlösung den übrigen Gläubigern im Range nachstehen soll[1927].

2. Stellungnahme

Vorrangige Rechtsfolge zur Korrektur eines unrichtigen Umtauschverhältnisses sollte die Gewährung zusätzlicher Aktien aus Gesellschaftsmitteln sein. So kann die Liquidität der fusionierten Gesellschaft geschont werden[1928]. Bare Zuzahlungen widersprechen demgegenüber dem Wesen der Verschmelzung. Aus Aktionären, also Inhabern bewusst gekaufter Risikopapiere, werden in Höhe der Zuzahlung plötzlich Gläubiger. Die fusionierte Gesellschaft ihrerseits wird durch einen eigentlich nur die Gesellschafterebene betreffenden Vorgang selbst zur Geldschuldnerin[1929].

[1924] So auch *Reichert* in Hommelhoff/Lutter/Schmidt/Schön/Ulmer, Corporate Governance, 165, 187, dieser Lösungsansatz könne zwar im Einzelfall zu einer verzögerten oder gar unvollständigen Befriedigung der Anspruchsteller führen. Er erscheine aber am praktikabelsten und im Ergebnis am akzeptabelsten. Zustimmend auch *Winter*, FS Ulmer, 699, 721.

[1925] *Philipp*, AG 1998, 264, 271.

[1926] So auch Handelsrechtsausschuss des DAV, NZG 2000, 802, 803; *Hoffmann-Becking*, WPg-Sonderheft 2001, S. S121, S124; *Maier-Reimer*, ZHR 164 (2000), 563, 587 sowie *Martens*, AG 2000, 301, 303.

[1927] So *Philipp*, AG 1998, 264, 271. Eine einheitliche Bestimmung des Begriffs Genussrecht ist nicht möglich, aber es lässt sich festhalten, dass Genussrechte schuldrechtlicher Natur sind und keine Mitgliedschaft begründen. Ob letztlich wirklich ein Genussrecht vorliegt, hängt von der konkreten Ausgestaltung ab, deshalb kann es sich ungeachtet der Bezeichnung auch um eine Obligation handeln, vgl. *Hüffer*, AktG, § 221 Rnr. 23ff.

[1928] Vgl. *Martens*, AG 2000, 301, 303.

[1929] Vgl. *Philipp*, AG 1998, 264, 266; so auch *Maier-Reimer*, ZHR 164 (2000), 563, 566, 567, der darauf hinweist, dass § 22 UmwG einer möglichen Gefährdung der

Zur Schaffung neuer Aktien kommt eine normale Kapitalerhöhung gegen die nun richtig bewertete frühere Sacheinlage nicht in Betracht, weil das Spruchverfahren keine zusätzliche Einlage erbringt. Auch die Beschaffung neuer Eigenmittel durch eine allgemeine Barkapitalerhöhung dürfte an der Börse jedenfalls zum Zweck der Abfindung von Altaktionären kaum platzierbar sein. Wer wird Aktien beziehen, deren Gegenwert nicht in der Gesellschaft verbleibt? Es bietet sich aber an – sofern entsprechende offene Rücklagen bestehen – den Ausgleich durch Ausgabe von Aktien aus einer eigens hierfür durchgeführten Kapitalerhöhung aus Gesellschaftsmitteln zu leisten. Hierfür muss § 212 AktG geändert werden[1930].

Die Berechnung des Ausgleichs in Aktien nach aktuellem Kurswert kann durch Umrechnung des im Spruchverfahren ermittelten Barausgleichs zuzüglich Zinsen (§ 15 Abs. 2 UmwG) erfolgen[1931]. *Philipp*[1932] schlägt zwar vor, der Gesellschaft ein Wahlrecht zu gewähren: Einerseits könne sie die Zinsen bar ohne Umrechnung in Aktien mit der Ausgabe der zusätzlichen Aktien auszahlen. Andererseits könne man der Gesellschaft aber auch gestatten, anstelle der Verzinsung nachträglich noch diejenigen Dividenden an die berechtigten Aktionäre zu zahlen, die im zurückliegenden Zeitraum bis zur Rechtskraft der Spruchstellenentscheidung auch auf die anderen Aktien der verschmolzenen Gesellschaft gezahlt worden sind. Beide Alternativen belasten aber die Liquidität der Gesellschaft. Auch bezüglich der Zinsen sollte vorrangige Rechtsfolge die Gewährung zusätzlicher Aktien sein. Bei der zweiten Alternative müsste außerdem die Dividende wohl noch verzinst werden. Dies würde einen zusätzlichen und vermeidbaren Aufwand bedeuten.

Erst wenn feststeht, dass die Gesellschaft nicht in der Lage ist, im Wege der Kapitalerhöhung aus Gesellschaftsmitteln neue Aktien zu schaffen, sollte der Gesellschaft gesetzlich der Ausgleich durch bare Zuzahlung erlaubt sein. Diese Erlaubnis dürfte indessen aber keinen allzu großen

---

Gläubiger durch die Verschmelzung Rechnung trägt, indem ein Anspruch auf Sicherheitsleistung gewährt wird. Ungeplant sei aber, dass die Verschmelzung als solche zu erheblichen Auszahlungen an die Aktionäre infolge eines Spruchverfahrens und deshalb zu einer Minderung des Eigenkapitals führe. Stellten diese Zahlungspflichten dann eine erhebliche Belastung der Gesellschaft dar, so helfe den Gläubigern § 22 UmwG regelmäßig nicht mehr: Sicherheit könnten die Gläubiger nur binnen sechs Monaten nach Wirksamwerden der Verschmelzung verlangen. Diese Frist sei meistens verstrichen.

[1930] So auch *Winter*, FS Ulmer, 699, 721. Vgl. zum Ganzen *Philipp*, AG 1998, 264, 271.

[1931] Vgl. oben, E. I. 1. c).

[1932] *Philipp*, AG 1998, 264, 271f.

Anwendungsbereich haben: Wenn die Gesellschaft schon nicht in der Lage ist, neue Aktien durch eine Kapitalerhöhung zu schaffen, so dürfte es ihr auch nicht möglich sein, aus freien Rücklagen bare Zahlungen zu leisten. Es bleibt diesbezüglich nur Raum für eine Barzuzahlung, wenn ein Dritter sich zur Leistung des Barausgleichs bereit erklärt[1933].

Scheidet auch diese Möglichkeit aus, sollte gesetzlich festgelegt werden, dass den ausgleichsberechtigten Aktionären ein aufschiebend bedingter Anspruch gegen die Gesellschaft auf Barzuzahlung erwächst[1934]. Als Bedingung könnte die Feststellung eines Jahresabschlusses dienen, der einen Bilanzgewinn ausweist. Der sich dann gemäß § 58 Abs. 4 AktG aus dem Gewinnverteilungsbeschluss ergebende Ausschüttungsbetrag ist an die ausgleichsberechtigten Aktionäre proportional zu leisten. Die Aktionäre werden dadurch solange von der Zahlung der Dividende ausgeschlossen, bis die Ansprüche der ausgleichsberechtigten Aktionäre in den Jahren, in denen ein Bilanzgewinn entsteht, befriedigt worden sind. D.h. die Dividende wird zur Befriedigung der ausgleichsberechtigten Aktionäre verwendet. Dadurch werden weder die Gesellschaft noch die Gläubiger der Gesellschaft gefährdet. Der Ausgleich findet auf Kosten der Aktionäre statt; wobei den Aktionären, die in den Genuss eines zu günstigen Umtauschverhältnisses gekommen waren, dieser unberechtigte Vorteil so wieder genommen wird. Auf diese Weise wäre wenigstens die Chance eines Schadensausgleichs gesichert[1935].

Dagegen erscheint ein Ausgleich durch Gewährung von Genussrechten in Form von verzinslichen Genussscheinen problematisch. Abgesehen von den Schwierigkeiten, wann wirklich ein Genussrecht vorliegt, ist zu beachten, dass dann § 221 Abs. 1 AktG gelten würde. Um ein Genussrecht unabhängig von der dort geltenden Kapitalmehrheit gesetzlich gewähren zu können, müsste § 15 Abs. 1 UmwG eine diesbezügliche Ausnahmeregelung aufnehmen. Des Weiteren müsste § 221 AktG eventuell ein Hinweis auf § 15 Abs. 1 UmwG hinzugefügt werden. Dies erscheint recht umständlich. Vor allem liegt das Problem aber in der mangelnden Schärfe des Begriffs Genussrecht: Die Gesellschaft hat bei der Vergabe von Genussrechten vielfältige Gestaltungsmöglichkeiten bezüglich des genauen Inhalts. Um ein Ausfüllen dieses Spielraums zu Lasten der berechtigten Aktionäre zu vermeiden und dadurch die Chancen auf einen Ausgleich nicht noch weiter zu reduzieren, müsste § 15 Abs. 1

[1933] Vgl. *Maier-Reimer*, ZHR 164 (2000), 563, 586 zu regelungsbedürftigen Gegenständen im Rahmen einer Gewährung von zusätzlichen Anteilen, falls seit der Verschmelzung Kapitalmaßnahmen erfolgt sind oder die Gesellschaft mittlerweile wieder verschmolzen oder gespalten wurde.

[1934] So *Bayer*, ZHR 163 (1999), 505, 551.

[1935] *Bayer*, ZHR 163 (1999), 505, 551.

UmwG genauere Regelungen treffen, als nur die Möglichkeit der Gewährung von Genussrechten zu eröffnen. Die Genussrechtsbedingungen werden aber sonst regelmäßig von der Gesellschaft bestimmt[1936]. Der Gesetzgeber wäre also erstmals gezwungen, den Begriff des Genussrechts näher zu regeln. Darauf hatte bereits der Gesetzgeber des AktG 1937 bewusst verzichtet[1937].

3. Ergebnis

Im Falle eines unrichtigen Umtauschverhältnisses sollte der Gesetzgeber für jeden Anteilsinhaber einzig das Spruchverfahren als Rechtsbehelf zur Verfügung stellen und als Rechtsfolge statt einer baren Zuzahlung primär die Gewährung zusätzlicher Anteile anordnen. Nur wenn feststeht, dass der übernehmende Rechtsträger dazu wirtschaftlich nicht in der Lage ist, sollte es möglich sein, den Ausgleich durch bare Zuzahlung aus freien Rücklagen zu leisten. Sollten keine freien Rücklagen bestehen und ist auch kein Dritter bereit im notwendigen Umfang Zuzahlungen in das Eigenkapital des Rechtsträgers zu leisten, sollte als Ausgleich ein aufschiebend bedingter Anspruch auf bare Zuzahlung gegen den übernehmenden Rechtsträger entstehen.

II. Schiedsgerichtsverfahren

Als weitere Möglichkeit aller Aktionäre Rechtsschutz zu erlangen, kommt neben der Eröffnung des Spruchverfahrens das Schiedsgerichtsverfahren in Betracht. Denn als wesentlicher Nachteil des Spruchverfahrens wurde zumindest bis zu dessen Neuregelung die übermäßige Dauer kritisiert[1938]. Das Schiedsgerichtsverfahren, als Option für die Beteiligten neben dem Spruchverfahren, könnte zu einer schnelleren Ermittlung des Ausgleichs für ein unrichtiges Umtauschverhältnisses führen[1939]. Auf diese Weise könnte für die fusionierte Gesellschaft die strenge Zinsregelung des § 15 Abs. 2 UmwG abgemildert werden. Allerdings könnte sich der Bedarf zur Verfahrensbeschleunigung im Wege des Schiedsgerichtsverfahrens durch das neue SpruchG erledigt haben, denn das SpruchG wurde gerade mit dieser Zielsetzung erlassen. Ob das SpruchG dieses Ziel in der Praxis erreicht, kann zu noch nicht beurteilt werden[1940].

[1936] Vgl. *Hüffer*, AktG, § 221 Rnr. 29.

[1937] Vgl. *Hüffer*, AktG, § 221 Rnr. 23.

[1938] Vgl. *Hoffmann-Becking*, ZGR 1990, 482, 498.

[1939] Vgl. *Hemeling* in IDW, Reform des Umwandlungsrechts, 90.

[1940] Ausführlich zum neuen SpruchG bereits oben, C. I. 2.

Die Möglichkeit, ein Schiedsgerichtsverfahren statt eines Spruchverfahrens durchzuführen, ist umstritten und hängt von mehreren Voraussetzungen ab: § 1030 Abs. 1 ZPO sieht die Schiedsfähigkeit aller vermögensrechtlichen Ansprüche vor. Die sich aus dem unrichtigen Umtauschverhältnis ergebenden Ansprüche sind vermögensrechtlicher Art. Die Einschlägigkeit des schiedsgerichtlichen Verfahrens für Streitigkeiten bezüglich der Angemessenheit des Umtauschverhältnisses könnte entweder durch Schiedsvereinbarung im Sinne von § 1029 ZPO oder durch eine Verfügung nach § 1066 ZPO begründet werden. Unter den Begriff der Verfügung fällt auch die Satzung von juristischen Personen für körperschaftliche Streitigkeiten der juristischen Person mit ihren Mitgliedern[1941].

Es liegt auf der Hand, dass der Weg der Schiedsvereinbarung für größere Gesellschaften kaum gangbar ist. Für diese Gesellschaften – vor allem für solche mit stark wechselndem Gesellschafterbestand – müsste die schiedsgerichtliche Zuständigkeit durch die Satzung angeordnet werden[1942]. Diese Möglichkeit wird allerdings für aktienrechtliche Anfechtungs- und Nichtigkeitsstreitigkeiten wegen § 23 Abs. 5 AktG abgelehnt[1943]. Begründet wird der Verstoß gegen § 23 Abs. 5 AktG mit der ausschließlichen Zuständigkeit des Landgerichts bei Anfechtungsklagen gemäß § 246 Abs. 3 S. 1 AktG[1944]. Im Spruchverfahren ordnet § 2 Abs. 1 SpruchG dagegen keine ausschließliche Zuständigkeit an[1945]. Die Zuständigkeitsregelung in § 2 SpruchG steht daher dem Ersatz des Spruchverfahrens durch ein Schiedsverfahren nicht entgegen.

Problematisch ist jedoch, wie auch der Entscheidung im Schiedsverfahren umfassende parteiübergreifende Rechtskraftwirkung verliehen werden kann, um so zur gleichen Wirkung wie im Spruchverfahren nach § 13 S. 2 SpruchG zu gelangen. Gemäß § 1055 ZPO wirkt der Schiedsspruch grundsätzlich zwischen den Parteien. Drittwirkung besteht nur, soweit der Schiedsvertrag auch diese Dritten bindet[1946]. Ob eine Drittwirkung der Entscheidung auch im Wege der Satzung angeordnet werden kann, ist umstritten: Der BGH lehnt dies für aktienrechtliche An-

---

[1941] Vgl. *Thomas/Reichold* in Thomas/Putzo, ZPO, § 1066 Rnr. 1.

[1942] *Zöllner*, AG 2000, 145, 150, bezüglich schiedsgerichtlicher Entscheidungen über aktienrechtliche Anfechtungsklagen.

[1943] Vgl. *Hüffer*, AktG, § 246 Rnr. 19 sowie *Baums*, Bericht der Regierungskommission Corporate Governance, Rz. 161.

[1944] Vgl. *Henze*, Aktienrecht – Höchstrichterliche Rechtsprechung, Rz. 1196ff.; *Zöllner*, AG 2000, 145, 150.

[1945] So *Schwarz* in Widmann/Mayer, UmwR, 40. Erg.-Lfg., § 306 UmwG Rz. 4.

[1946] So *Thomas/Reichold* in Thomas/Putzo, ZPO, § 1055 Rnr. 3.

fechtungsstreitigkeiten ab mit der Begründung, dass dies dem Wortlaut des § 1040 ZPO a.F. – dem § 1055 ZPO nachgebildet wurde – widerspreche. Des Weiteren handle es sich bei den §§ 248 Abs. 1 S. 1, 249 Abs. 1 S. 1 AktG, die die inter-omnes-Wirkung anordnen, um ein gesellschaftsrechtliche Sonderbestimmungen, die nicht ohne weiteres aus dem Zusammenhang mit den sie ergänzenden verfahrensrechtlichen Vorschriften herausgelöst und auf den Spruch eines privaten Schiedsgerichts übertragen werden können[1947]. Diese Argumentation kann wohl auch für die Sondervorschrift des § 13 S. 2 SpruchG Gültigkeit beanspruchen. Der BGH legt des Weiteren ausführlich dar, welche Erfordernisse erfüllt sein müssten, damit dem Schiedsspruch inter-omnes-Wirkung zukommen könnte, stellt aber fest, dass dies den Rahmen richterlicher Rechtsfortbildung sprengt und vielmehr der Gesetzgeber über die Schaffung entsprechender Regelungen zu entscheiden hat[1948]. Der 63. DJT hat sich für die Schaffung einer solchen gesetzlichen Regelung ausgesprochen. Allerdings soll die Zulässigkeit satzungsmäßiger Schiedsklauseln für Beschlussmängelklagen auf nichtbörsennotierte Gesellschaften beschränkt werden[1949]. Die Regierungskommission Corporate Governance hat sich dieser Empfehlung angeschlossen[1950].

Zöllner[1951] widerspricht dem Erfordernis einer gesetzlichen Regelung um zu einer Drittwirkung des Schiedsspruchs zu gelangen. Vielmehr sieht er eine Möglichkeit, die vom BGH geltend gemachten Bedenken gegen eine inter-omnes-Wirkung auch auf anderem Wege auszuräumen. Die vom BGH formulierten Erfordernisse sollen ebenso gut in der Satzung geregelt werden können. Eine gesetzliche Regelung biete keine erkennbaren Vorteile.

Letztlich kann diese Problematik hier nicht abschließend erörtert werden. Um eine Streitigkeit bezüglich der Angemessenheit des Umtauschverhältnisses im durch Satzung ermöglichten schiedsgerichtlichen Verfahren entscheiden zu können, müsste aber angesichts der BGH-Rechtsprechung wohl eine die Vorgaben des BGH berücksichtigende Gesetzesänderung abgewartet werden. Damit ist aber aufgrund der erwähnten Empfehlung der Regierungskommission Corporate Gover-

---

[1947] So BGHZ 132, 278, 285.

[1948] Ausführlich dazu BGHZ 132, 278, 285ff sowie zum GmbH-Recht *Bergmann* in RWS-Forum 20, Gesellschaftsrecht 2001, 227, 235ff. m.w.N.

[1949] Vgl. Beschlüsse des 63. DJT, DB 2000, 2108, 2109; *Baums*, Beilage zu NJW 25, 2000, 30, 30.

[1950] Vgl. *Baums*, Bericht der Regierungskommission Corporate Governance, Rz. 161. Ausführlicher *Reichert* in Hommelhoff/Lutter/Schmidt/Schön/Ulmer, Corporate Governance, 165, 178f.

[1951] *Zöllner*, AG 2000, 145, 151.

nance, die Zulässigkeit satzungsmäßiger Schiedsklauseln auf nichtbörsennotierte Gesellschaften zu beschränken, in absehbarer Zeit nicht zu rechnen.

III. Rechtsbehelf bei Nichterfüllung der Informationspflichten bezüglich des Umtauschverhältnisses

Umstritten ist die Frage, welcher Rechtsbehelf eröffnet sein soll, wenn ein Aktionär behauptet, dass Informationen über die Festsetzung des Umtauschverhältnisses von den Verwaltungsorganen nicht ordnungsgemäß, insbesondere unzureichend, erteilt wurden.

1. Spruchverfahren nach bereits bisher geltendem Recht?

Hommelhoff fordert auch für diesen Fall den Ausschluss der Anfechtungsmöglichkeit nach § 14 Abs. 2 UmwG unter gleichzeitiger Eröffnung des Spruchverfahrens[1952]. Es bestehe ein Wertungswiderspruch, wenn für die Überprüfung der Gegenleistung nur das Spruchverfahren, für die Überprüfung der auf die Gegenleistung bezogenen Informationen aber weiterhin die Unwirksamkeitsklage zulässig sein solle[1953]. Dies sei systemunstimmig und im Interesse richtig verstandenen Minderheitenschutzes auch nicht geboten[1954]. Das Spruchverfahren genüge für den Schutz der Minderheitsaktionäre, weil es unabhängig vom Verfahrensausgang die beteiligten Gesellschaften mit den Kosten drohend belaste (§ 312 Abs. 4 UmwG a.F.); dies werde schon für hinreichenden Informationsfluss zu den Aktionären sorgen[1955].

Folgt man dieser Ansicht, so ist darüber hinaus unklar, ob eine Verweisung auf das Spruchverfahren in diesen Fällen bereits nach bisher gel-

---

[1952] *Hommelhoff*, ZGR 1990, 447, 474; *Hommelhoff*, ZGR 1993, 452, 471; zustimmend: Arbeitskreis Umwandlungsrecht, ZGR 1993, 321, 323; *Bork*, ZGR 1993, 343, 354; *Gehling* in Semler/Stengel, UmwG, § 14 Rnr. 29; Handelsrechtsausschuss des DAV, WM 1993 Sonderbeilage 2 Rnr. 54 (aber nun viel zurückhaltender: Handelsrechtsausschuss des DAV, NZG 2000, 802, 803); *Marsch-Barner* in Kallmeyer, UmwG, § 8 Rnr. 34; *Noack*, ZHR 164 (2000), 274, 283; *Reichert* in Hommelhoff/Lutter/Schmidt/Schön/Ulmer, Corporate Governance, 165, 182f.; *Röhricht* in IDW, Reform des Umwandlungsrechts, 68; *Sagasser/Ködderitzsch* in Sagasser/Bula/Brünger, Umwandlungen, J Rnr. 121; ähnlich *Boujong*, FS Kellermann, 14.

[1953] Vgl. Arbeitskreis Umwandlungsrecht, ZGR 1993, 321, 323; *Heckschen* in Widmann/Mayer, UmwR, 68. Erg.-Lfg., § 14 UmwG Rz. 42.

[1954] Vgl. *Hommelhoff*, ZGR 1993, 452, 471.

[1955] Vgl. *Hommelhoff*, ZGR 1990, 447, 474. Näheres zur neuen Kostenregelung nach § 15 SpruchG unten, E. III. 2.

tendem Recht möglich war. Diese Frage wurde durch zwei Entscheidungen des BGH Ende 2000 sowie Anfang 2001 aufgeworfen. Die Anfechtungskläger, die Informationspflichtverletzungen im Hinblick auf den Baranspruch beim Rechtsformwechsel geltend machten, wurden darin auf das Spruchverfahren verwiesen[1956]. Dabei spielt es laut BGH keine Rolle, ob die Informationsmängel den gesetzlich vorgeschriebenen Berichten selbst anhaften oder auf der Nichtbeantwortung abfindungsrelevanter Fragen in der Hauptversammlung beruhen. Das mangels hinreichender Ableitung und Erläuterung nicht nachvollziehbare Abfindungsangebot sei nichts anderes als das nicht ordnungsgemäße Abfindungsangebot des § 210 UmwG. Der BGH habe nicht verkannt, dass der Ausschluss der Anfechtungsklage bei abfindungsbezogenen Informationsmängeln die Anteilsinhaber unter Umständen in die Situation bringen kann, ihren Entschluss für oder gegen eine Zustimmung zu der betreffenden Strukturmaßnahme ohne ausreichende Kenntnis der Höhe der ihnen zustehenden Kompensation fassen zu müssen. Eben dies liege aber schon in der Konsequenz der Wertungs- und Systemunstimmigkeit des Gesetzes, die es den außenstehenden Anteilsinhabern selbst bei völligem Fehlen eines Barangebots und damit dem weitestgehenden Informationsdefizit in Bezug auf die ihnen nach § 207 UmwG zustehende Abfindung zumutet, ihr Recht auf Kompensation unter Ausschluss einer Anfechtungsmöglichkeit ausschließlich im Spruchverfahren zu verfolgen[1957].

"Wenn nicht einmal das gänzliche Fehlen eines Abfindungsangebots, das ein vollständiges Informationsdefizit des Aktionärs zur Folge hat, die Anfechtbarkeit des Umwandlungsbeschlusses begründet, kann erst recht nicht eine Auskunftspflichtverletzung in Form des nur unvollständig oder mangelhaft begründeten und erläuterten Abfindungsangebots – als geringerer Mangel im Hinblick auf die Willensbildung des Aktionärs – die Anfechtungsklage eröffnen"[1958].

Ob diesen Entscheidungen über die ihnen unmittelbar zugrunde liegenden Konstellationen formwechselnder Umwandlungen hinaus Ausstrahlungswirkung zukommt, ist umstritten. Der BGH weist selbst auf

---

[1956] Vgl. BGH ZIP 2001, 199ff. („MEZ"); BGH ZIP 2001, 412ff. („Aqua Butzke").

[1957] So *Röhricht* in Gesellschaftsrechtliche Vereinigung, Gesellschaftsrecht in der Diskussion 2001, 3, 29ff.

[1958] BGH ZIP 2001, 199, 201 („MEZ"). Sehr ausführlich zu diesen Entscheidungen mit ablehnender Stellungnahme *von Falkenhayn*, Klageausschluss bei Informationspflichtverletzungen im Zusammenhang mit Bewertungsfragen bei Strukturveränderungen in qualifiziert beherrschten Aktiengesellschaften, 45ff. m.w.N. und 59ff. insbesondere 105ff.; vgl. auch *Vetter*, FS Wiedemann, 1323, 1325ff.

den Gang des Gesetzgebungsverfahrens zum Klageausschluss nach § 14 Abs. 2 UmwG hin. Dabei wurde ein Vorschlag des Bundesrats, dass nach § 14 Abs. 2 UmwG bereits die unzureichende Erläuterung des Umtauschverhältnisses zur Anfechtung des Strukturbeschlusses nicht genügen soll, nach ablehnender Stellungnahme der Bundesregierung zurückgewiesen[1959]. Diese ausdrückliche Ablehnung im Gesetzgebungsverfahren spricht gegen eine Geltung der Entscheidungen für Verschmelzungen. Außerdem greift der Begründungsansatz der Entscheidungen nicht für die Verschmelzung, für die eine Anfechtung wegen fehlender oder nicht vertragsgemäßer Festsetzung des Umtauschverhältnisses gerade nicht ausgeschlossen ist, sondern sich der Anfechtungsausschluss auf ein zu niedriges Umtauschverhältnis beschränkt[1960].

2. Spruchverfahren nach In-Kraft-Treten des UMAG?

Auch aus diesem Grund schlägt die Regierungskommission Corporate Governance entsprechend den Empfehlungen des 63. DJT eine gesetzliche Regelung vor, nach der in allen Fällen, in denen die Bewertungsrüge in das Spruchverfahren verwiesen ist, die Anfechtungsklage für Rügen unzureichender Information über Bewertungsfragen ausgeschlossen sein sollte[1961]. Der Ausschluss der Anfechtung bezüglich der Rüge des unrichtigen Umtauschverhältnisses lasse sich andernfalls leicht umgehen, indem die Verletzung von Informations-, Auskunfts- oder Berichts-

---

[1959]   Vgl. BGH ZIP 2001, 199, 201f. („MEZ"). Die Stellungnahme des Bundesrats sowie die Gegenäußerung der Bundesregierung sind abgedruckt bei *Bermel* in Goutier/Knopf/Tulloch, UmwR, § 14 UmwG, S. 179f.

[1960]   So *Reichert* in Hommelhoff/Lutter/Schmidt/Schön/Ulmer, Corporate Governance, 165, 183. Ausführlich *von Falkenhayn*, Klageausschluss bei Informationspflichtverletzungen im Zusammenhang mit Bewertungsfragen bei Strukturveränderungen in qualifiziert beherrschten Aktiengesellschaften, 156ff., 111ff.; Vgl. auch *Gehling* in Semler/Stengel, UmwG, § 14 Rnr. 28f.; *Heckschen* in Widmann/Mayer, UmwR, 68. Erg.-Lfg., § 14 UmwG Rz. 7.1; *Vetter*, FS Wiedemann, 1323, 1335f. m.w.N. auch zur Gegenansicht.

[1961]   Vgl. *Baums*, Bericht der Regierungskommission Corporate Governance, Rz. 134; Beschlüsse des 63. DJT, DB 2000, 2108, 2109; *Baums*, Beilage zu NJW 25, 2000, 30, 30; *Reichert* in Hommelhoff/Lutter/Schmidt/Schön/Ulmer, Corporate Governance, 165, 183. Zum weitergehenden Vorschlag der Regierungskommission, das Anfechtungsrecht wegen Informationspflichtverletzungen zusätzlich vom Erreichen eines bestimmten Quorums abhängig zu machen, vgl. *Baums*, Bericht der Regierungskommission Corporate Governance, Rz. 139; zustimmend: *Reichert* in Hommelhoff/Lutter/Schmidt/Schön/Ulmer, Corporate Governance, 165, 181; dagegen: *Bayer* in Hommelhoff/Lutter/Schmidt/Schön/Ulmer, Corporate Governance, 137, 150. Der Gesetzgeber hat diesen Vorschlag nicht umgesetzt.

pflichten im Zusammenhang mit der Berechnung des Umtausch-verhältnisses gerügt werde. Auf diesem Weg lasse sich die an sich ausgeschlossene Anfechtbarkeit leicht wieder herstellen[1962].

Diesem Vorschlag ist der Gesetzgeber nur teilweise gefolgt. Im Rahmen des UMAG wurde zwar eine vollständige Neufassung des § 243 Abs. 4 AktG vorgenommen. In dessen S. 2 wird die Anfechtungsklage wegen Informationspflichtverletzungen im Zusammenhang mit Bewertungsfragen aber nur ausgeschlossen, wenn die Verletzung in der Hauptversammlung geschehen ist und wenn das Gesetz für Bewertungsrügen ein Spruchverfahren vorsieht. Alle gesetzlich vorgeschriebenen Berichtspflichten, die vor und außerhalb der Hauptversammlung zu erfüllen sind, werden von diesem Ausschluss des Anfechtungsrechts nicht erfasst. Aber auch bei den in der Hauptversammlung begangenen Informationspflichtverletzungen sind laut Gesetzesbegründung vom Anfechtungsausschluss nur Fehler, Mängel und Unvollständigkeiten in Teilbereichen erfasst. Nicht betroffen seien Totalverweigerungen von Informationen. Das Anfechtungsrecht müsse in extremen Fällen als zusätzliches Schutzinstrument erhalten bleiben, um zu verhindern, dass das Auskunftsrecht in gravierendem Ausmaß und bewusst missachtet wird. Eine Erosion der Aktionärsinformation werde damit vermieden. Die Regelung folge einer Linie die bereits der BGH in den gerade genannten Entscheidungen vorgezeichnet habe[1963].

Der Gesetzgeber ist mit dieser Regelung den Stimmen in der Literatur entgegen gekommen, die sich kritisch zum vollständigen Ausschluss der Anfechtungsklage geäußert haben. Vor allem *Bayer* macht darauf aufmerksam, dass die vielfältigen Informationspflichten zwar vorrangig eine Absicherung der vermögensrechtlichen Stellung der Minderheitsgesellschafter bezwecken, dass darüber hinaus die Informationsrechte aber auch Ausfluss der durch die Mitgliedschaft in der Gesellschaft begründeten Herrschaftsrechte des Aktionärs sind[1964]. Die Nichterfüllung der Informationspflichten stellt (auch) einen Eingriff in die Herrschaftsrechte der Aktionäre dar, der nach der Rechtsschutzsystematik vom Spruchverfahren prinzipiell nicht erfasst wird. Denn Sinn und Zweck der Konzeption, die Folgen des mit der Strukturveränderung verbundenen Eingriffs in die vermögensrechtliche Stellung der Aktionäre im Spruchverfahren

---

[1962] So *Baums*, Gutachten F zum 63. DJT Leipzig 2000, F 125. Ähnlich Stellungnahme des Bundesrats während des Gesetzgebungsverfahrens zum UmwG, abgedruckt bei *Bermel* in Goutier/Knopf/Tulloch, UmwR, § 14 UmwG, S. 179f. Vgl. auch *Stratz* in Schmitt/Hörtnagl/Stratz, UmwG, § 14 Rnr. 21.

[1963] So Begründung des RegE zum UMAG, BT-Drucks. 15/5092, S. 26. Vgl. auch BGH ZIP 2001, 199ff. („MEZ"); BGH ZIP 2001, 412ff. („Aqua Butzke").

[1964] So *Bayer*, ZGR 1995, 613, 615.

zu überprüfen, ist allein, die Verwirklichung eines gesetzeskonform getroffenen Beschlusses von der regelmäßig sehr schwierigen und zeitaufwendigen Nachprüfung der Angemessenheit des Umtauschverhältnisses abzukoppeln[1965]. Auch pragmatische Gründe sprechen gegen den vollständigen Ausschluss der Anfechtungsklage bei Informationspflichtverletzungen: Die Informationspflichten haben den Sinn, die Aktionäre vor Wirksamwerden der Verschmelzung zu unterrichten, damit jeder Aktionär entscheiden kann, ob er der Verschmelzung zustimmen will oder nicht. Wie soll dies aber ohne das drohende scharfe Schwert der Anfechtungsklage zu erreichen sein? Das Spruchverfahren verhindert die Verschmelzung jedenfalls nicht[1966]. Der mit der vollständigen Verdrängung in das Spruchverfahren verbundene Ausschluss der Anfechtung ließe deren Präventivwirkung entfallen und könnte als Einladung an die Verwaltung verstanden werden, es mit der gesetzlichen geforderten, umfassenden Aktionärs-Information nicht so genau zu nehmen. Eine solche Konsequenz würde aber dem Prinzip des Minderheitenschutzes durch Information völlig zuwiderlaufen[1967]. Die Herstellung von Transparenz, das erklärte Ziel aller Informationspflichten, wird also gerade nicht erreicht, wenn es dem freien Ermessen der Verwaltung überlassen ist, die im Hinblick auf das Umtauschverhältnis vorgesehenen Informationspflichten zu beachten oder nicht[1968]. Dass durch die Kostentragungspflicht der Gesellschaft im Rahmen des Spruchverfahrens eine Präventionswirkung gleichwohl bestehe und für den Schutz der Minderheitsaktionäre genüge[1969], überzeugt aus mehreren Gründen nicht. Erstens sind die Kosten im Vergleich zum erhofften Vorteil der Verschmelzung für die Gesellschaft vernachlässigungswürdig. Zweitens gilt durch das neue SpruchG nun eine differenziertere Kostenverteilung: Seine Kosten hat der Antragsteller gemäß § 15 Abs. 4 SpruchG grundsätzlich selbst zu tragen[1970]. Und drittens verlangt das neue SpruchG ge-

---

[1965] *Bayer*, ZGR 1995, 613, 618.

[1966] Vgl. *Kleindiek*, Bericht über die Diskussion, ZGR 1990, 477, 481; *Grunewald* in Geßler/Hefermehl/Eckardt/Kropff, AktG, § 352c Rnr. 7; *Lutter* in Lutter, UmwG, § 8 Rnr. 55.

[1967] *Bayer* in Gesellschaftsrechtliche Vereinigung, Gesellschaftsrecht in der Diskussion 1999, 35, 53. Diese Gefahr erkennt auch *Vetter*, FS Wiedemann, 1323, 1345f., hofft aber, dass die Information der Aktionäre von den Unternehmensleitungen auch weiterhin ernst genommen wird.

[1968] Vgl. *Bayer* in Hommelhoff/Lutter/Schmidt/Schön/Ulmer, Corporate Governance, 137, 147, 150.

[1969] So *Hommelhoff*, ZGR 1990, 447, 474 zu § 312 Abs. 4 UmwG a.F.; *Reichert* in Hommelhoff/Lutter/Schmidt/Schön/Ulmer, Corporate Governance, 165, 184f.

zielte Angriffe gegen das vorliegende Bewertungsgutachten durch die Antragsteller, womit die Erstellung „flächendeckender" Gesamtgutachten entfällt und die Kosten für die Gesellschaft, die weiterhin die Gerichtskosten gemäß § 15 Abs. 2 SpruchG in aller Regel zu tragen hat, gesenkt werden. Ein gezielter Angriff gegen ein Bewertungsgutachten würde aber dadurch erschwert, dass dem Antragsteller unter Umständen die dafür erforderlichen Informationen nicht zur Verfügung stehen[1971].

Den geäußerten Bedenken, dass im Fall eines vollständigen Ausschlusses der Anfechtungsklage eine im Ermessen des Vorstands liegende Handhabung der Informationsrechte zu befürchten ist, wird entgegen gehalten, dass sich auch bereits de lege lata die Informationserteilung nicht im Rahmen einer Anfechtungsklage erzwingen lasse. Diese sei nicht auf Auskunftserteilung, sondern auf Kassation des Beschlusses gerichtet. Zur Durchsetzung des Auskunftsanspruchs stehe das Auskunftserzwingungsverfahren zur Verfügung[1972]. Die berechtigten Informationsinteressen der Aktionäre seien dadurch hinreichend geschützt. Es überzeuge nicht, dass ein Aktionär mit einer Splitterbeteiligung einen Beschluss wegen einer ihm nicht oder nicht richtig bzw. vollständig erteilten Auskunft zu Fall bringen könne, der von allen übrigen Aktionären hingenommen werde[1973]. Dem ist zuzugeben, dass die Anfechtungsklage als solche nicht zur richtigen Information verhilft, aber mittelbar bewegt alleine die Möglichkeit einer Anfechtungsklage die Gesellschaft zu einer gewissenhaften Auseinandersetzung mit ihren Informationspflichten gegenüber ihren Anteilsinhabern und führt auf diesem Weg zu einem Mehr an Transparenz. Die generalpräventive Drohung einer Kassation des Beschlusses besteht weder bei einem Spruchverfahren noch bei einem Auskunftserzwingungsverfahren[1974]. Diese ist aber entscheidend für die Sicherung des Informationsflusses zum Anteilsinhaber. Dass durch die Anfechtungsklage eines Minderheitsaktionärs ein Beschluss zu Fall gebracht werden kann, der von allen übrigen Aktionären hingenommen

---

[1970] So Begründung des RegE zum Spruchverfahrensneuordnungsgesetz, BT-Drucks. 15/371, S. 17f. Danach richtet sich eine mögliche Kostenerstattung aus Billigkeitsgründen vor allem nach dem Ausgang des Verfahrens.

[1971] Vgl. ausführlich zum neuen SpruchG oben, C. I. 2.

[1972] So *Reichert* in Hommelhoff/Lutter/Schmidt/Schön/Ulmer, Corporate Governance, 165, 184.

[1973] So *Baums*, Bericht der Regierungskommission Corporate Governance, Rz. 139.

[1974] Vgl. auch *Vetter*, FS Wiedemann, 1323, 1346f., der aber anstelle der Anfechtungsklage die persönliche Haftung der Verwaltungsmitglieder auf Schadensersatz als geeignete Sanktion für das fehlerhafte Informationsverhalten begreift.

wird, stellt keinen Grund für den Ausschluss der Anfechtungsklage dar. Es kommt allein darauf an, ob der Beschluss rechtmäßig zustande gekommen ist oder nicht. Ein gravierend rechtswidriger Beschluss muss nicht hingenommen werden, nur weil die Mehrheit ihn hinnimmt.

Zu Schwierigkeiten kann es bei der Abgrenzung zwischen den in der Gesetzesbegründung aufgeführten Fehlern, Mängeln und Unvollständigkeiten in Teilbereichen kommen, die zum Ausschluss der Anfechtungsklage führen und den darüber hinaus reichenden Informationspflichtverletzungen in der Hauptversammlung, die eine Anfechtungsklage ermöglichen. Die Gesetzesbegründung gibt jedoch diesbezüglich eine ausreichende Hilfestellung, indem sie deutlich macht, dass nur eine Totalverweigerung von Informationen in der Hauptversammlung, Extremfälle und Fälle von gravierendem Ausmaß zur Anfechtung berechtigen[1975].

Bedenklicher erscheint die Unterscheidung zwischen Informationen, die in oder außerhalb der Hauptversammlung unrichtig, unvollständig oder unzureichend erteilt werden. Der Verwaltung einer Gesellschaft steht es bis zur Grenze des gesetzlich vorgeschriebenen Mindestinhalts des Verschmelzungsberichts frei, ob sie darüber hinaus gehende Informationen bereits im Verschmelzungsbericht oder erst in der Hauptversammlung erteilen will. In Zukunft bietet es sich für die Verwaltung an, den Verschmelzungsbericht auf das gesetzlich geforderte Mindestmaß zu reduzieren und weitere Informationen, die in Zusammenhang mit Bewertungsfragen stehen, nur in der Hauptversammlung zu erteilen, da bezüglich dieser in der Hauptversammlung erteilten Informationen nicht die Gefahr der Anfechtung des Hauptversammlungsbeschlusses besteht, solange keine Totalverweigerung von Informationen oder sonstige Fälle von gravierendem Ausmaß vorliegen. Demzufolge steht es künftig bis zu einem gewissen Grad im Ermessen der Gesellschaft, welcher Rechtsbehelf den Aktionären zur Verfügung steht.

3. Ergebnis

Ein vollständiger Ausschluss des Anfechtungsrechts bei bewertungsrelevanten Informationspflichtverletzungen unter gleichzeitiger Verweisung ins Spruchverfahren, ist abzulehnen. Die vom Gesetzgeber nunmehr in § 243 Abs. 4 S. 2 AktG vorgenommene Unterscheidung zwischen Informationen, welche in oder außerhalb der Hauptversammlung erteilt werden, erscheint aber bedenklich, da dadurch der Gesellschaft teilweise die Möglichkeit eingeräumt wird, durch die Wahl des Zeit-

---

[1975] Vgl. Begründung des RegE zum UMAG, BT-Drucks. 15/5092, S. 26.

punkts der Informationserteilung, den, den Aktionären zur Verfügung
stehenden Rechtsbehelf zu bestimmen.

F. Vorschläge an den Gesetzgeber

Das momentan geltende Rechtsschutzsystem im Falle des unrichtigen
Umtauschverhältnisses verstößt gegen das Grundgesetz. Deshalb hat der
Gesetzgeber vor allem die §§ 14 Abs. 2, 15 Abs. 1 UmwG zu ändern. Dies
führt zu notwendigen Änderungen im Bereich des AktG. Des Weiteren
wäre eine Änderung des § 15 Abs. 2 UmwG sinnvoll.

1. § 14 Abs. 2 UmwG sollte wie folgt neu gefasst werden:

> „Eine Klage gegen die Wirksamkeit des Verschmelzungsbe-
> schlusses kann nicht darauf gestützt werden, dass das Um-
> tauschverhältnis der Anteile falsch bemessen ist oder dass die
> Mitgliedschaft bei dem übernehmenden Rechtsträger kein ange-
> messener Gegenwert für die Anteile oder die Mitgliedschaft bei
> dem übertragenden Rechtsträger ist."

2. Zu § 15 Abs. 1 UmwG ist folgende Neufassung vorzuschlagen:

> „Ist das Umtauschverhältnis der Anteile falsch bemessen oder ist
> die Mitgliedschaft bei dem übernehmenden Rechtsträger kein
> angemessener Gegenwert für den Anteil oder die Mitgliedschaft
> bei dem übertragenden Rechtsträger, kann jeder Anteilsinhaber,
> dessen Recht, gegen die Wirksamkeit des Verschmelzungsbe-
> schlusses Klage zu erheben, nach § 14 Abs. 2 ausgeschlossen ist,
> von dem übernehmenden Rechtsträger einen Ausgleich durch
> Gewährung zusätzlicher Anteile verlangen. Macht der
> übernehmende Rechtsträger glaubhaft, dazu wirtschaftlich nicht
> in der Lage zu sein, kann der Ausgleich durch bare Zuzahlung
> aus freien Rücklagen erfolgen. Bestehen keine freien Rücklagen
> und ist auch kein Dritter bereit, im notwendigen Umfang
> Zuzahlungen in das Eigenkapital des Rechtsträgers zu leisten,
> entsteht als Ausgleich ein aufschiebend bedingter Anspruch auf
> bare Zuzahlung gegen den übernehmenden Rechtsträger. Die
> Bedingung tritt ein, soweit ein Jahresabschluss festgestellt wird,
> der einen Bilanzgewinn ausweist. Der sich daraus ergebende Re-
> ingewinn ist in Höhe des Anspruchs als Ausgleich zu leisten. § 57
> AktG gilt nicht. Der Ausgleich wird auf Antrag durch das Gericht
> nach den Vorschriften des Spruchverfahrensgesetzes bestimmt."

3. Um die ungerechtfertigt hohe Zinsbelastung des übernehmenden
Rechtsträgers zu beseitigen, sollte § 15 Abs. 2 UmwG neu gefasst
werden:

> „Die bare Zuzahlung ist nach Ablauf des Tages, an dem die Ein-
> tragung der Verschmelzung in das Register des Sitzes des
> übernehmenden Rechtsträgers nach § 19 Abs. 3 als bekannt ge-
> macht gilt, mit dem jeweiligen Diskontsatz der Deutschen Bun-

desbank jährlich zu verzinsen. Wird der Ausgleich in Form von zusätzlichen Anteilen geleistet, ist die bare Zuzahlung zunächst nach Satz 1 zu verzinsen und sodann in Anteile umzurechnen. Die Geltendmachung eines weiteren Schadens ist nicht ausgeschlossen."

4. Durch diese Gesetzesänderungen müssen auch Regelungen im Aktienrecht der neuen Rechtslage angepasst werden.

a) Trotz der jetzt erfolgten Einführung des Freigabeverfahrens in § 246a AktG, das über die Verweisung in § 255 Abs. 3 AktG auch bei einem Kapitalerhöhungsbeschluss gilt, ist ein Ausschluss der Anfechtungsklage zu bevorzugen, um einer Verzögerung oder Verhinderung der Verschmelzung wirkungsvoll zu begegnen[1976]. § 255 Abs. 2 AktG muss dazu wie folgt gefasst werden:

„Die Anfechtung kann, wenn das Bezugsrecht der Aktionäre ganz oder zum Teil ausgeschlossen worden ist, nicht darauf gestützt werden, dass der sich aus dem Erhöhungsbeschluss ergebende Ausgabebetrag oder der Mindestbetrag, unter dem die neuen Aktien nicht ausgegeben werden sollen, unangemessen niedrig ist. Es gelten die Vorschriften des Spruchverfahrensgesetzes."

b) Werden als Ausgleich gemäß § 15 Abs. 1 UmwG zusätzliche Anteile gewährt, stehen diese neuen Anteile nach geltendem Recht allen Aktionären im Verhältnis ihrer Anteile am bisherigen Grundkapital zu. Um die zusätzlichen Anteile nur den Aktionären zukommen zu lassen, zu deren Lasten das Umtauschverhältnis unangemessen festgelegt wurde, ist § 212 AktG um folgenden Abs. 2 zu ergänzen:

„Die nach § 15 Abs. 1 UmwG als Ausgleich gewährten Aktien stehen bei einem zu hohen Umtauschverhältnis nur den Aktionären des übernehmenden Rechtsträgers zu, bei zu niedrigem Umtauschverhältnis nur den Aktionären des übertragenden Rechtsträgers."

c) Die Bereitstellung der für den Ausgleich benötigten zusätzlichen Aktien ist zu erleichtern und zwar durch die Zulassung des Erwerbs eigener Aktien über § 71 Abs. 1 Nr. 3 AktG hinaus. Diese Vorschrift ist um einen Halbsatz zu ergänzen:

„Die Gesellschaft darf eigene Aktien nur erwerben, wenn der Erwerb geschieht, um Aktionäre nach § 305 Abs. 2, § 320b oder nach § 29 Abs. 1, § 125 Satz 1 in Verbindung mit § 29 Abs. 1, § 207 Abs. 1 Satz 1 des Umwandlungsgesetzes abzufinden oder um

---

[1976] Vgl. dazu *Bayer*, ZHR 168 (2004), 132, 159f.

Aktionären nach § 15 des Umwandlungsgesetzes Aktien als Ausgleich für ein falsches Umtauschverhältnis zu gewähren."

5. Schließlich ist auch noch der Anwendungsbereich des SpruchG zu erweitern. § 1 Nr. 4 SpruchG kann folgendermaßen geändert werden:

> „Dieses Gesetz ist anzuwenden auf das gerichtliche Verfahren für die Bestimmung des Ausgleichs in Anteilen oder der Zuzahlung an Anteilsinhaber oder der Barabfindung von Anteilsinhabern anlässlich der Umwandlung von Rechtsträgern (§§ 15, 34, 176 bis 181, 184, 186, 196 oder § 212 des Umwandlungsgesetzes)."

Zusätzlich ist die folgende Nr. 6 einzufügen, um das Spruchverfahren auch im Falle des geänderten § 255 Abs. 2 AktG zu eröffnen:

> „Dieses Gesetz ist anzuwenden auf das gerichtliche Verfahren für die Bestimmung des Ausgleichs für Aktionäre, deren Bezugsrecht ganz oder zum Teil ausgeschlossen worden ist (§ 255 Abs. 2 des Aktiengesetzes)."

G. Anwendung auf den festgestellten Sachverhalt

Nachdem der Vorstandssprecher der Hypovereinsbank, Albrecht Schmidt, am 28.10.1998 bekannt gab, dass Altlasten im Bereich des Immobiliengeschäfts der früheren Hypo-Bank gefunden wurden, die zu einem außerordentlichen Wertberichtigungsbedarf von 3,5 Mrd. DM führten, befürchteten die Kleinaktionäre, dass die Verschmelzung im falschen Werteverhältnis zustande gekommen war und das Umtauschverhältnis der Aktien nicht gestimmt hat. Die DSW erwog zunächst die Einleitung eines Spruchverfahrens. Später erklärte Carsten Heise, Geschäftsführer der DSW, dass sich der Verdacht der Benachteiligung der ehemaligen Vereinsbank-Aktionäre aber wohl kaum in rechtliche Auseinandersetzungen münzen lasse. Ein Spruchverfahren könnten nur die Aktionäre der übertragenden Hypo-Bank führen, nicht die Anteilseigner der aufnehmenden Vereinsbank[1977]. Auch die Frist von einem Monat für eine mögliche Anfechtungsklage der Aktionäre der aufnehmenden Vereinsbank gegen den Verschmelzungsbeschluss war zum Zeitpunkt des Bekanntwerdens der Altlasten bereits längst verstrichen. Eine entsprechende Klage hätte bis zum 26.06.1998, also binnen eines Monats nach der Beschlussfassung über die Verschmelzung in der Hauptversammlung der Vereinsbank, erhoben werden müssen. Mit der Eintragung schied gemäß § 20 Abs. 2 UmwG zudem eine Entschmelzung trotz eines

---

[1977] Vgl. dazu bereits oben, Teil 1 C. VII.

eventuell vorliegenden Mangels aus[1978]. Setzt man nun voraus, dass entsprechend der ganz allgemeinen Ansicht in der Literatur das Spruchverfahren sowohl den Aktionären der übertragenden Hypo-Bank als auch den Aktionären der übernehmenden Vereinsbank offen stehen sollte[1979], so ist unter Berücksichtigung der zum Zeitpunkt der Verschmelzung geltenden Rechtslage Folgendes festzustellen:

Die Eintragung der Verschmelzung im Handelsregister erfolgte am 29. bzw. 31.08.1998[1980]. Nach den zu diesem Zeitpunkt geltenden Vorschriften für das Spruchverfahren betrug die Antragsfrist gemäß § 305 UmwG a.F. zwei Monate nach dem Tag, an dem die Eintragung der Umwandlung gemäß § 19 Abs. 3 S. 2 UmwG als bekannt gemacht gilt. Entscheidend für den Beginn der Frist war somit der Zeitpunkt des Erscheinens des letzten der die Bekanntmachung enthaltenden Blätter. Die Verschmelzung zur Hypovereinsbank wurde bereits am 02.09.1998 bekannt gemacht[1981] sowie am 14.09.1998 in der SZ[1982] und am 17.10.1998 im Bundesanzeiger[1983]. Da der Bundesanzeiger als letztes der Blätter erschienen ist, konnte die Frist frühestens Mitte Dezember 1998 ablaufen, also fast einen Monat und drei Wochen nach der Veröffentlichung des außerordentlichen Wertberichtigungsbedarfs durch die Hypovereinsbank. Wäre auch den Aktionären der Vereinsbank das Spruchverfahren zur Verfügung gestanden, so hätte also noch rechtzeitig ein entsprechender Antrag gestellt werden können. Da der Antrag – im Gegensatz zur jetzt geltenden Rechtslage – innerhalb der Antragsfrist nicht zu begründen gewesen wäre, hätte dieser Zeitraum auch problemlos eingehalten werden können. Das Spruchverfahren hätte unter Einhaltung der Antragsfrist ohne jede sachliche Erläuterung, praktisch „ins Blaue hinein", in Gang gesetzt werden können. Eine Änderung der §§ 14, 15 UmwG hätte sich insoweit zu Gunsten der Aktionäre der Vereinsbank ausgewirkt.

Dieser Effekt bleibt bei der untersuchten Verschmelzung zur Hypovereinsbank jedoch ohne Folgen, zumindest wenn man der Ansicht der Sonderprüfer der BDO folgt. In ihrem Sonderprüfungsbericht kommen sie zu folgendem Ergebnis:

1978   Vgl. *Stratz* in Schmitt/Hörtnagl/Stratz, UmwG, § 20 Rnr. 98 sowie OLG Frankfurt NZG 2003, 236, 236f.

1979   Vgl. beispielsweise *Baums*, Bericht der Regierungskommission Corporate Governance, Rz. 151. Ausführlich dazu oben, E. I.

1980   Vgl. BayObLG ZIP 2003, 253, 253 („Hypovereinsbank").

1981   So BayObLG ZIP 2003, 253, 253 („Hypovereinsbank").

1982   Vgl. SZ vom 14.09.1998 (Nr. 211).

1983   Vgl. Zentralhandelsregisterbeilage zum Bundesanzeiger vom 17.10.1998 S. 9775.

„Die Geschäftsrisiken der ehemaligen Hypo-Bank sind bei der Festlegung des Umtauschverhältnisses im Rahmen der Verschmelzung mit der Vereinsbank angemessen berücksichtigt. Die aufgedeckten Fehlbeträge in der Risikovorsorge der Bilanz der Hypo-Bank zum 31.12.1997 sind im Rahmen der Risikovorsorge auf Gesamtbankebene und somit im Umtauschverhältnis enthalten"[1984].

Für das Umtauschverhältnis komme es auf die Relation der Unternehmenswerte an. Diese würden als Ertragswerte ermittelt und demgemäß aus den künftig zu erwartenden Erträgen, also nicht aus den Ergebnissen der Vergangenheit abgeleitet[1985]. Diesbezüglich sei zu berücksichtigen, dass im Rahmen der Bewertung der beiden Banken der Verbesserung der Risikoquote im Planungszeitraum 1998 bis 2002 bei der Vereinsbank eine erheblich positivere Entwicklung als bei der Hypo-Bank zugrunde gelegt worden sei. Anhaltspunkte für die Unterschiede in der relativen Entwicklung der Risikoquoten hätten von den Sonderprüfern aber nicht erkannt werden können. Vielmehr bestanden nach den Erkenntnissen der Sonderprüfer zum Bewertungsstichtag bei der Hypo-Bank höhere Verbesserungspotentiale als sie bei der Vereinsbank gegeben waren. Unterstelle man für die Risikoquoten der Hypo-Bank demzufolge die gleiche Entwicklung wie sie bei der Vereinsbank unterstellt worden sei, so habe dies Auswirkungen auf den Unternehmenswert und folglich auch auf die Relation der Unternehmenswerte zugunsten der Hypo-Bank[1986].

Im Ergebnis ist das Umtauschverhältnis nach Ansicht der Sonderprüfer also richtig. Einer der drei Sonderprüfer der BDO rechtfertigt dies auf der außerordentlichen Hauptversammlung der Hypovereinsbank 1999 damit, dass immer eine Bandbreite bei der Bewertung bestehe. Das gefundene Loch von 3,629 Mrd. DM liege innerhalb dieser Bandbreite. Er könne aber nicht sagen, bei welchem Betrag der Korridor mit der Folge eines veränderten Tauschverhältnisses überschritten worden wäre[1987].

Auch das BayObLG kommt zu dem Ergebnis, dass Fehler bei der Bewertung der Gesellschaften nicht ersichtlich sind. Ein von ehemaligen Hypo-Bank-Aktionären eingeleitetes Spruchverfahren mit dem Ziel, das Umtauschverhältnis für die ausgeschiedenen Aktionäre der Hypo-Bank durch Festsetzung einer zusätzlichen baren Zuzahlung angemessen zu

---

[1984] Sonderprüfungsbericht der BDO S. 132.

[1985] Vgl. Rede Viermetz vom 17.12.1999 S. 10.

[1986] Vgl. Sonderprüfungsbericht der BDO S. 107.

[1987] Vgl. FAZ vom 18.12.1999 S. 16; Handelsblatt vom 20.12.1999 S. 20. Sehr ausführlich hierzu oben, Teil 1 C. XI. 2. a.E.

verbessern, blieb ohne Erfolg. Das BayObLG wies die Anträge als unbegründet zurück[1988].

Auswirkungen der vorgeschlagenen Gesetzesänderungen auf den festgestellten Sachverhalt konnten folglich unter Zugrundelegung dieser Erkenntnisse im Ergebnis nicht festgestellt werden.

H. Gesamtergebnis

Die Begründung des Gesetzgebers für eine unterschiedliche Behandlung der Aktionäre der übernehmenden und der übertragenden Gesellschaft vermag nicht zu überzeugen. Vielmehr sind die Bedenken gegen eine Gleichbehandlung vom Gesetzgeber selbst leicht durch entsprechende Gesetzesänderungen zu beseitigen oder hinnehmbar. Die geltende Regelung in den §§ 14, 15 UmwG verletzt daher Art. 3 Abs. 1 GG. Statt des bestehenden Rechtsschutzsystems sollte der Gesetzgeber im Falle eines unrichtigen Umtauschverhältnisses für jeden Anteilsinhaber einzig das Spruchverfahren als Rechtsbehelf zur Verfügung stellen und als Rechtsfolge statt einer baren Zuzahlung primär die Gewährung zusätzlicher Anteile anordnen. Nur wenn feststeht, dass der übernehmende Rechtsträger dazu wirtschaftlich nicht in der Lage ist, sollte es möglich sein, den Ausgleich durch bare Zuzahlung aus freien Rücklagen zu leisten. Sollten keine freien Rücklagen bestehen und ist auch kein Dritter bereit, im notwendigen Umfang Zuzahlungen in das Eigenkapital des Rechtsträgers zu leisten, sollte als Ausgleich ein aufschiebend bedingter Anspruch auf bare Zuzahlung gegen den übernehmenden Rechtsträger entstehen.

Ein vollständiger Ausschluss des Anfechtungsrechts bei bewertungsrelevanten Informationspflichtverletzungen unter gleichzeitiger Verweisung ins Spruchverfahren, ist abzulehnen. Die vom Gesetzgeber nunmehr in § 243 Abs. 4 S. 2 AktG vorgenommene Unterscheidung zwischen Informationen, welche in oder außerhalb der Hauptversammlung erteilt werden, erscheint aber bedenklich, da dadurch der Gesellschaft teilweise die Möglichkeit eingeräumt wird, durch die Wahl des Zeitpunkts der Informationserteilung, den, den Aktionären zur Verfügung stehenden Rechtsbehelf zu bestimmen.

Auswirkungen der vorgeschlagenen Gesetzesänderungen auf den Sachverhalt konnten nicht festgestellt werden.

[1988] Vgl. BayObLG ZIP 2003, 253, 255 („Hypovereinsbank"), das diese Folgerung auf die Akten des Spruchverfahrens und den diesen beigegebenen Unterlagen stützt.

Zusammenfassung der Ergebnisse

Im 1. Teil der Arbeit wurde die Verschmelzung der Hypo- und der Vereinsbank zur Hypovereinsbank vor allem in Hinblick auf die Motive für die Verschmelzung, die Verschmelzungstechnik, die nach der Aufdeckung von Altlasten aufgetretenen Auseinandersetzungen innerhalb der Hypovereinsbank sowie die Konsequenzen hieraus dargestellt.

Der 2. Teil beschäftigte sich im 1. Kapitel mit den allgemeinen Pflichten des Vorstands einer Aktiengesellschaft sowie den besonderen Pflichten im Rahmen einer Verschmelzung. Das 2. Kapitel setzte sich mit der Haftung des Wirtschaftsprüfers als Abschlussprüfer, Gutachter und Verschmelzungsprüfer auseinander und schließlich wurde im 3. Kapitel das geltende Rechtsschutzsystem bei der Verschmelzung zweier Aktiengesellschaften dargestellt. Dabei konzentriert sich die Darstellung auf den Rechtsschutz von Aktionären im Falle der unrichtigen Festlegung des Umtauschverhältnisses.

Jedes Kapitel arbeitete zunächst die rechtlichen Grundlagen heraus, um in einem zweiten Schritt die dabei gewonnenen Erkenntnisse auf den festgestellten Sachverhalt anzuwenden.

Im Einzelnen wurden folgende Ergebnisse ermittelt:

Als allgemeine Vorstandspflicht wurde festgestellt, dass sich jedes Vorstandsmitglied im Rahmen der Rechtsordnung und der Satzung halten muss, es muss vor allem die innergesellschaftliche Kompetenzordnung wahren und den Grundsatz der gleichen Behandlung aller Aktionäre beachten, es darf bei seinem Handeln nicht eigennützig vorgehen, sondern sich allein an dem Wohl des Unternehmens und folglich seiner Aktionäre, Arbeitnehmer, Gläubiger, Kunden und der Öffentlichkeit orientieren, es hat sich in der konkreten Entscheidungssituation – das schließt die Berücksichtigung besonderen Zeitdrucks im Einzelfall ein – angemessen zu informieren und auf dieser Grundlage die Vor- und Nachteile der verschiedenen Handlungsoptionen sorgfältig abzuschätzen und den erkennbaren Risiken Rechnung zu tragen. Diese Vorgaben sind nunmehr in § 93 Abs. 1 S. 2 AktG kodifiziert worden.

Bei der Anwendung dieser allgemeinen Vorstandspflicht auf den Sachverhalt wurde festgestellt, dass die ehemalige Hypo-Bank bei der Aufstellung des Jahresabschlusses 1997 in zahlreichen Fällen gegen handelsrechtliche Ansatz- und Bewertungsvorschriften verstoßen hat. Die Erkennbarkeit dieser Verstöße sowohl für die zuständigen als auch die nicht zuständigen Vorstandsmitglieder aufgrund der bekannten Berichte der Innenrevision, der Kreditakten und der Diskussionen im Gesamtvorstand über die Behandlung einzelner kritischer Geschäftsfelder, führte zu der Erkenntnis, dass die nicht zuständigen Vorstandsmitglieder ihre Überwachungspflicht gegenüber den zuständigen Vorstandsmitgliedern verletzt haben. Es handelte sich folglich um Pflichtverstöße sämtlicher ehemaliger Vorstandsmitglieder der Hypo-Bank.

Die ehemalige Hypo-Bank verfügte über kein funktionierendes Risikomanagementsystem; dies stellt nach damaliger Rechtslage einen Verstoß gegen eine allgemeine Leitungspflicht nach § 76 Abs. 1 AktG dar. Die Mängel waren für die zuständigen Vorstandsmitglieder aufgrund kritischer Berichte ohne weiteres erkennbar. Da der Gesamtvorstand im Wege organisatorischer Vorkehrungen dafür zu sorgen hat, dass ihm keine gravierenden Prüfungsergebnisse unbekannt bleiben, hat er gegen diese Pflicht verstoßen.

Die sorgfältige Überprüfung der Kreditwürdigkeit der Kunden der ehemaligen Hypo-Bank war nicht gewährleistet, wie die willkürliche Zurückgruppierung von Kunden aus schlechten in gute Bonitätsklassen ohne Kontrollmöglichkeiten sowie das ungenügende Risikomanagementsystem allgemein zeigen. Der Gesamtvorstand hat dadurch gegen die Pflicht zur rechtmäßigen und effizienten internen Organisation der Gesellschaft verstoßen.

Einen Pflichtverstoß stellt die Falschinformation des Aufsichtsrats seitens Martini bezüglich der Bewertung von Forderungen der Hypo-Bank gegen Joint Venture-Gesellschaften dar. Die anderen Vorstandsmitglieder waren anwesend, als Martini bei der gemeinsamen Sitzung des Aufsichtsrats und des Vorstands erklärte, dass das Thema Risikobewältigung bereinigt sei. Dass dies nicht zutraf, hätte jedem Vorstandsmitglied bekannt sein müssen. Ein Einschreiten wäre angezeigt gewesen. Da dies nicht erfolgte, haben die anderen Vorstandsmitglieder gegen ihre allgemeine Überwachungspflicht verstoßen.

Die Staatsanwaltschaft hat festgestellt, dass fünf Ex-Vorstände der Hypo-Bank in den Abschlüssen 1994 bis 1997, auf Hauptversammlungen und Bilanzpressekonferenzen sowie gegenüber dem Aufsichtsrat die Ertragslage der Bank zu günstig dargestellt und bilanzpolitisch motivierte Sondermaßnahmen nicht offen gelegt haben. Dies stellt einen Verstoß gegen Straftatbestände im HGB und AktG dar.

Bezüglich der Pflichten des Vorstands im Rahmen einer Verschmelzung wurde festgestellt, dass sich auch hier jedes Vorstandsmitglied im Rahmen der Rechtsordnung halten und bei unternehmerischen Entscheidungen die Vorgaben der ARAG/Garmenbeck-Entscheidung beachten muss, welche nunmehr in § 93 Abs. 1 S. 2 AktG gesetzlich niedergelegt worden sind. Wichtige Modifikationen dieser Vorgaben ergeben sich aus dem Erfordernis der zügigen Durchführung der Verschmelzung sowie der Wahl einer sicheren Transaktionsstruktur. Beide Merkmale sollen Verzögerungen verhindern, denn diese können zu erheblichen Schäden führen, was wiederum dem Unternehmensinteresse widersprechen würde. Im Einzelnen wurden folgende Vorstandspflichten ermittelt:

Bei der Prüfung der Vermögenslage der selbst verwalteten Gesellschaft hat der Vorstand die Wirtschaftsprüfer oder die sonstigen mit der Unternehmensbewertung beauftragten externen Sachverständigen zu begleiten und gemeinsam mit ihnen ein Ergebnis zu erarbeiten. Der Vorstand ist dabei insbesondere zur sorgfältigen Recherche des für eine ordnungsgemäße Unternehmensbewertung notwendigen Zahlenmaterials und der dafür notwendigen Unterlagen verpflichtet.

Im Rahmen der Prüfung der Vermögenslage der Verschmelzungspartner ist der Vorstand verpflichtet, ausreichende und zuverlässige Informationen über deren Vermögenslage einzufordern. Der Vorstand ist darüber hinaus grundsätzlich verpflichtet, eine Due Diligence der anderen Gesellschaften rechtzeitig, d.h. so früh wie möglich im Vorfeld der Verschmelzung unter fachkundiger Beratung durchzuführen. Die externen Berater müssen sorgfältig ausgesucht und überwacht werden sowie zur Verschwiegenheit verpflichtet sein. Die von ihnen ermittelten Ergebnisse sind seitens des Vorstands einer Plausibilitätsprüfung zu unterziehen.

Der Vorstand der zu prüfenden Gesellschaft ist dazu berechtigt, den Verschmelzungspartnern Unternehmensinterna zu offenbaren, ohne gegen die Verschwiegenheitspflicht nach § 93 Abs. 1 S. 2 AktG oder insiderrechtliche Mitteilungsverbote zu verstoßen, vorausgesetzt er ergreift wirksame Maßnahmen zur Risikobegrenzung.

Bei einem Merger of Equals sind zwar an die Aufklärungspflichten des Partners erhöhte Anforderungen zu stellen. Der Vorstand bleibt aber zur Untersuchung aller wesentlichen Geschäftsbereiche des Verschmelzungspartners verpflichtet.

Die Integration der Gesellschaften in das gemeinsame Unternehmen ist bereits im Vorfeld der Verschmelzung zu planen. Dabei ist besonders auf die kulturelle Integration zu achten.

Bei der Anwendung dieser ermittelten Ergebnisse auf den Sachverhalt wurden folgende Feststellungen gemacht:

Der Vorstand der Hypo-Bank hat die Vereinsbank über wesentliche Umstände bezüglich seiner Vermögenslage getäuscht. Die zuständigen Vorstandsmitglieder haben es unterlassen, die Vereinsbank über das wirkliche Ausmaß der Risiken aufzuklären und auf die unzureichende Risikovorsorge im Jahresabschluss 1997 hinzuweisen, obwohl der Vorstand der Hypo-Bank einen höheren Wertberichtigungsbedarf zum 31.12.1997 hätte erkennen können. Dieses pflichtwidrige Verhalten war für den Vorstand der Vereinsbank jedoch nicht erkennbar. Weitere Pflichtverstöße waren nicht feststellbar.

Bezüglich der Haftung des Wirtschaftsprüfers als Abschlussprüfer wurde herausgearbeitet, dass die gesetzliche Haftungsbeschränkung des § 323 Abs. 2 HGB als eine unangemessene Privilegierung des Abschlussprüfers unangebracht und auch entbehrlich ist. Durch die Ermöglichung einer vertraglichen Haftungsbeschränkung würden die Haftungsregelungen denjenigen von Rechtsanwälten und Steuerberatern stark angeglichen und gleichzeitig wäre dem Bedürfnis der Abschlussprüfer nach Versicherbarkeit ihres Berufsrisikos Genüge getan.

§ 54 Abs. 1 S. 2 WPO sollte aus redaktionellen Gründen folgendermaßen geändert werden: „Die Mindestversicherungssumme für den einzelnen Versicherungsfall muss 1 Mio. Euro betragen". Um eine vertragliche Haftungsbeschränkung auf 4 Mio. Euro für die Prüfung von börsennotierten Aktiengesellschaften zu ermöglichen – und zwar unabhängig davon, ob einzelvertraglich oder durch vorformulierte Vertragsbedingungen – sollte bei § 54a Abs. 1 Nr. 2 WPO nach den Worten „durch vorformulierte Vertragsbedingungen" die Worte „oder bei gesetzlich angeordneten Prüfungen von börsennotierten Aktiengesellschaften" eingefügt werden. Bei Prüfung anderer Gesellschaften sowie bei anderen Tätigkeiten des Wirtschaftsprüfers verbliebe es bei einer vertraglichen Haftungsbeschränkungsmöglichkeit von 1 Mio. Euro, außer die Haftungsbegrenzung wird durch vorformulierte Vertragsbedingungen vereinbart, dann beträgt die Mindesthöhe 4 Mio. Euro.

Im Interesse einer Gleichbehandlung von Rechtsanwälten, Steuerberatern und Wirtschaftsprüfern, sollte der Gesetzgeber durch eine Änderung des § 51a Abs. 1 Nr. 2 BRAO dafür sorgen, dass auch Rechtsanwälte im Wege vorformulierter Vertragsbedingungen ihre Haftung für jede Form der Fahrlässigkeit wirksam ausschließen können. Gleichzeitig sollte über eine Erhöhung der Haftungssumme auf 1 Mio. Euro bei der Haftung des Rechtsanwalts und des Steuerberaters nachgedacht werden.

Die Anwendung der festgestellten Haftungsvoraussetzungen auf den Sachverhalt ergab folgende Ergebnisse:

Wegen Verstoßes gegen die Pflicht zur gewissenhaften Abschlussprüfung hat sich die WEDIT gemäß § 323 Abs. 1 S. 3 HGB schadensersatzpflichtig gemacht. Der zu ersetzende Schaden kann allerdings nicht beziffert werden; auf jeden Fall sind die Kosten der Sonderprüfung zu ersetzen. Unklar bleibt, ob die gesamte ausbezahlte Dividende als Schaden geltend gemacht werden kann. Da auf Seiten der WEDIT von einer fahrlässigen Pflichtverletzung auszugehen ist, ist die Haftungsbegrenzung des § 323 Abs. 2 HGB a.F. zu beachten. Wie oft diese zum Zuge kommt, kann nicht abschließend beurteilt werden. Sicher kann aber von einer zweimaligen Anwendbarkeit der Haftungsbegrenzung und somit von einer Haftung in Höhe von 1 Mio. DM ausgegangen werden.

Die Berücksichtigung von Mitverschulden seitens der Hypo-Bank wäre hier nur bei vorsätzlichem Verhalten des Vorstandes der Hypo-Bank möglich. Vorsatz konnte aber nicht zweifelsfrei festgestellt werden.

Ein Anspruch aus §§ 823 ff. BGB besteht nicht. Ebenso scheidet trotz Pflichtverletzung eine Haftung der WEDIT wegen Verstoßes gegen die Verschwiegenheitspflicht aus.

Alle Ansprüche haben sich durch die Vergleichsvereinbarung der WEDIT mit der Hypovereinsbank erledigt.

Nach Darstellung der ordnungsgemäßen Vorgehensweise bei der Durchführung einer Unternehmensbewertung und der rechtlichen Voraussetzungen für eine Haftung des Wirtschaftsprüfers als Gutachter, wurde festgestellt, dass – folgt man den Ausführungen des Sonderprüfungsberichts – die Wirtschaftsprüfer der WEDIT und der KPMG kein mangelhaftes Bewertungsgutachten erstellt haben. Die Geschäftsrisiken der Hypo-Bank wurden bei der Bewertung angemessen berücksichtigt. Die aufgedeckten Fehlbeträge in der Risikovorsorge der Bilanz der Hypo-Bank sind im Rahmen der Risikovorsorge auf Gesamtbankebene enthalten und somit im Umtauschverhältnis berücksichtigt. Die informelle Beauftragung der KPMG durch die Vereinsbank hat insoweit keine Auswirkungen auf das Ergebnis: Ein Mangel scheidet aus. Ein Schadensersatzanspruch gemäß § 635 BGB a.F. ist nicht gegeben. Jedoch ist hinsichtlich der informellen Beauftragung von einer Nebenpflichtverletzung der KPMG auszugehen, denn die Gutachter hätten in ihrem Bericht auf Erschwernisse bei ihren Untersuchungen hinweisen müssen. Ein Anspruch aus pVV scheitert aber am fehlenden Schaden der beiden Banken.

Bezüglich der Haftung des Wirtschaftsprüfers als Verschmelzungsprüfers wurden zunächst die Grundsätze der Verschmelzungsprüfung dargestellt. Dabei wurde gesetzlicher Handlungsbedarf festgestellt: Die Verschmelzungsprüfung sollte auf den Verschmelzungsbericht der Vertretungsorgane ausgedehnt werden, um zu verhindern, dass die Informationen der Vertretungsorgane über die Sinnhaftigkeit der Verschmelzung ungeprüft hingenommen werden müssen. Dies bedeutet nicht, dass der Verschmelzungsprüfer zur Zweckmäßigkeit der Verschmelzung als solche Stellung zu nehmen hätte.

Sodann wurden die geschilderten Grundsätze auf den Sachverhalt angewendet und festgestellt, dass Pflichtverstöße der Verschmelzungsprüfer C&L Deutsche Revision nicht erkennbar sind.

Im 3. Kapitel wurde auf das geltende Rechtsschutzsystem bei der Verschmelzung zweier Aktiengesellschaften eingegangen. Dabei konzentrierte sich die Darstellung auf den Rechtsschutz von Aktionären im Falle der unrichtigen Festlegung des Umtauschverhältnisses.

Es wurde festgestellt, dass das geltende Rechtsschutzsystem Art. 3 Abs. 1 GG verletzt, dagegen liegt kein Verstoß gegen Art. 14 GG vor.

Als Möglichkeit der Reform des Rechtschutzsystems wurde Folgendes vorgeschlagen: Im Falle eines unrichtigen Umtauschverhältnisses sollte der Gesetzgeber für jeden Anteilsinhaber einzig das Spruchverfahren als Rechtsbehelf zur Verfügung stellen und als Rechtsfolge statt einer baren Zuzahlung primär die Gewährung zusätzlicher Anteile anordnen. Nur wenn feststeht, dass der übernehmende Rechtsträger dazu wirtschaftlich nicht in der Lage ist, sollte es möglich sein, den Ausgleich durch bare Zuzahlung aus freien Rücklagen zu leisten. Sollten keine freien Rücklagen bestehen und ist auch kein Dritter bereit im notwendigen Umfang Zuzahlungen in das Eigenkapital des Rechtsträgers zu leisten, sollte als Ausgleich ein aufschiebend bedingter Anspruch auf bare Zuzahlung gegen den übernehmenden Rechtsträger entstehen.

Bezüglich der Frage nach dem richtigen Rechtsbehelf in den Fällen, in denen ein Anteilsinhaber behauptet, dass Informationen über die Festsetzung des Umtauschverhältnisses von den Verwaltungsorganen nicht ordnungsgemäß erteilt wurden, wurde festgestellt, dass ein vollständiger Ausschluss des Anfechtungsrechts bei bewertungsrelevanten Informationspflichtverletzungen unter gleichzeitiger Verweisung ins Spruchverfahren, abzulehnen ist. Die vom Gesetzgeber nunmehr in § 243 Abs. 4 S. 2 AktG vorgenommene Unterscheidung zwischen Informationen, welche in oder außerhalb der Hauptversammlung erteilt werden, erscheint aber bedenklich, da dadurch der Gesellschaft teilweise die Möglichkeit eingeräumt wird, durch die Wahl des Zeitpunkts der Informationserteilung, den, den Aktionären zur Verfügung stehenden Rechtsbehelf zu bestimmen.

Schließlich wurden noch konkrete Gesetzesvorschläge formuliert, bevor abschließend festgestellt wurde, dass Auswirkungen der vorgeschlagenen Gesetzesänderungen auf den Sachverhalt nicht erkennbar sind.

Literaturverzeichnis

ADLER/DÜRING/SCHMALTZ: Rechnungslegung und Prüfung der Unternehmen, Kommentar zum HGB, AktG, GmbHG, PublG nach den Vorschriften des Bilanzrichtlinien-Gesetzes, Teilband 4, 6. Auflage, Stuttgart, 1997.

ADLER/DÜRING/SCHMALTZ: Rechnungslegung und Prüfung der Unternehmen, Kommentar zum HGB, AktG, GmbHG, PublG nach den Vorschriften des Bilanzrichtlinien-Gesetzes, Teilband 5, 6. Auflage, Stuttgart, 1997.

ANWALTKOMMENTAR: Aktienrecht, Aktiengesetz, Gesellschaftsrecht, Kapitalmarktrecht, Steuerrecht, Europarecht, Bonn, 2003.

ARBEITSKREIS UMWANDLUNGSRECHT (Reinhard Bork, Peter Hommelhoff, Marcus Lutter, Karsten Schmidt, Joachim Schulze-Osterloh, Arndt Teichmann, Wolfgang Zöllner): Vorschläge zum Referentenentwurf eines Umwandlungsgesetzes, ZGR 1993, 321.

BACHMANN, Gregor: Bericht über die Diskussion des Referats Röhricht, in: Gesellschaftsrechtliche Vereinigung (Hrsg.): Gesellschaftsrecht in der Diskussion 1999, Band 2, S. 31, Köln, 2000.

BASTUCK, Burkhard: Enthaftung des Managements, Corporate Indemnification im amerikanischen und deutschen Recht, Köln/Berlin/Bonn/München, 1986.

BAUMBACH, Adolf/HOPT, Klaus J.: Handelsgesetzbuch, 30. Auflage, München, 2000.

BAUMBACH, Adolf/HUECK Alfred/HUECK, Götz: Aktiengesetz, 13. Auflage, München, 1968.

BAUMS, Theodor: Verschmelzung mit Hilfe von Tochtergesellschaften, in: Manfred Lieb/... (Hrsg.): Festschrift für Wolfgang Zöllner zum 70. Geburtstag, Band I, S. 65, Köln/Berlin/Bonn/München, 1998.

BAUMS, Theodor: Empfiehlt sich eine Neuregelung des aktienrechtlichen Anfechtungs- und Organhaftungsrechts, insbesondere der Klagemöglichkeiten von Aktionären?, Gutachten F für den 63. Deutschen Juristentag, München, 2000.

BAUMS, Theodor: Empfiehlt sich eine Neuregelung des aktienrechtlichen Anfechtungs- und Organhaftungsrechts, insbesondere der Klagemöglichkeiten von Aktionären?, Kurzzusammenfassung des Gutachtens für die wirtschaftsrechtliche Abteilung des 63. DJT, Beilage zu NJW 25/2000, S. 30.

BAUMS, Theodor (Hrsg.): Bericht der Regierungskommission Corporate Governance, Unternehmensführung – Unternehmenskontrolle – Modernisierung des Aktienrechts, Köln, 2001.

BAUMS, *Theodor*: Aktienrecht für globalisierte Kapitalmärkte – Generalbericht –, in: Peter Hommelhoff/... (Hrsg.): Corporate Governance, Beihefte der Zeitschrift für das gesamte Handelsrecht und Wirtschaftsrecht, ZHR, Heft 71, S. 13, Heidelberg, 2002.

BAYER, *Walter/FISCHER, Tobias*: Abschlussprüfer, HV-Einladung, Wahlvorschlag des Vorstandes/„Hypo-Vereinsbank", EWiR 2003, 199.

BAYER, *Walter*: Informationsrechte bei der Verschmelzung von Aktiengesellschaften, AG 1988, 323.

BAYER, *Walter*: Kein Abschied vom Minderheitenschutz durch Information, ZGR 1995, 613.

BAYER, *Walter*: 1000 Tage neues Umwandlungsrecht – eine Zwischenbilanz, ZIP 1997, 1613.

BAYER, *Walter*: Kapitalerhöhung mit Bezugsrechtsausschluss und Vermögensschutz der Aktionäre nach § 255 Abs. 2 AktG, ZHR 163 (1999), 505.

BAYER, *Walter*: Aktionärsklage de lege lata und de lege ferenda, NJW 2000, 2609.

BAYER, *Walter*: Die Kontrollfunktion der aktienrechtlichen Anfechtungsklage – Rechtsdogmatische Grundlegung –, in: Gesellschaftsrechtliche Vereinigung (Hrsg.): Gesellschaftsrecht in der Diskussion 1999, Band 2, S. 35, Köln, 2000.

BAYER, *Walter*: Aktionärsrechte und Anlegerschutz – Kritische Betrachtung der lex lata und Überlegungen de lege ferenda vor dem Hintergrund des Berichts der Regierungskommission Corporate Governance und des Entwurfs eines 4. Finanzmarktförderungsgesetzes –, in: Peter Hommelhoff/... (Hrsg.): Corporate Governance, Beihefte der Zeitschrift für das gesamte Handelsrecht und Wirtschaftsrecht, ZHR, Heft 71, S. 137, Heidelberg, 2002.

BAYER, *Walter*: Materielle Schranken und Kontrollinstrumente beim Einsatz des genehmigten Kapitals mit Bezugrechtsausschluss, Diskussion der lex lata und Vorschläge an den Gesetzgeber, ZHR 168 (2004), 132.

BECK'SCHER BILANZ-KOMMENTAR: Handels- und Steuerrecht, §§ 238-339 HGB, 5. Auflage, München, 2003.

BEISEL, *Wilhelm/KLUMPP, Hans-Hermann*: Der Unternehmenskauf, 4. Auflage, München, 2003.

BERGMANN, *Alfred*: Schiedsfähigkeit von Beschlussmängelklagen – Gestaltungsmöglichkeiten in der Satzung (GmbH) in: Hartwig Henze/... (Hrsg.): RWS-Forum 20, Gesellschaftsrecht 2001, S. 227, Köln, 2001.

BERG, *Stefan/STÖCKER, Mathias*: Anwendungs- und Haftungsfragen zum Deutschen Corporate Governance Kodex, WM 2002, 1569.

BERNHARDT, *Wolfgang*: Vorstand und Aufsichtsrat (unter Einschluss des Verhältnisses zum Abschlussprüfer), in: Peter Hommelhoff/… (Hrsg.): Corporate Governance, Beihefte der Zeitschrift für das gesamte Handelsrecht und Wirtschaftsrecht, ZHR, Heft 71, S. 119, Heidelberg, 2002.

BIHR, *Dietrich*: Due Diligence: Geschäftsführungsorgane im Spannungsfeld zwischen Gesellschafts- und Gesellschafterinteressen, BB 1998, 1198.

BISCHOFF, *Bernhard*: Grundstückswertermittlung in den neuen Bundesländern, LKV 1993, 39.

BITZER, *Klaus*: Probleme der Prüfung des Umtauschverhältnisses bei aktienrechtlichen Verschmelzungen, Pfaffenweiler, 1987.

BÖCKING, *Hans-Joachim/Orth, Christian*: Kann das "Gesetz zur Kontrolle und Transparenz im Unternehmensbereich (KonTraG)" einen Beitrag zur Verringerung der Erwartungslücke leisten? – Eine Würdigung auf Basis von Rechnungslegung und Kapitalmarkt, WPg 1998, 351.

BORK, *Reinhard*: Beschlussverfahren und Beschlusskontrolle nach dem Referentenentwurf eines Gesetzes zur Bereinigung des Umwandlungsrechts, ZGR 1993, 343.

BORMANN, *Michael*: Unabhängigkeit des Abschlussprüfers: Aufgabe und Chance für den Berufsstand, BB 2002, 190.

BÖRSENSACHVERSTÄNDIGENKOMMISSION: Übernahmekodex der Börsensachverständigenkommission, AG 1995, 572.

BÖRSENSACHVERSTÄNDIGENKOMMISSION: Übernahmekodex, AG 1998, 133.

BOUJONG, *Karlheinz*: Rechtsmissbräuchliche Aktionärsklagen vor dem Bundesgerichtshof, in: Reinhard Goerdeler/… (Hrsg.): Festschrift für Alfred Kellermann zum 70. Geburtstag, S. 14, Berlin, 1991.

BRANDNER, *Hans Erich*: Berufshaftung und Versicherung der Wirtschaftsprüfer, JZ 1985, 757.

BUCHTA, *Jens*: Die Haftung des Vorstands einer Aktiengesellschaft – aktuelle Entwicklungen in Gesetzgebung und Rechtsprechung (Teil I), DStR 2003, 695.

BUCHTA, *Jens*: Die Haftung des Vorstands einer Aktiengesellschaft – aktuelle Entwicklungen in Gesetzgebung und Rechtsprechung (Teil II), DStR 2003, 740.

BUNDESREGIERUNG: Maßnahmenkatalog der Bundesregierung zur Stärkung der Unternehmensintegrität und des Anlegerschutzes, NZG 2003, Heft 6, S. VIII.

BUNGERT, *Hartwin*: Umtauschverhältnis bei Verschmelzungen entspricht nicht den Börsenwerten, BB 2003, 699.

BUSSE VON COLBE, Walther: Der Vernunft ein Gasse: Abfindung von Minderheitsaktionären nicht unter dem Börsenkurs ihrer Aktien, in: Uwe H. Schneider/... (Hrsg.): Deutsches und europäisches Gesellschafts-, Konzern- und Kapitalmarktrecht, Festschrift für Marcus Lutter zum 70. Geburtstag, S. 1053, Köln, 2000.

CANARIS, Claus-Wilhelm: Verstöße gegen das verfassungsrechtliche Übermaßverbot im Recht der Geschäftsfähigkeit und im Schadensersatzrecht, JZ 1987, 993.

CLAUSSEN, Carsten P.: Wie ändert das KonTraG das Aktiengesetz?, DB 1998, 177.

CLAUSSEN, Carsten P./BRÖCKER, Norbert: Corporate-Governance-Grundsätze in Deutschland – nützliche Orientierungshilfe oder regulatorisches Übermaß?, AG 2000, 481.

CLAUSSEN, Carsten P./KORTH, H.-Michael: Anforderungen an ein Risikomanagementsystem aus der Sicht des Aufsichtsrates, in: Uwe H. Schneider/... (Hrsg.): Deutsches und europäisches Gesellschafts-, Konzern- und Kapitalmarktrecht, Festschrift für Marcus Lutter zum 70. Geburtstag, S. 327, Köln, 2000.

CLEMM, Hermann/DÜRRSCHMIDT, Armin: Überlegungen zu den Sorgfaltspflichten für Vertretungs- und Aufsichtsorgane bei der Verschmelzung von Unternehmen gem. §§ 25 und 27 UmwG, in: Franz Wassermeyer/... (Hrsg.): Umwandlungen im Zivil- und Steuerrecht, Festschrift für Siegfried Widmann zum 65. Geburtstag, S. 3, Bonn, 2000.

COENENBERG, Adolf G.: Jahresabschluss und Jahresabschlussanalyse, Betriebswirtschaftliche, handelsrechtliche, steuerrechtliche und internationale Grundsätze – HGB, IAS/IFRS, US-GAAP, DRS, 19. Auflage, Stuttgart, 2003.

DAUNER-LIEB, Barbara/ARNOLD, Arnd/DÖTSCH, Wolfgang/KITZ, Volker: Fälle zum Neuen Schuldrecht, Heidelberg, 2002.

DECHER, Christian E.: Rechtsfragen des grenzüberschreitenden Merger of Equals, in: Uwe H. Schneider/... (Hrsg.): Deutsches und europäisches Gesellschafts-, Konzern- und Kapitalmarktrecht, Festschrift für Marcus Lutter zum 70. Geburtstag, S. 1209, Köln, 2000.

DECHER, Christian E.: Bedeutung und Grenzen des Börsenkurses bei Zusammenschlüssen zwischen unabhängigen Unternehmen, in: Rolf Wank/... (Hrsg.): Festschrift für Herbert Wiedemann zum 70. Geburtstag, S. 787, München, 2002.

DONATH, Roland/ZUGMAIER, Oliver: Finanzierung von Unternehmensakquisitionen durch steuerneutralen Aktientausch?, BB 1997, 2401.

DÖRNER, Dietrich: Ändert das KonTraG die Anforderungen an den Abschlussprüfer?, DB 1998, 1.

DÖRNER, Dietrich: Beurteilung von Unternehmensrisiken im Rahmen der Abschlussprüfung, in: IDW (Hrsg.): Bericht über die Fachtagung 2000 des Instituts der Wirtschaftsprüfer in Deutschland e.V., Kapitalmarktorientierte Unternehmensüberwachung – Chancen und Risiken –, S. 229, Düsseldorf, 2001.

EBKE Werner F.: Wirtschaftsprüfer und Dritthaftung, Bielefeld, 1983.

EBKE, Werner F.: Zivilrechtliche Haftung des gesetzlichen Abschlussprüfers, WPK-Mitt. 1997, 22.

EBKE, Werner F.: Zum Ausschluss der Dritthaftung im Rahmen des Entwurfs eines Gesetzes zur Kontrolle und Transparenz im Unternehmensbereich (KonTraG), WPK-Mitt. 1997, 108.

EBKE, Werner F.: Rechnungslegung und Abschlussprüfung im Umbruch, WPK-Mitt. Sonderheft Juni 1997, 12.

EBKE, Werner F.: Abschlussprüfer, Bestätigungsvermerk und Drittschutz, JZ 1998, 991.

EMMERICH, Gerhard: Neue Anforderungen an Abschlussprüfung und Abschlussprüfer in: IDW (Hrsg.): Bericht über die Fachtagung 1997 des Instituts der Wirtschaftsprüfer in Deutschland e.V., Weltweite Rechnungslegung und Prüfung – Risiken, Chancen und Konsequenzen einer unaufhaltsamen Entwicklung –, S. 339, Düsseldorf, 1998.

ENDERS, Michael: Organisation der Unternehmensleitung aus der Sicht der Praxis, ZHR 163 (1999), 441.

ENGELMEYER, Cäcilie: Die Spaltung von Aktiengesellschaften nach dem neuen Umwandlungsrecht, Köln, 1995.

ERMAN: Bürgerliches Gesetzbuch, Band I, 11. Auflage, Köln, 2004.

ERNST, Christoph/SEIBERT, Ulrich/STUCKERT, Fritz: KonTraG, KapAEG, StückAG, EuroEG (Gesellschafts- und Bilanzrecht), Düsseldorf, 1998.

FALKENHAYN, York von: Klageausschluss bei Informationspflichtverletzungen im Zusammenhang mit Bewertungsfragen bei Strukturveränderungen in qualifiziert beherrschten Aktiengesellschaften, Jena, 2005.

FEDDERSEN, Dieter/HOMMELHOFF, Peter/SCHNEIDER, Uwe H.: Corporate Governance – eine Einführung, in: Dieter Feddersen/… (Hrsg.): Corporate Governance – Optimierung der Unternehmensführung und der Unternehmenskontrolle im deutschen und amerikanischen Aktienrecht, S. 1, Köln, 1996.

FEUERING, Wilhelm E./BRAUN, Anton: Bundesrechtsanwaltsordnung, Recht für Anwälte aus dem Gebiet der Europäischen Union, Kommentar, 3. Auflage, München, 1995.

FEURING, Wolfgang: Grenzüberschreitende Fusionen – Rechtliche Schwerpunktprobleme, in: Karsten Schmidt/... (Hrsg.): RWS-Forum 15, Gesellschaftsrecht 1999, S. 153, Köln, 2000.

FLEISCHER, Holger/KÖRBER, Torsten: Due diligence und Gewährleistung beim Unternehmenskauf, BB 2001, 841.

FLEISCHER, Holger: Die „Business Judgment Rule" im Spiegel von Rechtsvergleichung und Rechtsökonomie, in: Rolf Wank/... (Hrsg.): Festschrift für Herbert Wiedemann zum 70. Geburtstag, S. 827, München, 2002.

FLEISCHER, Holger: Vorstandsverantwortlichkeit und Fehlverhalten von Unternehmensangehörigen – Von der Einzelüberwachung zur Errichtung einer Compliance-Organisation, AG 2003, 291.

FLEISCHER, Holger: Zum Grundsatz der Gesamtverantwortung im Aktienrecht, NZG 2003, 449.

FLEISCHER, Holger: Zur Leitungsaufgabe des Vorstands im Aktienrecht, ZIP 2003, 1.

FLEISCHER, Holger: Zur organschaftlichen Treuepflicht der Geschäftsleiter im Aktien- und GmbH-Recht, WM 2003, 1045.

FLIESS, Wolfgang: Die Haftung des Wirtschaftsprüfers unter Berücksichtigung internationaler Entwicklungen, WPK-Mitt. 1992, 49.

FORSTER, Karl-Heinz: Zum Zusammenspiel von Aufsichtsrat und Abschlussprüfer nach dem KonTraG, AG 1999, 193.

GANSKE, Joachim: Referentenentwurf eines Gesetz zur Bereinigung des Umwandlungsrechts, Köln, 1992.

GANSKE, Joachim: Der Weg vom Diskussionsentwurf zum Referentenentwurf eines Gesetzes zur Bereinigung des Umwandlungsrechts, in: IDW (Hrsg.): Reform des Umwandlungsrechts, S. 15, Düsseldorf, 1993.

GEMEINSCHAFTSKOMMENTAR ZUM HANDELSGESETZBUCH: 6. Auflage, Neuwied/Kriftel/Berlin, 1999.

GESSLER, Ernst/HEFERMEHL, Wolfgang/ECKARDT, Ulrich/KROPFF, Bruno: Aktiengesetz, Band III, §§ 148-178, München, 1973.

GESSLER, Ernst/HEFERMEHL, Wolfgang/ECKARDT, Ulrich/KROPFF, Bruno: Aktiengesetz, Band VI, §§ 291-410, München, 1991.

GEUER, Caroline: Das Management des Haftungsrisikos der Wirtschaftsprüfer, Düsseldorf, 1994.

GLOECKNER, Heinrich E.: Die zivilrechtliche Haftung des Wirtschaftsprüfers, Düsseldorf, 1967.

GOETTE, *Wulf*: Leitung, Aufsicht, Haftung – zur Rolle der Rechtsprechung bei der Sicherung einer modernen Unternehmensführung, in: Karlmann Geiß/… (Hrsg.): 50 Jahre Bundesgerichtshof, Festschrift aus Anlass des fünfzigjährigen Bestehens von Bundesgerichtshof, Bundesanwaltschaft und Rechtsanwaltschaft beim Bundesgerichtshof, S. 123, Köln/Berlin/Bonn/München, 2000.

GÖTZ, *Heinrich*: Die Überwachung der Aktiengesellschaft im Lichte jüngerer Unternehmenskrisen, AG 1995, 337.

GÖTZE, *Cornelius*: Ad-hoc-Publizitätspflicht bei Zulassung einer Due Diligence durch AG-Vorstand?, BB 1998, 2326.

GÖTZE, *Cornelius*: Auskunftserteilung durch GmbH-Geschäftsführer im Rahmen der Due Diligence beim Beteiligungserwerb, ZGR 1998, 202.

GOUTIER, *Klaus*/KNOPF, *Rüdiger*/TULLOCH, *Anthony* (Hrsg.): Kommentar zum Umwandlungsrecht, Umwandlungsgesetz – Umwandlungssteuergesetz, Heidelberg, 1996.

GROSSFELD, *Bernhard*/STÖVER, *Rüdiger*/TÖNNES, *Wolf Achim*: Neue Unternehmensbewertung, BB-Special 7/2005, 2.

GROSSKOMMTENTAR: Aktiengesetz, Erster Band §§ 1-144, 2. Auflage, Berlin, 1961.

GROSSKOMMTENTAR: Aktiengesetz, Zweiter Band §§ 148-178, 3. Auflage, Berlin, 1970.

GROSSKOMMTENTAR: AktG, 19. Lieferung: §§ 76-83, 4. Auflage, Berlin, 2003.

GROSSKOMMTENTAR: AktG, 11. Lieferung: §§ 92-94, 4. Auflage, Berlin, 1999.

GRUNDMANN, *Stefan*/MÜLBERT, *Peter O.*: ECLR Corporate Governance – Europäische Perspektiven, ZGR 2001, 215.

HABERSACK, *Mathias*: Europäisches Gesellschaftsrecht, Einführung für Studium und Praxis, München, 1999.

HANDELSRECHTSAUSSCHUSS DES DAV: Stellungnahme des Handelsrechtsausschusses des Deutschen Anwaltvereins e.V. zum Referentenentwurf eines Gesetzes zur Bereinigung des Umwandlungsrechts, WM 1993 Sonderbeilage Nr. 2.

HANDELSRECHTSAUSSCHUSS DES DAV: Vorschläge des Handelsrechtsausschusses des Deutschen Anwaltvereins e.V. zur Änderung des UmwG, NZG 2000, 802.

HAPP, *Wilhelm* (Hrsg.): Aktienrecht, Handbuch – Mustertexte – Kommentar, 2. Auflage, Köln/Berlin/Bonn/München, 2004.

HENSE, *Burkhard*: Die Rolle der staatlichen Behörden und der Berufsvereinigungen – Qualitätskontrolle –, WPK-Mitt. 1997, 18.

HENSSLER, Martin: Die Haftung der Rechtsanwälte und Wirtschaftsprüfer – Entwicklungen im Berufsrisiko und Modelle der Risikominimierung –, AnwBl. 1996, 3.

HENSSLER, Martin/WESTPHALEN, Friedrich Graf von (Hrsg.): Praxis der Schuldrechtsreform, Recklinghausen, 2001.

HENZE, Hartwig: Prüfungs- und Kontrollaufgaben des Aufsichtsrates in der Aktiengesellschaft, Die Entscheidungspraxis des Bundesgerichtshofes, NJW 1998, 3309.

HENZE, Hartwig: Die Berücksichtigung des Börsenkurses bei der Bemessung von Abfindung und variablem Ausgleich im Unternehmensvertragsrecht, in: Uwe H. Schneider/... (Hrsg.): Deutsches und europäisches Gesellschafts-, Konzern- und Kapitalmarktrecht, Festschrift für Marcus Lutter zum 70. Geburtstag, S. 1101, Köln, 2000.

HENZE, Hartwig: Aktienrecht – Höchstrichterliche Rechtsprechung, 5. Auflage, Köln, 2002.

HENZE, Hartwig: Pünktlich zur Hauptversammlungssaison: Ein Rechtsprechungsüberblick zu Informations- und Auskunftsrechten, BB 2002, 893.

HEPPE, Hansjörg: Zu den Mitteilungspflichten nach § 21 WpHG im Rahmen der Umwandlung von Gesellschaften, WM 2002, 60.

HERRMANN, Carl/HEUER, Gerhard/RAUPACH, Arndt: Einkommensteuer- und Körperschaftsteuergesetz, Kommentar, Loseblatt-Ausgabe, Band 5, § 6 EStG, 21. Auflage, Stand: Lieferung 216 vom November 2004, Köln, 2004.

HERRMANN, Elisabeth: Ökonomische Analyse der Haftung des Wirtschaftsprüfers, Frankfurt am Main/Berlin/Bern/New York/Paris/Wien, 1997.

HERZIG, Norbert: Das Ende des Tauschgutachtens? in: Franz Wassermeyer/... (Hrsg.): Umwandlungen im Zivil- und Steuerrecht, Festschrift für Siegfried Widmann zum 65. Geburtstag, S. 393, Bonn, 2000.

HIRTE, Heribert: Anmerkungen und Anregungen zur geplanten gesetzlichen Neuregelung des Bezugsrechts, ZIP 1994, 356.

HIRTE, Heribert: Berufshaftung, München, 1996.

HOFFMANN-BECKING, Michael: Der materielle Gesellschaftsschutz: Abfindung und Spruchverfahren, ZGR 1990, 482.

HOFFMANN-BECKING, Michael: Defizite des aktienrechtlichen Anfechtungs- und Organhaftungsrechts und Möglichkeiten zur Verbesserung, WPg-Sonderheft 2001, S. S121.

HÖLTERS, Wolfgang (Hrsg.): Handbuch des Unternehmens- und Beteiligungskaufs, 5. Auflage, Köln, 2002.

HOLZAPFEL, Hans-Joachim/PÖLLATH, Reinhard: Unternehmenskauf in Recht und Praxis, 11. Auflage, Köln, 2003.

HOMMELHOFF, Peter: Die Konzernleitungspflicht, Zentrale Aspekte eines Konzernverfassungsrechts, Köln/Berlin/Bonn/München, 1982.

HOMMELHOFF, Peter: Zur Kontrolle strukturändernder Gesellschafterbeschlüsse, ZGR 1990, 447.

HOMMELHOFF, Peter: Minderheitenschutz bei Umstrukturierungen, ZGR 1993, 452.

HOMMELHOFF, Peter: Informationspflichten und Minderheitenschutz, Jahrbuch der Fachanwälte für Steuerrecht 1995/96, 629.

HOMMELHOFF, Peter: Die neue Position des Abschlussprüfers im Kraftfeld der aktienrechtlichen Organisationsverfassung (Teil I), BB 1998, 2567.

HOMMELHOFF, Peter: Die neue Position des Abschlussprüfers im Kraftfeld der aktienrechtlichen Organisationsverfassung (Teil II), BB 1998, 2625.

HOMMELHOFF, Peter/MATTHEUS, Daniela: Corporate Governance nach dem KonTraG, AG 1998, 249.

HOPT, Klaus J.: Die Haftung des Wirtschaftsprüfers – Rechtsprobleme zu § 323 HGB (§ 168 AktG a.F.) und zur Prospekt- und Auskunftshaftung – (Teil I), WPg 1986, 461.

HOPT, Klaus J.: Die Haftung des Wirtschaftsprüfers – Rechtsprobleme zu § 323 HGB (§ 168 AktG a.F.) und zur Prospekt- und Auskunftshaftung – (Teil II), WPg 1986, 498.

HOPT, Klaus J.: Verhaltenspflichten des Vorstands der Zielgesellschaft bei feindlichen Übernahmen – Zur aktien- und übernahmerechtlichen Rechtslage in Deutschland und Europa –, in: Uwe H. Schneider/… (Hrsg.): Deutsches und europäisches Gesellschafts-, Konzern- und Kapitalmarktrecht, Festschrift für Marcus Lutter zum 70. Geburtstag, S. 1361, Köln, 2000.

HOPT, Klaus J.: ECLR Gemeinsame Grundsätze der Corporate Governance in Europa?, Überlegungen zum Einfluss der Wertpapiermärkte auf Unternehmen und ihre Regulierung und zum Zusammenwachsen von common law und civil law im Gesellschafts- und Kapitalmarktrecht, ZGR 2000, 779.

HOPT, Klaus J.: Das System der Unternehmensüberwachung in Deutschland, in: IDW (Hrsg.): Bericht über die Fachtagung 2000 des Instituts der Wirtschaftsprüfer in Deutschland e.V., Kapitalmarktorientierte Unternehmensüberwachung – Chancen und Risiken –, S. 27, Düsseldorf, 2001.

HOPT, Klaus J.: ECLR Übernahmen, Geheimhaltung und Interessenkonflikte: Probleme für Vorstände, Aufsichtsräte und Banken, ZGR 2002, 333.

HOPT, Klaus J.: Unternehmensführung, Unternehmenskontrolle, Modernisierung des Aktienrechts – Zum Bericht der Regierungskommission Corporate Governance –, in: Peter Hommelhoff/… (Hrsg.): Corporate Governance, Beihefte der Zeitschrift für das gesamte Handelsrecht und Wirtschaftsrecht, ZHR, Heft 71, S. 27, Heidelberg, 2002.

HORN, Norbert: Internationale Unternehmenszusammenschlüsse, ZIP 2000, 473.

HÜFFER, Uwe: Aktiengesetz, 5. Auflage, München, 2002.

IHRIG, Hans-Christoph: Verschmelzung und Spaltung ohne Gewährung neuer Anteile?, ZHR 160 (1996), 317.

INSTITUT DER WIRTSCHAFTSPRÜFER IN DEUTSCHLAND E.V. (IDW): Stellungnahme des Bankfachausschusses: Zur Abschlussprüfung bei Kreditinstituten – Einzelfragen zur Prüfung des Kreditgeschäftes und Darstellung der Prüfungsergebnisse im Prüfungsbericht (Stellungnahme BFA 1/1978), WPg 1978, 486.

INSTITUT DER WIRTSCHAFTSPRÜFER IN DEUTSCHLAND E.V. (IDW): Stellungnahme des Hauptfachausschusses: Grundsätze zur Durchführung von Unternehmensbewertungen (Stellungnahme HFA 2/1983), WPg 1983, 468.

INSTITUT DER WIRTSCHAFTSPRÜFER IN DEUTSCHLAND E.V. (IDW): Hauptfachausschuss – Fachgutachten 1/1988: Grundsätze ordnungsmäßiger Durchführung von Abschlussprüfungen, WPg 1989, 9.

INSTITUT DER WIRTSCHAFTSPRÜFER IN DEUTSCHLAND E.V. (IDW): Hauptfachausschuss – Fachgutachten 2/1988: Grundsätze ordnungsmäßiger Berichterstattung bei Abschlussprüfungen, WPg 1989, 20.

INSTITUT DER WIRTSCHAFTSPRÜFER IN DEUTSCHLAND E.V. (IDW): Hauptfachausschuss – Fachgutachten 3/1988: Grundsätze für die Erteilung von Bestätigungsvermerken bei Abschlussprüfungen, WPg 1989, 27.

INSTITUT DER WIRTSCHAFTSPRÜFER IN DEUTSCHLAND E.V. (IDW): Stellungnahme des Hauptfachausschusses: Zur Verschmelzungsprüfung nach § 340b Abs. 4 AktG (Stellungnahme HFA 6/1988), WPg 1989, 42.

INSTITUT DER WIRTSCHAFTSPRÜFER IN DEUTSCHLAND E.V. (IDW) (Hrsg.): Reform des Umwandlungsrechts, Düsseldorf, 1993.

INSTITUT DER WIRTSCHAFTSPRÜFER IN DEUTSCHLAND E.V. (IDW) (Hrsg.): Wirtschaftsprüfer-Handbuch 1996, Handbuch für Rechnungslegung, Prüfung und Beratung, Band I, 11. Auflage, Düsseldorf, 1996.

INSTITUT DER WIRTSCHAFTSPRÜFER IN DEUTSCHLAND E.V. (IDW): Benennung der künftigen Verlautbarungen des IDW, WPg 1998, 652.

INSTITUT DER WIRTSCHAFTSPRÜFER IN DEUTSCHLAND E.V. (IDW): Stellungnahme des IDW zum Fragenkatalog der Regierungskommission „Corporate Governance: Unternehmensführung – Unternehmenskontrolle – Modernisierung des Aktienrechts", WPg 2000, 1027.

INSTITUT DER WIRTSCHAFTSPRÜFER IN DEUTSCHLAND E.V. (IDW) (Hrsg.): Wirtschaftsprüfer-Handbuch 2000, Handbuch für Rechnungslegung, Prüfung und Beratung, Band I, 12. Auflage, Düsseldorf, 2000.

INSTITUT DER WIRTSCHAFTSPRÜFER IN DEUTSCHLAND E.V. (IDW) (Hrsg.): Wirtschaftsprüfer-Handbuch 2002, Handbuch für Rechnungslegung, Prüfung und Beratung, Band II, 12. Auflage, Düsseldorf, 2002.

INSTITUT DER WIRTSCHAFTSPRÜFER IN DEUTSCHLAND E.V. (IDW):
Stellungnahme IDW Deutscher-Corporate-Governance-Kodex, WPg 2001, 1416.

INSTITUT DER WIRTSCHAFTSPRÜFER IN DEUTSCHLAND E.V. (IDW):
IDW Stellungnahme: Entwurf eines Gesetzes zur weiteren Reform des Aktien- und Bilanzrechts, zu Transparenz und Publizität (Transparenz- und Publizitätsgesetz), WPg 2002, 146.

INSTITUT DER WIRTSCHAFTSPRÜFER IN DEUTSCHLAND E.V. (IDW):
IDW Verlautbarung: Position des IDW zu den in der Diskussion befindlichen Vorschlägen zur Stärkung der Abschlussprüfung nach dem Enron-Zusammenbruch, WPg 2002, 692.

INSTITUT DER WIRTSCHAFTSPRÜFER IN DEUTSCHLAND E.V. (IDW):
IDW Prüfungsstandard: Ziele und allgemeine Grundsätze der Durchführung von Abschlussprüfungen (IDW PS 200), WPg 2000, 706.

INSTITUT DER WIRTSCHAFTSPRÜFER IN DEUTSCHLAND E.V. (IDW):
IDW Prüfungsstandard: Grundsätze der Planung von Abschlussprüfungen (IDW PS 240), WPg 2000, 846.

INSTITUT DER WIRTSCHAFTSPRÜFER IN DEUTSCHLAND E.V. (IDW):
IDW Prüfungsstandard: Verwendung der Arbeit eines anderen externen Prüfers (IDW PS 320), WPg 2004, 593.

INSTITUT DER WIRTSCHAFTSPRÜFER IN DEUTSCHLAND E.V. (IDW):
IDW Prüfungsstandard: Verwertung der Arbeit von Sachverständigen (IDW PS 322), WPg 2002, 689.

INSTITUT DER WIRTSCHAFTSPRÜFER IN DEUTSCHLAND E.V. (IDW):
IDW Prüfungsstandard: Die Prüfung des Risikofrüherkennungssystems nach § 317 Abs. 4 HGB (IDW PS 340), WPg 1999, 658.

INSTITUT DER WIRTSCHAFTSPRÜFER IN DEUTSCHLAND E.V. (IDW):
IDW Prüfungsstandard: Auswirkungen des Deutschen Corporate-Governance-Kodex auf die Abschlussprüfung (IDW PS 345), WPg 2003, 1002.

INSTITUT DER WIRTSCHAFTSPRÜFER IN DEUTSCHLAND E.V. (IDW):
IDW Prüfungsstandard: Prüfung des Lageberichts (IDW PS 350), WPg 1998, 663.

INSTITUT DER WIRTSCHAFTSPRÜFER IN DEUTSCHLAND E.V. (IDW):
IDW Prüfungsstandard: Grundsätze für die ordnungsmäßige Erteilung von Bestätigungsvermerken bei Abschlussprüfungen (IDW PS 400), WPg 1999, 641.

INSTITUT DER WIRTSCHAFTSPRÜFER IN DEUTSCHLAND E.V. (IDW):
IDW Prüfungsstandard: Grundsätze ordnungsmäßiger Berichterstattung bei Abschlussprüfungen (IDW PS 450), WPg 2003, 1127.

INSTITUT DER WIRTSCHAFTSPRÜFER IN DEUTSCHLAND E.V. (IDW):
IDW Prüfungsstandard: Arbeitspapiere des Abschlussprüfers (IDW PS 460), WPg 2000, 916.

INSTITUT DER WIRTSCHAFTSPRÜFER IN DEUTSCHLAND E.V. (IDW): IDW Prüfungsstandard: Prüfung der Adressenausfallrisiken und des Kreditgeschäfts von Kreditinstituten (IDW PS 522), WPg 2002, 1254.

INSTITUT DER WIRTSCHAFTSPRÜFER IN DEUTSCHLAND E.V. (IDW): Entwurf eines IDW Prüfungsstandard: Prüfung der Funktionsfähigkeit der Internen Revision bei Kreditinstituten (IDW EPS 523), WPg 2003, 286.

INSTITUT DER WIRTSCHAFTSPRÜFER IN DEUTSCHLAND E.V. (IDW): IDW Prüfungsstandard: Grundsätze für die prüferische Durchsicht von Abschlüssen (IDW PS 900), WPg 2001, 1078.

INSTITUT DER WIRTSCHAFTSPRÜFER IN DEUTSCHLAND E.V. (IDW): IDW Standard: Grundsätze zur Durchführung von Unternehmensbewertungen (IDW S 1), WPg 2000, 825.

INSTITUT DER WIRTSCHAFTSPRÜFER IN DEUTSCHLAND E.V. (IDW): Entwurf einer Neufassung des IDW Standards: Grundsätze zur Durchführung von Unternehmensbewertungen (IDW ES 1 n.F.), WPg 2005, 28.

JARASS, Hans D./PIEROTH, Bodo: Grundgesetz für die Bundesrepublik Deutschland, Kommentar, 7. Auflage, München, 2004.

JAUERNIG, Othmar: Bürgerliches Gesetzbuch, 10. Auflage, München, 2003.

JACOB, Hans-Joachim: Die Fortentwicklung der Prüfung in Deutschland, in: IDW (Hrsg.): Bericht über die Fachtagung 1997 des Instituts der Wirtschaftsprüfer in Deutschland e.V., Weltweite Rechnungslegung und Prüfung – Risiken, Chancen und Konsequenzen einer unaufhaltsamen Entwicklung –, S. 157, Düsseldorf, 1998.

KALLMEYER, Harald: Umwandlungsgesetz, Kommentar, Verschmelzung, Spaltung und Formwechsel bei Handelsgesellschaften, 2. Auflage, Köln, 2001.

KÄMPFER, Georg: Enforcementverfahren und Abschlussprüfer, BB 2005, 13.

KIETHE, Kurt: Vorstandshaftung aufgrund fehlerhafter Due Diligence beim Unternehmenskauf, NZG 1999, 976.

KIETHE, Kurt: Die zivil- und strafrechtliche Haftung von Vorstandsmitgliedern eines Kreditinstituts für riskante Kreditgeschäfte, WM 2003, 861.

KLEIN-BLENKERS, Friedrich: Die Entwicklung des Unternehmenskaufrechts (Zivilrecht), NZG 2003, 903.

KLEINDIEK, Detlef: Bericht über die Diskussion, ZGR 1990, 477.

KNOBBE-KEUK, Brigitte: Bilanz- und Unternehmenssteuerrecht, 9. Auflage, Köln, 1993.

KÖLNER KOMMENTAR ZUM AKTIENGESETZ: Band 2, §§ 76-117 AktG und Mitbestimmung im Aufsichtsrat, 2. Auflage, Köln/Berlin/Bonn/München, 1996.

KÖLNER KOMMENTAR ZUM AKTIENGESETZ: Band 4, Rechnungslegung der Aktiengesellschaft, 2. Auflage, Köln/Berlin/Bonn/München, 1991.

KÖLNER KOMMENTAR ZUM AKTIENGESETZ: Band 7, 1. Lieferung, §§ 339-361, 2. Auflage, Köln/Berlin/Bonn/München, 1990.

KOLLER, Ingo/ROTH, Wulf-Henning/MORCK, Winfried: Handelsgesetzbuch, Kommentar, 4. Auflage, München, 2003.

KÖRBER, Torsten: Geschäftsleitung der Zielgesellschaft und due diligence bei Paketerwerb und Unternehmenskauf, NZG 2002, 263.

KORT, Michael: Rechte und Pflichten des Vorstands der Zielgesellschaft bei Übernahmeversuchen, in: Uwe H. Schneider/... (Hrsg.): Deutsches und europäisches Gesellschafts-, Konzern- und Kapitalmarktrecht, Festschrift für Marcus Lutter zum 70. Geburtstag, S. 1421, Köln, 2000.

KRUMNOW, Jürgen/SPRISSLER, Wolfgang/BELLAVITE-HÖVERMANN, Yvette/KEMMER, Michael/STEINBRÜCKER, Hannelore: Rechnungslegung der Kreditinstitute, Kommentar zum Bankbilanzrichtlinie-Gesetz und zur RechKredV, Stuttgart, 1994.

KUPPKA, Wilfried: Zum „6:1-Clou" - Ist ein steuerneutraler Tausch auch in Zukunft noch möglich? - Welche Auswirkungen ergeben sich für die Aktionäre, die die zum Tausch hingegebenen Aktien in Betriebsvermögen gehalten haben?, DB 1998, 229.

LAMBSDORFF, Otto Graf: Die Überwachungstätigkeit des Aufsichtsrats, Verbesserungsmöglichkeiten de lege lata und de lege ferenda, in: Dieter Feddersen/... (Hrsg.): Corporate Governance - Optimierung der Unternehmensführung und der Unternehmenskontrolle im deutschen und amerikanischen Aktienrecht, S. 217, Köln, 1996.

LINKER, Anja Celina/ZINGER, Georg: Rechte und Pflichten der Organe einer Aktiengesellschaft bei der Weitergabe vertraulicher Unternehmensinformationen, NZG 2002, 497.

LENZ, Hansrudi/OSTROWSKI, Markus: Kontrolle und Transparenz im Unternehmensbereich durch die Institution Abschlussprüfung, Eine Beurteilung der Regelungen im Referentenentwurf eines Gesetzes zur Kontrolle und Transparenz im Unternehmensbereich aus ökonomischer Sicht, BB 1997, 1523.

LÜCK, Wolfgang: Elemente eines Risiko-Managementsystems - Die Notwendigkeit eines Risiko-Managementsystems durch den Entwurf eines Gesetzes zur Kontrolle und Transparenz im Unternehmensbereich (KonTraG) -, DB 1998, 8.

LUTTER, Marcus/LEINEKUGEL, Rolf: Planmäßige Unterschiede im umwandlungsrechtlichen Minderheitenschutz?, ZIP 1999, 261.

LUTTER, Marcus: Due diligence des Erwerbers beim Kauf einer Beteiligung, in: Bundesnotarkammer (Hrsg.): Festschrift für Helmut Schippel zum 65. Geburtstag, S. 455, München, 1996.

LUTTER, *Marcus (Hrsg.)*: Umwandlungsgesetz, Kommentar Band I, §§ 1-151, 2. Auflage, Köln, 2000.

LUTTER, *Marcus (Hrsg.)*: Umwandlungsgesetz, Kommentar Band II, §§ 152-325, 2. Auflage, Köln, 2000.

LUTTER, *Marcus*: Aktionärs-Klagerechte, JZ 2000, 837.

LUTTER, *Marcus*: Entwicklung und Fortbildung des Rechts durch Entscheidung: Der Bundesgerichtshof und das Aktienrecht, in: Claus-Wilhelm Canaris/... (Hrsg.): 50 Jahre Bundesgerichtshof, Festgabe der Wissenschaft, Band II. Handels- und Wirtschaftsrecht, Europäisches und Internationales Recht, S. 321, München, 2000.

LUTTER, *Marcus*: Der Bericht der Regierungskommission „Corporate Governance", in: Gesellschaftsrechtliche Vereinigung (Hrsg.): Gesellschaftsrecht in der Diskussion 2001, Band 5, S. 47, Köln, 2002.

MAIER-REIMER, *Georg*: Verbesserung des Umtauschverhältnisses in Spruchverfahren, ZHR 164 (2000), 563.

MARTENS, *Klaus-Peter*: Verschmelzung, Spruchverfahren und Anfechtungsklage in Fällen eines unrichtigen Umtauschverhältnisses, AG 2000, 301.

MATTHEUS, *Daniela*: Die gewandelte Rolle des Wirtschaftsprüfers als Partner des Aufsichtsrats nach dem KonTraG, ZGR 1999, 682.

MEINCKE, *Eberhard*: Geheimhaltungspflichten im Wirtschaftsrecht, WM 1998, 749.

MERKT, *Hanno*: Due Diligence und Gewährleistung beim Unternehmenskauf, BB 1995, 1041.

MERKT, *Hanno*: Internationaler Unternehmenskauf, 2. Auflage, Köln, 2003.

MERTENS, *Hans-Joachim*: Deliktsrecht und Sonderprivatrecht – Zur Rechtsfortbildung des deliktischen Schutzes von Vermögensinteressen, AcP 1978, 227.

MERTENS, *Kai*: Die Information des Erwerbers einer wesentlichen Unternehmensbeteiligung an einer Aktiengesellschaft durch deren Vorstand, AG 1997, 541.

MEYER, *Horst/GOEZ, Christoph*: Steuerberatergebührenverordnung, Handkommentar für die tägliche Praxis, Bielefeld, 1997.

MOXTER, *Adolf*: Die Vorschriften zur Rechnungslegung und Abschlussprüfung im Referentenentwurf eines Gesetzes zur Kontrolle und Transparenz im Unternehmensbereich, BB 1997, 722.

MÜLLER, *Klaus*: Wirtschaftsprüfer und vereidigte Buchprüfer als Sachverständige und Gutachter, WPK-Mitt. Sonderheft 1991, 3.

MÜLLER, *Klaus J.*: Gestattung der Due Diligence durch den Vorstand der Aktiengesellschaft, NJW 2000, 3452.

MÜLLER, Matthias: Aufsichtsrat und Abschlussprüfer – ein spannendes Verhältnis, WPg 2002, 1301.

MÜNCH, Ingo von/KUNIG, Philip (Hrsg.): Grundgesetz-Kommentar, Band 1, Präambel bis Art. 19, 5. Auflage, München, 2000.

MÜNCHENER HANDBUCH DES GESELLSCHAFTSRECHTS: Band 4, Aktiengesellschaft, 2. Auflage, München, 1999.

MÜNCHENER KOMMENTAR: Aktiengesetz, Band 3, §§ 76-117 AktG, MitbestG, § 76 BetrVG 1952, 2. Auflage, München, 2004.

MÜNCHENER KOMMENTAR: Aktiengesetz, Band 5/1, §§ 148-151, 161-178, AktG, §§ 238-264c, 342, 342a HGB, 2. Auflage, München, 2003.

MÜNCHENER KOMMENTAR: Aktiengesetz, Band 7, §§ 222-277, 2. Auflage, München, 2001.

MÜNCHENER KOMMENTAR: Bürgerliches Gesetzbuch, Band 2a, Schuldrecht Allgemeiner Teil, §§ 241-432, 4. Auflage, München, 2003.

MÜNCHENER KOMMENTAR: Bürgerliches Gesetzbuch, Band 4, Schuldrecht Besonderer Teil II, §§ 607-704, 3. Auflage, München, 1997.

MÜNCHENER KOMMENTAR: Handelsgesetzbuch, Band 4, Drittes Buch, Handelsbücher, §§ 238-342a, München, 2001.

MUTSCHLER, Ulrich/MERSMANN, Ruth: Verfahrensmäßige Anforderungen an ordnungsgemäße Vorstandsentscheidungen im M&A-Bereich, DB 2003, 79.

NEFLIN, Hermann: Die Haftung des Wirtschaftsprüfers, 3. Auflage, Stuttgart, 1960.

NEUMANN, Horst: Die neuen Anforderungen an die Jahresabschlussprüfung der Unternehmen im Ergebnis des KonTraG, BuW 1998, 881.

NEUMANN, Horst: Aufstellung, Prüfung und Offenlegung des Jahresabschlusses auf der Grundlage neuer gesetzlicher Regelungen, neuer Rechnungslegungsstandards und Prüfungsstandards, BuW 2000, 853.

NEYE, Hans-Werner: Konkurrierende gerichtliche Zuständigkeit für Spruchverfahren bei „überregionalen" Umwandlungsvorgängen; in: Franz Wassermeyer/… (Hrsg.): Umwandlungen im Zivil- und Steuerrecht, Festschrift für Siegfried Widmann zum 65. Geburtstag, S. 87, Bonn, 2000.

NEYE, Hans-Werner: Auf dem Weg zu einem neuen Spruchverfahren – Ein Zwischenbericht –, in: Rolf Wank/… (Hrsg.): Festschrift für Herbert Wiedemann zum 70. Geburtstag, S. 1127, München, 2002.

NOACK, Ulrich: Das Freigabeverfahren bei Umwandlungsbeschlüssen – Bewährung und Modell, ZHR 164 (2000), 274.

NONNENMACHER, Rolf: Möglichkeiten zur weiteren Verbesserung der Zusammenarbeit zwischen Aufsichtsrat und Abschlussprüfer, WPg-Sonderheft 2001, S. S15.

PAEFGEN, Walter G.: Unternehmerische Entscheidungen und Rechtsbindung der Organe in der AG, Köln, 2002.

PALANDT: Bürgerliches Gesetzbuch, 63. Auflage, München, 2004.

PALANDT: Bürgerliches Gesetzbuch, 61. Auflage, München, 2002.

PASCHOS, Nikolaos: Die Maßgeblichkeit des Börsenkurses bei Verschmelzungen, ZIP 2003, 1017.

PELTZER, Martin: Corporate Governance Codices als zusätzliche Pflichtenbestimmung für den Aufsichtsrat, NZG 2002, 10.

PELTZER, Martin: Vorstand und Geschäftsführung als Leitungs- und gesetzliches Vertretungsorgan der Gesellschaft, JuS 2003, 348.

PENTZ, Andreas: Übersicht zur höchstrichterlichen Rechtsprechung zum Aktienrecht 2004, BB 2005, 1397.

PHILIPP, Wolfgang: Ist die Verschmelzung von Aktiengesellschaften nach dem neuen Umwandlungsrecht noch vertretbar?, AG 1998, 264.

PICOT, Gerhard (Hrsg.): Handbuch Mergers & Acquisitions, Planung, Durchführung, Integration, Stuttgart, 2002.

PICOT, Gerhard/MENTZ, Alexander/SEYDEL, Eberhard (Hrsg.): Die Aktiengesellschaft bei Unternehmenskauf und Restrukturierung, München, 2003.

PILTZ, Detlev Jürgen: Die Unternehmensbewertung in der Rechtsprechung, 2. Auflage, Düsseldorf, 1989.

POLL, Jens: Die Verantwortlichkeit des Abschlussprüfers nach § 323 HGB, DZWir 1995, 95.

PRIESTER, Hans-Joachim: Das neue Verschmelzungsrecht, NJW 1983, 1459.

QUICK, Reiner: Die Haftung des handelsrechtlichen Abschlussprüfers, BB 1992, 1675.

REICHERT, Jochem: Aktionärsrechte und Anlegerschutz – Stellungnahme zu den Vorschlägen der Corporate Governance Kommission –, in: Peter Hommelhoff/… (Hrsg.): Corporate Governance, Beihefte der Zeitschrift für das gesamte Handelsrecht und Wirtschaftsrecht, ZHR, Heft 71, S. 165, Heidelberg, 2002.

RICHTER, Thomas: Jahresabschlussprüfung und Prüfungsanforderungen in der Europäischen Union, Baden-Baden, 2003.

RITTER, Carl/RITTER, Justus (Hrsg.): Aktiengesetz, 2. Auflage, Berlin/München, 1939.

RÖHRICHT, Volker: Die aktuelle höchstrichterliche Rechtsprechung zum Gesellschaftsrecht, in: Gesellschaftsrechtliche Vereinigung (Hrsg.): Gesellschaftsrecht in der Diskussion 1999, Band 2, S. 3, Köln, 2000.

RÖHRICHT, Volker: Unabhängigkeit des Abschlussprüfers, WPg-Sonderheft 2001, S. S80.

RÖHRICHT, Volker: Die aktuelle höchstrichterliche Rechtsprechung zum Gesellschaftsrecht, in: Gesellschaftsrechtliche Vereinigung (Hrsg.): Gesellschaftsrecht in der Diskussion 2001, Band 5, S. 3, Köln, 2002.

ROSCHMANN, Christian/FREY, Johannes: Geheimhaltungsverpflichtungen der Vorstandsmitglieder von Aktiengesellschaften bei Unternehmenskäufen, AG 1996, 449.

ROSENGARTEN, Joachim: Der Bericht der Regierungskommission „Corporate Governance" – Kritik und Zustimmung aus der Sicht der Praxis –, in: Gesellschaftsrechtliche Vereinigung (Hrsg.): Gesellschaftsrecht in der Diskussion 2001, Band 5, S. 71, Köln, 2002.

ROTH, Markus: Unternehmerisches Ermessen und Haftung des Vorstands, Handlungsspielräume und Haftungsrisiken insbesondere in der wirtschaftlichen Krise, München, 2001.

ROZIJN, Michael: Geheimhaltungspflichten und Kapitalschutz beim Abschluss von M&A-Dienstleistungsverträgen, NZG 2001, 494.

SACHS, Michael (Hrsg.): Grundgesetz, Kommentar, 3. Auflage, München 2003.

SAGASSER, Bernd/BULA, Thomas/BRÜNGER, Thomas R.: Umwandlungen, Verschmelzung – Spaltung – Formwechsel – Vermögensübertragung, 3. Auflage, München, 2002.

SCHAAL, Christoph: Der Wirtschaftsprüfer als Umwandlungsprüfer, Düsseldorf, 2001.

SCHAUB, Renate: Gutachterhaftung in Zwei- und Mehrpersonenverhältnissen, Jura 2001, 8.

SCHEFFLER, Eberhard: Die Berichterstattung des Abschlussprüfers aus der Sicht des Aufsichtsrates, WPg 2002, 1289.

SCHIESSL, Maximilian: Die Kontrollfunktion der aktienrechtlichen Anfechtungsklage – Erwiderung aus der Sicht der Praxis –, in: Gesellschaftsrechtliche Vereinigung (Hrsg.): Gesellschaftsrecht in der Diskussion 1999, Band 2, S. 57, Köln, 2000.

SCHILDBACH, Thomas: Die Glaubwürdigkeitskrise der Wirtschaftsprüfer – zu Intensität und Charakter der Jahresabschlussprüfung aus wirtschaftlicher Sicht, BFuP 1996, 1.

SCHINDLER, Joachim/RABENHORST, Dirk: Auswirkungen des KonTraG auf die Abschlussprüfung (Teil I), BB 1998, 1886.

SCHINDLER, Joachim/RABENHORST, Dirk: Auswirkungen des KonTraG auf die Abschlussprüfung (Teil II), BB 1998, 1939.

SCHLECHTRIEM, Peter: Summenmäßige Haftungsbeschränkungen in Allgemeinen Geschäftsbedingungen, Eine Untersuchung der in den Allgemeinen Auftragsbedingungen für Wirtschaftsprüfer und Wirtschaftsprüfungsgesellschaften vom 1.10.1983 vorgesehenen Haftungsbeschränkungen, BB 1984, 1177.

SCHMIDT-BLEIBTREU, Bruno/KLEIN, Franz: Kommentar zum Grundgesetz, 9. Auflage, Neuwied/Kriftel, 1999.

SCHMITT, Joachim/HÖRTNAGL, Robert/STRATZ, Rolf-Christian: Umwandlungsgesetz, Umwandlungssteuergesetz, 3. Auflage, München, 2001.

SCHMITZ, Joachim-Peter: Die Verschmelzungsprüfung gem. § 340b AktG, Untersuchung einer neuen Prüfung unter Berücksichtigung des entscheidungsorientierten Ablaufes des Fusionsprozesses und sonstiger aktienrechtlicher Verschmelzungsprüfungen, Bergisch Gladbach/Köln, 1987.

SCHNEIDER, Uwe H.: Die Wahrnehmung öffentlich-rechtlicher Pflichten durch den Geschäftsführer, Zum Grundsatz der Gesamtverantwortung bei mehrköpfiger Geschäftsführung in der konzernfreien GmbH und im Konzern, in: Marcus Lutter/... (Hrsg.): Festschrift 100 Jahre GmbH-Gesetz, S. 473, Köln, 1992.

SCHNORBUS, York: Grundlagen der persönlichen Haftung von Organmitgliedern nach § 25 Abs. 1 UmwG, ZHR 167 (2003), 666.

SCHROEDER, Ulrich: Darf der Vorstand der Aktiengesellschaft dem Aktienkäufer eine Due Diligence gestatten?, DB 1997, 2161.

SCHRUFF, Wienand: Unternehmensüberwachung und Abschlussprüfer, in: IDW (Hrsg.): Bericht über die Fachtagung 2000 des Instituts der Wirtschaftsprüfer in Deutschland e.V., Kapitalmarktorientierte Unternehmensüberwachung – Chancen und Risiken –, S. 149, Düsseldorf, 2001.

SCHUDNAGIES, Jörg: Das Werkvertragsrecht nach der Schuldrechtsreform, NJW 2002, 396.

SCHÜPPEN, Matthias: To comply or not to comply – that´s the question! „Existenzfragen" des Transparenz- und Publizitätsgesetzes im magischen Dreieck kapitalmarktorientierter Unternehmensführung, ZIP 2002, 1269.

SCHWARK, Eberhard: Corporate Governance: Vorstand und Aufsichtsrat, in: Peter Hommelhoff/... (Hrsg.): Corporate Governance, Beihefte der Zeitschrift für das gesamte Handelsrecht und Wirtschaftsrecht, ZHR, Heft 71, S. 75, Heidelberg, 2002.

SEETZEN, Uwe: Spruchverfahren und Unternehmensbewertung im Wandel, WM 1999, 565.

SEIBERT, Ulrich: Im Blickpunkt: Der Deutsche Corporate Government Kodex ist da, BB 2002, 581.

SEIBERT, Ulrich: Das 10-Punkte-Programm „Unternehmensintegrität und Anlegerschutz", BB 2003, 693.

SEIBT, Christoph H.: Deutscher Corporate Government Kodex und Entsprechens-Erklärung (§ 161 AktG), AG 2002, 249.

SEMLER, Johannes: Sorgfaltspflicht und Verantwortlichkeit bei der Erstellung eines Gutachtens zur Vorbereitung eines Beteiligungserwerbs, insbesondere durch Wirtschaftsprüfer, in: Harm Peter Westermann/… (Hrsg): Festschrift für Karlheinz Quack zum 65. Geburtstag, S. 439, Berlin, 1991.

SEMLER, Johannes: Leitung und Überwachung der Aktiengesellschaft, Die Leitungsaufgabe des Vorstands und die Überwachungsaufgabe des Aufsichtsrats, 2. Auflage, Köln/Berlin/Bonn/München, 1996.

SEMLER, Johannes/STENGEL, Arndt (Hrsg.): Umwandlungsgesetz, München, 2003.

SEMLER, Johannes/VOLHARD, Rüdiger (Hrsg.): Arbeitshandbuch für Unternehmensübernahmen, Band 1, Unternehmensübernahme, Vorbereitung – Durchführung – Folgen, Ausgewählte Drittländer, München, 2001.

SPINDLER, Gerald: Corporate Governance und Kapitalmarkt – Bemerkungen zum Bericht der Regierungskommission „Corporate Governance" -, in: Gesellschaftsrechtliche Vereinigung (Hrsg.): Gesellschaftsrecht in der Diskussion 2001, Band 5, S. 91, Köln, 2002.

STOFFELS, Markus: Grenzen der Informationsweitergabe durch den Vorstand einer Aktiengesellschaft im Rahmen einer „Due Diligence", ZHR 165 (2001), 362.

STRAUCH, Dieter: Rechtsgrundlagen der Haftung für Rat, Auskunft und Gutachten, JuS 1992, 897.

THOMAS, Heinz/PUTZO, Hans: Zivilprozessordnung, Kommentar, 25. Auflage, München, 2003.

TREECK, Joachim: Die Offenbarung von Unternehmensgeheimnissen durch den Vorstand einer Aktiengesellschaft im Rahmen einer Due Diligence, in: Bernhard Großfeld/… (Hrsg.): Festschrift für Wolfgang Fikentscher zum 70. Geburtstag, S. 434, Tübingen, 1998.

ULMER, Peter: Der Deutsche Corporate Government Kodex – ein neues Regulierungsinstrument für börsennotierte Aktiengesellschaften, ZHR 166 (2002), 150.

UMBACH, Dieter C./CLEMENS, Thomas (Hrsg.): Grundgesetz, Mitarbeiterkommentar und Handbuch, Band I, Heidelberg, 2002.

VETTER, Eberhard: Abfindungswertbezogene Informationsmängel und Rechtsschutz – Anmerkung zu den Urteilen des BGH vom 18.12.2000 – MEZ und vom 29.1.2001 – Aqua Butzke –, in: Rolf Wank/… (Hrsg.): Festschrift für Herbert Wiedemann zum 70. Geburtstag, S. 1323, München, 2002.

VETTER, *Eberhard*: Update des Deutschen Corporate Governance Kodex, BB 2005, 1689.

VOLLRATH, *Hans-Joachim*: Grenzen des Minderheitenschutzes bei der verschmelzungsbedingten Realisierung einer Gesellschaftsbeteiligung, in: Franz Wassermeyer/... (Hrsg.): Umwandlungen im Zivil- und Steuerrecht, Festschrift für Siegfried Widmann zum 65. Geburtstag, S. 117, Bonn, 2000.

WEGMANN, *Jürgen/KOCH, Wolfgang*: Due Diligence – Unternehmensanalyse durch externe Gutachten – Ablauf und Technik, Folge-Due Diligence als neuer Analysestandard –, DStR 2000, 1027.

WEILAND, *Heiner*: Zur Vereinbarkeit von Abschlussprüfung und Beratung, Die Inkompatibilitätsvorschrift des § 319 Abs. 2 Nr. 5 HGB, BB 1996, 1211.

WEISS, *Susanne/BUCHNER, Markus*: Wird das UMAG die Haftung und Inanspruchnahme der Unternehmensleiter verändern?, WM 2005, 162.

WERNER, *Rüdiger*: Haftungsrisiken bei Unternehmensakquisitionen: die Pflicht des Vorstands zur Due Diligence, ZIP 2000, 989.

WESTERBURG, *Justus*: Die Kontrolle des Vorstands durch Aufsichtsrat und Abschlussprüfer, Eine Studie anhand von Fallbeispielen (Balsam AG, Bremer Vulkan Verbund AG, Philipp Holzmann AG und Metallgesellschaft AG) zur Rechtslage vor und nach dem KonTraG, Hamburg, 2002.

WESTERMANN, *Harm Peter/PAEFGEN, Walter G.*: Das Aktienrecht im Spiegel der 4. Auflage des Großkommentars, JZ 2003, 139.

WIEDMANN, *Harald*: Die Prüfung des internen Kontrollsystems, WPg 1981, 705.

WIESEN, *Heinrich*: Der materielle Gesellschafterschutz: Abfindung und Spruchverfahren, ZGR 1990, 503.

WIDMANN, *Siegfried/MAYER, Dieter (Hrsg)*: Umwandlungsrecht, Kommentar, Loseblatt-Ausgabe, Band 2, Einführung zum handelsrechtlichen Teil, Umwandlungsgesetz – Einzelkommentierung §§ 1-59, 3. Auflage, Stand: 78. Ergänzungslieferung vom Oktober 2004, Bonn/Berlin, 2004.

WIDMANN, *Siegfried/MAYER, Dieter (Hrsg)*: Umwandlungsrecht, Kommentar, Loseblatt-Ausgabe, Band 4, Umwandlungsgesetz – Einzelkommentierung §§ 214-325, Umwandlungssteuergesetz 1995 – Einführende Kurzkommentierung, Einführung zum steuerrechtlichen Teil, Umwandlungssteuergesetz – Einzelkommentierung §§ 1-4, 3. Auflage, Stand: 78. Ergänzungslieferung vom Oktober 2004, Bonn/Berlin, 2004.

WINTER, *Martin*: Die Anfechtung eintragungsbedürftiger Strukturbeschlüsse de lege lata und de lege ferenda, in: Mathias Habersack/... (Hrsg.): Festschrift für Peter Ulmer zum 70. Geburtstag am 2. Januar 2003, S. 699, Berlin, 2003.

WIRTSCHAFTSPRÜFERKAMMER: Stellungnahme der Wirtschaftsprüfer-kammer zur zweiten Änderung für eine Fünfte EG-Richtlinie, Art. 62: Haftung der mit der Rechnungsprüfung beauftragten Personen, WPK-Mitt. 1991, 73.

WIRTH, Gerhard: Neuere Entwicklungen bei der Organhaftung – Sorgfalts-pflichten und Haftung der Organmitglieder bei der AG, in: Hartwig Henze/... (Hrsg.): RWS-Forum 20, Gesellschaftsrecht 2001, S. 99, Köln, 2001.

ZETZSCHE, Dirk: Bericht über die Diskussion der Referate Lutter, Stengel und Rosengarten, in: Gesellschaftsrechtliche Vereinigung (Hrsg.): Gesell-schaftsrecht in der Diskussion 2001, Band 5, S. 107, Köln, 2002.

ZIEMONS, Hildegard: Die Weitergabe von Unternehmensinterna an Dritte durch den Vorstand einer Aktiengesellschaft, AG 1999, 492.

ZIMMERMANN, Peter: Sachverständigenhaftung (I), BuW 2001, 993.

ZÖLLNER, Wolfgang: Zur Problematik der aktienrechtlichen Anfechtungskla-ge, AG 2000, 145.